山东地方史文库（第二辑）

韩寓群 主编

山东教育史

李　伟　魏永生　著

山东人民出版社

大汶口文化陶尊及其图画文字

孔子讲学图

杏坛
（传说孔子讲学处）

稷下学宫遗址

伏生授经图

孔鲋藏书之处
——鲁壁

洙泗书院

青州松林书院

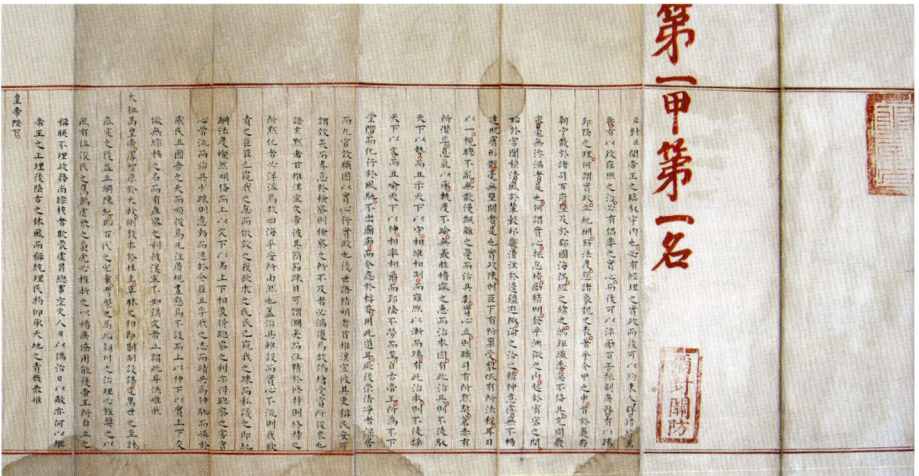

明万历二十六年新科状元赵秉忠的殿试卷

晚清济南府贡院

山东大学堂开校
教职学员合影

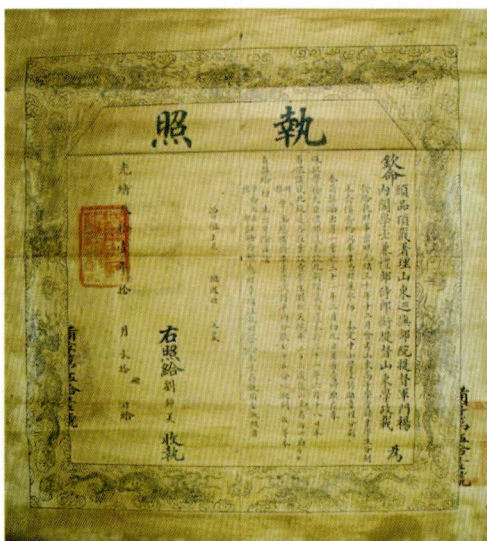

山东高等学堂毕业执照（1905年）

黑澜大学的教学楼

1924年的齐鲁大学校友门

1919年5月7日山东国
耻纪念大会血书照片

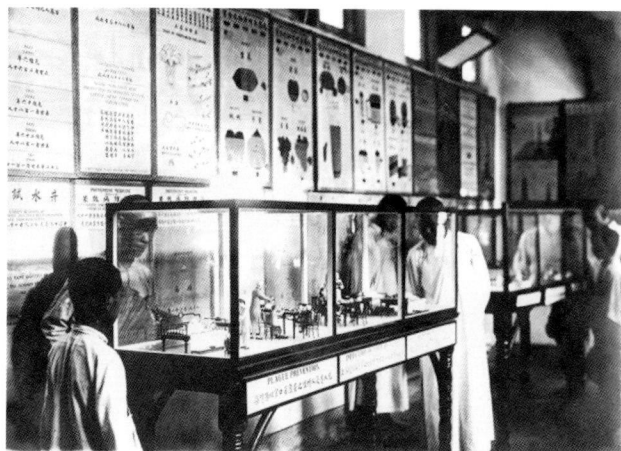

20世纪20年代广智院
预防传染病模型展

1929年组建的山东
省立高级中学

20世纪30年代的国立山东
大学

青岛私立礼贤中学校

1934年1月，梁漱溟与参观邹平乡村建设研究院的人合影（前排左一为梁漱溟）

董渭川与山东第一女子师范毕业生合影（右一站立者为董渭川）

抗大一分校旧址

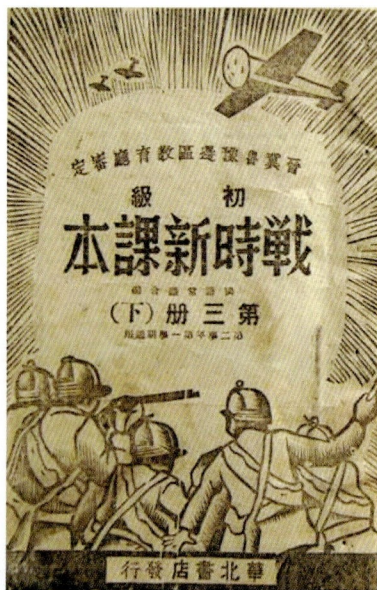

晋冀鲁豫边区的初级战时
新课本——国语常识

山东抗日根据地的妇
女识字班

《山东地方史文库》总序

　　《山东地方史文库》历经三年多努力,终于正式付梓,这是一件可喜可贺的事情。

　　山东是中华文明的发源地之一。根据考古发现,距今四五十万年前,我们的祖先就在今山东沂源一带劳动、生息、繁衍,过着原始社会的生活。大约在四五千年前的虞舜时代,相当于考古学上的龙山文化后期,山东地区即已进入了人类的文明时代。山东历史悠久,文化灿烂,名人辈出。在这里曾产生许多伟大的思想家、政治家、军事家、科学家、发明家、文学家和艺术家,其中最著名的有:思想家和教育家孔子,思想家墨子、孟子、庄子、荀子,政治家管仲、晏婴、诸葛亮、房玄龄、刘晏,军事家孙武、吴起、孙膑、戚继光,科学家和发明家扁鹊、鲁班、氾胜之、贾思勰、燕肃、王祯,文学家和艺术家王羲之、刘勰、颜真卿、李清照、辛弃疾、蒲松龄、孔尚任,以及中国共产党山东党组织的创始人王尽美、邓恩铭等,其余多如璀璨明星,不可胜数。这些先贤们的思想和业绩都已载入史册,成为中国优秀传统文化的一个重要组成部分。时至今日,仍具有广泛而深远的影响。

　　山东的历史,是一部丰富多彩的历史,是一部灿烂辉煌的历史。山东人民在历史上所创造的物质文明和精神文明值得后人去发掘、探讨、借鉴和发扬光大。自上世纪80年代以来,在中共山东省委、省政府的大力支持下,省内从事社会科学研究工作的专家学者在山东地方史的研究方面做了许多卓有成效的工作,编写出版了包括《山东通史》在内的一批研究地方史的著作,为后人探讨和研究山东历史奠定了很好的基础。

新编《山东地方史文库》,包括新增订的《山东通史》和初步计划编写的10部《山东专史》。《山东通史》从纵的方面记述山东自远古至近现代的历史发展进程,包括山东社会形态的变化、重大历史事件、重要典章制度和重要历史人物的传记;《山东专史》则是从横的方面研究山东历代政治、经济、军事、文化、教育、科技、社会风俗、中外交往等方方面面的历史。采取这样纵横交错、互为补充的研究方法,可以让人们更加全面和系统地了解和认识山东历史,更能领悟到我们的先人所创造的博大精深的思想、灿烂辉煌的文化以及多姿多彩的社会生活,也可以从中总结和吸取先辈们给我们留下的宝贵而丰富的经验教训。毛泽东同志曾说过:"历史的经验值得注意。"邓小平同志也说:"历史上成功的经验是宝贵财富,错误的经验、失败的经验,也是宝贵财富。"他还有一句名言:"总结历史,是为了开辟未来。"研究和学习山东的历史,可以使我们更加深入认识山东的昨天,更好地把握今天,从而创造出更加美好的明天。

盛世修史,是我国的一个优良传统。多年来,中共山东省委、省政府在党中央领导下,以邓小平理论和"三个代表"重要思想为指导,深入贯彻落实科学发展观,带领山东人民沿着中国特色社会主义道路奋发前进,无论是在发展经济还是提高人民群众的生活水平上,都取得了突出的成就,进入了山东历史上发展最好、较快的又一个历史时期。《山东地方史文库》的编写出版,不仅继承和弘扬了山东悠久而丰厚的历史文化,而且有助于我们吸取前人的经验和智慧,为社会主义和谐社会建设提供有益的历史借鉴。

编写《山东地方史文库》的动议酝酿于 2006 年 3 月,当时担任省长的我意识到自己有义不容辞的责任。这个想法得到了山东师范大学以及省内从事山东地方史研究的专家教授的热烈响应和支持,尤其是安作璋教授,不顾年事已高,担任《文库》学术顾问,尽心竭力做了大量的组织工作、领导工作,山东师范大学的领导同志以及山东地方史研究所为此《文库》的编纂作出了很大贡献。作为主编,我感谢来自省内有关高等学校、科研院所的各位主编、作者和出版社的编辑同志为编写出版这一套高质量、高品位的《山东地方史文库》付出的辛勤劳动,感谢省党史委、史志办等有关部门领导的大力支持和帮助。《文库》的编写出版,仅是一个良好的开端,希望同志们在此基础上总结经验,再接再厉,为今后编写好出版好《文库》中的其他各类专史继续努力。

是为序。

韩寓群

2009 年 7 月

序

　　山东自古号称"齐鲁文明礼仪之邦",历史悠久,文化灿烂。在这块雄踞陆海、美丽而富饶的祖国大地上,曾培育出许多伟大的思想家、科学家、发明家、政治家、军事家、文学家和艺术家。他们以博大精深的思想和智慧,与广大劳动人民一起共同创造了大量造福于人类的精神财富和物质财富,推动了生产力的发展和社会的进步,从而构成了山东历史丰厚而富有特色的内容,谱写了山东历史绚丽多彩的篇章。

　　本次编写出版的《山东专史》系列,为《山东地方史文库》的第二辑,包括《山东政治史》、《山东经济史》、《山东军事史》、《山东思想文化史》、《山东科学技术史》、《山东教育史》、《山东文学史》、《山东社会风俗史》、《山东移民史》、《山东对外交往史》等10部著作,较全面地研究和反映了山东古代至新中国成立前的政治、经济、军事、思想、科技、教育、文学、风俗、移民、外交等领域发展、变化的历程。《山东专史》系列和已出版的《山东通史》一样,在编写思路和结构上都采取纵横相结合的方法,不同的是,《山东通史》以纵带横,纵中有横;《山东专史》系列则是以横带纵,横中有纵。如果说《山东通史》是从纵的方面系统地探讨山东历史各个领域的发展演变,《山东专史》系列则是从横的方面对山东历史不同领域进行重点的研究,也可以说《山东专史》系列是对《山东通史》中一些重要领域的细化和补充,这两部著作相得益彰、交相辉映,比较系统全面地体现了《山东地方史文库》丰富的内容及厚重的文化积淀。

　　《山东专史》系列各卷的作者,均是山东省高校和科研机构中多年从事有关领域研究的教授、研究员等专家学者,他们在山东历史的研究方面均有较高的理论水平、丰富的资料积累和写作经验,因此对其撰写的书稿都能做到比较深入的研究。每卷作者在撰稿中都注意吸取当今学术界最新研究成果,并在此基础上,力求有所创新;对有争议的问题则采取了比较客观的立场和实事求是的态度。10 部专史大都具有资料翔实、内容丰富、思路清晰、系统条理、文字流畅、深入浅出等优点;另附有与文中内容相关的多种图表,以便于读者更好地阅读和理解。

　　近年来,山东学者对于山东历史的研究取得了长足进步,先后推出了《山东通史》、《齐鲁文化通史》、《济南通史》、《齐鲁历史文化丛书》、《山东革命文化丛书》、《山东当代文化丛书》、《齐鲁诸子名家志》、《山左名贤遗书》、《齐鲁文化经典文库》、《山东文献集成》等多部大型系列著作(省直各部门、各地市县的研究成果尚未包括在内),表明了山东地方史的研究已走在全国各省地方史研究的前列,对于研究山东、宣传山东、存史资政育人起到了重要作用。本次《山东地方史文库》中 10 部《山东专史》的出版,对山东地方史研究来说,无论从深度还是广度上看,都有新的开拓,也是山东省文化建设工程的又一项重大成果。对于当前和今后建设社会主义和谐山东,推进山东社会主义政治文明、精神文明、物质文明、生态文明建设,都具有重要的现实意义。

　　我衷心希望参加编写的作者和出版社的同志们,在老省长、《山东地方史文库》总主编韩寓群同志的领导和山东师范大学校领导的支持下,善始善终地继续做好《山东专史》系列第三辑、第四辑的编写和出版工作,并预祝这项艰巨而光荣的历史任务圆满成功。

安作璋

2011 年 5 月

前　言

　　山东，人杰地灵，是中华文明的重要发源地之一。沂源猿人化石的发现证明，早在四五十万年前，这片土地上就有古人类生存和繁衍。自从有了人类的活动，教育便相伴而生了。它以培养人为目的，是文化传承、知识积累、品德培养、自身发展的社会实践活动，是人类社会生存、发展、延续的基本条件。山东人历来重视教育，形成了优良的重教传统。在山东教育发展的过程中，既有成功的经验，也有失败的教训，更有与教育规律相始终的丰富的教育思想，这些都是留给当代山东人的宝贵文化遗产。将这些文化遗产进行梳理、汇总、总结，必将对当代山东文化教育事业建设具有极大的借鉴、启示意义。

一、山东教育的基本分期及发展线索

　　综观整个山东教育的发展历史，可以看出，它与山东政治、经济、文化的变迁紧密联系，但教育毕竟不是政治、经济，它有自身的运行规律，在许多时候，与政治、经济的发展并不保持同步关系。如果将山东教育置于从传统向现代转变的整个历史大趋势下，就能清晰地看到山东教育发展的基本脉络。

　　1. 山东教育的萌芽期

　　山东境内现在所发现的最早人类是"沂源猿人"，属于旧石器时代早期，大约距今有四五十万年。此后，生活在山东地区的是东夷人，这包括了从北辛文化（约前5400—前4300年）、大汶口文化（约前4300—前2400年）到龙山文化（约前2400—前1900年）、岳石文化（约前1900—前1600年）4个文化阶段的人类。

在原始社会时期,山东地域内的人类已有了基本的原始教育。原始教育是十分简单的,基本局限于一些原始的生产劳动、社会生活和原始宗教活动方面的教育,尚未从生产、生活中独立出来,也没有专门的场所和人员来从事教育活动,教育只是融会在劳动和生活过程中进行的。

随着生产力的提高,教育从生产和劳动中独立出来逐渐成为现实。特别是在山东地区出现了最为原始的文字,加速了山东教育的产生。

虞舜时代,山东出现了被称为"成均"、"虞庠"的学校。"成均"被认为是传说中五帝时代的"大学",是以"乐教"为主的"宫廷"学校;"庠"不同于"成均",主要承担对一般氏族贵族子弟的五伦教育。

2. 山东传统教育模式的建立期

从夏朝开始,山东进入了阶级社会。与此相对应,山东最初的学校都仅对奴隶主贵族开放。

夏、商、西周时期,学校由官府垄断,即所谓的"学在官府",因此一般平民很少有受教育的机会。"官师合一"是"学在官府"的主要表现,即学校的教师由官吏兼任。学校的教学内容也已基本稳定,即以"六艺"为纲。

春秋战国时期,由于铁器的广泛使用,社会生产力有了长足的进步,社会处于急剧变化中。社会的大变动,也对原来的教育制度产生了巨大冲击。官学衰落,私学兴起,"天子失官,学在四夷"①的时代来临了。

在倡办私学的大军中,齐、鲁两国无疑走在各诸侯国的前列,出现了孔门私学、墨家私学等。私学并非创自孔子,但孔子私学却是当时办学规模和影响最大的私学,据传有弟子3000人。孔子的私学以"学而优则仕"为办学目的,以"有教无类"为办学方针,以"六经"为教学内容,适应了当时平民对教育的渴望与要求。于是,"学在官府"的格局渐为遍地兴起的私人讲学所代替。齐国稷下学宫的兴起,是此时齐鲁教育的又一亮点。"稷下学宫是一个官办之下有私学,私学之上是官学的官私合营的自由联合体"②,它积聚了当时差不多天下各家各派人物,他们互相辩驳、争鸣,收徒讲学,参议国政,蔚为大观,达到了战国时期百家争鸣的顶峰。

到汉代,从汉武帝实行"罢黜百家,独尊儒术"政策开始,儒学被置于官

①《左传·昭公十七年》。
②毛礼锐、沈灌群主编:《中国教育通史》第1卷,山东教育出版社1985年版,第181页。

学的地位而受到尊重。虽然这一时期传授私学的包括各家各派,但汉朝政府无论贤良方正、孝廉,还是秀才、明经、童子科,都以儒家经传作为主要考察内容,当时邹鲁就有"遗子黄金满籝,不如一经"①的谚语。因此,西汉中期以后,教授儒家经传的私学越来越有市场,私学儒学化也就越来越严重。

至此,山东传统的教育模式已基本建立起来。该模式为:以官学、私学为基本教育形式,以儒家经传为主要学习内容,以选官制度为强化手段,以培养封建专制的统治人才为最终目的。

3. 山东传统教育模式的发展期

魏晋南北朝时期的山东,社会动荡不安,长时间处于不同政权的争夺之下,文教变化不定。由于政权更迭,汉代所形成的儒学独尊的局面被打破。这导致了传统教育模式中,作为主要学习内容的儒学被弱化。

同时,九品中正制选官制度的实施,又使得传统教育模式中的强化手段发生错位。九品中正制又称九品官人法,它将郡县未出仕士子根据德才、门第评定出9个品级,按等级高低选拔官员。九品中正制的实施,带来了极大的弊端,造成"上品无寒门,下品无势族"的现象,严重制约了社会不同阶层积极性的发挥。

教育内容的弱化、强化手段的错位必然带来教育形式的偏离。由于人们斤斤于门第高低,因此山东出现了官学不兴、家学盛行的景象。

隋唐时期,统治者开始恢复和加强传统教育模式。

首先采用新的选官制度,以科举制代替九品中正制。这一制度不问家世,不须举荐,主要以考试成绩决定取舍,比世卿世禄制、察举制以及为豪门世族服务的九品中正制更具公平性,是对中下层读书士子的一次解放。

科举制施行后,首先打破了山东士族、庶族的固有格局。许多庶族地主借助科举制,获得了进入统治阶级上层的机会。如山东的孙逖家族,便是典型的借助科举上升而来的庶族地主。其次,对山东学校教育产生了重大影响。随着科举制的发展,科举成为出仕最为重要的手段之一,社会上一般士子即以科举作为唯一的出路,学校逐渐成为科举的附属品。

隋唐两代,山东地方学校普遍设置,形成了较为完备的学校体制。山东

①《汉书·韦贤传》。

地方官学包括府、州、县学,而各级地方学校又大体分为经学、医学和崇玄学,县学只有经学。但随着科举制的实行,山东地方官学普遍存在着重应试而不重养士的倾向,严重影响了学校教育的正常发展。

私学与官学一般呈现出跷跷板的特征,此起彼伏,此伏彼起。唐初,官学较为兴盛,私学不畅。但随着科举制的实行,加之安史之乱的打击,山东地方官学一蹶不振,私学得到了发展的机会。

4. 山东传统教育模式的衰败期

宋元明清时期,中国文化专制日益强化。作为文化一部分的教育,在社会生活中愈来愈成为专制统治的工具,逐步走向单一化和封闭化。

以科举制为主的选官制度,作为传统教育模式的强化手段,逐渐变为教育的支配力量。科举制在吸纳下层知识分子方面的积极作用毋庸讳言,但宋代以后的统治者,逐渐将科举制变为笼络、钳制知识分子的工具。及至明朝中叶以后,在内容上要求应试举人完全按照"四书"、"五经"及官方指定的注疏,"代圣贤立言",不准发挥己意。到了清代还增加了《圣谕广训》之类的东西,更把读书人的思维框得死死的。人们除了宋明理学以外,不知有其他学问;除了圣人、君上意志之外,不知有个体欲望的追求。特别是八股模式,将科考者的思维钳进一个僵死的框子里,成为"代圣贤立言"的机器,用不着实际的空话和陈词滥调凑成所谓"文章",以为出仕的敲门砖。

在科举制的指挥棒下,官学、私学均变成了科考的预备场所,科举考试的内容就是山东地方学校的学习内容。虽然从北宋起,书院作为私人讲学的场所在山东开始出现,但明代以后,山东的书院开始官学化,逐渐变成考课式书院,也成为科举的附庸。

5. 山东传统教育向现代教育的过渡期

西方列强的大炮,震醒了睡梦中的中华帝国。但面对西方的入侵,清代统治者却无法找到抵御侵略的人才。这不仅是传统社会遇到的挑战,更是传统教育遇到的挑战。于是,山东传统教育开始谋求向现代教育的过渡。

这种过渡是艰难而曲折的。首先是教育内容的变化。在四书五经的传统教育中,逐渐加入了声光化电、人文历史等新鲜内容。其次,在教育形式上,兴办新式学校,并将书院、府州县学改为学堂。第三,废科举制,终止传统教育中的强化手段。但遗憾的是,无论晚清政府还是北洋政府都强调旧的纲常伦理不可改变,或主张"以四书五经纲常大义为主"①,或主张"以孝弟忠信礼义廉耻为人道之大经"②,坚持培养"忠君"、"爱国"的所谓人才,严重制约了新式教育的成长速度。

在这一过渡中,西方教会学校的教育模式给山东教育的转变以较大的启示。

6. 山东建立现代教育模式的尝试期

自中华民国建立始,资产阶级革命派就试图建立全新的现代教育模式。由革命党人蔡元培任总长的教育部,曾颁布命令,废止清朝学部颁布的教科书,使用合于共和民国宗旨的教科书,废止旧学制改用新学制,大力进行国民教育。

1932 年,南京国民政府颁布《小学法》、《中学法》,试图建立现代教育新模式。山东国民政府也制订了《山东省政府教育厅教育行政纲要》,明确教育宗旨为"以三民主义为中心的全民教育",试图建立革命化、平民化、科学化、民生化、人格化、纪律化、艺术化、团体化的所谓新教育。③

但与追求专制独裁相适应,国民党千方百计要将各级各类学校的管理纳入其"以党治国"的轨道。

中国共产党领导的抗日根据地、解放区,实行的是新民主主义的教育。1943 年 8 月 1 日,中共中央山东分局通过了新的《山东省战时施政纲要》,其中提出:"发展新民主主义的文化教育事业。"1946 年 2 月,山东省人民政府发出《关于发展中等教育的指示》和《关于整顿和发展小学教育的指示》。这一教育的特点是:教育与实际相结合、与生产劳动相结合、与文化宣传相结合,以培养有阶级观念、劳动观念、群众观念的反帝反封建革命知识分子为目的。办学形式灵活多样,无论在学制、课程、教学方法、组织形式等方面都因地、因时、因情况而宜。

新民主主义的教育,为山东现代教育模式的建立找到了一条新路。

---

① (清)朱寿朋编:《光绪朝东华录》(四),中华书局 1958 年版,总第 4719 页。
② 《民国经世文编》第 40 册,沈云龙主编:《近代中国史料丛刊》第 50 辑,台北文海出版社 1966 年版,第 5249 页。
③ 参见《山东省政府教育厅教育行政纲要》,《山东省政府教育厅第一次工作报告》甲编,1929 年,第 1—2 页。

二、目前的研究状况

山东教育史是中国教育史的一部分，同时它又是山东文化史的一部分，对它的研究近 20 年来呈现出日趋活跃的态势。从总体上讲，山东教育史既包括总体研究，也包括了断代研究和专题研究。现将其研究状况简述如下：

首先是总体研究。

赵承福主编的《山东教育通史》（山东教育出版社 2001 年版）是第一部较为全面地研究山东教育史的著作。它分为古代卷和近现代卷两部分，采用"梳理"与"解剖"的办法，对山东历史上的教育进行了研究。既全面地展现各个不同时期山东教育的整体状况，又对与教育密切相关的重要事件与人物，作了较为详尽的介绍。

由山东省教育厅《山东教育史》课题组主编的《山东教育史》（全国专家评议稿）（未刊，2007 年 7 月），是全国教育科学"九五"规划重点课题《中国地方教育史》的子课题。该书分为上下两卷，以中国历史上的朝代兴替为序，对山东教育进行了梳理。

于联凯、韩延明主编的《沂蒙教育史·古代卷》（中央文献出版社 2007 年版）是一部山东区域教育通史，主要叙述了自远古时代至 1840 年鸦片战争以前沂蒙地区教育的产生与发展。

在安作璋主编的《齐鲁文化通史》（中华书局 2004 年版）、《山东通史》（修订版）（人民出版社 2009 年版）中，在对应的各卷也都包含有教育的内容，对不同时代山东教育进行了分析论述，内容较为翔实。

另外，毛礼锐、沈灌群主编的《中国教育通史》（山东教育出版社 1985—1989 年版）、陈学恂主编的《中国教育史研究》（华东师范大学出版社 2009 年版）、李国钧、王炳照总主编的《中国教育制度通史》（山东教育出版社 2000 年版）、王炳照、阎国华主编的《中国教育思想通史》（湖南教育出版社 1994 年版）等，均为中国教育总体史的研究著作，其中也有大量涉及山东教育史的内容。

其次是教育史的断代研究。目前关于山东不同时代教育的断代考察，成果较少。

张良才、修建军的《原始儒学与齐鲁教育》（湖北教育出版社 2003 年版),是关于齐鲁时期山东教育状况的研究专著,该书通过对原始儒学在齐鲁文化区教育发展中作用的分析,阐述了地区学术资源与区域教育发展之间的关系。

李取勉的《清代山东学校教育研究》(硕士学位论文,湖南师范大学2004年),对清代山东的官学、私学、书院以及这一时期的办学经费和教育思想进行了分析研究。

王运明的《1928—1937年山东中等教育研究》(硕士学位论文,首都师范大学2008年),对该时期山东中等教育的政策和措施、结构与布局、教育经费的来源和使用、课程设置及师资状况均进行了有益探索。

山东解放区教育史编写组撰写的《山东解放区教育史》(明天出版社1989年版),较为系统地梳理了从山东根据地初创到解放战争胜利期间山东解放区教育的发展历程、各级各类教育(包括干部学校、高等教育、中等教育、小学教育和群众教育)的发展概况、中小学师资队伍建设情况,并总结了解放区教育的经验。

另外,逄振镐的《东夷文化研究》(齐鲁书社2007年版),郭齐家、乔卫平的《中国远古暨三代教育史》(人民出版社1994年版),朱启新的《中国春秋战国教育史》(人民出版社1994年版),李玉洁的《齐国史》(新华出版社2007年版),郭克煜等的《鲁国史》(人民出版社1994年版),杨朝明的《鲁文化史》(齐鲁书社2001年版),王志民的《齐文化论稿》(山东大学出版社1995年版),宣兆琦、李金海主编的《齐文化通论》(新华出版社2000年版),肖川、何雪艳的《中国秦汉教育史》(人民出版社1994年版),姜维公的《汉代学制研究》(博士学位论文,吉林大学2004年),卜宪群的《中国魏晋南北朝教育史》(人民出版社1994年版),冯晓林的《中国隋唐五代教育史》(人民出版社1994年版),乔卫平的《中国宋辽金夏教育史》(人民出版社1994年版),苗春德主编的《宋代教育》(河南大学出版社1992年版),兰婷的《金代教育研究》(博士学位论文,吉林大学2008年),欧阳周的《中国元代教育史》(人民出版社1994年版),申万里的《元代教育研究》(武汉大学出版社2007年版),赵子富的《明代学校与科举制度研究》(北京燕山出版社2008年第2版),尹选波的《中国明代教育史》(人民出版社1994年版),刘秀生、杨雨清的《中国清代教育史》(人民出版社1994年版),张玉法的

《中国现代化的区域研究:山东省(1860—1916)》(台湾"中央研究院"近代史研究所 1982 年版),吕伟俊等的《山东区域现代化研究(1840—1949)》(齐鲁书社 2002 年版)等,也都在各自的论述中涉及了山东不同历史时期的教育考察。

再次是教育史的专题研究。在这一方面,无论学术专著还是学位论文、学术论文成果都较为丰富。现仅将学术著作、学位论文综述如下:

关于山东的教育事件、教育形式和教育现象的研究:

刘蔚华、苗润田的《稷下学史》(中国广播电视出版社 1992 年版)和于孔宝的《稷下学宫与百家争鸣》(山东文艺出版社 2004 年版)对稷下学宫的历史、教学状况以及百家争鸣的盛况作了较为详细的介绍。

李伟的《山东书院史话》(山东文艺出版社 2004 年版),通过对山东书院的演变、山东书院的类型与特点、山东书院的管理与学风的研究与分析,从不同角度对山东的书院进行了透视。

秦海滢的《明代山东教化研究》(博士学位论文,东北师范大学 2004 年),在论述明代教化时涉及了这一时期山东的学校教育、社会教育等内容。

郭运功的《唐代科举考试中的山东名门望族》(硕士学位论文,曲阜师范大学 2009 年),其中一部分内容研究了唐代山东名门望族与科举制的关系,对了解科举制与山东的关系较有帮助。

张增祥的《明清时期山东进士的时空分布研究》(硕士学位论文,南京师范大学 2008 年),运用统计学、文献学、历史分析等方法,对明清时期山东进士数量的时空分布作了梳理与分析,这一研究有助于弄清明清科举对山东不同区域的差异性影响。

曹立前的《晚清山东新式学堂》(山东文艺出版社 2004 年版),对晚清山东新式学堂的发轫、晚清山东新式学堂的发展、晚清山东的教会学堂进行了介绍与分析。

另外,王翠红的《近代山东私塾改良研究》(硕士学位论文,山东师范大学 2007 年)对近代山东的私塾改良有较为详细的论述;张晓芳的《山东国民政府文化政策研究(1928—1937)》(硕士学位论文,山东师范大学 2007 年)对于山东国民政府的教育政策有所涉及;张鹏的《山东省立民众教育馆研究(1929—1937)》(硕士学位论文,山东师范大学2008年)则对山东当时社会教育的重要形式——民众教育馆作了系统的梳理。

关于教育人物与教育思想的研究,有刘锡辰的《孔子及其教育思想》(河南大学出版社1988年版)、秦彦士的《墨子与墨家学派》(山东文艺出版社2004年版)、孔德立的《子思与思孟学派》(山东文艺出版社2004年版)、查昌果的《孟子与〈孟子〉》(山东文艺出版社2004年版)、秦永洲的《颜之推与〈颜氏家训〉》(山东文艺出版社2004年版)、谷颖的《伏生及〈尚书大传〉研究》(硕士学位论文,东北师范大学2005年)、王耀祖的《孙复、石介与宋代儒学复兴》(硕士学位论文,山东师范大学2006年)、李贞涛的《石介思想研究》(硕士学位论文,山东大学2008年)等。在山东教育人物的传记中,也分别包含了介绍和研究传主教育思想的内容,在此不再赘述。

三、本书的写作要点及说明

教育史首先是历史,其次才是教育史。前者要求遵循历史的发展规律,把教育放到历史发展的大框架下去考量;后者则要求遵循教育发展的特定规律,在教育规律的指引下去寻找教育史的发展轨迹。

因此,本书在谋篇布局的时候特别注意以下几点:

首先,注意将山东教育与山东文教政策联系起来。教育属于文化,属于上层建筑,它离不开经济基础的制约,更离不开文化大环境的制约。文化政策直接地反映了政治经济的要求,是历史大环境在意识形态领域的反映。因此,将教育与文教政策联系起来,就避免了教育史研究中的只见树木不见森林的现象。只有将教育史置于历史变迁的大框架中,教育史研究才能变得更有价值。

其次,注意教育史发展的内在规律性,按照由传统教育模式向现代教育模式发展的主线来构建山东教育史的基本研究框架。从中国教育史的整体发展来看,明显地呈现着前后两种不同性质的教育形态。前一种称之为传统教育,后一种称之为现代教育。"从中国教育发展的进程看,由传统教育发展到现代教育,体现了中国教育由低级向高级、由简单到复杂的进化。整个过程不是断裂的、对立的,而是有机相连的整体。"①山东教育发展的历史也没有离开这一发展趋势。

基于以上的考虑,本书共分为6章。第一章"山东教育的发轫",叙述山东教育在原始社会时期是如何从生产教育、生活教育中逐渐产生的。第二章"山东传统教育模式的建立",叙述了从夏商周至秦汉这一漫长时期,山东传统教育模式是怎样一步一步形成的。第三章、第四章重点对山东传统教育模式的发展及衰落进行了研究,并探讨了九品中正制、科举制对山东教育的作用及影响。第五章、第六章叙述了山东传统教育向现代教育的过渡以及山东建立现代教育模式的初步尝试,展现了山东在教育转型中的创新与探索、艰辛与曲折。

当然,山东教育史的研究离不开相关概念的界定。

首先,地域空间。众所周知,"山东"是一个较为复杂的地域概念,历史上的山东曾有过较为曲折的演变过程。本书的"山东"是以现在山东政区所辖区域为基本研究范围,再以历史上特别是明清的山东政区范围为参考。也就是说,山东教育史所指涉的"山东"与现代山东并不完全重合,既要照顾现代行政区划的既成事实,又要关注历史形成过程中的传统习惯。

其次,教育的概念。教育有广义与狭义之分。广义的教育是指所有增进人们的知识和技能、影响人们的思想品德的活动;狭义的教育则主要指学校教育。本书中教育的概念,主要是指狭义的教育。但按照山东教育史发展的实际进程和情况,在山东教育的发轫期及传统教育模式的建立发展期,也将社会教育、家庭教育纳入研究范围。即使在山东现代教育的尝试期,社会教育也是教育研究的对象之一。

再次,关于传统教育和现代教育的概念。现代教育研究认为,"现代教育所提倡和造就的,是一种民主的教育(面向大多数人的教育)、活的教育(生动活泼的教育)和以人为中心的教育(而非智育中心、学科中心、书本中心的教育)。这种教育是与中国传统以博取功名为目的、以考试为中心的教育格格不入的。"②本书同意这种对传统教育和现代教育概念的区分与认

①王建军:《中国教育史新编》,广东高等教育出版社2003年版,第494页。
②杨东平:《教育现代化:不仅仅是理想》,载吕型伟、阎立钦主编:《面向21世纪——我的教育观》基础教育卷,广东教育出版社2000年版。

定,即传统教育是培养专制统治的顺民教育,现代教育是培养符合现代生活要求的国民教育。

意大利历史学家克罗齐曾指出:"任何真历史都是当代史"。如果从另外的角度去理解这句话,就是:只有真的历史,才会给现代人们的生活提供借鉴,才不会割裂历史,才不会将传统与现代对立开来。历史来不得半点臆测和马虎,正是从探索真的历史、恢复历史本来面目出发,本书在叙述山东教育史时,努力占有更为广泛的史料,挖掘为前人所忽视的材料,对山东历史上的教育现象给予中正、公允的评价。当然,由于作者力量、才识所限,离这一要求还很远很远。

本书在写作过程中参阅了许多前人的研究成果,除在书中引文、书后参考文献所列之外,还有没有注出的,在此一并表示感谢。

书中不妥乃至错误的地方,恳请专家和读者指正。

李伟　魏永生

2011 年 4 月于山东师范大学

目　录

《山东地方史文库》总序 ……………………………………… 1

序 ……………………………………………………………… 1

前　言 ………………………………………………………… 1

第一章　山东教育的发轫 ……………………………………… 1

一、山东教育起源的社会背景 ……………………………… 1

（一）社会生产力 ……………………………………… 2

（二）社会经济 ………………………………………… 11

（三）社会生活 ………………………………………… 17

二、远古教育及原始学校的萌芽 …………………………… 21

（一）早期的生产劳动教育 …………………………… 21

（二）早期的社会生活教育 …………………………… 28

（三）学校教育的萌芽 ………………………………… 37

第二章　山东传统教育模式的建立 ………………………… 44

一、"学在官府"与西周时期的教育 ……………………… 44

（一）夏商时期的山东教育 …………………………… 44

（二）西周时期的官学教育 …………………………… 50

二、齐鲁两国的文教政策与私学的兴起 ………………… 57

（一）齐鲁两国的文教政策 …………………………… 57

（二）官学衰败与私学兴起 ·························· 63

（三）繁荣的鲁国私学 ···························· 67

（四）齐国的稷下学宫 ···························· 78

三、"独尊儒术"与汉代学校教育的发展 ············ 93

（一）秦汉时期的文教政策 ························ 93

（二）汉代山东学校教育的发展 ·················· 99

四、先秦秦汉时期的教育思想 ······················ 107

（一）孔子的教育思想 ···························· 107

（二）墨子的教育思想 ···························· 112

（三）孟子的教育思想 ···························· 116

（四）郑玄的教育思想 ···························· 119

第三章　山东传统教育模式的发展 ·················· 124

一、魏晋至隋唐时期山东的文教政策 ·············· 124

（一）魏晋南北朝变幻而多元的文教政策 ·········· 124

（二）隋唐尊崇儒学兼重佛道的文教政策 ·········· 131

二、"九品中正制"与山东教育 ···················· 139

（一）"九品中正"的选士制度 ···················· 139

（二）魏晋南北朝时期的山东教育 ················ 145

三、科举制的创立与山东教育 ······················ 157

（一）科举制的产生及对山东的影响 ·············· 157

（二）隋唐时期山东的教育 ······················ 166

四、魏晋至隋唐时期的教育思想 ···················· 175

（一）颜之推的教育思想 ························ 175

（二）房玄龄的教育思想 ························ 182

第四章　山东传统教育模式的衰落 ·················· 185

一、宋元至明清专制化趋向下的山东文教政策 ······ 185

（一）宋元时期山东的文教政策 ·················· 185

（二）明清时期山东的文教政策 ·················· 193

二、科举制下的单一化学校教育 …………………………………… 196
　　（一）科举制的发展 …………………………………………… 196
　　（二）宋元时期山东的学校教育 …………………………… 200
　　（三）明清时期山东的学校教育 …………………………… 211

三、书院教育的产生及其官学化趋向 …………………………… 219
　　（一）山东书院的演变 ……………………………………… 219
　　（二）山东书院的类型与特点 ……………………………… 242
　　（三）山东书院的管理与学风 ……………………………… 255

四、宋元明清时期的教育思想 …………………………………… 268
　　（一）石介的教育思想 ……………………………………… 268
　　（二）王筠的教育思想 ……………………………………… 271

第五章　山东传统教育向现代教育的过渡 …………………… 275

一、"中体西用"语境下的山东文教政策 …………………… 275
　　（一）封建教育的衰败 ……………………………………… 275
　　（二）改革派的文化教育主张 ……………………………… 278

二、晚清时期山东的教育 ………………………………………… 282
　　（一）武训义学及其影响 …………………………………… 282
　　（二）晚清教育的变革 ……………………………………… 288
　　（三）山东同盟会与资产阶级新教育的初创 …………… 299
　　（四）德、英侵略者在青岛、威海的殖民教育 ………… 304

三、北洋军阀时期山东的教育 …………………………………… 315
　　（一）壬子癸丑学制与山东教育的整理和发展 ………… 315
　　（二）知识分子群的新觉醒及其教育理念 ……………… 321
　　（三）日本侵略者在青岛的殖民教育 …………………… 327

四、外国传教士在山东创办的文化教育事业 ………………… 332
　　（一）山东教会组织及其办学目的 ……………………… 332
　　（二）新教与山东教育 ……………………………………… 342

第六章　山东建立现代教育模式的初步尝试 ……………… 357

一、国民党统治时期的山东教育 ················· 357

（一）国民教育体制的建立 ················· 357

（二）各级各类学校的整顿与发展 ············· 362

（三）梁漱溟与邹平乡村建设运动 ············· 376

（四）抗日战争时期国民党控制区的山东教育 ······· 380

（五）抗战胜利后国民党控制区教育的恢复 ········ 383

二、抗战时期山东日伪政权的奴化教育 ············ 384

（一）日伪奴化教育机构和教育方针 ··········· 384

（二）奴化教育的实施 ··················· 387

（三）奴化教育的衰微 ··················· 394

三、山东抗日根据地与解放区的教育 ············· 395

（一）抗日根据地教育的初创 ·············· 395

（二）新民主主义教育运动的展开 ············· 398

（三）山东解放区教育的整顿与发展 ··········· 416

四、著名教育人物与教育思想 ················· 430

（一）范明枢 ······················· 430

（二）何思源 ······················· 434

（三）董渭川 ······················· 438

（四）杨希文 ······················· 441

附　录 ···························· 447

参考文献 ··························· 495

后　记 ···························· 512

第一章　山东教育的发轫

　　山东位于华北的东部,它西接黄淮平原,东临黄海、渤海,为半岛地形。与山东半岛相遥对的是辽东半岛,二者共扼渤海。山东境内河道纵横,湖泊点缀,水利资源较为丰富;沿海海岸线长,多港湾。山东的地势,中部为隆起的山地,东部和南部为平缓起伏的丘陵区,北部和西北部为平坦的黄河冲积平原,是华北大平原的一部分。山东地形以平原丘陵为主,境内多山,主要有泰山、蒙山、崂山、鲁山、沂山、徂徕山、昆嵛山、大泽山等。山东的气候属于暖温带半湿润季风型,四季分明,气候温和。山东的这一地理形势,大约在第四纪①即已形成。山东的文明就是在这种地理环境下孕育的。

　　山东是中华文明的发源地之一。沂源猿人化石的发现证明,早在四五十万年前,这片土地上就有古人类生存和繁衍。自从有了人类的活动,教育便相伴而生了。它以培养人为目的,是文化传承、知识积累、品德培养、自身发展的社会实践活动,是人类社会生存、发展、延续的基本条件。

　　山东教育的发轫期,主要对应于人类的原始社会时期,它是山东教育的萌芽期。

一、山东教育起源的社会背景

　　考古研究成果证明,今山东地区在很早的远古时期就有了人类的活动。由于地区的相对独立性,山东地区原始人类的文明程度不仅不低于中原地区的水平,而且在很多方面超过了中原地区的水平。

---

　　①第四纪(Quaternary Period),地质纪年法概念,距今约160万年。

在阶级社会出现之前,山东境内的远古人类,在旧石器时代为以沂源猿人为代表的古人;在新石器时代为东夷人,这包括了从北辛文化(约前5400—前4300年)、大汶口文化(约前4300—前2400年)到龙山文化(约前2400—前1900年)、岳石文化(约前1900—前1600年)4个文化阶段的人类。

(一) 社会生产力

1. 旧石器时代

旧石器时代是考古学上以使用打制石器为标志的人类物质文化发展阶段,是石器时代的早期阶段。地质时代大致属于更新世,一般认为其时间大约距今250万年至1万年之间。它又可划分为3个时期,即旧石器时代早期、中期和晚期,大体上分别相当于人类体质进化的能人和直立人阶段、早期智人阶段、晚期智人阶段。

早在1965年到1972年间,考古工作者就先后在沂源县土门山的千人洞及其附近发现过打制石器,但未见人类化石。1981年9月,在开山筑路工程中,于骑子鞍山东南麓的一处石灰岩裂隙中发现了较多的第4纪哺乳动物化石,获得了猿人头盖骨化石及许多动物骨骼、牙齿化石。后来,又先后进行了2次发掘,共收获了1块头盖骨,大部分为顶骨,部分为枕骨、额骨,另有2块眉骨、1块股骨、1块肋骨和7颗牙齿。据判断,人骨和牙齿分别为2个成年猿人的个体。初步议定该人骨化石为"沂源猿人"或"沂源人"。从眉脊的粗厚程度和牙齿的形态特征来看,"沂源人"与"北京人"关系极为密切,并且在同出的十几种哺乳动物化石中,肿骨鹿、李氏野猪和巨野狸等也是北京猿人动物群中的重要成员。

因此,沂源猿人与北京猿人当属同时代人,同为直立人,属旧石器时代早期文化遗存,大约距今有四五十万年。[1]

沂源猿人是迄今发现的山东最早的远古居民。

在山东,同属于旧石器时代早期的文化遗存还有南洼洞地点和秦家官庄地点。

---

[1] 参见吕遵谔、黄蕴平、李平生、孟振亚:《山东沂源猿人化石》,《人类学学报》1989年第4期;徐淑彬:《山东沂源县骑子鞍山发现人类化石》,《人类学学报》1986年第4期;《我国古人类考古又一重大发现》,《人民日报》1982年5月7日。

　　南洼洞位于沂水县西北诸葛乡范家旺村,是一处石灰岩溶洞,距沂源猿人发现地45公里。在1983—1984年的发掘中,采集了7件石灰岩制作的石核、石片和砍斫器,同时发现了4个个体以上的斑鹿角化石及一些破碎的哺乳动物牙齿化石。斑鹿角化石经鉴定为葛氏斑鹿,"葛氏斑鹿是华北中更新世的典型动物……因此可以确定……地质断代为中更新世。石制品的时代应为旧石器时代早期。斑鹿角角柄和表面都有明显的砍砸痕迹,与当时人类活动有关。""南洼洞中旧石器的发现,表明这一带在中更新世时曾有古人类活动过。"①

　　1983年,在日照县东北丝山公社秦家官庄又发现了旧石器时代早期文化遗存。这里是一片红黄色土状堆积,厚达10余米,有3层。试掘中在第2层底部出土10件打击石器,同时在附近的冲沟和地层中还采集到石器20余件。这些出土的石器主要为刮削器和砍砸器,石质多为板岩、脉石英和石英。"旧石器的加工方法以单面修理较多,打片多采用石锤直接打击法,第2步加工修理的石器占半数以上。"发现的石器,"人工痕迹清晰,地层剖面可靠,是目前鲁东南沿海地带首次发现的旧石器时代早期的石器地点。"②

　　属于旧石器晚期的文化遗存主要是乌珠台人、千人洞遗址、上崖洞遗址等。

　　乌珠台人发现于山东新泰市刘杜镇乌珠台村。1966年,农民群众在找水源时,发现1枚人类牙齿化石和一些哺乳动物化石。这些化石是由当时的水流带至中寒武纪石灰岩的喀斯特溶洞里保存下来的。人类牙齿化石为一智人左下臼齿。牙齿不大,可能属于女性。从较轻的磨蚀程度上看,应属于一个少年个体。经专家鉴定,该牙齿的许多特征较一般北京猿人下臼齿进步,而接近于智人。

　　乌珠台发现的动物化石种类较为丰富,有虎、马属、披毛犀、猪、鹿、牛等。"除披毛犀限于生活在更新世外,其他的哺乳动物都可能生活到全新世","因此,这些标本的时代可能是更新世晚期"③。

---

　　①徐淑彬、马玺伦、孔凡刚:《山东省沂水县南洼洞发现旧石器》,《考古》1985年第8期。
　　②临沂地区文物管理委员会、日照县图书馆:《山东日照秦家官庄发现旧石器》,《考古》1985年第5期。
　　③吴新智、宗冠福:《山东新太乌珠台更新世晚期人类牙齿和哺乳动物化石》,《古脊椎动物与古人类》1973年第1期。

在前述沂源骑子鞍山千人洞发掘中,曾发现过打制石器和哺乳动物化石。千人洞遗址中有比较清晰的剖面层,在上、下灰烬层及抛于洞外的废土中,共发现石制品38件,其中刮削器15件,石核13件,石片10件。"刮削器中除用较薄石片制成的一般刮削器外,还有不少用厚石片制成的厚刮器,并都以单刃者居多,单面修制。石片有薄石片和厚石片(或可称打制石块)两种,均用直接打法制成,带有这类石片常见的人工特征,有些石片不经修理直接使用,在锐缘上可以见到使用的痕迹。石核都不太大,台面有天然的,也有人工的,有的石核是接连用打片后形成的石片疤作为台面继续打片的。"采到的动物化石很少,但可看到有微弱的石化现象,种类有野猪、鹿、野马(或野驴)。"这一遗址所代表的文化可能是更新世晚期的一种旧石器文化。"①

1981年发现的上崖洞遗址位于沂源县土门镇芝芳村柏坪山北坡,距沂源猿人化石产地约0.5公里,距千人洞遗址约7公里。上崖洞为奥陶纪石灰岩构成的溶洞,洞内文化堆积由于施工几乎全部被清除,仅在靠近洞口处留有少量堆积。该堆积可分9层,上部的8、9层中含有石制品。上崖洞遗址共发现25件石制品,岩性均为脉石英,类型有砸击石核、石片、刮削器、尖状器和石钻等,但器型个体较小。石制品多用直接打击法制作,单面修理,有的有明显使用痕迹。"上崖洞的石制品埋藏于黄土状堆积物中,虽然动物化石十分残破不能进行鉴定,但根据堆积物岩性特征的对比以及石制品的特征,可以确定其时代应属更新世晚期,代表旧石器时代晚期的文化遗物。"②

另外,在沂水的湖埠西,莒南的烟墩岭、九顶莲花山,日照的竹溪北沟、竹溪南沟、丝山、丝山西沟、空山、虎山、胡林村,以及郯城、蓬莱、长岛、海阳等地也相继发现了旧石器时代晚期的人类遗存。

因此,从旧石器时代早期到旧石器时代晚期,山东从鲁中到沿海都有远古人类的活动。他们在山东境内的较大范围内辛勤劳动、顽强生息,创造了远古的文明。

据学者研究,旧石器时代的山东处于森林——草原环境中,中部是泰沂低山丘陵,北部为华北平原,丘陵生长着茂密的针叶林,平原区草丛遍布。

<hr>

① 戴尔俭、白云哲:《山东一旧石器时代洞穴遗址》,《古脊椎动物与古人类》1966年第1期。
② 黄蕴平:《沂源上崖洞石制品的研究》,《人类学学报》1994年第1期。

气候变化的特征为冰川作用由盛转衰,冰期、间冰期交相更替,气候虽逐渐变为温暖湿润,但"由于受冰期气候的强烈影响,气候状况要比现代内蒙、东北区的温带环境恶劣,推测年均气温高于—2℃,低于6℃,古今年均温差在8—10℃左右,年雨量小于500mm,为大陆性寒冷半干旱气候环境"①,干冷——暖湿交替。这一时期,动物较为丰富,既有较为温顺的硕猕猴、鼠狗、肿骨鹿、梅氏犀、披毛犀、斑鹿、三门马、李氏野猪、牛等,也有凶猛的大河狸、棕熊、黑熊、变异狼、虎等。

旧石器时代的山东人由于自身能力的限制,相对而言,他们面临的自然条件是极为恶劣的。为求得生存,他们首先要适应大自然,但为了发展他们又必须与大自然进行顽强的斗争。

物质生产,是人类生存的第一个前提。马克思和恩格斯曾经这样说过:"人们为了能够'创造历史',必须能够生活。但是为了生活,首先就需要衣、食、住以及其他东西。因此第一个历史活动就是生产满足这些需要的资料,即生产物质生活本身。"②因此,生产活动,不仅是人类生存的前提,而且是人类历史活动的重要内容。

旧石器时代山东人完全依靠大自然的施舍而生存。他们使用着经过自己简单打制的石器和略加修理的棍棒在地面谋生,或采集野生的根、茎和果实,或猎取动物。

在发现的沂源猿人时代的化石中,简单的打制石器较为丰富,如砸击石核、石片、尖状器、石钻、刮削器等。以上崖洞出土的石器为例,砸击石核平均长33.5、宽32、厚20.6毫米,砸击石片的平均长、宽、厚分别为28.0、19.9和9.8毫米,有的石核上、下端均保留有原生围岩面,其最大厚度约50毫米。因而可以认为上崖洞先民是捡拾裸露于地表的脉石英块作为原料。石制品中砸击石核和石片数量较多,砸击法是重要的打片方法。石制品中仅有3件锤击石片,但在石器中仍可鉴定出6件是用锤击石片为毛坯加工制成的,这说明上崖洞先民同时也使用锤击法打片。石器以小型刮削器和钻具为代表。从使用微痕观察,刮削器主要用作切割,石钻是钻孔的工具。到

---

① 赵济等:《胶东半岛沿海全新世环境演变》,海洋出版社1992年版,第27页。
② 《马克思恩格斯全集》第3卷,人民出版社1960年版,第31页。

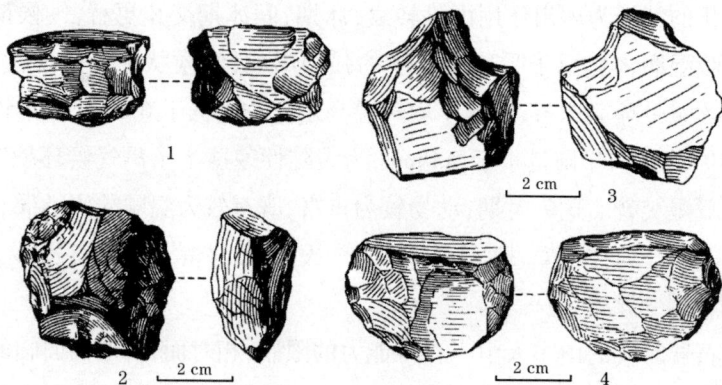

上崖洞石器

1、2、4　刮削器　3　尖状器

(黄蕴平:《沂源上崖洞石制品的研究》,载《人类学学报》1994 年第 1 期)

了旧石器时代的晚期,山东人的生产工具有所改进,出现了石球。石球是原始人远距离的狩猎工具。在沂水县的湖埠西遗址就发现石球 1 件,长 63、宽 57、厚 55 毫米,重 250 克。在郯城黑龙潭遗址也出土过石球。

依赖这些原始的工具,山东先民共同劳动共同生活。在长时期的劳动过程中,他们在体质上有了明显的提高。沂源猿人从眉骨粗壮及牙齿特征来看,和北京猿人十分相近。因此,在体质上说来,应与北京人相似,即:沂源猿人上肢已完全具有现代人的形式,下肢还有若干原始的性质。由于手的劳动引起四肢的分化,因而下肢的发展落后于上肢。沂源猿人的头部以及牙齿则远较现代人为原始,它的脑量也较小,这又说明了脑、头骨和牙齿等是由于手的劳动以及四肢的分化而随着发展起来,因而头部结构还存在许多原始的性质。

由以上的叙述可知,旧石器时代山东人的生产力水平是极为低下的。

2. 新石器时代

在大约距今 1 万年前,人类进入了新石器时代①。山东地区处于这一

---

①现在有许多学者认为,在旧石器时代与新石器时代之间存在着中石器时代,即所谓细石器文化。中石器时代文化最为突出的特征是石器的细小化,石器制作工艺普遍采用了间接打击法,发明了弓箭等复合工具。在山东代表这一文化特点的是凤凰岭文化。本书为叙述方便,将细石器文化归入新石器时代早期文化。

时期的典型文化,按时间从早到晚的顺序依次为:凤凰岭文化、北辛文化、大汶口文化、龙山文化、岳石文化。

北辛文化作为一种新的文化被认识,是由于1978、1979年对山东滕县北辛遗址的发掘。这是一种距今7300—6300年的文化遗存。北辛文化存在范围相当广泛,主要分布于泰沂山系南北及江苏淮北地区,目前已发现60多处文化遗存。

北辛先民已开始了以部落为主体的定居生活,并出现了原始农业生产。在一些窖穴的底部,发现了粟类作物的颗粒,这些碳化了的粟颗粒,是目前我国北方发现较早的农作物之一,这说明了农业生产是他们生活资料的主要来源,也是定居生活赖以生存的重要保障。

生产工具大为改观,不仅出现了磨制石器,而且出现了骨制工具。

石器主要分打制和磨制两种。打制石器有斧、敲砸器、盘状器、铲、刀等。其中以斧、敲砸器发现的数量最多,其次为盘状器和小铲等。从对这些打制石器的研究可知,第一,制作虽较简单,但是器形相当规整,已定型;第二,有些是利用磨制的石铲等大型器物的残片为原料,再加工打制而成。磨

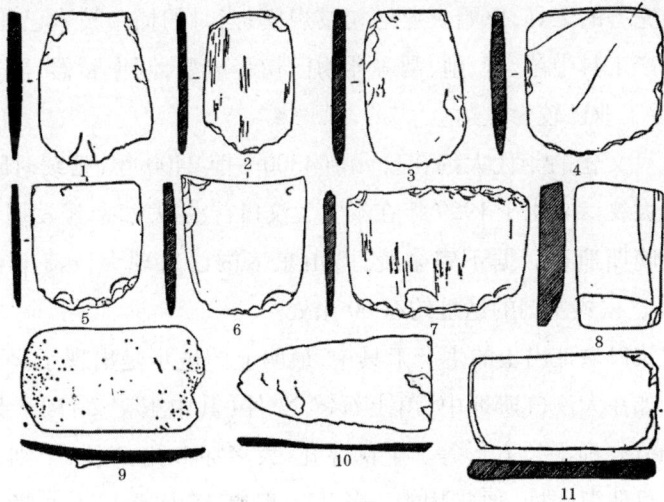

滕县北辛遗址出土的磨制石器

1—7 石铲　8 石锛　9—11 石磨盘

(中国社会科学院考古研究所山东队、山东省滕县博物馆:

《山东滕县北辛遗址发掘报告》,《考古学报》1984年第2期)

制石器则有铲、刀、镰、磨盘、磨棒、磨饼、凿、匕首等。其中铲的残片最多。石铲,器形都较大、扁薄,平面有呈横长方形的,有呈梯形和舌形的,有的在其刃部遗留有使用痕迹,通体磨光,是翻土播种的工具。"磨盘呈三角形的为多,有的略呈长方形,而有矮足的磨盘甚为罕见。磨棒以横断面呈半圆形和圆角长方形的为多。"①对于磨盘有矮腿,有些专家推测,"滕县北辛遗址的居民对粮食加工的方式是采取坐或蹲在地上使用磨具(磨盘、磨棒、磨饼等)对粮食进行加工食用"②。

骨制工具主要包括骨、角、牙、蚌器,器型有镞、鱼镖、鹿角锄、凿、匕、梭形器、针、锥等,其中以镞、针最多。蚌器有镰、铲、镞等,其中以镰、铲等最具特色。蚌器发现的数量和器类都不多,但是反映了北辛文化的先民已利用贝壳,在生产和日常生活中发挥它的作用。

北辛遗址还发现了大量的陶器。陶器都是手制,有夹砂陶和泥质陶两种。夹砂陶以黄褐色为主,纹饰有窄堆纹、篦纹、划纹、压划纹等。器型有鼎、釜、深腹圜底罐、小口短颈双耳罐、钵、碗、盆、壶、支座等。

从以上的分析可以看出,当时的农耕生产从耕作播种到收割、加工已有一套较为完备的工具,原始农业已初具规模;当时的捕鱼技术已相当高超;当时的生产工具中截、劈、削、刮等器物已初步成型,制作石器、陶器已有专门分工,手工业已较为发达。

大汶口文化的年代大约在公元前4300—前2400年,延续时间约2000年左右。大汶口文化于1959年在泰安大汶口首次被发现,经发掘考定为新石器时代晚期遗存。据不完全统计,山东境内已发现大汶口文化遗址近550处,经过正式发掘的遗址约有60余处。

在大汶口遗址出土的生产工具中,最明显的进步是出现了穿孔的石器及骨。如在大汶口遗址中,出土石铲27件(其中玉铲2件)。形状有舌状、扁平梯形、扁平长方形等。上部穿孔,大多穿1孔、2孔,个别有穿4孔的。穿孔可捆绑木柄,便于用力。长度一般在15厘米以上。镰25件,有骨、牙、蚌等不同材质,也有穿孔的现象,有的穿1孔,有的穿2孔。石质生

---

①中国社会科学院考古研究所山东队、山东省滕县博物馆:《山东滕县北辛遗址发掘报告》,《考古学报》1984年第2期。

②逄振镐:《东夷文化史》,中国社会科学出版社1995年版,第73页。

产工具多通体磨光,棱角分明,刃部锋利。

由于生产工具的进步,农业、家畜饲养业及渔猎业有了长足发展。石铲、镰等收割工具的增加,反映了农作物收割的需求。遗址中大量猪、狗、牛、羊、鸡等骨骼的发现,说明当时家畜饲养业的发展。渔猎经济在大汶口文化也得到长足发展。比如,在兖州王因遗址中仅动物遗骸就达 3000 个个体,包括猪、獐、鹿、狍、麋鹿、貉、獾、狐、虎、牛、狗、猫、鸡、青鱼、草鱼、龟、鳖、鳄、蚌、螺等。① 这些动物中,除去人类饲养的猪、狗、鸡、牛等少数动物外,大部分为人类渔猎所得。

大汶口文化时期的制陶业有所发展,早期以红陶为主,晚期灰、黑陶比例上升,并出现白陶、蛋壳陶。手制为主,晚期发展为轮制陶器。器型有鼎、鬶、盉、豆、尊、单耳杯、觚形杯、高领罐、背水壶等。许多陶器表面磨光,纹饰有划纹、弦纹、篮纹、圆圈纹、三角印纹、镂孔等。

龙山文化是新石器时代晚期的文化,1928 年首先在山东省历城县龙山镇(今属章丘市)城子崖被发现。这一时期文化的最显著的特征有二:一是薄胎的黑色陶器,所以在很多时候"黑陶文化"便成为龙山文化的代称;二是城址的发现,如在山东地区,除城子崖龙山城址之外,还有日照尧王城遗址,寿光边线王城址,阳谷、东阿、茌平 3 县发现的 8 座城址,临淄田旺村城址等。

龙山文化由大汶口文化发展而来,是山东史前文化或新石器时代文化的鼎盛时期,绝对时间大约在公元前 2400—前 1900 年左右。龙山文化的分布范围比大汶口文化广。大体说来,北起辽东半岛,南到江淮以北,东自黄海之滨,西至河北、河南、山西、陕西等地,都普遍地分布着龙山文化的遗物和遗址。由于山东地区以外的龙山文化已与当地的土著文化相融合,出现了不同的变化,因此山东地区的龙山文化经常被考古界称为"典型龙山文化"或"山东龙山文化"。已发现的山东龙山文化的遗址有二三百处之多。

龙山文化已进入金石并用时代。在城子崖遗址中出土了大量的生产工具,石器类,如石铲类(有凹面式、带柄扁平式、不带柄扁平式),石刀类(有

① 中国社会科学院考古研究所编:《山东王因:新石器时代遗址发掘报告》,科学出版社 2000 年版,第 145 页。

狭面镰刀、宽面镰刀、粗刃式、双孔半月式);骨器类,如骨镰类(有锹头式、带孔式),骨刀类(有半月式、镰刀式)。这些工具加工精细、顺手好用,刃部也更加锋利,且大量的是收割工具。

在龙山文化遗址中还发现使用木制工具和铜制品的现象。在茬平尚庄遗址的龙山文化灰坑中发现了使用双齿木耒的痕迹,"坑壁有木耒加工痕迹,耒齿间距为5—6厘米"①;而胶县三里河则出土了2件黄铜锥形器,说明当时的人们已开始初步掌握冶铜技术,这对生产力的提升无疑是一次巨大的推动。

山东龙山文化的陶器在制法上有了很大的进步,普遍使用轮制技术。因而器形相当规整,器壁厚薄均匀,产量和质量都有很大提高,山东龙山文化陶器以黑陶为主,灰陶不多,还有少量红陶、黄陶和白陶。黑陶有细泥、泥质、夹砂三种。细泥乌黑发亮,学者们称为"蛋壳黑陶"。

岳石文化最早是在平度东岳石村发现的,因而得名。它是公元前1900—前1600年前后的一种文化,由龙山文化发展而来。岳石文化的遗址,目前已报道的不下四五十处,山东的大部、江苏北部、河南东部,都有较广泛的分布。

在生产力发展水平上,岳石文化与山东龙山文化相比,就总体而言是处于上升趋势的,但在某些方面则有衰落的迹象。

岳石文化的石器以半月形双孔石刀、带亚腰或竖向浅凹槽石斧、方孔石锄、铲、镢等为主,基本上沿袭了龙山文化的石器制作方法与技术。从器型上看,除方形或长方形石镢(内穿长方形大孔,有的两端有缺口)为岳石文化所独有外,其余均为龙山时期已有的器型;从数量上看,岳石文化石铲、石刀的数量比龙山文化激增,而石核的数量与形式均远逊于龙山文化。陶器以夹砂褐陶和泥质灰陶为主,轮制陶不发达,陶胎厚重;除素面、磨光之外,常见凸棱、附加堆纹、划纹、戳印纹以及彩绘;器类常见大袋足鬲、夹砂中口罐、尊形器、蘑菇状纽器盖、浅盘豆、舟形器等,种类与龙山文化相比减少较多。岳石文化出土了较多的青铜器,如在尹家城、照格庄和郝家庄等遗址的岳石堆积中,发现镞、锥、刀、环等小件铜器,表明岳石文化的铜器冶铸技术

---

① 山东省考古研究所:《茬平尚庄新石器时代遗址》,《考古学报》1985 年第 4 期。

和能力已经达到相当水平。

岳石文化的骨、角、蚌器十分发达,在生产工具中占有相当比例。其制作工艺技术和主要器类的形制,均与龙山文化相似。

新石器时代,山东先民的生产力水平有了长足发展,人们不再完全依赖大自然而生存,有了改造自然的微薄能力。生产有了剩余,开始摆脱原始状态。无论是社会经济,还是会生活都越来越丰富。

(二) 社会经济

1. 旧石器时代

旧石器时代,由于生产力的极端低下,山东先民还处于完全依赖大自然的时代。

由于生产工具的原始、自然环境的恶劣,一块地方提供的食物有限,"为了在发展过程中脱离动物状态,实现自然界中的最伟大的进步,还需要一种因素:以群的联合力量和集体行动来弥补个体自卫能力的不足"①,人们被迫结成小的"原始群",一起劳动,共同生活。

那时,能够维持生存的相对可靠的生产活动就是采集。采集经济以各种植物性食物为主要获取对象。由于自然界可食的植物种类和数量远多于动物,不同季节均有可采、可食之物,且采集活动不受男女老幼和体力强弱的限制,故为整个旧石器时代人类比较稳定的食物来源和最主要的经济活动之一。当时,山东先民活动的山东中东部地区是广阔的疏林草原②,山上树木密布,生长着松、柏、柳、栗、榆、椴等。一切可以充饥的野生植物的花、果、种、叶、干、根、草、皮等,都是人们的采集对象。采集活动所使用的劳动工具,主要是木棒、石片、刮削器、砍砸器、尖状器等,但更多的时候,人们可能是用手直接采摘植物果实的。这些劳动工具,除易朽腐、难保存的木棒外,其余的石器在旧石器时代早期的山东沂水县南洼洞遗址、日照秦家官庄遗存以及旧石器时代中、晚期的山东沂源县骑子鞍山千人洞遗址、沂源上崖洞遗址、新泰乌珠台遗存、日照竹溪村遗存、郯城县黑龙潭遗存,还有胶东半

---

① 《马克思恩格斯选集》第 4 卷,人民出版社 1995 年版,第 29 页。
② 参见赵济等:《胶东半岛沿海全新世环境演变》,海洋出版社 1992 年版,第 113 页。

岛的蓬莱、长岛、海阳等地的遗址都有发现。

采集植物风险小,但耗费时间多,获取的食物也很少,而且其提供给人类的热量也相当低。而肉食比素食能提供更多的热量和蛋白质,且数量庞大。因此,人类从一开始就将获取食物的对象瞄准了动物,狩猎成为人类适应环境的一个重要手段。《商君书·画策》中"昔者,昊英之世,以伐木杀兽,人民少而木兽多"的记载,便是对这一时期原始先人狩猎生活的生动写照。一开始,狩猎的对象是那些病兽和离群的弱兽,但随着狩猎工具的改进和原始群的出现,人们逐渐具有对付大型动物的方法。

旧石器时代初期和早期人类的狩猎工具,可能主要是棍棒或石块。长而粗的木棒是一种有效的进攻和防御武器。至于狩猎方法,不同的自然环境中可能有所不同。在空旷的草原地带,人类很难接近野兽,可能用追赶或围捕的方法获得猎物。在沂源猿人、乌珠台人的经济生活中,狩猎是经常进行的一项活动。在沂源猿人、乌珠台人的遗址中就存有硕猕猴、大河狸、肿骨鹿、李氏野猪、梅氏犀牛、马、熊、猎狗、猛虎、斑鹿等动物的化石。斑鹿和肿骨鹿应属不同季节的动物,也就是说旧石器时代的山东先民在不同的季节猎取不同的鹿类,在夏季主要猎取斑鹿,到了秋季和初冬,肿骨鹿从北方迁来,斑鹿则向南移去,他们便转而主要猎取肿骨鹿。旧石器时代晚期,山东先民的狩猎工具有了极大进步,出现了石球,这样使远距离狩猎成为可能。在沂水的湖埠西遗址和郯城的黑龙潭遗址都出土过石球,这说明山东先民在狩猎技术上的进步,使得猎杀大型动物变得更加容易,也更加安全。

即使有石球这种狩猎工具,在旧石器时代获取野兽也并非易事。而采集活动则可保证基本的食物来源,故采集活动在整个社会经济中占有很大的比重。采集活动主要以妇女为主,狩猎活动主要以男子为主。与采集在经济生活中的重要地位相适应,妇女在原始群中的地位要高于男子,此时的社会处于母系氏族社会前期。由于他们以采集和狩猎为生产手段维持生活,他们必须因追随动植物资源而不断迁徙,所以过着游动而不定居的生活。

2. 新石器时代

新石器时代山东人的经济生活由于生产力水平的提高,逐渐变得丰富起来,不仅产生了原始的农业和畜牧业,而且产生了原始的手工业。

在采集的过程中,原始人尤其是妇女发现植物种子落在地上来年就可萌芽复发的现象,逐渐萌发了培养种植的想法。通过长期的摸索和无数次试种,终于把可供食用的野生植物变成人工栽培的农作物。由于栽培技术的取得,原始农业便由此产生了。

在北辛遗址的北辛文化层中出土的钵、碗、小口壶、勺等,底部均有粟糠和粟糠形痕迹,而在一些窖穴的底部,则发现了粟类作物的颗粒,说明粟是北辛先民的重要生活资料来源。在胶县三里河大汶口文化遗址中,发现了一个贮藏粮食(粟)的窖穴,其中遗留有近1立方米的粟。这说明粟的产量已相当大,或许已变为人工栽培的农作物了。在山东其他新石器时代文化遗迹中还相继发现了黍、稻等农作物。这都显示出当时原始农业的长足进步。

山东新石器时代遗址出土谷物一览表

谷物标本	出土地点	所属文化	年代(公元前)	资料来源
碳化粟	北辛遗址	北辛文化	5400—4300	《山东滕县北辛遗址发掘报告》,《考古学报》1984 年第 2 期
粟壳	于家店遗址	大汶口文化早期		北京大学历史系考古专业发掘资料
黍壳	北庄遗址	北庄一期文化	3500	《山东长岛北庄遗址发掘简报》,《考古》1987 年第 5 期
粟壳	三里河遗址第 210 号房内窖穴	大汶口文化晚期	2900—2400	《山东胶县三里河遗址发掘简报》,《考古》1977 年第 4 期
粟壳	杨家圈遗址第 6 号灰坑	龙山文化早期	2000	《山东栖霞杨家圈遗址发掘简报》,《史前研究》1984 年第 3 期
稻壳	同上	龙山文化早期	2000	同上

(根据吴诗池:《山东新石器时代农业考古概述》,《农业考古》1983 年第 2 期中表制作)

农具是农业经济发展水平的晴雨表,新石器时代山东农业的发展,还可以从农业生产工具上得到印证。北辛文化时期,农具种类与数量较少,包括斧、铲、刀、镰等,有石制,有骨制,制作方法是打制、磨制、琢制粗磨等兼而有之,制作粗糙,器型中的石斧、石铲多厚而笨,刀、镰不仅造型单调,数量亦较少。发展到大汶口文化,进而到龙山文化时期,琢制粗磨的石斧已不多见,而通体精磨的穿孔石斧则不断增多。石铲数量由少渐多,体形由厚渐薄,磨制越来越精,由无孔发展到少数有孔,再发展到皆有孔。穿孔术也不断提高,逐渐出现了管钻法。大型半月形、双穿孔石刀、石镰的使用以及木耒的出现,说明收割和翻地已成为当时重要的农事活动。到岳石文化时期,出现了石镢及少量铜制工具,木耒也继续使用。

初期的农业生产,主要由妇女来承担和领导。当时耕地分布在村落附近,先民们以石斧砍伐树木,放火烧荒,然后用石铲、石镢、木耒、骨耜等疏松土地,再行播种,最后用石镰、石刀收割。这与我国古代神农氏"斫木为耜、揉石为耒"①,"始教民播种五谷"②的传说是一致的。

随着原始农业的发展,原始畜牧业也发展起来。此时虽然狩猎经济依然存在,而且在山东先民的经济生活中仍占相当比例,但家畜养殖已开始出现。家畜养殖是原始畜牧业的主要形式,它是从驯化野生动物而来。狗是山东先民最早驯化的动物之一,在大汶口文化墓葬中就有将狗随葬在主人身边的习俗。在新石器时代,猪、牛、鸡、羊等动物也逐渐被驯化,成为人们最先养殖的对象,其中以猪的养殖量最大。在这个时代文化层出土的动物骨骼中,猪骨最多。大汶口遗址中有 1/3 以上的墓葬用猪骨随葬,有的用半只猪架,有的用猪下颌骨,也有的把猪蹄放置在鼎中,最多的是用完整的猪头随葬,共 43 座墓,96 个猪头,最多的一座墓随葬猪头 14 个。经专家鉴定,大汶口墓群的猪头骨,是人工饲养的家畜,而且成年母畜占有一定的比例。③ 胶县三里河遗址更发现一猪圈内有 5 只小猪骨架,证明当时已能人工繁殖猪崽。潍坊姚官庄龙山文化遗址中,发现 1 具完整的猪骨架。诸城呈子二期文化即龙山文化的 87 座墓葬中,有 8 座墓中葬有猪下颌骨,约占墓葬总数的 10%。④ 关于猪的饲养方式,在三里河遗址中曾发现猪圈 1 座,说明那时已开始圈养。潍县狮子行遗址龙山文化层则首次发现一陶质的畜

---

①《易·系辞下》。
②《淮南子·修务训》。
③参见山东省文物管理处、济南市博物馆编《大汶口文化——新石器时代墓葬发掘报告》,文物出版社 1974 年版,第 122 页。
④参见昌潍地区文物管理组、诸城县博物馆《山东诸城呈子遗址发掘报告》,《考古学报》1980 年第 3 期。

舍模型器,生动再现了养猪的场面。畜舍模型器"卧式圆仓形,正面长方门,上下二插关,顶部二烟囱形气眼。尾部短锥形,有一孔,顶部后部一孔。长14、高11.5厘米"①,反映了新石器时代山东先人已进入了一个兴建畜舍饲养家畜的新阶段。猪、牛、鸡、羊等动物的饲养和发展,为人们提供了可靠的肉食来源,改善了人们的生活,减少了对狩猎经济的依赖,对促进原始农业经济的发展起了积极作用。

原始手工业包括原始的石器、骨器、木器、玉器、陶器制造以及纺织、酿酒、铜器制造等业,而以陶器制造业、纺织业等最具典型性。

龙山文化又称"黑陶文化",可见陶器在新石器时代已大量应用,它是原始手工业的结晶。陶器是新石器时代的主要标志,在这一时期,山东先民制作陶器的技术不断提高。济南田家庄北辛文化遗址中有陶钵、陶罐,总起来看,当时陶器制作还比较粗糙,处于手制阶段。大汶口文化时期,陶器仍以夹砂陶和泥质红陶为多,灰陶比例逐渐增大。陶器制法仍以手制为主,开始出现轮制技术。从极少数器物的器壁上,可以清楚地看到轮旋痕迹。但是到了龙山文化时期,制陶技术则大为提高。在城子崖遗址中出土的陶器,以黑陶为主。陶器器形规整,造型美观,质地坚硬,种类繁多。从陶器器表纹饰,可以知道当时制陶已经使用比较进步的转轮。制出的器壁厚薄匀称,特别是薄似蛋壳的黑陶,胎壁最薄处仅1毫米。与此同时,在烧制技术上,已正确地掌握高温技术和火候。从陶器出土的数量、质量以及轮制化的技术看,当时制陶已经是一个专业化的生产部门了。

山东先人在纺织业没有出现之前,过着夏日赤身裸体或以树叶蔽体、冬天以兽皮御寒的生活。"太古之时,未有布帛,人食禽兽肉,而衣其皮,知蔽前未知蔽后"②,大致描写的就是此时人类在衣着方面的状况。但人们却从简单的编织树叶以蔽体的实践中,发明了纺织业。虽然新石器时代纺织品实物在山东考古发掘中还未见到,但从其他的佐证仍能看到当时山东纺织业发展的一般情况。首先是遗留在陶器底部的编制物花纹。在山东北辛遗址的发掘中,在陶器的底部就发现了席纹,可能是制陶过程中遗留下来的痕

①潍坊市艺术馆、潍坊市寒亭区图书馆:《山东潍县狮子行遗址发掘简报》,《考古》1984年第8期。
②《五经异义》。

迹。"从纹痕观察,席蔑宽 0.25—0.4 厘米。主要采用一经一纬的人字形编织法,还有三经三纬和多经多纬的人字形编织法"①。在属于大汶口文化的曲阜西夏侯遗址中,出土了底部印有布纹的陶器若干,"当是将泥坯放在垫布上的时候留下的。以一件揹壶底部的布痕最为细密清晰,一平方厘米经纬线各 10 根;绝大多数的为 6 根或 8 根。"②而在龙山文化遗址中,也有类似印有布纹的陶器。足见当时纺织技术已有相当进步。其次是纺织工具的出土。纺织工具包括骨针、骨质梭形器和纺轮。滕县北辛遗址中出土了"一端穿有一孔,长短不一"③的骨针 36 件,骨质梭形器 3 件。其中 2 件梭形器"形似扁宽骨锥,磨制光滑,顶部穿有一孔,孔下端有一条沟槽与孔相接……可能是最原始的织布梭"④。在兖州堌城村北辛文化遗址则出土有灰质泥陶残纺轮 1 件。纺织工具的制作水平和数量显著提高。在大汶口遗址中则出土有骨针 20 件,"一端有鼻,孔径小的和现在大的纳鞋针相当,只可穿过细线"⑤;纺轮 31 件。龙山文化至岳石文化时期,在出土的生产工具中,纺织工具占比

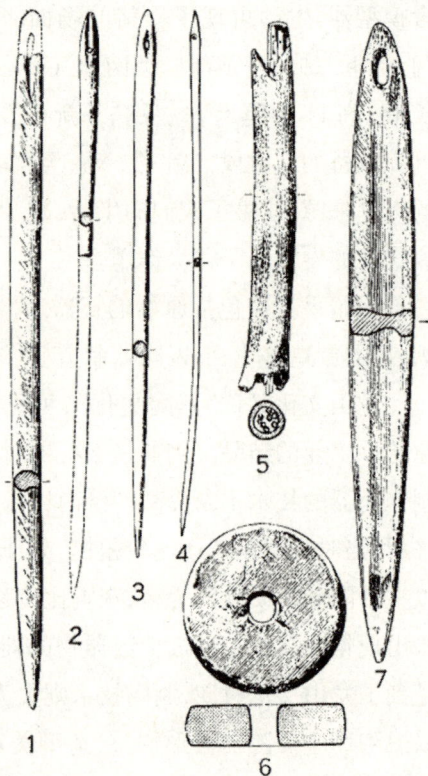

大汶口遗址出土的纺织、缝纫工具

1—4 骨针　5 骨针管　7 骨梭形器　6 纺轮

(山东省文物管理处、济南市博物馆编:《大汶口文化——新石器时代墓葬发掘报告》,文物出版社 1974 年版,第 47 页)

---

①③中国社会科学院考古研究所山东队、山东省滕县博物馆:《山东滕县北辛遗址发掘报告》,《考古学报》1984 年第 2 期。

②中国科学院考古研究所山东队:《山东曲阜西夏侯遗址第一次发掘报告》,《考古学报》1964 年第 2 期。

④逄振镐:《东夷文化史》,中国社会科学出版社 1995 年版,第 140 页。

⑤山东省文物管理处、济南市博物馆编:《大汶口文化——新石器时代墓葬发掘报告》,文物出版社 1974 年版,第 47 页。

相当大,在有些遗址中仅陶纺轮就占了出土陶器总数的 24.5%①。可见,纺织业已成为原始手工业中的重要行业之一。

(三) 社会生活

1. 从原始群向氏族制过渡

山东东南部山地丘陵密布,溶洞众多,山前平原植被茂密,动物丰富。正是在这里诞生了最初的原始人。从目前发掘的旧石器时代遗址可以看出,无论沂源猿人、乌珠台人的出土地,还是南洼洞遗址、千人洞遗址、上崖洞遗址等,都与洞穴有关。因此,穴居是当时山东先人的最基本的居住方式。

在旧石器时代,由于生产力水平的低下,获得食物的能力十分有限,加之面对大自然的挑战以及来自各种野兽的威胁,单凭个人的力量难以生存,山东先民不得不组成小的群体,过着群居的生活,这就是原始群。原始群一般由数十个个体组成,人人平等,没有差别。在原始群中,人们共同狩猎,共同采集,得来的食物平均分配,共同消费。即使这样,也仅能维持原始群的基本生存需要,人们经常处于饥饿或半饥饿的状态,根本没有剩余的劳动产品。原始群的个体存活时间也很短,据考证,与沂源猿人处于同一时期的北京猿人的平均寿命只有 15 岁,最长寿的也仅仅活到 60 岁。

最初,男女老少均赤身裸体,无羞耻观念。寒风呼啸,人们经受着严冬的考验;夏日炎炎,先民们又忍受着骄阳的煎熬。但随着岁月流逝和生活经验的积累,人们逐渐学会冬着兽皮、夏披树叶。"妇人不织,禽兽之皮足衣也"②,正是这一状态的生动写照。

与以上情况相适应,原始群的两性之间处于乱婚状态。恩格斯曾指出:"摩尔根在这样追溯家庭的历史时,同他的大多数同行一致,得出了一个结论,认为曾经存在过一种原始的状态,那时部落内部盛行毫无限制的性交关系,因此,每个女子属于每个男子,同样,每个男子也属于每个女子。"③原始人的这种两性关系在中国古代文献中也得到了印证,"昔太古尝

---

①参见逄振镐:《东夷文化史》,中国社会科学出版社 1995 年版,第 145 页。
②(战国)韩非:《韩非子·五蠹》。
③《马克思恩格斯全集》第 21 卷,人民出版社 1965 年版,第 42 页。

无君矣,其民聚生群处,知母不知父,无亲戚兄弟夫妻男女之别,无上下长幼之道"①。

然而,随着生产水平的提高,简单的年龄分工出现了。青壮年男女经常外出采集、狩猎,老人孩子们逗留在住地,制作武器和工具。年龄相当的男女在劳动分工上更相近些。年龄分工导致了原始人婚姻形态的变化,人们逐步有意无意地从原始杂乱性交状态转变为只允许同辈男女通婚的状态,即排除了不同辈分之间的通婚,每一辈的男女既是兄弟姊妹,也互为夫妻。这就出现了人类家庭发展史上的第一个家庭形态——血缘家族。

血缘家族的出现,导致原始群的分裂。最初联合成的原始群,逐步地分裂为一个个由一个母亲及其生育的后代子女所组成的血缘家族。血缘家族组织因为有血亲关系维系,因此是一个比较固定的联合体。一个血缘家族,既是一个生产、生活单位,又是一个内部通婚的集团。中国的历史神话传说中就曾记载,远古的伏羲、女娲既是兄妹,也是夫妻。

血缘家族是社会组织转向氏族制的重要阶段,随着在血缘家族中禁止内部同辈男女通婚,提倡不同血缘家族之间的男女通婚,氏族制逐渐诞生。

2. 从母系社会向父系社会过渡

氏族制是以血缘关系为纽带、比较固定的组织。根据血缘关系的不同,氏族制分为母系氏族制和父系氏族制。

母系氏族社会,即母系社会,是以母系血缘为纽带的社会生产和生活单位。最初,由于女子负担的采集较之狩猎有着更为可靠和稳定的食物来源,因此使女子获得远较男子优越的经济地位;加之,族外婚的产生并发展、妇女在生育上的特殊作用,以及氏族成员的世系均按母系计算,更使妇女在氏族中具有崇高的威望,居于主导的地位,母系社会开始出现。后来,随着原始农业、家畜饲养业及原始手工业的出现,妇女均在其中担负主要任务,母系社会走向全盛。山东属于母系社会全盛期的文化遗存是北辛文化和大汶口文化早期。

在当时,山东先人已开始了以部落为主体的定居生活。在新石器时代较早的后李文化(距今8500—7500年)中,已存在半地穴式房子,其中的西

①《吕氏春秋·恃君览》。

河、小荆山遗址就发现了六七十座,除个别是椭圆形半地穴房子外,都是圆角长方形半地穴房子,住房已定型化。房子面积在 25—50 平方米之间。小荆山遗址的房子还被一道环壕围绕,形成一个自然的环壕聚落。① 北辛文化的房子,仍为半地穴式建筑,但面积减小,有的仅为 3.4 平方米。② 大汶口文化早期的房屋遗址到目前为止发现的并不多,在山东长岛北庄遗址已发掘房屋遗迹近百座,全是方形圆角半地穴式房子,而且聚落清晰。在聚落中一群小房子(面积在 15 平方米左右或更小)基本都围绕一个大房子(面积在 30 平方米以上)而展开,房门则朝向大房子,说明该聚落中存在着以大房子为核心的几个群落。

　　母系社会中,性别之间虽有少许差异,但氏族成员之间、男女之间基本上是平等的。这从墓葬的状况可以得到印证。

　　在后李文化的小荆山遗址中,发现了氏族墓地,共发掘出 21 座墓葬,为土坑竖穴墓和土坑竖穴侧室(洞室)墓两类,分布上无明显的规律。墓圹一般长 1.7 米—1.9 米,宽 0.5 米—0.9 米,葬式以单人仰身直肢葬为主,无葬具,多无随葬品,仅个别墓随葬有蚌壳、骨饼饰和陶支脚等。北辛文化时期,仍沿袭了后李文化的土坑竖穴墓、单人仰身直肢葬、多无随葬品等墓葬的基本风格,但开始出现少许变化。虽然多数墓葬没有随葬品,但在有随葬品的墓葬中随葬品的种类和数量开始增多。种类有陶、骨、牙、贝等,在王因遗址中一个 55 岁男性竟随葬有釜形鼎、钵、杯、残彩陶尊形器多种。这说明生产水平提高后,生活水平也相应提高了,丧葬规格对应于特殊个人有了少许变化。墓圹有所扩大,"葬式以仰身直肢居多,也有上身仰直、下身盘屈的。有单人葬、多人合葬、二次葬、迁出葬"③,多人合葬墓均为同性合葬,王因遗址中的二次合葬墓均为男性。同性合葬和二次合葬的特点说明:北辛文化时期氏族制度下氏族成员之间基本是平等的,血缘纽带联系是严格和牢固的。大汶口文化早期的墓葬,随葬品的数量较北辛文化时期略有增多,并出

---

① 参见山东省文物考古研究所、章丘市博物馆:《山东章丘市小荆山后李文化环壕聚落勘探报告》,《华夏考古》2003 年第 3 期。
② 参见中国社会科学院考古研究所山东工作队:《山东汶上县东贾柏村新石器时代遗址发掘简报》,《考古》1993 年第 6 期。
③ 中国社会科学院考古研究所山东工作队:《山东汶上县东贾柏村新石器时代遗址发掘简报》,《考古》1993 年第 6 期。

现极少数的石器随葬品。其他墓葬情况,与北辛文化大体相似。这表明,大汶口文化早期仍然处于母系氏族晚期社会阶段。

但从大汶口文化中、晚期开始,山东的母系社会逐渐向父系社会过渡。在大汶口文化中、晚期遗址中,从随葬品看,男女之别相当清楚,如石斧、石锛、石凿等生产工具多在男性墓葬中发现,女性墓葬中随葬品多为纺轮及装饰品,既反映男耕女织,也表明男子在当时生产中已占重要地位,女子虽也参加生产劳动,但更多从事家务劳动。而且从人骨的埋葬情况看,男子居于墓的中央部位,女子在偏旁的一侧。男子地位不断提高,妇女地位不断下降,导致了男子在社会生活中居于支配地位,并挑战旧有的劳动产品分配模式。随着男子财富的不断增加,就产生了新财产继承关系和母系氏族制度的矛盾。父亲和子女都普遍要求改变旧的财产继承制,于是母系世系遂为男子世系所代替,财产继承也从母系改变为以父系继承,于是父系氏族制度逐渐形成。

3. 私有制的出现

进入父系社会后,随着生产的发展和财富的积累,剩余产品增加,私有现象也开始出现。对财产的占有首先表现在对生活用品、生产工具和牲畜的占有上,后来发展到收获物、房屋甚至土地。这期间,一些氏族部落首领还利用职权占有更多的私有财产,私有制也日益发展起来。

大汶口文化中晚期,墓葬中随葬品的多寡不均,有的甚至寥寥无几,可明确地表明贫富差别的形成。在西夏侯遗址中,1 号墓有随葬品 124 件,但10 号墓只有 10 件;"大汶口墓群共出土一千多件陶器,其中 10、47、60、117、126 等五座晚期大墓的用陶量就占去了总数的四分之一以上"[1],一些小型墓随葬品则显得非常寒酸,有的只一两件,有的甚至一无所有。很明显,这些富有墓葬的随葬品大大超过了墓主实际生活的需要,只不过意味着在死后仍对自己生前所拥有私有财产的占有而已。

龙山文化时期,贫富分化更加严重。诸城呈子龙山文化层发掘清理墓葬 87 座,根据墓葬规模、葬具有无、随葬品的数量和质量,大体分为 4 类:第1 类,占墓葬总数的 5.7%,属少数氏族显贵和富有家族的成员;第 2、3 类介

---

[1] 山东省文物管理处、济南市博物馆编:《大汶口文化——新石器时代墓葬发掘报告》,文物出版社 1974 年版,第 124 页。

于第 1、4 类之间,他们之间有较大的差别,大部分是不稳定的阶层;第 4 类,占 62% 强,他们一无所有,是社会的主要生产者。如加上第 3 类,则当时的贫穷阶层占 80% 以上。而且墓葬根据贫富自然分开,属于第 1 类的氏族显贵墓葬大多集中于北区,属于第 4 类的小墓、穷墓集中于东区。① 这都反映了龙山文化时期财产私有已成为常态,基本的社会阶层或阶级划分已开始出现。

这种变化也必然影响男女两性关系和婚姻形态。大汶口文化中期以后,成年男女合葬的现象逐渐增多。野店遗址的 9 座墓葬中有 4 座为成年男女合葬;大汶口墓葬中,属于中晚期的男女合葬墓有 2 座。其中一座墓中,是一对成年男女同一女孩合葬,女性在右边,女孩则倚在成年女性的右侧。多数学者认为,男女合葬墓中,都是男左女右,应为夫妻合葬墓。如果这一结论成立的话,则可认定此时山东先人的婚姻形态正从对偶婚走向一夫一妻制。

由于私有制的出现,氏族组织逐渐受到挑战,原始社会开始进入了逐渐瓦解的时期。这个时期,由于掠夺财富和奴隶的战争日益频繁与扩大,氏族部落联盟的组织进入到了军事民主制的阶段。太昊、帝舜、后羿、寒浞等的古史传说正是这种社会组织转型的明证。军事民主制离国家的产生只一步之遥。

二、远古教育及原始学校的萌芽

原始时期的教育是十分简单的,基本上局限于一些原始的生产劳动、社会生活和原始宗教活动方面的教育,尚未从生产、生活中独立出来,也没有专门的场所和人员来从事教育活动,教育都是融会在劳动和生活过程中进行的。

(一) 早期的生产劳动教育

1. 工具制作技能教育

在原始氏族社会,任何一项生产技术或生存技能的发明或发现,都需要

---

① 参见昌潍地区文物管理组、诸城县博物馆:《山东诸城呈子遗址发掘报告》,《考古学报》1980 年第 3 期。

借助教育活动去加以传播和扩大。

在生产工具中,石器是原始社会使用时间最长的工具。

旧石器时代,石器都是靠原始人打击制作而成,而制作方法主要有两种:一种是用石锤直接打击石料,制成石核石器;一种是用石锤把石料打击成石片,再把石片加工成石片石器。二者均需将石料加工出锋利的刃面,前者主要用于砍砸,后者主要用于切割、刮削。石片石器的制作又稍显复杂,有直接打击法和间接打击法两种,直接打击法又包括锤击法、碰钻法和砸击法三种。根据时代的不同,石器的特点也不尽相同,到旧石器时代晚期,山东人使用的石器种类明显增多,除了石核、石片、砍砸器、刮削器外,还出现了简单的石斧。石器制作的数量也向制作精良、生产效率较高的类别倾斜,其中以刮削器的数量增加得最快,而且出现了薄刮削器和厚刮削器的区别。在长达几十万年的时间里,这些石器制作方法,无论传承还是创新,代代相传,没有教育是不可想象的。

新石器时代,山东人的石器制作水平进步较大,石器制作技术已从打制发展到了磨制,许多石器上还钻有圆孔,以便与木柄结合使用。大汶口文化、龙山文化遗址出土的石斧、石铲不仅通身磨光,而且穿孔。制作程序上也出现了明显的较为固定的流程,龙山文化姚官庄遗址出土的石器,"一般采用先打、后琢、再经磨光"[1]的工序。这些均表明:此时有一种教育模式,将制作技术及工艺流程上积累的经验传给下一代。

从原始人类制造石器所选取的原料中,也可明显地看到原始教育的存在。山东人早期制作石器采用的原料以石英岩和脉石英最多,还有燧石、火山岩和脉岩等,看不出针对石器使用性质而主动选用不同质料的现象。但进入新石器时代,则出现了根据不同工具需要选用质料的现象。如在姚官庄遗址中,出土有194件石器,"质料有千枚岩、片岩、片麻花岗岩、石英水晶、闪长岩、石灰岩、流纹岩、辉绿岩、辉长岩、花岗岩、斜长石英岩、矽长岩、燧石、细砂岩、泥质灰岩及软玉等十六种","硬度在5—10度左右"。不同用途的石器选用不同硬度的石料,"如锛、凿和雕刻器等加工工具则选择了

---

①山东省文物考古研究所等:《山东姚官庄遗址发掘报告》,《文物资料丛刊》(5),文物出版社1981年版,第6页。

硬度较高的辉长岩、闪长岩和斜长石英岩等。斧的质料也注意到硬度。"①这一石器制作技术既重要又复杂,为了使后代们能学会制造优良的工具,就必须以一定的教育方式教会他们如何辨别各种各样的质料,以及如何将适宜的质料用于适宜类型的工具制作上。

骨角器是原始社会又一比较重要的工具。

在山东,目前还没有发现旧石器时代使用骨器的直接证据。但在全国各地旧石器时代遗址中,都有使用骨器的遗存被发现,山东先人使用骨器的历史不会晚于这些地方。因此,有的学者根据沂水南洼洞旧石器时代早期遗址出土的"有人工砍砸痕迹"的鹿角化石,推测认为"当时如若是做工具用,则为山东省现已发现的最早的骨器"②。

新石器时代,骨角器在山东普遍被使用。北辛遗址出土骨角器的种类约有20种,数量占出土工具总数的20%左右;大汶口遗址中骨角器的种类已超过20种,数量已占全部随葬物的1/3。③从两个遗址骨角器种类对比看,骨镞、镖、矛形器、凿、锥、针、针管、匕、梭形器等皆为两者所共有,骨镰、鱼钩、箭尾等为后者所独有。从制作方法上看,均为"大体经过截切骨料,再用劈、削、刮等方法制成器物的雏形,然后磨成",后者的技术明显高于前者。大汶口遗址出土的骨针,"长的达18.2厘米。粗1—7毫米不等。一端有鼻,孔径小的和现在大的纳鞋针相当,只可穿过细线。"④

由此可见,第一,新石器早、中期骨角器的生产呈上升势头,已成为山东先人最为重要的生产工具之一;第二,许多骨角器仍保持着大体固有的形态;第三,与生产力发展相适应,出现了专门用于谷物收割的骨镰和专门用于渔猎的鱼钩等工具;第四,制作技术不断提高。因此,无论器形、制作方法得以传播、保存,还是工具种类、制作技术的改进、创新,都可以证明山东先人骨角器的制造也经过了一代又一代的教育活动。即使单从制作的数量上讲,在当时的条件下,如果没有专门教育的熟练技术人员,要制作出那么多

①山东省文物考古研究所等:《山东姚官庄遗址发掘报告》,《文物资料丛刊》(5),文物出版社1981年版,第6页。
②逄振镐:《东夷文化史》,中国社会科学出版社1995年版,第109页。
③参见逄振镐《东夷文化史》,中国社会科学出版社1995年版,第109—111页。
④参见中国社会科学院考古研究所山东队、山东省滕县博物馆:《山东滕县北辛遗址发掘报告》,《考古学报》1984年第2期;山东省文物管理处、济南市博物馆编《大汶口文化——新石器时代墓葬发掘报告》,文物出版社1974年版,第34—49页。

的而且又非常精致的骨角器,是根本不可想象的。

龙山文化到岳石文化,山东进入了金石并用时期。龙山文化遗址中有6处发现了铜器或铜炼渣,岳石文化遗址也有3处发现了铜器。铜器制作与石器、骨角器制作,其技术含量是不能同日而语的,这不仅涉及含铜矿石的寻找,更涉及铜矿石的冶炼,毫无疑问其中包含了无数先人探索、传授和教育的成分。

旧石器时代,原始人已发明了人工取火的技术。人们在磨制工具的过程中,发现物体摩擦生热甚至燃烧,经过长期试验,终于掌握了摩擦生火的技术。我国古代传说中有燧人氏"钻燧取火"的传说,这反映了人工取火的发明。在山东骑子鞍山千人洞旧石器遗址中,发现灰烬层,但并不能确定是人工取火的证据。此后的青峰岭细石器文化遗址也有类似发现,似乎也不能确定是人工取火的遗迹。新石器时代,人们已普遍学会了人工取火。后李文化是迄今发现的山东最早的新石器时代文化遗存,在不同的后李文化遗址中均有陶器出土,以夹砂红褐陶和红陶为主。这种陶器虽烧制火候较低,但却说明山东先人已能较为熟练地用火。这些取火的技能和经验,借助教育活动,得到传授、推广,成为氏族社会共有的生产能力,并使其代代相传,从而推动了整个社会生产的发展。

2. 制陶技术教育

由于原始人使用了火,火加泥土自然就会出现陶。至于陶器的起源,恩格斯在《家庭、私有制和国家的起源》一文中曾这样描述:"可以证明,在许多地方,也许是在一切地方,陶的制造都是由于在编制的或木制的容器上涂上黏土使之能够耐火而产生的。在这样做时,人们不久便发现,成型的黏土不要内部的容器,同样可以使用"[1]。此后,陶坯制作技术不断改进,出现了捏塑法、泥片贴筑法、模具法、泥条盘筑法、轮制法等。

陶器制造不像石器制造那样,仅靠天然材料进行直接加工就可以生产出各式各样的工具,它需要经过一系列比较复杂的制造过程,包括选土——和泥——制坯——装饰——焙烧等5道工序,每道工序都有严格细致的工艺要求。因此,制陶的技术含量要比石器制造高得多。

---

[1]《马克思恩格斯选集》第4卷,人民出版社1995年版,第20页。

　　选土是制陶的第一道工序,看上去比较简单,实际上却是一个复杂的过程。一开始,原始人对制陶原料没有多少有意识的选择,对制陶原料性能也无很高的要求。一般来说,都是就地取土,而且主要是采用当地的红土。但这种易溶黏土,含有大量的杂质,耐火度低,烧制的陶器粗糙,容易变形、开裂。经过几千年的探索,到龙山文化时期,人们不仅对制陶原料有了选择,而且还经过淘洗,这样不仅提高了陶器的制作质量,而且出现了不同类型的陶器制品。

　　制坯工艺在新石器时代不同时期变化较大,这是学习探索的结果。最初的制坯主要靠手工捏制,采用捏塑法、泥片贴筑法、模具法、泥条盘筑法等。后李文化出土的陶器,器类简单,造型古朴、单调。陶质松软,烧成温度较低,少数陶器遇水即溃。陶质以夹砂的红陶、红褐陶占绝对多数,未见泥质陶。陶器制作主要使用手工捏制。北辛文化时期,陶器制作仍比较粗糙,还处于手制阶段,但"部分器口有轮旋痕迹"[1]。大汶口文化时期,出现了陶坯轮制技术。在西夏侯遗址下层墓中,已经出现轮制的小件陶器。轮制技术的发明,是陶器生产历史上的一场革命,它极大地提高了陶器生产的效率和陶器质量,为龙山文化时期较大规模的陶器专业化生产提供了技术准备。到了龙山文化时期,制陶技术大为提高。制陶业普遍采用了快轮制陶技术,从而不仅使劳动效率得到大幅度提高,而且制作出来的陶器外形规整,厚薄均匀,棱角分明,纹饰简洁,造型美观典雅。

　　在烧制方面,陶窑技术的高低反映了烧制水平的高低。山东先人烧制陶器,最初是平地堆烧和封泥烧。由于温度较低,烧出的陶器,质地软,硬度不高。北辛文化时期的烧制技术就是处于这一阶段。后来发展为半地下式的横穴窑和竖穴窑,可将温度提高到摄氏 1000 度左右,大汶口文化和龙山文化时期的陶窑处于这一烧制技术阶段。大汶口、野店和西夏侯等遗址有较多的陶窑遗迹,其中以大汶口的陶窑保存较好。大汶口陶窑的整体由窑室、窑箅、火道和火膛四部分组成,是一座马鞍形横穴窑。龙山文化时期,在陶窑技术上仍为横穴窑和竖穴窑,并掌握了渗碳技术,且陶窑数量大增。在邹平县丁公遗址,南北不到 20 米的范围内,竟发现 3 座陶窑;在长岛县北长

----

①栾丰实:《东夷考古》,山东大学出版社 1996 年版,第 72 页。

山岛店子村遗址龙山文化层则发现了 4
座陶窑，相互间的距离 4—6 米不等。因
此，从陶窑的数量上看，当时制陶显然是
一种集中性、专业化作业。

    新石器时代山东的制陶技术在传承
中不断提高，到龙山文化时期，黑陶制作
已达相当的水平。尹家城遗址出土的蛋
壳黑陶高柄杯，通体磨光，略泛光泽，胎骨
坚硬，不易渗水，造型灵巧，显得高贵大
方，装饰简洁，器壁极薄，厚仅 0.2—0.3
毫米，可比蛋壳，即使现代人要仿烧这样
一件黑陶也不是一件轻而易举的事。要

尹家城遗址出土的蛋壳黑陶高柄杯

达到龙山黑陶的制作工艺，就必须对制造者进行严格训练，使其熟练掌握各
道工序的复杂技能。显然，制陶工艺技术的传授活动较之以前的教育，具有
更丰富的内容和更高的水平。加之专业化制陶场所的出现，又使得这种技
术教育可能逐渐摆脱师徒相传式的单一教育模式，走向集中教育模式。

    3. 原始农业、畜牧业的生产技术教育

    原始农业起源于采集经济。妇女是采集的主要承担者，并负有教养儿
童的责任。山东先人生活的地域，气候温暖、林木茂盛，有种类繁多的浆果、
坚果和可吃的块根、嫩叶、树蕊等，这些都曾经是他们的日常采集对象。如
何学会辨识和采拾这些植物，是当时教育的重要内容。

    氏族公社时期，采集经济逐渐过渡到原始农业。人们使用简陋的石制
工具，采用粗放的刀耕火种的耕作方法，以简单协作为主，栽培植物，获得生
活资料。原始农业成为山东先人赖以生存最为重要的手段，农业生产技术
教育也变得尤为重要。

    在许多古代文献中都有关于农业发明和农作技术传授的记载，《管
子·轻重篇》有"神农作，树五谷淇山之阳"；《易·系辞下》曰："庖牺氏没，
神农氏作，斫木为耜，揉木为耒，耒耨之利以教天下"；《孟子·滕文公上》则
曰："后稷教民稼穑，树艺五谷，五谷熟而民人育"。这里的神农氏、后稷不
应简单地理解为某个特定的人或部落，它只是对应于产生原始农业的母系

氏族社会,描述了农业生产技术产生和传授的一般情况。因此,《庄子·盗跖》中说"神农之世,卧则居居,起则于于,民知母不知其父,与麋鹿共处,耕而食,织而衣,无有相害之心"。

山东的考古发掘也印证了以上的传说。在北辛文化遗址中出土了许多石斧、石铲、蚌铲、鹿角锄、石刀、石镰、蚌镰、石磨盘、石磨棒、石磨饼以及研磨器等农业工具,它包括了从林木砍伐、土地开垦到农作物收割,再到农产品加工的一系列工具,充分反映了新石器时代早期的山东原始农业已经进入了锄耕农业阶段。而在大汶口文化三里河遗址中还发现了储藏粮食的窖穴 30 余个,并发掘出近 1 立方米的粟粒。由此可知,当时粮食种植面积已相当可观。这足以证明农业生产在当时山东人生活中的重要性。农业生产的进步必然要导致农业生产技术教育的发展。

在原始农业发展的同时,原始畜牧业也迅速发展。原始畜牧业由狩猎经济而来,而狩猎经济是氏族公社的重要生产门类。《尸子》说:"伏羲之世,天下多兽,故教民以猎。"这反映了以狩猎经济为主的氏族,产生了狩猎经验丰富的能人,能将狩猎经验教给下一代。旧石器时代的山东人最初的狩猎工具仅有木棍石块,后来随着时间的推移,出现了更加先进的工具,如石球、弓箭等。这些狩猎工具的使用是需要教育的。北辛文化时期,死亡儿童的瓮棺葬中即随葬有骨镞。据专家推测:"随葬骨镞很可能是反映了北辛文化的居民,从儿童时期起就开始学习和使用弓箭的习俗,以便长大后外出进行狩猎活动"[1],这可能是当时对儿童劳动技能的教育与训练。随着捕获猎物的增加,加之狩猎中偶尔捕获活的动物,山东先人开始有意将其拘系圈禁或驯养繁殖,原始畜牧业便应运而生。

山东先人最先驯养的动物是猪。北辛遗址中出土有一些兽骨,经鉴定有猪、牛、梅花鹿、獐、四不像、貉、獾、鸡等,这些动物中除猪是人工驯养的家畜外,其余皆为野生动物。大汶口文化时期,山东先人开始大量饲养家猪。大汶口遗址中,有三分之一的墓葬用猪骨作为随葬品。这些猪骨,"它们应该都是饲养的猪。这不仅从头骨较为细弱等方面可以说明,而且从它们在墓葬里大量的集中,以及在性别、年龄上表现了较强的一致性等特点,也可

①逄振镐:《东夷文化研究》,齐鲁书社 2007 年版,第 297 页。

以看出。"①狗是大汶口文化时期驯养的另外一种动物,在此时的墓葬中也发现了用狗随葬的现象。到龙山文化时期,除了猪、狗、鸡、牛之外,又有马、山羊和绵羊的遗骸出土。至此山东先人的家畜饲养,已形成马、牛、羊、鸡、犬、猪"六畜"俱全的畜牧业。随着生活水平和知识水平的提高,畜牧业越来越发达。胶县三里河遗址龙山文化层发现猪圈1座,潍县狮子行遗址龙山文化层则发现一个陶质的畜舍模型,都说明当时家畜饲养的技术越来越高。这些技术和经验,也成为教育传授的重要内容。

(二) 早期的社会生活教育

1. 生活习俗教育

在平时的社会生活中,习惯与风俗教育也是原始人教育的重要组成部分。

山东先人也像其他人类一样,经历过一段漫长的身无遮拦的时期。到旧石器时代中晚期,学会了以兽皮、树叶遮挡身体,即所谓的"能覆前而不能覆后……衣皮苇"②,但还谈不上真正的穿衣。后来,由于在谋求生存的过程中,山东先人经常和各种植物打交道,他们逐渐发现某些植物的纤维特别长,可以搓成线绳、织成网状物,而编织细密的网状物可以披在身上,即可遮挡身体也可代替皮毛御寒。在北辛文化、大汶口文化遗址中,均发现了遗留在陶器底部的编织物花纹。这些编织物均采用了人字形编织法,在1平方厘米的面积内,经纬线从各6根到10根不等。编织物所使用的材料多为麻、葛一类的野生植物纤维,野店大汶口文化遗址出土的布纹,专家认为"较硬直而粗糙,可能是麻类的纤维"③。结合大量出土的纺轮、骨梭、骨针、骨锥等纺织缝纫工具,可以断定,大汶口文化时期织布穿衣已较为普遍。大汶口遗址中编号为M10的墓葬,墓主人"周身覆有一层约二厘米的黑灰,疑为衣着"④。其实,将野生植物纤维制成衣服并不是一件简单的事情,除了

①山东省文物管理处、济南市博物馆编:《大汶口文化——新石器时代墓葬发掘报告》,文物出版社1974年版,第157—158页。
②《白虎通》卷一,中华书局1985年版,第21页。
③山东省博物馆、山东省文物考古研究所编:《邹县野店》,文物出版社1985年版,第43页。
④山东省文物管理处、济南市博物馆编:《大汶口文化——新石器时代墓葬发掘报告》,文物出版社1974年版,第22页。

纺织工艺以外,还需要植物纤维的脱胶技术才能制作出适于人穿的衣物。这些都离不开教育的存在。

在山东先人居住习俗形成过程中,教育也起着相当大的作用。

旧石器时代,山东人一直过着洞居生活,但洞居也是需要学习与经验积累的。如洞穴位置的选择,一般要遵循以下几点要求:首先,洞口一般较小,可借以避免寒风侵袭及防止野兽侵扰;其次,洞口方向选择朝南,因山东半岛冬天有强劲的西北风,洞口方向不加考虑,就难以抗御寒风的袭击,不利于保暖;第三,洞口的地势选择一般较高,要求封闭性好,洞内无水,这样有利于防潮,有利于卫生保健。如沂水上崖洞遗址,"洞口向南,高出山下小河约数十米,为一管道状倾斜洞穴"①,就是遵循了以上的原则。而在有些地方并不一定存有自然洞穴,这又要求人们或栖息树上或就地挖洞,其困难程度就更大。但原始人靠着顽强的意志和代代相传的经验,最终生存下来。

到了新石器时代,山东先人学会了建筑房屋。后李文化中已存在圆角长方形半地穴型房子,阶梯式或斜坡状门道,室内周壁有柱洞。面积在25—50平方米之间。此时的人们已经学会了用火烧烤泥土,形成坚硬的烧结面,来处理地面和穴壁,这样既可以使地面和墙面更加结实,又利于防潮。大的房子已被自然地分为居住区、炊饮区和活动区,功能大大地被强化了。北辛文化时期的房子,除了长方形的以外,又出现了椭圆和圆形半地穴型,无阶梯状或斜坡状门道,且房屋面积、灶址数量明显减少,但建造工艺仍基本沿袭了后李文化时期的技术。

大汶口文化时期的房子仍为方形或圆形,以方形为多,房基多为半地穴式,但已出现地面起建的(即地面式)房屋。大汶口遗址 F204 编号的房址,据专家推测即"是一座在木骨墙上架起四角斗尖顶的房屋建筑"②。此时的房屋建造工艺既传承了先人的技术又有所创新,以三里河遗址为例,房子的墙身系用黄土墼和少量红烧土末筑成,质地坚硬,壁面平整,并涂有一层泥浆;柱洞底部均经夯打。

①徐淑彬:《山东沂源县骑子鞍山发现人类化石》,《人类学学报》1986 年第 4 期。
②山东省文物考古研究所编:《大汶口续集:大汶口遗址第二、三次发掘报告》,科学出版社1997 年版,第 74 页。

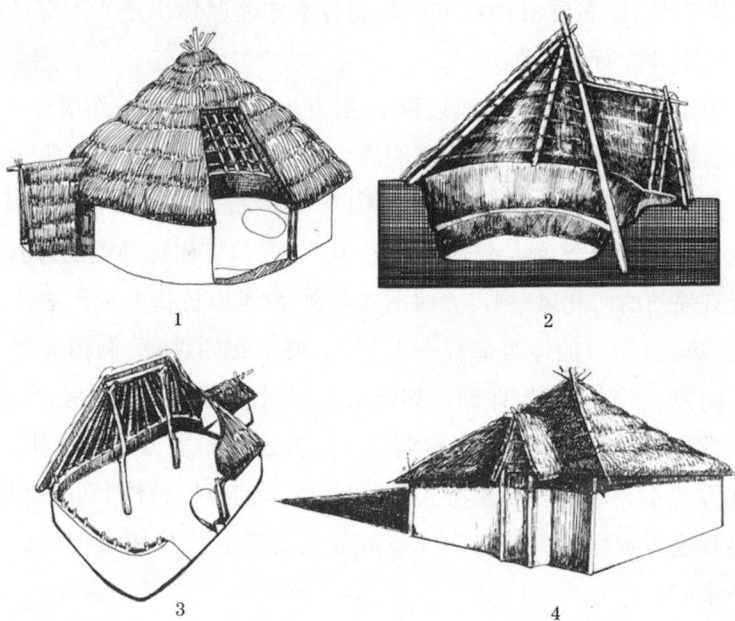

北辛文化、大汶口文化时期房屋复原图

1 大汶口遗址北辛文化层 F207　　2 大汶口遗址北辛文化层 F205

3 大汶口遗址大汶口文化层 F201　4 大汶口遗址大汶口文化层 F204

（山东省文物考古研究所编：《大汶口续集：大汶口遗址第二、三次发掘报告》，

科学出版社 1997 年版）

　　龙山文化时期，山东先人的居住习俗有了较大变化。房子仍为半地穴式和地面式两种，但地面式建筑大为增加，台基式房屋开始出现。地面式建筑和台基式建筑是房屋建造史上的一次飞跃。首先，它是人们在学习总结以往居住经验基础上的一次创新。人们在营建和使用半地穴式房屋的社会生活实践中认识到，这种住居虽然结构简单、易于营建，但长期居住，潮湿会严重损害人的身体，于是人们学会了逐步升高居住面，从而使竖穴变浅，直至居住面上升到地面或高于地面。其次，它使人类居住完全摆脱对大自然的简单依赖。地面式建筑和台基式建筑最为重要的是使用了墙体，以人工方式向上延展了居住空间，不再借助地穴，并解决了采光和通气的难题，为将来大型房屋、宫殿的出现奠定了基础。

　　当然，这一切的实现都是因为人们掌握了夯筑和土坯制作技术。在龙山文化遗址中,夯筑技术早期主要应用于房基,晚期逐渐应用于夯土墙。土坯制作技术则在龙山文化早期即已出现,晚期被广泛应用。土坯用深褐色黏土制成,砌墙的方法是错缝叠砌,用黄泥粘接。另外,龙山文化时期石灰亦被广泛使用。如在尹家城遗址龙山文化层中,有许多房屋"残墙壁外表上抹有均匀的白灰面",厚度约为 0.1—0.2 厘米,而在一些"房基垫土中,夹杂着大量的白灰面碎渣"。这些"白灰面"据专家判定就是石灰,"由此可以证明,当时的地面式建筑的居住面上,涂白灰面已不是偶然现象,石灰作为建筑材料已开始广为流行。"①夯筑、土坯制作以及石灰的应用,都有一个从简单到复杂逐渐发展的过程,教育传承隐含其中是确定无疑的。

在山东先人的生活习俗中,拔牙是较有特色的习俗之一,它应是原始人成年礼教育的一部分②。从北辛文化开始,山东先人就已形成拔牙习俗。在北辛遗址发掘的 23 座墓葬中,"除去 7 座儿童墓和 1 座迁出墓,余下的 15 座墓共有人骨 17 具,拔除侧门齿者竟有 10 具,年龄均在 20 岁以上。"③大汶口文化时期,山东人拔牙习俗发展到极盛阶段,除少数将上颌两侧门齿和犬齿均拔掉外,大多仅为拔除侧门齿。牙齿特别是门齿和犬齿对于原始人来讲是非常重要的,它既可截断根茎,又可以撕咬肉食,是个体生存的重要武器。将之轻易除去,恐怕不是简单的"爱美装饰"可以解释的。从下表可知,拔牙习俗无关男女性别,只与年龄有关,最小年龄仅 14 岁,最大的 35 岁,一般为 15—25 岁;大汶口文化早、中期,拔牙习俗最盛,近 70% 以上的人被拔除牙齿,晚期开始衰落,三里河遗址男女拔牙比例甚至低至 10%。也就是说,拔牙一般是在男女进入青春期后才开始的,它与成年与否有极大关系,似应与成年礼有关。成年礼,也称成丁礼,它集中地反映了原始部落对未成年人的教育和对本部落成员的要求。成年礼以后,意味着青年男女成为氏族社会的正式成员,拥有了正式成员的各种权利和义务,其中最重要

---

①山东大学历史系考古专业教研室编:《泗水尹家城》,文物出版社 1990 年版,第 31 页。
②关于中国氏族社会时期拔牙习俗的意义如何,目前研究者的意见并不一致,有"成年仪式说"、"图腾信仰说"、"婚姻拔牙说"、"丧葬说"、"爱美装饰说"等(参见韩康信、潘其风:《我国拔牙风俗的源流及其意义》,《考古》1981 年第 1 期;陈星灿:《中国新石器时代拔牙风俗新探》,《考古》1996 年第 4 期;张振标:《古代的凿齿民——中国新石器时代居民的拔牙风俗》,《江汉考古》总第 3 期增印本;杨式挺:《略论我国古代的拔牙风俗》,《广西民族研究》2005 年第 3 期)。本书持"成年仪式说"。
③中国社会科学院考古研究所山东工作队:《山东汶上县东贾柏村新石器时代遗址发掘简报》,《考古》1993 年第 6 期。

的就是取得了婚配的权利。成年礼教育对于氏族的存在与繁衍具有重大意义,但拔牙式的成年礼毕竟以牺牲氏族成员某些生存机能为代价。到龙山文化时期,拔牙风俗渐少,疑为被更为文明的方式所代替。

大汶口文化时期男女拔牙风俗统计表[①]

遗址	时期	观察个体数			拔牙个体数与百分比			观察到拔牙个体的最小年龄（岁）
		男	女	合计	男	女	合计	
泰安大汶口	早期	17	9	26	12(70.6%)	7(77.8%)	19(70.4%)	17—25
泰安大汶口	中、晚期	11	20	31	7(64.0%)	16(80.0%)	23(74.2%)	18—21
兖州王因	早期	265	101	366	205(77.4%)	76(75.2%)	281(76.8%)	15
曲阜西夏侯	晚期	10	10	20	6(60.0%)	4(40.0%)	10(50%)	青年
诸城呈子	中期	9	7	16	8(88.9%)	7(100%)	15(93.8%)	25
胶县三里河	晚期	21	9	30	2(9.9%)	1(11.1%)	3(10.0%)	30—35
茌平尚庄	中期	1	6	7	1(100%)	4(66.7%)	5(71.4%)	14
邹县野店	中、晚期						12	16—18

2. 原始宗教教育

由于改造和认识能力低下,原始人对大自然和人类本身都有一种神秘感。随着原始人想象能力、思考能力的提升,这种由神秘感而来的敬畏、依赖的情感逐渐成为一种宗教观念。而原始人在劳动生产和社会生活中形成的各种习惯、传统、禁忌,与宗教观念和氏族组织有机融合,就形成了原始宗教。原始宗教不仅仅是一种观念形态,还是一种行为准则,更是一种教育活动,原始人必须学会它,才能适应集体的生活,协调个人与社会的关系,维系氏族和部落的统一性。原始宗教有多种表现,最突出的是原始崇拜和巫术活动。

[①]据颜訚:《大汶口新石器时代人骨的研究报告》,《考古学报》1972 年第 1 期;颜訚:《西夏侯新石器时代人骨的研究报告》,《考古学报》1973 年第 2 期;韩康信、潘其风:《我国拔牙风俗的源流及其意义》,《考古》1981 年第 1 期等数据材料编制。

　　山东先人的原始崇拜包括自然崇拜、图腾崇拜、祖先崇拜、鬼魂崇拜、生殖崇拜等。

　　在山东先人眼里，日、月、星辰、山川、河流、风雨雷电、动物植物，都是神秘的，其运行生长似乎都有一种神秘的力量加以支配。由于对以上自然现象无法作出科学解释，自然崇拜也就由此产生了。太阳与人类生活关系最为密切，人类很早就产生了祭日活动。在大汶口出土的一些彩陶中，绘有"⊙"、"●"的符号，这或许就是代表的太阳，且"●"是用朱色绘制，更具宗教意味。在大汶口文化陵阳河遗址、大朱村遗址出土的陶器上还刻有"𣋚"、"𣋐"符号（诸城前寨遗址出土的陶器上也有类似"𣋚"的符号），上面的"○"代表的是太阳，下面的"⌣"符号代表的是火，最下面的"⏡"代表的是山峰。据专家推测，这是"炟"与"昊"二字。"炟"字的寓意为春季日出正东，"昊"为太阳高照于南天，表示炽热季节或夏季之义。刻有"𣋚"符号的陶器为陶尊，是一种祭祀用的礼器。因此可以认为，"'炟'、'昊'二字，是大汶口人于春季耕作之始、夏季之后，祈年、报功举行祀典，在陶尊上刻画用火祭祀代表春季、夏季的太阳象。"[1]在新石器时代，山东也有祭天祭地的现象。长岛大口遗址发现用火遗迹 10 处，其形状或为椭圆，或为圆形，或为鞋底，或为圆角长方形，均"在穷人顶的山麓下，地势为北高南低，呈缓坡而下，故其形状为北深南浅，略呈簸箕形。坑内均有黑灰土，底部和周壁都烧成较坚硬的红烧土"[2]。这应当是"当地的原始居民祭天的火坑"[3]。陵阳河遗址出土的 25 个陶尊中，颈部均刻有"𡗜"符号，为"南"字的原始形象。据分析，该符号上似树木，下似坛台，与古代文献中社坛植树的记载相契合，有祭社（地母）的寓意。[4]另外，长岛大口遗址的兽坑、胶东莱夷刁虎山方坑，都表明山东先人有祭山的习俗。山东先人祭祀天地山川，目的是祈求于天地赐予丰收和吉祥。这种虔敬的活动，迫使他们不得不仔细观察和

----

　　①王树明：《谈陵阳河与大朱村出土的陶尊"文字"》，山东省《齐鲁考古丛刊》编辑部编：《山东史前文化论文集》，齐鲁书社 1986 年版，第 256—257 页。
　　②中国社会科学院考古研究所山东队：《山东省长岛县砣矶岛大口遗址》，《考古》1985 年第 12 期。
　　③逄振镐：《东夷文化史》，中国社会科学出版社 1995 年版，第 289 页。
　　④参见王树明：《谈陵阳河与大朱村出土的陶尊"文字"》，载山东省《齐鲁考古丛刊》编辑部编：《山东史前文化论文集》，齐鲁书社 1986 年版。

研究天地山川的各种现象及其相互关系。相传,尧的时期曾命令某些氏族的人专门观察和迎送日出、日落,"分命羲仲,宅嵎夷,曰旸谷,寅宾出日,平秩东作","分命和仲,宅西,曰昧谷,寅饯纳日"①。太阳与时间、方位、季节、动植物生长之间的微妙关系,逐渐被山东先人所认识,"庶民惟星,星有好风,星有好雨。日月之行,则有冬有夏,月之从星,则以风雨"②,最原始的天文学、植物学、物理学知识渐渐萌发。反过来,山东先人又通过自然崇拜的祭祀活动,将这些知识传授给新生一代。

图腾崇拜是由自然崇拜发展出来的一种宗教形态,是在氏族自身需要巩固繁盛的刺激下,每个氏族都相信自己氏族起源于某种自然物或动物,认这种自然物或动物为本氏族的祖先、保护神,是神圣不可侵犯的。东夷族就是一个盛行图腾崇拜的族群。东夷族非常庞杂,《竹书纪年》称"夷有九种",因此其图腾崇拜亦极为丰富。首先是太阳图腾。相传太皞(昊)、少皞(昊)均为东夷族早期首领,太皞的活动中心本在陈(今河南淮阳县),后向北发展,逐渐控制了济水流域;少皞旧墟在鲁。"太皞同大昊,昊,天也,表示太阳经天而行的意思……夷人奉太皞为祖宗,只是说他们自认为是太阳的子孙,或者从太阳升起的地方产生出来的。"③因此,太阳是夷族最原始的图腾。在古代神话中也有后羿射日的故事,传其"仰射十日,中其九日"。后羿是东夷族的著名首领,当时"十日并出",说的可能就是东夷族中 10 个以太阳为图腾的氏族部落。其次是鸟图腾,为东夷族最重要的图腾。如太昊氏,风姓,"风"即凤鸟之"凤";少昊氏"以鸟名官"。有的支族更是直接以鸟命名,如鸟夷。所有这些,都是崇拜鸟图腾的证据。除此之外,东夷族的图腾还有龙、蛇、虎、豹、熊、罴、兽等。图腾崇拜支配着氏族的生产劳动、生活习俗、制造工艺等的深层次意识,往往成为原始建筑、雕刻、绘画等的主要素材。大汶口遗址就曾出土过一个带有鸟形符号的背壶,符号涂以朱色,"宗教意义极明,实为鸟的图腾崇拜"④,而以鸟为原形制作的陶器更是大量出现。图腾崇拜对于氏族成员而言,其教育意义不可忽视。通过塑造与图

---

①《尚书·尧典》。
②《尚书·洪范》。
③田昌五:《古代社会形态研究》,天津人民出版社 1980 年版,第 120 页。
④逄振镐:《东夷文化史》,中国社会科学出版社 1995 年版,第 295 页。

腾相关的神话故事,如后羿射日,可以对青少年氏族成员进行勇于牺牲、热爱集体的精神教育;通过绘制各种图腾,也可以对氏族成员的审美及想象力进行培养;通过向氏族成员讲解与图腾相关的各种禁忌,还可以加强氏族的原始礼仪教育。

祖先崇拜首先起自原始人对人类自身生死的不理解,加深于祈求有创世之功的祖先在天之灵的庇护,定型于图腾崇拜的表现模式。祖先崇拜与灵魂不死的观念密切关联,这从大汶口文化的厚葬之风可以看出,随葬大量生前的用具,只是为了使死去的人在另一个世界继续享用生前的物质生活。既然有另一个世界,自然无上威德的祖先,还可以继续用他的创始奇功保佑子子孙孙。举行祭祖仪式,祈求祖先保佑,也就成了原始人的不二选择。祖先崇拜活动一是重视血缘关系,明确上下辈分,追念共同的祖先;二是宣扬祖先的功德。山东先人对太昊、少昊、舜帝、伯益等的崇拜,就是祖宗崇拜的典型例子。《吕氏春秋》十二纪把太皥尊为东方之神,配春天,具木德;将少皥尊为西方之神,配秋天,具金德。而曾"耕历山,渔雷泽,陶河滨,作什器于寿丘"的舜,则与尧帝齐名,被人恭称舜帝,祭拜不止。伯益以辅佐大禹治理水土、开垦荒地、凿挖水井,而受到后人的传颂敬仰。原始祖先崇拜加强了血缘关系和氏族内部的团结、和睦与统一,增强了山东先人人伦道德观念,具有重要的社会教化作用。

自从有了原始宗教活动,便有了巫师。《说文解字》说:"巫,祝也,女能事无形,以舞降神者也。"巫是人与神之间的中介者,通过念咒、跳舞、祭拜等手段,上达人的祈愿,下达神的旨意,调动鬼神之力为人消灾致福。大汶口遗址 M47 大墓,墓主为女性,葬品极为丰富,除 1 件为生产工具外,其余均为头饰、颈饰、臂环等装饰品。值得注意的是,该墓葬有带朱彩的龟甲,在其中的两个龟甲壳内"各有砂粒数十颗,小的如豆,大的如樱桃"[1]。据此,有专家推测"该墓主生前可能是一位龟卜的卜者,即专职巫师"[2]。巫师是氏族公社后期的文化人或知识分子,需要专门学习。因此,培养"巫"这种人才,也是当时教育的重要任务。巫师主要靠占卜来预测吉凶。占卜用的

---

[1] 山东省文物管理处、济南市博物馆编:《大汶口文化——新石器时代墓葬发掘报告》,文物出版社 1974 年版,第 103 页。

[2] 逄振镐:《东夷文化史》,中国社会科学出版社 1995 年版,第 305—306 页。

卜骨,在大汶口文化时期也已出现。大汶口遗址中曾出土了一个完整的龟壳,在背腹甲上"共有 8 个显然是人工痕迹的钻孔"①。至龙山文化时期,卜骨的数量大量增加,在城子崖遗址中,就发现了由牛胛骨、鹿胛骨及未能辨定的动物胛骨制作而成的卜骨,共有 16 片之多。根据对卜骨的分析,可以判断,占卜的方法是钻灼,人们根据钻灼情况来判断吉凶。巫师在占卜过程中,要熟知原始氏族族谱、氏族历史传说、宗教仪式等基本知识,同时还应具备一定的医学、天文学、数学等自然科学常识,还须懂得占星术、歌舞、祭祀等特殊技能。因此,巫师的活动,在当时历史条件下,客观上传播了原始的科学知识,具有社会教育功能。

3. 原始艺术教育

音乐和舞蹈是起源较早的原始艺术,它在原始社会中有社会教化的作用。

在人类还没有产生语言时,就已经知道利用声音的高低、强弱等来表达自己的意思和感情。随着人类的发展,为协调劳动时的动作、减轻疲劳而创作出了劳动号子,这便是最原始的音乐雏形。在这些活动中,人们载歌载舞,原始的舞蹈也由此产生。

在山东新石器时代考古发掘中,曾发现多种乐器遗存。(1)笛柄杯。此杯发现于陵阳河大汶口晚期墓葬中,"泥质黑陶质。柄部涂朱,圆唇,口微侈,杯腰略直;细直柄,中空,柄对侧各饰一不对称圆形镂孔"②。陶杯通高 16.4 厘米,柄高 8.4 厘米,粗细匀称,柄径 1.5 厘米,柄壁厚 0.3 厘米,镂孔径 0.8 厘米。如果分别按堵柄部及柄部底孔,横吹柄部另一镂孔,可吹奏出 4 个音高不同的乐音。因此,笛柄杯是古人特意制作的祭祀酒具与乐器的结合体,它是迄今已发现的我中华民族最早也是唯一的陶制横吹管乐器。③(2)陶埙。在大汶口文化长岛北庄遗址和姚官庄龙山文化层均出土有陶埙。姚官庄出土的陶埙,为"泥质灰陶。手制,外表磨光,圆球形,内

①山东省文物管理处、济南市博物馆编:《大汶口文化——新石器时代墓葬发掘报告》,文物出版社 1974 年版,第 159 页。
②王树明:《山东莒县陵阳河大汶口文化墓葬发掘报告》,载《史前研究》1987 年第 3 期。
③参见王树明:《山东莒县陵阳河大汶口文化墓葬中发现笛柄杯简说》;曲广义:《笛柄杯音乐价值初考——对笛柄杯柄部的研究及推测》,均刊载于《齐鲁艺苑》1986 年第 5 期。

空,有一小口,近口一侧有一小孔"①。(3)蚌响器。胶南西寺龙山文化遗址出土的蚌响器,泥质黑陶,"呈椭圆形,外表像一个蚌壳,分上、下两半,上半部较小,下半部较大,腹部一侧有四个小圆孔,内中空,装有三个小圆球,摇动时通过泥质小圆球撞击外壳薄壁和泥球滚动相互撞击而发出声音。"②以上乐器的发现,证明远古的山东人是一个具有很高乐舞智慧的民族。

古代典籍的记载也印证了以上的考古发现。《山海经·海内经》曰:"帝俊生晏龙,晏龙是为琴瑟,帝俊有子八人,是始为歌舞。"此处,"帝俊、帝喾和舜,是同一人的化身"③,帝俊指的就是舜。《世本》记载"舜作箫",《竹书纪年·帝舜元年》也记载:舜"继帝位⋯⋯击石拊石,以歌九韶,百兽率舞"。也就是说,琴瑟、箫、九歌等乐器和歌舞,均由东夷人发明。

乐舞在东夷人的生活中具有社会教化的意义。大舜曾命夔掌管乐事,教导胄子,"直而温,宽而栗,刚而无虐,简而无傲。诗言志,歌永言,声依永,律和声。八音克谐,无相夺伦,神人以和"④。帝舜试图通过乐舞教育,使年青一代为人正直而温和,处事宽厚而明辨,性情刚毅而不暴戾,态度简约而不傲慢。其实,乐舞的内容还往往与描述历史上英雄伟大的人物相联系,给人以全面的知识启迪和熏陶。同时,乐舞也常常描述部落战争的场面,从而起到原始军事教育的作用。

(三) 学校教育的萌芽

1. 学校教育产生的条件

原始教育,实质上是一种社会教育。在原始社会,年青一代的教育是在全氏族成员的共同劳动和日常生活中,由氏族公社的成员通过互相的言传身教,或由有经验的年长者向年青一代传授一些简单的生产和生活的经验的方式进行的。这时的教育无专门的教育机构和教育设施,也没有固定的教师,猎场、牧场、田地、生活区等便是教育地点,母亲、长者、贤者、智者等即

---

①山东省文物考古研究所等:《山东省姚官庄遗址发掘报告》,文物编辑委员会编:《文物资料丛刊》(5),文物出版社1981年版,第36页。
②纪中良:《胶南市西寺龙山文化遗址》,胶南市政协文史资料委员会编:《胶南文史资料》第6辑,2003年版,第54—55页。
③袁珂:《古神话选释》,人民文学出版社1979年版,第200页。
④《尚书·舜典》。

为教育者。各种内容的教育融合在一起,政教不分、文武不分。但原始教育具有社会性、普遍性和平等性,全体部落成员都享有受教育的权利和机会。

原始社会末期,私有制开始出现并不断发展,阶级分化现象日益明显,氏族部落的社会逐步进入了以家庭(或家族)为细胞的社会。社会的巨大变革,促使教育逐渐从社会生产和生活的"母体"中分离出来,从广义的生活教育向狭义的专门教育发展,学校教育的时代不可避免地到来了。

龙山文化时期,山东已具备了学校教育产生的条件。

首先,随着生产力的提高,社会剩余产品增加,社会分工加速发展,教育的专门化成为可能。

龙山文化时期,山东已进入金石并用时代,生产工具的改进为社会产品的增加奠定了基础。通过当时墓葬情况,可以知道占有别人劳动成果已经成为普遍现象。如诸城呈子龙山文化遗址的87座墓葬中,只占5.7%的富人墓葬,却占有大量的随葬品。除墓圹宽大外,随葬有多而精的陶器,尤其用猪下颌骨随葬,是财富的象征。而随葬的薄胎陶高柄杯,则是当时典型的奢侈品,更是一定身份的体现。穷人墓葬则占62%,他们是社会的主要生产者,却一无所有。① 这从一个侧面说明,龙山文化时期,人们通过自己的生产不但可以养活自己还可以养活别人,社会剩余产品增加了。社会剩余产品的增加,使一部分人脱离生产转为脑力劳动者成为可能。

其次,氏族贵族阶层的出现,要求对后代进行专业化的教育。

从大汶口文化时期开始,山东就出现了贫富分化的现象。到龙山文化时期,贫富分化已非常严重,氏族中的贵族阶层开始出现。"禹传子,家天下",是军事民主制过渡到君主世袭制、氏族贵族正式成为统治者的划时代的事件,但氏族贵族绝不是一天形成的,它经历了一个漫长的从无到有、从缓慢发展到快速增长的过程。

原始社会贵族阶层的快速发展,应是尧舜时代的事情。自炎黄开始,人们就已经非常注意自己的出身了。炎黄二帝在古代传说中多将其描述为火神或太阳神,其中除了图腾崇拜的含义外,还表示其出身的与众不同——来自那原始人说不清道不明、既敬又怕的火和太阳。此后的颛顼、帝喾、唐尧

---

① 参见昌潍地区文物管理组、诸城县博物馆:《山东诸城呈子遗址发掘报告》,《考古学报》1980年第3期。

据传皆系出名门,更说明其出身高贵。这里透露出的是原始社会后期氏族贵族阶层逐渐形成的信息。

　　虞舜是唐尧之后的又一位著名的部落联盟首领。虞舜是东夷有虞氏部落的首领,《史记·五帝本纪》载舜自玄祖以下"皆微为庶人",说明有虞氏在虞舜之前"微"而不显。唐尧将部落联盟首领的位置"禅让"给这么一个人,确实出乎当时许多人的意料,于是才有了"尧舜禅让"的佳话。但"庶人"出身的虞舜并不能改变当时贫富分化、阶层分化的趋势,事实上,虞舜时代氏族内部贫富分化日益严重,氏族贵族阶层迅速发展。虞舜接掌

虞舜像

部落首领之职后,即设置人员和机构,专门服务于氏族显贵。首先是设置主管人员,对氏族贵族后裔施教。《尚书·舜典》称:"夔,命汝典乐,教胄子。"《史记·五帝本纪》也有类似记载:"以夔为典乐,教稺子。""胄子"或"稺子"指的都是氏族贵族子弟。同时,设立专门的机构为氏族贵族养老慈幼。《礼记·王制》载:"有虞氏养国老于上庠,养庶老于下庠。"这里的"国老"、"庶老"似乎不是泛指氏族老年者,而是特指氏族贵族的老人和极少数有经验的氏族老年成员,因为在原始社会末期,社会还没有将所有氏族老年成员加以专门照顾的能力。

　　氏族贵族阶层的发展,使得原始社会早期大众化的劳动和生活教育,越来越不适应他们的要求。劳动生产是他们不甚关心的,享受和发展的需求越来越受到他们的重视,音乐、礼仪、武艺、文字等专门知识内容的教育,便分化出来以适应这种需求。教育的专业化应运而生了。

　　再次,文字的出现。

　　原始人随着对自然、对社会以及对自身经验的逐渐丰富,知识的积累日益增长,单靠实践示范和口头交流信息进行教育传承,越来越不适应社会发展的需要,这就要求有新的方式与工具来记载和交流。

　　原始社会中,人们一直寻找有效记载和交流的不同方式。最早的方法

是物件记事。《周易·系辞》说:"上古结绳而治,后世圣人易之以书契。"结绳就是物件记事的一种类型,它利用绳结的大小、形状、多少表明事物的种类和数量,但如果事件本身的属性很多,应用就遇到了困难。后来人们又发明了符号记事。它是在物体上作一定符号以表达意思,如考古中发现的陶器上的刻画符号就属于这一类。在滕县北辛遗址出土的残陶器底部和腹片上,就曾各发现一个刻画符号,是在烧陶以前刻画的,形状类似"↑"。① 这一刻画符号的含义是什么,至今无人知道。符号记事的缺点也是显而易见的,即不能记载复杂事情。于是原始人又发明了图画记事法。用摹绘事物形象的简单图画记事,由于它与象形文字的形成关系十分密切,亦称图画文字。

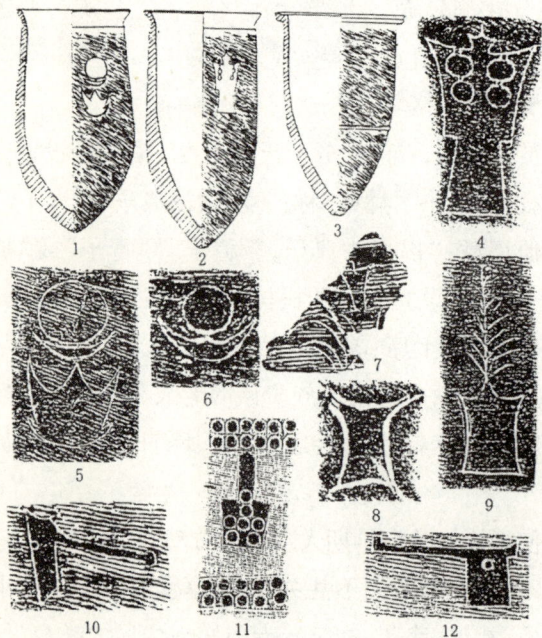

大汶口文化陶尊及陶尊上的图画文字

图画文字离真正的文字只有一步之遥了,它可以认作文字的最早雏形。在山东大汶口文化遗址出土的陶尊中,发现了一些刻画符号(见左图)。这些陶尊分别出自莒县陵阳河、大朱村以及诸城前寨遗址等几个地方,其刻画符号重复出现于一地或几地,应不是古人偶尔为之,因此可以断定为图画文字。据专家解读,图中陶尊及其残片上的字,图1、5 为"炟",图3、6 为"炅",图4、11 为"享",图8 为"凡",图9 为"南",图10、12 为"斤"和

①参见中国社会科学院考古研究所山东队、山东省滕县博物馆:《山东滕县北辛遗址发掘报告》,《考古学报》1984 年第 2 期。

"戊"，而图 7 则是摹画的滤酒图像。① 大汶口文化的图画文字是目前已发现文字中最接近甲骨文的早期文字。

关于文字的产生，古代文献中也有记载，《世本·作篇》说："仓颉作书"，《淮南子·本经训》说："昔者仓颉作书，而天雨粟，鬼夜哭"。仓颉是黄帝时期造字的史官，被尊为"造字圣人"，即仓颉发明了汉字。仓颉造字的说法，只是一种传说，其是否真实不得而知，但其年代背景却和考古发掘互相印证，说明大汶口文化晚期是中国文字出现的时间。

文字的出现，改变了人类积累和传授科学文化知识的方式，对教育产生了重大影响。由于文字传递的知识和经验更加丰富和准确，使得教育借助于这一新的载体，从教授直接生活经验为主转到教授间接生活经验为主；对教授者的技能要求渐次提高，父母长辈逐渐退居教育的幕后，专门化的教授者——教师开始走向前台；教育也逐渐从日常生活和劳动中分离出来，成为独立发展的力量了。

2. 学校的早期形态

一般认为，虞舜时代中国就已出现了学校。但对于此时的学校，相关记载极为缺乏，即使有一些也是距虞舜几千年的后人追记的。因此，关于学校的早期形态，只能是一个大概的推测。

早期学校的名称，一为"成均"，一为"虞庠"。

成均被认为是传说中五帝时代的"大学"。《周礼·春官·宗伯下》郑玄注谓董仲舒曰："五帝名大学曰成均"，并解释道："均，调也。乐师主调其音"，即"成均"为以"乐教"为主的"宫廷"学校。

《礼记·乐记》称："王者功成作乐，治定制礼"，即古代帝王都尊崇礼乐，以礼乐化民。其中的"乐"，不仅包括音乐，还有舞蹈、诗歌等。相传太昊之时，作《立基》之曲；黄帝之时，命伶伦造律吕，命大容作《咸池》之乐；少昊之时，作《九渊》之曲；颛顼之时，作《承云》之曲；帝喾之时，作《六英》之乐；虞舜之时，创大型乐舞《萧韶》；等等。这些都说明乐在上古时代的重要性，上古时期一切活动，如祭祀、朝会、习武都离不开乐。更为重要的是，乐

---

① 参见王树明：《谈陵阳河与大朱村出土的陶尊"文字"》，载山东省《齐鲁考古丛刊》编辑部编：《山东史前文化论文集》，齐鲁书社 1986 年版。

在那个时代可以"和神人"①,有沟通人神的作用。

因此,乐教并非所有人员都可以接受。舜时设置专门的乐师,命夔典乐,"教胄子"②。《尚书·舜典》孔氏传云:"胄,长也。谓元子以下至卿大夫子弟","胄子"即上古帝王或诸侯大夫的长子。也就是说氏族显贵中的长子,应教以"乐"。而一般的氏族贵族则教以"五教"。《史记·五帝本纪》载:"契,百姓不亲,五品不驯,汝作司徒,而敬敷五教,在宽。"这里的百姓指的应是一般氏族贵族,所谓"五教"指的则是父义、母慈、兄友、弟恭、子孝等5种伦理道德教育。

董仲舒和郑玄对成均的解释有推测的成分,但通过以上分析可知,成均应是虞舜时期有特定教育对象、教育内容及教育者的宫廷学校,二人的判断还是很有道理的。

"庠"是虞舜时期另一种形式的学校。

《礼记·明堂位》称:"米廪,有虞氏之庠也。"郑玄认为:"庠……亦学也。"庠,《说文》"从广羊声",本意是饲养家畜的地方;米廪指的是储存谷物之处。这些地方当时可能主要由老人负责看管,后来"庠"逐渐变成养老场所的代名词。孟子曾说:"庠者,养也。"③清人方苞也说:"米廪者,藏养人之物,而庠以善养人,期于充实也。"在原始社会中,具有丰富生活经验的老人往往担负着教育年青一代的任务,养老场所——庠也因此经常兼为教育的场所,逐渐庠就成为兼具养老和教育双重任务的机构了。

庠不同于成均,主要承担对一般氏族贵族子弟的五伦教育。相传虞舜"以孝闻",辅佐唐尧时就曾推行"五典"之教:父义、母慈、兄友、弟恭、子孝,并将之作为家庭教育和社会教育的基础。在继承氏族部落首领后,虞舜对以孝为中心的伦理道德教育更为重视,他根据当时"百姓不亲,五品不驯"的实际情况,命契为司徒,推行五伦之教。庠当是虞舜推行五伦之教的重要场所。据记载,"虞庠在国之四郊",由此可见庠的定位与成均是有区别的。虞舜还将庠分为两级,一为上庠,一为下庠。"有虞氏养国老于上庠,养庶

---

① (东汉)荀悦:《汉纪·惠帝纪》。
②《尚书·舜典》。
③《孟子·滕文公上》。

老于下庠"①,"国老"、"庶老"显然属于不同地位的氏族老人,这就决定了上庠和下庠的不同,显示出教育已有了等级上的差别。为维护庠中秩序,虞舜还特地制定"扑作教刑"②,规定对于违礼悖义、倦怠厌学的弟子,可以用稻秆和荆条之类的东西抽打给予惩戒。

　　成均和庠都是原始社会末期开展教育活动的场所,初具学校功能,它开始进行有目的、有组织的活动,为以后专门教育机构的产生奠定了基础。但是,成均和庠毕竟不是正规意义上的学校,它兼有修身、行礼、储物、养老等多种功能,无论教育内容还是教育手段都极为有限和简单。它面向的人群也极为有限,并不是当时青少年教育的主要形式。在更多时间和地方,对下一代的教育还仍以生产劳动的形式甚至通过生产劳动来进行。

---

①《礼记·王制》。
②《史记·五帝本纪》。

第二章　山东传统教育模式的建立

一、"学在官府"与西周时期的教育

（一）夏商时期的山东教育

1. 夏代的山东教育

夏代是中国历史上的第一个朝代，由夏启建立①。据传说，舜因禹治水有功，将部落首领的位置禅让于禹。禹死后，本应由佐禹有功的伯益继承权位，但禹的儿子启却挑起了与伯益争夺权位的斗争，最终启获得胜利，且杀死了伯益（一说伯益失败后隐居箕山之阴）。启的即位，打破了禅让制，宣告了原始社会的终结和奴隶社会的到来。从启到夏代最后一个帝王桀，根据《史记·夏本纪》集解引《竹书纪年》和其他文献记载共传了 17 君，14 世，凡 400 多年。前后时间约当公元前 21 世纪到公元前 16 世纪，大体对应于龙山文化中晚期和岳石文化时期。

夏朝的历史，特别是夏朝前期的历史和山东地方有密切的关系。夏初，由于启与伯益的矛盾，造成夏夷之间的争斗，启最终打败了以伯益为首的东夷族。但东夷族势力仍然强大，启及其后继者太康，朝政腐败，民怨沸腾，东夷首领后羿（号有穷氏，在今山东德州市附近）乘机举兵反夏，赶走太康，夺取了夏朝的统治权，这就是有名的"后羿代夏"。太康失国后，逃到其同姓

---

① 关于夏代的开国之君是谁，目前史学界有不同意见。一种意见认为，应为禹。理由是：《史记·夏本纪》载："帝舜崩，三年丧毕……禹于是遂即天子位……国号曰夏后"，禹时就使用了"夏"的称号。另一种意见认为，启才是夏代的第一位国君。虽然禹时就使用了"夏"的称号，但从启开始，禅让制让位于世袭制，天下为公变为家天下，社会制度发生了根本性变化，国家正式诞生。因此，启是夏代的开国之君。本书同意后一种意见。

国斟寻(在今山东潍坊市西南)。由于夏的另一同姓国斟灌(在今山东寿光市东北)也在此附近,所以太康、仲康、仲康之子相以及许多夏王室成员,均流亡活动于二斟之间。不久,寒浞(夏世方国寒的首领,在今山东潍坊市寒亭区)杀死后羿,夺取了王位。寒浞上台后,继续追杀夏王室成员,灭掉了斟寻和斟灌。相被杀,相妻缗有幸逃脱,投奔有仍氏(在今山东金乡县东北),生下遗腹子少康。后来,少康借助有虞氏及其他东夷族的力量,夺回了王权,正式复国。少康中兴后,夏朝逐渐将统治中心西迁到中原地区。少康死,其子季杼即位,夏朝开始对东夷用兵,一直打到东海。东夷各部落、方国基本归附,对夏称臣受爵,交纳贡赋。

夏朝的发展与军事征服相关联,因此其教育最大的变化或许就是增加了军事内容。夏之前的原始社会,军事也是教育的一种内容,但其地位并不是很高,而且主要存在于社会生活教育中。夏朝建国以后,奴隶主贵族为了巩固和扩大奴隶制统治,一方面要镇压本部族奴隶的反抗,另一方面又要不断征伐、掠夺其他部族,因此,军事是不可或缺的统治手段。夏朝"为政尚武",是武人专政,因而统治者很重视军事教育。

《礼记·明堂位》记载:"序,夏后氏之序也";《孟子·滕文公上》曰:"设为庠序学校以教之,庠序养也,校者教也,序者射也。夏曰校,殷曰序,周曰庠,学则三代共之",即"序"和"校"都是夏代的学校。然而,序和校的出现都与军事有关。"序",在古代是指练习骑射的场所,因其东西两边有墙,中间是一块空旷的场地,故其字的偏旁从"广"。从金文的"序"字看,其形酷似人在"广"中拉弓射箭,以表示习射之所。《说文》:"校,从木,交声。"原意为木囚,即用木头或竹子围成栏格作为养马的地方,后来利用这宽广的场所来进行军事训练,而成为习武的场所。序和校均由军事场所转变而来这一情况说明,夏代的军事教育已成为国家的重要教育内容之一,其教育目的就是"以射造士",即要把本阶级的成员及其后代培养成为能射善战的武士。

在学校的军事教育中,主要是培养学生的"射"与"御"的本领。在夏代,弓箭已成为战争中的主要武器装备之一。因此,射是每个贵族男子必须掌握的一门技术。古代文献记载,学射的场所"命之曰序,以检其行",而

"夏后氏以射造士"①,射成为当时统治阶级选拔人才非常重要的一项内容。当然,射更是一种身份地位的象征。弓箭在夏代可以说是最为先进的进攻武器,射技的高低决定着军事地位的高低,自然也就决定着社会地位的高低。据传说,东夷族有穷氏的后羿即是一位善射也善于教射的贵族武士,《左传》曾说他"代夏政,恃其射也"。这是射之所以成为学校教育内容的另一重要原因。御就是驾驶战车。车在夏代已运用于军事,在启伐有扈氏的甘之战中,誓辞中就有"御非其马之正,汝不恭命"的记载②。由于车用于作战,那么"御"的技术进入学校以提高贵族子弟的军事素养也就是一件很自然的事了。

虽然夏代的教育是早期学校教育的发展,但毕竟与虞舜时期的教育有本质的不同,也就是说,它一方面较多地保留了原始氏族文化教育的痕迹,另一方面又揭开了一个新时期教育的序幕。

有关夏代学校的记载并不多,《孟子·滕文公上》说:"设为庠序学校以教之。庠者,养也。校者,教也。序者,射也。夏曰校,殷曰序,周曰庠。学则三代共之,皆所以明人伦也。"《说文解字》及《汉书·儒林传序》却说:"夏曰校,殷曰庠,周曰序。"虽然,对于夏代学校的称谓记述不一,但均承认从夏朝起开始有学校了。其实,早在虞舜时期,便有"庠"这种教育机构。《礼记·王制》载:"有虞氏养国老于上庠,养庶老于下庠。"只不过夏代的教育机构较虞舜时期复杂得多。大体说来,夏代庠、序、校三者并存。庠是进行伦理道德教育的地方或传授生活、生产知识的场所;序是教授射击技术的地方;而校则是进行考校、检校,进行比试的场所。

夏代的学校似乎已有了国学与乡学的区别。《礼记》的《王制》和《内则》又专门论述了国学的情况,认为分为两类,即"东序"和"西序"。郑玄则注曰:"东序,东胶,亦大学,在国中王宫之东;西序,虞庠,亦小学也,西序在西郊"③,不仅认为夏代有国学,还认为国学有大学和小学之分。夏代在地方也有学校,称为乡学。《史记·儒林列传》载汉丞相公孙弘和太常臧、博士平等议论三代之学时称:"乡里有教,夏曰校。"宋儒朱熹注《孟子》,认为

①(元)马端临:《文献通考》卷四十,中华书局1986年版,第379页。
②《尚书·甘誓》。
③《礼记·王制》。

庠、序、校都是乡学。

　　夏代学校教育除了上面所述军事教育内容之外,还应包括礼、乐、敬老养老等内容。夏禹之时曾"定祭祀冕裳之制,建旗旒以别尊卑",形成了一定的礼仪制度,经后人完善,成为夏礼。国家的政治、经济、军事、人际交往等活动都离不开礼,礼是夏朝贵族必须掌握的知识,也是学校学习的内容之一。朱熹在《孟子集注》中解释道:"伦,序也。父子有亲,君臣有义,夫妇有别,长幼有序,朋友有信。此人之大伦也。庠序学校,皆以明此而已。"①以音乐、舞蹈、诗歌为主的乐舞教育,也是夏代学校教育的重要内容。"声音之道,与政通矣"②,就是说音乐有十分重要的政治作用,它不仅是教化百姓的重要工具,也是显示王权威严和区别等级的尊卑的标志,又是贵族集会和祭祀祖先、鬼、神不可缺少的礼仪。夏代学校敬老养老,继承了虞舜的传统。《礼记·内则》说:"夏后氏以飨礼",就是夏朝用极为隆重的礼节款待有德有位的老者,以表对贵族老者的尊敬。《礼记·王制》记载:"夏后氏养国老于东序,养庶老于西序",敬老养老仍是学校的重要内容。

　　2. 商代的山东教育

　　商王朝是前 16 世纪开始统治黄河中下游广大地区的奴隶制国家,从成汤开始,到纣灭亡,前后相传 17 世 31 王,延续近 600 年时间。商代甲骨文,已经是成熟的文字。在出土的甲骨卜辞中,总共发现有 4000 多字,学者认识的已有 1000 多字。另外,在出土的商殷铜器上也发现了大量铭文。文字的成熟为商代教育的发展打下了坚实的基础。

　　商与山东也有着密切的关系。商的始祖名契,传说其母食鸟卵而生契,因此有"天命玄鸟,降而生商"③的说法。从这个传说可以推定,契的父亲可能来自以鸟为图腾的东夷族部落。商族的先王,从契到汤,共传了 14 代,大体上与夏王朝相始终。据传说,商契都于蕃(今属山东滕州市),相土建东都于泰山脚下,并一直发展到渤海和东海边,到汤时又都于亳(今属山东曹县),说明汤以前的商族活动中心在山东。山东不仅是商族活动的中心,而且是商朝统治势力的重要根据地。商朝统治时期,从仲丁到盘庚,

---

①《四书集注·孟子集注》卷五。
②《礼记·乐记》。
③《诗经·商颂·玄鸟》。

商人四世五迁,其中两次将国都迁于山东,一次迁至庇(今属山东鱼台县西南),一次迁于奄(今属山东曲阜市)。盘庚迁殷(今属河南安阳市小屯)后,山东还存有殷商的主要与国奄、蒲姑、胶、莱、昊、微、齐等,以及莒、郯、杞、任、宿、须句、颛臾等国,它们有的是殷商的积极维护者,有的是殷商的归附者,承认商王的共主地位,缴纳一定的贡品以示臣服,既与商殷分享统治权,又协助商殷保持山东地区的稳定。一直到商亡后,商的残余势力仍然盘踞在山东。

孔子曾说:"殷因于夏礼"[1],表明商代继承了夏代成法,但商代的典章制度并非对夏代的简单继承,而是在创新基础上的继承,其教育制度也是如此。商代与夏代相比最为突出的变化是,奴隶主贵族已形成强烈的宗教意识。《礼记·表记》说:"殷人尊神,率民以事神,先鬼而后礼。"敬事鬼神,致使商朝事无大小,都要占卜。这样,与鬼神打交道成为贵族政治生活中一项极为重要的事情,教育也自然向敬事鬼神倾斜。马端临"商人以乐造士"[2]的总结,很好地体现了商代以神道立教的文教政策特点。

据记载,商代的学校名称有左学、右学、小学、大学、瞽宗、庠、序等。这些学校总的可以分为两类:一类是国学,一类是乡学。大学(右学)、小学(左学)是国学,即中央直属的贵族学校。《礼记·明堂位》说:"殷人设右学为大学,左学为小学";《礼记·王制》还说:"殷人养国老于右学,养庶老于左学",郑玄注:"右学,大学,在西郊;左学,小学,在国中王宫之东。"庠、序仍如夏代,是地方学校,即乡学。"瞽宗"是新见于商代的一种学校名称,《礼记·明堂位》郑玄注曰:"瞽宗,乐师瞽矇之所宗也。古者有道德者使教焉,死则以为乐祖,于此祭之。"瞽宗既是祭祀乐祖的神庙,又是乐师主掌乐教、以礼乐教育进行道德说教的地方。瞽宗应是大学性质的学校,似比"右学"更为重要。

商代的教育比夏代发达,不论国学还是乡学都有一定的规定,"甲骨卜辞,对于建学地点、上学日期、教学内容等等,都有占问卜吉的记录"[3],呈现出学制的萌芽。

---

①《论语·为政篇》。
②(元)马端临:《文献通考》卷四十,中华书局1986年版,第379页。
③毛礼锐、沈灌群主编:《中国教育通史》第1卷,山东教育出版社1985年版,第68页。

　　教与学是学校教育的两个典型特征,这在商代已非常明显。在殷墟出土的甲骨文中,"教"、"学"、"师"等字曾多次出现。有些学者通过对"学"字的演变分析认为,该字至少包括了 3 个基本要素:教与学的内容、教与学的活动、教学场所①。甲骨文卜辞中还有"学多□父师于教"的记载,清代学者王引之考证,"父师"即《周官》之"师氏之属,掌以美教国子以三德三行。父与大通,父师即大师",也即《礼记·文王世子》之"父师司成",主持大学教学事宜。父师与瞽宗中的乐师相互印证,明确表明,商代确有令子弟入学求师受教的事实,而学校中也有相对固定的教育人员——教师。

　　在教学内容上,商代已形成礼、乐、射、御、书、数的简单框架。瞽宗是礼乐教育的重要场所,在这里通过传授礼乐,对贵族及其子弟进行尊崇鬼神和祖先的宗教教育,并培养为祭祀服务的专门人才;同时通过学习礼乐,陶冶性情,闻乐以知兴衰。古人曾说:"国之大事,在祀与戎",商代也离不开战争。为了战争和阶级统治的需要,商贵族也特别注重对子弟的军事教育,射和御是重要的内容。《孟子·滕文公上》把商代的学校概括为"殷曰序",说明射箭等军事训练在学校中的位置相当重要。以识字教学为中心的"书",在商代也已开始。在四盘磨出土的甲骨中,其中一片上有 3 行小字,6 是正着刻的,7、8 都是倒着刻的,学者认为这是商人教子弟刻写文字的记录,或者是"学书者所作"②,也就是说,当时已确实存在识字教育。数的教学当时也已出现。早在新石器时代大汶口文化遗址中就曾出土过类似八卦图案的骨梳,意味着很早人们就对八卦数字有了认识。到了商代,随着天文、历法、占卜知识的不断积累与应用需要,数学知识也相应提高。在甲骨文中,已用一至十及百、千、万等 13 个数字记数,其中最大的数已达"三万"。因此,数学也必然成为学校的教育内容之一。

　　由于殷商教育的发达,使得许多方国派遣自己的子弟到商求学。在一甲骨卜辞中就曾这样记载:"丁酉卜,其呼以多方小子小臣其教戒?"这里的"多方"指的就是殷商周边的方国。在这些方国中可能就包含了山东地区的一些方国,可见殷商学校影响力之大。

---

①毛礼锐、沈灌群主编:《中国教育通史》第 1 卷,山东教育出版社 1985 年版,第 66 页。
②张政烺:《试释周初青铜器铭文中的易卦》,《考古学报》1984 年第 4 期。

（二）西周时期的官学教育

1. 西周分封与齐、鲁建国

西周是继商代之后的奴隶制国家,它从公元前 11 世纪周武王灭商起至公元前 771 年周幽王被申侯和犬戎所杀为止,历经 11 世 12 王,凡 270 余年。它是中国奴隶制政治经济发展的全盛时期和衰落时期,其重要特征为在分封制、井田制的基础上实行了宗法世袭世禄制。

山东由于与商有着密切的关系,一直到商亡后,商的残余势力仍然盘踞在山东;在不久以后,纣的儿子武庚还联合山东的旧属国蒲姑(今属山东博兴县)、奄及徐夷、淮夷起兵反周,严重地威胁着周的统治。周公集中全部力量,用了 3 年的时间,"诛管叔,杀武庚,放蔡叔"①,才平定了这次叛乱。为了加强对东方的统治,周在山东建立了诸侯:封姜尚做齐侯,都营丘(今属山东淄博市临淄区);封伯禽做鲁侯,都曲阜;封振铎为曹侯,都陶丘(今属山东定陶县);封绣为滕侯,都滕(今属山东滕州市)。此外,又封康叔做卫侯,占据原来商都朝歌及邻近(包括山东西南部)地区,并长驻 8 师兵力,以监视山东的动静。

建立诸侯就是分封,它是周代统治者为进行有效统治而创立的一种制度。周公汲取武庚和"三监"(管叔、蔡叔、霍叔)叛乱的教训,协助周成王在全国范围内大规模地推行分封制,分封的目的之一是"封建亲戚,以蕃屏周"②。所谓分封制,就是指周天子以封地连同当地的人民赏赐给王室子弟和功臣,诸侯在封国内有世袭统治权,对天子有定期朝贡和提供军役、力役的义务。诸侯在他的封区内,有权把土地和人民再分赐给自己的亲属和亲信。这样,根据宗法制和分封制,便形成天子、诸侯、卿大夫、士等各级宗族贵族组成的金字塔式等级制结构。各个等级之间既是大小宗关系,又是上下级关系。《荀子·儒效》称:"周公兼制天下,立七十一国",而其中的齐国和鲁国是周天子重要的分封诸侯国。

齐国的开国之君是姜尚。姜尚,又称吕尚、姜子牙、姜望、太公望、姜太公。司马迁说他是"东海上人",吕不韦解释"东海上人"为"东夷之士"③。

---

① 《史记·鲁周公世家》。
② 《左传·僖公二十四年》。
③ 《史记·齐太公世家》。

姜尚像

他的祖先在尧、舜、禹三代时期曾担任过"四岳"官职,因协助大禹治水有功,被封于吕,因此,子孙从其封姓吕。到姜尚时,家境已败落。但他勤奋刻苦,熟知天文地理、军事谋略,而对治国安邦之道素有讲求。周文王求贤若渴,慧眼识才,发现了姜尚,并拜其为师。武王视其为父,称为师尚父。由于姜尚辅佐文王、武王,倾覆商朝,对周室有巨功,被武王封往齐国。

齐国封地营丘(今属山东淄博市临淄区)一带,从商代开始就是一个很大的居民点,但由于"地泻卤"①,不利于农耕,人民生计状况不佳。加以东边的莱夷经常对齐地骚扰,周围环境很不宁静,到西周初年,人口逐渐稀少。

面对这种情况,上任之初的姜尚为稳定局势,首先用兵击溃了莱夷,又辅佐周公打败了叛乱的蒲姑等东方国家,把新灭亡的蒲姑并入齐国统治,并取得了周天子赋予的对周边国家的征伐权。

接着,姜尚因地制宜,制定出了切实可行的建国方针。政治上,他主张"尊贤尚功",以有德为贤、有才为智,有功者必赏,有德有才者必尊。其具体的"贤"、"功"标准就是"六守",即"一曰仁,二曰义,三曰忠,四曰信,五曰勇,六曰谋"②。经济上,他主张"通工商之业,便鱼盐之利"。姜尚根据齐国地薄人稀的实际情况,兴利除弊,倡导发展鱼、桑,鼓励人民煮盐经销,农工商诸业并举,全面发展经济。文化上,则主张"因其俗,简其礼"③,允许不同思想文化、习俗自由存在。礼俗问题既是文化问题又是民族问题,为了使齐国长治久安,姜尚在礼俗上采取了极为宽容的政策。"因其俗",就是尊重东夷人的生活方式、风俗习惯,允许其因袭照旧,不加改变。"简其礼",就是"简其君臣之礼,从其俗为也"④。

①《史记·货殖列传》。
②盛冬铃译注:《六韬译注》,河北人民出版社1992年版,第21页。
③《史记·齐太公世家》。
④《史记·鲁周公世家》。

姜尚的建国方针最大的特点在于务实,这与姜尚出身行伍有极大的关系。因为在战场上任何务虚的、墨守成规的思想和行为都会招致惨败的结果,实事求是、因势求变是历代著名将领克敌制胜的法宝。他的务实治国方针对齐国的人才选拔和教育产生了巨大影响。

西周是以"皇天无亲,惟德是辅"①的标准来选材的,但姜尚却认为:"天下非一人之天下","凡人,恶死而乐生,好德而归利,能生利者,道也"②,唯下的和趋利的选材观跃然纸上。关于齐国初年怎样选拔和培养人才,由于历史记载的缺乏,已不能详述了,但从齐国此后迅速发展的史实中,仍能窥见大体情景。如,东周时期,齐国号称"衣履冠带天下",是当时丝织业最发达、丝织技术最先进的地区;而至战国时期,齐都临淄有居民 7 万户,且"甚富而实"③。如此发达的工商业,与众多的工商业人才的培养和选拔是密不可分的。而春秋时期齐国涌现出的管仲、鲍叔牙、高傒、司马穰苴、晏婴等一大批优秀政治家、军事家,也不能不说与齐初选材观有着极大的关系。即使后来以百家争鸣著称的稷下学宫的出现,更透着姜尚遗风的味道。

鲁国的建立者是伯禽。伯禽为周公旦长子,又称父禽。据《史记·鲁周公世家》记载:"封周公旦于少昊之虚曲阜,是为鲁公。周公不就封,留佐成王……而使其子伯禽代就封于鲁。"当伯禽要到鲁国上任时,周公告诉他说:"我文王之子,武王之弟,成王之叔父,我于天下亦不贱矣。然我一沐三捉发,一饭三吐哺,起以待士,犹恐失天下之贤人。子之鲁,慎无以国骄人",告诫伯禽要善待作为东夷鲁国的百姓。以上史实,并非句句确当,但它却为这段历史提供了两点重要线索:其一,伯禽是第一个鲁国的实际建立和治理者;第二,伯禽的治国理念受到了周公的极大影响。

鲁国与齐国相比,地理位置和政治地位较为优越。在地理上,"鲁国所在的泗水上游地区,从远古以来便是许多古老而又强大的国族聚居的所在","这里的自然条件优越,宜于农业、畜牧、蚕桑的发展"④,经济较为发达;在政治上,周王朝历来有厚同姓、薄异姓的国策,鲁国作为周的同姓诸

---

①《尚书·蔡仲之命》。
②盛冬铃译注:《六韬译注》,河北人民出版社 1992 年版,第 7 页。
③《战国策·齐策》。
④刘敦愿:《西周时期齐鲁两国的地位及其互相转化》,《东夷古国史研究》第 1 辑,三秦出版社 1988 年版,第 72 页。

侯,享有保存宝器、典籍和祭祖先时奏天子礼乐的最高特权,还得有技术专长的"殷民六族"①。

由于殷实的国力和姬姓出身的政治优势,伯禽上任后提出了与齐国截然不同的建国方针。政治上,"尊尊亲亲",也就是周公说的"亲亲上恩"②。"尊尊"就是尊重尊贵,讲求等级观念;"亲亲"就是亲爱亲族,尊崇宗法原则。经济上,重视农桑生产。鲁立国后,不是没有发展工商的可能,其收得的商奄之地的夷人本来就有手工业传统,但周人悠久的重农传统却最终与鲁地适宜发展农业的条件相结合,逐步形成了鲁国重农的发展经济的方针。有些学者甚至认为:"遍查史料,都没有发现鲁国重视发展工商业的记录,而提倡择瘠处贫、自给自足的记载却随处可见。"③文化上,"变其俗,革其礼",即用周礼去变革鲁国商奄遗民的原有礼俗习惯,以夏变夷。据《史记·鲁周公世家》记载:"鲁公伯禽之初受封之鲁,三年而后报政周公。周公曰:'何迟也?'伯禽曰:'变其俗,革其礼,丧三年然后除之,故迟。'"④伯禽封鲁,周公曾要求他"启以商政,疆以周索"⑤,即在政事上,要沿用商朝的方法,以照顾商奄之民的风俗习惯,而在治理疆土时,则应按照周朝的法制,分配土地。伯禽的这一文化政策看似违背了周公的初衷,但仔细分析,这正是执行"尊尊亲亲"政治方针的必然选择。风俗习惯和政治道德紧密相连,新的政治道德伦理必然要建立在对旧习俗的破坏之上。习俗的改变是早晚的事情,只不过伯禽的方法相比周公而言稍为激烈了一些罢了。

鲁国早期"尊尊亲亲"的治国理念,表现在选材观和教育观上,就是讲究宗法等级传统,任人唯亲。"亲亲"是周朝的传统,《左传·昭公二十八年》载:"昔武王克商,光有天下,其兄弟之国者十有五人,姬姓之国者四十人,皆举亲也。"伯禽等人严格遵循周朝的这一传统,在选材上,以"亲亲"为原则,讲求血缘,崇尚恩泽,轻视功绩;在教育上,宗法气味浓烈,人们不是专心于能力的培养,而是执著于周礼的追求,斤斤于人与人之间道德关系的把握。这种选材观和教育观,给后来的鲁国带来了极大的负面影响。一方面,

---

①⑤《左传·定公四年》。
②《吕氏春秋·长见》。
③王志民、邱文山:《齐文化与鲁文化》,《齐文化丛书·研究专辑》,齐鲁书社1997年版,第248页。
④《史记·鲁周公世家》。

实用人才缺乏,空洞之士泛滥;另一方面,姬姓贵族世代掌权,异姓遭到排斥,许多才华横溢的人得不到重用。如孔子、孟子、吴起等都是当时具有相当能力的人才,在鲁国却无以施展才华。

2."学在官府"下的西周教育

为了维护分封制和宗法制度,西周统治者非常重视礼制,"周人尊礼尚施,事鬼敬神而远之,近人而忠焉"①。所谓礼,就是"定亲疏,决嫌疑,别旧异,明是非"的②,从道德到政治再到军事、法律制度的一系列规范,它既明确了君臣、父子、兄弟、夫妇、朋友之间上下尊卑关系,又规定了人们的衣食住行、婚丧嫁娶等一切日常行为。在西周,"凡民之事,莫不一出于礼"③,"教训正俗,非礼不备"④。

礼是西周教育的重要指导原则,马端临曾形象地表述为周"以礼造士"⑤,不论社会教育还是学校教育,都遵从礼的原则,"由之以教其民为孝慈、友悌、忠信、仁义"⑥。西周教育一改夏商尚武、敬事鬼神的传统做法,发挥礼乐的教化功能,用以伦理道德为特征的礼构筑西周民众的思想堤防,试图将不平等的社会秩序固化在人们的道德观念中,反过来又以固化的道德观念维护西周的奴隶主统治。

西周的教育制度已经有了一个较完整的系统,明确地分出小学和大学两级学制,而小学和大学又分为中央设置的和地方设置的两种,分别称之为国学和乡学。《礼记·王制》称:"天子命之教,然后为学。小学在公宫南之左,大学在郊,天子曰辟廱,诸侯曰頖宫。"西周的大学,规模较大,有四学、五学之称。东、西、南、北之学称为四学,而南"成均",北"上庠",东"东序",西"瞽宗",中"辟廱",又称为五学。其中,"辟廱(雍)"为最尊,因此后来的太学也称"辟雍"。诸侯设立的大学叫頖(泮)宫⑦,《诗·鲁颂·泮水》曰:"明明鲁侯……既作泮宫,淮夷攸服",证明在鲁国确有叫泮宫的教育场

①《礼记·表记》。
②④《礼记·曲礼上第一》。
③⑥《新唐书·礼乐志一》。
⑤(元)马端临:《文献通考》卷四十,中华书局1986年版,第379页。
⑦关于西周在诸侯国中是否设有称为"泮宫"的大学,存有争议。闻一多就认为,泮宫与辟雍指的是同一种学校,泮宫只有鲁国有,其他诸侯没有。"汉以来学者咸谓天子曰辟雍,诸侯曰泮宫。此盖汉初礼家,规放故事,以辟雍见于《大雅》,泮宫见于《鲁颂》,遂以二者分属于天子诸侯。实则鲁本用天子礼,而他国不复闻有泮宫者,是辟雍泮宫,名异而实同,或因方音殊绝,遂致周鲁异名耳。"(《闻一多全集》第10卷,湖北人民出版社1993年版,第608页)

所,郑玄笺:"言僖公能明其德,修泮宫而德化行"。西周中央和地方都设有小学,但主要存在于地方。《大戴礼记·保傅》载:"及太子少长知妃色,则入于小学",可知中央是设置小学的。地方的小学一般称乡学,它包括塾、庠、序等。《礼记·学记》:"古之教者,家有塾,党有庠,术有序,国有学。"

由于鲁国在周代享有特权,其学校系统显得比其他诸侯国复杂。它除了设有泮宫外,还设有庠、序、瞽宗。《礼记·明堂位》曰:"米廪,有虞氏之庠也。序,夏后氏之序也。瞽宗,殷学也。颊宫,周学也。"孔颖达据此认为"明鲁得立四代之学"。

另外,鲁国还存有类似明堂的太庙。"明堂者,祀天享亲之所,而布政事、朝诸侯咸在。"①《礼记·明堂位》疏引蔡邕《明堂月令章句》认为:"明堂者,天子大庙,所以祭祀……飨功、养老、教学、选士,皆在其中。"据传,明堂为周公所建。由于周天子"命鲁公世世祀周公,以天子之礼乐"②,鲁国修建了太庙,以纪念周公。《礼记·明堂位》曰:"太庙,天子明堂",自然鲁国的太庙就相当于明堂。孔子曾说:"入太庙,每事问"③,这固然表明孔子对待周礼的慎重态度,但也由此可知鲁国的太庙(明堂)是兼具教育功能的。

西周学校的教育对象主要是贵族子弟及平民中优秀分子。《礼记·王制》载:"王大子、王子、群后之大子,卿大夫元士之适子,国之俊选,皆造焉。"国学主要招收贵族,乡学主要面向平民。

西周对学生的入学年龄也有规定,但各种古代文献的记载并不一致。关于小学的入学年龄,有 8 岁、10 岁、13 岁、15 岁 4 种说法。《白虎通·辟雍》说:"八岁毁齿,始有识知,入学学书计";《礼记·曲礼上》:"人生十年曰幼,学";《尚书大传·周传》:"十有三年始入小学";《礼记·王制》孔颖达疏引《书传略说》曰:"余子十五入小学"。这 4 种不同的入学年龄可能对应于不同出身、不同能力的人,一般情况下,王公贵族子弟入学年龄偏早,而贵族和平民子弟入学年龄较晚。《大戴礼记·保傅》卢辩注:"《白虎通》云:'八岁入小学,十五入大学',是也,此太子之礼……又曰:'十五岁入小学,

①(清)秦蕙田:《五礼通考·吉礼二十四·明堂》。
②《礼记·明堂位》。
③《论语·八佾》。

十八入大学',谓诸子性晚成者,至十五岁入小学;其早成者,十八入大学。"
而大学入学年龄,也有 15 岁、18 岁、20 岁几种说法,原因恐怕也是如此。

西周时期学校的教学内容,以"六艺"为纲。"六艺"就是礼、乐、射、御、
书、数,它是周代要求学生掌握的 6 种基本能力。《周礼·地官·司徒》称:
"保氏,掌谏王恶,而养国子以道。乃教之六艺:一曰五礼,二曰六乐,三曰
五射,四曰五驭,五曰六书,六曰九数",可见"六艺"中的每一"艺"都有严
格、细致、具体的要求。礼,包括 5 种:吉礼、凶礼、军礼、宾礼、嘉礼;乐,包括
6 种:云门、大咸、大韶、大夏、大濩、大武;射,包括 5 种射法;御(驭),包括 5
种驭车技法;书、数也都包括了若干与之相应的技能。其实,六艺不外乎政
治道德(礼、乐)、军事体育(射、御)、文化基础知识(书、数)3 大类。与商代
不同的是,周代更重视礼乐教育,"乐所以修内,礼所以修外。礼乐交错与
中,发形于外"①。礼乐教育是一切教育之首,并贯穿于整个教育始终。周
代学校教育内容,国学与乡学稍有不同。国学中主要是形而上的内容,包括
"三德"(至德、敏德、孝德)、"三行"(孝行、友行、顺行)、"六艺"、"六仪"
(祀祭之容、宾客之容、朝廷之容、丧纪之容、军旅之容、车马之容)等;乡学
中则更多的是形而下的内容,包括"六德"(智、仁、圣、义、忠、和)、"六行"
(孝、友、睦、姻、任、恤)、"六艺"等。因此,周代不仅在教学内容中注重君
君、臣臣、父父、子子的等级教育,而且在不同学校教学内容的设置上仍体现
了奴隶主等级制。

西周的教育是典型的政教合一的奴隶制官学体系。由于学术文化统一
于官府之中,教育也自然是官学的一统天下,无论是国学还是乡学,均为天
子王都之学或诸侯都邑之学,与官府合而不分。而教育权、受教育权被奴隶
主贵族掌握,学校教育也被奴隶主阶级独占,使得西周的教育具有极强的阶
级性、等级性。

西周时期,中国的文字已经产生,但并非一般人所能掌握,加之文字记
录的载体诸如竹简等较为昂贵,也非一般人所能置办,文字书写又非常费
劲,因此文字、简、册皆为官府所控制,"惟官有书,而民无书"。由于官垄
断着文字与书籍,教育自然也被官垄断着,这就是"学在官府"。"官师合

①《礼记·文王世子》。

一"是"学在官府"的主要表现,即学校的教师由官吏兼任。西周的大司乐既是国家高级的礼乐官,负责宗教祭祀与国家典礼,又是国学教育事务的主持者。《周礼·春官·宗伯下》:"大司乐掌成均之法,以治建国之学政,而合国之子弟焉。凡有道者有德者,使教焉。"而《礼记·王制》曰:"将出学,小胥、大胥、小乐正简不帅教者,以告于大乐正",这其中的小胥、大胥、小乐正都是当时的乐官,也是国学中的教师。在乡学中,教师多由地方官员担任,退休的大夫也可充当教师。《礼记·学制》孔颖达疏引《尚书大传》说:"大夫七十而致仕,而退老归其乡里,大夫为父师,士为少师",都可在乡学任教。

西周的学校教育集前代之大成,建立了政教合一的"学在官府"体系,初步形成了比较明确的学制系统,对教育的内容也有明确的规定,它标志着从原始的、自然形态的教育过渡到专门化的、学校教育的完成,而且这一官学体制极其深远地影响了我国古代学校体制。当然,由于"学在官府",使一小部分统治者成为知识文化的占有者,垄断了教育。同时,教育权的垄断伴随着官位、爵禄的世袭,为官者世世为官,为民者世世为民,形成了官学不分、上智下愚不移的教育局面。

二、齐鲁两国的文教政策与私学的兴起

(一)齐鲁两国的文教政策

1. 齐国的文教政策

姜尚治齐,一切从实际出发,因地因时制宜,确立了符合国情的"尊贤尚功"、"通工商之业,便鱼盐之利"和"因其俗,简其礼"的建国方针。齐国的后继者虽对其稍有损益,但基本上坚持了这一方针。由于这一方针的指导,齐国形成了有自己特色的文教政策。

第一,以人为本,文教为建立齐国霸业服务。

齐国立国之始,地位并不显赫,所以姜尚采取了较为务实的治政思路。当时的齐国没有姬姓封国的光环,在延纳人才方面少了许多便利条件,只有尊贤尚功,重视实用人才的选拔,吸纳当地的贤能之士参与政权建设,发展经济、文化的大政方针才能得到有效落实。随着国力的增强,齐国渐有称霸诸侯的想法。而文教政策也紧紧围绕霸业的建立而制定,"地大国富,人众

兵强,此霸王之本也"①。要称霸诸侯,贵在上下一心,即所谓"霸王之所始也,以人为本"②。要做到以人为本,一是要政治清平、社会安定;二是要让民众各安其业;三是要让人才为国所用。在延纳人才上,齐国的统治者清醒地认识到:"夫争天下者,必先争人。明大数者,得人;审小计者,失人"③,国家长治久安的关键在人。齐桓公时对管仲的使用,便明显表现出齐国的这一用人思路。管仲曾为公子纠的太傅,在公子纠与公子小白(即齐桓公)争夺君位的斗争中,一箭射中了齐桓公的衣带钩。齐桓公称君后,便想杀掉管仲,以报那一箭之仇。但在鲍叔牙的劝说下,求贤若渴的齐桓公尽弃前嫌,重用他为相,委以国政,并称其为"仲父"。"齐桓公既得管仲,与鲍叔、隰朋、高傒修齐国政,连五家之兵,设轻重鱼盐之利,以赡贫穷,禄贤能,齐人皆说。"④

第二,先富而教。

早在姜尚的时候,就曾认为:"善为国者,取于人事。故必使遂其六畜,辟其田野,安其处所。丈夫治田有亩数,妇人织纴有尺度,其富国强兵之道也"⑤,一直致力于工商之利。齐桓公时期,管仲继承了姜尚的这一思想,提出"凡治国之道,必先富民"⑥。相齐之后,"通轻重之权,徼山海之业"⑦,对百姓"爱之、益之、利之、安之"⑧,收到良好的效果,基本实现了"得人之道,莫如利之;利人之道,莫如教之以政"⑨的目的。到齐威王时,曾在稷下学宫游学的荀子更提出:"不富无以养民情,不教无以理民性"⑩,把"富"与"教"有机联系在一起。将"利"和"富"作为一种正常需求而高悬于"教"之上、之前,这是当时齐国的一大特点。"民利之则来,害之则去。民之从利也,如水之定下,于四方无择也。故欲来民者,先起其利,虽不召而民自至。"⑪正是齐国正视了人们对利的正当追求,先富而后教,教育的作用才会最大限

---

①《管子·重令》。
②③《管子·霸言》。
④《史记·齐太公世家》。
⑤《六韬·农韬》。
⑥《管子·治国》。
⑦《史记·平准书》。
⑧《管子·枢言》。
⑨《管子·五辅》。
⑩《荀子·大略》。
⑪《管子·形势解》。

度迸发出来。

第三,重视四维之教。

齐国虽然承认"凡治国之道,必先富民"、"民之从利",但并不意味着纵容人们不顾国家需要而去求富、唯利是图。自管仲开始,齐国统治者力图将齐文化重利传统与周文化的重义传统相结合,"守国之度,在饰四维",提倡义利并重。"何为四维? 一曰礼,二曰义,三曰廉,四曰耻。"管仲对礼、义、廉、耻的解释是:"礼不逾节,义不自进,廉不蔽恶,耻不从枉",而且认为,"故不逾节则上位安,不自进则民无巧诈,不蔽恶则行自全,不从枉则邪事不生。"①到了辅佐齐国三公的晏婴,更注重礼义观念,主张四维治国。晏婴强调:"利不可强,思义为愈;义,利之本也,蕴利生孽"②,提倡以义约利,义融于利,义为利本。

第四,重视教育和人才培养。

齐国自开国始就非常注意教育和人才的培养,管仲相国时提出:"一年之计,莫如树谷;十年之计,莫如树木;终身之计,莫如树人。一树一获者,谷也;一树十获者,木也;一树百获者,人也。"认识到人才教育在国家兴衰、事业成败中的关键作用。此后的晏婴认为:"禁之以制,而身不先行,民不能止,故化其心,莫若教也。"③这里也强调了教育的重要性。荀子则认为:"国将兴,必贵师而重傅;贵师而重傅,则法度存。国将衰,必贱师而轻傅;贱师而轻傅,则人有快,人有快则法度坏。"④将对老师的尊重与否与国家兴衰联系起来,更显出对教育的重视。

第五,主张政教结合,贵法重教。

早在姜尚时期,齐国就很重视法治在治理国家中的作用。《六韬》中的《赏罚》及《尚书》中的《吕刑》都是谈及法治的篇章,姜尚说:"赏在于成民之生,罚在于使人无罪,是以赏罚施民而天下化矣。"⑤明确认为法治对于实施教化有促进作用。管仲相齐,也坚持以法治治国的理念,"凡牧民者,欲

①《管子·牧民》。
②《左传·昭公十年》。
③(战国)晏婴:《晏子春秋》卷六,内篇杂下第六,中华书局 1985 年版。
④《荀子·大略》。
⑤《六韬·逸文》。

民之可御也。欲民之可御,则法不可不重。"①只不过他的"严刑罚,则民远邪"的做法,是建立在"政令所行,在顺民心"和"故刑罚不足以畏其意,杀戮不足以服其心"的基础上的②,也就是说管仲重视法治只是认为法律对"牧民"有威慑教育作用,重法严刑与暴虐杀戮绝不是管仲的本意。因此,管仲推崇"章道以教,明法以期。民之兴善也如化"③的贵法重教景象。晏婴也认为要"修法治,广政教"④,法、教并用,但要省刑罚,注重教育的作用。在谈论明君怎样教民问题时,晏婴说:"古者百里而异习,千里而殊俗,故明王修道,一民同俗。上爱民为法,下相亲为义,是以天下不相遗,此明王教民之理也。"⑤晏婴的意思是,要教育百姓懂得礼义,通晓法令,明其教令而洁身自爱;同时,居上位者要身体力行,注意身教。

第六,四民分业,进行有针对性的社会职业教育。

齐国是一个非常注意农工商诸业并举的国家,到春秋以后,随着社会生产的发展,"礼崩乐坏"的政治大变动带来了阶级关系的大变动,出现了士农工商混杂的局面。身份不同、职业各异的人混杂,影响了社会生产和社会秩序,同时也影响了社会教育的功能,"士农工商四民者,国之石民也,不可使杂处,杂处则其言咙,其事乱"。管仲于是建言齐桓公应"四民分处",就是把一般平民划分为士、农、工、商四大社会集团,成为进行专业知识、技术教育相对独立的基本单位,设置专乡,分别设官管理,定居不迁。"处士必于闲燕,处农必就田野,处工必就官府,处商必就市井",这种"四民分处"带来的是"四民分业",士人相聚论孝义之道,农民相聚议耕稼之经,工匠相聚传生产之技,商人相聚告经商获利之巧。士、农、工、商各自在固定的区域进行相互教育,既减少了中间环节,以师带徒,以长带幼,利于知识和技术的传授;又使不同职业的人群相对固定,"其心安焉,不见异物而迁焉"⑥,从而增加了社会的稳定性。

第七,养士用士。

---

①《管子·权修》。
②《管子·牧民》。
③《管子·宙合》。
④(战国)晏婴:《晏子春秋》卷一,内篇谏上第一,中华书局 1985 年版。
⑤(战国)晏婴:《晏子春秋》卷三,内篇问上第三,中华书局 1985 年版。
⑥《管子·小匡》。

春秋战国时期,各诸侯国为争霸的需要,争相养士用士,齐国在这方面走在当时各诸侯国的前列。齐桓公在管仲的辅佐下开始用士,他采用"匹夫有善,可得而举之"的政策,用"三选法"进行人才的选拔。据记载,齐桓公养游士 80 人,"奉之以车马、衣裘,多其资币,使周游于四方,以号召天下之贤士"①。齐桓公之后的齐国统治者仍采用养士用士的政策。田成子执政时,节衣缩食,养了一批士人,"杀一牛,取一豆肉,余以食士;终岁,布帛取二制焉,余以衣士"②。田齐时期,稷下学宫兴起,更上演了一幕幕养士用士的生动故事。

2. 鲁国的文教政策

鲁国由于是周天子的同姓诸侯国,因此在西周时期它基本承袭了周朝的文教政策;在同姓诸侯国中,鲁国又是地位最高的,因此在东周时期它基本实行了维护周朝传统的文教政策。

第一,政教合一,维护周天子礼乐传统在鲁国的传承。

鲁国是姬姓"宗邦",清人高士奇曾说:"周之最亲莫如鲁,而鲁所宜翼戴者莫如周"③,因此在鲁国保存的周礼最为完备,时人称"周礼尽在鲁矣"④。

鲁国世代得享天子之礼乐以祀周公,鲁国也可以修建周天子明堂似的泮宫(即太庙)。当然,鲁不仅有行天子之礼的特权,而且"凡四代之器、服、官,鲁兼用之"⑤。鲁国有虞、夏、商、周四代的祭车、旌旗及夏、商、周三代的礼服、礼器、乐器。鲁国还设有祝、宗、卜、史、宗伯诸官,掌管祭祀。梁启超曾说:"周则凡教职皆统于大宗伯,而太师、大祝、大卜、大史、小史、内史、外史等相为联事,侯国不能备官"⑥,可见鲁国职官宗周。鲁国还得立四代之学,在教育上享有特权。正是由于伯禽及其后继者,在"变其俗,革其礼"的治国实践中,切实将周礼运用在鲁国的政治文化生活中,在整个西周时期,周礼成为鲁国的行为准则,上至鲁公,下至卿士,无不循礼而动。

---

①《国语·齐语》。
②《韩非子·外储说右上》。
③(清)高士奇:《左传纪事本末》卷一,中华书局 1979 年版,第 5 页。
④《左传·昭公二年》。
⑤《礼记·明堂位》。
⑥梁启超:《饮冰室合集》专集之四十九,中华书局 1989 年版,第 12 页。

春秋以降,诸侯纷争,周王虽"名为共主",实际上已无发号施令的权势,社会已处于"礼崩乐坏"的状态。这本是奴隶制即将崩溃,社会处于转型期的正常情形,但鲁国始终不忘"法则周公",试图维护周礼在诸侯中的地位。《诗·鲁颂·泮水》曾描绘鲁僖公不忘办学、整修泮宫的故事。他不但整修了设施,还在此大举告祭,宴饮盛会。"敬慎威仪,维民之则,允文允武,昭假列祖",想以此来感召国人,使臣下做到"靡有不孝"。而"敬明其德"、"克明其德"、"克广德心"等诗句,表明鲁僖公试图通过这一政教合一的行为,向全国百姓昭示其"能遵伯禽之法"、践身周礼的德治政化。虽然,春秋时期的鲁国本身也不得不面对礼乐崩坏的残酷现实,出现了桓公弑立、庆父之乱、哀公逊越等许多违反礼乐传统的事情。但鲁国始终认为出现这些问题的原因是不守周礼,"坏国、丧家、亡人,必先去其礼"[1],反过来更加坚定地维护周礼。对于鲁国文教政策上的特点,管子曾说:"鲁邑之教,好迩而训于礼"[2],确是一语中的。到后来孔子宣扬"不学礼,无以立"[3],"兴于诗,立于礼,成于乐"[4],极力宣扬回到周礼中去,又是鲁国文教政策在社会层面上产生极大影响的反向折射。

第二,尚德重教。

古代人特别推崇文治武功,鲁国也不外于此。伯禽曾讨伐徐戎、淮夷,鲁庄公时鲁国与齐国曾武力争霸,但这些都未能占据鲁国治国策略的主流。由于鲁国非常推崇周礼,自然也就特别注重道德教育,尚德重教也就成为鲁国文教政策上的特点之一。

鲁国一直以礼乐之国自居,崇尚德治。早在伯禽之鲁时,周公就告诫他:"我一沐三捉发,一饭三吐哺,起以待士,犹恐失天下之贤人。"[5]要求伯禽以君子之度对待人才,以德求贤。后来鲁国渐而形成了尚德的治国理念,故《汉书·地理志》称"其民有圣人之教化"。为了培养有德义的人才,鲁国非常注意教育的作用。鲁僖公不忘办学、整修泮宫的故事不仅是维护周礼的举措,而且从一个侧面展示了鲁国重教的情形。春秋战国时的鲁国,私学

---

① 《礼记·礼运》。
② 《管子·大匡》。
③ 《论语·季氏》。
④ 《论语·泰伯》。
⑤ 《史记·鲁周公世家》。

快速发展,出现了孔子、孟子、墨子等一批教育家,也与鲁国的尚德重教政策有极大关联。

(二) 官学衰败与私学兴起

1. 天子失官,学在四夷

春秋战国时期是一个大变革的时代。随着铁器的广泛使用,社会生产力有了长足的进步,土地的价值由能载人向能产物方向变化,土地所有制形式逐渐由周天子"公有"向诸侯、王臣、大夫私人占有过渡,"私肥于公"的局面在列国相继出现。随之而来的,便是政权由王室而诸侯,由诸侯而大夫,由大夫而陪臣,氏族束缚的鸿沟渐形破坏。昔日的"礼乐征伐自天子出"变为"礼乐征伐自诸侯出",甚至"陪臣执国命"。[①] 这正是孔子所谓的"礼崩乐坏"的时代。

社会的大变动,也对原来的教育制度产生了巨大冲击,"学在官府"的垄断教育形式由于失去了原有的经济支柱和政治依据,变得越来越不符合时代的要求,官学衰落,私学兴起,"天子失官,学在四夷"[②]的时代终于来临了。

官学的衰落首先是由于周贵族对官学的轻视。西周的国学和乡学均招收贵族子弟,目的是为了垄断学术和教育,维护宗法等级制度。因此,在教育上带有明显的强制色彩。但宗法世袭制本身又意味着,贵族子弟学习文化知识与其权位无直接联系,于是出现了贵族子弟只图享受而不重教育的现象。据《左传·昭公十八年》记载,春秋中期的周大夫原伯鲁曾公然表示"不说学",即不喜欢到官学学习。他的这一想法并非少数,当时许多像原伯鲁一样的大夫及执政者均认为:"可以无学,无学不害……不害而不学,则苟而可。"[③]官学以贵族为教育对象,贵族不想学习,官学衰落也就成为必然的。

官学的衰落还源自官学的教学内容已不适合时代的要求。周代官学以"六艺"为教育内容,其中的礼、乐、射、御重点均在学习礼义和礼仪,灌输政

---

①《论语·季氏》。
②《左传·昭公十七年》。
③《左传·昭公十八年》。

治观念和道德思想,在春秋诸侯争霸的时代显得空洞而不实用。因此,诸侯对西周的官学,已不感兴趣。从春秋初期起,一些国家的国君和贵族,已不将自己的公子送进国学,而是聘请师傅,在宫廷中给公子传授知识。据记载,鲁闵公时"公傅夺卜齮田,公不禁"①,说明闵公曾聘有老师;齐僖公"使鲍叔傅小白"②,就是说聘鲍叔牙做小白(后来的齐桓公)的老师;齐灵公则以高厚为太子牙的"傅",夙沙卫为"少傅"。③ 这种所谓的保傅制度,在其他诸侯国中也非常普遍。如春秋时期,晋文公曾让阳处父傅太子;楚庄王请士亹为太子箴傅,并向申叔时请教有关教学的内容。申叔时提出的科目内容,已与西周官学所教的"三德"、"三行"、"六仪"完全不同了。

官学的衰落更与学术的下移有关。春秋战国时期,随着经济的发展,文化也有了很大进步,书籍再也不是王公贵族的垄断物。当时,竹简已用作书写的主要载体,使文化普及大为便捷。有的学者认为,作为删改竹简的书刀,在东周时已较为普遍,齐刀币的形状似乎与书刀有相当关系。"竹简宽度有限,而且一沾墨汁字迹就擦不掉。如果写错字,只有用刀把表面字迹刮削去掉,重新再写,因此'删'字就作一把刀在书册之旁之形,以表达删削之义。在纸张未普及前,书刀为文士随身携带的文具,故东周时期的墓葬,铜削常与书写的工具一起出土。刀币应该取形于书刀,而且反映出战国时代教育已有相当的普及率"④。书籍载体的轻便,为学术下移奠定了物质基础。与此同时,政治经济变动,使原来在周朝王宫里的司礼、司乐,失去了原来的地位和职守,其中一部分人变成了一批靠自己掌握的"六艺"知识自谋生活的知识分子。《论语·微子》曾有"大师挚适齐,亚饭干适楚,三饭缭适蔡,四饭缺适秦,鼓方叔入于河,播鼗武入于汉,少师阳、击磬襄入于海"的记载,大师、亚饭、三饭、四饭、鼓方、播鼗、少师、击磬皆指掌管不同乐器的乐人。这些司礼司乐的专家流散到四方,把原来秘藏于官府中的典籍文物、礼器乐器带到了民间。特别是在鲁国,本来享有周天子赐予的"祝、宗、卜、史、备物、典策、官司、彝器"⑤等物,并"得立四代之学"。其所存文物典籍、

---

① 《左传·闵公二年》。
② 《管子·小匡》。
③ 参见《左传·襄公十九年》。
④ 许进雄:《文物小讲》,中国人民大学出版社 2008 年版,第 6 页。
⑤ 《左传·定公四年》。

礼乐之器最多,在学术下移的过程中,有着得天独厚的条件。因此,在邹鲁一带率先出现了一批熟悉"六艺"知识和各种礼仪的学术人才。《庄子·天下》篇这样描述道:"其明而在数度者,旧法世传之史,尚多有之。其在于《诗》、《书》、《礼》、《乐》者,邹鲁之士、搢绅先生多能明之",其中的"搢绅先生"指的就是学术下移后的民间学术人才。

2. 士阶层的崛起

春秋时期,诸侯争霸,有着强烈的人才需要。官学的衰落与社会对人才的需要构成了一对无法克服的矛盾,这正是私学得以产生的契机。同时,私学的出现也与"士"阶层的形成密切相连。

士在西周以前就已存在,《孝经》中按天子、诸侯、大夫、士、庶人的等级划分,士介乎贵族和平民之间。《管子·小匡》有士、农、工、商的"四民"之说,士属于"民"。春秋战国时期,士的来源有三:一是由贵族没落而来。他们都受过良好的贵族教育,但因世袭特权的丧失而流入社会成为士,如孔子;二是从平民上升而成。如墨子,木匠出身,在鲁向史角学礼后,逐步进入士的行列,而子贡、子路"故鄙人也,被文学,服礼义,为天下列士"①;三是流落民间的周王室司礼乐官员,靠出卖知识而维持生计,如老子。

士的大部分是武士,小部分是文士,也有能文能武之士。春秋时期的士是自由民,在行动上有较大自由。在社会激烈变动时期,自由民越来越多地脱离生产劳动而以脑力劳动为谋生的方式,文士的队伍逐渐扩大。士是宗法等级制度瓦解过程中产生的新人,他们或长于口辩,或熟习礼乐,或精通历法,或擅长刑名,具有较为独立的人格和独立的意志。他们的这些特点和品格使他们成为春秋战国时期最活跃、最积极的社会成员,成为有影响的阶层。

而当时有眼光的诸侯、大夫,为了发展自己的势力,也急需网罗一批人才,让他们外游诸侯,内议朝政,出谋献策。于是争先"招贤纳士",出现了"养士"之风。在诸侯中,齐桓公为了争夺霸业,率先养士人,"奉之以车马、衣裘,多其资币,使周游于四方,以号召天下之贤士"②。由于齐桓公善于用士养士,成为春秋第一个霸主。齐懿公未得位时,"骤施于国,而多聚士,尽

①《荀子·大略》。
②《国语·齐语》。

其家,贷于公、有司以继之。"①由于齐懿公拿出家财招士养士,后来果然在士的帮助下夺得了政权。诸侯养士,大夫也不肯落后。齐国陈恒(即田成子)就重视养士,他"杀一牛,取一豆肉,余以养士;终岁,布帛取二制焉,余以衣士"②;鲁季孙氏也养士,"季孙养孔子之徒,所朝服而坐者以十数"③。

3. 私学的兴起

成功诸侯的经验告诉人们"得士则昌,失士则亡"④,因此社会对于士的需求激增。除了使用旧有的士外,必须着手育士,培养新生力量。私学便应运而生,承担了这一历史任务。

私学是相对于官学而言,由私人收徒办学的教学组织形式。它出现的最早时间已很难考证,据现在掌握的资料来看,邓析在郑国办学,讲授法律及诉讼技巧,是较早的私学,时间当在公元前536年前后⑤。据《吕氏春秋·离谓》记载,邓析"与民之有狱者约,大狱一衣,小狱襦袴。民之献衣、襦袴而学讼者,不可胜数",凡是到他的私学学习诉讼知识的人都要交纳一定的学费。与邓析几乎同时,周室的老聃、郑国的壶丘子林也开始收徒讲学。到孔子时期,创办私学的人越来越多,孔子私学是当时办学规模和影响最大的私学,据传有弟子3000人。除了孔子的私学外,鲁国的少正卯、王骀、柳下惠、常枞等也加入到开办私学的大军中。于是,"学在官府"的格局渐为遍地兴起的私人讲学所代替。

在这些私学中,受教育者已经不再是单纯的贵族子弟,普通庶民如要学以求仕进,都可以通过交纳束修的方式,到私学中来学习。私学中的教师最初大多由流落民间的周王朝或诸侯国的文化官员担任,私学的教学场所一般是教师自己的家室或借用公共场所,教学条件相当简陋。私学的教学内容大都以私学教师所特长的知识为主,或重视政治思想、伦理道

①《左传·文公十四年》。
②《韩非子·外储说右上》。
③《韩非子·外储说左下》。
④(汉)孔鲋:《孔丛子》,中华书局1985年版,第42页。
⑤邓析为郑国大夫。他主张"不法先王,不是礼仪"(《荀子·非十二子》),"子产治郑,邓析务难之",并教民以诉讼。"以非为是,以是为非,是非无度,而可与不可日变。所欲胜因胜,所欲罪因罪。郑国大乱,民口喧哗",与郑国统治者发生矛盾,"子产患之,于是杀邓析而戮之"。(《吕氏春秋·离谓》)子产为郑国相的时间是公元前543年,杀邓析一事应在公元前536年子产"铸刑书"后不久(最晚不超过公元前522年——子产之死的时间),也就是说邓析办私学的时间当在公元前536年前后。关于邓析之死,可以参考顾孟武的《邓析之死初探》(载《上海师范大学学报》1985年第1期)一文。

德;或重视生产技能、科学逻辑;或重视法学、耕战之策等等,丰富而且实用,各有特色。

私学的兴起首先满足了新兴地主阶级的政治需要。新兴地主阶级怀有强烈冲破世袭宗法传统的愿望,渴望在新的生产关系中成长起来的自己掌握文化和知识,同时又迫切需要具有新的思想理论的文化人才来为他们的利益服务。无疑,私学满足了他们的要求。

其次,私学的兴起打破了"学在官府"的局面,促使政与教的分离,官与师的分离,从而使教育成为一门专业,教师成为一种职业,为教育的专业化发展奠定了良好的基础。

再次,私学的兴起冲破了"礼不下庶人"的旧传统,促进了学术文化向民间的转移,使社会下层更多的人能享有受教育的权利。

最后,私学的兴起促成了百家争鸣的局面。私学老师一般都有自己的一套学术理论,师从于不同老师的学生又继续发扬老师的理论而形成不同的学派。先秦至汉初,不同学派被称为"诸子百家",刘歆在《七略·诸子略》中称"凡诸子百八十九家,四千三百二十四篇",可见学派之庞杂。诸子百家中主要的有儒、墨、名、法、道、阴阳、纵横、农、杂等"十家",其中影响最大且与教育关系最密切的是儒、墨、道、法。各家各派相互论辩、驳难,又相互补充,出现了学术思想上百家争鸣的盛况。

(三) 繁荣的鲁国私学

1. 孔门私学

(1)孔子杏坛设教

春秋时期影响最大的私学乃是孔子创办的儒家私学。

孔子出生于春秋末期鲁国一个破败的贵族家庭,这里透露出 3 个信息:春秋末期——这是一个礼崩乐坏的时期,奴隶制逐渐被封建制所代替,诸侯争霸,天下大乱,一切的政治、经济、文化都发生着翻天覆地的变化。孔子对于这一巨大变化,终其一生都极不适应;出生地鲁国——鲁国是春秋时期保有周代典籍最多的国家,加之有重视文化的传统,从客观上给孔子提供了良好的学习环境;破败贵族家庭——由于幼时贫贱,孔子养成了勤奋好学、独立思考的习惯。孔子曾说:"吾十有五而志于学",也就是说,少年时期除了跟随母亲学习之外,很可能在私学中受到过比较系统的训练。正是有良好的知识基础,才使孔子能够"适周问礼,盖见老子","与齐太师语乐,闻《韶》音,学之","学鼓琴师襄子",并参悟致深。到 30 岁左右,孔子便以博学知礼闻名遐迩了,即所谓"三十而立"了。① 大约也就是在此前后,孔子开始设教授徒,从事于私学教育。

孔子是一个有政治抱负的人,他的政治理想是"仁政"、"德治",他的社会理想是西周的礼乐宗法社会。孔子开设私学的目的,是为实现他的政治、社会理想服务的。具体而言,孔子开设私学的目的有二:一是培养能"安百姓"的"贤臣"。孔子认为"圣君"、"贤臣"、"良民"三者是实现其"德治"的依靠力量,而"圣君"、"良民"均离自己太远,只有"贤臣"可以通过自己加以培养。他要把他的学生培养成为合乎周礼的"贤臣","学而优则仕",参与政治改革,达到"仁政"和"德治"的目的。二是"修己"。孔子常讲"修己安人"、"修己安百姓","修己"就是培养人的人文修养,使人成为谦谦君子。所以孔子说:"不学诗,无以言","不学礼,无以立"②,"博学于文,约之以礼"③,学习是修己的必经之路,只有学习才能达到"修己以敬"的最高境界,才能出离于"小人"而成为"君子"。如果说"安人"是君子教化他人、实现社会责任,那么"修己"就是控制自己的欲望,"知言"、"知礼"、"知命"。

孔子从 30 岁开始开办私学,大体经过了 4 个时期——初创期、发展期、维持期和全盛期。30 至 35 岁为初创期。这时他开始收徒讲学,最早的弟子可能是颜由,他是颜回的父亲,"少孔子六岁"。颜由的家距孔子居住的阙里很近,与孔子之母颜征在同族。自此,"孔子始教学于阙里,而受学"。④ 孔子办学的名声很好,吸引了许多民间子弟来就学。在孔子的 72 弟子中,曾点、冉耕、秦商、子路等,可能都是孔子的早期弟子。37 至 55 岁为发展期。孔子自齐返鲁,结束了在齐国求得一官半职的梦想。他只有边教边学,其间还到周朝都城洛邑(今河南洛阳市)学礼。由于孔子对于士大夫乱政的鲁国政治不感兴趣,50 岁前始终不仕,"退而修《诗》、《书》、《礼》、《乐》,

---

① 《史记·孔子世家》。
② 《论语·季氏》。
③ 《论语·颜渊》。
④ 陈世珂辑:《孔子家语疏证》卷九,中华书局 1985 年版,第 225 页。

弟子弥众,至自远方,莫不受业焉"①。孔子在 51 岁时,出任中都宰,后累迁鲁小司空、大司寇等职,声名鹊起。许多人慕名来学,孔子私学的规模更大。这时,孔子的弟子除来自今山东境内的齐、鲁外,几乎遍及当时主要的诸侯国,颜回、子贡、冉求、仲弓等,大概都是在这一时期成为孔子学生的。55 至 68 岁为维持期。此期,孔子周游列国,试图在诸侯国中找到自己的政治舞台,并借以宣传自己的思想,但却四处碰壁。在周游之暇,孔子还不忘收徒设教,但新增学生不多,宰予似是此时归入门下。69 至 73 岁为全盛期。鲁哀公十一年(公元前 484 年),孔子结束了长达 14 年之久的流浪生活,回到鲁国。年事已高、郁郁不得志的孔子,其心情是可以想象的,但他始终没有停止教学授徒,或许比以前投入了更大精力,又培养出了一大批像子夏、子张、曾参等才华出众的弟子。同时,他集中精力编辑、删订了《诗》、《书》、《礼》、《乐》、《易》和《春秋》等重要历史文献,使之成为孔门私学的定型教本。

孔子的私学实行"有教无类"的办学方针,即教育的对象,不分地区,不分年龄,不分贵族与平民,一切自由人(当然不包括妇女)均可入学。"有教无类"是孔子在《论语·卫灵公》中提出的。对于"有教无类"的本义历来有不同的解释,但它所指的扩大教育范围,使受教育的人不仅仅局限于奴隶主贵族这一点是人们一致认同的。疑义较大的是扩大教育范围到了什么地步,但这似乎并不重要,或许只对欲将孔子上升到"万世师表"高度的人才重要。孔子不能摆脱那个时代而存在,也不能摆脱那个时代而被评价。周代的官学是"有教有类"的,它只向贵族子弟及平民中优秀分子开放。《礼记·王制》载:"王大子、王子、群后之大子,卿大夫元士之适子,国之俊选,皆造焉。"国学主要招收贵族,乡学主要面向平民。但春秋时期的实际情况是,各诸侯国的乡校已毁坏殆尽,不然的话郑国子产"不毁乡校"的行为也就不会作为美谈而被流传了。孔子提出的"有教无类"的办学方针无疑适应了当时平民对教育的渴望与要求,尽管学费("束修")少显昂贵,尽管在"无类"中也并不包含女子,但毕竟冲破了周代"学在官府"的教育格局,使贫寒的平民子弟有了受教育的希望。

在这一办学方针的指导下,一切拿得起学费、搭得起时间的人都可到孔

---

①《史记·孔子世家》。

子的私学中学习。孔子招收的弟子成分复杂,既有鲁国贵族南宫敬叔、孟懿子那样的公子,也有被称为"贱人"的仲弓父和子张等人;既有富商巨贾的子贡,也有衣敝缊袍的子路,空室蓬户、褐衣蔬食的原宪以及穷居陋巷、一箪食一瓢饮的颜家父子;既有卫国的子贡、子夏,陈国的子张,齐国的高柴、公析哀,宋国的原宪,也有吴国的子游、言偃,楚国的任不齐;等等。

孔子私学的课程设置与教学内容,由于文献记载的局限,已很难具体、准确地给予描述了。根据零碎的史料,还是可以得出一个大概情况。孔子的课程设置与教学内容可分为三个方面:(1)"四教",指文、行、忠、信。(2)"六艺",指礼、乐、射、御、书、数。(3)"六经",指诗、书、礼、乐、易、春秋。

"四教"即"子以四教:文、行、忠、信"①,是孔子私学课程设置与教学内容的指导方针。文、行、忠、信指出了私学学习的总体内容,文指文字,行指德行,忠指政事,信指言语。前者为知识教育,后三者是道德品质教育。孔子认为道德品质教育是首要的,文化知识的学习是从属的,只有先接受了道德品质教育,然后学习文化知识才有用处。孔子经常教导他的学生要学礼,认为"不学礼,无以立"②,"弟子入则孝,出则弟,谨而信,泛爱众而亲人,行有余力,则以学文"③。

"六艺"是孔子私学的主要课程。《史记·孔子世家》曾称,弟子"身通六艺者七十有二人",这说明孔子沿袭了周代学校的课程设置,也设置了礼、乐、射、御、书、数等课程。

"六经"则是孔子私学的主要教材。《史记·孔子世家》也称"孔子以诗书礼乐教",孔子还亲自删述六经,六经成为孔门私学的教材。《诗》是孔子将西周以来的诗歌精选出 305 首作为教材之一。他说:"诗,可以兴,可以观,可以群,可以怨;迩之事父,远之事君;多识于鸟兽草木之名。"以《诗》教学目的就在于,它可以培养学生的性情,培养他们的忠孝观念。《书》,也称《尚书》,是夏商周以来政治文告或历史资料的汇编。孔子希望学生通过学习《书》,可从中汲取历代治国的经验教训,为将来从政做准备。《礼》也就是《仪礼》,据说这是孔子选取了当时知识分子必须学习的礼制(即周礼)17

---

① 《论语·述而》。
② 《论语·季氏》。
③ 《论语·学而》。

篇编成。"礼"是孔子思想的
核心,"非礼勿视,非礼勿听,
非礼勿言,非礼勿动"①,因此
在孔门私学中占有极为重要
的地位。《乐》即音乐,据说
这是一部乐谱书,是用来配唱
《诗》中的各首诗的。乐在周
代非常重要,祭祀、出征、宫廷
生活等都离不开乐。孔子也
爱好乐,他在齐国"与齐太师
语乐,闻《韶》音,学之,三月
不知肉味"②。他很重视音乐
的教化功能,认为"兴于诗,

孔子删述六经图

立于礼,成于乐"③,试图通过乐教,对学生达到陶冶性情、进行潜移默化教
育的作用。《易》也叫《周易》或《易经》,是卜筮所用之书,哲理意味很浓。
孔子很重视这部书,相传他曾作《彖》、《系》、《象》、《说卦》、《序卦》、《文
言》等十篇文字即所谓"十翼"来解说《易》的意义。《春秋》是孔子修订的
编年体鲁国史记,它上起鲁隐公元年(前 722 年),下讫鲁哀公十四年(前
481 年),兼记当时各有关国家和周王室的大事。孔子用褒讳贬损的所谓
"春秋笔法",在叙述历史时糅进了自己的观点,对所处时代的 200 余年历
史进行了反思,借以达到警世和垂教后世的目的。

在私学中,孔子采取灵活而人性化的教学方法和管理模式,以至于弟子
盈门。比如,孔门私学设有固定的"教室",称为"堂",但孔子的教学活动则
不受其限制,除在"堂"内授课外,孔子还注意随时随地利用一切机会进行
教学。周游列国时,在行进途中也进行教学活动;孔子十分注重"因材施
教",即针对不同的弟子有不同的教学要求。孔子对学生的个性、特点了如

①《论语·颜渊》。
②《史记·孔子世家》。
③《论语·伯泰》。

指掌,如他对弟子优点的评价:"由也果","赐也达","求也艺";①对弟子缺点的分析:"柴也愚,参也鲁,师也辟、由也喭";对不同弟子特点的对比评点:"师也过,商也不及","求也退","由也兼人"等。② 正是在了解学生个性特点的基础上,孔子才能根据学生的具体情况,有针对性地进行教育。对于学生所问的同一问题,以发问者的个性、需要给予不同的回答,如在"问礼"、"问教"、"问政"、"问知"、"问士"、"问君子"等中,虽问题大体相同,孔子却针对不同的学生,给出了不同的答案。另外,对于来私学学习的人,孔子一概遵照来去自由的原则,以至于有"三盈三虚"的说法③。所有这些都打破了周代官学僵化保守的教学风格,对青年人具有极大的吸引力。

《史记·孔子世家》中记载:"孔子以诗、书、礼、乐教,弟子盖三千焉,身通六艺者七十有二人",特别是由于他教育有方,其弟子学成之后,"大者为师傅卿相,小者友教士大夫,或隐而不见"④,可见其教学的规模及影响之大。

(2)孔门后学的私学

孔子去世之后,其弟子从不同方面继承了他的事业。《韩非子·显学》说:"自孔子之死也,有子张之儒,有子思之儒,有颜氏之儒,有孟氏之儒,有漆雕氏之儒,有仲良氏之儒,有孙氏之儒,有乐正氏之儒。"这里所说即是学界常讲的儒家8派。韩非对于孔子后学进行的派别划分,也未必见得准确,如关于乐正氏之儒,有人认为它与子思之儒、孟氏之儒实为一派;也有人认为它是由孔子的得意门生曾子而来。但无论如何,它告诉人们这些分为不同派别的儒家弟子,都像孔子一样,仍孜孜于招徒授课的私学,传布思想。《孟子·离娄下》记载,"曾子居武城","从先生者七十人",也就是说曾子在武城讲学,随从之弟子达70人。据《大戴礼记》、《曾子》10篇及《礼记·檀弓》等记载,曾子弟子可考知姓名者有公明仪、乐正子春、单居离、吴起等。子思也曾收徒讲学,《礼记·檀弓》上、下篇明确载有子思"门人"的提问。从有关记载来看,思孟学派在教育理论和实践方面颇有建树,在教育史上的地位极为重要,像《大学》、《中庸》、《学记》等教育著作都与他们有关。

---

① 《论语·雍也》。
② 《论语·先进》。
③ 少正卯和孔子同时在鲁国办私学,他博学善辩,在社会上的影响很大,把孔子的学生吸引过去,以至"孔子之门,三盈三虚"(王充:《论衡·讲瑞》)。
④ 《史记·儒林列传》。

　　子思(前491—前400年)①,姓孔名伋,为孔子之嫡孙,幼时随孔子活动,并秉承祖训。孔子卒后,他向孔子的诸多著名弟子请教,如子游、子夏、曾子,更多是学于曾子。曾子为鲁缪公时重臣,后又转仕于卫。曾子着力发展了儒家"内圣"之道,以此作为儒家"外王"的基础。子思紧接曾子修己"内圣"之道,进一步发展了孔子"修已安民"的儒家思想。

　　孟子,名轲,《史记·孟子荀卿列传》称他"受业于子思之门人",应是子思的再传弟子,战国时邹(今山东邹县东南)人。孟子对孔子和子思都极为景仰,他称"自有生民以来,未有孔子也","乃所愿,则学孔子也";②在《孟子》一书中,孟子则十几次提及子思。由于年龄上的原因,他未能师从于子思,更未能师从于孔子。子思曾在幼年接受过孔子的教诲,孟子受业于子思的门人,也就是间接继承了孔子和子思的思想。孟子发展了孔子"仁"的观念,进而提出影响深远的仁政思想;并沿着子思开创的人性论的理路,提出了鲜明的性善论主张,要求人们进行自我道德修养。

　　孟子自幼家贫,父亲早丧,在母亲的教导下,勤于学习,得以成人,"治儒术之道,通五经,尤长于《诗》、《书》"。孟子自学于子思门人后,便自称"得圣人之传",以儒家正统自居,一生以聚徒讲学和"以儒道游于诸侯"为主。③

孟母断机教子图(清·康涛)

　　孟子从事于私学教育,大概分为3个时期:第一个时期为初创时期,又称"通道期",约30岁至44岁之间。司马迁说:

---

　　①子思的生卒年通常认为是公元前483年和前402年,但也有一些学者提出异议。孔德立在《子思与思孟学派》(山东文艺出版社2004年版)中认为"子思生年为前491年,卒年为前400年",本书从此说。

　　②《孟子·公孙丑上》。

　　③赵歧:《孟子注疏题辞解》,《十三经注疏》整理委员会整理:《十三经注疏·孟子注疏》,北京大学出版社2000年版。

"道既通,游事齐宣王。"①在第一次游说齐国前的大约10年时间里,孟子在邹苦读经典、聚徒讲学,为以后游说诸侯做好了学术思想方面的充分准备。第二个时期为诸侯游说期,从44岁至62岁共25年。在这25年的时间里,孟子带领弟子往来于诸侯之间,游历齐、宋、滕、魏各国,有时"后车数十乘,从者数百人"②,声势之大远远超过了孔子当年周游列国时的盛况;且处处受到礼遇,在齐国还位于"三卿之中"③,"受上大夫之禄"④。当时"秦用商君,富国强兵,楚、魏用吴起,战胜弱敌,齐威王、宣王用孙子田忌之徒,而诸侯东面朝齐",孟子的主张不合时宜,被认为"迂远而阔于事情"⑤。他也不愿居于"不论职而论国事"⑥的尴尬位置,最终离开齐国回到邹邑。第三个时期为总结时期,从62岁至84岁。自退居邹邑后,孟子以聚徒讲学和著述为主。这时他把收徒讲学、传授知识,看成是人生的三大乐趣之一。他说:"君子有三乐,而王天下不与存焉。父母俱存,兄弟无故,一乐也;仰不愧于天,俯不怍于人,二乐也;得天下英才而教育之,三乐也。"⑦孟子"退而与万章之徒序《诗》、《书》,述仲尼之意,作《孟子》七篇"⑧,即与弟子坐而论道,答疑解难,整理孔子的著作,总结孟子的思想,编辑《孟子》一书。老年时期,他的弟子很多,著名者有万章、公孙丑、乐正子、公都子、屋庐子、孟仲子等。

孟子私学的教学内容,最主要的是传"五经"、法先王。孟子本人"长师孔子之孙子思,治儒术之道,通《五经》,尤长于《诗》、《书》"⑨,而当他收徒讲学之后,也是师承儒家的教学传统。从《孟子·梁惠王上》所引用《诗》、《书》的内容,可以推知他还是以儒家的《诗》、《书》、《礼》、《乐》和《春秋》作为教学的主要内容。除了《诗》、《书》、《礼》、《乐》、《春秋》外,他还主张法先王,"'不愆不忘,率由旧章'。遵先王之法而过者,末之有也。圣人既竭目力焉,继之以规矩准绳,以为方圆平直,不可胜用也;既竭耳力焉,继之

①《史记·孟子荀卿列传》。"齐宣王"应为"齐威王"。
②《论语·滕文公下》。
③《孟子·告子下》。
④《盐铁论·论儒》。
⑤⑧《史记·孟子荀卿列传》。
⑥《盐铁论·论儒》。
⑦《孟子·尽心上》。
⑨赵岐:《孟子注疏题辞解》,《孟子注疏》。

以六律,正五音,不可胜用也;既竭心思焉,继之以不忍人之政,而仁覆天下矣。故曰:'为高必因丘陵,为下必因川泽。'为政不因先王之道,可谓智乎?"①孟子所讲的"法先王",主要是强调要学习前人总结出来的知识和经验,其中包括"规矩准绳"、"六律"、"五音"以及为政之道等。

孟子在教学上也与孔子类似,注意因材施教,采用启发式的教学方法,主张学习要专心致志、持之以恒、循序渐进。在学生招生管理上,孟子和孔子有所不同,可能学生已不用交纳学费。在齐国游说时,齐王给以"黄金百镒",并表示:"我欲中国,而授孟子室,养弟子以万钟。"②所以孟子经济状况要好于当时的孔子,不再需要以学生的"束修"维持私学的运转。

2. 墨家私学

墨翟,世称墨子,鲁国人(一说宋国人)③。《史记·孟子荀卿列传》中称:"盖墨翟……或曰并孔子时,或曰在其后",生卒年无从确考,基本上生活、活动在战国初年,约在公元前468年到前376年间。他原是一个善于制造器械的工匠,后来自称"上无君上之事,下无耕农之难"④,通过学习逐渐上升为"士"。因此,墨子是代表小生产者利益的思想家和教育家。

墨翟所处的时代,周天子虽已威信扫地,但仍是天下的共主;诸侯战争仍连绵不绝,但各家的兼并战争使得诸侯变少,胜出者疆域变大,人口变多;孔子已经去世,其弟子在不同领域努力传播儒家思想。

①《孟子·离娄上》。
②《孟子·公孙丑下》。
③高诱注《吕氏春秋》,说墨子为"鲁人"。对"鲁人"的不同理解,造成了学术界关于墨子里籍的争论。大约有以下几种观点。第一种观点认为墨子为鲁国人。近代国学大师孙诒让指出,墨子"似当以鲁人为是"(孙诒让:《墨子间诂》,中华书局1954年版,第428页),赞同者有梁启超、陈柱、刘汝霖、胡适、钱穆、伍非百、方授楚、蒋伯潜、王冬珍等人。现代学者张知寒经反复考证认为:"墨子确确实实应该是古代'小邾国人',即今之山东滕州市人"(张知寒:《墨子里籍新探》,《山东社会科学》1988年第6期;《再谈墨子里籍应在今之滕州》,《文史哲》1991年第2期)。台湾学者陈维德也通过对墨子不同里籍说法的考察后认为:"然自其以鲁国为其最常居留之地而观之,则其为鲁人之可能性,自亦最大耳"(陈维德:《墨子教育思想研究》,台北文史哲出版社1981年版,第10页)。孙以楷更认为,墨子不仅生于鲁,而且"长于鲁,学于鲁","成于鲁,兴于鲁",后来"仕于宋","死于鲁阳"(孙以楷:《墨子生平考述》,《唐都学刊》2001年第4期)。第二种观点认为墨子为鲁国(今属河南鲁山)人。清代学者毕沅首先提出"鲁人"之"鲁"指"楚鲁阳"、"在鲁山之阳"的观点,武亿附之。现代学者刘蔚华、萧鲁阳、郭成智等也对这一观点表示支持(参见刘蔚华:《墨子是河南鲁山人——兼论鲁与西鲁的关系》,《中州学刊》1992年第4期;萧鲁阳:《墨子里籍论略》,《江汉论坛》1998年第8期;郭成智:《墨子故里滕州说质疑》,《中州学刊》1992年第5期)。第三种观点认为墨子是宋人,因《史记·孟子荀卿列传》中曾说墨子"尝为宋大夫"。另外,还有学者认为墨子是印度人(参见胡怀琛:《墨翟为印度人辨》,《东方杂志》第25卷第8号)或齐人。本书持第一种观点。
④(战国)墨翟:《墨子》,辽宁教育出版社1997年版,第113页。

　　早年的墨翟出身卑贱(他常自称是"鄙人"、"贱人"),学习当属不易,但在具有深厚文化底蕴的鲁国却有幸接受了不同思想文化的影响。首先是周礼。《吕氏春秋·当染》记载:"鲁惠公使宰让请郊庙之礼于天子,桓王使史角往,惠公止之,其后在于鲁,墨子学焉。"鲁国保有的周礼最多,墨子得以"修先圣之术,通六艺之论"①。其次是孔子的儒学思想。《淮南子·要略》称:"学儒者之业,受孔子之术",他可能从孔子的弟子或再传弟子那里学到了"孔子之术"。第三是邾娄地区重农工、好技艺习俗。鲁都曲阜为奄国旧壤,"奄固炎族,南临邾国……其左右前后皆农神子孙封壤也,炎族所居曰邾曰娄"②。这里有"邾娄百工"的说法,善出能工巧匠,公输般就是代表之一。出身卑微的墨子,当然对这种习俗并不陌生。

　　墨子就是糅合了以上几种思想文化,形成了自己的墨家主张。他对以孔子为代表的儒家思想表示过异议,因为"其礼烦扰而不说(悦),厚葬靡财而贫民,(久)服伤生而害事,故背周道而用夏政"③。墨子结合夏禹尚贤、禅让与节俭的古老传统,主张"尚贤使能",反对贵族专权;提倡节俭,反对"繁饰礼乐";呼吁"兼爱",反对战争。

　　墨子一生大部分时间里居住在鲁国,也周游于齐、卫、宋各国之间,曾携300多弟子止楚攻宋,并"仕于宋"。他"上说下教",进行各种思想宣传和讲学活动,"徒属弥众,弟子弥半,充满天下。"④

　　墨子办私学的目的,在于培养"为义"的贤士,也称兼士。兼士是可以"诵先王之道,而求其说;通圣人之言,而察其辞,上说王公大人,次说匹夫徒步之士"⑤,是辅佐君主能使之与百姓"兼相爱"的贤士。这和孔子要培养合乎周礼的"贤臣"的办学目的有着极大的不同。

　　墨子私学的招生对象是那些"匹夫徒步之士",即出身下层的人,特别是"农与工肆之人"。墨子曾这样表达自己的选才观:"古者圣王之为政,列德而尚贤,虽在农与工肆之人,有能则举之,高予之爵,重予之禄,任之以事,断予之令……故官无常贵,而民无终贱,有能而举之,无能则下之……虽在

①《淮南子集释》,中华书局1998年版,第674页。
②王献唐:《炎黄氏族文化考》,齐鲁书社1985年版,第80页。
③《淮南子集释》,中华书局1998年版,第1459页。
④《吕氏春秋·当染》。
⑤(战国)墨翟:《墨子》,辽宁教育出版社1997年版,第121页。

农与工肆之人，莫不竞劝而尚意。"①因此，墨子的学生多半来自社会底层，"多以裘褐为衣，以跂蹻为服"②，过着比较贫苦的生活。入学者还需经过一定时间的考察，一般为劳动锻炼，才能成为正式弟子。如，墨子的大弟子禽滑厘"事子墨子三年，手足胼胝，面目黧黑，役身给使，不敢问欲"，这才感动了墨子，"以樵离子"③，收为弟子。

在教学上，墨子和孔子一样都非常注重德育。墨子曾说："凡入国，必择务而从事焉。国家昏乱，则语之尚贤、尚同；国家贫，则语之节用、节葬；国家憙音湛湎，则语之非乐、非命；国家淫僻无礼，则语之尊天、事鬼；国家务夺侵凌，则语之兼爱、非攻。故曰择务而从事焉。"④这里的"尚贤"、"节俭"、"兼爱"、"非攻"等思想都是德育的重要内容。

墨子私学教学内容的最大特点是重视传授生产和科学知识。他的教学与儒学迥然不同之处，在于它更直接服务于生产、科学和社会生活，不是坐而论道。生产劳动教育包括农业、手工业生产知识，军事器械的制造、使用知识与技能，自然科学知识，如数学、力学、光学、声学等。墨子非常注意培养学生参与实践的能力。墨子是当时和公输般不相上下的器械制造工程师，据说能顷刻之间削 3 寸之木，制成可载 600 斤重的轴承。还曾制造木鸢（古代滑翔机）飞翔于天空。他的弟子也都能从事手工业生产，如在止楚攻宋时，墨子"解带为城，以牒为械，公输般九设攻城之机变，子墨子九距之，公输般之攻械尽，子墨子之守圉有余"。他还对楚王说："然臣之弟子禽滑厘等三百人，已持臣守圉之器，在宋城上而待楚寇矣。"⑤止楚攻宋的故事表现出墨家弟子无与伦比的社会实践能力。

墨子生前，自称有弟子 300 人。《淮南子·泰族训》则说："墨子服役者百八十人，皆可使赴火蹈刃，死不还踵。"墨子死后，其学派一分为三，即"相里氏之墨，相夫氏之墨，邓陵氏之墨"。墨家的首领称为"巨子"，代代相传。墨家学派成为一个有纲领、有领导、有组织、有纪律的私学团体，在许多方面仍保持着手工业者的师徒相授关系，与儒学并称"世之显学"。

①（战国）墨翟：《墨子》，辽宁教育出版社 1997 年版，第 11 页。
②王世舜注译：《庄子注译》，齐鲁书社 1998 年版，第 459 页。
③（战国）墨翟：《墨子》，辽宁教育出版社 1997 年版，第 133 页。
④同上，第 122 页。
⑤同上，第 125 页。

（四）齐国的稷下学宫

1. 稷下学宫的创设与兴衰

稷下学宫的创设，在战国时期的中国是影响深远的一件大事。稷下学宫积聚了当时差不多天下各家各派，蔚为大观，他们互相辩驳、争鸣，收徒讲学，参议国政，达到了战国时期百家争鸣的顶峰。

稷下学宫之所以在战国时期的齐国出现，有着复杂的政治、经济以及文化原因。

政治上，齐国一直有图霸争雄的强烈愿望，为此各代君主均采取了积极的政策，招揽人才，进行开明的君主统治。姜尚建国之初，曾"因其俗，简其礼"，尊重当地人的风俗习惯，可以说为开明的君主统治开了一个好头。为了使齐国能尽快地强大起来，姜尚"尊贤尚功"，打破"尊尊亲亲"的周朝常规，选拔人才论"功"不论"亲"。到春秋齐桓公时，更不论出身，广泛招揽人才。齐桓公所倚重的管仲，不仅出身卑微，而且与自己有"一箭之仇"，这些都未能阻止齐桓公对管仲的任用。齐桓公还听从管仲的建议，设置了"啧室"，礼贤下士，允许士人"以正事争于君前"①。田氏代齐后，统治者为了实现自己"辟土地、朝秦楚，莅中国而抚四夷"②的政治理想，更加注重招贤纳士。一方面是树立田齐统治者尊贤重士的形象，"揽天下诸侯宾客，言齐能致天下贤士也"③，收买人心；另一方面，利用士人制造舆论，宣扬田氏代姜的合法性。

经济上，齐国自春秋以后就成为经济大国，经济的强盛为文化的繁荣奠定了基础。齐国统治者一直坚持农工商并重，多种经营，加之管仲时期实施了"相地而衰征"的新农业税制改革，极大地活跃了新兴封建经济。到战国时期，齐经济已成为诸侯中的大国。当时齐国的农业、手工业和商业都较发达，境内人烟稠密。尤其是城市有了发展，国都临淄在各国城市中最大也最繁华。对于齐国经济繁荣昌盛的景象，苏秦曾这样描述："齐南有泰山，东有琅邪，西有清河，北有渤海，此所谓四塞之国也。齐地方两千余里，带甲

---

①《管子·桓公问》。
②《孟子·梁惠王》。
③《史记·孟子荀卿列传》。

数十万,粟如丘山。三军之良,五家之兵,进入锋矢,战如雷霆,解如风雨。即有军役,未尝倍泰山,绝清河,涉渤海也。临淄之中七万户,臣窃度之,不下户三男子,三七二十一万,不待发于远县,而临淄之卒固已二十一万矣。临淄甚富而实,其民无不吹竽鼓瑟,弹琴击筑,斗鸡走狗,六博蹋鞠者。临淄之途,车毂击,人肩摩,连衽成帷,举袂成幕,挥汗成雨,家殷人足,志高气昂。夫以……齐之强,天下莫能当。"[1]强大的经济实力,为稷下学宫的创设提供了物质条件。

仅有开明的政治和强大的经济并不一定就会催生出类似稷下学宫的机构,稷下学宫之所以产生在齐国,还与齐国有着优良的文化传统有关。已如前述,齐国在太公封齐之时,就奠定了尊贤使能的格局,并使"尊贤尚功"逐渐成为一种文化传统。《汉书·地理志》说:"初太公治齐,修道术,尊贤智,赏有功,故至今其士多好经术,矜功名,舒缓阔达而足智。"齐桓公时期仍坚持推行姜尚的政策,"与俗同好恶",即"欲之所欲,因而予之;欲之所否,因而去之"[2]。田氏代齐虽使"尊贤尚功"走向了另外一种极致,但由此上台的田氏集团,仍一如既往地"尊贤尚功"。他们不仅注重笼络民心招揽人才,礼贤下士,喜文学游说之士,而且不追求单一的思维模式,允许不同声音在齐国的存在与表达。于是,各种学说和派别都可以在齐国畅所欲言,即使这些学说不能直接服务于现实政治也毫无禁止之意。这和楚国吴起"破驰说之言纵横者"[3],秦国商鞅"天下之吏民虽有贤良辩慧,不能开一言以枉法"[4],禁止纵横游说之士以统一舆论和思想的做法相比,真有天壤之别。只有在齐国这样开放的文化传统中,才能出现诸侯宾客云集、百家争鸣、文化繁荣的局面,才能诞生稷下学宫这种文化机构。

稷下,是指齐都临淄(今属山东淄博市临淄区)的稷门附近。稷门,即临淄城的西南首门。《史记集解》引刘向《别录》云:"齐有稷门,城门也。谈说之士期会于稷下也。"学宫因在稷门之侧,故史称稷下学宫。

稷下学宫由何人始建于何时,目前学术界并没有一个统一的说法,原因

①《史记·苏秦列传》。
②《史记·管晏列传》。
③《史记·孙子吴起列传》。
④(战国)商鞅:《商君书》,岳麓书社1990年版,第53页。

在于正史无详细记载。有的认为学宫创建于齐桓公田午时期,有的认为创建于齐威王时期,有的认为创建于齐宣王时期。汉末徐干说:"昔齐桓公立稷下之官(宫),设大夫之号,招致贤人而尊宠之,自孟轲之徒皆游于齐。"①后人多以此为据,定为战国时期的齐桓公田午时成立,自然创始人就是齐桓公田午。

稷下学宫从齐桓公田午创立,到公元前221年齐为秦所灭稷下学宫随之消失,共历时约140年,经过了齐桓公田午的初创时期,齐威王、齐宣王的兴盛时期,自齐湣王至齐王健的衰亡时期等几个阶段。

齐威王即位后,发愤图强,决心学习齐桓公姜小白和晋文公,成就一代霸业。他铸鼎声称:"皇考孝武桓公恭哉,大谟克成。其唯因齐,扬皇考昭统,高祖黄帝,迩嗣桓文,朝问诸侯,合扬厥德。"②"因齐",指齐威王。在这里,齐威王以黄帝的后裔自命,以继承黄帝的统一大业为己任。他一面实行富国强兵的政策,壮大自己的势力,为统一大业做物质准备;一面在文化教育上采取开放政策,广揽天下之士,为统一大业奠定思想基础和人才准备。齐威王在邹忌的辅佐下,革新内政,"谨修法律而督奸吏"。齐威王奖赏即墨大夫而烹杀阿大夫,以及他虚怀纳谏、广开言路,在政治上取得很大的成功,"于是齐最强于诸侯,自称为王,以令天下"③。齐威王时已有"稷下先生"的称号,田骈是个"訾养千锺、徒百人"④的稷下先生,淳于髡亦然,所以在他去世时,竟有"弟子三千人为缞绖"⑤。

齐宣王时期,采取了更加开明的政策,"趋士"、"贵士"、"好士",稷下学宫的规模和成就达到顶峰。当时,四方游士、各国学者纷至沓来,"邹衍、淳于髡、田骈、接予、慎到、环渊之徒七十六人,皆赐列第,为上大夫,不治而议论。"⑥儒、道、名、法、墨、阴阳、小说、纵横、兵家、农家等各家学派林立,学者们聚集一堂,围绕着天人之际、古今之变、礼法、王霸、义利等话题,展开辩论,相互吸收,共同发展。《盐铁论·论儒》说:"齐宣王褒儒尊学,孟轲、淳于髡之徒,受上大夫之禄,不任职而论国事,盖齐稷下先生千有余人",稷下

①(东汉)徐干:《中论》,中华书局1985年版,第34页。
②转引自郭沫若:《十批判书》,东方出版社1996年版,第156页。
③⑥《史记·田敬仲完世家》。
④(西汉)刘向集录:《战国策》,上海古籍出版社1985年版,第420页。
⑤(宋)乐史:《太平寰宇记》卷十九,中华书局2007年版,第378页。

学宫达到鼎盛。世称"百家争鸣"。

到了齐湣王时,由于好大喜功,热衷于向外开疆拓土,导致国力亏空。更为重要的是,齐湣王刚愎自用,"诸儒谏不从,各分散,慎到、接予亡去,田骈如薛,而孙卿适楚。"①稷下先生纷纷率学生离齐而去,于是稷下学宫由盛而衰。齐襄王时,虽试图恢复稷下学宫,继续招纳贤才。据《史记·孟子荀卿列传》载:"田骈之属皆已死,齐襄王时,而荀卿最为老师。齐尚修列大夫之缺,而荀卿三为祭酒焉。"但荀子等人的到来也无以挽回稷下学宫的衰败之势。襄王死后,王建当政 44 年,"女主乱之宫,诈臣乱之朝,贪吏乱之官"②,整个国家混乱不堪。稷下已失去了对"文学游士"的吸引力,而稷下先生也因失望而竞相离去,稷下学宫渐渐颓败,最终和齐国一起消亡了。

2. 稷下学宫的办学特色

战国时期,列国争霸,为了巩固自己的统治,各诸侯大开招贤纳士之门,纷纷养士。齐国稷下学宫的创立起自公室养士,但又有别于一般的用士养士,它有教师,有学生,是有教有学的育士学校,是为封建官僚制度服务的官学。然而,稷下学宫毕竟是一个特殊形态的学校,它虽是田齐创办的官办大学,但其基本细胞是私学。它由各家私学所构成,各家来去自由。因此,"稷下学宫是一个官办之下有私学,私学之上是官学的官私合营的自由联合体。"③

稷下学宫之所以成为战国时最有名的学府,不仅因为其规模宏大、人员众多,而且因为它具有鲜明的办学特色。

首先,稷下学宫是一所集讲学、育才、著述、议政功能为一体的官办高等学府。稷下先生多为各学派的代表人物,他们来到稷下学宫,经常举行讲学活动,一来为了本派教学的需要,二来为了招收弟子、扩大本派影响。同时由于各学派集中居住,客观上使他们可以跨越学派界限,广泛求学,甚至在稷下学宫还有定期的学术讨论会、交流会。讲学、论辩促使了学术的交流,使稷下先生的思想更为完善,他们教学和科研相结合,纷纷著书立说。《史记·孟子荀卿列传》就称:稷下学者"各著书言治乱之事,以干世主,岂可胜

①《盐铁论·论儒》。
②(清)王先谦:《荀子集解》,中华书局 1988 年版,第 296 页。
③毛礼锐、沈灌群主编:《中国教育通史》第 1 卷,山东教育出版社 1985 年版,第 181 页。

道哉！"除了创作了学术风格鲜明的各家子书外，稷下学者还共同创作，完成了诸如《管子》之类的集体著作。当然他们也不负齐王创办稷下学宫的厚望，说威王、谏宣王、劝湣王，议政咨询，成为齐国的"智囊"集团。

其次，稷下学宫实行"不任职而论国事"、"不治而议论"、"无官守，无言责"的办学方针，使稷下先生们在毫无压力的环境下，收徒讲学，议论时政，进行学术交流。在孔子死去百年后的当时，儒家学说已在各诸侯国传播，"学而优则仕"已开始成为越来越多士子们的共同追求，"不治而议论"的办学方针确实有点与众不同。孟子就是因为不能接受"不任职而论国事"的事实，而离开稷下学宫的。但是也正是由于"无官守，无言责"，才吸引了许多士人来到齐国，尽情表达自己的政治理想，对政事、国事、天下事发表议论，为齐国统治者献计献策。当然，对于符合治国要求的稷下先生及其思想，齐国统治者也会直接纳入统治集团，分别授以官职从事实际的政务管理；对于不符合统治要求的士人及言论，也不会因言获罪。因此，稷下先生大都敢于直言相谏，对于国家的治乱安危具有一种责任感，从不为了迎合君主而发表投机性的言论。这在当时的诸侯国中是不多见的。

再次，有着较为健全的学校管理制度。

战国时各学派的私学已很盛行，各私学的名人都带着学生游学稷下，多则弟子三千，少则随从几十人，像孟子、荀子都曾游学于此，聚徒讲学。人们称稷下学宫的学者为稷下先生，其门徒则被誉为稷下学士。其实稷下先生就是稷下学宫的教师，其门徒就是稷下学宫的学生。稷下学宫对教师和学生都有相应的管理规则。

稷下先生多为各派的领袖人物，来稷下之前，多已自行授徒讲学，他们一般是在齐国的"征召"之下，率领弟子前来的。凡来稷下的学者，齐王都要亲自召见，根据学术水平、社会名望、带徒多少、资历等条件，授予不同的称号，享受优厚的待遇。他们最高的如淳于髡被列为"上卿"，孟子和荀子被列为"卿"，还有列为"上大夫"和"大夫"者，也有被尊为"博士"的。列为上卿的淳于髡，被"赐之千金，革车百乘，与平诸侯之事"①。凡列为大夫以上者，皆"为开第康庄之衢，高门大屋，尊宠之"②。优厚的待遇并不意味着

---

①《说苑·尊贤》。
②《史记·孟子荀卿列传》。

要把稷下的学者束缚在齐国,齐国统治者对于天下游士采取来去自由的政策,来者不拒,去者不止,返者欢迎。如齐威王为留住孟子,曾送金100镒,但孟子还是离开了稷下学宫;到齐宣王时,孟子又来稷下,受到崇高的礼遇,居数年,又告辞。

稷下学宫对学生也有相应的管理制度。《管子》中有一篇《弟子职》,其主要内容是讲学生对老师的礼节和义务。郭沫若经过对其中的内容分析后认为:"《弟子职篇》当是齐稷下学宫之学则,故被收入《管子》书中。此中弟子颇多,先生亦不止一人,观其'同嘁以齿'及'相要以齿'可证。且学中有'堂'有'室',有寝有庖,师生均食息其中,规模宏大,决非寻常私塾可拟。"①《弟子职》分学则、早作、受业、对客、馈馈、乃食、洒扫、执烛、退习等节。全文附录于下:

> 先生施教,弟子是则。温恭自虚,所受是极。见善从之,闻义则服。温柔孝悌,毋骄恃力。志毋虚邪,行必正直。游居有常,必就有德。颜色整齐,中心必式。夙兴夜寐,衣带必饰。朝益暮习,小心翼翼。一此不解,是谓学则。
>
> 少者之事,夜寐蚤作。既拼盥漱,执事有恪。摄衣共盥,先生乃作。沃盥彻盥,汎拼正席,先生乃坐。出入恭敬,如见宾客。危坐乡师,颜色毋怍。
>
> 受业之纪,必由长始,一周则然,其余则否。始诵必作,其次则已。凡言与行,思中以为纪。古之将兴者,必由此始。后至就席,狭坐则起。若有宾客,弟子骏作,对客无让,应且遂行,趋进受命,所求虽不在,必以反命,反坐复业。若有所疑,捧手问之。
>
> 师出皆起,至于食时。先生将食,弟子馈馈。摄袵盥漱,跪坐而馈。置酱错食,陈膳勿悖。凡置彼食,鸟兽鱼鳖。必先菜羹,羹献中别,献在酱前,其设要方。饭是为卒,左酒右酱。告具而退,捧手而立。三饭二斗,左执虚豆,右执挟匕。周还而贰,唯嘁之视,同嘁以齿,周则有始。柄尺不跪,是谓贰纪。先生已食,弟子乃彻,趋走进漱,拼前敛祭。

---

①郭沫若、闻一多、许维遹:《管子集校》,科学出版社1956年版,第956页。

先生有命,弟子乃食。以齿相要,坐必尽席。饭必捧擎,羹不以手。亦有据膝,毋有隐肘。既食乃饱,循咡覆手,振衽扫席,已食者作。抠衣而降,旋而乡席,各彻其馈,如于宾客。既彻并器,乃还而立。

凡拚之道,实水于盘,攘臂袂及肘。堂上则播洒,室中握手。执箕膺擖,厥中有帚。入户而立,其仪不忒。执帚下箕,倚于户侧。凡拚之纪,必由奥始,俯仰磬折,拚毋有彻。拚前而退,聚于户内。坐板排之,以叶适己,实帚于箕。先生若作,乃兴而辞。坐执而立,遂出弃之。既拚反立,是协是稽。

暮食复礼,昏将举火,执烛隅坐。错总之法,横于坐所。栉之远近,乃承厥火。居句如矩。蒸间容蒸,然者处下,捧椀以为绪。右手执烛,左手正栉。有堕代烛,交坐毋倍尊者,乃取厥栉,遂出是去。

先生将息,弟子皆起。敬奉枕席,问所何趾。俶衽则请,有常有否。

先生既息,各就其友。相切相磋,各长其仪。周则复始,是谓弟子之纪。①

《弟子职》从侍候老师起床、洗脸、吃饭、授课、扫地、待客,一直写到就寝,粗看似乎是述学生事师之礼,但仔细分析可以看出它是对学生在校日常行为的要求。第一段是学则的总则,是对学生的总体要求。要求学生虚心好学,见善而从,"温恭自虚,所受是极,见善从之,闻义则服","志毋虚邪,行必正直";要衣饰整齐,朝学暮习,小心翼翼,持之以恒。其余段落为细则,是对学生的具体要求。首先要尊师。从老师起床、吃饭、讲课到就寝,都要求学生谨按师生之礼,尽心侍奉。其次要尊重兄长,回答问题要从年长同学开始。再次,要遵守课堂纪律。不解的问题,必须先举手再发问;诵读和回答问题必须起立;老师下课离去,学生须起立送别。复次,要求学生讲究个人和课堂卫生。学生要保证自己清洁整齐,课堂及老师的住处也要打扫干净。最后,还要求学生经常复习课程,并相互探讨,相互交流,相互提高。"各就其友,相切相磋,各长其仪。"《弟子职》是我国最早的学生守则,有些内容或许已不符合现在的要求,但其中尊敬师长、讲究礼仪、相互切磋等观

---

① 《管子·弟子职》。

念对现在的教育事业仍具极高的参考意义。

稷下学宫还有一种常规性的教学和学术活动——"期会"。"期会"就是定期聚会,进行学术讲演、辩论和交流。史载"谈说之士期会于稷下","期会"的参加者包括稷下先生和他们的徒弟,而每次的"期会"都有一位召集人或主持人,这一职位往往由德高望重的学者担任,称之为"祭酒",荀子就曾经"三为祭酒"①。在"期会"上,不同学派、不同观点和主张都可以畅所欲言,自由表达。大家设疑问难,互相论辩,兼容并包,各显所长,加深了交流,形成了"百家争鸣"的景象。"期会"既延伸了教学的内容,又是教学的一部分,通过"期会"这一方式,大大提高了稷下学宫的教学质量和学术研究水平。

3. 稷下学宫与百家争鸣

稷下学宫由于兼容并包,来去自由,吸引了许多学派前来讲学、交流、发表治国高见。儒、道、名、法、阴阳、纵横、兵家等各家纷至沓来,一时之间邹衍、田骈、孟子、捷子、慎到、环渊、荀子等有名的学者不下"数百千人"齐聚稷下。他们围绕着天人之际、古今之变、礼法、王霸、义利、名实等话题,"相与奋髯横议,投袂高谈","树同拔异,辨是分非"②,相互辩难,互相交流,百家争鸣,稷下学宫达到鼎盛。

现将稷下学宫的主要派别简述于下:

黄老学派。该学派是道家学派在稷下的变种,它以传说中的黄帝同老子相配,并同尊为道家的创始人,其代表人物是慎到、田骈、捷子、环渊等,其中以慎到为最。黄老学派是稷下学宫中人数最多而最富于特色的学派,也是适合田齐政权统治需要的土生土长的学说,郭沫若称它"培植于齐,发育于齐,而昌盛于齐"③。黄老学派以老子的道德之术为中心,杂糅儒、墨、名、法、阴阳等诸家思想,发明其旨意。黄老学派阵营庞大,人物众多,大抵可分为 3 派:一派近墨,以宋钘、尹文为代表;一派法家色彩浓厚,以慎到、田骈为代表;一派继承老子、发展老子思想较多,并系统整理老子学说,以环渊为代表。就黄老学派在稷下学宫的形成过程来看,其最初形态应与老子学说基

---

①《史记·孟子荀卿列传》。
②（宋）司马光:《司马温公文集》卷十二,中华书局 1985 年版,第 279 页。
③郭沫若:《十批判书》,东方出版社 1996 年版,第 157 页。

本一致;后来,出现了宋钘、尹文从道家立场出发而兼采儒、墨的倾向;到田骈、慎到时,将道、法有机地结合起来,创造出黄老学派最有影响的理论。"其理论体系主要包括'道德论'、'无为'学说、法制理论和'形名'学说"。它既讲道德,又主刑名;既尚无为,又崇法治,"以道家理论为本,以法家理论为用是其最明显的理论特征"①。

法家学派。又称"田齐法家"或管仲学派,它也是齐国土生土长的学派。管仲是田齐法家的最初代表,其后继者以阐明发展管仲思想为宗旨,其代表思想基本保留在《管子》一书的《法禁》、《重令》、《法法》、《任法》、《正世》、《治国》等篇章中。田齐法家具有法家强调"法"的特点,同时还兼用儒家的"礼"、"义",主张治国以法为主,礼法并用。田齐法家认为"君臣上下贵贱皆从法"②,应"以法治国"③;同时强调"民知礼矣,而未知务,然后布法以任力"④,《管子·牧民》更有"礼、义、廉、耻"为国之四维之说,而且还主张孝悌之道。虽然,田齐法家强调礼法并用,但并非认为礼法没有先后的顺序之分,"所谓仁义礼乐者,皆出于法,此先圣之所以一民者也"⑤,也就是说礼出于法,法在礼前。当然,田齐法家由于深受儒家思想的影响,代表了战国法家形成过程中的一种过渡形态。

儒家学派。由于儒学大师孟子游学于齐国,在稷下学宫也形成了儒家学派,前期的代表人物为孟子,后期的代表人物为荀子。孟子曾先后两次到齐国游学,宣传儒家王道政治。他主要发展了孔子"仁"的观念,提出"仁政"说,宣扬重义贬利,提倡"舍生取义",主张性善论,要求人们进行自我道德修养。曾为齐宣王客卿,后不见用,退而与弟子万章等人著书立说。荀子是战国时期赵国人,但他大部分时间生活在齐国。荀子在湣王、襄王时两度游齐,为稷下学界领袖,曾三为祭酒。在稷下的环境中,荀子汲取了孟子在齐不被使用的经验,吸收、融合各派特别是法家思想,发展了儒家思想。在天人关系上,他反对鬼神迷信,坚持人定胜天思想,主张"制天命而用之";在治国理论上,他在吸收法家思想的基础上,把礼和法结合起来,"君人者,

---

①临淄区政协文史委、临淄齐文化研究社编:《齐国重要事件》,中国文史出版社2002年版,第124页。
②⑤《管子·任法》。
③《管子·明法》。
④《管子·五辅》。

隆礼尊贤而王,重法爱民而霸",提出"隆礼崇法"的治国主张;①在人性论上,他扬弃了孟子的性善论,吸收告子"生之谓性"②和慎到"人莫不自为"③的思想,提出性恶论。荀子对儒学的改造具有鲜明的援法入儒的特征,从而推动了儒学进步。

阴阳学派。又称阴阳五行学派,即把用阴阳这个概念来解释自然界两种对立、相互消长的物质势力的观点和用五行解释事物相互关系这两种思想体系结合起来,以说明事物的运行和变化的学说,稷下阴阳派的代表人物为邹衍。邹衍,也作驺衍,与济南关系密切,传说章丘有其墓地。早在管仲时期就有阴阳五行思想,集中体现于《管子》的《幼官》、《四时》、《五行》、《轻重己》等4篇中,并有五行相生说。据《史记·孟子荀卿列传》记载:邹衍"睹有国者益淫侈,不能尚德,若《大雅》整之于身,施及黎庶矣。乃深观阴阳消息而作怪迂之变,《终始》、《大圣》之篇十余万言",在五行相生基础上提出了五行相胜论,进以五行相胜为理论支撑,提出了"五德终始"的历史观和"大九州"的地理观。他的五德终始思想,是用来阐说政权兴替原因,以论证新政权、新朝代产生的合理性的。《盐铁论》称:"邹衍以儒术干世主,不用,即以变化始终之论,卒以显名……邹子之作变化之术,亦归于仁义。"④即:在"尽言天事"的阴阳之术下,彰显的是经世致用的入世精神,指出了邹衍思想的本质所在。因此他本人及其学说受到了列国诸侯的重视,其中齐宣王就对邹衍非常器重,"是以邹子重于齐"⑤,赐为上大夫。

名家学派。以名(概念或名称)和实(事物)及其相互关系为研究对象的学术派别,战国时称"刑(形)名家"、"辩者",汉代学者将其同儒家、道家等6家并列,称为"名家"。稷下名家的代表人物为尹文、儿说和田巴,均为早期名家学者。儿说是战国宋人,活动于齐威王和齐宣王时期,尹文和田巴,均为战国齐人,活动于齐宣王、齐湣王时期。儿说的名家理论是"白马非马论",强调辨析感觉和概念,区别个别与一般、具体与抽象,过分强调事物的个性。据记载,儿说"持'白马非马'也,服齐稷下之辩者。乘白马而过

①(清)王先谦:《荀子集解》,中华书局1988年版,第317页。
②《孟子·告子上》。
③慎到:《慎子》,中华书局1985年版,第4页。
④《盐铁论·论儒》。
⑤《史记·孟子荀卿列传》。

关,则顾白马之赋;故借之虚辞,则能胜一国;考实按形,不能谩于一人。"①
这一理论启发了公孙龙,后来发挥成"离坚白"的学派。尹文有《尹文子》留
世,其中记述了他的形名理论。他认为:"大道无形,称器有名。名也者,正
形者也,形正由名,则名不可差",强调要名副其实,"有形者必有名,有名者
未必有形。形而不名,未必失其方圆白黑之实;名而不可不寻,名以检其差。
故亦有名以检形,形以定名,名以定事,事以检名。察其所以然,则形名之与
事物,无所隐其理矣。"②田巴是稷下著名辩士,相传其辩于狙丘,议于稷下,
"毁五帝,罪三王,服五伯,离坚白,合同异,一日服千人"③。"合同异"即是
认为一切差别、对立都是相对的,过分夸大事物的同一性。稷下名家"合同
异"、"离坚白"的思想,尽管各有所偏,一种是强调实的相对性,一种是强调
名的绝对性,但是对中国古代逻辑思想的发展有一定的贡献。

　　除了以上各派外,稷下学宫还存有兵家学派,以孙膑为代表;杂家学派
(无派之派),以淳于髡为代表;等等。

　　稷下各家各派,为扩大自己的影响,取长补短,经常进行辩论和争鸣。
辩鸣的范围之广,论辩次数之频繁,在中国教育史上是罕见的。下面就论辩
的几个主题,择其要者,叙述如下:

　　(1)王霸之辩

　　这是稷下学派两种关于统治方法和政治理想的争辩,主要在儒家学派
和管仲学派之间展开。儒家对"王道"和"霸道"的理解为:"王道"是以仁
义治天下,强调以德服人;而"霸道"则是指凭借武力或利用刑罚假行仁义
以征服别人。"王道"本是西周开国统治者文、武、周、召建立的制度。《尚
书·洪范》篇曰:"无偏无党,王道荡荡,无偏无党,王道平平,无反无侧,王
道正直。"但春秋以降,周室衰微,诸侯纷起,产生了包括齐桓、晋文等5个
有名的霸主即"春秋五霸",中国历史进入到了"霸道"时代。

　　管仲学派推崇"霸道",《管子》一书中的《霸形》、《霸言》都很好地阐释
了管仲学派的"霸道"观。管仲学派主张"霸道"、"王道"并用,但王与霸之
实行与否要看具体情况。"强国众,合强以攻弱,以图霸;强国少,合小以攻

①《韩非子·外储说左上》。
②尹文:《尹文子·大道上》,《公孙龙子》,中华书局1991年版。
③《史记·鲁仲连邹阳列传》张守节《正义》引《鲁仲连子》语。

大,以图王。强国众,而言王势者,愚人之智也;强国少,而施霸道者,人事之谋也。"①认为在当时列强争战的情况下侈谈王政是愚蠢的说教。

孟子最为推重王道而贬抑霸道,他反对以武力兼并他国而得天下,认为这种方式是以力服人,是"霸",它不能让人心服。孟子说:"以力假仁者霸,霸必有大国;以德行仁者王,王不待大,汤以七十里,文王以百里。以力服人者,非心服也,力不赡也;以德服人者,中心悦而诚服也。"②因此,孟子主张应以"王道"治天下,即依靠仁义教化征服天下。"三代之得天下也以仁,其失天下也以不仁。国之所以废兴存之者亦然。"③孟子对春秋五霸之首的齐桓公采取轻视的态度,自然在稷下与管仲学派产生了激烈的争辩。

但孟子的王霸思想并未得到齐王的认同,其本人由于不得重用而离开齐国。其后继者荀子,在孟子的遭遇中总结了经验,并吸收了管仲学派的观点,认为王道与霸道两者都是可以强国的。"隆礼尊贤而王,重法爱民而霸"④,但比较而言,"粹而王,驳而霸"⑤,王道是比霸道更高一等的治道。因此,他并不反对霸道,只是王道在前,霸道在后而已。只有行王道,才能"兼服天下之心"⑥,从而"不战而胜,不攻而得,甲兵不劳而天下服"⑦。

(2)义利之辩

对于义与利相互关系的认识,早在春秋时期就已开始了。晏婴曾说:"利不可强,思义为愈。义,利之本也,蕴利生孽,姑使无蕴乎,可以滋长。"⑧"义"即"宜",指行为适宜于"礼"或断事适合于"礼"。《国语·周语上》曰:"行礼不疚,义也。"为了克己复礼的需要,孔子较早将义和利对立起来,"君子喻于义,小人喻于利。"⑨但孔子并非将义利绝对对立,"义以生利,利以平民,政之大节也"⑩,他强调的是要"见利思义"⑪,以义抑利。

齐国从建国起就推行"通工商之业,便鱼盐之利"的政策,对于功利的

①《管子·霸言》。
②《孟子·公孙丑上》。
③《孟子·离娄上》。
④(清)王先谦:《荀子集解》,中华书局1988年版,第317页。
⑤同上,第209页。
⑥同上,第99页。
⑦同上,第158页。
⑧《左传·昭公十年》。
⑨《论语·里仁》。
⑩《左传·成公二年》。
⑪《论语·宪问》。

追求从来没有避讳过。管仲治齐时特别强调："凡治国之道,必先富民"①,承认"就利"与"避害"是人体之本性,认为"政之所兴,在顺民心;政之所废,在逆民心"②,强调为政要以利为出发点。"厚爱利足以亲之,明智礼足以教之"③,只有满足了人们的一般物质欲望,礼义教化才能起到应有的作用。管仲学派也继承了他的义利观,更加强调"仓廪实则知礼节,衣食足则知荣辱"④,把"礼仪"的基础放在"仓廪"、"衣食"等物质利益的满足上,从而形成了以"利"为本的义利统一观。

孟子继承了孔子的义利观,并有所发展。孟子说:"鸡鸣而起,孳孳为善者,舜之徒也;鸡鸣而起,孳孳为利者,跖之徒也。欲知舜与跖之分,无他,利与善之间也。"⑤将义与利上升到道德的高度,认为行义还是为利是区别圣人与盗跖及平民百姓的标志,"何必曰利,亦有仁义而已矣"。虽然孟子并不否认对利的基本诉求,"若民则无恒产,因无恒心"⑥,即要保证给老百姓一定的财产。但他对义利关系的认识却逐渐走上了将二者绝对对立的方向,从而认为人人言利必然要危害义,利是引起社会混乱的根源。"为人臣者怀利以事其君,为人子者怀利以事其父,为人弟者怀利以事其兄:是君臣、父子、兄弟去仁义,怀利以相接,然而不亡者,未之有也。"⑦

荀子在义利之辨上积极吸取了管仲的思想,与孔孟的义利观相糅合,提出了自己对义利之辨的新认识。荀子认为:"今人之性,生而有好利焉","好利而欲得者,此人之性情也"⑧,他把人们追逐名利的行为看作人的本性,是合理的。因此,治国者应明白"不富无以养民情,不教无以理民性",只有首先满足了人们对利的欲望,才能施行教化。但世上的利是有限的,"人生而欲;欲而不得,则不能无求;求而无度量分界,则不能无争;争则乱,乱则穷",因此必须对好利的行为加以约束。他明确反对用孟子"寡欲"的办法去解决义利之间的矛盾,主张以义克利,先义后利。"义与利者,人之

①《管子·治国》。
②《管子·牧民》。
③《管子·权修》。
④《管子·牧民》。
⑤《孟子·尽心上》。
⑥《孟子·梁惠王上》。
⑦《孟子·告子下》。
⑧(清)王先谦:《荀子集解》,中华书局1988年版,第434、438页。

所两有也。虽尧、舜不能去民之欲利,然能使其欲利不克其好义也;虽桀、纣亦不能去民之好义,然而能使其好义不胜其欲利也。故义胜利者为治世,利克义者为乱世。上重义则义克利,上重利则利克义。"①以义克利是解决义利矛盾的最高境界,方法是养人之欲,成人之利,"义"以"利"为目的,而"利"也必须接受"义"的规范和制约。"先王恶其乱也,故制礼义以分之,以养人之欲,给人之求。使欲必不穷于物,物必不屈于欲。两者相持而长,是礼之所起也。故礼者养也"②。而先义后利则是解决义利矛盾的最佳选择,"先义而后利者荣,先利而后义者辱"③,义是第一位的,利是第二位的,不能以利盖义。因此,荀子认为治理国家要以义为本,使不同的人各守其义,各得其利。

(3)德(人)治法治之辩

德治(人治)与法治之争,既是战国中期以后的一大辩题,也是稷下学宫的一大辩题。由于"德治"重视为政者的表率作用,因此也可以称作"人治"。对于这一辩题,稷下学者曾经过激烈的辩争。

齐国在春秋时期即有讲究法治的传统,管仲相齐,明确提出:"君臣上下贵贱皆从法"④,"令尊于君"⑤。但管子也同时重视德治的重要性,认为礼、义、廉、耻是"国之四维","四维不张,国乃灭亡"⑥。其实,管仲在关于德治与法治的辩证关系上,讲求的是德法兼顾。管仲学派继承了这一传统,并使这一思想在战国时期继续在齐国产生影响。齐威王即位之初,淳于髡便以隐语向齐相邹忌提出"修法律而督奸吏"⑦的治国方针,得到邹忌的赞许。

稷下黄老学派虽有"道德论"、"无为"学说,但它却融合法墨,既讲道德,又主刑名;既尚无为,又崇法治。慎到认为:"贤不足以服不肖,而势位足以屈贤","为人君者不多听,据法倚势以观得失",提出倚势明法论,强调国君要依靠国家权力实行法治。但是,"以道变法者,君长也",立法需要依

①(清)王先谦:《荀子集解》,中华书局1988年版,第346、502页。
②同上,第346页。
③同上,第58页。
④《管子·任法》。
⑤《管子·重令》。
⑥《史记·管子晏婴列传》。
⑦《史记·田敬仲完世家》。

据"道",变法也需要遵循"道"。对于"道"、"法"之间相互关系,慎到的思想较为犹豫,但有时他也表示:"事断于法,是国之大道也"①,明显倾向法治。

名家代表尹文也以名家所特有的语言,对德治(人治)与法治的关系进行了探讨。他说:"大道治者,则名、法、儒、墨自废;以名、法、儒、墨治者,则不得离道。"他把形名理论同法治实践相结合,认为:"以名稽虚实,以法定治乱","名正而法顺"②,只有名正的法才是真正的法,只有名正的法才能定治乱,"政者,名法是也。以名法治国,万物所不能乱。"尹文主张"以法定治乱",但并不因此废弃礼义即德治的作用。尹文曾指出:"仁、义、礼、乐、名、法、刑、赏,凡此八者,五帝、三王治世之术也"③,仁义礼乐即属于"德治"的内容。

孟子是特别推崇"仁政"的,而仁政的关键在于"仁者在位",即"尊贤使能,俊杰在位"④,强调人治的重要性。孟子的仁政德治理论是以性善论为思想基础的,认为由于人性本善,天生就具有仁义礼智四端,仁君在位,必能推己及人,施仁政于天下。当然,孟子也不否认法治的作用,只是道德与法律各有优势,应该结合起来使用,"徒善不足以为政,徒法不足以自行"⑤。总体上看,孟子是"重德轻刑"的。

荀子在孟子重视人治的基础上,又吸收了管仲学派重视法治的思想,明确提出治国要兼重道德和刑法。荀子如孟子一样,也非常重视"君子"的人治,"无君子则天地不理,礼义无统"⑥,"法者,治之端也;君子者,法之原也"⑦,德治和法治都有赖于"君子"的人治,而君子是懂得"礼"的圣人。荀子从性恶论出发,用"礼"代替了孟子的"仁",他的"礼"不仅指礼义,更指制度,即礼法,"礼者,法之大分,类之纲纪也"⑧。这样,荀子将礼与法有机结合起来。荀子认为:"人无礼则不生,事无礼则不成,国家无礼则不宁"⑨,

①慎到:《慎子》,中华书局 1985 年版,第 12、9—10 页。
②尹文:《尹文子·大道上》,《公孙龙子》,中华书局 1991 年版。
③尹文:《尹文子·大道下》,《公孙龙子》,中华书局 1991 年版。
④《孟子·公孙丑上》。
⑤《孟子·离娄上》。
⑥(清)王先谦:《荀子集解》,中华书局 1988 年版,第 165 页。
⑦同上,第 230 页。
⑧同上,第 12 页。
⑨同上,第 23 页。

"治之经,礼与刑"①,"明礼义以化之,起法正以治之,重刑罚以禁之"②。荀子在稷下德治(人治)与法治之辩中的显著贡献在于,他已有跳出二者矛盾怪圈的倾向。他不再仅仅计较于人治和法治谁更重要,而是认为人治也必须是在"礼法"之下的有序人治。所以,荀子提倡"有治人无治法"③的人治论,"故有良法而乱者有之矣;有君子而乱者,自古及今,未尝闻也"④,强调国家的治乱兴衰完全决定于"治人",而不在"治法"。

稷下学宫的争鸣主题还有很多,如:天人之辩、性善性恶之辩、名实之辩等等。通过激烈而广泛的辩鸣,各家学说互相融合,解决了一系列的理论问题,从而推动并使战国时期的百家争鸣发展到了一个新的高度。

三、"独尊儒术"与汉代学校教育的发展

(一) 秦汉时期的文教政策

1. 秦代的文教政策

公元前 221 年,秦灭齐,最终统一了六国,建立了中国历史上第一个中央集权制的、统一多民族的封建国家。秦在短短的 15 年统治时期,曾采取了一系列巩固统一的政策和措施,如:废除分封诸侯制,代之以郡县制;废除土地的贵族所有制,代之以自由买卖;统一了度量衡与货币制度,统一了法律,统一了车轨,统一了历法等。同时统一了文教政策。

首先,实行"书同文"、"行同伦"的政策。

在秦始皇统一中原之前,列国的文字很不统一。就是一样的文字,也有好几种写法。这种"言语异声,文字异型"⑤的现象,显然不利于秦朝政令的推行。因此,秦朝建立以后,采取"书同文"的政策,以小篆为文字形体的标准。

关于"书同文",秦在统一六国前就曾做过两次尝试⑥。因此在统一六国后,秦始皇"一法度衡石丈尺,车同轨,书同文字"⑦,继续统一全国文字。许慎《说文解字》称:"秦始皇帝初兼天下,丞相李斯乃奏同之,罢其不与秦

---

①(清)王先谦:《荀子集解》,中华书局 1988 年版,第 461 页。
②同上,第 440 页。
③同上,第 230 页。
④同上,第 151 页。
⑤(汉)许慎:《说文解字》卷十五,中华书局 1963 年版,第 315 页。
⑥参见赵平安:《试论秦国历史上的三次"书同文"》,《河北大学学报》1994 年第 3 期。
⑦《史记·秦始皇本纪》。

文合者。斯作《仓颉篇》,中车府令赵高作《爰历篇》,太史令胡毋敬作《博学篇》,皆取史籀大篆或颇省改,所谓小篆者也。"① 丞相李斯编的《仓颉》,中书令赵高编的《爰历》,太史令胡毋敬编的《博学》,都成为标准文字——小篆的范本,发行全国,供人们特别是儿童学习之用。文字的简便统一,有利于政策法令

泰山刻石·李斯小篆(局部)

的推行和文化知识的传播,也是促进教育的必要条件。

"行同伦",就是匡正异风异俗,使原六国旧的风尚习俗均合乎秦朝的法度。秦始皇曾 5 次出巡,其中 3 次来到山东,宣传法治,巡视民情,在峄山(今属山东邹城市)、泰山、琅邪(今属山东胶南市)、之罘(即"芝罘山",在今烟台市区北部)等地留下刻石。泰山刻石称:

> 二十有六年,初并天下,罔不宾服。亲巡远方黎民,登兹泰山,周览东极。从臣思迹,本原事业,祗诵功德。治道运行,诸产得宜,皆有法式。大义休明,垂于后世,顺承勿革。皇帝躬圣,既平天下,不懈于治。夙兴夜寐,建设长利,专隆教诲。训经宣达,远近毕理,咸承圣志。贵贱分明,男女礼顺,慎遵职事。昭隔内外,靡不清净,施于后嗣。

之罘东观刻石则称:

> 原念休烈,追诵本始,大圣作治,建定法度,显箸纲纪,外教诸侯,光施文惠,明以义理……皇帝明德,经理宇内,视听不怠,作立大义。昭设备器,咸有章旗。职臣遵分,各知所行。事无嫌疑,黔首改化,远迩同度,临古绝尤,常职既定,后嗣循业,长承圣治。②

从刻石中的"专隆教诲"、"外教诸侯"、"黔首改化,远迩同度"、"皆有

---

① (汉)许慎:《说文解字》卷十五,中华书局 1963 年版,第 315 页。
② 《史记·秦始皇本纪》。

法式"等内容可以看到,秦朝政府为了"匡饬异俗"①,促使各民族的风俗习惯、伦理道德的进一步融合,一直做着不懈的努力。

其次,"焚书坑儒",加强思想统治。

秦始皇统一中国之后,关于建立一个怎样的国家和应如何治理国家,在朝廷内部意见并不一致。一些六国遗老和秦国反对派知识分子,仍沉浸在诸侯争霸时"百家争鸣"的思想状态中,对秦政提出异议。当时,围绕着是否应废分封、行郡县制的问题,在朝廷内部展开了激烈的论辩。

公元前213年,仆射周青臣在秦始皇面前进颂:"以诸侯为郡县,人人自安乐,无战争之患",称赞郡县制度。而原齐国人博士淳于越则以郡县制古来未有,反驳道:殷、周立国千余年,靠的就是分封子弟和功臣,"今陛下有海内,而子弟为匹夫",朝廷一旦有事,靠谁来相救呢?"事不师古而能长久者,非所闻也"②,主张师法三代,分封皇子功臣为诸侯。丞相李斯对淳于越等儒生的观点坚决反对,认为:"五帝不相复,三代不相袭,各以治,非其相反,时变异也",在当今大一统的时候,人们应该做的是"百姓当家则力农工,士则学习法令辟禁",而非如这些儒生"道古以害今"、"以非当世,惑乱黔首"。李斯很快将矛头指向私学、儒家经典、儒生,认为"人善其所私学,以非上之所建立","入则心非,出则巷议,夸主以为名,异取以为高,率群下以造谤"。于是,李斯主张"颁挟书令","禁游宦"、"禁私学"。秦始皇很快接受了李斯的建议,下令:除去医药、卜筮、种树之类的书之外的非秦国典籍和非博士官所主管的《诗》、《书》、诸子百家著作,限期焚毁;"有敢偶语诗书,弃市;以古非今者,族;吏见知不举者,与同罪。"③公元前214年,由于侯生、卢生求仙药不成并"诽谤"朝政、指斥秦始皇"刚戾自用"而招祸,儒生460多人受牵连被告发,坑杀于咸阳骊山。这就是史上著名的"焚书坑儒"。

"焚书坑儒"是为了加强思想统治,但血腥残酷的形式却受到后人的抨击。这一残酷的文化剿灭方式,也是将秦朝较早送入坟墓的原因之一。其实,"焚书"并非将一切书籍焚烧,即使要烧的儒家经典及诸子百家著作也有一个范围,官方保留的典籍不在被焚之列;"坑儒"也仅为孤立的事件,与

---

①②③《史记·秦始皇本纪》。

"焚书"没有必然联系,况且被杀的人中既有儒生也有方士,从"祸端"制造者淳于越等安然无恙的事实可知,即使要杀儒生也没有达到无边扩大的地步。

再次,禁私学,以吏为师。

"焚书"源于"私学而相与非法教",当然私学也在禁止之列;同时,大量儒家经典和诸子著作在民间被焚毁,也直接动摇了私学的基础。私学在秦始皇"焚书坑儒"后便基本被禁止了。私学禁止,教育不能中断,李斯根据当时的情况和秦的立国精神,认为应以法令为施教之本。他说:"若欲有学法令,以吏为师。"[①]"以吏为师"的教育政策其实来自法家,韩非说过:"明主之国,无书简之文,以法为教;无先王之语,以吏为师。"[②]这一政策曾在夏、商、周时期出现过,但在春秋战国私学出现后,教育已开始走向专业化的时代,"以吏为师"的官师合一模式只能培养一批舞文弄墨的刀笔小吏,不利于培养各种知识渊博的人才,因此是一种倒退。

秦代的文教政策,从总体上看,是严刑酷法主导下的高压政策,虽然对于政治统一有一定的贡献,但由于在许多方面违背了文化发展的自然规律,因此又阻碍了文化教育的正常发展。

2. 汉代的文教政策

汉代建立以后,注重总结秦亡的历史教训,在国家政策上一改秦朝暴虐的统治方式,采取了一系列有利于国计民生的措施。在文教政策上,汉初主要崇尚"清静无为",倚重"黄老之学";从汉武帝起,"罢黜百家,独尊儒术",实行了崇儒的文教政策。

汉代初年,百废待兴,人们急需从秦朝暴政和连年战争的创伤中走出来。汉代统治者顺应了这一形势,在开国后的60余年里"休养生息",倚重"无为而治"的黄老之学。汉高祖刘邦不喜欢儒生,"诸客冠儒冠来者,沛公辄解其冠,溲溺其中"。郦食其见到刘邦,刘邦骂他"竖儒"[③];文帝刘恒好道家之学,以为"繁礼饰貌,无益于治"[④];景帝"不任儒者"[⑤]却信任"明于世

---

①《史记·秦始皇本纪》。
②(清)王先谦:《韩非子集注》,中华书局1998年版,第452页。
③《史记·郦生陆贾列传》。
④《史记·礼书》。
⑤《史记·儒林列传》。

务刑名"的御史大夫晁错而"用其计"①；窦太后又好黄老之术，规定"帝及太子、诸窦不得不读《老子》，尊其术"②。窦太后甚至与齐人、诗学博士辕固争论，意见不合，污辱性地命辕固"下圈刺豕"③，使之与野猪搏斗。由此可见，汉初诸帝基本上是尊崇黄老道家思想的。

这一时期的黄老之学，虽然主张"无为而治"，但已无老子消极遁世的思想，它以道家思想为核心，杂糅儒、法、名、阴阳等诸家学说，融会贯通。因此，有的学者指出："汉初的黄老之学，与战国末期齐国慎到、申不害等人的稷下学派有直接的渊源关系"④，这无疑是正确的。其实，它还与刘肥的封地——齐有着密切关系。汉初的黄老之说从理论上看，除了本身的道家理论外，更多的是融入了法家理论，因此明显受到稷下黄老学派中的慎到、田骈一派的影响。同时，汉初黄老之学从师承关系上看也明显与齐人有关。《史记·乐毅列传》说："乐氏之族有乐瑕公、乐臣公。赵且为秦所灭，亡之齐高密。乐臣公善修黄帝、老子之言，显闻于齐，称贤师……乐臣公学黄帝、老子，其本师号曰河上丈人，不知其所出。河上丈人教安期生，安期生教毛翕公，毛翕公教乐瑕公，乐瑕公教乐臣公，乐臣公教盖公，盖公教于齐高密胶西，为曹相国师。"曹参相齐，"避正堂，舍盖公焉"，采用盖公"治道贵清静而民自定"的建议，用黄老之说治理齐国，成绩斐然。汉惠帝二年（公元前193年），丞相萧何病逝，曹参继任为丞相，继续贯彻黄老治国思想，"参为汉相国，清静极言合道。然百姓离秦之酷后，参与休息无为，故天下俱称其美矣。"⑤

汉初的文教政策也并非一概崇尚黄老之说，换言之，儒学在汉初也不是完全没有地位，后来经过儒生的积极努力，地位逐渐提高。高祖时虽然"尚有干戈，平定四海，亦未皇庠序之事"⑥，也不喜欢儒生，但高祖的身边不乏儒生，思想逐渐受到影响。儒生出身的陆贾就经常在汉高祖面前称道《诗》、《书》，并劝告他说："乡使秦已并天下，行仁义，法先圣，陛下安得而有

---

① 《史记·礼书》。
② 《史记·外戚世家》。
③ 《史记·儒林列传》。
④ 毛礼锐、沈灌群主编：《中国教育通史》第2卷，山东教育出版社1986年版，第18页。
⑤ 《史记·曹相国世家》。
⑥ 《汉书·儒林列传序》。

之?"①原秦博士齐人叔孙通更向高祖进谏曰:"夫儒者难与进取,可与守成",并为汉室定朝仪,臣下"无敢欢哗失礼",使高祖尝到甜头:"吾迺(乃)今日知为皇帝之贵也",拜叔孙通为太常,跟随叔孙通的儒生都做了郎官。②后来,汉高祖"过鲁,以大牢祠孔子"③,对孔子儒学的态度有所转变,并下诏令征用士大夫。文帝时,"能诵诗、书"的贾谊上《论政事疏》(一名《治安策》),纵论崇尚儒家礼义的重要性。景帝时,进一步重视儒家学者,立辕固、董仲舒、胡毋生等为博士,对于宣扬儒家思想发挥了一定的作用。

随着儒学思想影响的扩大,惠帝四年(公元前191年)除挟书律,从根本上改变了秦朝摧残文化、焚书坑儒所造成的消极影响,在法律上为儒家发展除去了障碍。从此,"改秦之败,大收篇籍,广开献书之路"④,开始进行对古文书籍的搜集与校订工作。这样,私学之禁也自然解除,民间的儒家经学传授活动又活跃起来。

到汉武帝时,平息七国之乱后,国家出现了统一局面,为了进一步加强中央集权,更倾向于儒家。建元元年(公元前140年),丞相卫绾奏:"所举贤良,或治申、商、韩非、苏秦、张仪之言,乱国政,请皆罢?"刘彻准奏。建元五年,汉武帝专置五经博士,使《诗》、《书》、《礼》、《春秋》、《易》这5种儒家经典成为基本的教科书和治国方略。公元前134年,董仲舒完成了著名的"天人三策",从"大一统"的社会观念出发,提出了统一学术、统一思想的建议。他指出:

> 《春秋》大一统者,天地之常经,古今之通谊也。今师异道,人异论,百家殊方,指意不同,是以上亡以持一统;法制数变,下不知所守。臣愚以为诸不在六艺之科孔子之术者,皆绝其道,勿使并进。邪辟之说灭息,然后统纪可一而法度可明,民知所从矣。⑤

这就是历史上常说的"罢黜百家,独尊儒术"。汉武帝采纳了这一意见,实行了崇儒的文教政策,由于儒家的思想在实践中表现出最适合于封建地主

---

①《史记·郦生陆贾列传》。
②《史记·刘敬叔孙通列传》。
③《汉书·高帝纪下》。
④《汉书·艺文志》。
⑤《汉书·董仲舒传》。

统治阶级的需要,这一政策不仅终两汉之世,而且为后来历代封建教育的发展奠定了初步基础。

汉武帝实行的"罢黜百家,独尊儒术"政策,并非完全排斥儒家以外的其他派别。"罢黜百家,独尊儒术"重点在"尊",儒学被置于官学的地位而受到尊重,而诸子、诗赋、兵书、术数、方技等其他各家,虽然可以占有一席学术位置,但由于不能立足于官方教育体系中,又与仕途无缘,其发展受到很大限制,其后的发展与儒学相比已不能同日而语了。

(二) 汉代山东学校教育的发展

1. 汉代官学与山东儒生

秦始皇统一六国、建立起统一的中央集权的君主专制帝国后,采取了"焚书坑儒"的文化措施,儒学遭到了空前的灾难和挫折。私学虽被严厉禁止,但教育制度仍然存在,秦朝采用了"以法为教"、"以吏为师"的政策。

秦朝设有博士70人,他们或议政事,或备咨询,或掌故籍,或任吏师教授弟子,是专门管理教育的职官。这些博士不专限于儒生,也有各种文学、方术之士。秦始皇"焚书坑儒"之前非常重视博士,即使在"焚书坑儒"之后,博士在秦朝也依然存在,并时常接受皇帝的咨询。

在众多的博士中,山东儒生占有一席之地。据史料记载,秦始皇二十八年(前219年)东行郡县,就曾"与鲁诸生议"刻石颂秦德,"议封禅望祭山川之事"。① 其中著名的有叔孙通、伏生和淳于越等人。叔孙通,薛(今属山东滕州市)人,生卒年月不详,秦汉之际著名儒者,以通达权变而著称。他曾师从孔子后裔孔鲋,孔鲋让他出仕,他表示:"臣所学于先生者不用于今,不可仕也。"孔鲋劝说道:"子之材能见时变,今为不用之学,殆非子情也。"② 于是叔孙通"以文学征",成为秦的"待诏博士"。陈胜、吴广起义之时,秦二世召问博士诸儒对策,其他博士都如实回答,只有叔孙通察言观色,根据秦二世的喜好而回答,博得秦二世的好感,正式拜为博士。然而,刚被封为博士的叔孙通又很快投靠项羽、归降汉王,因此后人对他评价不一,《史记》说

①《史记·秦始皇本纪》。
②(汉)孔鲋:《孔丛子》,中华书局1985年版,第132页。

他："公所事者且十主,皆面谀亲贵。"①伏生,即伏胜,济南人,据说是孔子弟子宓子贱的后裔。他自幼嗜古为学,博览群书,对儒家典籍《尚书》颇有研究。秦统一后,被召为博士。秦末战乱时,他曾将《尚书》藏于墙壁之中。淳于越,齐人,曾事齐王田建,因不被重用,入秦为博士。他建议实行分封,以为"事不师古而能长久者,非所闻也"②,遭到李斯的反对。据有些学者考证,齐鲁儒生浮丘伯、高堂生等也曾为秦博士③。

汉初也没有一套固定的教育体制,仍然沿袭了秦代的博士制度。汉初的博士官,设员较少,主要是议事、咨询之官。至文帝时,始将博士之官作为教授生徒的专职,并有了较大的发展。

到汉武帝时,董仲舒建议设立太学,"太学者,贤士之所关也,教化之本源也……臣愿陛下兴太学,置明师,以养天下之士"④。太学的设立,标志着汉代学校教育体制的正式创立。从此,官学再度复兴。

汉代官学分中央和地方两级,中央官学包括太学、宫邸学和鸿都门学,太学为大学性质;地方官学按不同行政级别设学,在郡国、县、道、邑、乡、聚等都有学校,王莽执政时依次确定为学(郡国)、校(县、道、邑)、庠(乡)、序(聚)4类,学、校相当于中学性质,庠、序则相当于小学性质。两汉地方官学的设立与地方财政状况和师资条件有关,更与长官个人的积极性有关,加之中央政府对地方官学的数量、规模、程度都没有一个具体的统一要求,因此地方官学的发展是不平衡的。

太学的建立时间约在武帝元朔五年(前124年),地点在国都长安。太学的教师由博士担任,太学中的学生称博士弟子,也称"太学生"或"诸生"。初建时有太学生50名。西汉后期,博士弟子数量增加到1万多名,而东汉时期更加至3万人。汉武帝前后,太学博士各专一经,或《诗》、或《书》、或《易》、或《礼》、或《春秋》,对弟子进行讲授。

汉代的太学博士多齐鲁儒生,其中以申培、欧阳高、辕固、胡毋生、欧阳地余、夏侯胜、夏侯建最为著名。申培,也称申公或申培公,鲁人。少时与楚

①《史记·刘敬叔孙通列传》。
②《史记·秦始皇本纪》。
③参见缪荃孙:《秦博士考》,徐世昌等编《清儒学案》第7册,中华书局2008年版,第7251—7253页。
④《汉书·董仲舒传》。

元王之子刘郢俱事齐人浮丘伯,受《诗》。文帝时为博士,始作《诗》传,世称《鲁诗》。刘郢为楚王后,请申培做太子刘戊的老师。但刘戊不好学习,对申培极为不敬。刘戊当上了楚王,便借故陷害申培。申培感到羞耻,回到鲁地,居家教授。武帝时,曾征申培至长安,拜为太中大夫,于鲁邸议明堂事。欧阳高、欧阳地余均为齐千乘(今属山东高青)人,博士。据《后汉书》记载"济南伏生传《尚书》,授济南张生及千乘欧阳生,欧阳生授同郡兒宽,宽授欧阳生之子,世世相传"①,欧阳高是欧阳生的曾孙,欧阳地余为欧阳高的孙子。欧阳高一生专治《尚书》。关于欧阳高的情况,由于记载的缺乏,已很难详考,但《后汉书》说:"至曾孙欧阳高,为《尚书》欧阳氏学",也就是说,到欧阳高时,才形成了《尚书》欧阳氏学的一套系统学问,可见欧阳高对《尚书》研究的贡献之大。欧阳地余在汉宣帝时以精通《尚书》,被授予太子中庶子官职,负责教授太子经书,后为博士。曾奉诏与当时全国著名学者在石渠阁论定五经。汉宣帝死后,其子元帝对欧阳地余十分器重,由中庶子擢升为侍中大夫,又升为少府。欧阳地余还以为官清廉见称,生前曾告诫儿子说:"我死,官属即送汝财物,慎勿受。汝九卿儒者子孙,以廉洁著。"②辕固,也称辕固生,齐人,治《诗》,景帝时为博士,西汉今文诗学"齐诗学"的开创者,"齐言《诗》皆本辕固生也"③。胡毋生,一说胡母生,字子都,齐人,景帝时博士。一生研习《春秋公羊传》,与董仲舒同业,董仲舒称:"胡母子都贱为布衣,贫为匹夫,然而乐义好礼,正行至死,故天下尊其身而俗慕其声。甚可荣也。"④年老,回到齐地,收徒讲学。夏侯胜、夏侯建,东平(今山东东平东)人,均为宣帝时博士。夏侯胜,字长公,"少孤,好学。从夏侯始昌受《尚书》及《洪范五行传》,说灾异"。后事兒宽门人简卿,又从欧阳氏学。夏侯胜"每讲授,常谓诸生曰:'士病不明经术,经术苟明,其取青紫如俛拾地芥耳。学经不明,不如为耕。'"⑤夏侯胜潜心研读,逐步升华出自己的学术特点,创立了新的今文尚书学派,称"大夏侯学"。夏侯建是夏侯胜的侄子,早年承继叔父之学,后受学于《尚书》今文学另一大师欧阳高,又从五经诸儒

①《后汉书·儒林列传上》。
②《汉书·儒林传》。
③《史记·儒林列传》。
④(清)唐晏:《两汉三国学案》,中华书局 1986 年版,第 417 页。
⑤《汉书·眭两夏侯京翼李传》。

问学,左右采获,自创今文尚书一家之言,即"小夏侯学"。

汉代太学的博士弟子,初建时有 50 名。博士子弟的入学采用推荐制,"太常择民年十八以上,仪状端正者,补博士弟子。郡国县官有好文学,敬长上,肃政教,顺乡里,出入不悖,所闻,令相长丞上属所二千石;二千石谨察可者,常与计偕,诣太常,得受业如弟子。"①东汉时还允许各地选拔入京参加"明经"考试的落选者补为太学生。西汉后期至东汉时期,由于人数的急剧增加,挑选标准已不那么严格,某些贵族子弟,可以靠父荫,直入大学。成帝时,伏湛(伏生的 9 世孙)即因"孝友,少传父业,教授数百人。以父任为博士弟子"②。

在汉代博士弟子中,齐鲁儒生也非常多。兒宽(?—前 103 年),千乘人。早年跟随欧阳生研习《尚书》,"以郡国选诣博士,受业孔安国"。因为贫无资用,曾经一边为太学生烧饭挣钱一边学习,"时行赁作,带经而锄,休息辄读诵"③。后任中大夫、左内史、御史大夫。在左内史任内,劝农业,缓刑罚,开沟渠。在御史大夫任内,与司马迁等共同制定"太初历"。萧望之(?—前 47 年),字长倩,东海兰陵(今属山东苍山县)人,徙杜陵(今属陕西西安市东南)。好学,治《齐诗》,曾从经学家后仓学习 10 年,"以令诣太常授业",成为博士弟子。后又从经学家夏侯胜求问《论语》、《礼服》,为京师诸儒称道。汉昭帝时,萧望之为剪灭霍光势力出力不小,受到重用。汉宣帝时,因萧望之精明持重,议论有余,材任宰相,便委以左冯翊。左冯翊既是官名又是地区的名字,在京畿长安北部,与京兆、右扶风为京畿 3 郡。这 3 郡达官贵人云集,奸猾不轨之徒啸聚,是最难管理的地区。萧望之为左冯翊 3 年,受到人们的称赞,宣帝延他为大鸿胪。后升任御史大夫、太子太傅。甘露三年(前 51 年),受命主持石渠阁会议,评议儒生对《五经》同异的意见。匡衡,字稚圭,东海承(今属山东枣庄市峄城区)人。世代务农,"家贫,庸作以供资用"④,"好读书,从博士受《诗》"。匡衡"才下,数射策不中,至九,乃中丙科。其经以不中科故明习。补平原文学卒史。"⑤许多人对匡衡的遭遇

---

①《汉书·儒林传》。
②《后汉书·伏湛传》。
③《汉书·公孙弘卜式兒宽传》。
④《汉书·匡张孔马传》。
⑤《史记·张丞相列传》。

表示不满,认为他通晓经学的要旨,天下无双。然而宣帝不好儒,因此匡衡长期得不到重用。但匡衡对《诗经》理解深刻,使当时身为太子的元帝也对其怀有好感。元帝时,任用匡衡为郎中,迁为博士,给事中。后屡迁光禄大夫、太子少傅。终军,字子云,历城仲宫(今属山东济南历城区)人。自幼聪敏博学,被举为"神童","年十八,选为博士弟子"①。另外,济南还有一位叫王咸的博士弟子,以仗义执言闻名。据《汉书》记载:哀帝时,鲍宣为司隶校尉,他碰见丞相孔光的下属在陵园内没按规定道路行驶,当场没收其车马,结果以"大不敬"被孔光下狱。于是"博士弟子济南王咸,举幡太学下,曰:'欲救鲍司隶者会此下!'诸生会者千余人。朝日,遮丞相孔光自言,丞相车不得行,又守阙上书。上遂抵宣罪减死一等,髡钳"②。

汉代山东地方官学,由于资料的缺乏,已很难详细描述其状况了,但通过一些零碎史料,还是能看到当时兴学的大体情况。

汉景帝末年,文翁为蜀郡守,他在当地大力推行教化,"修起学官于成都市中,招下县子弟以为学官弟子",试图改变"蜀地辟陋有蛮夷风"的状况。汉武帝即位后,在全国推广文翁的做法,"令天下郡国皆立学校官"③。后来汉武帝设置了博士弟子员,正式承认学官制度,郡县也可以应博士弟子的选举了,郡国因此有了兴学的积极性,地方学校才渐渐发展起来。山东设立官学的时间,大约也是在此前后。至平帝时,王莽秉政,规定郡国、县、邑、乡、聚分别设立学校:"郡国曰学,县、道、邑、侯国曰校,校、学置经师一人。乡曰庠,聚曰序,序、庠置《孝经》师一人"④,山东地方官学系统正式建立。

山东地方官学的教学内容主要是儒家"五经",而从事教育的郡国官员称郡文学、郡文学掾、郡文学史、郡文学卒史、五经百石卒史等。据记载,匡衡曾"补平原文学卒史"⑤,即在平原郡(今属山东平原县西南)任地方学官——文学卒史。山东由于是儒学的发源地,从汉武帝"罢黜百家,独尊儒术"后,各地方官均积极发展官学。但由于财力不一,情况不同,各地官学

---

①《汉书·严朱吾丘主父徐严终王贾传》。
②《汉书·鲍宣传》。
③《汉书·循吏传》。
④《汉书·平帝纪》。
⑤《史记·张丞相列传》。

发展也极不平衡,有的官学较小,有的官学规模较大。如:汉成帝时,齐郡的郡学学官门下掾赣遂就"教授数百人"①;而据《史晨后碑》记载,桓帝建宁二年(169年),鲁相史晨在曲阜孔子庙举行祭孔典礼,国、县官员"并畔宫文学先生、执事诸弟子,合九百七人"参加祭礼,"雅歌吹笙,考之六律,八音克谐,荡邪反正,奉爵称寿,相乐终日"②。这907人中除了少数国、县各级官员,大多应为鲁国官学中的学生,由此可见当时的官学规模应该不小。

2. 汉代山东的私学

秦代实行"禁私学,以吏为师"的政策,忽视学校教育,不设官学。但私学没有禁绝,如汉高祖引兵围鲁时,鲁中诸儒还在"讲诵习礼,弦歌之音不绝"③。汉代统治者从秦代禁止私学的错误中吸取了教训,因此从一开始就对私学采取了宽容乃至鼓励的政策。

汉初,儒家各门经学在山东民间的教学均开展起来。如济南人伏生是汉初最早传播《尚书》的私学大师。秦末,伏生为避战祸,藏《尚书》于壁间。秦亡汉立,伏生又找到其壁藏的《尚书》,但"亡数十篇,独得二十九篇"。凭着29篇《尚书》残卷加之残留的记忆,伏生"即以教于齐、鲁之间"④。但由于"老不能正言,言不可晓,使其女传言教错"⑤。齐人浮丘伯据传为荀子门人,早年研习《诗》,收刘交(即后来的汉楚元王)、鲁人申培公、穆生、白生等人为徒,"及秦焚书,各别去"。吕太后时,浮丘伯在长安,继续授徒讲学,楚元王的儿子刘郢与申培公跟随浮丘伯

山东诸城汉墓画像石——讲学图
(任日新:《山东诸城汉墓画像石》,
载《文物》1981年第10期)

---

①《汉书·薛宣朱博传》。
②高文:《汉碑集释》,河南大学出版社1997年版,第339页。
③《汉书·儒林传序》。
④《汉书·儒林传》。
⑤《历乘·人物列传》。

学《诗》，"俱卒业"①。与此同时，鲁人高堂生、齐人胡毋生、田何等都在当地收徒讲学，或传《士礼》或传《公羊春秋》或传《易》经。

由于汉初统治者急于从各家学说中吸取治理国家的指导思想，故私学的复苏很快，除上述的儒家私学外，黄、老、法家私学也很兴盛，同时也还存在杂家、纵横术、律历等类的私学。相传，济南人孙邕少年时就曾师事北海王和平，学习道术②，这是一个典型的道家私学。

随着汉代官学体制的逐渐发展，汉代私学发展也出现了新的特点。首先是发展速度急剧加快。由于汉代官学招纳生员人数有限且兴废无常，而太学所立五经博士都是今文经学，无法满足人们对古文经的要求，加之官学中缺乏蒙学教育机构，也无法解决少年儿童教育的问题，这导致了私学的快速发展。其次，私学教育逐渐儒学化。自从汉代统治者施行"罢黜百家，独尊儒术"的文教政策后，儒学在社会中的地位越来越高，学儒读经在社会上的出路较广。无论贤良方正、孝廉，还是秀才（东汉时因避光武帝刘秀之讳改称茂才）、明经、童子科，都以儒家经传作为主要考察内容，邹鲁谚语称："遗子黄金满籯，不如一经"③，就是对读经价值的最好写照。因此，西汉中期以后，教授儒家经传的私学越来越有市场，私学儒学化也就越来越严重。

汉代山东私学按其程度可分为三个层次：一是以识字为主的启蒙教育，即蒙学；二是继续进行读写训练，并开始以学《孝经》、《论语》为主的初步经书教育；三是以研习五经为主的专经教育。

蒙学主要以识字为主，同时包括习字、算术④，以山东经学的普遍传授状况推算，当时的蒙学在乡间闾里已大量存在。蒙学的入学年龄没有统一要求，早的在6—8岁，晚的在10岁之后。琅邪姑幕（今属山东诸城市西南）人承宫就是8岁入学，平原厌次（今属山东惠民东北）人东方朔，则"年十三学书"⑤。"学书"的场所叫"书馆"，蒙师叫"书师"。一般情况下，书馆中有书师1人，书师以《仓颉篇》、《凡将篇》、《急就篇》等进行简单的识字教

---

① 《汉书·楚元王传》。
② 参见《后汉书·方术列传下》。
③ 《汉书·韦贤传》。
④ 《汉书·郑玄传》称：郑玄"通《九章算术》"。
⑤ 《汉书·东方朔传》。

学。当然,也有一些经师在专经教学的同时,也从事蒙养阶段的教学。如徐子盛以《春秋》授诸生数百人,就曾接纳 8 岁的承宫,进行蒙学教育。

初步经书教育是比蒙学高一级的私学教育,以学习《孝经》、《论语》为主,也有诵习《诗经》、《尚书》的,个别有学《春秋》的。如东方朔"十六学《诗》、《书》,诵二十二万言"①。这一阶段主要是"诵读",就是对经书"粗知文意"或"略通大义",不要求有精深的理解。

专经教育的私学以传授儒家经典为主,专习一经或数经,程度相当于官学中的太学。此类私学在西汉时大多以经师的居所作为教学场所,规模一般,但到东汉时,出现了"精舍"、"精庐"等正规教育的场所,规模空前。"自光武中年以后,干戈稍戢,专事经学,自是其风世笃焉。其服儒衣,称先王,游庠序,聚黉塾者,盖布之于邦域矣。若乃经生所处,不远万里之路,精庐暂建,赢粮动有千百,其著名高义开门受徒者,编牒不下万人,皆专相传祖,莫或讹杂。"②据记载,山阳瑕丘(今属山东兖州市)人檀敷"举孝廉,连辟公府,皆不就。立精舍教授"③。而乐安临济(今属山东高青东南)人牟长在建武年间教授生徒众多,"诸生讲学者常有千余人"④。

山东专经教育的教师一般来自以下几种人,第一种是拒绝从政或无缘从政的经学大儒。东海郡兰陵(今属山东枣庄市峄城区)人王良"少好学,习《小夏侯尚书》。王莽时,寝病不仕,教授诸生千余人"⑤。第二种是做官时就曾授徒,辞官还家后仍继续授徒讲学的人。如东平新桃(今属山东东平县)人王式曾为昌邑王刘髆的老师,因刘髆被废受株连,免官还家,先收张长安为弟子,后唐长宾、褚少孙亦来求学;申培公"归鲁,退居家教,终身不出门,复谢宾客,独王命召之乃往"⑥。第三种是不求闻达、以教授为业的一般儒生,他们很多人刚刚学成即开始授徒。东汉时期北海胶东(今属山东平度市)的公沙穆,幼年家贫,立志为学,潜心攻读《韩诗》和《公羊春秋》,好"河洛推步之术","隐居东莱山,学者自远而至"⑦;郑玄青年时曾入太学

①《汉书·东方朔传》。
②《后汉书·儒林传论》。
③《后汉书·党锢列传·檀敷》。
④《后汉书·儒林传上》。
⑤《后汉书·宣张二王杜郭吴承郑赵列传》。
⑥《史记·儒林列传》。
⑦《后汉书·方术列传·公沙穆》。

习今文经学,后又赴东都师事张恭祖,研习古文经学,最后赴关西拜马融为师,学成后东归东莱,一面耕田,一面收徒讲学,学徒常数百千人,遇党祸,遭禁锢,仍设帐教学,达20余年。

汉代山东私学还可按教育的形式来分,有拜师受业和家教两种。没有家学渊源的人家子弟,一般都拜师受业,这是当时山东私学的主要形式。如济南人徐巡就曾师事东海卫宏学《毛诗》,后又师从大司空杜林学《古文尚书》,"以儒显"①,并为古文的盛行作出了贡献;孔子的第19世孙孔宙,治严氏《春秋》,远近各地拜师求学者络绎不绝。《孔宙碑》所刻弟子门生52人,籍贯分布于鲁国、汝南、山阳、沛国、东平、下邳、陈留、北海、任城、甘陵、济南、安平、东郡、魏郡、巨鹿等地,足证拜师受业在当时是极为流行的。

而有家学渊源的人家,大都父子相传,世守其业。由于山东是儒家学说创立的地方,因此在《诗》、《书》等经典的传承上,家教非常盛行。如济南伏氏,是著名的经学世家,自伏生至献帝皇后伏寿,在秦汉时期,历400余年,世传经学,号为"伏不斗";另一《尚书》大师欧阳生,世世相传,8代皆为博士,其中曾孙欧阳高、高孙欧阳地余都是名儒,至欧阳歙因罪死于狱中,子尚幼,遂绝传。

山东私学的学生分为"著录弟子"和"及门弟子"两类。"著录弟子"指登记在册,认可其师生关系,但不来聆听教义的学生;"及门弟子"亦称受业弟子,即不仅登记注册,亦到校受业的学生。牟长开办私学时,"诸生讲学者常有千余人,著录前后万人"②,著录者高出及门者10倍以上;又如山阳东缗(今属山东金乡县)人丁恭"学义精明,教授常数百人",而"诸生自远方至者,著录数千人"。③

四、先秦秦汉时期的教育思想

(一)孔子的教育思想

孔子(前551—前479年),名丘,字仲尼,春秋时期鲁国陬邑(今属山东

---

①③《后汉书·儒林传下》。
②《后汉书·儒林传上》。

曲阜市)人,中国古代伟大的思想家和教育家,儒家学派的创始人。孔子出身于一个破落贵族之家。他本是殷商后裔,宋国的建立者微子启是其先祖。自 6 世祖孔父嘉之后,开始以孔为氏。其曾祖父为了逃避宋国内乱,从宋国逃到了鲁国。他的父亲叔梁纥是鲁国出名的勇士,曾做过陬大夫。到孔子时,家道已经破败。但不幸的是,孔子却又遭遇幼年丧父少年丧母之痛,生活的重担过早地

孔子像

落在了他的肩上,因此他曾自称:"吾少也贱,故多能鄙事"①,"吾十有五而志于学"②。为了寻求成为士的出路,他四处求学,研习礼、乐、射、御、书、数等六艺,曾问官于郯子,学乐于苌弘,学琴于师襄,问礼于老聃。但孔子的仕途并不顺利,青年时期在季氏门下担任过委吏(管理仓库)、乘田(管理牛羊)等下级小吏,50 岁后担任过中都宰、鲁国的小司空和大司寇,任职时间都极为短暂。

孔子一生的最为重要的事业是办私学,传播他的思想。在近 40 年的教学实践中,他形成了自己独特的教育思想。

"仁"是孔子思想学说的核心,孔子的教育思想正是建立在他"仁"的思想基础之上的。"仁"就是"仁者爱人",就是"克己复礼为仁",对上要求统治阶级体察民情,反对苛政;对平民百姓要求克制自己的欲望,使自己符合"礼"的要求,"己所不欲,勿施于人",以保证周礼的恢复与不再被破坏。孔子的"仁"是对于社会全体成员道德的最高要求。要达到"仁",就必须"修己"。孔子认为"为仁由己"③,即做到"仁"在于各人自己,只有通过"修己"才能求"仁"。就是说,要达到"仁"的最高境界,必须实行教化。孔子说:"好'仁'不好学,其蔽也'愚'"④,对学习的内容规定极为广泛,既要求以"孝"为基础和先务,以"礼"为准绳和目标,又要求以"中庸"为限度,以"忠

①《论语·子罕》。
②《论语·为政》。
③《论语·颜渊》。
④《论语·阳货》。

恕"为实行方法①,但"礼"是学习的中心任务。"不学礼,无以立"②,只有通过学礼,人才可以自觉地把握社会典章制度和行为规范,知道什么该做什么不该做。通过学礼,约之以礼,人便会由一个礼仪规范的被动接受者转化为循礼而行的自觉主体。

因此,孔子认为教育的作用包括两个方面:一是教育具有社会作用,二是教育在人的发展中也有极为重要的作用。孔子曾与学生对话:"子适卫,冉有仆。子曰:'庶矣哉!'冉有曰:'既庶矣,又何加焉?'曰:'富之。'曰:'既富矣,又何加焉?'曰:'教之。'"③清楚表达了他对教育在社会发展中作用的认识,并把教与庶、富放在同一个高度,看作安邦治国的重要因素之一。

同时,孔子又从"性相近也,习相远"④的认识出发,充分肯定教育和学习在人的后天发展中所起的重大作用。当然,就这一方面而言也包括两方面的含义。首先,孔子尽管认为有上智下愚之分,"生而知之者,上也;学而知之者,次也;困而学之,又其次也;困而不学,民斯为下矣。"⑤但对于大多数人来讲并不是"生而知之",而是"学而知之"、"敏以求之"⑥。也就是说,孔子承认后天的努力学习对人的成长至关重要。其次,在成长的过程中也要不断学习,尤其是在某些方面自认为有优点的人。"好仁不好学,其蔽也愚;好知不好学,其蔽也荡;好信不好学,其蔽也贼;好直不好学,其蔽也绞;好勇不好学,其蔽也乱;好刚不好学,其蔽也狂"⑦。自恃优点不努力学习,不加强修养,天长日久就会产生各种缺点和过失。

正是出于这种对教育作用的认识,孔子提出了"有教无类"的主张,认为人人都应受教育,在教育对象上一改西周只有贵族子弟才能接受教育的做法,让那些愿意学习而经济条件和时间又允许的人,不论贫富、贵贱,都有受教育的权力和机会,从而打破了奴隶主贵族垄断文化教育的特权。至于教育的目的与教育的内容,孔子均有论述和创新,这些可参考本章"孔门私学"部分。

①参见蔡尚思:《蔡尚思全集》第8册,上海古籍出版社2005年版,第535—537页。
②⑤《论语·季氏》。
③《论语·子路》。
④⑦《论语·阳货》。
⑥《论语·述而》。

在孔子的教育思想中,对今人最有启发意义的应该是他关于教学原则和方法的论述。

第一,因材施教。

"因材施教"就是针对学生的不同情况和智力水平施以不同的教育,该教学原则是北宋程颐归纳的,"孔子教人,各因其材"①。孔子承认个体之间是存在差异的,这个差异不仅表现在志向抱负上,也表现在智能个性方面。孔子的学生众多,由于志向各异,导致个体上出现了差异。孔子曾问学生:"盍各言尔志?"子路曰:"愿车马衣轻裘,与朋友共,敝之而无憾",颜渊则曰:"愿无伐善,无施劳"②,表达出不同的志向。因此,孔子的学生有的志于理财,有的崇尚军赋,有的向往外交,而有的则立志内政。针对志向上的差异,孔子虽均授以"文、行、忠、信"四教,但各有侧重,结果使学生具有不同特点,"德行:颜渊、闵子骞、冉伯牛、仲弓;言语:宰我、子贡;政事:冉有、季路;文学:子游、子夏"③。孔子对自己学生的智能个性特点也了如指掌,"由也果"、"赐也达"、"求也艺"、"柴也愚"、"参也鲁"、"师也辟"、"由也喭"等评语就是明证。对于不同智能个性的学生,孔子也采用不同的教育方式,即"中人以上可以语上也,中人以下不可以语上也"④。孔子曾有一段与学生的精彩答问,同一个问题,孔子针对不同的学生却有不同的答案。"子路问:'闻斯行诸?'子曰:'有父兄在,如之何其闻斯行之?'冉有问:'闻斯行诸?'子曰:'闻斯行之。'公西华曰:'由也问闻斯行诸,子曰:有父兄在;求也问闻斯行诸,子曰:闻斯行之。赤也惑,敢问。'子曰:'求也退,故进之;由也兼人,故退之。'"⑤同样一个问题"听到了就行动起来吗?"孔子对于遇事总是退缩的冉求回答说:"听到了就行动起来",意在鼓励其行动起来的信心;而对于好勇过人的仲由,孔子却说:"有父兄健在,怎么听到了就行动起来呢?"意欲约束他的性情冲动。类似的问答,在《论语》的"问仁"、"问礼"、"问教"、"问政"、"问知"、"问士"、"问君子"等部分中均有详细记载。

第二,启发式教学,循序渐进。

---

①(宋)程颢、程颐:《二程集》,中华书局1981年版,第252页。
②《论语·公冶长》。
③⑤《论语·先进》。
④《论语·雍也》。

这是孔子的又一条重要的教学原则。孔子十分重视调动学生学习的主动性,认为学生学习必须以自觉性为基础,只有学生拥有求知的要求和愿望时,教师及时进行教育,才能收到事半而功倍的效果。这就要求教师应随时掌握学生的心理状态,务使教学内容和方法适合学生的接受水平和心理准备条件。孔子将其表述为:"不愤不启,不悱不发,举一隅不以三隅反,则不复也。"①朱熹解释说:"愤者,心求通而未得之意;悱者,口欲言而未能之貌。启谓开其意,发谓达其辞。物之有四隅者,举一可知其三,返者还以相证之义。复,再告也。"②意思是说,在教学过程中应该先让学生认真思考,不到他想求明白而感到困难的时候,不去启发他;不到他想说出而又说不清楚的时候,不去开导他。也就是说,只有在学生思考问题的答案,并试图作出回答时,给予恰当的启发,循序渐进,才能促使学生有举一反三的能力。孔子的启发式教学取得了相当大的成效,颜回曾评价道:"夫子循循然善诱人,博我以文,约我以礼,欲罢不能。"③

第三,学、问、思、行相结合。

孔子主张学习要善于提问,"敏而好学,不耻下问"④。"敏而好学",就是始终保持浓厚的兴趣,发愤学习;"不耻下问",不仅要向高于自己的人请教,而且还要向不如自己的人请教,并且要心甘情愿,绝不可以此为耻。"不耻下问"是一种精神和态度,同时又是一种学习方法。孔子曾说:"三人行,必有我师焉。择其善者而从之,其不善者而改之。"⑤说明任何人都可能拥有新知识、好经验,以谦逊的态度向别人提问学习,既是对知识的尊重,同时也是获得新知的重要途径和方法。

孔子还主张学习与思考相结合。孔子曰:"学而不思则罔,思而不学则殆"⑥,精辟地阐述了学与思的辩证关系,同时说明了学习与思考相结合的重要性。孔子认为,只学习不思考,就不可能消化理解知识,也不可能将知识从感性上升到理性,成为指导自己行为的知识系统,这样的知识只是"死知识",是无用的知识。孔子强调"思"的重要性,"君子有九思:视思明、听

---

①⑤《论语·述而》。
②(宋)朱熹:《论语集注》,齐鲁书社 1992 年版,第 63 页。
③《论语·子罕》。
④《论语·公冶长》。
⑥《论语·为政》。

思聪、色思温、貌思恭、言思忠、事思敬、疑思问、忿思难、见得思义。"①当然，只思考不学习，也是不行的，这种没有学习的思考，导致的结果只能是主观的臆测和空想。孔子此时又强调"学"的重要性，"吾尝终日不食，终夜不寝，以思，无益，不如学也。"②总之，孔子强调的是学与思的辩证关系，学是思的前提和基础，思是学的升华和提高，二者相辅相成，不可偏废。

孔子强调"学"与"行"的统一，要求弟子学以致用，把所学的东西运用到社会实践中去，反对学而不行，甚至行为上与其所学背道而驰。孔子说："诵诗三百，授之以政，不达；使于四方，不能专对。虽多，亦奚以为？"③意思是：熟读诗经300篇，交给他以政务，却不会办理，又不能搞外交，读得再多，有什么用处呢？孔子重视学行一致，并把"行"放在首位。从"讷于言而敏于行"④、"言必信，行必果"⑤、"听其言而观其行"⑥的论述中，可见孔子对行的推崇。

后世儒家将孔子学、问、思、行相结合的教学原则，总结为："博学之，审问之，慎思之，明辨之，笃行之"⑦。

除了以上内容外，孔子还提出了教学相长、温故知新等其他诸多教学原则和方法，这些优秀的教育思想对今天的教学理念仍产生着深远影响。

（二）墨子的教育思想

墨子(约前468年—前376年)，名翟，战国早期鲁国人，是继孔子之后的又一位办学大师。他曾"学儒者之业，受孔子之术"，但并没有成为孔子思想的继承者。由于他出身微贱，长于工艺器械制造，重视实践性技能，因此对孔子烦琐的"礼"甚为不满，"故背周道而用夏政"⑧，另立门户，聚徒讲学，创立了墨家学派。

墨子从下层庶民利益出发，对当时强执弱、众劫寡、富侮贫、贵敖贱、诈欺愚的社会弊端深恶痛绝，并认为"凡天下祸篡怨恨，其所以起者，以不相

---

①《论语·季氏》。
②《论语·卫灵公》。
③⑤《论语·子路》。
④《论语·里仁》。
⑥《论语·公冶长》。
⑦《礼记·中庸》。
⑧何宁：《淮南子集释》，中华书局1998年版，第1459页。

爱生也"①。因此,他主张"兼相爱交相利",即爱是相互的,利也是相互的,爱与利的关系是对立统一的,是相辅相成、互为依存、互为条件的,人与人之间是这样,国与国之间也是这样。墨子大声疾呼:"兴天下之利,除天下之害"②,明确提出要"尚贤"、"尚同"、"节用"、"节葬"、"非乐"、"非命"、"天志"、"明鬼"、"兼爱"、"非攻","凡入国,必择务而从事焉。国家昏乱,则语之尚贤、尚同;国家贫,则语之节用、节葬;国家喜心音湛湎,则语之非乐、非命;国家淫僻无礼,则语之尊天、事鬼;国家务夺侵凌,则语之兼爱、非攻。"③

墨子认为教育是实现"兴天下之利,除天下之害"的主要途径之一。在墨子看来,社会环境对人会产生极大的影响,因此人是可以教育的。他把人比作"素丝",用不同的染料进行染制,就会变成不同的颜色,教育对人而言所起的就是染制的作用。"子墨子言见染丝者而叹曰:染于苍则苍,染于黄则黄,所入者变,其色亦变,五入必,而己则为五色矣","非独染丝然也,国亦有染……非独国有染也,士亦有染"。这样,好的教育就是至关重要的,"故染不可不慎也"④。当然,墨子所指的教育既包括社会教育又包括学校教育。墨子主张"有道相教"⑤,即由有道德学问者教以"兼相爱交相利"的天下大道。墨子认为:"天下匹夫徒步之士少知义",因此,"教天下以义者功亦多"⑥。他极力反对"隐匿良道而不相教诲",认为那样做既不义也不仁。只有借助于传布大道的教育,使天下人人"知义",并通过"有力者疾以助人,有财者勉以分人,有道者劝以教人"⑦,才能使天下成为真正的"兼爱"社会。

墨子招收的学生,"多以裘褐为衣,以跂蹻为服"⑧,基本来自小生产者阶层。墨子的教育目的是将这些来自中下层的人培养成为"兼士",即可以辅佐君主使之和百姓"兼相爱"的贤士。墨子认为,要成为一名"兼士",必

①(战国)墨翟:《墨子》,辽宁教育出版社 1997 年版,第 29 页。
②同上,第 32 页。
③同上,第 122 页。
④同上,第 3—4 页。
⑤同上,第 54 页。
⑥同上,第 122 页。
⑦同上,第 17 页。
⑧王世舜注译:《庄子注译》,齐鲁书社 1998 年版,第 459 页。

须符合"厚乎德行、辩乎言谈、博乎道术"①的标准,这其实也是墨子教育的主要内容,即道德教育、思维论辩教育和知识技能教育。墨子的道德教育,是培养学生懂得以兴天下之利、除天下之害为己任,"视人之国,若视其国。视人之家,若视其家。视人之身,若视其身"②。墨子要求弟子们要以甘心吃苦为高尚,以扶贫济困为义务,以勇于牺牲为光荣,进行严格的组织性和纪律性训练。思维论辩教育,主要是指对弟子们进行逻辑教育,提高他们的逻辑思维能力,以适应辩论的需要。知识技能教育,包括文史知识和生产方面的知识和技能,而尤以后者最为主要。在墨家的著作总集《墨子》中记载了许多墨家学派的自然科学研究成果,涉及数学、光学、力学、声学、机械制造等方面内容。如:在数学方面,有倍数的含义、十进位的原理;在几何学方面,有点、线、面、体等内容的描述;在力学方面,有对力的定义、杠杆的原理等内容的探讨;在光学方面,有关于光的传播、影的生成、针孔成像、凹面镜成像、凸面镜成像等现象及原理的分析与说明;在机械制造方面,有颉皋、云梯、悬门、橐、转射机、辒辒车等的记载。以上内容虽不完全来自墨子本人,但可以推知,墨子生产知识技能教育的内容应与此大体类似。

墨子在教学中还提出了一套别具一格的教学原则和方法。

首先是言行一致的实践性原则。墨子有许多关于言行一致的论述,如:"言必信,行必果,使言行之合,犹合符节也,无言而不行也","务言而缓行,虽辩必不听","士虽有学,而行为本"。③ 这些论述都在强调:读书人虽然有书本知识,但最根本的还是实际行动能力。孔子也讲知行合一,但孔子的行主要指道德实践,而墨子的行不仅涉及政治道德实践,更指向社会实践。因此,墨子坚决反对只说空话,而不实践力行的行为。其弟子告子曾夸口能治理国家,墨子就批评他说:"政者,口言之,身必行之。今子口言之,而身不行,是子之身乱也。"④意思是:施政的人,嘴里说了,就必须亲身去做,你现在说了却没有去做,是你自身言行不一,自相矛盾。他经常教育弟子说:"言足以复行者,常之,不足以举行者,勿常,不足以举行而常之,是荡口

---

① (战国)墨翟:《墨子》,辽宁教育出版社1997年版,第10页。
② 同上,第29页。
③ 同上,第33、3、2页。
④ 同上,第118页。

也。"①认为只有变为行动的言论才是可以推崇和尊敬的。

其次,述而且作的创造性原则。孔子主张"述而不作,信而好古",表明其政治上的保守性以及理想与实践的相互脱节。墨子对孔子的观点给予坚决的批评,认为:"古之善者则述之,今之善者则作之,欲善之益多也。"②即应该继承古代文化的精华,又要创造出新的东西,使好的东西日益增多。这表明墨子对待文化遗产与社会现实的态度超越了孔子,人类社会不仅有美好的历史,更有光明的未来,只有立足于历史("述"),勇于实践("作"),在过去的文化基础上创新、创造,社会才会发展。

再次,量力而行、因材施教的原则。墨子认为教师教学和学生学习都应量力而行,只有在力所能及的范围内,教学和学习才能达到最好的效果。曾有学生向墨子请求学射,"子墨子曰:不可。夫知者必量其力所能至而从事焉。国士战且扶人,犹不可及也。今子非国士也,岂能成学又成射哉?"③告诫他们:人要从自己的实际情况出发,贪多嚼不烂,要量力而行。从量力而行出发,墨子在教学上特别注重因材施教。弟子问墨子:"为义孰为大务?"墨子回答:"譬若筑墙焉,能筑者筑,能实壤者实壤,能睎者睎,然后墙成也。为义犹是也,能谈辩者谈辩,能说书者说书,能从事者从事,然后义事成也"④,即同样一个教学目的,要根据学生潜质的不同,因材施教,并根据学生可接受的程度,"深其深,浅其浅,益其益,尊其尊"⑤,区别对待,量力而教。

最后,强力而行的主动性原则。量力而行并非消极等待,儒家主张"叩则鸣,不叩则不鸣",墨子则不同,他认为教师在教学中应积极主动,应"强说"、"强为","虽不叩,必鸣者也"⑥。其实,教与学是一对矛盾体,自古以来关于教师和学生谁为主体的争论就从来没有停止过。儒家的"不叩则不鸣"强调的是以学生为教育的主导,只有学生有学习的欲望时进行启发教育,才能得到事半功倍的效果。其实教师也并非处于完全被动的位置,在许

①(战国)墨翟:《墨子》,辽宁教育出版社1997年版,第108页。
②同上,第109页。
③同上,第118页。
④同上,第107页。
⑤同上,第103页。
⑥同上,第114页。

多时候,教师也可以发挥积极性,主动说教。墨子的"不叩亦鸣"主张,正是重视了教师在教学中的主导作用而提出来的,体现了墨家学派以教人为己任的精神,有其合理成分。

墨子的教育思想,在战国时代很有影响。孟子曾评价为"墨翟之言盈天下"①,其重要的原因是,他的教育思想在中国古代教育思想史上独树一帜,具有鲜明的特色。

(三) 孟子的教育思想

孟子(约前372—前289年),名轲,邹(今属山东邹城市)人,战国中晚期思想家、教育家,儒家思孟学派代表人物。

孟子为鲁国贵族孟孙氏之后,幼年丧父,靠母亲仉氏抚养成人。仉氏知书达理,一心教子成人,汉代刘向在《列女传·母仪传》中曾记载了孟母三迁和断机教子的故事。在母亲的严格要求下,孟子学业大进。孟子一生崇拜孔子,自称:"乃所愿,则学孔子也"②,但遗憾的是当时就连孔子的孙子孔伋(字子思)都已过世。在十几岁时,孟子开始"受业子思之门人",接受孔子学说。"道既通"③,周游齐、宋、滕、薛、魏等国,宣传儒家王道政治。曾为齐宣王客卿,后不见用,退而与弟子万章等人著书立说。

作为孔子的私淑弟子,孟子基本继承了孔子的政治和哲学思想,并加以发挥和创新。"仁"是孔子思想的核心,"仁"就是"仁者爱人"。孟子也主张"仁",并强调"仁政",但其"仁政"的重心是"重民"。孟子说:"仁者,人也","亲亲而仁民,仁民而爱物"④,他的"仁"比孔子的"仁"外延有所扩大。因此,孟子认为:"以德行仁者王",劝说统治者要行"仁政"。他与孔子一样,极为推崇古代的所谓"先王",开口必称"尧舜",闭口必"法先王",称"先王有不忍人之心,斯有不忍人之政"⑤,劝告当时的国君效法实行"仁政"的先王,要从商汤、武王与夏桀、殷纣正反两方面的历史中吸取教训。"桀纣之失天下也,失其民也;失其民者,失其心也"。"民之归仁也,犹水之

---

① 《孟子·滕文公下》。
②⑤ 《孟子·公孙丑上》。
③ 《史记·孟子荀卿列传》。
④ 《孟子·尽心下》。

就下、兽之走圹也。故为渊驱鱼者，獭也，为丛驱爵者，鹯也；为汤武驱民者，桀与纣也。"①要求统治者重民，为民"制产"，尽力"保民"，"与民同乐"，甚至提出"民为贵，社稷次之，君为轻"②的"民贵君轻"思想。

与此相适应，孟子在哲学思想上主张"性善论"。首先，孟子承认食色之性是人的自然属性；其次认为仁义礼智等道德观念是人的本质属性，人生来就是善良的。孟子说："恻隐之心，人皆有之。羞恶之心，人皆有之。恭敬之心，人皆有之。是非之心，人皆有之。恻隐之心，仁也。羞恶之心，义也。恭敬之心，礼也。是非之心，智也。仁、义、礼、智非由外铄我也，我固有之也。"③进而推论出："人皆有不忍人之心。先王有不忍人之心，斯有不忍人之政矣。以不忍人之心，行不忍人之政，治天下可运之掌上。"④

从"仁政"和"性善论"出发，孟子特别重视教育的作用。孟子强调教育的社会作用是"行仁政"，"得民心"。他说："仁言不如仁声之入人深也，善政不如善教之得民也。善政民畏之，善教民爱之，善政得民财，善教得民心。"⑤因此，国家政令再好，也不如春雨润物般的教育感化使人心悦诚服。因为，"以力服人者，非心服也，力不赡也；以德服人者，中心悦而诚服也。如七十子之服孔子也。"⑥同时，孟子认为人固有善良的本性，教育可以启发良知。他称："人之所不学而能者，其良能也；所不虑而知者，其良知也"⑦，天下之人皆有良知。但是，经过后天的发展，"庶民去之，君子存之"⑧，"求则得之，舍则失之"⑨。教育的作用就是把已经失去的良知找回来，"学问之道无他，求其放心而已矣"⑩。一旦存于人们内心的良知通过教育而被发现，"人皆可为尧舜"⑪。孟子对于教育在社会的发展和人的发展中作用的认识，是一种唯心主义先验论，虽然有时他也强调环境等外部因素的影响，如他曾承认"富岁，子弟多赖；凶岁，子弟多暴，非天之降才尔殊也，其所以陷溺其心者然也"⑫，即使如此，这些环境（其实教育也是一种环境）还是服从于他基本的"性善论"先验思想的。

---

①《孟子·离娄上》。
②《孟子·尽心下》。
③⑩⑫《孟子·告子上》。
④⑥《孟子·公孙丑上》。
⑤⑦⑨《孟子·尽心上》。
⑧《孟子·离娄下》。
⑪《孟子·告子下》。

孟子的教育目的是培养"明人伦"的君子。孟子把君臣、父子、夫妇、兄弟和朋友称为五伦,也就是所谓的"人伦"。人伦正常的境界是"父子有亲,君臣有义,夫妇有别,长幼有序,朋友有信"①,它是对封建制度下社会伦理关系及其政治法律制度的高度概括,对维护封建社会秩序有着极为重要的作用。孟子认为,通过教育向广大民众宣讲阐明这五种伦理道德,"谨庠序之教,申之以孝悌之义"②,就可以使社会稳定,长治久安,"人伦明于上,小民亲于下"。孟子说:"设为庠序学校以教之。庠者养也,校者教也,序者射也。夏曰校,殷曰序,周曰庠,学则三代共之,皆所以明人伦也。"③既然"明人伦"早在三代时期就是古圣先王设学校进行教育的目的,自然"明人伦"就是"为国"以至"王天下"的根本大法。

孟子从30多岁开始从事私学教育,培养弟子数百人。在长期的私学教育中,积累了丰富的教育与教学经验。关于教育原则和方法的思想可以概括为以下几点:

第一,因材施教。因材施教的教育原则由孔子较早提出,在春秋战国时期得到广泛认同,孟子在教学中也实践着这一原则。孟子说:"教亦多术矣!"④不同的学生,具体情况不同,因此要采取不同的教育方法去充分发挥他们的潜力和才能。孟子把施教的方式分为五种:"君子之所以教者五。有如时雨化之者,有成德者,有达财者,有答问者,有私淑艾者。此五者,君子之所以教也"⑤,即:第一种是针对修养好、悟性高、才能优的学生,应及时点化,用春雨润物般潜移默化的方式来进行教育;第二种针对品德好的学生,应注重道德修养教育,使之成为德行完美的君子;第三种针对有才能的学生,应注意其才能的特别培养;第四种为针对善于思考的学生,采用问答模式,释疑解难;第五种是对于不能及门受业的学生,应注重身教。

第二,自求自得。或许与自己学习孔子之道有关,虽"未得为孔子徒也",但通过孟子自己独立思考、自求自得,却继承了孔子的衣钵,因此,他特别推崇自求自得。"君子深造之以道,欲其自得之也。自得之,则居之

①③④《孟子·滕文公上》。
②《孟子·梁惠王上》。
⑤《孟子·尽心上》。

安;居之安,则资之深;资之深,则取之左右逢其原,故君子欲其自得之也。"①这一原则认为,自求自得的过程是一个独立思考与探索的过程,因此学生要将学习的主动权完全掌握在自己手里,"求则得之,舍则失之,是求有益于得也,求在我者也。"②孟子以木匠学习为例,认为"梓匠轮舆,能与人规矩,不能使人巧"③。同样道理,求学也不能完全依靠老师,只有主动性地探索、钻研和思考,发挥主观能动性和积极性,才能有所得。"心之官则思,思则得之,不思则不得也"④。

第三,专心致志。孔子就是一个专心致志的模范,他"发奋忘食,乐而忘忧",以至于"不知老之将至"⑤。孟子也非常重视专心致志,认为学习贵在专心和坚持,"不专心致志,则不得也"。他以两个小孩学弈为例,说明专心于学的重要作用。"弈秋,通国之善弈者也。使弈秋诲二人弈,其一人专心致志,唯弈秋之为听;一人虽听之,一心以为有鸿鹄将至,思援弓缴而射之,虽与之具学,弗若之矣。为是其智弗若之与? 曰:非然也。"⑥由于学习上一人专心,一人不专心,学弈的效果大相径庭。当然,除了专心之外,还要持之以恒。孟子以掘井为例,说明坚持的重要性,"有为者辟若掘井,掘井九仞而不及泉,犹为弃井也"⑦。因此,学习要持之以恒,不能功亏一篑。

(四) 郑玄的教育思想

郑玄(127—200 年),字康成,北海高密(今属山东高密市)人,汉代成就卓著的经学大师。郑玄自幼立志治学,在外求学近 20 年,后拜于马融门下。游学归来,因党锢牵连,不得出仕,"遂隐修经业,杜门不出"⑧。党锢解除后,多次应召做官,均不受命。他平生以"念述先圣之元意,思整百家之不齐"⑨为志,不受一家之说束缚,网络各家而采其所长,创立了为后世推崇的"郑学",后世经学家亦尊称他为"郑君"⑩。郑玄遍注经书,集经学之大

①《孟子·离娄下》。
②⑦《孟子·尽心上》。
③《孟子·尽心下》。
④⑥《孟子·告子上》。
⑤《论语·述而》。
⑧⑨《后汉书·郑玄传》。
⑩安作璋主编:《郑玄集》上,齐鲁书社 1997 年版,第 1 页。

成。儒家经籍中不乏教育实施的记载,但其记载零乱无条理。郑玄融会贯通,不仅使儒经中的教育论述得以明确化、系统化,且在阐发和研究考据中不乏个人独创之见。

郑玄教育的理论基石是对上古学制的研究。郑玄将古代学校分为大学和小学两类,二者的主要区别在入学年龄不同。郑玄认为幼者入小学长者入大学,"年十五始入小学,十八入大学",入学的目的即为深造,所以在学校中不论出身贵贱,一律按年龄大小排序,"皆以长幼受学,不用尊卑"①。郑玄还对古代官学学生的来源作了明确概括,"国子,公卿大夫之子弟,师氏教之"②。郑玄认为古代官学的主要成员是谓为国子的贵族弟子,除国子外还有一些地方选拔来的人即学士。

郑玄认为修德学道是古代学校的主要教育内容。《周礼》:"以国法掌其政学。"郑玄注:"知学,是修德学道。"③德行本为一体,在心为德,施之为行,因此郑玄将教育内容分为培养道德行为和传授知识技能两类。学校教学活动总以传授知识技能为主,外在体现为培养道德行为的精神实质。德行和道艺各由师氏和保氏负责,在地方学校有相应的师儒负责,郑玄说:"师,诸侯师氏,有德以教民者。儒,诸侯保氏,有六艺以教民者。"④

郑玄作为儒家经学家,自然看重关于儒教思想和学术的教育内容。他有意识地强调学习圣人之道的学习传统,自称"博稽六艺,粗览传记,时睹秘书纬术之奥"⑤,这些均不出儒家范围。郑玄对非"圣人之道"的专门技艺、诸子学说和军旅知识均抱以轻视和排斥的态度。排除这些方面,所剩的教育内容仅为儒教的圣贤之学了,这是作为儒家经学大师的郑玄难以避免的局限性。

郑玄遵循儒家一贯思想,力主尊师。他强调教师的作用,且对教师本身提出了高要求。尊师与重道总被郑玄联系在一起,他指出:"师,教人以道

---

①《十三经注疏》整理委员会整理:《十三经注疏·礼记正义》,北京大学出版社 2000 年版,第472 页。
②《十三经注疏》整理委员会整理:《十三经注疏·周礼注疏》,北京大学出版社 2000 年版,第411 页。
③同上,第 1040 页。
④同上,第 47 页。
⑤《后汉书·郑玄传》。

者之称也。"①郑玄认为,尊师的实质在于重道。《学记》中"大学之礼,虽诏于天子,无北面,所以尊师也"。郑玄注之:"尊师重道焉,不使处臣位也。"②教师是道德和学术的代表,尊师就显得尤为重要。

教师在教学过程中处于支配地位,那么教师的品德、学识及教学态度就更为重要了。首先教师应该正身,行以正道。郑玄说:"小未有所知,常示以正物,以正教之,无诳欺。"③这虽是针对儿童教育,但"以正教之"是对所有教师的严格要求。除此之外,作为一名合格的教师,必须学高。郑玄对一些教师"不晓经之义,但吟诵其所视简之文,多其难问"④十分不满,认为这些教师教学方法不佳,原因在于他们自己对经籍没能真正理解,学问不深。所以《学记》说:"记问之学,不足以为人师。"郑玄注:"此或时师不心解,或学者所未能问。"⑤教师不能只是学高,更应该积极深造。通过教育活动能"自反"即"求诸己",虽能促进别人提高,但要"自强"自己也可"修业不敢倦"⑥。积极施教的教学态度亦是合格教师的必备素质。郑玄认为凡是积极上进的学生,教师都应该积极予以促进,对待学生要尽心竭力。只有具备了上述几方面的品格和作风,教师才可无愧于崇高的地位。对于自己倡导的为师之道,郑玄总是身体力行。他为人诚恳正直,高官厚禄、艰难困苦都不能阻挡他治学的脚步。郑玄一生致力于治学育人,取得很大的成绩。

郑玄继承儒家重视教育的传统,对教育的作用和意义进行了更深的阐释。玉需雕琢才可成器,郑玄用此比喻学生求学。郑玄认为教育的作用在于"进",主张通过教育促使原有的良好素质发扬光大。郑玄强调后天学习,认为人都是学以致知。郑玄说:"困而知之,谓长而见礼仪之事,已临之而有不足,乃始学而知之,此达道也。"⑦这就是说,学习是一种方式和途径,最终目标是知晓其内涵和规律。儒家历来主张德教,将教育置于刑罚之上。

---

①《十三经注疏》整理委员会整理:《十三经注疏·周礼注疏》,北京大学出版社2000年版,第269页。

②《十三经注疏》整理委员会整理:《十三经注疏·礼记正义》,北京大学出版社2000年版,第1242页。

③同上,第37页。

④同上,第1235页。

⑤同上,第1245页。

⑥同上,第1226页。

⑦同上,第1683页。

郑玄继承这一观点,认为统治者只要树立良好的道德规范,即可化民成俗。郑玄注解《礼记·学记》时就曾指出:"本立而道生,言以学为本,则其德于民无不化,与俗无不成。"①

郑玄在注经过程中,对儒家经典中的教育原则作了进一步阐发,充实和发展了儒家的教育理论。

首先,重视立志。树立坚定不移的志向并付诸行动,是儒家一贯倡导的美德。郑玄十分重视立志,认为立志不应以贫贱为苦。郑玄不只重视在逆境下坚定志向,在顺境中更应坚持始终如一的操守。小有进步就不再继续努力的人往往会遇到挫折,因此郑玄指出:"善人君子,其执义当如一也。"②其次,在教学过程中强调学生的"心解"与教师的"启发"。学而不思则殆,思而不学则罔是孔子著名的治学言论。郑玄继承了这一思想,他指出,"思而得之则深"。在注解《礼记·学记》"虽终其业,其去之必速"时指出:"学不心解,则亡之易。"③学生只有认真思考,不死记硬背才可真正吸收所学精华。在教学过程中,只有学生的"心解"是远远不够的,教师的"启发"也很重要。学生的心解来源于教师的启发,而教师的启发则以学生的心解为目的。郑玄将学生思考与教师启发结合起来,使教与学相辅相成,这是郑玄对教育的一个贡献。

再次,主张循序渐进与因材施教相结合。学生在学习过程中要循序渐进,而教师在教学过程中应针对不同学生实施因材施教。郑玄认为学习知识是一个渐进的过程,主张先易后难。郑玄认为不同年龄阶段的学习内容应有不同,"先学勺,后学象,文武之次也"④。这说明学生在学习知识的过程中应有次序,随着学生知识和能力的增长教学可以逐步深化。郑玄还十分注重学生的个性和才能,他对《学记》中"不陵节而施"的主张甚是赞同,并进一步阐释为"不教长者、才者以小;教幼者、钝者以大也"⑤。根据不同

---

① 《十三经注疏》整理委员会整理:《十三经注疏·礼记正义》,北京大学出版社2000年版,第1248页。

② 《十三经注疏》整理委员会整理:《十三经注疏·毛诗正义》,北京大学出版社2000年版,第557—558页。

③ 《十三经注疏》整理委员会整理:《十三经注疏·礼记正义》,北京大学出版社2000年版,第1235页。

④ 同上,第1013页。

⑤ 同上,第1237页。

学生的差异进行相应的教育是郑玄的另一个主张。

范晔对郑玄的贡献有较为中肯的评价。他说:"郑玄括囊大典,网罗众家,删裁繁诬,刊改漏失,自是学者略知所归。"①郑玄用高尚的师德和精湛的学识突破了学派藩篱,实现今古文经学的最终融合,促进了经学的发展。不只是经学研究,他对经籍中记载的教育制度和教育观点作了大量阐释。虽然他的教育思想没能突破儒家经籍的局限,但仍不乏个人独创之见。郑玄在中国教育史上与其在中国经学史上一样,应该享有崇高的历史地位。

①《后汉书·郑玄传》。

第三章 山东传统教育模式的发展

一、魏晋至隋唐时期山东的文教政策

（一）魏晋南北朝变幻而多元的文教政策

魏晋南北朝时期，山东在长达近 400 年的时间里一直动荡不安。三国时期，山东地区为曹魏辖地；西晋时期，山东境内分属青州、兖州、徐州、豫州、冀州、司州；东晋十六国时期，山东地区先后被后赵、前燕、前秦、后燕、南燕等政权占据，东晋政权也曾先后取得过对山东的统治权，但时间都极为短暂；南北朝时期，山东先是在刘宋统治之下，469 年后，被北魏所并。后来，山东一直在北朝的东魏、北齐、北周的相继统治之下。

由于政权更迭，朝代频换，山东地区的政策也因此频繁变更，形成了变幻而多元的文教政策。

1. 魏晋时期山东的文教政策

东汉末年，在黄巾起义军的打击下，东汉政权摇摇欲坠。地方豪强和州郡牧守势力迅速膨胀，形成了军阀割据的局面。山东当时的形式更为复杂，不仅有割据的军阀势力，更有为数不下百万人的黄巾起义军余部夹杂其间。最终，由济南国相起家的曹操削平群雄，统一了山东，并进而统一了北中国。自建安元年(196 年)曹操扶汉献帝迁都于许昌，东汉皇朝其实就已经名存实亡了。

曹操虽然是马上打天下，但很快就意识到不能马上治天下，开始制定初步的文教政策，以稳定政权。早在担任济南国相期间，曹操就曾禁淫祠，实行"唯才是举"的选拔政策。据史料记载，由于西汉初年城阳景王刘章诛诸吕有功,"故其国为立祠,青州诸郡转相仿效,济南尤盛,至六百余祠。贾人或假二千石舆服导从作倡乐,奢侈日甚,民坐贫穷,历世长吏无敢禁绝者"。曹操到任后,果断下令禁绝这一祸害百姓的恶俗,"皆毁坏祠屋,止绝官吏民不得祠祀"①。在济南,曹操还"除残去秽,平心选举"②,改变以往任人唯亲的选官制度,唯才是举,公平地选举官吏。

　　东汉建安七年(202 年),曹操发布命令,抚恤将士,其中强调要给予将士后人以"置学师以教之"的待遇。第二年,曹操又发布了设立地方学官的命令,"丧乱已来,十有五年,后生者不见仁义礼让之风,吾甚伤之。其令郡国各修文学,县满五百户置校官,选其乡之俊造而教学之,庶几先王之道不废,而有以益于天下。"③曹操此时的文教政策与汉代有较大的不同。他提出的"仁义礼让之风",绝非完全想以儒家经传培养后人。事实上,东汉中后期,今、古文经学在古文经学的基础上逐渐合流,已经章句化、谶纬化。这种形式的儒术,只热衷于文字训诂和名物考证,斤斤于"无一字无精义"和"无一字无来历",大讲天人感应、符端灾异,牵强附会地编造所谓的"微言大义",而对现实社会问题却茫然无知。如此经学显然失去了应世事的活性,"汉氏承秦燔书,大弘儒训,太学生徒,动以万数,郡国横舍,悉数充满,学于山泽者,至或就为列肆,其盛也如是。汉末丧乱,其道遂衰"④,对此曹操必然看得较为清楚。曹操早年"博览群书,特好兵法","昼则讲武策,夜则思经传,登高必赋,及造新诗,被之管弦,皆成乐章"⑤。他是一个重法术刑名之学的人。因此,曹操的文教政策是在崇尚法术之余,给予儒学一定的地位,即所谓"治定之化,以礼为首;拨乱之政,以刑为先"⑥。

　　曹丕称帝以后,随着"治定之化"的渐次展开,文教政策慢慢得以恢复。三国鼎立时代,魏的文教政策是崇儒贵学。魏文帝立国之初,有人主张:"举孝廉,本以德行,不复限以试经",平原高唐(今山东禹城西南)人华歆认为不可,"丧乱以来,六籍堕废,当务存立,以崇王道。夫制法者,所以经盛衰。今听孝廉不以经试,恐学业遂从此而废。若有秀异,可特征用。患于无

---

①《三国志·魏书·武帝纪》注引《魏书》。
②张可礼、宿美丽编选:《曹操 曹丕 曹植集》,凤凰出版社 2009 年版,第 48 页。
③⑤《三国志·魏书·武帝纪》。
④《梁书·列传·儒林传序》。
⑥《三国志·魏书·韩崔高孙王传》。

其人,何患不得哉?"①认为保存、建立六经的研究来崇尚王道势在必行。文帝听从了华歆的建议,提倡儒家经学,以孔子为"命世之大圣,亿载之师表",并"立太学,制五经课试之法"②,以通经多少作为文官任用的标准。魏明帝时,继续贯彻崇儒的文教政策,太和二年(228年),他在诏令中强调:"尊儒贵学,王教之本也。自顷儒官或非其人,将何以宣明圣道? ……申敕郡国,贡士以经学为先。"③后来明帝鉴于兵乱以来,经学废绝,特别奖励郎吏通一经,经博士考试成绩优异者,加以重用。文帝、明帝基本确立了"以经学贡士"的选拔原则,经学在社会上的地位逐渐上升。魏齐王芳统治时间虽然不长,但他学习《论语》、《尚书》诸经,三次(正始二年、五年、七年)祭孔子于辟雍,并命令将王朗所作《易传》作为考课用书。

西晋代魏后,仍延续了曹魏时期的文教政策,但开始向尊儒尚玄转化。

泰始四年(268年),晋武帝发布了自己关于文教政策的诏令:"敦喻五教,劝务农功,勉励学者,思勤正典,无为百家庸末,致远必泥。士庶有好学笃道,孝弟忠信,清白异行者,举而进之;有不孝敬于父母,不长悌于族党,悖礼弃常,不率法令者,纠而罪之"④,正式表明要以儒家名教治国。此后,西晋统治者数临辟雍,提倡儒学,并在整顿太学的基础上,创办了国子学。

此时所提倡的儒学,已不同于汉代的儒学,而是援道入儒的玄学。玄学是儒、道思想在魏晋社会特定条件下,为适应门阀士族夺取统治权力和维护身份等级制的需要而兴起的哲学思潮。自从汉代中后期,儒学逐渐向注重章句及"天人感应"的谶纬神学发展,加之后汉政治黑暗腐败,宦官专权,对许多儒生来说,汉初所崇尚的不论士庶都可借研读儒学而仕进的局面不复存在,文教已被世家大族所掌控,一般百姓靠读经出仕的路被堵塞了。东汉末年军阀纷争,实际上是士族门阀地主借农民起义的夺权斗争。对于掌握政权后的士族门阀地主来说,一面要反对正统论,强调自己统治的正确性,另一方面要形成新的身份等级制;而对于一般的百姓而讲,社会功名的无望,连绵的战乱,无尽的灾难,分裂的自我,也必须有一种得以解脱的急切希

①《三国志·魏书·钟繇华歆王朗传》。
②《三国志·魏书·文帝纪》。
③《三国志·魏书·明帝纪》。
④《晋书·帝纪·武帝》。

望。于是,玄学在这种背景下就应运而生了。玄学主要是用老庄道家学说来解释儒家经典《周易》,崇尚道家的"无为"和儒家的纲常伦理之教。玄学家们把《老子》、《庄子》和《周易》并称"三玄",吸收儒道两家的思想成分,铸造了一套新的思辨哲学体系。山东的王肃、王弼为此作出了杰出的贡献。这种玄学思想,对于统治阶级,是用精神性的本体代替了有意志的人格神,从而抛弃了公开的有神论形式,即采用比较精致的带有思辨性的唯心主义——玄学,为新的封建等级秩序提供了理论根据;而对于一般人来讲,"道出自然"的"新"儒学解释,给处于无奈境遇的自我带来了些许安慰,促使人们返身自求生存的意义和价值,个体对自身的重视超越了对传统社会价值目标的追求。因此,玄学在两晋时期畅行,"有晋始自中朝,迄于江左,莫不崇饰华竞,祖述虚玄"①。这种崇尚空谈的玄学,不但起不到尊儒劝学的作用,却毒害了社会风气,"学者以老庄为宗而黜六经,谈者以虚荡为辨而贱名检,行身者以放浊为通而狭节信,进仕者以苟得为贵而鄙居正,当官者以望空为高而笑勤恪"②。

西晋灭亡以后,在江南,司马睿建立了东晋王朝。在北方,从刘渊建汉到北魏统一北方,经历了 130 多年的混战和割据,史称十六国时期。在这一时期,山东地区先后被后赵、前燕、前秦、后燕、南燕等政权占据,东晋政权也曾先后取得过对山东的统治权,但时间都极为短暂,文教政策也无法保持连续统一。

后赵是由羯人石勒建立的政权,自 319 年称赵王起,山东的德州、惠民、聊城等地就在其控制范围之内。至 326 年,山东全境已完全被石勒所控制。石勒虽出身贫寒,目不识丁,但对汉人文化极为欣赏,常让人读书给他听。在最初对汉人地区的征服中,石勒、石虎对汉人采取了不分士庶、不别降附与抗拒一律杀戮的政策。但在后赵政权建立后,却采取了怀柔汉人的文教政策。首先,颁布"不得侮易衣冠华族"的法令。其次,下令"清定五品"、"典定士族",也就是恢复了魏晋时期士庶区别的政策,对汉人高门大族加以笼络。再次,采纳魏晋的察举制。"令群僚及州郡岁各举秀才、至孝、廉清、贤良、直言、武勇之士各一人","令公卿百僚岁荐贤良、方正、直言、秀

---

①《晋书·儒林传序》。
②《晋书·帝纪·孝愍帝》。

异、至孝、廉清各一人"。这些人入选的条件不是依据"门资",而是靠才能。最后,设立学校及管理学校的官吏。石勒设立了太学,还"命郡国立学官,每郡置博士、祭酒二人,弟子百五十人",并"署从事中郎裴宪、参军傅畅、杜嘏并领经学祭酒;参军续咸、庾景为律学祭酒;任播、崔浚为史学祭酒"①。石虎继位后,颇慕经学,恢复了九品中正制,并于郡国立五经博士,但由于石虎的残暴统治,收效不大。

前燕慕容儁在 352 年进兵中原,消灭冉魏后,即位称帝,都蓟城(今北京)。慕容儁称帝后即开始进攻山东,大约到 369 年,完全控制山东。但前燕在山东的统治是短命的,370 年前燕在前秦的打击下即告灭国。前秦和后燕对山东的控制时间也极为短暂,基本上是在和东晋的拉锯战中度过。

398 年初,后燕范阳王慕容德在滑台(今河南滑县东)建起南燕政权。但由于"滑台四通八达,非帝王之居",南燕决定"先定旧鲁,巡抚琅邪,待秋风戒节,然后北转临齐"②,将势力移入山东。年底,南燕经过几个月的征战,控制了山东全境,遂在广固(今属山东青州)南郊登皇帝位,成为齐鲁大地上的一个割据政权。

慕容德称帝后,即表现出对齐鲁文化的浓厚兴趣。对齐鲁名人,他如数家珍,"齐鲁固多君子,当昔全盛之时,接、慎、巴生、淳于、邹、田之徒,荫修檐,临清沼,驰朱轮,佩长剑,恣非马之雄辞,奋谈天之逸辩,指麾则红紫成章,俯仰则丘陵生韵。"他曾登营丘(今山东淄博市临淄北),了解"齐之山川丘陵,贤哲旧事";远眺晏婴冢,并评价说:"平仲古之贤人,达礼者也",并拜晏婴后代晏谟为尚书郎。他还曾明白表示,提倡和实施儒家的忠孝礼义之道是他的一贯方针,"朕据三齐之地,藉五州之众,教之以军旅,训之以礼让,上下知义,人思自奋,缮甲待衅,为日久矣。"③

因此,南燕在山东的文教政策是力主以汉族文化及儒家学说治国。慕容德在选拔官吏上,可能已经实行了自魏以来的察举制和九品中正制。据记载,济南人尹鸾就曾因魁伟能食、才貌不凡,而被慕容德拜为逢陵(今山

---

① 《晋书·载记·石勒下》。
②③ 《晋书·载记·慕容德》。

东淄博淄川西北)长①；慕容德还"大集诸生，亲临策试"，有仿行举孝廉诸科皆经策试的意味；而选拔"二品士门"子弟为太学生的记载，正说明九品中正制的存在。在教育上，慕容德称帝后，立即建立学官，"简公卿已下子弟及二品士门二百人为太学生"②，表明了对教育的重视。

410 年，仅仅统治山东十几年的南燕政权，在刘宋大军的进攻下灭亡了。

2. 南北朝时期山东的文教政策

刘宋灭掉南燕，实现了对山东的控制，但很快就遇到了北魏的挑战。双方为争夺对山东地区的控制权，进行了约 60 年的拉锯战。北魏皇兴三年 (469 年)，慕容白曜率魏军进攻山东，把刘宋主力赶到徐州以南，于是山东全境划入北魏的势力范围。

北魏是鲜卑拓跋部建立的政权。398 年，北魏迁都平城(今属山西大同市)，拓跋珪称皇帝——即北魏道武帝。到拓跋焘时，相继灭掉北燕和北凉，结束了北方长期分裂割据的局面，正式形成了南北朝对峙的格局。

山东被并入北魏之时，正值孝文帝当政。5 岁继位的孝文帝拓跋宏是北魏第 6 位皇帝，经过长时间对汉族地区的统治，已具有强烈的汉化倾向。据记载，孝文帝"雅好读书，手不释卷。《五经》之义，览之便讲，学不师受，探其精奥。史传百家，无不该涉。善谈《庄》、《老》，尤精释义。才藻富赡，好为文章，诗赋铭颂，任兴而作。有大文笔，马上口授，及其成也，不改一字"③。从这些字里行间的描述可以看出，孝文帝从小受到汉族文化的影响，对儒、道思想极为熟悉和热爱。

孝文帝统治时期，北魏统治者采取了恢复和推崇汉族文化和儒学的文教政策。首先是尊孔。太和十三年(489 年)在京师修建孔子庙，太和十六年，"改谥宣尼曰文圣尼父，告谥孔庙"。太和十九年，孝文帝到鲁城(今属山东曲阜市)，亲祠孔子庙，并"诏拜孔氏四人、颜氏二人为官"，"又诏选诸孔宗子一人，封崇圣侯，邑一百户，以奉孔子之祀。又诏兖州为孔子起园柏，

①《太平御览》卷八四八，中华书局 1960 年版，第 3791 页。
②《晋书·载记·慕容德》。
③《魏书·高祖纪下》。

修饰坟垄,更建碑铭,褒扬圣德"①。其次是崇礼。他反复强调要以礼治国,"营国之本,礼教为先。"②太和十一年,孝文帝诏曰:"孟冬十月,民闲岁隙,宜于此时导以德义。可下诸州,党里之内,推贤而长者,教其里人父慈、子孝、兄友、弟顺、夫和、妻柔"③,倡导进行儒家礼仪教育。在孝文帝的改革中,无论官制改革,还是礼仪制度改革,都以儒家的礼乐思想为标准。山东的一些士人在北魏崇礼改革中起到了极大作用,如:东清河郡(今属山东沂源)人崔光,孝文帝时参议大政方针,在北魏改革中发挥重要作用;乐安博昌(今属山东寿光市)人蒋少游,由高允推荐补中书博士,太和初年,在宫中主持百官衣冠服饰改革,并参加礼仪制度的制定;琅琊临邑(今属山东临沂市)人王肃,在太和年间改革中,主持制定北魏官制,"兴礼乐,变华风,凡威仪文物,多肃所定"④。再次,迁都,加快汉化速度。太和十七年由平城迁都洛阳以后,汉化速度明显加快,如下令禁穿胡服,改用汉语。孝文帝还将自己的姓也改为汉姓元氏,并主张与汉族通婚。最后,重视教育。早在北魏道武帝时期,"初定中原,虽日不暇给,始建都邑,便以经术为先。"他颁制天下,集天下书籍,设立太学,提倡经书。孝文帝时则"迁都洛邑,诏立国子、太学、四门小学",并经常到中央官学考察,"亲问博士经义"⑤。太和十八年九月又下诏,要求官员3年一考试,以掌握儒经的情况分为三等,并由此决定官职的升降。

北魏后期,其文教政策基本保持了孝文帝改革的成果,但随着鲜卑政权汉化程度的加深,汉族的士族门阀制度逐渐被接受并加强,"以贵承贵,以贱袭贱"⑥,人才选拔完全以血缘关系区别的门阀高下为标准,德、才已不在考虑之列,北魏教育开始走下坡路。虽然节闵皇帝时,太山平阳(今属山东新泰市)人羊深上书,认为:"当世通儒,冠时盛德,见征不过四门,登庸不越九品。以此取士,求之济治,譬犹却行以及前,之燕而向楚",提出"重修国学,广延胄子……并诏天下郡国,兴立儒教"的主张⑦,但北魏政权已无力

---

① 《魏书·高祖纪下》。
② 《魏书·任城王云附子澄传》。
③ 《魏书·高祖纪下》。
④ (宋)司马光:《资治通鉴》卷一三八,中华书局1956年版,第4342页。
⑤ 《北史·儒林传序》。
⑥ 《魏书·韩麒麟附子显宗传》。
⑦ 《魏书·羊深传》。

施行。

北魏时期的文教政策虽然以崇儒为主,但还杂糅了道教、佛教,总体上看仍保持了多元格局。太武帝拓跋焘时,曾封天师道首领寇谦之为国师,尊天师道为国教,并亲至道坛受箓。从此,天师道大盛,终北魏之世,崇信不衰。而佛教在北魏统治者那里同样受到推崇,太祖道武帝时,就尊崇佛。文成帝曾下诏:佛

泰山北齐经石峪刻石

教"前代以来,莫不崇尚,亦我国家常所尊事也","令制诸州郡县,于众居之所,各听建佛图一区,任其财用,不制会限"①,鼓励人们剃度出家。孝文帝时,由下诏扩大剃度的人数。从此,北魏各帝王尊道崇佛的诏令不绝。山东佛教在这个时候也趋于鼎盛。

东魏、北齐、北周时期的山东,朝代更换频繁,由于没有一个相对稳定的政治格局,文教政策基本保持了北魏的风格。但值得注意的是,北齐天保元年(550 年),文宣帝下诏:"封崇圣侯邑一百户,以奉孔子之祀,并下鲁郡以时修治庙宇,务尽褒崇之至",并令"郡国修立黉序,广延髦隽,敦述儒风"②。有学者依此认为:"这大约是天下郡学立孔庙之始"③。因此,该政策对于后世普遍尊孔有深远的影响。

(二) 隋唐尊崇儒学兼重佛道的文教政策

1. 隋代山东的文教政策

581 年,北周外戚杨坚建立了南北统一的政权——隋朝。隋朝存在的时间只有 38 年,619 年因王世充篡位而灭亡。如果除去至 589 年灭陈前的战乱和始于 611 年的连绵不断的农民起义所占用的时间,隋朝较为稳定的统治仅有 23 年。尽管统治时间极为短暂,隋朝统治者却施行了一系列文教

---

① 《魏书·释老志》。
② 《北齐书·文宣帝纪》。
③ 郑师渠主编:《中国文化通史·魏晋南北朝卷》,北京师范大学出版社 2009 年版,第 247 页。

政策,许多内容具有划时代意义。

隋朝统一后,为了加强中央集权,在行政区划上,罢去郡的设置,实行州、县两级行政建制;在官僚体制上,废除北周六官,建立了三省六部制度;在军事上,实行府兵制,将军权控制在中央手中;在官吏选拔上,废除九品中正制,实行科举制;在经济上,继续推行均田制,限制豪族地主对土地的兼并;在思想文化上,积极复苏儒学,并以此作为政治、文教的核心指导思想。

隋文帝建国之始,就意识到儒学对自己统治的重要性,但其复苏、尊崇儒学有一个过程。开皇三年(583 年),他在遣使巡省风俗时指出:"朕君临区宇,深思治术,欲使生人从化,以德代刑",并强调对那些有文武才用、志节高妙者,可破格提拔使用。同年,隋文帝在《劝学行礼诏》中,再次强调:"建国重道,莫先于学,尊主庇民,莫先于礼。"①杨坚虽是行伍出身,不喜《诗》《书》,但为了统治的需要,开始提倡儒家的礼乐教化。"若敦以学业,劝以经礼,自可家慕大道,人希圣德。岂止知礼节,识廉耻,父慈子孝,兄恭弟顺者乎? 始自京师,爰及州郡,宜祗朕意,劝学行礼。"②随着隋文帝治国经验的增长,他逐渐将儒学作为政治、文教的重要指导思想。仁寿元年(601 年),隋文帝认为,君子立身"唯诚与孝,最为其首",并对他以前的崇儒政策总结道:"儒学之道,训教生人,识父子君臣之义,知尊卑长幼之序,升之于朝,任之以职,故能赞理时务,弘益风范。"③

为了提倡儒学,隋文帝曾征召山东大儒马光、张仲让、孔笼、窦士荣、张黑奴、刘祖仁等 6 人到京师,任职国学,授太学博士,时人尊称为"六儒"。6人中,马光是知名的儒学大师,"教授瀛、博间,门徒千数"。由于他迁入长安,学生"多负笈从入长安"④。

隋文帝还重视儒家典籍的整理工作。隋朝开国之初,由于魏晋以来战乱不止,各种典籍散失严重,儒家经籍也不例外。开皇三年,隋文帝采纳牛弘的建议,"访求遗书,每书一卷,赏绢一匹,校写既定,本即归主,于是民间异书,往往间出"⑤,加上灭陈后得到的江南图书,共得书 37000 余卷,其中

①《隋书·高祖纪上》。
②《隋书·柳昂传》。
③《隋书·高祖纪下》。
④《隋书·儒林·马光传》。
⑤《隋书·经籍志》。

的儒家典籍占绝大多数。隋文帝又派人总集编目分类,将之分统于经、史、子、集四大类。这种古籍的四部分类方法,为后代所沿用。

隋文帝推崇儒学的目的,是为了教化子民,稳定统治。所以,他开国后就非常注重教育。《隋书·儒林传·序》有这样一段记载:"自正朔不一,将三百年,师说纷纶,无所取正。高祖膺期纂历,平一寰宇,顿天网以掩之,贲旌帛以礼之,设好爵以縻之,于是四海九州强学待问之士靡不毕集焉。天子乃整万乘,率百僚,遵问道之仪,观释奠之礼。博士罄悬河之辩,侍中竭重席之奥,考正亡逸,研核异同,积滞群疑,涣然冰释。于是超擢奇俊,厚赏诸儒,京邑达乎四方,皆启黉校。齐、鲁、赵、魏,学者尤多,负笈追师,不远千里,讲诵之声,道路不绝。中州儒雅之盛,自汉、魏以来,一时而已。"其中不乏夸张之言,但从字里行间也可略知当时教育发展的大致情况。首先,针对"师说纷纶,无所取正"的状况,隋初曾大力提高教师和儒生的地位,"超擢奇俊,厚赏诸儒,京邑达乎四方,皆启黉校",各种学校在全国得到较快发展。其次,国子学每年都要举行"释奠",隋文帝率百官亲临奠祭孔子等先圣先师。山东大儒马光,"尝因释奠,高祖亲幸国子学,王公以下毕集。光升座讲礼,启发章门。已而诸儒生依次论难者十余人,皆当时硕学。光剖析疑滞,虽辞非俊辩,而理义弘赡,论者莫测其浅深,咸共推服,上嘉而劳焉。"① 再次,山东在最初的崇儒兴学活动中,发展最为迅速。"齐、鲁、赵、魏,学者尤多",便是明证。

尽管隋文帝在晚年,"不悦儒术,专尚刑名",于仁寿年间"废天下之学,唯存国子一所,弟子七十二人"②,但时间极为有限。隋炀帝继位后,对儒学更为热衷,他在大业元年(605年)颁《求贤兴学诏》,强调:"君民建国,教学为先,移风易俗,必自兹始。"③据史料记载,炀帝之时"复开庠序,国子郡县之学,盛于开皇之初",并令"国子等学,亦宜申明旧制,教习生徒,具为课试之法,以尽砥砺之道"。④

隋朝皇帝虽重儒学,但对佛道也极为推崇。隋文帝杨坚幼年时被寄养在尼智仙的尼寺里,13岁才得以还家。这段经历,自然使杨坚对佛教充满

①《隋书·马光传》。
②④《隋书·儒林传序》。
③《隋书·炀帝纪上》。

山东济南四门塔
（建于隋大业七年）

了感情。文帝即位之初，就明确表示："朕于佛教，敬信情重"①，于开皇元年"普诏天下任听出家，仍令计口出钱，营造经像"，通都大邑之处皆由官府写经置于寺内。于是，建寺、造佛、写经等一切佛事，"从风而靡，竞相景慕"，"民间佛经，多于六经数十百倍"。② 隋炀帝和他的父亲一样，也笃信佛教。他自称"菩萨戒弟子"，全力支持僧徒续修旧经，翻译新经，立寺度僧。据史料记载，"杨氏二君三十七年，寺有三千九百八十五所，度僧尼二十三万六千二百人，译经二十六人，八十二部"③。

隋统治者对待道教的态度不如佛教积极，但也基本上采取了扶植的政策。隋文帝在开皇元年曾下诏："法无内外，万善同归；教有浅深，殊途共致。朕伏膺道化，念存清静，慕释氏不贰之门，贵老生得一之义，总齐区有，思至无为。若能高蹈清虚，勤求出世，咸可奖劝，贻训垂范"④，表示出对道教的好感。虽然在开皇十三年出现了禁谶纬之事，但隋文帝对道教仍很推崇。"帝以年龄晚暮，尤崇尚佛道，又素信鬼神。二十年，诏沙门道士坏佛像天尊，百姓坏岳渎神像，皆以恶逆论。"⑤此后的隋炀帝，也对道教加以扶植、利用，"其在两都及巡游，常以僧、尼、道士、女官自随"⑥。因此，隋朝后期因方术得幸的道士很多。山东琅邪（今属山东临沂市）人王远知，曾师事茅山道士陶弘景，传其道法。隋炀帝巡幸涿郡，召见王远知，并"执弟子礼"⑦。

2. 唐代山东的文教政策

618 年，李渊父子推翻隋朝统治，建立唐朝。李唐政权是用武力打出来

①《国清百录》卷二。
②《隋书·经籍志四》。
③法琳：《辩证论》卷三，《中华大藏经》编辑局编：《中华大藏经（汉文部分）》第 62 册，中华书局 1993 年版，第 502 页。
④严可均辑：《全隋文 先唐文》，商务印书馆 1999 年版，第 4 页。
⑤《隋书·刑法志》。
⑥（宋）司马光：《资治通鉴》，中华书局 1956 年版，第 5649—5650 页。
⑦《新唐书·方技·王远知传》。

的,建国伊始,关于如何治理国家,曾展开了一番讨论。有人主张"偃武修文",以文治天下;而有些人则认为,马上打天下,也应马上治天下,主张"震耀威武,征讨四夷"①。唐太宗李世民借鉴隋亡经验,认为:"戡乱以武,守成以文。文武之用,各随其时"②。"守成以文"的表述,明确无误地表明了大唐帝国以文治国的决心。

其实,从李渊开始就已经在向以文治国的方向努力了。武德七年(624年),唐高祖颁布《兴学敕》:"自古为政,莫不以学为先,学则仁、义、礼、智、信五者俱备,故能为利深博",希望通过崇文兴学,"礼让既行,风教渐改",使天下百姓养成良好的品行。唐高祖所谓的"兴学",主要指的是兴复以儒学为内容的学校教育。"朕今敦本息末,崇尚儒宗,开后生之耳目,行先王之典训。"③

唐高祖以儒学为文治核心的文教政策,基本贯穿了有唐一代。唐太宗"登位之后,益崇儒术"④,他明确表示:"朕今所好者,唯在尧、舜、周、孔之教,以为如鸟有翼,如鱼有水,失之必死,不可暂无耳"⑤;唐玄宗说:"重学尊儒,兴贤造士,能美风俗,成教化"⑥;唐代宗曾说自己"志承理体,尤重儒术……使四科咸进,六艺复兴"⑦;唐宪宗时则表示:"国家崇儒,本于劝学,既居庠序,宜在交修"⑧;唐武宗也声称:"武功既畅,经术是修,宜阐儒风,以宏教化"⑨。

唐朝尊崇儒术的文教政策首先表现为尊孔、祭孔。唐太宗即位的第二年即贞观二年(628年),下诏停周公为先圣,始立孔子庙于国学。以孔子为先圣,颜回为先师,祭奠礼仪完备。贞观十一年,尊孔子为宣父,并在山东兖州修庙,"给户二十,充享祀焉"⑩。乾封元年(666年),唐高宗"次曲阜县,幸孔子庙,追赠太师,增修祠宇,以少牢致祭"⑪。开元二十七年(739年),

①(宋)司马光:《资治通鉴》,中华书局1956年版,第6085页。
②同上,第6030页。
③《唐大诏令集》,商务印书馆1959年版,第537页。
④《旧唐书·褚亮传》。
⑤(宋)司马光:《资治通鉴》,中华书局1956年版,第6054页。
⑥《唐大诏令集》,商务印书馆1959年版,第538页。
⑦《旧唐书·代宗本纪》。
⑧(宋)王钦若等编纂、周勋初等校订:《册府元龟》(校订本),凤凰出版社2006年版,第6968页。
⑨(清)董诰等编:《全唐文》,中华书局1983年版,第818页。
⑩(宋)王溥:《唐会要》,中华书局1955年版,第636页。
⑪《旧唐书·高宗本纪下》。

唐玄宗追赠孔子为文宣王，"夫子既称先圣，可谥曰文宣王"①，还亲赴国子监观礼。整个唐代，不仅孔子的地位直线上升，其弟子也受到特别封赏。晚唐文人皮日休曾这样讥讽道："孔子之封赏，自汉至隋，其爵不过乎公侯，至于吾唐，乃策王号。七十子之爵命，自汉至隋，或卿大夫，至于吾唐，乃封公侯。曾参之孝道，动天地，感鬼神，自汉至隋，不过乎诸子，至于吾唐，乃旌入十哲。"②

其次是礼遇、重用儒生。《旧唐书·儒学上·序》有一段记载，描述了唐朝重用儒士的情形：高祖"置弘文学馆，精选天下文儒之士虞世南、褚亮、姚思廉等，各以本官兼署学士，令更日宿直……大征天下儒士，以为学官。……是时四方儒士，多抱负典籍，云会京师"；唐太宗诏曰："梁皇侃、褚仲都，周熊安生、沈重，陈沈文阿、周弘正、张讥，隋何妥、刘炫，并前代名儒，经术可纪，加以所在学徒，多行其疏，宜加优异，以劝后生，可访其子孙见在者，录名奏闻，当加引擢"；"玄宗在东宫，亲幸太学，大开讲论，学官生徒，各赐束帛。及即位，数诏州县及百官荐举经通之士"。精选天下儒士，让他们参与或主持举国政事，以为治国栋梁，无疑极大提高了儒学的地位。

再次，整理儒经，完成了《五经正义》和"开成石经"，并以此作为学校教育和科考的主要内容。当时的儒家经典主要指以《易》、《诗》、《书》、《礼》、《左传》等为代表的所谓"五经"，但这些经典经过两汉的流传加以魏晋南北朝玄学的侵蚀，章句繁杂、文字讹谬、异说纷纭、"去圣久远"，已不利于儒学的传播。唐太宗看到了这一问题，决定组织人力考订"五经"。贞观四年（630年），颜师古与孔颖达、司马才章等人受诏考订"五经"。颜师古（581—645年），祖籍琅邪临沂（今属山东临沂市）人，颜之推的孙子。他"少传家业，博览群书，尤善诂训"。经过多年努力，颜师古与孔颖达等人先完成了《五经定本》，后又撰定了《五经义训》180卷，名《五经正义》。唐太宗命房玄龄召集诸儒审核评议，当时由于旧的经籍传习已久，诸儒对颜师古等人的考订"皆共非之"，"师古辄引晋、宋已来古今本，随言晓答，援据详明，皆出其意表，诸儒莫不叹服"。太宗嘉奖了颜师古，并"颁其所定之书于

---

① 《新唐书·礼乐志五》。
② （清）董诰等编：《全唐文》，中华书局1983年版，第8349页。

天下，令学者习焉"。① 从此，儒家经学有
了统一教本。由于"五经"开始成为学校
教育和科考的主要内容，致使用量大增，
而当时"五经"的传播主要依靠手抄，难免
又会引起新的讹谬。唐文宗时，命人将
《周易》、《尚书》、《诗经》、《周礼》、《仪
礼》、《礼记》、《左传》、《公羊传》、《谷梁
传》、《孝经》、《论语》、《尔雅》等儒家最重
要的 12 部典籍，刻写在 114 块巨石之上，
于开成二年（837 年）竣工，这就是所谓的

"开成石经"图
（现藏于西安碑林博物馆）

"开成石经"。石经的刻写，意味着经学有了研究和学习的永久范本。

在唐代，由于皇帝与道教创始人李耳同姓，因此道教受到特别的优待，
"国朝以李氏出自老君，故崇道教"②，其境遇与隋朝相比真是冰火两重天。
唐代皇帝自称是老子的后裔，尊老子为始祖，其真实的目的是为了提高皇家
地位，制造君权神授的宗教神话。唐高祖武德年间，即为老子立庙。武德八
年（625 年）下诏叙三教先后，先老，次孔，末释，道教取得了三教之首的地
位。唐高宗时，追尊老子为"太上玄元皇帝"。唐玄宗时道教更加风行，他
曾下诏："自今以后，常令讲习道经，以畅微旨。所置道学，须倍加敦劝，使
有成益"③，并下令各州设立道观。唐玄宗由于痴迷道教，以至于在崇玄馆
设置玄学博士，诸州设玄学士，每年依明经例考试，名为"道举"。

山东道人王远知在唐朝也同样受到礼遇，唐高祖以其"尝密传符命"，
授朝散大夫，赐金缕冠、紫丝霞帔。唐太宗为秦王时，"与房玄龄微服以谒
之"，从其受三洞法。太宗登极后，为报答王远知，在茅山为其置太受观，度
道士 27 人作为王远知的侍者。远知死后，被唐高宗追赠为太中大夫，谥号
"升真先生"。武则天时，又追赠紫金光禄大夫；天授年间，改谥"升玄先
生"。④ 徐州滕县（今属山东滕州市）人王希夷，"师从道士黄颐，向四十年，

①《旧唐书·颜师古传》。
②（唐）封演：《封氏闻见录》，中华书局 1985 年版，第 2 页。
③《唐大诏令集》，商务印书馆 1959 年版，第 589 页。
④《旧唐书·隐逸·王远知传》。

尽能传其闭气导养之术"，"好《易经》及《老子》"。后来居住于兖州徂徕山中，与道士刘玄博为栖遁之友。唐玄宗东巡时，召见了已96岁高龄的王希夷，"与语甚悦"，给予优赏，"命秩以尊儒，俾全高于尚齿。可朝散大夫，守国子博士，听致仕还山。州县春秋致束帛酒肉，仍赐衣一副、绢一百匹"①。

唐代佛教的境遇不如道教，虽然也有皇帝喜爱佛教，但重视程度大大低于道教。唐朝历代皇帝对于佛教基本上是利用，好恶之间造成了佛教在有唐一代大起大落。唐高祖时，为稳定局势，认为："乃有猥贱之侣，规自尊高，浮情之人，苟避徭役，妄为剃度，托号出家，嗜欲无厌，营求不息"，对佛道采取了较为严厉的措施，"其不能精进、戒行有阙、不堪供养者，并令罢遣，各还桑梓"，规定"京城留寺三所，观二所。其余天下诸州，各留一所。余悉罢之"②。这一措施对于当时发展迅猛的佛教势力打击很大。唐太宗对佛教的态度有所好转，他支持玄奘到天竺取经，取经回国后，又支持玄奘翻译佛经。但对佛教的限制政策却没有改变，唐太宗曾明确表示："朕于佛教，非意所遵"③。贞观十一年（637年），他下诏规定道士女冠位在僧尼之前，更是对这一政策的绝好说明。以后历代帝王大多采取了崇佛的政策，如高宗、中宗、肃宗、代宗都有尊佛之举，高宗派法师义净赴印度取经，宪宗派人去法门寺迎佛骨至京师供奉。

此时，山东出现了一批较有名气的僧人。莱州即墨（今山东即墨市）人道宗，"少从青州道藏寺道奘法师，学通经论"。晚年被高祖召入长安，初住胜光寺，后被延入弘义宫，"群后百辟，咸从伏听，披阐新异，振发时心，自尔周轮，随讲无替"④。兖州名僧慧斌，"博览经艺，文义洞开"，19岁被乡党推为州助教。23岁出家，往泰山、灵岩诸寺以行道。唐太宗时修建宏福寺，"访纲维，京室同美勿高斌也"⑤，遂被征为宏福寺主。

至唐武宗时，佛教势力急剧膨胀，已达到"十分天下之财，而佛有七八"⑥的程度，因而引来了会昌灭佛。这次灭佛运动，共"拆寺四千六百余

---

① 《旧唐书·隐逸·王希夷传》。
② 《旧唐书·高祖本纪》。
③ （宋）司马光：《资治通鉴》，中华书局1956年版，第6240页。
④ （唐）释道宣：《续高僧传》卷十一。
⑤ （唐）释道宣：《续高僧传》卷二十。
⑥ 《旧唐书·辛替否传》。

山东汶上宝相寺塔
（建于唐太和年间,北宋咸平时曾重修）

所,还俗僧尼二十六万五百人,收充两税户,拆招提、兰若四万余所,收膏腴上田数千万顷,收奴婢为两税户十五万人"①。经过会昌灭佛,唐代佛教从此一蹶不振。

二、"九品中正制"与山东教育

（一）"九品中正"的选士制度

1. 九品中正制的产生

中国自古以来教育与选士制度紧密相连,选士制度的变化会极大地影响教育的走向。

汉代主要是通过"察举"选士,即由公卿、列侯、郡国守相等皇帝诏书所规定的中央和地方长官,在其所辖之区域内定期或临时地考察、选拔有声名、讲道德的人,向朝廷举荐。察举的关键是主管官员的推荐,察举制度刚刚建立时,荐举者尚能体现选贤任能的原则,但随着时间的推移,风气渐坏。选拔人才的大权渐为权门势家所把持,被荐举者的"声望"也愈来愈重要。两汉后期,为察举得中,士人们或攀附权贵,贿赂请托,或沽名钓誉,弄虚作假。因而,士风日下,察举不实。最为重要的是,察举逐渐成为世家大族的专利品。

到了魏晋时期,战争频仍,社会动荡,士人流徙迁移,致使汉代"乡举里选"为主的察举制度难以实行。统治者为了选取人才,不得不对选士制度进行改革。自曹魏开始,除了继续施行两汉的察举制外,又创立了九品中正的选士制度。

曹操时,为贯彻他的"唯才是举"的政策,特将人物分为9等,专设各级州郡中正官员,以等取士。"汉末丧乱,魏武始基,军中仓卒,权立九品,盖以论人才优劣,非谓世族高卑。因此相沿,逐为成法。自魏至晋,莫之能改。"②在当时,这不过只是一个临时的措施。曹丕做了魏国皇帝后,为了追

①《旧唐书·武宗本纪》。
②《宋书·恩幸传序》。

求士族地主阶级的支持,于220年开始将"九品中正制"作为选士的正式制度加以实施。

九品中正制又称九品官人法,具体做法为:"州郡县俱置大小中正,各以本处人任诸府公卿及台省郎吏有德充才盛者为之,区别所管人物,定为九等。其有言行修著,则升进之,或以五升四,以六升五;倘或道义亏阙,则降下之,或自五退六,自六退七矣。是以吏部不能审定核天下人才士庶,故委中正铨第等级。"①其要义是:其一,设中正官,一般由本籍"著姓士族"和大士族在朝的现任大臣担任;其二,将本郡县未出仕士子根据德才、门第评定出9个品级,即上上、上中、上下、中上、中中、中下、下上、下中、下下,朝廷选择前3个品级者授以官职;其三,士人的德才品级经中正评定后,每3年要清定一次,或升或降或不作变更。

西晋代魏后仍承袭了九品中正制,"南朝至于梁、陈,北朝至于周、隋,选举之法,虽互相损益,而九品及中正至开皇中方罢"②。两晋时期,凡吏部选用人,必先下中正官征问这个人的家世,然后根据中正官所定品第给以官职。此时的中正官还是相当正规和严格的。据史料记载,东平须昌(今属山东东平县)人刘卞,"少为县小吏",有才气。后跟从县令到洛阳,"得入太学,试《经》为台四品吏"③,即出身寒门的刘卞因为试《经》成绩优异,而被中正官品第为四品,做了台省胥吏,说明中正官还是比较客观地尽到了品第的职责。另据记载,淮南小中正王式父死,将其继母合葬于前夫,被认为有失礼仪,受到御史中丞济阴冤句(今属山东菏泽市牡丹区)人卞壶的弹劾。王式因此终身不用。

北魏在汉化过程中,也逐步实行九品中正制,"州郡皆有中正掌选举,每以季月,与吏部铨择可否,其秀才对策第居中上,表叙之"④。

九品中正制这种选士的方法,把原来地方官选拔人才的权力,转移到本籍专门为选拔人才而设的中正官手中,由察举变为品评。而起家官品的大小,全依据中正评品的高下而来;起家官品的大小,又决定其未来升迁前途。这对魏晋南北朝时期的教育产生了重大影响,导致了两种倾向:学校的等级化和家学盛行。

---

①②④(唐)杜佑:《通典·选举二》,中华书局1984年版。
③《晋书·刘卞传》。

　　曹魏时期在中央设立太学,入学没有资格限定。一开始太学只有几百人的规模,后来增至千人,但教学质量很差。其主要原因是,实行九品中正制后,世家大族的子弟不必认真学习也能有好前途,平民子弟再努力学习也不能实现出仕的意愿,况且学生不限制入学资格,世家大族的子弟也不愿进太学与平民子弟一起学习,教师配置也不被政府重视,"博士选轻,诸生避役,高门子弟,耻与其伦,故学者虽有其名而无其实,虽设其教而无其功"①。西晋时期,为解决太学的尴尬局面,276 年设立国子学,专招贵游子弟入学。293 年,朝廷明确规定,只有五品以上官员的子弟才能进国子学读书,以便"殊其士庶,异其贵贱"②。国子学的设立,意味着教育迅速向等级化迈进。此后的南北朝各类政权,都基本继承了晋代设立国子学的传统。到了北魏时期,孝文帝还特别设立"四门学",面向寒门和一般庶民子弟招生。士庶、贵贱,泾渭分明。

　　家学兴盛,是九品中正制带给教育的另一重要影响。九品中正制实施后,尽管不同时期的政府一再强调教育的重要性,并不时兴建官学,但以门第定品第取士、才学则在其次的现实,导致人们不再对离仕途越来越远的以经学教育为主要内容的传统官学感兴趣。加之魏晋南北朝九品与察举并行,荐举孝廉、秀才的官员,多为"著姓士族",且重素行与家风,察举也不必通过学校。魏晋南北朝时期,官学的位置急剧下降。然而,无论士族还是庶族仍非常注重子弟的教育,一则为了继承传统,二则为了传续家业,再则为了提升家族声望。因此,传承某一种知识或技艺的家学便勃兴起来。当时山东的著名家学有琅邪王氏家学、清河崔氏家学、东海郯县王氏家学、琅邪颜氏家学、渤海鲍氏家学、东莞姑幕(今属山东诸城市西南)徐氏家学、泰山南城(今属山东平邑县)羊氏家学等。在这些家学中,有传授儒学的,如琅邪王氏、东海王氏、琅邪颜氏、渤海鲍氏家学;有传授书学的,如琅邪王氏、清河崔氏;有传授史学的,如姑幕徐氏;等等。

　　2. 九品中正制的流弊及山东人对它的批评

　　九品中正制实施的初衷,是想解决兵荒马乱时期人才的选拔问题。曹魏创立之初,此法主要用于品评官员,之后逐渐囊括选拔与任用。这一选拔

---

①《宋书·礼制四》。
②《南齐书·礼志上》。

任用官员的办法,是荐举制的一种。

作为荐举人的"中正",在九品中正制中起着至关重要的作用。开始时,中正官制定士人的品第,以其言行表现和实际才干的"行状"作为主要根据,把"家世"作为参考,"其始造也,乡邑清议,不拘爵位,褒贬所加,足为劝励,犹有乡论余风。"①但随着九品中正制的实行,中正权力越来越大,架空了中央政府的铨选权。刘卞经举荐本来得中四品吏,"访问令写黄纸一鹿车,卞曰:'刘卞非为人写黄纸者也。'访问知怒,言于中正,退为尚书令吏。"②由于出言不逊,得罪了中正的副手"访问",访问告知中正,结果被降二品任用,退为尚书令史。由此可见中正官权力之大。中正官一职也逐渐由士族门阀掌控,演变成巩固和维持士族门阀势力的工具。为得到中正官的注意,寒门士子钻营"人事"、崇尚门第,士族士子庸庸碌碌、游手好闲,"循常习故,规行矩步,积阶级,累阀阅,碌碌然以取世资"③。显然,九品中正的选士制度,已呈现出严重的弊端。当时就有人指出,"计资定品,使天下观望,唯以居位为贵,人弃德而忽道业,争多少于锥刀之末,伤损风俗,其弊不细"④。更为重要的是,九品的划分日益机械、固定,前3品只限于士族,称之为上品;四品以下为下品,从寒门选入,下品不能升为上品,形成"上品无寒门,下品无势族"的现象,堵塞了庶族地主及一般平民向上自由流动的通道。

西晋以后,对九品中正制的批评不绝于耳。在这些批评之中,以山东人刘毅的批评最为全面深刻,他从国家长治久安的高度,力陈九品中正制的流弊和危害。

刘毅(?—285年),字仲雄,东莱掖(今属山东莱州市)人。西汉城阳景王刘章之后。"少厉清节,然好臧否人物",不避权贵。时人说他"方正亮直,介然不群,言不苟合,行不苟容",以致"王公贵人望风惮之"。西晋时曾任散骑常侍、国子祭酒、司隶校尉、尚书左仆射,但因刚正直言,得罪了太多的人,"故不至公辅"。70岁时以光禄大夫告老还乡。在家乡,又被举为青

---

①④《晋书·卫瓘传》。
②《晋书·刘卞传》。
③《晋书·张载传》。

州大中正，"铨正人流，清浊区别"①。

刘毅在《上疏请罢中正除九品》中，批评九品中正制有"八损"之弊。

刘毅首先认为，历代选拔人才都有"三难"：人物难知、爱憎难防、情伪难明，"三者圣哲在上，严刑督之，尤不可治"。而当时实行的九品中正制根本不能解决这些问题，"今立中正，定九品，高下任意，荣辱在手。操人主之威福，夺天朝之权势。爱憎决于心，情伪由于己。公无考校之负，私无告讦之忌。"不仅如此，由于中正不正，这一制度又造成了相当危害，"用心百态，求者万端。廉让之风灭，苟且之俗成"，"虽职名中正，实为奸府；事名九品，而有八损"。

接着，刘毅列举了九品中正制的"八损"即八大流弊。

一为重阀阅。中正官不精心考察士子的实际才能，"高下逐强弱，是非由爱憎。随世兴衰，不顾才实，衰则削下，兴则扶上"，全凭个人爱憎、依据势力强弱论定士人等级，造成"上品无寒门，下品无势族"的现象。

二为毁清议。设置中正官本来是想听取州里清议，以选拔德才俱佳的人才。但以"一人之身了一州之才"是根本不可能的事，中正官只能"重其任而轻其人"，将了解士子之事委以大族，其结果是毁坏了清议的初衷，"人伦交争而部党兴，刑狱滋生而祸根结"。

三为乱人伦。建立这一制度，是想按照人的品格才学有次序地排列，以便使用。但"今之中正，务自远者，则抑割一国，使无上人；秽劣下比，则拔举非次，并容其身"，平庸之辈高居上品，杰出人才屈居下品，"优劣易地，首尾倒错"，"上欺明主，下乱人伦"。

四为塞王法。皇上登极以来，努力听取臣下建议，立"不世之法"，赏罚分明。但中正纵横任意，无所顾忌，各地人才遭其阻隔，不得选入朝中，这势必造成"受枉者抱怨积直，独不蒙天地无私之德，而长壅蔽于邪人之铨。使上明不下照，下情不上闻"。

五为助邪佞。过去圣明君主在位的时候，由乡里考察士人的品德，司马根据他的才能考虑授予职位，有关部门再根据考核政绩的情况予以升降。所以，"州党有德义，朝廷有公正"，"天下之人退而修本"，"浮华邪佞无所容

①《晋书·刘毅传》。

眉"。但如今的中正官并不一定熟悉士人品行的真实情况,只能凭其"采誉于台府,纳毁于流言,任己则有不识之弊;听受则有彼此之偏,所知者以爱憎夺其平,所不知者以人事乱其度"。其结果只能是"位以求成,不由行立,品不校功,党誉虚妄",邪佞行为层出不穷。

六为抑功实。职位有高下,能力有大小,"各有功报,此人才之实效,功分之所得也"。但在九品中正制度下,却"于限当报,虽职之高,还附卑品,无绩于官,而获高叙",这实质是"抑功实而隆空名,长浮华而废考绩",压制有实际功绩的人。

七为无品状。"以品取人,非才能之所长;以状取人,则为本品之所限",而且中正"所疏则削其长,所亲则饰其短",所得人才名实不符,虽然形似有品有状,其实既无品也无状。

八为废褒贬。中正官以私欲代替标准,"清浊同流,以植其私",平定品级,"所下不彰其罪,所上不列其善",惩劝不明,"废褒贬之义"。

刘毅经过以上的分析,力主"罢九品,除中正,弃魏氏之弊法,立一代之美制",主张恢复汉代的乡举里选方法。刘毅对九品中正制的批评未见得全面,但他确实看到机械地用九品划分以选士的方法,已造成"上品无寒门,下品无势族"的现象,严重制约了社会不同阶层积极性的发挥,损害了地主阶级的长远利益。①

在刘毅的带领下,虽掀起了一股批评九品中正制的浪潮,与其同时代有卫瓘、段灼等人的批评,后来有北魏的韩显宗、李冲等人的批评。但当时的社会,士族门阀势力过于强大,因此刘毅等人的批评和建议,并未得到采纳。作为一种选官制度,九品中正制在两晋南北朝时期一直存在和发展。后赵石季龙曾下书曰:"魏始建九品之制,三年一清定之,虽未尽弘美,亦缙绅之清律,人伦之明镜。从尔以来,遵用无改。"②可见后赵也是全力推行九品中正制的。北魏继续推行九品中正制,孝文帝"专崇门第"。孝明帝时,灵太后令武人也可依据资历入选官员。为解决人多官少的矛盾,掌管吏部的崔亮,推出"停年格"的办法,即选举不论贤愚,轮流停官,轮流当官。从此以

---

① 以上关于刘毅的引文,均出自《晋书·刘毅传》。
② 《晋书·载记·石季龙上》。

后"贤愚同贯,泾渭无别"①,九品中正制也走到了尽头。

(二)魏晋南北朝时期的山东教育

1. 官学

魏晋南北朝时期,山东地区的州郡都曾开办官学,但由于战乱影响,朝代频繁更迭,其发展呈现出纷繁复杂的状态。加之历朝政府都没有形成完整的学校体系,地方学校一般也无定制,各地官学兴办的好坏,全视地方长官重视教化的程度,因此官学的发展时断时续。

曹操在统一北方的过程中,逐渐认识到振兴地方教育的重要性,"丧乱以来,十有五年,后生者不见仁义礼让之风,吾甚伤之"。于是,建安八年(203 年)七月命令郡国办"学","县满五百户置校官,选其乡之俊造而教学之,庶几先王之道不废而有益于天下。"②曹丕即位后,开始贵儒设教。他称孔子"资大圣之才,怀帝王之器",在春秋之时、鲁卫之朝,教化于洙、泗之上,功莫大焉。而今"遭天下大乱,百祀堕坏,旧居之庙,毁而不修,褒成之后,绝而莫继。阙里不闻讲颂之声,四时不睹蒸尝之位",下诏以孔子后裔、议郎孔羡为宗圣侯,封邑百户,并令鲁郡整修孔庙,设百户吏卒进行守卫,"又于其外广为室屋以居学者"③。于是,山东地区的官学也兴建起来。

魏明帝时,郑袤曾任济阴太守(郡治在今山东定陶县西北),"下车旌表孝悌,敬礼贤能,兴立庠序,开诱后进"④。平原(今属山东平原县)人王烈(141—218 年),早年曾跟随陈寔学习,"以义行称"⑤。回到家乡后,遇到大饥馑,路有饿殍,"烈乃分釜庾之储,以救邑里之命。是以宗族称孝,乡党归仁"。他主张"以典籍娱心,育人为务","诲之以道,使之从善远恶,益者不自觉,而大化隆行",遂建学校,"敦崇庠序"⑥。又据《三国志》记载,曹魏时期,管辂之父为琅邪国即丘(今属山东临沂市)长,管辂"时年十五,来至官舍读书。始读《诗》、《论语》及《易》本",便表现出过人的才智,"开渊布笔,

①《魏书·崔亮传》。
②《三国志·魏书·武帝纪》。
③《三国志·魏书·文帝纪》。
④《晋书·郑袤传》。
⑤《后汉书·独行列传·王烈传》。
⑥《三国志·魏书·袁张凉国田王邴管传》"王烈传注"之"先贤行状"。

辞义斐然"，"于时黉上有远方及国内诸生四百人，皆服其才也"①。400 人的地方官学，规模应属不小。

西晋时期，全国地方官学处于放任自流的状态，由于史料不足，山东地区官学情况知之甚少。

后赵时期，石勒对汉人文化极为推崇，咸和七年（332 年），石勒"命郡国立学官"，每郡置博士祭酒 2 人，弟子 150 人。唐史臣也称石勒"释介胄，开庠序"②，可见其非常重视兴学，作为其重要控制区的山东当也不例外。

南燕是在齐鲁大地建立的一个割据政权，慕容德即位后即"建立学官，简公卿已下子弟及二品士门二百人为太学生"。慕容德为广求人才，也曾"大集诸生，亲临策试"。南燕还在学校中设立博士，据记载，慕容德的后继者慕容超曾"令博士已上，参考旧事，依吕刑及汉魏晋律令，消息增损，议成燕律"③。但由于南燕国内政治腐败，因此在教育上没有取得什么成就。

南燕被东晋灭亡后，刘宋实现了对山东的控制。刘宋在短暂的统治期间，也不忘兴办学校。东晋宋文帝元嘉十九年（442 年）曾下诏称"胄子始集，学业方兴……阙里往经寇乱，黉校残毁，并下鲁郡修复学舍，采召生徒。"④由此可见，由于多年的战乱，山东学校大都已破败不堪。但从"胄子始集，学业方兴"、"修复学舍，采召生徒"的记载中可知，地方官学的恢复还是在艰难中进行。

北魏时期，在地方学校教育方面，制定了相关的制度与规定。天安元年（466 年）九月"己酉，初立乡学，郡置博士二人，助教二人，学生六十人"⑤。不久，北魏统治者把地方上的郡分为大、次、中、下 4 个等级，规定："大郡立博士二人，助教四人，学生一百人；次郡立博士二人，助教二人，学生八十人；中郡立博士一人，助教二人，学生六十人；下郡立博士一人，助教一人，学生四十人。"⑥与以往不同的是，这一规定不再只要求地方政府设置学官，而是直接要求各地兴建学校，并对教师的规格、数量、学生人数都有具体的限定。

---

① 《三国志·魏书·方技传》"管辂传"之"辂别传"。
② 《晋书·载记·石季龙下》。
③ 《晋书·载记·慕容德》。
④ 《宋书·文帝本纪》。
⑤ 《北史·魏本纪》。
⑥ 《魏书·高允传》。

"应该说,这是一个正式的较完整的地方学制","在中国古代,由朝廷颁行这样的地方学制,这是第一次"①。如按这一规定,山东属于大郡的齐郡、鲁郡等,应设博士 2 人,助教 4 人,学生 100 人;属于次一等大郡的泰山郡、平原郡等,应设博士 2 人,助教 2 人,学生 80 人;属于中郡的北海郡、东莱郡等,应设博士 1 人,助教 2 人,学生 60 人;而属于下郡的乐安郡、勃海郡等,应设博士 1 人,助教 1 人,学生 40 人。

北魏兴学规定下达后,山东各地筹办学校之风渐起。西兖州(治滑台,包括今山东部分地区)刺史高佑,便在所辖地区内兴办学校,除办好州郡学外,"县立讲学,党立小学"②。鲁郡太守张猛龙,为西晋凉州刺史张轨的 8 世孙,任上他"克循祖父之教",兴起学校,"使讲习之音再闻于阙里"。当然,北魏要求地方办学的规定与山东地方官学的发展状况之间有不小的差距,由于"元魏之俗,事佛尤甚",人们对筹办以经学教育为主的学校并无太高的积极性,张猛龙兴学即被当时的人们称为"修圣人之学于举世不为之时"③。加之九品中正制的实施,致使学习意愿不足,就更增加了办学的难度。其实,山东各地的郡县学校在北魏后期是极不景气的,羊深上书以"魏武在戎,尚修学校"④为据,请求兴学,就是对这一状况的反衬。

北齐的官学设置,从形式上看可谓完备,史载"齐制:诸郡并立学,置博士、助教授经",山东也被要求建立郡学。但实际情况却是:"学生俱差逼充员,士流及豪富之家,皆不从调。备员既非所好,坟籍固不关怀。又多被州郡官人驱使,纵有游惰,亦不检察"⑤,官学并不被人看好。高昂即不愿入学学习,"其父为求严师,令加捶挞。昂不遵师训,专事驰骋,每言:'男儿当横行天下,自取富贵,谁能端坐读书,作老博士也?'"⑥因此,北齐山东地方官学的废堕,亦在预料之中。

2. 私学

魏晋南北朝时期,山东的地方官学虽不发达,但私学却相当繁盛。原因

---

①宋大川、王建军:《中国教育制度通史》第 2 卷,山东教育出版社 2000 年版,第 91 页。
②《魏书·高佑传》。
③《张猛龙清颂碑》,(清)王昶辑《金石萃编》卷二十九,北魏三,中国书店 1985 年版。
④《魏书·羊深传》。
⑤《北史·儒林传序》。
⑥《北史·高昂传》。

有三：

第一，山东地区在魏晋南北朝时期，大部分地区处于连绵更迭政权的结合部，战乱不断，文教政策不够稳定，官学不兴。私学与官学具有跷跷板特征，一般来讲，官学起而私学伏，官学败而私学兴。魏晋南北诸朝时期世道浊乱，士儒多趋向山野，于学业之中求得自娱和寄托，私学相应也兴旺起来。尽管在西晋武帝司马炎时宣布"禁星气谶纬之学"①，北魏太武帝时严令"其百工技巧、驺卒子息，当习其父兄所业，不听私立学校，违者师身死"②，两次禁立私学，时间较短，范围仅限于谶纬、天文、阴阳、方技等，对以儒学为主要内容的私学传授影响并不大。

第二，山东有兴办私学的优良传统。春秋战国时期，山东即以兴办私学而闻名。两汉时期，山东仍保留了兴办私学的传统。郑玄在东汉末年，即因政治混乱而辞官回家，教授乡里，弟子多达数千人，成为著名的私学大师。魏晋南北朝时，其分崩离析的历史状况，类似于春秋战国，山东私学传统就在这一历史土壤中结出了累累果实。

第三，山东世家大族较多。山东的世家大族多产生于汉魏之际，魏晋南北朝时，已遍及全境，许多大族"一宗近将万室，烟火连接，比屋而居"③。北部有清河（今山东临清一带）崔氏、张氏、房氏、宋氏、傅氏，平原华氏、刘氏，中部有泰山（今属山东新泰市）羊氏，东平昌氏，乐安博昌（今属山东博兴县）任氏，东部有东莞姑幕徐氏，北海剧（今属山东寿光市）王氏，南部及西南部有琅邪王氏、颜氏、诸葛氏，东海王氏、徐氏、鲍氏、何氏、萧氏，高平（今属山东济宁市）王氏、郗氏、檀氏，济阴冤句（今属山东曹县）卞氏，濮阳鄄城吴氏等。这些世家大族多有久远光彩的家族历史，同时又在当时拥有相当的社会地位和威望。他们有的世代为官，如琅邪王氏，遍任魏、晋两代要职，至将相者多人，官高势大；当然他们也是当地的豪强地主，占有大量土地和劳动力，建立起自给自足、实力雄厚的庄园经济。如北海（今属山东昌乐县）王闾"数世同居，有百口。又太山刘业兴，四世同居，鲁郡盖俦，六世同

①《晋书·世祖武帝纪》。
②《北史·魏纪二·太武帝》。
③《通典·食货三·乡党》。

居。并共财产,家门雍睦"①。面对官学时兴时废,官方教育未能起到教化民众作用的现实,拥有实力的山东世家大族为巩固世家地位、传播世家文化,自发地投身教育,或创办私学于乡里,或教授祖传知识与技艺于家庭。

山东的私学可分为山林讲学、学者开门授徒及家学等三种类型。

山林讲学一开始是为躲避战乱,后来由于山林清静悠远,适于读书,便被一些官场失意的学者看中,成为讲学的场所。三国时,北海郡朱虚(今属山东临朐县)人管宁,"与平原华歆、同县邴原相友,俱游学于异国,并敬善陈仲弓。天下大乱,闻公孙度令行于海外,遂与原及平原王烈等至于东辽东。度虚馆以候之。既往见度,乃庐于山谷"②,"越海避难者,皆来就之而居,旬月而成邑。遂讲《诗》、《书》,陈俎豆,饰威仪,明礼让,非学者无见也"③。管宁在辽东讲学30余年。西晋时,城阳营陵(今属山东昌乐县)人王裒,因父亲被司马昭所杀,"痛父非命,未尝西向而坐,示不臣朝廷也",三征七辟皆不就,隐居教授,"门徒随从者千余人"④。中山人张忠,因永嘉之乱,隐于泰山。"无琴书之适,不修经典,劝教但以至道虚无为宗。其居依崇岩幽谷,凿地为窟室。弟子亦以窟居,去忠六十余步,五日一朝。其教以形不以言,弟子受业,观形而退。立道坛于窟上,每旦朝拜之。"⑤

学者开办的私学,在山东也称为"书舍"、"学舍"。据《三国志·魏书·袁张凉国田王邴管传》记载,邴原"家贫,早孤。邻有书舍,原过其旁而泣"⑥;《晋书·艺术·步熊传》则记载,步熊收受门徒,"学舍侧有一人烧死,吏持熊诸生,谓为失火"。

山东学者开办的私学从曹魏开始,至北朝时已极为普遍。魏晋时,济南东平(今属山东东平县)人刘兆,"博学洽闻,温笃善诱,从受业者数千人。晋武帝时五辟公府,三征博士,皆不就。安贫乐道,潜心著述,不出门庭数十年。"⑦徐苗,字叔胄,高密淳于(今属山东安丘市)人。"累世相承,皆以博士为郡守","少家贫,昼执锄耒,夜则吟诵。弱冠,与弟贾就博士济南宋钧

①《北史·王闾传》。
②《三国志·魏书·袁张凉国田王邴管传》。
③《三国志·魏书·袁张凉国田王邴管传》"管宁传注"。
④《晋书·孝友·王裒传》。
⑤《晋书·隐逸·张忠传》。
⑥《三国志·魏书·袁张凉国田王邴管传》"邴原传注"之"原别传"。
⑦《晋书·儒林·刘兆传》。

受业,遂为儒宗。"①后来,他与刘兆一样,"皆务教授"②。他边耕种边教学,且"轻财贵义","乡邻有死者,便辍耕助营棺椁,门生亡于家,即敛于讲堂"。③唐彬,鲁国邹人。他早年"受学于东海阚德","便弓马,好游猎","晚乃敦悦经史,尤明《易经》,随师受业,还家教授,恒数百人"④。北魏时的冯元兴,为东魏郡肥乡⑤(今属山东济南市历下区)人。其父冯僧集,官至东清河、西平原二郡太守,赠济州刺史。冯元兴从小跟随父亲,"因就中山张吾贵、常山房虬学,通《礼》传,颇有文才"。23岁,"还乡教授,常数百人"⑥。北齐时,平原人张买奴"经义该博,门徒千余人",私学规模当属不小,以致"诸儒咸推重之,名声甚盛"⑦。

家学是私学教育的一种特殊形式,魏晋南北朝时,山东世家大族兴盛,家学较为发达,这部分内容将于下一目中集中讲述。

私学的办学方式或华丽或简单。徐湛之,东海郯(今属山东郯城县)人,他寓居江南后,开门授徒,有门生3000余人。由于徐湛之是宋高祖的外孙,"贵戚豪家,产业甚厚",因此他的学生"皆三吴富人之子,姿质端妍,衣服鲜丽"⑧。办学可谓华丽。私学大师开门授徒,如没有相当的财力,想达到徐湛之的水平,几乎是不可能的。当然,家学不在此列。所以,大部分的私学,办学是极其简单的。濮阳鄄城(今属山东鄄城县)人吴苞,"善《三礼》及《老》、《庄》。宋泰始中过江,聚徒教学"。他自己"冠黄葛巾,竹尘尾,蔬食二十余年",相当艰苦。而办学却"与刘瓛俱于褚彦回宅讲授"⑨,也就是和他人同借别人学舍,收徒讲学。

当时的私学大部分是收费的,当然也有免费的。《三国志》中记述了邴原读书的故事:邴原"家贫,早孤。邻有书舍,原过其旁而泣。师问曰:'童子何悲?'原曰:'孤者易伤,贫者易感。夫书者,必皆具有父兄者,一则羡其不孤,二则羡其得学,心中恻然而为涕零也。'师亦哀原之言而为之泣曰:

---

①③《晋书·儒林·徐苗传》。
②《晋书·儒林·泛毓传》
④《晋书·唐彬传》。
⑤北魏时,山东置东魏郡,"治历城,后徙台城",领9县,其中即有肥乡县,"肥乡,有平陵城,有巨合城"。(参见《魏书·地形志二中》)
⑥《魏书·冯元兴传》。
⑦《北齐书·儒林传》。
⑧《宋书·徐湛之传》。
⑨《南史·隐逸·吴苞传》。

'欲书可耳!'答曰:'无钱资。'师曰:'童子苟有志,我徒相教,不求资也。'于是遂就书"①。从这个记载中可知,当时大多数私学是要收费的,邴原因"无钱资",只有眼看着别人读书自己落泪。但他却遇到了一个好老师,"徒相教,不求资",邴原得以免费读书。

由于魏晋南北朝时期战乱不止,儒学的地位明显下降,尽管许多私学仍以经学为主要学习内容,但已经出现教学内容多元化的现象。东莞莒(今属山东莒县)人臧荣绪在南朝,参阅诸家所著晋史,删取王隐、何法盛等所纂的两晋书,成《晋书》110卷。后隐居讲授,其中讲学的内容恐怕很多应为史学;步熊,阳平发干(今属山东冠县)人,他的私学教授的是数术,"少好卜筮数术,门徒甚盛"②;东清河鄃(今属山东临朐县)人崔光,"崇信佛法,礼拜读诵,老而逾甚……每为沙门朝贵请讲《维摩》、《十地经》,听者常数百人"③;清河东武城(今属山东武城县西)人崔彧"善医术",他开设的私学,教授的内容主要是医学,"广教门生,令多救疗。其弟子清河赵约、勃海郝文法之徒,咸亦有名"④。渤海饶安(今属山东乐陵县北)人刁冲,"学通诸经,偏修郑说,阴阳、图纬、算数、天文、风气之书莫不关综","不关事务。惟以讲学为心,四方学徒就其受业者岁有数百"⑤。据此推测,刁冲私学教授的内容可能更为庞杂。

3. 家学

家学是由世家大族开办的、针对其本族子弟进行的家族教育,是私学教育的一种特殊形式。山东的家学起源于两汉,济南伏氏是当时著名的家学世家。伏氏从伏胜到伏寿,凡16代,横亘400余年,历两汉,世代传承经书,尤专于《尚书》、《诗经》,且累代公卿,为两汉名门望族,是典型的家学传世。魏晋南北朝时期,士族门阀制度兴盛,山东世家大族为保持自己门第的地位,纷纷兴办家学,正如现代学者苏绍兴所言:"盖因有累世经学,而有累世公卿,学业与门第,乃是相因相承。自有门第,于是乃有累世之学业而别成

---

① 《三国志·魏书·袁张凉国田王邴管传》"邴原传注"之"原别传"。
② 《晋书·艺术·步熊传》。
③ 《魏书·崔光传》。
④ 《魏书·术艺·崔彧传》。
⑤ 《魏书·儒林·刁冲传》。

门第家学"①。于是,山东出现了许多有名的家学世族。

琅邪王氏为这一时期最为显赫的世家大族。琅邪王氏的渊源最早可追溯到西汉王仁,"王祥字休征,琅邪临沂人,汉谏议大夫吉之后也。祖仁,青州刺史。"②琅邪王氏从曹魏时期的王祥、王览开始发达,到西晋王祥从孙王戎、王衍时进入兴盛期,而至王氏南迁后东晋的王导、王敦、王羲之时发展到鼎盛。琅邪王氏之所以延续几代历久不衰,重要的是有一个很好的家学传承,这就是被其后人称道的"王氏青箱学"。《宋书·王准之传》称,准之(一作淮之)"曾祖彪之,尚书令。祖临之,父讷之,并御史中丞。彪之博闻多识,练悉朝仪,自是家世相传,并谙江左旧事,缄之青箱,世人谓之'王氏青箱学'"。"王氏青箱学"其实就是其家族中历代为官者因研究典章制度,以更好地服务于族中子弟出仕做官而形成的家学。

王氏青箱学虽是经过王彪之、王临之、王讷之、王准之凡四代锤炼而出,其实它既有王彪之前王氏族人的努力,又有王准之同代及后代族人的贡献。王氏青箱学的主要内容是儒家礼学,它包括历史上的朝仪国典、等第秩序、文物掌故等内容,特别是晋室南迁以后的施行故事。王戎、王衍在西晋时都权倾一时,但均不思进取,推崇玄虚,自由放逸,戎"以王政将圮,苟媚取容,属愍怀太子之废,竟无一言匡谏"③,而"衍虽居宰辅之重,不以经国为念,而思自全之计"④,可谓将做官的"青箱学"玩得炉火纯青。南渡后的王氏子孙开始研究历代礼制,王彪之终生维护礼制,是礼学专家;王朔之造《通历》;王弘"既人望所宗,造次必存礼法。凡动止施为及书翰仪体,后人皆依放之,谓为王太保家法"⑤;王俭,通礼制,对南朝宋、齐礼乐典章制度的兴废影响很大;王褒进入北朝后,"雅识治体,颇参朝仪,凡大诏册,皆令褒具草"⑥,对北周礼制建设贡献颇多。

琅邪王氏家学还有一个重要内容——书学。琅邪王氏的书学大约起于王戎、王衍,前者善行草书和草隶书,后者善行书。王敦、王导也擅长书法,

---

①苏绍兴:《西晋南朝的士族》,台北联经出版事业公司1987年版,第203页。
②《晋书·王祥传》。
③《晋书·王戎传》。
④《晋书·王衍传》。
⑤《南史·王弘传》。
⑥《周书·王褒传》。

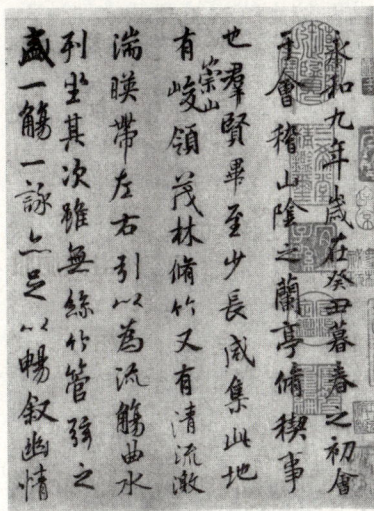

王羲之《兰亭集序》(唐·褚遂良临本)

王导之子王恬、王洽以及王导之孙王珉皆得家传，以书法见长。王氏书法中，以王羲之、王献之的水平最高。王羲之"尤善隶书，为古今之冠，论者称其笔势，以为飘若浮云，矫若惊龙"①，以"天下第一行书"——《兰亭序》流芳百世。因此，琅邪王氏家学，又以书学传世。

东海王氏起于东汉会稽太守王朗，以经学传家。《三国志·魏书·钟繇华歆王朗传》记载，王朗为东海郯（今属山东郯城县）人，"高才博雅"，"以通经，拜郎中，除菑丘长"。他一生著述丰富，其中有《易》、《春秋》、《孝经》、《周官》注，但后来多散佚。王朗的儿子王肃，则继承了父业。他18岁时即从宋忠研读儒家经典，精通贾逵、马融之学，力图以今、古文各家经义综贯群经，创立"王学"，以与"郑学"对立。借鉴《礼记》、《左传》、《国语》等名著，编撰《孔子家语》等书以宣扬道德价值，并以身为司马昭岳父之尊，将其所注《尚书》、《诗》、《论语》、《左传》等书，在晋代都列于学官，立有博士。他的经学在尊崇孔子儒学的名义下，把道家无为而治的思想包含进去，成为新时代新思想的融合体。王肃非常重视家庭教育，督促指导子女学习儒家经传。其女王元姬"年八岁，诵《诗》、《论》"，"苟有文义，目所一见，必贯于心"②。其子王恂继承家学，"文义通博，在朝忠正，累迁河南尹，建立二学，崇明《五经》"③，并且为官清廉，不受贿赂。其余子孙也大多"仕亦宦达，为后世所重"④。

清河崔氏在春秋时乃齐国公卿之一，至西汉时居住在清河郡东武城（今分属山东武城县和河北故城县），东汉以后成为山东望族。清河崔氏发展最为显赫的阶段是在北朝时期，"据现有的史料统计，清河崔氏在北魏

---

①《晋书·王羲之传》。
②《晋书·后妃上·文明王皇后传》。
③《晋书·外戚·王恂传》。
④《三国志·魏书·钟繇华歆王朗传》"王肃传"注引"晋诸公赞"。

（包括东、西魏）政权中任职者达98人"①。此时按士族门第高低排列姓氏，第一大姓氏或为"崔、卢、王、谢"或为"崔、卢、李、郑"，崔氏均列一等大姓之首。清河崔氏家族自形成之日起就有诗书传家的传统，曹魏时的崔琰，曾就学于东汉著名的经学大师郑玄门下，积累了深厚的经学根底，由此而开清河崔氏好学之风。

崔琰的6世孙崔逞"少好学，有文才"，未仕前"遭乱孤贫，躬耕于野，而讲诵不废"②。崔逞的5世孙崔休"好学，涉历书史，公事车旅之隙，手不释卷，崇尚先达，爱接后来，常参高祖侍席，礼遇次于宋、郭之辈"。崔休的侄子崔愍"好学修立，少行令名"③，崔㘕"幼好学，泛览经传"④。崔休的6世孙崔玄伯（本名崔宏，字玄伯）"少有俊才，号曰冀州神童"，在北朝的乱世之中，虽颠沛流离，"尤励志笃学"。后仕北魏，深为道武皇帝信任，每每被"引问古今旧事，王者制度，治世之则"，他都能"陈古人制作之体，及明君贤臣，往代废兴之由"，从容作答。虽然崔玄伯"势倾朝廷"，但却"俭约自居，不营产业，家徒四壁；出无车乘，朝晡步上"⑤。崔玄伯的弟弟崔徽"少有文才，与渤海高演俱知名"。崔玄伯之子崔浩"少好文学，博览经史，玄象阴阳百家之言，无不该览，研精义理，时人莫及"，崔浩的弟弟崔简也以"好学，少以善书知名"著称于世。⑥

清河崔氏基本上以儒家经学传家，但也兼容佛道，涉猎文学、书法、医学等。如崔僧渊，"有文学，又问佛经，善谈论"⑦，曾在永乐经武殿讲经，孝文帝亲临谛听；崔悦时即以书法闻名，"魏初工书者，崔卢二门"，其中"崔"就是清河崔氏。崔悦师法索靖、卫瓘之体，传子崔潜，崔潜传子崔玄伯，崔玄伯又传至崔浩，祖孙4代"世不替业"。崔玄伯"尤善草隶，为世摹楷，行押特尽精巧，而不见遗迹"⑧。崔彧、崔景哲、崔㘕、崔景凤等均善医术，崔彧"少尝旨青州，逢隐逸沙门，教以《素问》九卷及《甲乙》，遂善医术"⑨，崔彧的儿

①夏炎：《中古世家大族清河崔氏研究》，天津古籍出版社2004年版，第83页。
②《魏书·崔逞传》。
③《魏书·崔休传》。
④《北史·崔逞传》。
⑤《魏书·崔玄伯传》。
⑥《北史·崔宏传》。
⑦《魏书·崔僧渊传》。
⑧《北史·崔宏传》。
⑨《魏书·术艺·崔彧传》。

子崔景哲"亦以医术知名",崔景哲弟景凤、子崔冏均因擅长医术,而担任北朝的"尚药典御"一职。①

高平(今属山东济宁市)王氏又称山阳王氏,也是魏晋时期的一个世家大族。高平王氏在西汉时即已显赫于世,王龚曾在汉文帝时做过司空,《后汉书·王龚传》称其:"世为豪族……好才爱士"。王龚的儿子王畅更是名列"八俊",其子王谦为大将军何进的长史。曹魏之际,高平王氏进入极盛,出现了王粲和王弼两个重要人物。

到王畅时,高平王氏就已形成了授学、重学的家学传统。刘表"时年十七,从畅受学"。王畅的孙子王粲在家学的熏陶之下,"性善算",强记默识,"善属文,举笔便成,无所改定"②,成为荆州学派的代表人物。王弼是王粲的堂孙,他"幼而察慧,年十余,好老氏,通辩能言"③。王弼从小受到荆州学风的影响,喜好贾、马,贬抑郑玄,后来成为著名的玄学大师。

高平王氏家学还有一大特点,即具有深湛的汉学传统,探究通贯天人之道。据记载:"淑有高才,王畅、李膺皆以为师"④,也就是说王畅曾师事荀淑。荀淑,颍川颍阴(今属河南许昌市)人,"少有高行,博学而不好章句,多为俗儒所非"⑤,具有治《易》的家学渊源。王畅在荀淑那里估计也同样受到治《易》、重义理的荀氏学风影响。后来的荆州学派便是一个以讲《易》为主的学派,似乎又反证了这一推论。因为,荆州学派代表人物之一的刘表是王畅的学生,王粲则是王畅的孙子。王粲时,继承了研究经学、通贯天人的家学传统,他曾有"难郑玄《尚书》事"⑥,并著《尚书释问》。王弼时更将这一家学传统发挥到了极致,他"一方面由人道上溯天道,同时又由天道返回人道,通过自然与名教这一对范畴把天与人紧密联结起来"⑦,他以《老》解《易》,以儒解《老》,从而形成了援道入儒、儒道融合的新经学——玄学。

家学不同于一般的私学,它除了传授书本知识之外,还传承家风、家法。王肃在其《家诫》中,提醒其子孙要慎酒。"夫酒,所以行礼养性命欢乐也",

①《北史·崔逞传》。
②《三国志·魏书·王卫二刘傅传》。
③《三国志·魏书·王毋丘诸葛邓钟传》注引何劭"王弼传"。
④《三国志·魏书·荀彧荀攸贾诩传》"荀彧传"注引《续汉书》。
⑤《后汉书·荀汉钟陈列传》。
⑥(北齐)颜之推撰,王利器集解:《颜氏家训集解》,上海古籍出版社1980年版,第177页。
⑦余敦康:《魏晋玄学史》,北京大学出版社2004年版,第183页。

但"过则为息,不可不慎"①。王祥有《训子孙遗令》,以信、德、孝、悌、让五事教诫子孙:"夫言行可覆,信之至也;推美引过,德之至也;扬名显亲,孝之至也;兄弟怡怡,宗族欣欣,悌之至也;临财莫过于让。"②强调这5条是安身立命的根本。王羲之则"教养子孙敦厚退让。或以轻薄,庶令举策数马,仿佛万石之风"③。在家风、家法传承方面,琅邪颜氏家学最为著名。

琅邪颜氏是孔子弟子颜回之后,到颜盛时,迁居琅邪临沂(今属山东临沂市)。颜盛之子颜钦"明韩诗、礼、易、尚书,多所通说,学者宗之"④,颜钦之子颜默,"学素相承,有声邦党"⑤。颜含是颜盛的孙子,"少有操行,以孝闻"。晋室南迁后,颜含在南朝历任上虞令、王国郎中、承相东合祭酒、东阳太守、黄门侍郎、本州岛大中正等职,后任国子祭酒,加散骑常侍,迁光禄勋。颜氏家族自颜含起在世族中开始崭露头角。也正是从这时起,颜氏颇为注重家风传承,特别是在家诫、家训方面特色明显。

家诫、家训在当时的士族门阀中极为流行,它可以积极的态度,从各个方面教诲子孙后代,使之树立良好的品德,传承家学文化,从而起到维护、强化、巩固家族门第的作用。颜含"雅重行实,抑绝浮伪"⑥,曾告诫其子侄:"尔家书生为门,世无富贵","自今仕宦不可过二千石,婚嫁不须贪世位家"⑦,临死遗命"素棺薄敛"⑧,从简办丧事。颜含的孙子颜延之,"少孤贫,居负郭,好读书,无所不览,文章冠绝当时",但由于他"疏诞,不能取容当世",因此官位不高。他"闲居无事,为《庭诰》之文以训子弟",开始以家训传世。⑨ 颜延之的《庭诰》内容博杂,从立人、修德、行事、交友、学习等各个方面,告诫子孙什么能做什么不能做,整篇家训基本上贯穿了儒家的道德、孝悌、天命、尊卑、礼仪、治学等观念。

颜之推,颜延之5世族孙,在颜氏良好的家训环境中长大。他曾这样描

①欧阳询:《艺文类聚》上册,中华书局1965年版,第419页。
②《晋书·王祥传》。
③《晋书·王羲之传》。
④颜真卿:《晋侍中右光禄大夫本州岛大中正西平靖侯颜公大宗碑》,《全唐文》,中华书局1983年版,第3440页。
⑤李阐:《右光禄大夫西平靖侯颜府君碑》,《全晋文》下册,商务印书馆1999年版,第1437页。
⑥《晋书·孝友·颜含传》。
⑦李阐:《右光禄大夫西平靖侯颜府君碑》,《全晋文》下册,商务印书馆1999年版,第1437—1438页。
⑧《晋书·孝友·颜含传》。
⑨《南史·颜延之传》。

述自己的家风："吾家风教，素为整密，昔在龆龀，便蒙诱诲；每从两兄，晓夕温清，规行矩步，安辞定色，锵锵翼翼，若朝严君焉"①，因此他一直主张及早对子女进行教育。这种家风、家法传承，使颜之推写出了被誉为"古今家训以此为祖"②的《颜氏家训》。《颜氏家训》共 7 卷 20 篇，内容涉及教育、历史、社会、伦理、文学、训诂、文字、民俗等。此书成篇后，世世代代影响着颜氏后人。隋唐以后，颜氏后裔均视之为"吾家旧物"，是"祖宗切切婆心，谆谆告诫，迄今千余年，只如当面说话"，要"世世宝之"③。它固然是写给颜氏子孙的，但同样也是写给普天下中华儿女的。由于它是一部包含着无穷家庭教育智慧的教科书，在社会上也广为流传，成为一般人家训的榜样。清人王钺在其《读书蕞残》中曾给予高度评价："北齐黄门颜之推《家训》二十篇，篇篇药石、言言龟鉴，凡为人子弟者，可家置一册，奉为明训。"④

三、科举制的创立与山东教育

（一）科举制的产生及对山东的影响

1.科举制的产生

在中国封建社会，教育的目的之一是为国家培养合格的统治人才，因此官员的选拔制度自始至终制约着教育的发展。隋代之前，封建国家官员选拔的方法一直是以荐举为主，九品中正制是这一方法的极致。但"重门第"的九品中正制，由于取士权掌握在地方中正官手里，被豪门士族地主阶级所垄断，到南北朝时期已无法为统治阶级选取真正的统治人才。于是，一种新的官员选拔制度——科举制应运而生了。

科举制是以分科取士的方式、通过考试选拔官吏的一种制度。其实，考试选拔在隋代之前就已出现，西汉时期的察举制就包括考试环节，被举者经考试后，才由政府录用。南北朝时期，针对九品中正制的弊端，有些统治者也试图用考试的方法甄别中正官所推荐的人才的真伪。北齐皇帝就经常坐朝考问秀才、孝廉，这是利用考试集中选取官吏方式的一种最初形态。

---

①（北齐）颜之推撰，王利器集解：《颜氏家训集解》，上海古籍出版社 1980 年版，第 22 页。
②（宋）陈振孙：《直斋书录解题》，上海古籍出版社 1987 年版，第 305 页。
③（北齐）颜之推撰，王利器集解：《颜氏家训集解》，上海古籍出版社 1980 年版，第 556—557页。
④（清）王钺：《读〈颜氏家训〉》，《读书蕞残》卷上。

　　隋统一全国后，曾一度推行九品中正制，为了避讳隋文帝父亲杨忠的名，改中正为州都，但不久就被废除了。开皇七年（587年）正月，"乙未，制诸州岁贡三人"①，正式设立了每年举行的常贡。隋文帝时常贡的科目主要有秀才、明经和进士。清河东武城（今属山东武城县西北）人崔颐，即在开皇初年因"秦孝王荐之，射策高第。诏与诸儒定礼乐，授校书郎"②，当是明经出仕；而齐州临淄（今属山东济南市）人房玄龄（578—648年），"年十八，本州举进士，授羽骑尉"③，其18岁时应为开皇十六年（596年）。开皇十八年，隋"以志行修谨、清平干济二科举人"④，前者重德，后者重才。隋炀帝大业三年（607年），以"孝悌有闻"、"德行敦厚"、"节义可称"、"文才秀美"等10科举人。大业五年，又以"学业该通、才艺优洽、膂力骁壮、超绝等伦"等4科举人。分科举人的趋势越来越明显。据杜佑《通典·选举二》记载："炀帝始建进士科"；王定保《唐摭言》卷一《述进士上篇》说："进士，隋大业所置也。"学术界一般以此认为进士科创自隋炀帝大业年间，并以进士科创建作为科举制度正式产生的标志。但从《旧唐书·房玄龄传》的记载中可以看到，至少在开皇十六年（596年）进士科就已出现。这些记载看似前后矛盾，但仔细分析却不然，它反映了从以荐举为主的九品中正制到以考试为主的科举制蜕变过程中的复杂状况。因此，找到一个明确的科举制产生的时间是困难的。只能说，到隋炀帝大业年间，以试策为主的进士科才正式被确立下来，标志着科举制度的逐渐形成。

　　唐朝建立后，继续实行科举取士，使其逐步发展和完善。唐高祖武德四年（621年）四月诏曰："诸州学士及白丁，有明经及秀才、俊士，明于理体，为乡曲所称者，委本县考试，州长重复，取上等人，每年十月随物入贡。"⑤要求地方通过考试选拔人才，并明确表示："招选之道，宜革前弊，惩劝之方，式加恒典。苟有才艺，所贵适时，洁己登朝，无嫌自进。宣令京官五品以上及诸州总管、刺史各举一人。其有志行可录，才用未申，亦听自举，具陈艺能，

①《隋书·高祖纪上》。
②《隋书·隐逸·崔颐传》。
③《旧唐书·房玄龄传》。
④《隋书·高祖纪下》。
⑤（五代）王定保：《唐摭言》，古典文学出版社1957年版，第159页。

当加显擢。"①其中的"自进"、"自举",即所谓的"怀牒自进"、自由报考,这一表述标志着以考试为主选拔官员的科举制度的最终确立。

唐朝大力推行科举制,原因有以下几点:第一,建国伊始,急需大量有用的治国人才。唐太宗贞观二年(628年)这样说:"为政之要,惟在得人,用非其才,必难致治。今所任用,必须以德行、学识为本。"②第二,九品中正制的弊端,无法满足统治者对人才的需要。唐高祖时,为了选拔人才,曾一度恢复九品中正制,"依周、齐旧制,每州置大中正一人,掌知州内人物,品量望第,以本州门望高者领之,无品秩"③。但效果并不理想,不但得不到真正的人才,甚至有些人"诈伪阶资"④,骗取荐举资格。因此,在人才选拔上唐朝统治者最终选择了科举制。第三,庶族地主发展的要求。李唐政权的取得主要依赖的是庶族地主的帮助,政权建立后就必须考虑庶族地主的要求。唐初以科举制度代替了九品中正的取士制度,士人仕进不再专凭门第高低,从而向庶族地主敞开了参与政权的大门。第四,加强中央集权制的要求。九品中正制选拔人才表面上通过中央吏部铨选,但由于选拔人才要分别等第,实际上则完全掌握在担任中正的地方门阀世族手里。科举制的实施,使中央收回了官员任命的大权,及第、授官与否完全由中央甚至皇帝决定,州郡只是按照中央的统一规定,主持考试,选拔合格者解送中央而已。这样官吏的铨选权完全控制在中央手里。

唐代考试分常科和制科,按规定时间定期举行者称常科,由皇帝下诏临时举行者称制科。常科和制科各有很多科目,但常科中主要为进士和明经2科,制科科目多至80余种。常科考试分解送试和省试两级。解送试又称"发解试"、"解试",属地方性选拔试,合格者举送参加省试。参加解送试的人员有两类,一类为地方郡县学的"生徒",一类为非由学校出身的"乡贡"。省试即尚书省举行的考试,初由吏部主持,后改礼部。礼部试合格者,便取得了授官的资格。是否能真正授官,还须经过吏部主持的铨试——"释褐试",只有铨试合格才能被正式授任官职,否则将继续待选。载初元年(689

---

①《唐大诏令集》,商务印书馆1959年版,第518页。
②(唐)吴兢:《贞观政要》,上海古籍出版社1978年版,第219页。
③(宋)司马光:《资治通鉴》,中华书局1956年版,第5975页。
④(唐)吴兢:《贞观政要》,上海古籍出版社1978年版,第165页。

年),武则天于省试之后,又"策问贡人于洛城殿,数日方了"①,开创了科举制度中最早的殿试,但只偶然举行,尚未形成制度。武则天还于长安二年(702 年),设置武举,为我国武科之始。武举的考选流程大体如上面的常科考试,所不同的是考试、铨试全由兵部主持。

唐代科举以进士科最为重要,"唐众科之目,进士为尤贵,而得人亦最为盛,岁贡常不减八九百人。缙绅虽位极人臣,而不由进士者,终不为美。其推重,谓之'白衣公卿',又曰'一品白衫';其艰难,谓之'三十老明经,五十少进士'。"②据马端临的《文献通考》记载,有唐一代共进行过 264 次进士考试,山东曲阜人颜康成是目前所知最早的一位有确切记载的唐代状元③。

进士科的考试,在唐初,"试时务策五道、帖一大经,经策全通为甲第;策通四、帖过四以上为乙第"④,到高宗时,加试杂文 2 篇。于是进士科考试逐渐形成了试帖经、试杂文、时务策 3 场考试制度。考试的顺序是:"凡进士,先帖经,然后试杂文及策。"具体要求为:"其进士帖一小经及《老子》,皆经注兼帖。试杂文两首,策时务策五条,文须洞识文律,策须义理惬当者为通","若事义有滞,词句不伦者为下,其经策全通为甲,策通四、帖通六已上为乙,已下为不第"⑤。

2. 科举制对山东的影响

作为新的官员选拔制度的科举制,自从其诞生的那天起,就注定将会对社会的发展产生重大影响。

科举制施行后,首先对山东的士族、庶族格局产生了极大影响。

士族和庶族是魏晋以来中国社会的两个主要阶层。士族地主因九品中正制,一直牢牢控制着官员的铨选权,造成了"上品无寒门,下品无世族,高门华阀,有世及之荣;庶姓寒人,无寸进之路"⑥的社会状况,使得庶族地主进入社会上层的正常渠道被彻底阻断,社会日渐腐化,统治阶级也愈来愈难

①(唐)杜佑:《通典》卷十五,选举三,中华书局 1984 年版,第 83 页。
②(元)马端临:《文献通考》卷二十九,选举二,中华书局 1986 年版,第 275 页。
③(乾隆)《曲阜县志》卷四十二记载:"永徽二年,颜康成以进士第一人及第",(雍正)《山东通志》卷十五也有"颜康成,曲阜人,状元学士"的记载。
④《新唐书·选举志上》。
⑤《大唐六典》,台北文海出版社 1974 年版,第 83、48、48—49 页。
⑥(清)赵翼:《廿二史札记》卷八,"九品中正",中国书店 1987 年版,第 102 页。

得到真正的治国人才。唐太宗继位后,试图改变这一状况。这一则是为了加强中央集权制的需要,二则是因为李唐政权曾得到许多庶族地主的鼎力辅助,所谓"知恩图报"。像山东的庶族地主秦叔宝、程咬金、李勣、段志玄、房玄龄、罗世信等,都为李唐王朝的建立作出了极大贡献。唐太宗命令高士廉等重修《氏族志》,"不须论数世以前,只取今日官爵高下作等级"①,重新划分氏族高低,就是出于这一目的。唐太宗认为,当代功臣、高官、学艺通博、忠孝可称的人,均可称为士大夫。科举制的实施,为改变士、庶地主既有社会结构起到了巨大作用。

魏晋南北朝时期,山东境内有许多世族大家,他们靠九品中正制的呵护,门第长盛不衰。但科举制的施行,使得这一状况有了明显的改变。以下是唐代山东进士的不完全统计表,根据该表可知:第一,许多庶族地主在科

唐代山东进士统计表

姓名	籍贯	时间	备注	姓名	籍贯	时间	备注
崔从	齐州历城	贞元初年(约785年)	尚书左仆射	王志愔	博州聊城	不详	御史中正
崔慎由	齐州历城	大和初年(约827年)	崔从子,尚书	孙嘉之	博州武水	证圣元年(695年)	州司马
崔胤	齐州历城	乾宁二年(895年)	崔慎由子	孙逖	博州武水	开元二年(714年)	孙嘉之之子,状元,京兆尹
崔安潜	齐州历城	大中三年(849年)	崔慎由弟,尚书左仆射	孙简	博州武水	元和初年(约806年)	孙逖曾孙,谏议大夫
孟云卿	德州平昌	唐肃宗时(756—762年)	校书郎	孙偓	博州武水	乾符五年(878年)	孙逖4世孙,状元,尚书
孟简	德州平昌	贞元年间(785—805年)	侍郎	孙揆	博州武水	不详	孙逖5世孙,谏议大夫
张道古	棣州蒲台	景福年间(892—893年)	右拾遗	崔元略	博州博平	不详	节度使
孔戣	兖州曲阜	德宗年间(742—805年)	尚书	崔元式	博州博平	不详	崔元略弟,尚书
孔温业	兖州曲阜	长庆元年(821年)	侍郎	崔元受	博州博平	不详	崔元略弟,粮料使
孔敏行	兖州曲阜	元和六年(811年)	状元,学士	崔元儒	博州博平	元和五年(810年)	崔元略弟

①《旧唐书·高士廉传》。

（续表）

姓名	籍贯	时间	备注	姓名	籍贯	时间	备注
孔拯	兖州曲阜	中和三年（883年）	状元,侍郎	崔铉	博州博平	不详	崔元略子,节度使
孔振	兖州曲阜	咸通四年（863年）	状元,御史	崔沂	博州博平	不详	崔铉子,太子少保
孔纬	兖州曲阜	大中十三年（859年）	状元,司徒	崔扁	博州博平		中书侍郎
孔缄	兖州曲阜	乾符三年（876年）		崔咸	博州博平	元和二年（807年）	秘书监
孔纶	兖州曲阜	不详	侍郎	崔钧	博州博平	不详	崔元受子
孔旻	兖州曲阜	不详	刺史	崔铢	博州博平	不详	崔元受子
孔昌庶	兖州曲阜	不详	郎中	崔铏	博州博平	大中十年（856年）	状元
孔邈	兖州曲阜	不详	谏议大夫	李蓁	博州清平	不详	
孔昌明	兖州曲阜	不详	散骑常侍	滕盖	博州清平	不详	
孔昌弼	兖州曲阜	不详	散骑常侍	路季登	魏州冠氏	大历六年（771年）	谏议大夫
孔昌序	兖州曲阜	不详	散骑常侍	路岩	魏州冠氏	不详	路群子,平章
颜康成	兖州曲阜	永徽二年（651年）	状元,学士	路群	魏州冠氏	不详	路季登子,谏议大夫
颜强学	兖州曲阜	不详	校书郎	路敬淳	贝州临清	不详	中书舍人
颜希壮	兖州曲阜	不详	刺史	崔昭纬	贝州清河	中和初年（约881年）	尚书左仆射
颜元孙	沂州琅邪	垂拱初年（约685年）	上柱国	张彻	齐州历亭	元和四年（809年）	御史
颜幼舆	沂州琅邪	不详	左卫率府兵曹	张复	齐州历亭	元和元年（806年）	张彻弟
颜真卿	沂州琅邪	开元二十二年（734年）	司徒	张蠙	齐州历亭	乾宁二年（895年）	员外郎
颜胜	沂州琅邪	不详	补阙	崔龟从	贝州武城	元和十二年（817年）	中书侍郎
颜式宣	沂州琅邪	不详	侍御史	崔邠	贝州武城	不详	尚书
颜方侨	沂州琅邪	不详	宫门丞	崔郾	贝州武城	不详	崔邠弟,尚书
颜顺	沂州琅邪	不详	评事	崔瑾	贝州武城	大中十年（856年）	崔郾子
颜韶	沂州琅邪	不详		崔郇	贝州武城	不详	崔邠弟
颜觐	沂州琅邪	不详		崔鄯	贝州武城	不详	崔邠弟,金吾卫大将军

（续表）

姓名	籍贯	时间	备注	姓名	籍贯	时间	备注
颜询	沂州琅邪	不详		崔郸	贝州武城	不详	崔邠弟,学士
颜逸休	沂州琅邪	不详	县令	崔协	贝州武城	不详	崔邠曾孙
颜逸少	沂州琅邪	不详	左拾遗	崔瑶	贝州武城	大和二年（828年）	崔郾子
萧邺	沂州承县	不详	尚书右仆射	崔彦昭	贝州武城	大中三年（849年）	平章
萧俛	沂州承县	贞元七年（792年）	太保	郑愚	贝州武城	不详	尚书郎
萧杰	沂州承县	元和十二年（817年）	员外郎	高适	棣州渤海	不详	
萧倣	沂州承县	大和元年（827年）	上相	高沐	棣州渤海	贞元年间（785—805年）	知州事
萧遘	沂州承县	咸通五年（864年）	司空	高元裕	棣州渤海	不详	尚书
萧廪	沂州承县	咸通三年（822年）	尚书郎	高璩	棣州渤海	不详	高元裕子,平章事
萧颀	沂州承县	不详	郎中	万珝	棣州渤海	不详	
萧颖士	沂州承县	开元二十三年（735年）	秘书正字	刘濛	曹州南华	大中十四年（860年）	刘晏子,大理卿
储光羲	兖州	开元十四年（726年）	监察御史	刘潼	曹州南华	不详	刘晏从孙,节度使
郗纯	兖州金乡	不详	中书舍人	毕諴	郓州须昌	大和年间（827—835年）	尚书
王源中	沂州临沂	元和二年（807年）	状元,尚书	毕绍颜	郓州须昌	大中八年（854年）	毕诚子,左司员外郎
赵璘	德州平原	大和八年（835年）	刺史	毕知颜	郓州须昌	不详	毕诚子
羊士谔	泰山	贞元元年（785年）	刺史	吕温	郓州须昌	贞元十四年（799年）	
王抟	沂州承县	唐末	司空,封鲁国公	吕牧齐	郓州须昌		尚书郎
杜鸿渐	濮州濮阳	不详	平章	崔蠡	贝州安平	元和五年（810年）	中书舍人
蒋钦绪	莱州胶水	唐高宗时	侍郎	崔黯	贝州安平	大和二年（828年）	崔蠡弟,观察使
刘从一	魏州观城	不详	尚书	崔莈	贝州安平	大中二年（848年）	崔蠡子,观察使
李伯鱼	青州临淄	开元六年（718年）	校书郎	唐款	青州北海	贞元初年（约785年）	推官

　　（此表根据（清）岳濬等《山东通志》、《旧唐书》、《新唐书》、《旧五代史》、徐松《登科记考》、傅洁琳等《中华进士全传·山东卷》以及其他相关资料编制）

举制下,获得了进入统治阶级上层的机会。如博州武水(今属山东聊城市)的孙逖家族,便是典型的借助科举上升而来的庶族地主。孙家"故属安乐(应为"乐安",作者注),盖齐大夫书之后"[1],即武水孙氏为齐国乐安孙书的后裔,但孙逖家族在其父孙嘉之之前并不显赫。孙嘉之、孙逖父子在武则天、唐玄宗时期接连考中进士,而且孙逖状元及第,很快改变了家族的地位。此后,孙逖的子孙相继出任大唐政权的各级官吏。孙逖之子孙宿官至华州刺史,侄子孙会历郴、温、庐、宣、常等5州刺史,从孙孙景商,历监察御史、殿中侍御史、刑部员外郎、度支郎中、温州和滁州刺史、谏议大夫、京兆尹、刑部侍郎、天平军节度使等职。[2] 到了孙逖的4世孙前后,其家族的发展进入了最显赫时期。曾孙孙简、4世孙孙偓、5世孙孙揆均考中进士,孙偓则是状元及第,孙简、孙揆出为谏议大夫,孙偓则官至礼部尚书。曹州南华(今属山东东明县)的刘晏家族也属于这种情况。"曹州南华刘氏,出自汉楚元王交之后,自彭城避地徙南华,筑堽以居,世号刘堽"[3],刘晏之前的祖父辈均居官不高,其高祖刘晋,为新井县令,父亲刘知晦,为武功县丞。从刘晏当时的家族状况看,曹州南华刘氏应为庶族地主。刘晏是唐代著名的经济改革家,开元时以神童授太子正学。刘晏的族人后来也靠科举制入朝为官,其子刘濛为大中十四年(860年)进士,官至大理卿,从孙刘潼也为进士,擢为右谏议大夫,出为节度使。其他如王志愔、路季登、张彻、高元裕、蒋钦绪等,也均属靠科举上升而来的庶族地主。第二,世家大族开始分化。唐朝的官吏选拔制度大约有四种途径:一是门荫出仕,二是杂色入流,三是应募从军,四是科举出仕,而且随着时间的推移,科举成为唐代最为重要的选官方式。山东的许多士族地主依仗优厚的家族传承,很快适应了科举制度,在唐代依然占据世家大族的显赫位置。如崔氏,有唐一代就有至少29人进士及第,靠明经、制科进入仕途的人更是不胜枚举,并在不同时期担任各级政府官员,应是山东最为长盛不衰的世家大族。鲁国孔氏、兰陵(唐时属承县)萧氏、琅邪颜氏也是如此。但有些士族地主却在科举制下,陷入衰落。如崔氏青州房,在唐代进士及第的名单中鲜有其人,即使有出仕者,也多以担任中下级

---

①(清)董诰等编:《全唐文》,中华书局1983年版,第3182页。
②参见周绍良主编:《唐代墓志汇编》下,上海古籍出版社1992年版,第2289、3345页。
③《旧唐书·表第·宰相世系上》。

官员为主。其主要原因在于圄于门族，不思进取，不能适应官吏选拔制度变化下的形势。青州崔信明"颇骞傲自伐，常赋诗吟啸，自谓过于李百药，时人多不许之。又矜其门族，轻侮四海士望，由是为世所讥"①。山东大部分士族大都有这种心态，造成了家族的衰落。

其次，科举制的实施，对山东学校教育产生了重大影响。隋唐实行科举制，科举成为出仕最为重要的手段之一。随着科举制的发展，社会上一般士子即以科举作为唯一的出路，学校逐渐成为科举的附属品。下面是一张"唐代山东中式进士数量走势图"，从这个不完全的统计中可以大致看到科

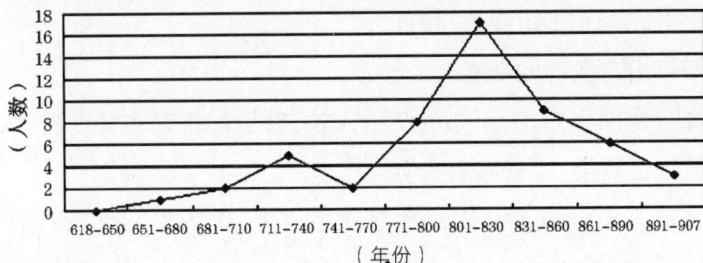

唐代山东中式进士数量走势图

举制对山东影响的大小。有唐一代山东可以确认中式时间的进士有53名，以30年作为一个时间统计单元，这样就形成一个趋势图。唐代前期，山东考中进士的人并不多，唐玄宗时（711—740年）出现明显的上升趋势，表明科举制对山东的影响在增大。唐德宗至唐文宗时期（801—830年），山东进士数量达到最大，表明科举的影响也最为强烈。由于科举制产生后，学校教育的全部工作就是为科考人员提供学业支撑，这样就导致了学校只重应试而不重养士的局面，正常的教学秩序得不到维持。武则天以后，由官学出身的"生徒"参加科举而能及第的人数越来越受到限制。为了加强学校教育，天宝十二年（754年），唐玄宗"敕天下罢乡贡，举人不由国子及郡、县学者，勿举送"②，规定凡参加科举出仕者，必须经过学校学习，意图加重学校教育在科举中的分量，但实际收效不大。这样，学校教育越来越得不到重视，学风也随之日衰。尽管在科举制实行之初，山东学校曾出现过短暂的兴盛，但很快就出现了衰败景象。因此，山东学校教育的发展与科举制对山东的影

①《旧唐书·文苑·崔信明传》。
②《新唐书·选举志》。

响趋势之间呈现出反向运行的态势,即山东进士中式数量最多的时候,山东学校教育反而陷入了低潮。唐宪宗时,曹华赴兖州上任,就发现"邹鲁儒者之乡",然而由于官学衰败,文教不兴,"垂五十年,人俗顽骜,不知礼教"。于是他"躬礼儒士,习俎豆之容,春秋释奠于孔子庙,立学讲经"①,学风为之改易。重教崇儒的邹鲁之乡,学校都衰败到了如此地步,其他地方学校教育状况就可想而知了。这种重科举轻教育之风,直到唐末都没有得到根本性的转变。

(二)隋唐时期山东的教育

1.隋代山东教育的恢复

隋文帝建国伊始,为了培养统治人才,对学校教育非常重视,从中央到地方均设立了官学,号召人们劝学行礼。

隋文帝首先将国子寺从太常寺独立出来,作为专门掌管教育的行政部门。国子寺设"国子寺(元隶太常)祭酒,一人。属官有主簿、录事各一人。统国子、太学、四门、书、算学"②,这是我国历史上首次设立专门教育行政部门和设置教育长官。开皇十三年(593年)改国子寺为国子学。隋炀帝大业三年(607年)又改为国子监。它作为掌管教育的机关,后来为唐代所沿用。

接着,隋文帝建立了从中央到地方的各级官立学校。中央官学主要包括国子、太学、四门、书、算学五学,五学"各置博士(国子、太学、四门各五人,书、算各二人)、助教(国子、太学、四门各五人,书、算各二人)、学生(国子一百四十人,太学、四门各三百六十人,书四十人,算八十人)等员"③。全国州县皆置博士进行教习,"始自京师,爰及州郡,宜祗朕意,劝学行礼"④。由于资料的缺乏,隋文帝时地方官学办理的情况已不可详考,但通过"隋文帝开皇七年,制诸州岁贡三人"⑤的记载,还是可以看出,"诸州岁贡"应是建立在州县办学基础之上的,如果地方官学没有达到一定规模,科

①《旧唐书·曹华传》。
②③《隋书·百官志下》。
④《隋书·柳昂传》。
⑤《隋书·高祖纪上》。

举选拔是无从进行的。

尽管隋文帝晚年，"不悦儒术，专尚刑名……遂废天下之学，唯存国子一所"，但隋炀帝即位后，"复开庠序，国子、郡县之学，盛于开皇之初"①，很快扭转了隋文帝末年学校的颓势。

隋代山东官学较为发达，地方州郡学校普遍设置。《隋书·儒林传序》有一段记载："京邑达乎四方，皆启黉校，齐、鲁、赵、魏，学者尤多，负笈追师，不远千里，讲诵之声，道路不绝。"②生动描述了当时山东地方学校兴盛的情景。山东的州郡学"以春秋仲月释奠，州郡县亦每年于学一行乡饮酒礼，学生皆乙日试书，丙日给假"③。

隋代山东的私学也很发达，其中包括了私塾与家学。

隋时山东的私塾一般由学者举办。武安人马光就是当时山东一带的私学大师，他精通《三礼》，"教授瀛、博间，门徒千数"。平原（今属山东平原县西南）人王孝籍也是当时的著名学者，"少好学，博览群书，遍治五经，颇有文翰"，开皇年间为秘书，助王劭纂修国史。但在京城多年，郁不得志，"后归乡里，以教授为业"④，当起了私塾先生。颜师古是颜之推的孙子，他"少传家业，博览群书，尤精诂训，善属文"。隋仁寿年间，出为安养尉，"寻坐事免归长安，十年不得调"。为养家需要，颜师古"以教授为业"⑤。也有的私塾由隐逸者举办。东海郯人（今属山东郯城县）徐则，"受业于周弘正，善三玄，精于议论，声擅都"。后来隐居缙云山，"后学数百人，苦请教授，则谢而遣之"，坚决不收弟子。但进入天台山后，也开始少量授徒。"灵化"之时，"至其旧居，取经书道法，分遗弟子"⑥。

当时的家学仍有较大影响，许多士族大家子弟仍靠家学成才。齐郡章丘（今属山东章丘市）房氏，在隋代保有良好的家学传统。房氏本来祖居清河东武城，到房湛时期，因"仕燕太尉掾，随慕容氏迁于齐"，家人也随同来到齐地。房彦谦为房湛的7世孙，房玄龄之父，幼年早孤，是在长兄房彦询的亲自教授下读书成才的。他遍研五经，文辞过人。隋文帝时，被郡守举荐

①②《隋书·儒林传序》。
③《隋书·礼仪志四》。
④《隋书·儒林传》。
⑤《隋书·颜师古传》。
⑥《隋书·隐逸·徐则传》。

进京,做了监察御史。房彦谦非常注重子侄的家教,"居家,每子侄定省,常为讲说督勉之,亹亹不倦"。他还经常用自己的俸禄周济亲友,致使家无余财。但他却对自己的这种行为感到非常满意,房彦谦曾对房玄龄说:"人皆因禄富,我独以官贫。所遗子孙,在于清白耳。"①房玄龄在这样的家学熏陶下,博览经史,工书善文,18岁即考中进士,授羽骑尉。后来,他尽心辅佐李世民,光明磊落,终成一代名相。

2.唐代山东教育的发展

唐承隋制,形成了较为完备的学校体制。

唐代的中央官学分为六学,"一曰国子,二曰太学,三曰四门,四曰律学,五曰书学,六曰算学"②,国子、太学、四门学为大学性质,书、算、律学为专科性质。另外还有广文、崇文、弘文、崇玄等馆③。六学一馆(广文馆)皆归国子监掌管,国子监的最高长官是国子祭酒,副职为国子司业,其职责为"掌邦国儒学训导之政令,有六学"。六学一馆的教师配备为:国子学设国子博士2人,助教2人;太学有太学博士3人,助教3人,五经博士各1人;律学设博士1人,助教1人;书、算学各设博士2人;广文馆设博士4人,助教2人。

国子、太学均面向官员子弟招生,国子学"以文武三品以上子孙、若从二品以上曾孙及勋官二品、县公、京官四品带三品勋封之子为之",太学"以五品以上子孙、职事官五品期亲、若三品曾孙及勋官三品以上有封之子为之";四门、律、书、算学除部分面向官员子弟招生外,也面向庶人子弟招生;广文馆主要招收入国子监求修进士课业的学生。六学一馆的招生人数为:"国子学,生三百人……太学,生五百人……四门学,生一千三百人……律学,生五十人,书学,生三十人,算学,生三十人"④,广文馆60人。六学一馆的学生入学年龄,除律学规定要18岁以上25岁以下外,其他均为14岁以上19岁以下。

在中央官学中,不乏山东人的身影。有的在中央官学中担任教师,如:

①《隋书·房彦谦传》。
②《大唐六典》,台北文海出版社1974年版,第381页。
③广文馆是国子监下属补习性质的学校,设于天保九年(750年),不久即废。崇文、弘文、崇玄三馆属于政府部门附属性学校。崇文馆属于门下省;弘文馆属于东宫;崇玄馆属于崇玄署,是为道举培养人才的地方,招收学生数分别为30、20、100人。
④《新唐书·选举志》。

王元感,濮州鄄城(今属山东鄄城县)人,少举明经科及第,补博城县丞。他精研儒学诸经,但不墨守先儒旧说,好凭己意说经。纪王李慎任兖州都督时,"厚加礼",让自己的儿子东平王李绩到王元感门下受业。武则天时期,王元感曾在中央官学中担任教授职务,历官左卫率府录事、兼直弘文馆,四门学博士,后拜太子议郎、兼崇贤馆(675年改名崇文馆)学士①。东海郯人徐齐聃,"始以宏文生通五经大义,发迹曹王府参军、右千牛兵曹、潞王府学、崇文馆学士兼侍皇太子讲。"②其子徐坚,睿宗时也曾授太子左庶子、兼崇文馆学士。崔融,齐州全节(今属山东章丘市)人,"初应八科制举,皆及第,累补宫门丞、崇文馆学士"③。兰陵萧德言,贞观时也曾做过弘文馆学士④。路敬淳,贝州临清(今属山东临清市)人,"少志学,足不履门","天授中,再迁太子司议郎兼修国史、崇贤馆学士"⑤。有的就读于中央官学,如:萧颖士"四岁属文,十岁补太子学生"⑥。徐秀,东海郯人,"年十五,为崇文生应举"⑦。陈少游,博州博平(今属山东茌平县)人,"幼聪辩,初习《庄》、《列》、《老子》,为崇玄馆学生"。在馆内他被众人推举为"讲经",时常在讲会上为同门讲经答难。陈少游面对问难,"音韵清辩,观者属目。所引文句,悉兼他义,诸生不能对"⑧,满座叹服。

　　唐代的地方官学包括府、州、县学,各级政府的学校又大体分为经学、医学和崇玄学,县学只有经学。府、州、县学为一般庶民子弟所设,学生入学年龄及修业年限并无具体规定,但不低于中央官学。按照唐朝政府的规定,山东府、州、县应按以下要求设校:"大都督府、中都督府、上州各六十人,下都督府、中州各五十人,下州四十人,京县五十人,上县四十人,中县、中下县各三十人,下县二十人。"⑨唐代山东地方官学的情况已不可详考,在(雍正)《山东通志》的记载中,只有兖州府学和汶上县学创建于唐代。兖州府学,

---

①参见《新唐书·儒学中·王元感传》。
②(清)董诰等编:《全唐文》,中华书局1983年版,第2289页。
③《旧唐书·崔融传》。
④参见《新唐书·儒学上·萧德言传》。
⑤《新唐书·儒学中·路敬淳传》。
⑥《新唐书·文艺中·萧颖士传》。
⑦(清)董诰等编:《全唐文》,中华书局1983年版,第3481页。
⑧《旧唐书·陈少游传》。
⑨《新唐书·选举志》。

唐代地方官学配置表

地方行政区		学校名称	教师名额		学生名额
			博士	助教	
都府学	大	经学	1	2	60
		医学	1	1	15
	中	经学	1	2	60
		医学	1	1	15
	下	经学	1	1	50
		医学	1	1	12
州学	上	经学	1	2	60
		医学	1	1	15
	中	经学	1	1	50
		医学	1	1	12
	下	经学	1	1	40
		医学	1		10
县学	上	经学	1	1	40
	中	经学	1	1	35
	中下	经学	1	1	35
	下	经学	1	1	25

兖海观察使刘莒在大中年间创建;汶上县学,"唐长庆四年知县邢审容建"①。但从前面的"唐代山东进士统计表"还是可以窥见其一般情况。唐代全国有确切姓名可考的进士大约有1000人②,山东有108名,约占总数的10.8%,说明从总体上看山东地方上的学校教育较为发达。但和全国一样,由于科举制的实行,山东地方官学普遍存在着重应试而不重养士的倾向,严重影响了学校教育的正常发展。马周,唐初清河茌平人,"少孤贫好学,尤精诗传,落拓不为州里所敬。武德中,补博州助教"。但马周对州助教的职位并不满意,"日饮醇酎,不以教授为事"。后因刺史屡加咎责,竟

---

①(雍正)《山东通志》卷十四,学校志。

②陈正祥绘制的《唐代前期的进士》(618—755年)地理分布图上标明该期进士数275人,《唐代后期的进士》(756—907年)标明713人,因此唐代共有姓名可考的进士988人。(参见陈正祥主编:《中国地理图集》,香港天地图书有限公司1980年版,第191—192页)

"拂袖游于曹、汴"①,辞职而去。不管马周不愿担任州助教的真正原因是什么,但至少表示州助教的职位对他是毫无吸引力的。马周怠慢于州助教职事的故事,是当时地方官学中教师地位的真实写照。到唐宪宗时,作为儒学发源地的邹鲁之乡,也竟出现了官学衰败,文教不兴,"垂五十年,人俗顽骜,不知礼教"②的状况,山东地方官学不振,可见一斑。

私学与官学一般呈现出跷跷板的特征,或此起彼伏,或此伏彼起。唐初,官学较为兴盛,私学不畅。但随着科举制的实行,加之安史之乱的打击,中央官学和地方官学一蹶不振,私学便得到了发展的机会。唐玄宗开元二十一年(733 年)发布诏旨:"许百姓任立私学,欲其寄州县受业者,亦听"③,其实是对私学发展状况的一种肯定。从此以后,人们参加科举,既可以走私学→乡贡→省试的路,也可以走私学→州县学→生徒→省试的路,这无疑大大拓展了私学的生存空间。当时山东的私学包括私人讲学、私塾、隐居读书、家学等几种形式。

唐代山东的私人讲学之风并不盛行,主要原因是,科举制下的私学,不再以研究学问为目的,而以科考为目的。但有人还是慕儒学大师之名,跟随学习。王元感,少时即精研儒学诸经,他对儒家经典的解释往往有自己的新意,为当时有名的儒学大师。纪王李慎任兖州都督时,"厚加礼",让自己的儿子东平王李绪到王元感门下受业,王元感举办的私学应为讲学性质的。唐高宗时期的侍御史王义方,"博通《五经》,而謇傲独行"④,因弹劾宰相李义府而贬官莱州司户参军,"秩满,于昌乐聚徒教授。母亡,遂不复仕进"⑤。他的及门弟子中著名的有卢照邻、员半千、何彦先等。幽州范阳的卢照邻是唐代的大诗人,"年十余岁,就……王义方授《苍》、《雅》及经史,博学善属文"⑥;员半千,齐周全节(今属山东章丘市)人,"事义方经十余年,博涉经史,知名河朔"。王义方的私学仍保留着春秋私学的优良传统,王义方死后,员半千与何彦先为师傅守丧 3 年,"制师服,三年丧毕而去"⑦。兰陵萧

①《旧唐书·马周传》。
②《旧唐书·曹华传》。
③(宋)王溥:《唐会要》,中华书局 1955 年版,第 635 页。
④⑦《旧唐书·忠义上·王义方传》。
⑤(宋)王谠:《唐语林》卷三,方正。
⑥《旧唐书·文苑上·卢照邻传》。

颖士,"通百家谱系、书籀学",举进士,对策第一。在被免官期间,"留客濮阳。于是尹征、王恒、卢异、卢士式、贾邕、赵匡、阎士和、柳并等皆执弟子礼,以次授业"①。

山东的私塾,是一种家庭开设的私学。唐高祖武德七年(624 年)就令乡里置学,唐玄宗开元二十六年(738 年)再次明令:"每乡之内,各里置一学,仍择师资,令其教授",鼓励在乡里设置学校。但由于政府力量有限,乡里学校多为私人办理,即所谓的私塾。据《唐语林》记载,濮州须昌(今属山东东平县)人毕诚,家素贱,"李中丞者,有诸院子弟与诚熟。诚至李氏子弟书室中,诸子赋诗,诚亦为之。"②这里的"书室",即李氏子弟读书的学舍、学院,当为官僚家庭为子弟开办的塾学。

隐居读书,也是当时山东私学的一种形式。它又包括两种类型:一类是为求得山林清净之所,而隐居读书。孔巢父,"少力学,隐居徂徕山"③,与李白、韩沔、裴政、张叔明、陶沔等,切磋学问,"酣歌纵酒,时号'竹溪六逸'"④。孔巢父后来出仕为官;徐彦伯,兖州瑕丘(今属山东滋阳县)人,"七岁能为文,结庐太行山下",隐居读书。后来,"薛元超安抚河北,表其贤,对策高第"⑤;齐州历城人崔从,"少孤贫,寓居太原,与仲兄能同隐山林,苦心力学。属岁兵荒,至于绝食。弟兄采梠拾橡实,饮水栖衡,而讲诵不辍,怡然终日,不出山岩,如是者十年"⑥。德宗贞元初年,崔从进士登第,出为山南西道推官;更有人为求得清净,入寺读书,"兖州徂徕山,寺曰光化,客有习儒业者,坚志栖焉"⑦。另一类则是佛道之人隐居修行读书。唐代佛道兴盛,隐居读书者为数不少。据史料记载,"唐元和中,青州属县,有张及甫、陈幼霞同居为学",夜梦仙事,"见道士数人,令及甫等书碑,题云:'苍龙溪主欧阳某撰太皇真诀。'字作篆文,稍异于常。及甫等记得四句云云:'昔乘鱼车,今履瑞云。蹑空仰途,绮错轮囷。'后题云:'五云书阁吏陈幼霞、张

---

①《新唐书·文艺中·萧颖士传》。
②《唐语林》卷三,赏誉。
③《新唐书·孔巢父传》。
④《旧唐书·文苑下·李白传》。
⑤《新唐书·徐彦伯传》。
⑥《旧唐书·崔从传》。
⑦(宋)李昉等编:《太平广记》,中华书局 1961 年版,第 3394 页。

及甫.'至晓,二人共言,悉同。"①张及甫、陈幼霞同居为学,似应为道学性质的隐居读书。徐州滕县(今属山东滕州市)人王希夷,孤贫好道,隐于嵩山,"师道士黄颐,向四十年"②。

唐代山东的家学仍有较好的传承,著名的有琅邪颜氏、清河崔氏等。

琅邪颜氏在唐代仍为望族,其以诗书、诂训、书法、忠义传家,颜师古、颜杲卿、颜真卿均为其家族的杰出代表。颜师古是颜之推的孙子、颜思鲁的儿子,他"少传家业,博览群书,尤精诂训,善属文"③。颜师古兄弟4人,二弟颜相时,以学才著称;三弟颜勤礼,颜真卿的曾祖,自幼聪敏,"工于篆籀,尤精诂训"。颜真定,颜勤礼的孙女,颜真卿姑母。早年"聪慧明达",以"精究国史,博通礼经",选为武则天的女史。她对弟弟颜元孙等的教育最为尽力,"躬自诲育,教之《诗》、《书》"。即使颜真卿都曾受教诲,"真卿童儒时,特

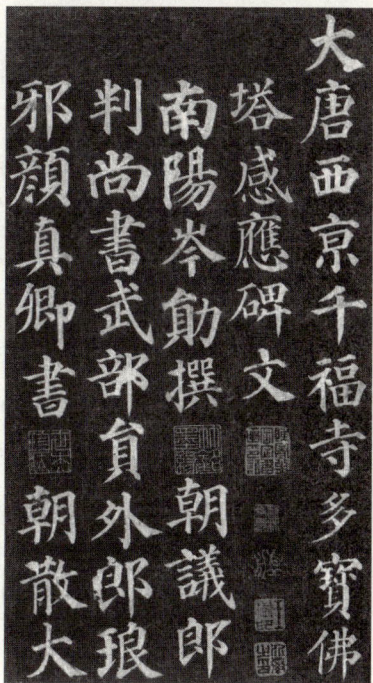

颜真卿书《多宝塔碑》(局部)
(现藏于西安碑林博物馆)

蒙君教,言辞音剖"④。颜元孙为颜真卿的伯父,"聪颖绝伦,尤工文翰"⑤,考中进士。他非常注重子侄的家庭教育,颜真卿曾在《朝议大夫守华州刺史上柱国赠秘书监颜君神道碑铭》中回忆道:"真卿越自婴孩,特蒙奖异,且兼师父之训,岂独犹子之恩。"⑥在父辈的熏陶之下,颜杲卿、颜真卿都成为国家的有用人才。颜杲卿"以文儒世家"⑦,颜真卿"少孤,母殷氏躬加训导。既长,博学,工辞章,事亲孝。开元中,举进士。"⑧安史之乱时,颜杲卿

---

①(宋)李昉等编:《太平广记》,中华书局1961年版,第304页。
②《旧唐书·隐逸·王希夷传》。
③《旧唐书·颜师古传》。
④(唐)颜真卿:《文忠集·附拾遗》,中华书局1985年版,第54页。
⑤(唐)颜真卿:《颜鲁公集》卷十六,(清)纪昀编纂:《景印文渊阁四库全书》第1071册,台湾商务印书馆1983年版,第687—688页。
⑥(唐)颜真卿:《文忠集·附拾遗》,中华书局1985年版,第50页。
⑦《新唐书·忠义中·颜杲卿传》。
⑧《新唐书·颜真卿传》。

守常山（今属河北正定县），颜真卿守平原（今属山东陵县），二人联络附近各郡奋起反抗，先后被叛军所俘，不屈而死。颜真卿还以书法见长，其书法更是来自家传。颜氏祖辈大都"工于篆籀"，颜真卿的书法更多的是受到舅祖父家影响。颜真卿的父亲颜惟贞幼孤，寄居在舅父殷仲容家，"蒙教笔法"①。殷仲容"以能书为天下所宗"，并"以草隶擅名"②，对颜真卿影响极大。他初学褚遂良，后师张旭，兼收篆隶和北魏笔意，形成了雄健、宽博的颜体楷书。

　　清河崔氏发展到唐代，已子孙众多，多有分化。齐州历城的崔从，"少孤贫，寓居太原，与仲兄能同隐山林，苦心力学"，贞元初年，进士及第。崔从"少以贞晦恭让自处，不交权利，忠厚方严，正人多所推仰"，一生历仕德、顺、宪、穆、敬、文六朝，"气貌孤峻，正色立朝，弹奏不避权幸"。③ 其子崔慎由，"聪敏强记，宇量端厚，有父风"，也进士及第。唐宣宗曾盛赞崔慎由"继美德门，承家贵位，搢绅伟望，礼乐上流。挺松筠之贞姿，服兰荪之懿行"④。在良好家风教诲下，崔慎由的弟弟崔安潜、儿子崔胤皆进士及第。但到了崔胤时期，崔氏家风大坏。崔胤一反祖辈的耿介之风，"长于阴计，巧于附丽，外示疑重而心险躁"，并且嫉贤妒能，"胤所悦者阘茸下辈，所恶者正人君子，人人悚惧，朝不保夕"，以致误国被杀。这正依了其季父崔安潜的话："吾父兄刻苦树立门户，一旦终当为缁郎所坏"⑤。贝州武城（今属山东武城县西）崔邠一支，崔邠、崔鄯、崔郾、崔郇、崔郸等兄弟 5 人皆登进士第，这在唐代极为罕见。崔邠"温裕沉密，尤敦清俭"，兄弟之间"以孝敬怡睦闻"⑥。崔郾，"不藏赀，有辄周给亲旧，为治其昏丧。居家怡然，不训子弟，子弟自化"⑦。在这种家学培养之下，崔郾之子崔瑾、崔瑶、崔邠之曾孙崔协又皆登进士第。所以，"当时言治家者推其法"⑧。曹州南华刘氏也有优良的家学。刘晏是唐代著名的理财家、经济改革家，曾任吏部尚书、同中书门

---

① (唐)颜真卿：《颜鲁公集》卷十六，(清)纪昀编纂：《景印文渊阁四库全书》第 1071 册，台湾商务印书馆 1983 年版，第 688 页。
② (唐)颜真卿：《文忠集·附拾遗》，中华书局 1985 年版，第 48 页。
③《旧唐书·崔从传》。
④《旧唐书·崔慎由传》。
⑤《旧唐书·崔胤传》。崔胤，字缁郎。
⑥《旧唐书·崔邠传》。
⑦《新唐书·崔郾传》。
⑧《新唐书·崔邠传》。

下平章事,身居宰相地位,"理家以俭约称"。他"善训诸子",因此他的儿子、玄孙都以进士及第,"咸有学艺"①。

母亲训育子女,在家学中也是重要内容。济南林氏,为丹阳太守林洋之妹,嫁给了河中宝鼎人薛元暧。薛元暧早丧于隰城丞任上,侄子薛播等也幼年早孤,林氏就承担起了子侄教育的重任。她"有母仪令德,博涉五经,善属文,所为篇章,时人多讽咏之",在她的训导之下,薛播等"咸致文学之名"。在开元、天宝中,子侄7人"并举进士,连中科名,衣冠荣之"②,被传为佳话。

四、魏晋至隋唐时期的教育思想

(一) 颜之推的教育思想

颜之推(531—约590年),字介,琅邪(今属山东临沂市)人,南北朝时期著名的学者、文学家,历仕梁、北齐、北周、隋,著有《文集》、《家训》、《集灵记》等,今存《颜氏家训》20卷、《还冤志》3卷、《观我生赋》1篇,另有佚诗数首。颜之推历经宦海浮沉、亡国之变,对人生、社会多有切身体会,形成了一整套关于立身、处世、治家、为学的思想体系,其中以颜氏家学为特色的教育思想在我国古代教育思想史上具有重要的历史地位的。颜之推的教育思想主要包括教育的目的、对象、内容、方法等方面,集中体现在了《颜氏家训》中。

1. 教育目的

南朝时期盛行门阀政治,"下品无士族",士族子弟凭借出身便可居高官、食厚禄,因此"无不熏衣剃面,傅粉施朱,驾长檐车,跟高齿屐,坐棋子方褥,凭斑丝隐囊,列器玩于左右,从容出入,望若神仙"③。他们"耻涉农商,差务工伎","明经求第,则顾人答策;三九公燕,则假手赋诗",以致"射则不能穿札,笔则才记姓名"④,终日饱食醉酒,以此终年。一旦遇到朝代更迭等重大变故,便手足无措,"求诸身而无所得,施之世而无所用"⑤。

①《旧唐书·刘晏传》。
②《旧唐书·薛播传》。
③⑤(北齐)颜之推著,王利器集解:《颜氏家训集解·勉学》,上海古籍出版社1980年版,第145页。
④同上,第141、145、141页。

针对南朝士族"多无学术"的教育状况,颜之推认为教育的目的在于"修身利行",培养"应世经务"、有裨于国家的栋梁之才:

> 国之用材,大较不过六事:一则朝廷之臣,取其鉴达治体,经纶博雅;二则文史之臣,取其著述宪章,不忘前古;三则军旅之臣,取其断决有谋,强干习事;四则藩屏之臣,取其明练风俗,清白爱民;五则使命之臣,取其识变从宜,不辱君命;六则兴造之臣,取其程功节费,开略有术,此则皆勤学守行者所能辨也。①

2.教育对象

关于教育的对象,孔子主张"有教无类",即不分等级贵贱,不论聪慧愚笨,都要尽力让他们接受教育。颜之推主张:"上智不教而成,下愚虽教无益,中庸之人,不教不知也。"②天性聪颖、智力超群的人,不用教育他就可以成才;天性愚笨、智力迟钝的人,即使教育他也无济于事;智力正常的人,如果不教育则不明事理。因此,在颜之推看来,只有智力正常的"中庸之才"才属于教育的对象。这与孔子的"有教无类"相比,有其局限性。

3.教育内容

第一,重视孝悌,笃行仁义。

作为儒家思想的忠实信徒,作为士族地主的代表,颜之推特别强调要对子弟进行品德教育:重视孝悌,笃行仁义。

颜之推从家国同构的角度出发,强调了对子弟进行"孝"、"悌"品德的培养。"孝为百行之首","夫圣贤之书,教人诚孝"。"孝"是晚辈对长辈的孝顺,"先意承颜,怡声下气,不惮劬劳,以致甘腴,惕然惭惧,起而行之也"③。"悌"是兄弟之间的和睦友爱,"兄弟者,分形连气之人也"④,年幼之时,父母在堂,兄弟"食则同案,衣则传服,学则连业,游则共方",因此"不能不相爱也";长大成家之后,父母可能已经不在人世,兄弟各有自己的妻子儿女,兄弟之情"不能不少衰也"。但是兄弟之间仍要兄友弟恭、和睦亲爱,

---

①(北齐)颜之推著,王利器集解:《颜氏家训集解·涉务》,上海古籍出版社 1980 年版,第290—291 页。
②(北齐)颜之推著,王利器集解:《颜氏家训集解·教子》,上海古籍出版社 1980 年版,第25 页。
③(北齐)颜之推著,王利器集解:《颜氏家训集解·勉学》,上海古籍出版社 1980 年版,第160 页。
④同上,第37 页。

不能"失敬于兄",不能"失恩于弟"。因为"兄弟不睦,则子侄不爱;子侄不爱,则群从疏薄;群从疏薄,则僮仆为雠敌矣。如此,则行路皆踏其面而蹈其心,谁救之哉?"①

孔子重"仁",孟子重"义"。人的生命是宝贵的,因此"不可不惜",但是又"不可苟惜"。颜之推继承了孔孟儒家的仁义思想,主张"行诚孝而见贼,履仁义而得罪,丧身以全家,泯躯而济国,君子不咎也"②。

第二,明"五经"之旨,习百家之书。

颜之推虽涉猎佛、道,但是终身服膺儒家学说。他在《颜氏家训·诫兵》中追述了自己的家学渊源,表明了自己的心迹:"颜氏之先,本乎邹、鲁,或分入齐,世以儒雅为业,遍在书记。仲尼门徒,升堂者七十有二,颜氏居八人焉。秦、汉、魏、晋,下逮齐、梁,未有用兵以取达者……吾既羸薄,仰惟前代,故真心于此,子孙志之。"③因此,颜之推特别强调教育子弟要笃守儒家经典。所谓儒家经典,主要是指《周易》、《尚书》、《诗经》、《礼记》、《春秋》"五经"。

在颜之推看来,之所以强调要明"五经"之旨,是因为"夫圣贤之书,教人诚孝,慎言检迹,立身扬名,亦已备矣"④。"五经"除了教人砥砺品行外,还是文章的根源,学好"五经",才能写好文章:

> 夫文章者,原出五经:诏命策檄,生于《书》者也;序述论议,生于《易》者也;歌咏赋颂,生于《诗》者也;祭祀哀诔,生于《礼》者也;书奏箴铭,生于《春秋》者也。⑤

"夫学者贵能博闻也"⑥,颜之推在教育子弟笃守"五经"之旨外,还鼓励他们习百家之书。所谓"百家之书",主要是指儒家经典以外的佛、道书籍和其他知识、技艺。颜之推虽然服膺儒家思想,但他不反对佛、道两教,认为"神仙之事,未可全诬",因此主张习道家之书。他将佛教"五戒"与儒家

①（北齐）颜之推著,王利器集解:《颜氏家训集解·勉学》,上海古籍出版社 1980 年版,第 42 页。
②（北齐）颜之推著,王利器集解:《颜氏家训集解·养生》,上海古籍出版社 1980 年版,第 333 页。
③同上,第 320—321 页。
④（北齐）颜之推著,王利器集解:《颜氏家训集解·序致》,上海古籍出版社 1980 年版,第 19 页。
⑤（北齐）颜之推著,王利器集解:《颜氏家训集解·文章》,上海古籍出版社 1980 年版,第 221 页。
⑥（北齐）颜之推著,王利器集解:《颜氏家训集解·勉学》,上海古籍出版社 1980 年版,第 209 页。

"五常"相比附,主张"内外两教,本为一体",反对"归周、孔而背释宗":

> 内典初门,设五种禁;外典仁义礼智信,皆与之符。仁者,不杀之禁
> 也;义者,不盗之禁也;礼者,不邪之禁也;智者,不酒之禁也;信者,不妄
> 之禁也。①

在习佛、道两教外,颜之推还主张涉实务、习杂艺。

首先,注重农业生产知识教育。颜之推认为:"古人欲知稼穑之艰难,斯盖贵谷务本之道也。夫食为民天,民非食不生矣,三日不粒,父子不能相存。"因此,人们必须明白"耕种"、"莳莸"、"刈获"、"载积"、"打拂"、"簸扬"、"入仓廪"等农业生产知识,不可"轻农事而贵末业"②。

其次,颜之推还主张士族子弟要学习书法、绘画、射箭、卜筮、算术、医方、琴瑟、博弈、投壶等杂艺。但是这些"杂艺"只能在业余时间学习,不必也不能专精于此,因为"夫巧者劳而智者忧,常为人所役使,更觉为累"③。

再次,避祸保命,守礼行敬。

颜之推所处的南北朝时期是中国历史上著名的乱世,南北之间相互征伐,南朝宋、齐、梁、陈相互取代,兵连祸结,作为统治集团的士族地主在变乱之时难逃亡国灭身之灾,"自乱离已来,吾见名臣贤士,临难求生,终为不救,徒取窘辱,令人愤懑。侯景之乱,王公将相,多被戮辱,妃主姬妾,略无全者。"④颜之推屡经亡国之痛,又"为勋要者所嫉,常欲害之"⑤。因此,他在教育子弟时特别强调避祸保命,"夫养生者先须虑祸,全身保性,有此生然后养之,勿徒养其无生也"⑥,并专列《止足》、《文章》、《省事》、《养生》等篇章,提出了"少欲知足"、"无多言"、"无多事"、"谦虚冲损"等一系列避祸保命的方法:

> 礼云:"欲不可纵,志不可满。"宇宙可臻其极,情性不知其穷,唯在
> 少欲知足,为立涯限尔。先祖靖侯戒子侄曰:"汝家书生门户,世无富

①(北齐)颜之推著,王利器集解:《颜氏家训集解·归心》,上海古籍出版社1980年版,第339页。
②(北齐)颜之推著,王利器集解:《颜氏家训集解·涉务》,上海古籍出版社1980年版,第297页。
③(北齐)颜之推著,王利器集解:《颜氏家训集解·杂艺》,上海古籍出版社1980年版,第507页。
④(北齐)颜之推著,王利器集解:《颜氏家训集解·养生》,上海古籍出版社1980年版,第333页。
⑤(唐)李百药:《北齐书·文苑传》,中华书局1972年版,第618页。
⑥(北齐)颜之推著,王利器集解:《颜氏家训集解·养生》,上海古籍出版社1980年版,第332页。

贵；自今仕宦不可过二千石，婚姻勿贪势家。"吾终身服膺，以为名言也……天地鬼神之道，皆恶满盈。谦虚冲损，可以免害。①

砂砾所伤，惨于矛戟，讽刺之祸，速乎风尘，深宜防虑，以保元吉。②

铭金人云："无多言，多言多败；无多事，多事多患。"至哉斯戒也！③

针对南北朝各朝统治者亡国灭身的惨况，颜之推还提出了守礼行敬的主张。孔子曰："克己复礼为仁。"④《左传·成公十三年》有云："礼，身之干也；敬，身之基也。"颜之推继承了这种思想，并将其发展为："礼为教本，敬者身基。"⑤在颜之推看来，"礼"与"敬"是紧密联系的，所谓"礼"即儒家礼仪，所谓"敬"即恭敬之心，内有恭敬之心，外循儒家礼仪，方能避祸保命，免除诛身、毁家、亡国之祸。

4. 教育方法

第一，提倡早教，重视胎教。

人生小幼，精神专利，长成已后，思虑散逸，固须早教，勿失机也。⑥

颜之推引证孔子的名言"少成若天性，习惯如自然"和当时的俗语"教妇初来，教儿婴孩"，并用自身的成长经历诠释了早教的必要性：人们在孩提时代精神专一，学习知识既快速又扎实，"吾七岁时，诵《灵光殿赋》，至于今日，十年一理，犹不遗忘；二十之外，所诵经书，一月废置，便至荒芜矣"⑦。这时期的性格养成和教育经历会影响人的一生。颜氏家长教诲还在孩提时代的颜之推，让他模仿两位哥哥的言行，"规行矩步，安辞定色"，同时传授他名言警句，关心他的爱好，勉励他发扬优点、克服缺点。正是由于父兄的教导，颜之推一生言行得体，学业精进。因此，颜之推特别强调要重视早教，"当及婴稚，识人颜色，知人喜怒，便加教诲，使为则为，使止则止"⑧。即要

---

① (北齐)颜之推著,王利器集解：《颜氏家训集解·养生》,上海古籍出版社 1980 年版,第 316—317 页。
② (北齐)颜之推著,王利器集解：《颜氏家训集解·文章》,上海古籍出版社 1980 年版,第 222 页。
③ (北齐)颜之推著,王利器集解：《颜氏家训集解·省事》,上海古籍出版社 1980 年版,第 301 页。
④ 杨伯峻译注：《论语译注·颜渊》,中华书局 1980 年版,第 120 页。
⑤ (北齐)颜之推著,王利器集解：《颜氏家训集解·勉学》,上海古籍出版社 1980 年版,第 160 页。
⑥⑦ 同上,第 166 页。
⑧ (北齐)颜之推著,王利器集解：《颜氏家训集解·教子》,上海古籍出版社 1980 年版,第 25 页。

在孩子开始能够辨别大人的脸色,明白大人的喜怒,具备基本的认知能力时就要加以教诲,使孩子听从长辈的教诲,以便令行禁止。

古人认为胎儿在母体中能够感受孕妇的言行教化,因此要求孕妇谨守儒家礼仪,以便给胎儿以良好的影响,这就是中国古代的"胎教"思想。"圣王有胎教之法:怀子三月,出居别宫,目不邪视,耳不妄听,音声滋味,以礼节之。"①提倡胎教是颜之推早教思想的内容之一。

第二,父母要"威严而有慈",行"不简之教"。

在主张父母对孩子进行早教的同时,颜之推通过正反两方面的事例来强调父母要"威严而有慈",反对纵容娇惯孩子。颜之推肯定父母疼爱孩子是天性使然,天下父母都不愿意看到自己的子女受责骂而脸色沮丧,不忍子女被荆条抽打而受皮肉之苦。但是子女生了病,父母哪能因为担心子女受苦而不用汤药针灸去救治他们?颜之推9岁时父亲去世,由两位哥哥进行教育,但是哥哥们"有仁无威,导示不切"。由于两位哥哥有仁爱之心而无威严之举,使得少年时的颜之推"肆欲轻言,不修边幅",长大之后虽然"少知砥砺",但年少时养成的习惯"卒难洗荡",以致"心口共敌,性与情竞,夜觉晓非,今悔昨失,自怜无教,以至于斯"②。正是有了这一段刻骨铭心的经历,所以颜之推强调父母要威严有慈,实行"不简之教"。

> 父子之严,不可以狎;骨肉之爱,不可以简。简则慈孝不接,狎则怠慢生焉。由命士以上,父子异宫,此不狎之道也;抑搔痒痛,悬衾箧枕,此不简之教也。③

所谓"不简之教",即"抑搔痒痛,悬衾箧枕",就是讲求儒家礼仪:父母身体不适,子女要为他们按摩抓搔;长辈起身后,晚辈为他们收拾卧具。在颜之推看来,父母与子女之间不能过分亲昵,防止子女产生不敬之心,怠慢父母,要谨守父子之严,遵从儒家礼仪。

第三,强调自立,砥砺求学。

颜之推出身士族门阀,知书识礼,但屡逢家国之变,个人经历坎坷多难:

---

① (北齐)颜之推著,王利器集解:《颜氏家训集解·教子》,上海古籍出版社 1980 年版,第 25 页。
② (北齐)颜之推著,王利器集解:《颜氏家训集解·序致》,上海古籍出版社 1980 年版,第 22 页。
③ (北齐)颜之推著,王利器集解:《颜氏家训集解·教子》,上海古籍出版社 1980 年版,第 30 页。

9 岁丧父,家道中落;3 次被俘,性命几乎不保。他对"父兄不可常依,乡国不可常保"有着切身的体会,备尝"一旦流离,无人庇荫"的困苦。因此,颜之推主张"自求诸身",强调要自立。谚曰:"积财千万,不如薄伎在身。"而"伎之易习而可贵者,无过读书也……夫读书之人,自羲、农已来,宇宙之下,凡识几人,凡见几事,生民之成败好恶,固不足论,天地所不能藏,鬼神所不能隐也"①。所以颜之推认为,人要想自立,必须从读书求学做起。

读书求学,需要谦虚勤学,广问博闻。"自古明王圣帝,犹须勤学,况凡庶乎!"②古代的圣明帝王尚须勤学苦练,今之凡人,更需勤奋。因此颜之推强调,读书求学,离不开一个"勤"字,并树立了很多勤学的榜样:战国苏秦锥股勤学,西汉文党投斧求学,南朝孙康映雪夜读,东晋车胤聚萤照书,南朝梁元帝以帝王之尊矢志勤学等。

"天地鬼神之道,皆恶满盈。谦虚冲损,可以免害。"③"夫学所以求益也"④。颜之推认为在学习中不能自满,而要谦虚。有的人读了几十卷书,"便自高大,凌忽长者,轻慢同列",以致"人疾之如雠敌,恶之如鸱枭",如此以学自损,"不如无学也"⑤。

颜之推引证儒家经典论述,反对闭门读书、师心自是,主张在求学时要不耻下问、交流切磋。

> 书曰:"好问则裕。"礼云:"独学而无友,则孤陋而寡闻。"盖须切磋相起明也。⑥

《颜氏家训》集中体现了颜之推的教育思想,在中国教育史上具有重要的历史地位。宋人陈振孙在《直斋书录解题》中评论此书:"古今家训,以此为祖。"清人王钺在《读书蕞残》中称赞道:"北齐黄门颜之推《家训》二十篇,篇篇药石,言言龟鉴,凡为人子弟者,可家置一册,奉为明训,不独颜氏。"⑦

---

① (北齐)颜之推著,王利器集解:《颜氏家训集解·勉学》,上海古籍出版社 1980 年版,第 153 页。
② 同上,第 141 页。
③ (北齐)颜之推著,王利器集解:《颜氏家训集解·止足》,上海古籍出版社 1980 年版,第 317 页。
④⑤ (北齐)颜之推著,王利器集解:《颜氏家训集解·勉学》,上海古籍出版社 1980 年版,第 165 页。
⑥ 同上,第 195 页。
⑦ (清)王钺:《读〈颜氏家训〉》,《读书蕞残》卷上。

(二) 房玄龄的教育思想

房玄龄(578—648年),名乔,以字行,唐代齐州临淄(今属山东济南市)人,隋朝开皇年间进士,唐朝开国宰相,官至礼部尚书、尚书左仆射、太子太傅,封魏国公。房玄龄重视言传身教,因此探析他的教育思想,需要从房氏家学的角度出发,综合考察他的政治品质、道德品质。

第一,谨守祖训,清白为官。

房氏为山东仕宦大族,累代为官,房玄龄的父亲房彦谦的高祖做过青州、冀州刺史,曾祖、祖父、父亲均做过郡守,房彦谦自主簿起家,官至郡司马。《隋书》记载,房彦谦"家有旧业,资产素殷",但为官清正廉洁,"一言一行,未尝涉私",居家"务存素俭",所得俸禄"周恤亲友",以致家无余财。房彦谦虽然家财屡空,却怡然自得,对房玄龄说:"人皆因禄富,我独以官贫。所遗子孙,在于清白耳。"①

房玄龄继承并发展了清白为官的祖训,具有极高的政治品质:

勤于政事,唯才是举。早在唐朝建立以前,作为李世民的行军记室参军(相当于掌管机要的幕僚长),房玄龄就十分注重探访、举荐人才。每仗获胜后,其他将帅"竞求珍玩",唯独房玄龄"收人物致幕府",又与诸将"密相申结,人人愿尽死力",为李世民招揽人才,积蓄实力。李世民将房玄龄比为当世的邓禹,感慨道:"汉光武得邓禹,门人益亲。今我有玄龄,犹禹也。"②李世民登上皇位后,身为总领百司的宰相,房玄龄更是尽心竭力为唐太宗"广耳目,访贤材"。他善于用人,唯才是举,"尽心竭节,不欲一物失所。闻人有善,若己有之……不以求备取人,不以己长格物,随能收叙,无隔卑贱。"③

忠于君王,死而后已。自隋末成为李世民的行军记室参军后,房玄龄"既遇知己,罄竭心力,知无不为",一生忠诚于李世民,辅佐他经营四方,削平群雄,夺取皇位。作为秦王府掌管机要的幕僚长,房玄龄"每军书表奏,驻马立成,文约理赡,初无稿草",被李世民倚为臂膀。这种突出的才干甚

---

①《隋书·房彦谦传》。
②《新唐书·房玄龄传》。
③《旧唐书·房玄龄传》。

至得到了李渊的赞赏："此人深识机宜，足堪委任。每为我儿陈事，必会人心，千里之外，犹对面语耳。"①太子李建成羡慕房玄龄的才干，一心将其收入门下，几经威胁利诱，房玄龄丝毫不为所动，即使由于李建成的嫉恨和诬告，房玄龄被唐高祖李渊黜斥，他仍然坚定地支持李世民。当李世民在与李建成争夺皇位的问题上犹豫不决时，房玄龄旗帜鲜明地主张登大位、克国难，促使李世民下定决心，并鼓励他说："国难世有，惟圣人克之。大王功盖天下，非特人谋，神且相之。"②李世民策划玄武门之变时，遭唐高祖罢黜的房玄龄和杜如晦"衣道士服，潜引入阁计事"，为李世民出谋划策，参与指挥了夺权之变。房玄龄晚年多病，听说唐太宗想要继续征讨高丽，便拖着病体上《谏伐高丽表》，分析局势，申明利害，主张"焚陵波之船，罢应募之众"。唐太宗看到房玄龄的谏表，对高阳公主说："是已危惙，尚能忧吾国事乎！"③感慨他在病危的时候还担心国是，可谓鞠躬尽瘁，死而后已，不久之后便停止了对高丽的征伐。

　　谦虚审慎，不言己功。贞观前，房玄龄辅佐李世民削平群雄，经营四方，李世民称赞他有"筹谋帷幄，定社稷之功"。贞观中，房玄龄官至礼部尚书、太子太傅，封魏国公，总领百司，掌政务达20年，参与制定典章制度，主持律令、格敕的修订，又曾与魏征同修唐礼，监修史籍，可谓劳苦功高。但是他谦虚审慎，不自居功。房玄龄不但不接受唐太宗的加官赏赐，反而屡次请辞身兼各职：贞观二年（628年），封太子少师，房玄龄却"固让不受"，最后不得已才"摄太子詹事"；贞观十七年，封太子太傅，房玄龄便一直请辞此职，唐太宗反复挽留："让，诚美德也。然国家相眷赖久，一日去良弼，如亡左右手。顾公筋力未衰，毋多让。"④直到三年之后才如愿以偿。

　　正是由于极高的政治品质，房玄龄被后世赞誉为贞观名相、天下贤相："玄龄身处要地，不吝权，善始以终，此其成令名者！"⑤

　　第二，侍奉父母，以身作则。

　　房玄龄的父亲房彦谦就是一个孝顺父母的典型。房彦谦早孤，"不识父，为母兄之所鞠养"。15岁过继给叔父房子贞，"事所继母，有逾本生"，"丁所继母忧，勺饮不入口者五日"。房彦谦还竭尽心力侍奉伯父房豹，"每

---

①②③《旧唐书·房玄龄传》。
④⑤《新唐书·房玄龄传》。

四时珍果,口弗先尝。遇期功之戚,必蔬食终礼"①。

房玄龄继承了父亲孝顺父母的优良品质,竭力侍奉父母。隋大业十一年(615年),房彦谦病危,房玄龄侍奉汤药,"绵十旬,不解衣"。等到父亲病逝,房玄龄哀毁骨立,"勺饮不入口五日"②。

房玄龄20岁时,生母病逝,父亲续弦,房玄龄用心侍奉继母丁氏,"能以色养,恭谨过人"。贞观十八年,丁夫人病重,此时已经66岁高龄的房玄龄请医人至门,"亲自迎拜垂泣",为继母看病。丁夫人病逝,房玄龄以母忧去职,丧葬如礼,"尤甚柴毁"③。唐太宗听说之后,便命散骑常侍刘洎过去劝慰房玄龄,赏赐"寝床、粥食、盐菜"等物。

第三,治家有法度。

房玄龄谨守祖训,清白为官,孝敬父母,均以身作则,希望子孙将这清白家风继承下去。房玄龄倾慕春秋时期晋国贤臣羊舌肸(字叔向,又称叔肸)品德高尚、以礼让国(孔子称之为"遗直"),便以古贤人的雅号为长子命名,可见房玄龄对其期望之高。

《新唐书》记载房玄龄"治家有法度",他"居端揆十五年",长子房遗直官至汴州刺史,次子房遗爱娶高阳公主,官至右卫将军,三子房遗则为荆王李元景之婿,官拜中散大夫;女儿嫁给韩王李元嘉(唐高祖李渊第11子)为妃。父子四人同朝为官,又与唐太宗结为儿女亲家,可谓位高权重、家世显赫。房玄龄经常担心"诸子骄侈,席势凌人",害怕子孙背弃祖宗遗训,便"集古今家诫,书为屏风",让三子各取一具,并说:"汉袁氏累叶忠节,吾心所尚,尔宜师之。"④希望他们继承祖训,悉心留意,以便保全性命。

房玄龄勤于政事、唯才是举,忠于君王、死而后已,谦虚审慎、不言己功,具有极高的政治品质;侍奉父母,以身作则,具有极高的道德品质;重视言传身教,留下的家训也很严厉,希望子孙能够继承清白家风,忠诚待上,兄弟友爱,但是事情的发展往往并不以人的意志为转移。房玄龄去世后仅仅5年,唐高宗永徽四年(653年),房遗爱和高阳公主谋反阴谋败露,房遗爱伏诛,高阳公主赐死,房遗直被贬为庶人。受其牵连,房玄龄也被取消配享太庙的待遇。

---

①《隋书·房彦谦传》。
②④《新唐书·房玄龄传》。
③(唐)吴兢:《贞观政要》,上海古籍出版社1978年版,第160页。

第四章　山东传统教育模式的衰落

一、宋元至明清专制化趋向下的山东文教政策

（一）宋元时期山东的文教政策

经过五代十国短暂的分裂,960 年,后周政权的都点检赵匡胤在出兵北伐的途中,发动了政变,迫使周恭帝退位,建立了宋王朝,史称"北宋"(960—1127 年)。北宋初期,在行政区划上基本仿照唐代,全国分为 13 道(后并为 10 道),997 年(至道三年)改道为路,全国分为 15 路(后又调整到 26 路),实行路、府(州、军、监)、县(军、监)三级制。山东属于京东东路、京东西路及河北东路的一部分。靖康二年(1127 年),金兵南下攻宋,北宋灭亡。此后约 10 年时间,山东成为南宋与金的战场。1137 年起,山东处于金的统治之下。大定八年(1168 年)金分别把京东东路、京东西路改为山东东路、山东西路,"山东"正式成为行政区划的名称。成吉思汗建立蒙古国后,开始攻金。1213 年至 1227 年,山东一直处于战乱状态。从 1227 年开始,山东属于元政权的统治之下。

1.泰山学派与北宋理学的形成

从唐代中叶开始,山东在藩镇割据之下惨遭蹂躏,又经过五代十国的变乱,当赵匡胤结束分裂,实现统一,建立大宋政权后,人民迫切需要稳定形势,发展生产,繁荣文教。宋初统治者顺应民意,推行了兴文教、抑武事的基本国策。太平兴国七年(982 年),宋太宗明确指出:"王者虽以武功克定,终

须用文德致治。"①北宋统治者所谓的"文德致治",主要是指尊孔重儒,提倡理学。

宋代立国之初,由于五代十国的纷乱与动荡,出现了"学校废,而礼义衰,风俗隳坏"的局面。这是一种非常不利于统治的情况,如果任其蔓延,那五代十国"君不君,臣不臣,父不父,子不子,至于兄弟夫妇人伦之际,无不大坏,而天理几乎其灭矣"的悲剧就可能重演。② 于是,统治者将眼光再次转向了儒学。宋真宗曾撰写《尊儒术论》,认定儒家学说即为治国之本,"儒术污隆,其应实大;国家崇替,何莫由斯。"③宋儒们极力迎合统治者意志,创造性地构建了哲学化、义理化的儒学——理学,以期整顿伦理道德,杜绝这种"礼崩乐坏"局面的再度发生。

在理学的形成过程中,泰山学派作出了巨大贡献。黄宗羲曾说:"宋兴八十年,安定胡先生、泰山孙先生、徂徕石先生始以师道明正道,继而濂、洛兴矣。故本朝理学虽至伊洛而精,实自三先生而始"④。

泰山学派,指以北宋孙复、石介、胡瑗为代表的学派。孙复(992—1057年),字明复,晋州平阳(今属山西省临汾市)人。曾4次参加进士考试,不第。在南京(今属河南省商丘市)与石介相识,并应邀到泰山。石介为其筑室泰山之麓,构学馆讲学,泰山书院由此产生。孙复精于儒学,教学六经,尤长于《春秋》,被称为"泰山先生"。石介(1005—1045年),字守道,兖州奉符(今属山东泰安市东南)人。26岁中进士,曾任郓州(今属山东东平县)观察推官(节度使的幕僚)、南京留守推官等职。丁母忧,辞官归家,师事孙复。并在徂徕山长春岭下兴办徂徕书院,招收生徒,讲授《易经》,与泰山书院互通声气,时称"徂徕先生"。胡瑗(993—1059年),字翼之,泰州如皋人,原籍陕西安定堡,门人称其为"安定先生"。20岁时北上泰山,与孙复、石介一起读书,共同钻研,并称"宋初三先生"。

泰山学派的代表人物大都站在维护封建统治的"尊王"立场上,反对佛道"去君臣之礼,绝父子之戚,灭夫妇之义",认为"夫仁义礼乐,治世之本

①(清)毕沅:《续资治通鉴》卷十一,上海古籍出版社1987年版,第54页。
②《新五代史·一行传》。
③(宋)李焘:《续资治通鉴长编》第6册,中华书局1980年版,第1798页。
④(清)黄宗羲原著,(清)全祖望补修,陈金生、梁运华点校:《宋元学案》第1册,中华书局1986年版,第73页。

也,王道所由兴,人伦所由正"①,以道统继承者自居。

他们首先对佛道进行了猛烈的批判。

佛道在唐代中后期即得到快速发展,晚唐文人沈亚之曾这样描述道:"自佛行中国已来,国人为缁衣之学多,几与儒等。然其师弟子之礼,传为严专,到于今世益,则儒道少衰,不能与之等矣。"②韩愈对当时佛教盛行曾给予严厉的批评,认为佛教传入中国是"乱华"。入宋后,佛、道继续获得统治者的青睐。建隆元年(960 年),下令修复废寺,塑造佛像。开宝四年(971年)开始在益州雕印《大藏经》。宋太宗认为佛教"有裨政治"③;宋真宗亲撰《崇释论》,宣扬佛教与孔孟"迹异道同"④。据记载,太平兴国年间,"国家两京诸州僧尼六万七千四百三人",而真宗"天禧末年,天下僧三十九万七千六百一十五人,尼六万一千二百三十九人"⑤,全国寺院林立,僧尼遍及天下。对于道教,宋代统治者也极为推崇,太宗曾表示:"清净致治,黄老之深旨也。夫万物自有为以至于无为,无为之道,朕当力行之"⑥,道教在宋代地位仅次于儒学。

面对佛、道咄咄逼人的态势,泰山学派感到儒学受到了严重挑战,同时认为如任其发展将削弱封建纲常秩序,于是他们开始了排佛、老的斗争。孙复认为:"佛老之徒,横乎中国。彼以死生祸福、虚无报应为事,千万其端,惑我生民。绝灭仁义,以塞天下之耳,屏弃礼乐,以涂天下之目",严重影响了正常的社会生活,"且夫君臣、父子、夫妇,人伦之大端也。彼则去君臣之礼,绝父子之亲,灭夫妇之义,以之为国则乱矣,以之使人则悖矣"⑦。并认为佛老乱政,古已有之,秦皇、汉武、梁武、齐襄、姚兴都是由于惑于虚无清净之说和报应因果之说,"卒皆沦胥以亡,势不克救"⑧。因此,孙复疾呼:"若

①《孙明复先生小集·儒辱》,四川大学古籍所编:《宋集珍本丛刊》第 3 册,线装书局 2004 年版,第 170 页。

②(清)董诰等编:《全唐文》,中华书局 1983 年版,第 7594 页。

③(宋)李焘:《续资治通鉴长编》第 3 册,中华书局 1979 年版,第 554 页。

④(宋)李焘:《续资治通鉴长编》第 4 册,中华书局 1979 年版,第 961 页。

⑤(宋)李攸:《宋朝事实》卷七,(清)纪昀编纂:《景印文渊阁四库全书》第 608 册,台湾商务印书馆 1983 年版,第 96 页。

⑥(宋)李焘:《续资治通鉴长编》第 4 册,中华书局 1979 年版,第 758 页。

⑦《孙明复先生小集·儒辱》,四川大学古籍所编:《宋集珍本丛刊》第 3 册,线装书局 2004 年版,第 170—171 页。

⑧《孙明复先生小集·无为指下》,四川大学古籍所编:《宋集珍本丛刊》第 3 册,线装书局 2004 年版,第 163 页。

使其志克就,其用克施,则芟夷蕴崇,绝其根本矣。"①石介对佛老的批评比之孙复更为激烈,他著《怪说》与《中国论》将佛老和杨亿目为"道"之大患,"方今正道缺坏,圣经隳离,淫文繁声,放于天下;佛老妖怪诞妄之教,杨墨汗漫不经之言,肆行于天地间"②,"佛老和杨亿之道"必除之而后快。"吾学圣人之道,有攻我圣人之道者,吾不可不反攻彼也。盗入主人家,奴尚为主人拔戈予以逐盗,反为盗所击而至于死且不避,其人诚非有利主人也,盖事主之道不得不尔也,亦云忠于主而已矣,不知其他也。吾亦有死而已,虽万亿千人之众,又安能惧我也。"③决心以死保卫儒道。

排斥佛老的目的,就是让人们宗经明道,恢复儒家思想曾经一尊的地位。为此,泰山学派的代表们又致力于"道"与"经"的解释与传布,明道致用。

孙复精于儒学,教学著书以治经为先,尊崇《易》、《春秋》,认为:"尽孔子之心者《大易》,尽孔子之用者《春秋》。是二大经,圣人之极笔也,治世之大法也"④,并著《易说》64 篇、《春秋尊王发微》12 篇。石介对《易》、《春秋》似均有研究,写有《易解》5 卷,而据《石氏墓表》载,其父石丙"专三家《春秋》学"⑤,《春秋》为其家学。孙复与石介的最大特点就是解说经义而不拘泥于古训,即"不惑传注,不为曲说以乱经"⑥,以己意解经。孙复对于王弼、韩伯的《周易》注释,左氏、公羊、谷梁、杜预、何休、范宁等对《春秋》的注释,毛苌、郑玄对《诗》的注释,孔安国对《书》的注释,都曾提出异议;石介针对郑玄注《礼记·文王世子》也曾提出异议。经过解经,泰山学派"大得圣人之微旨"⑦。孙复发挥《春秋》中正纲纪、严名分的要义,竭力鼓吹"尊王",批判诸侯专擅,强调礼乐等级制度的不可逾越性,为现实专制政治找到了依据。接着,他们以倡明儒道、继承孔(子)、孟(子)、董(仲舒)、扬(雄)、王(通)、韩(愈)的儒学传统自居。孙复认为:"吾之所为道者,尧、

①《孙明复先生小集·儒辱》,四川大学古籍所编:《宋集珍本丛刊》第 3 册,线装书局 2004 年版,第 170—171 页。
②(宋)石介著,陈植锷点校:《徂徕石先生文集》,中华书局 1984 年版,第 163 页。
③同上,第 63—64 页。
④同上,第 223 页。
⑤同上,第 253 页。
⑥(清)黄宗羲著,(清)全祖望补修,陈金生、梁运华点校:《宋元学案》第 1 册,中华书局 1986 年版,第 101 页。
⑦(宋)王得臣:《尘史》卷中,商务印书馆 1937 年版,第 31 页。

舜、禹、汤、文、武、周公、孔子之道也,孟轲、荀卿、杨雄、王通、韩愈之道也"①。石介则把儒家的道统认定为,从尧、舜到孔、孟、扬雄、王通、韩愈,以至其师孙复,他说:"吏部后三百年,贤人之穷者,又有泰山先生。"②并且认为:"圣人之道非他,人道也。人道非他,君臣也,父子也,夫妇也"③,这个道"万世可以常行,一日不可废"④。孙复、石介反复强调"道"、"道统",对孟子推崇备至。孙复说:"孔子既没,千古之下,攘邪怪之说,夷奇险之行,夹辅我圣人之道者多矣。而孟子为之首,故其功钜。"⑤在他们的有力推动下,孟子的地位逐渐上升,"尊孟"遂成为一种风尚。

　　泰山学派就其思想来说,并未形成理学系统,但他们以在强调遵守封建的伦理道德中的贡献和在提升儒学一尊于思想界地位中的作用,以及在建立理学重要原则与概念中的肇始之功,开后世理学之先河。正如清代全祖望指出的那样:"宋世学术之盛,安定、泰山为之先河,程朱二先生皆以为然。"⑥

　　泰山学派的思想正合乎宋代统治者的想法,宋仁宗曾说:"务明先圣之道,以称朕意"⑦,明确表示尊重儒术。后来孙复、石介应范仲淹之邀,任国子监直讲,使自己的思想借助国子监的影响得以上传下达。

　　北宋理学的真正开山鼻祖是周敦颐,他将道家无为思想和儒家中庸思想加以融合,阐述了理学的基本概念与思想体系。后经邵雍、张载、二程、朱熹的发展完善,逐渐形成了较为完整的理学体系。它告诉人们,"理"为万事万物的本源,这个"理"又称天理,即儒家的价值理念,人的一切行为都要符合"理"的要求。"宋代理学,特别是程朱理学,虽然到南宋末年才得到官方的承认和推崇,但是理学在产生和发展的过程中,对整个宋代的文化教育都产生了深刻的影响。宋代官学的发展,书院的产生和兴盛,科举制度的完

---

①《孙明复先生小集·信道堂记》,四川大学古籍所编:《宋集珍本丛刊》第3册,线装书局2004年版,第169—171页。

②(宋)石介著,陈植锷点校:《徂徕石先生文集》,中华书局1984年版,第222页。"吏部",指韩愈,因其晚年任吏部侍郎,所以又称韩吏部。

③(宋)石介著,陈植锷点校:《徂徕石先生文集》,中华书局1984年版,第96页。

④同上,第88页。

⑤《孙明复先生小集·兖州邹县建孟庙记》,四川大学古籍所编:《宋集珍本丛刊》第3册,线装书局2004年版,第168页。

⑥(清)黄宗羲著,(清)全祖望补修,陈金生、梁运华点校:《宋元学案》第1册,中华书局1986年版,第1页。

⑦(宋)李焘:《续资治通鉴长编》第8册,中华书局1985年版,第2512页。

善,以及教育内容、教育方法和学风,无不与理学有密切关系。"①

2. 金元的文教政策

金(1115—1234 年)是一个由女真族建立的北方少数民族政权。在灭北宋的战争中,几次劫掠山东。1127 年初,金在攻占开封后,"纵兵四掠,东及沂、密,西至曹、濮、兖、郓……皆被其害,杀人如刈麻,臭闻数百里"②。经过与南宋近 10 年的拉锯战,1137 年,山东最终被纳入金的统治,但社会生产力却遭到了严重破坏。在此后近 90 年时间里,山东地区反金起义连绵不断,前期有张荣水军的起义,中期有赵开山、耿京的起义,后期有红袄军大起义。因此,金统治者在山东的各项政策的贯彻执行受到极大限制,其中包括文教政策。

金朝在最初统治北方时,一直采取防止汉化的政策。但随着女真族进入中原,开始转向加速汉化的政策。天辅二年(1118 年),金太祖诏令:"宜选善属文者为之。令其所在访求博学雄才之士,敦遣赴阙"③,表现出要仿照汉制筹谋文教政策的意愿。金太宗天会年间,金朝开科取士。到金熙宗时,金朝汉化步伐开始加速。天眷元年(1138 年),"诏以经义、词赋两科取士"。天眷三年(1140 年),册封孔子 49 代孙孔璠袭衍圣公爵位。皇统元年(1141 年),金熙宗亲自到孔庙奠祭,以表示对孔子及其所代表的中原文化的尊重,盛赞孔子:"虽无位,其道可尊,使万世景仰。大凡为善,不可不勉。"④海陵王天德三年(1151 年),建立了国子监。金世宗时,虽在汉化的道路中有所反复,告诫女真贵族要保持风俗及语言文字,否则"是忘本也",但仍提出"教化之行,当自贵近始"⑤的主张,仿行汉制培养统治人才,于大定年间相继设立了太学、府学和州学,以"九经"、"十七史"及百家之言"授诸学校"⑥。此后的章宗、宣宗、哀宗各朝,虽国力渐衰,仍勉力推行尊孔崇儒的文教政策。

1206 年,成吉思汗建立元朝。1234 年,在蒙古人的进攻下,金朝灭亡。

---

①黄仁贤:《中国教育史》,福建人民出版社 2003 年版,第 193 页。
②(宋)李心传:《建炎以来系年要录》,中华书局 1956 年版,第 87 页。
③《金史·太祖本纪》。
④《金史·熙宗本纪》。
⑤《金史·世宗本纪中》。
⑥《金史·选举志一》。

1271 年,元世祖忽必烈取《易经》中"大哉乾元"之意,定国号为"大元"。1276 年,元灭南宋,最终统一中国。

早在 1227 年,蒙古大军就已攻占了山东全境,将齐鲁大地纳入其统治范围。元代在行政区划上实行行省制,行省下设路、府、州、县。山东地区属于中书省,是元朝中央的"腹里"①地区,下分 6 路:东平路、东昌路、济宁路、益都路、济南路、盘阳府路。由于元朝也是一个由少数民族建立的政权,因此,它在山东的文教政策,大体经历了如同金朝的变化之路。

随着元朝统治者汉族占领区的不断扩大,逐渐发现要改变以往的武治政策,实行文治。元世祖忽必烈说:"祖宗肇造区宇,奄有四方,武功迭兴,文治多缺"②。他在汉族谋士许衡等"北方之有中夏者,必行汉法乃可长久"③的建议下,把都城移向中原,建立年号、国号和礼仪制度,"立朝廷而建官府"④,全面推行以汉化为中心的文教政策。此后,其后继者也大体上延续了这样一种政策。

首先是尊孔崇儒。早在元太祖(1206—1227 年)时,就在燕京(今北京市)设立宣圣庙(孔庙),春秋率诸生行释菜礼。元太宗令各路、府、州、县皆立孔子庙,并官给经费令孔子后裔修阙里圣庙。元世祖至元四年(1267年),则敕上都重建孔子庙。武宗时,加封孔子为"大成至圣文宣王",为立碑碣,颂扬"先孔子而圣者,非孔子无以明;后孔子而圣者,非孔子无以法"⑤。当然,尊孔就必然重儒,元朝统治者还笼络重用汉族士人。元太祖时,即开始收罗儒生出身的学者。元世祖更是热心于学习中原文化,经常向汉族士人问以儒学治道。他为藩王时,曾派人"访求遗逸之士",找到了王鹗等人。王鹗,曹州东明(今属山东东明县)人,金正大元年(1124 年)状元。王鹗被聘到府,给忽必烈"讲《孝经》、《书》、《易》,及齐家治国之道,古今事物之变,每夜分,乃罢。"⑥因此,元世祖上台后,其周围聚集了一批汉儒。由于统治者的推崇,加之其重用的汉儒大多为理学家(如许衡等),于

①《元史·地理志一》。
②《元史·世祖纪》。
③《元史·许衡传》。
④(元)苏天爵辑:《国朝文类》卷四十,经世大典序录·官制,商务印书馆缩印本 1929 年版。
⑤《元史·武宗本纪一》。
⑥《元史·王鹗传》。

是理学逐渐成为元代官方的统治思想。

其次,重教兴学。元朝在太宗六年(1234年),"以冯光宇为国子总教,命侍臣子弟十八人入学,是为建置学校之始"。元世祖时注意人才培养,他在中统二年(1261年)下诏:"诸路学校久废,无以作成人才,今拟选博学洽闻之士以教之,凡诸生进修者,仍选高业儒生教授,严加训诲,务使成才,以便他日选擢之用。仍仰各路官司常切主领教劝"。至元六年(1269年),设提举学校及教授官。至元二十四年(1287年),"立国子学于大都,设博士通掌学事,分教三斋生员。讲授经旨,是正音训。复设助教,同拿学事,而专守一斋。正、录申明规矩,督习课业。凡读书必先孝经、小学、论语、孟子、大学、中庸,次及诗、书、礼记、周礼、春秋、易"①。元朝还在京师设有蒙古国子学和回回国子学。在地方官学教育上,大力设置社学、医学、阴阳学。尽管元代重教兴学,但在受教育权利上是不平等的,体现了在文教政策上的民族歧视与压迫。如国子学,在入学名额上蒙古族人占一半,色目人及汉人加起来才占一半。

再次,利用宗教。元朝对宗教采取了信仰自由的政策,只要不危及其统治,都予以保护和利用,因此各种宗教得以兴旺发展,其中最重要的还是佛道二教。据记载,"元兴,崇尚释氏,而帝师之盛,尤不可与古昔同语"②,各地都以佛教为重。元世祖就特别尊崇佛教,"万机之暇,自持数珠,课诵、施食"③,此后历代皇帝对佛教都优渥有加。至元顺帝时,内外交困,照旧崇佛,修建佛寺。至正七年(1347年)十一月,"拨山东地土十六万二千余顷,属大承天护圣寺"④。由于元统治者在征服北方的过程中,曾利用过在北方有较大影响的全真道,因此,道教也有较快发展。在开州观城(今属山东莘县西南)人李志常任掌门时,全真道发展到了顶峰。元太宗、宪宗对李志常非常推崇,太宗赐号"玄门正派演教真常真人";元宪宗五年(1255年),数次诏见,"咨以治国保民之术"⑤。

---

①柯劭忞:《新元史》卷六十四,选举志一·学校,开明书店1935年版,第156页。
②《元史·释老列传》。
③(宋)释志磐:《佛祖统记》卷四十八,《大正新修大藏经》第49卷,史传部一,台北新文丰出版公司1983年影印版,第435页。
④《元史·顺帝纪四》。
⑤《道藏》第19册,文物出版社、上海书店、天津古籍出版社1988年版,第746页。

（二）明清时期山东的文教政策

1.尊儒重教，推崇理学

明清统治者自建国之初，就明确了崇儒兴教的政策。明太祖朱元璋建国伊始，就已经认识到儒学的重要性。曹县(今属山东曹县)人陈遇"自开基之始，即侍帷幄"，劝告明太祖"以不嗜杀人，薄敛，任贤，复先王礼乐为首务"。朱元璋对于这一建议非常重视，并多次"幸其第"，与陈遇讨论治国之策，"语必称'先生'，或呼为'君子'"①。明太祖最终确定了"治国以教化为先，教化以学校为本"②的文教政策。清朝统治者，在入主中原后，逐渐认识到崇儒兴教对长治久安的作用。1655年，顺治皇帝就表示："帝王敷治，文教是先。臣子致君，经术为本……今天下渐定，朕将兴文教，崇经术，以开太平。"③

首先，尊孔崇儒。朱元璋虽出身卑微，建国之初便"命儒臣纂礼书"④，尊孔崇儒。朱元璋设置了衍圣公官署，并将孔、颜、孟三氏之学立为官学。在曲阜设置尼山、泗水两书院。至明宪宗成化十二年(1476年)，改孔庙祭祀的乐舞为只有天子才能使用的乐舞——"八佾"。明嘉靖九年(1530年)，尊孔子为"至圣先师"。清虽为少数民族建立的政权，但对孔子尤为推崇。顺治元年(1644年)，清王朝袭封孔子第65代孙孔允植为"衍圣公"。次年，翰林院侍读学士新城(今属山东桓台县)人李若琳上书，"请更定孔子神牌，复元制曰大成至圣文宣王，下礼部议"⑤。结果，将孔子封号改为"大成至圣文宣先师"。康乾时，康熙于1683年又亲书"万世师表"匾额，悬挂于全国各地孔庙；乾隆曾9次亲自到曲阜朝拜。孔子的地位达到一个新的高度。

其次，推崇理学。明清所面对的儒学已非先秦时原始的儒学，经过若干学派的解释，已经流派纷杂。明清统治者对其进行筛选后，均不约而同地选择了理学，特别是程朱理学。其实，他们看中的正是理学的统治功能。程朱理学认为，天理是自然万物和人类社会的根本法则，天理在人间即体现为以

---

①《明史·陈遇传》。
②《明史·选举一》。
③《世祖章皇帝实录》卷九十一，《清实录》第3册，中华书局1985年版，第712页。
④《明史·太祖纪二》。
⑤《明史·李若琳传》。

"三纲五常"为内核的伦理道德,是人们必须首先自觉遵守的准则。因此,人们要灭掉欲望遵从天理。明太祖"一宗朱子之学","令学者非《五经》、孔孟之书不读,非濂、洛、关、闽之学不讲",而明成祖朱棣更是"命儒臣辑录五经四书大全及《性理全书》,颁布天下"①。清初,顺治和康熙分别下诏以朱熹15世孙朱煌、16世孙朱坤承袭翰林院《五经》博士,在籍奉祀。康熙皇帝则最服膺朱熹,多次予以褒奖。康熙五十一年(1712年),下诏朱熹配享孔庙,列为"十哲之次"。他更赞扬朱熹道:"惟宋儒朱子注释群经,阐发道理,凡所著作及编纂之书,皆明白精确,归于大中至正,经今五百余年,学者无敢訾议。朕以为孔、孟之后,有裨斯文者,朱子之功最为弘巨。"②在统治者的推崇下,程朱理学成为明清官方的统治思想。

再次,重教兴学。由于朱元璋从历代统治经验的总结中,认识到"贤才,国之宝也"③,因此特别重视对人才的培养和选拔,"朕惟治国以教化为先,教化以学校为本"。于是,发布兴学令,"学校之教,至元其弊极矣。上下之间,波颓风靡,学校虽设,名存实亡。兵变以来,人习战争,惟知干戈,莫识俎豆……京师虽有太学,而天下学校未兴。宜令郡县皆立学校,延师儒,授生徒,讲论圣道,使人日渐月化,以复先王之旧。"明代的教育事业得以快速发展,"盖无地而不设之学,无人而不纳之教,庠声序音,重规叠矩,无间于下邑荒徼,山陬海涯。此明代学校之盛,唐、宋以来所不及也。"④清因明制,继续重视学校教育。顺治皇帝曾说:"帝王敷治,文教是先……朕将兴文教,崇经术。"⑤康熙则认为:"治天下者莫亟于正人心厚风俗,其道在尚教化以先之,学校者教化所从出也……教化者为治之本,学校者教化之原。"⑥雍正二年(1724年),谕令各地扩大州县学规模。

2. 文化专制的强化与完善

明清两代为加强中央集权制的需要,在文教上均实行了严厉的文化专制政策。

①(清)陈鼎:《东林列传》卷二,高攀龙传。
②《圣祖仁皇帝实录》卷二四九,《清实录》第6册,中华书局1985年版,第466页。
③《明史·选举志三》。
④《明史·选举志一》。
⑤《世祖章皇帝实录》卷九十一,《清实录》第3册,中华书局1985年版,第712页。
⑥《圣祖仁皇帝御制文集》卷十七,论学校,(清)纪昀编纂:《景印文渊阁四库全书》第1298册,台湾商务印书馆1983年版,第175页。

　　首先是删书毁书。明太祖借农民起义而登上皇帝宝座，加以卑微的出身，因此对任何批评帝王的言语都会反应过当。洪武三年（1370 年），朱元璋读《孟子》，看到"君之视臣如草芥，则臣视君如寇仇"一语，勃然大怒，"谓非人臣所宜言"，于是将孟子撤出孔庙，罢废其配享的资格。"有谏者，以不敬论，且命金吾射之"。后来虽因大臣的极力反对而恢复孟子的配享资格，但却令人将《孟子》一书中不利于君主专制的语句，如"民为贵，社稷次之，君为轻"，"君有大过则谏，反复之而不听，则易位"，"闻诛一夫纣矣，未闻弑君也"，"君之视臣如草芥，臣之视君如寇仇"等，共 85 条尽行删去，并规定这些内容"课试不以命题，科举不以取士"①。清代对书籍除删改以外，还焚书毁书，以杜绝对自己统治不利的文字影响百姓。乾隆皇帝在乾隆三十九年的上谕中明确指示："明季造野史者甚多，其间毁誉任意，传闻异词，必有诋触本朝之语。正当及此一番查办，尽行销毁，杜遏邪言，以正人心而厚风俗。"②仅从乾隆三十九年至四十七年（1774—1782 年），就先后焚书 24 次，烧毁 538 种，13862 部。③

　　其次，笼络知识分子，实行思想钳制。科举制到了明清两代，发展到极盛。"科目为盛，卿相皆由此出，学校则储才以应科目者也"④，在明清虽然有多种出仕渠道，但科举出仕最被看重。知识分子经年奋斗在科考一线，皓首穷经，不讲求实际学问。统治者又创行八股取士制度，科举试卷仅从儒家的四书、五经中命题，不许发挥个人见解，并以朱熹的《四书集注》为标准答案。答卷的文体，有严格的规定，分为八个部分，称为"八股文"。这种文体严重束缚了知识分子的思想。明清两代还大规模编书，明代编有《永乐大典》，清代编有《康熙字典》、《佩文韵府》、《皇朝通志》、《皇朝通典》、《皇朝文献通考》、《四库全书》、《古今图书集成》、《续文献通考》等。编书使知识分子有了用武之地，同时保存了大量优秀文化典籍。但大规模编书却占用了士人大量时间与精力，减少了他们的独立思考能力，是一种间接钳制思想的手段。

---

①参见中国科学院图书馆整理：《续修四库全书总目提要·经部》，中华书局 1993 年版，第 921 页。
②（清）王先谦编：《东华续录》乾隆八十，《续修四库全书》编纂委员会编：《续修四库全书》第 343 册，上海古籍出版社 2002 年版，第 457 页。
③参见梁启超：《中国近三百年学术史》，东方出版社 2004 年版，第 21 页。
④《明史·选举志一》。

再次，实行文字狱。仅靠删书、毁书和笼络、奴化，是不能完全控制知识分子的，明清统治者还采用文字狱的方式迫害知识分子，使他们有话不敢说，以达到禁锢思想的目的。明统治者曾说："率土之滨，莫非王臣……寰中士大夫不为君用，是外其教者，诛其身而没其家，不为之过。"①他们对知识分子实行文化专制、大兴文字狱，清人赵翼在《明初文字之祸》一文中对此作了比较集中的记载。清代的文字狱与明代相比，有过之而无不及。康熙五年(1666 年)，山东曾发生了"黄培诗案"。黄培是山东即墨人，出身地方名门望族，荫袭明锦衣卫指挥佥事。明亡后，隐居在家。后被告藏有"悖逆"的诗文书籍等，因此黄培等 14 人被捕入狱，处斩。此案株连人员达 300 人，顾炎武也为此在济南府狱中被囚禁了近 7 个月。据不完全统计，清代文字狱近百起，大批知识分子以莫须有的罪名惨遭杀戮。

二、科举制下的单一化学校教育

(一) 科举制的发展

1. 科举制的逐步完善

宋元明清是科举制发展、完善并走向极度繁荣的时期。

北宋时期，科举取士沿袭唐制，但又有很多变化和发展。宋太祖开宝六年(973 年)，改二级考试为三级，正式确立了殿试制度，由皇帝亲自主持。太祖认为这种办法很好，曾对别人说："昔者，科名多为势家所取，朕亲临试，尽革其弊矣。"②太宗太平兴国八年(983 年)，又把殿试成绩分为三等，即所谓进士分三甲。这种办法虽在宋代屡经改易，但对后世的影响是深远的。太宗淳化三年(992 年)，苏易简任知贡举，主持省试，他"既受诏，径赴贡院，以避请求"③。从此开始建立锁院制，即在考试期间主考官与外界隔离，以保证试题保密和摆脱人事干扰。此年殿试时，皇帝还接受将作监丞陈靖的建议，实行糊名考校，后来逐步推行于各级考试，是为我国弥封试卷之开始，后又进而发展为誊录易书，以便在字迹上避免有人作弊。此外，范仲

①《御制大诰三编》，《续修四库全书》编纂委员会编：《续修四库全书》第 862 册，上海古籍出版社 2002 年版，第 332 页。
②《宋史·选举志一》。
③(元)马端临：《文献通考》卷三十，中华书局 1986 年版，第 285 页。

淹、王安石等人在身任要职时，对科举制度都曾进行改革，特别是王安石曾制定"三舍法"，一度取代了科举制度，也是在选士方面的重大变革。宋代词科的设置，对后世也有很大影响。

辽、金、元三代，是科举制度发展的过渡阶段。元代，开国40多年后，至皇庆三年（1312年）始开科取士。分为左右两榜，蒙古人、色目人为一榜，称右榜，汉人、南人为一榜，称左榜。明显表现了民族之间的不平等。在考试内容方面，朱熹的《四书章句集注》已占有重要地位。元代开科取士推行60余年，分为三级考试，即乡试、会试和殿试。

明代是中国古代科举制度发展的总结期和成熟期，在3级考试制度的确立、科举考试三场试的确定、考试科目的划分及考试内容方面均继承了前代的成果并加以充实、完善和发展，将中国古代科举制度推向了它的顶峰。

明代建国之初，为加强封建的思想统治，全面加强了对教育和科考的管理。洪武二年（1369年），命各府、州、县设立学校，读书士子要首先"进学"，即考入府、州、县学成为生员，然后才有资格参加乡试和会试。这样一来，学校便成为科举功名的必由之路。而在学校之中，各类学校的学习内容和各级功名考试的范围也有一定规定和要求，程朱理学成为官方哲学，也是学校教育和考试的主要内容。明永乐年间敕令编写《性理大全》，清代康熙年间，又在这部书的基础上"撷其精华"编写成《性理精义》，进一步阐发宋儒的学说，以加强宋明理学的思想统治。同时确立了科考中的八股文文体，严重钳制了读书人的思想。早在宋代熙宁年间王安石改革考试制度时，即曾以经义试进士，并拟定格式颁布全国，但这种格式主要是论文的形式，并不特别死板和拘泥，后来逐渐加码，至明宪宗成化年间便形成固定的八股文，作为应用于各级考试的一种文体。这种文体要求，开始先揭示题旨，为"破题"；接着承上文而加以阐发，叫"承题"；然后开始议论，称"起讲"；再后为"入手"，为起讲后的入手之处；以下再分"起股"、"中股"、"后股"和"束股"四个段落，而每个段落中，都有两股排比对偶的文字，合共八股，故称八股文。

到清代，科举制度已发展为一种固定模式，开始变得僵化、腐朽。

清代科举分为文科与武科，文、武科又分别由童试、乡试、会试、殿试等部分组成。科举考试中以文科最为重要。

清代府、州、县的学生,称为生员。未取得生员资格的知识分子,不论年龄大小,都称为童生或儒生。童生要取得生员的资格,必须经过县试、府试和院试。这些考试,总称为童试。县试,由各县的知县(隶属于府的各州由知州)主持。考试的时间通常是每年二月。考试及格者准予参加府试。府试在各府举行,由知府(临清、济宁直隶州的知州)主持。考试日期多在每年四月。考试及格者参加院试。院试是童试中最关键的一次考试,由省学政(学院)主持。中式者称为生员,分别派往县学或府学学习。生员俗称"秀才",是进了学的人,再经科试后,可参加乡试。

乡试为乙级考试,每3年一科,于子、卯、午、酉年秋季举行,故又称"秋闱"。山东的乡试在济南府城举行,考试的试场称为贡院。贡院设在布政司衙门东院(今仍称贡院墙根街),它始建于明洪武初年,至1804年(嘉庆九年),号舍已增到7000余间。到1898年(光绪二十四年),巡抚李秉衡又于贡院后

晚清贡院考棚

增广新号,应试号舍已达14500多个。乡试分为三场,各场考试项目虽多次变易,但至近代已基本定制:第一场,试四书文3篇、五言八韵诗1首;第二场,试五经文5篇,从五经中各出一题;第三场,试经史时务策5道。试四书文和五经文均用八股文。到了19世纪末20世纪初,由于资产阶级维新运动的冲击,乡试内容曾有过变动。1901年(光绪二十七年),清廷宣布乡试首场改试中国政治史事论5篇,二场各国政治艺学策5道,三场《四书》义3篇,《五经》义1篇①。但是,实行不久科举制度就废除了。参加乡试的,考中者称举人,可以参加会试。据(光绪)《山东通志》载,从1840年(道光二十年)到1904年(光绪三十年)的60余年间,省试共考取举人581人。

乡试之后是会试。会试是科举考试中的甲级考试,每3年举行一次,参加者为举人。考试时间在乡试的第二年春季,所以又称"春闱"。考试地点

①《清史稿·选举志三》。

在北京。考试内容仍以四书五经文为主,用八股文。会试中式者称贡士,贡士再经殿试,而成进士。晚清举人和进士多可通过不同的手续进入仕途。这些通过八股文考试而进入仕途的知识分子,正如龚自珍所说:"其齿发固已老矣,精神固已惫矣"①,畏葸退缩,思想僵化,实为一伙冬烘先生,然而他们却正是清皇朝的官吏。

乡试和会试除正科考试以外,逢皇帝登极或万寿庆典等还可举行恩科。文科考试除常科以外,有时根据皇帝的需要可举行特科,如光绪年间就曾举行经济特科。但是清朝的腐朽已为一些有识之士所共识,因此如小说作家李伯元、吴趼人等宁可以笔墨自苦,也不参加特科应聘了。

2. 科举制的积弊及其终结

科举制在中国古代开考试选官之先河,它不问家世,不需举荐,主要以考试成绩决定取舍,比世卿世禄制、察举制以及为豪门世族服务的九品中正制更具公平性,是对中下层读书士子的一次解放。许多出身寒门庶族的知识分子,通过科举考试,跻身仕途,发挥他们的才干和作用。可以毫不夸张地说,中国封建社会之所以能长期延续,与科举制有着极大的关系。科举制将出身寒微的士子选拔到统治阶级队伍里来,使统治集团补充了新鲜血液,实现了自我净化,从而也就使得封建制度增添了活力。当时许多来中国的外国人,都对科举制表示出赞赏的态度。明世宗隆庆三年(1569年),葡萄牙传教士克鲁兹在《中国游记》一书中,就盛赞中国通过科举考试选拔官员的制度。

然而,事物总有两面性,统治阶级在吸纳下层知识分子时更多考虑的是如何笼络、钳制。唐太宗在最初推行科举时说"天下英雄,入吾彀中矣"②,即隐隐表达出这种含义。此后的统治者,逐渐将科举制变为笼络、钳制知识分子的工具。及至明朝中叶以后,在内容上要求应试举人完全按照"四书"、"五经"及官方指定的注疏,"代圣贤立言",不准发挥己意。到了清代还增加了什么《圣谕广训》之类,更把读书人的思维框得死死的。人们除了宋明理学以外,不知有其他学问;除了圣人、君上意志之外,不知有个体欲望的追求。特别是八股模式,将科考者的思维钳进一个框子里,成为"代圣贤

①《龚自珍全集》,中华书局1959年版,第33页。
②(五代)王定保:《唐摭言》,古典文学出版社1957年版,第3页。

立言"的机器,用不着实际的空话和陈词滥调凑成所谓"文章",以为出仕的敲门砖。

由于这些弊端,使科举这种最初有利于人才选拔的制度,最终走向了自己的反面,成了束缚教育发展、限制人才成长的桎梏。有些人由于长期科场失意,绝意仕途。济阳人张尔岐,年19赴乡试落第,转学经史,入清后,坚辞不出,终居乡里,研治学问,教授生徒;昌邑人于作霖,科试名列前茅,但为有势力者取代。后举乡试,但会试屡试不第,遂绝举业;淄川人蒲松龄,虽以《聊斋志异》留名于世,但一生科考失意,71岁时才破例补为贡生。

科举制因此受到越来越多有识之士的诟病。清人李塨曾这样犀利地抨击科举制:"盖上之所取在是,则下之所趋亦在是。既以八股为科举,则天下惟知习此以为学,惟知习此以为士。举凡德行、道艺,与所以致治戡乱之具,概置不问,一幸登科第,则政事听之胥吏,心力用之营求,贪富贵,竞门户,而无事则徇私以酿祸,遇变则置安危于不顾。非无忠良有用之才,要皆时之间出,而非科举所能得者,是败坏朝廷者士,而败坏人才以为士者,朝廷也。"①明末清初的思想家顾炎武,更指斥"八股之害,等于焚书。而败坏人材,有甚于咸阳之郊所坑者。"②近代维新派首领梁启超则认为:"夫近代官人,皆由科举,公卿百执,皆自此出;是神器所由寄,百姓所由托,其政至重也……然内政外交,治兵理财,无一能举者,则以科举之试以诗文楷法取士,学非所用,用非所学故也。"③

1905年(光绪三十一年),在朝野上下一片反对的呼声中,清政府不得不下达诏书,废除科举制。自隋代以来创建的科举考试,至此完成了它的历史使命,而寿终正寝。

(二)宋元时期山东的学校教育

1.宋代教育

战乱不断的五代时期,由于统治者一心争夺权力,并不重视教育。国子监、地方学校名存实亡,"其居学者亦皆苟贱冒滥之士",虽然科举未停,但

---

① (清)李塨:《取士》,《清代前期教育论著选》中册,人民教育出版社1990年,第270—271页。
② (清)顾炎武著,陈垣校注:《日知录校注》,安徽大学出版社2007年版,第913页。
③ 朱有瓛主编:《中国近代学制史料》第1辑下册,华东师范大学出版社1987年版,第79页。

"多有未曾授业辄取解送者"①。就连曲阜的孔庙,在宋初也"堂庑陋而毁颓,触目荒凉,荆榛勿剪;阶序有妨于函丈,屋壁不可以藏书"②。教育遭受到极大挫折。

宋初统治者采取"重文轻武"的政策,十分重视文教在治国安邦中的作用,积极发展教育事业。

宋代官学基本上承袭了隋唐的制度。在中央设有国子学、太学、武学、律学、广文馆和四门学。国子学(或称国子监),招收七品以上官僚子弟入学,但素无教学之实,实际上是管理教育的行政机构。太学与国子学性质相同,学生为八品以下官员的子弟和庶民中的俊异者。国子监的长官在元丰改制后为国子祭酒,它同时也是太学的最高行政长官。担任过国子祭酒的山东人有:曹州济阴(今属山东定陶县)人邢昺、鲁(今山东曲阜市)人颜复等。国子学教学之职由国子博士、直讲担任,"直讲……掌佐博士助教,以经术讲授"③,博士、直讲任职于监,教学于太学。庆历四年(1044年)后,石介、孙复、胡瑗等学者就曾担任国子监直讲,实际上其教学活动是在太学进行。曾经担任过国子监直讲的山东人还有青州临淄(今属山东淄博市)人赵师民、博州博平(今属山东茌平县)人孙奭、登州人孙思恭等。武学、律学、广文馆和四门学均归国子监管理。除了以上学校外,宋代中央学校还有医学、算学、书学和画学等。

宋代办理地方官学的时间较晚,因此后来有"国初未有学,天下惟四书院"④的说法。实际上,宋初在地方也曾办有少量官学,山东的奉符(今属山东泰安市)县学就创建于宋初的开宝年间(968—976年)。真宗大中祥符二年(1009年),诏许曲阜先圣庙立学,又赐应天府书院额;仁宗即位,赐兖州学田,统治者开始逐渐重视地方教育。棣州州学就是在大中祥符年间创设的。庆历四年(1044年),"诏诸路州、府、军、监,各令立学,学者二百人以上,许更置县学"⑤,山东各地开始大规模兴学,又经熙宁四年(1071年)、崇

①(元)马端临:《文献通考》卷四十一,中华书局1986年版,第394页。
②《兖州文宣王庙碑》,(清)王昶辑:《金石萃编》卷一二五,宋三,中国书店1985年版。
③《新唐书·百官志三》。
④(宋)魏了翁:《潭州州学重建稽古阁明伦堂记》,《鹤山先生大全文集》卷四十九,商务印书馆1929年影印版。
⑤(清)徐松:《宋会要辑稿》第54册,崇儒二,中华书局1957年版,第2188页。

宁元年(1102 年)两次兴学运动,各府州县地方学校基本建立起来。从下面的"北宋山东新建府、州、县学一览表"可知,北宋山东有确切创建记录的地方官学为 26 所,三次兴学运动促使山东出现了三次兴学高潮。庆历前后新建学校 5 所,占北宋新建学校总数的 16% ;熙宁前后 7 所,占 28% ;崇宁前后 7 所,也占 28% 。由此可见,三次兴学运动对山东地方官学的兴建作用是很大的。

北宋山东新建府、州、县学一览表

名称	创建人	创建时间(年)	名称	创建人	创建时间(年)
齐州州学	李恭	熙宁年间(1068 - 1077)	章丘县学	张仲宣	嘉祐五年(1060)
长山县学	翟大顺	绍圣元年(1094)	长清县学	不详	天禧二年(1018)
德平县学	崔益	熙宁年间(1068 - 1077)	滕县县学	不详	大观年间(1107 - 1110)
泗水县学	韩祗勤	元丰年间(1078 - 1085)	平原县学	不详	明道年间(1032 - 1033)
承县县学	张镒	宋时	阳谷县学	蔡蕃	崇宁四年(1105)
博州州学	徐爽	元丰年间(1078 - 1085)	博平县学	不详	宋时
武城县学	不详	大观年间(1107 - 1110)	博兴县学	不详	崇宁初
高苑县学	李允中	至和三年(1056)	千乘县学	黄铎	崇宁元年(1102)
淄川县学	不详	宋时	登州州学	不详	大观年间(1107 - 1110)
莱州州学	不详	明道年间(1032 - 1033)	棣州州学	不详	大中祥符间(1008 - 1016)
莒县县学	不详	熙宁年间(1068 - 1077)	奉符县学	不详	开宝年间(968—976)
莱芜县学	不详	崇宁年间(1102 - 1106)	东平府学	王曾	景祐年间(1034 - 1037)
郓城县学	不详	元祐年间(1086 - 1093)	朝城县学	不详	庆历年间(1041 - 1048)

(此表根据雍正《山东通志》卷十四"学校志"和其他相关县志资料编制)

北宋时期,为解决地方学校的经费问题,创设了设学田以赡学的制度。学田,即旧时为学校所置之田产,以田租收入,作为学校的办学经费。关于学田之始,《文献通考·学校七》曰:"仁宗即位之初,赐兖州学田,已而又命藩辅皆得立学。"①山东是较早尝试建立学田的地区。郓州须城(今属山东东平县)人孙奭在知兖州时,曾"建立学舍,以延生徒,至数百人",但经费问

---

①(元)马端临:《文献通考》卷四十六,中华书局 1986 年版,第 431 页。

题一直困扰学校生存，他"虽以俸钱赡之，然常不给"。乾兴元年（1022年），他在出任国子监直讲离开兖州后，奏请朝廷拨田10顷，将其收成作为学生学粮。宋真宗"从之"，"诸州给学田始此"①。山东在筹措学校经费方面有出色的成绩，王曾、滕元发等都有口皆碑。天圣八年（1030年），青州知州王曾创建州学后，得朝廷所赐学田30顷，但为防经费不足，"又傍学作屋百二十间，岁入于学钱三十一万"②。王曾后来罢相，以左仆射、资政殿大学士判郓州，又为东平府学筹措经费，"买田二百顷，以赡生徒"③。滕元发熙宁初和元祐初两度知郓州，兴复学校。为了解决"学生食不给"的状况，他多方设法筹集资金，以致将长期诉讼不果的田地划为学田。"民有争公田二十年不决者。元发曰：'学不食而以良田饱顽民乎！'乃请以为学田，遂绝其讼。"④这一次得到的土地就有"田二千五百亩有奇"，"与民耕，岁输钱百万"，其收入"实三倍于其旧亦盛矣"⑤，学校经费从此无忧。

山东的私学在北宋初年较为兴盛，马端临《文献通考》称："是时未有州县之学，先有乡党之学"⑥，其论未必正确，但确实说明在宋初由于州县地方官学尚未兴复，私学自然有自己生存的空间。

山东的私学包括学者私家教授和书院讲学。学者私家教授者大多为名儒，或不愿出仕或绝意仕途，在家以教授为业。大名莘（今属山东莘县）人王彻就是有名的私学大师。王彻，后唐同光初年"举进士第一，显名当时，官至右拾遗，历仕晋、汉、周"⑦，入宋后他在家乡"以五经教授……徒数百人"⑧，孙奭是其得意门生。王彻逝世后，孙奭继承老师的遗业，继续教授生徒。"及彻卒，有从公质正谬惑者，公厚谢未答。久之，为言其意，义据深切，人人厌服。于是彻门下生，悉从公以终业。"⑨密州安丘学者杨光辅，钻

①（清）毕沅：《续资治通鉴》卷三十六，上海古籍出版社1987年版，第164页。
②（宋）石介著，陈植锷点校：《徂徕石先生文集》，中华书局1984年版，第224页。
③（元）元好问：《东平府新学记》，李修生主编：《全元文》（一），江苏古籍出版社1999年版。
④《宋史·滕元发传》。
⑤《郓州学田记》，（清）王昶辑：《金石萃编》卷一三九，中国书店1985年版。
⑥（元）马端临：《文献通考》卷四十六，中华书局1986年版，第431页。
⑦（宋）欧阳修：《尚书度支郎中天章阁待制王公神道碑铭并序》，曾枣庄、刘琳主编：《全宋文》第18册，巴蜀书社1991年版。
⑧《宋史·儒林一·孙奭传》。
⑨（宋）宋祁：《孙仆射行状》，曾枣庄、刘琳主编：《全宋文》第13册，巴蜀书社1990年版。

研九经,"学业精通,甚为师范"①。在莒县马鬐山"聚徒讲授三十余年",学者多从授教。后来州守王博文看重其才学,向上推荐,杨光辅遂被任命为"国子四门助教"②。而有些人则是由于绝意仕途而在乡间私下讲学,戚同文和他的老师杨悫就是这样的私学大师。戚同文,宋州楚丘(今属山东曹县东南)人,出身于书香门第,祖上世代为儒。"闻邑人杨悫教授生徒,日过其学舍,因授《礼记》,随即成诵,日讽一卷,悫异而留之。不终岁毕诵《五经》"。由于杨悫不仕,戚同文也不仕。杨悫死后,戚同文"筑室聚徒",以讲授为乐,"请益之人不远千里而至"③。书院讲学也是宋代私学的一种,石介在出任国子监直讲前,"丁父母忧,耕徂徕山下",也曾"以《易》教授于家"④,他的私学讲授其实是在徂徕书院中。

2. 金元时期的教育

金代中央官学包括国子学、太学、女真国子学和女真太学。天德三年(1151年),金在上京创设国子监,置国子学。养士200人,其中词赋、经义生100人,小学生100人。世宗大定六年(1166年),又设太学,初养士160人,后增至400人。女真国子学和女真太学也具有一定学额。国子学、太学、女真国子学和女真太学皆隶属于国子监。国子监设祭酒、司业各1人,国子监丞2人,提控4学。国子学和女真国子学各设博士2人、助教2人、教授4人。金代仍沿袭了宋代科举制度,"金设科皆因辽宋制,有词赋、经义、策试、律科、经童之制。海陵天德三年罢策试科。世宗大定十一年,创设女直进士科。"⑤山东西路人夹谷衡大定十三年(1173)中女真进士,后补东平府教授。益都(今属山东青州市)人刘玑,天德三年(1151年)进士,大定初为太常博士。明昌二年(1191年),入为国子司业,转国子祭酒。在国子学中,也曾有山东人担任教师。莒州日照人张昁,"博学该通"⑥,正隆五年(1160年)进士,除太常博士,兼国子助教。

金代也注意地方官学的设置,并形成了相对完整的学校系统。世宗大

①(宋)孙奭:《乞差杨光辅充兖州讲书奏》,曾枣庄、刘琳主编:《全宋文》第5册,巴蜀书社1989年版。
②(宋)李焘:《续资治通鉴长编》第7册,中华书局1985年版,第2182页。
③《宋史·隐逸上·戚同文传》。
④《宋史·儒林二·石介传》。
⑤《金史·选举志一》。
⑥《金史·张昁传》。

定十六年,金代始设府学,共设 17 处,可容纳学生千人,又置节镇、防御州学 60 余处,增养千人。大定二十九年(1189 年),金代大规模地扩充地方官学,在大定旧制之外,置府学 24 所,学生 905 人。其中,东平府学生 60 人,益都府 50 人,济南府 40 人。置节镇学 39 所,615 人。其中莱州、密州、兖州各 25 人。防御州学 21 所,235 人。其中博州、德州、棣州各 15 人,其他州各 10 人。① 另外,金还在地方设有女真府学,东平、益都均设有女真学校。据不完全统计,金代山东新建地方官学 14 所,而建于熙宗皇统年间的学校达 5 所,占新建学校总数的 35.71%。由此可见,山东地方官学的兴旺期是在金熙宗时期。在此前后,山东地方政府还对一些学校进行了修葺。博州庙学由徐爽“以己俸置房廊”始建于北宋元丰年间,但“值宋季兵火,庙学被焚”,校舍为聊城县署所占。金世宗天眷年间(1138—1140 年),州学正祁彪、学录尚戡与教授赵愚“戮力规画,以赡学之资,郡人之施,建版堂三间,两庑十六间,仪门三间,门楼一间”②,博州庙学得以修葺一新。

金代山东新建府、州、县学一览表

名称	创建人	创建时间(年)	名称	创建人	创建时间(年)
清平县学	不详	大定十三年(1173)	济阳县学	不详	天会年间(1123—1138)
夏津县学	不详	大定年间(1161—1189)	嘉祥县学	不详	皇统年间(1141—1150)
诸城县学	张晖	贞元年间(1153—1156)	馆陶县学	孔渊	皇统年间(1141—1150)
福山县学	不详	天会年间(1123—1138)	栖霞县学	李景道	大安元年(1209)
宁海州州学	不详	皇统年间(1141—1150)	昌邑县学	不详	金时
胶西县学	不详	承安年间(1196—1201)	费县学	不详	皇统年间(1141—1150)
沂州州学	高名	皇统年间(1141—1150)	濮州州学	史仲谦	金时

(此表根据雍正《山东通志》卷十四“学校志”和其他相关县志资料编制)

金代由于战乱不已,私学仍有一定发展空间,当时山东也有私学存在。有些私学是由绝意仕途者设立,如平阴人王去非,“尝就举,不得意,即屏去,督妻孥耕织以给伏腊。家居教授,束修有余辄分惠人”③。有些是由为

①参见《金史·选举志一》。
②《博州重修庙学记》,(清)王昶辑:《金石萃编》卷一五五,中国书店 1985 年版。
③《金史·隐逸·王去非传》。

官者暂时返乡时所建,如东平人高霖,大定二十五年进士,"以父忧还乡里,教授生徒,恒数百人"①。有些则是由致仕者设立,如张晖,曾任右谏议大夫兼礼部侍郎,"最明古今礼学"。致仕,"斋居与子行简讲论古今,诸孙课诵其侧,至夜分乃罢"。这是一种家学性质的私学,由于张晖教育有方,其子张行简考中大定十九年(1189 年)状元,张行信则中大定二十八年进士。因此,"家法为士族仪表"②。金代时期山东私学大多还是由一般人为养家糊口而设的私塾,如曹州东明人王鹗,就曾从乡先生张澜学习③,正大元年(1224 年),中进士第一甲第一人。

元代中央官学包括普通国子学(监)、蒙古国子学(监)和回回国子学(监)三类。国子监设祭酒、司业、监丞、令史、译史等职,国子学则设有博士、助教、学正、学录、典给等职。普通国子学的招生对象面向所有种族,凡汉人、蒙古人、色目人等七品以上的官僚子弟均可入学,最初学额 80 名,后增为 200 名,平民俊秀者,需经朝三品以上官员保举,始得为陪堂生,学额 20 名。滕州人文渊、郓城人樊执敬等都曾为国子生,后选官出仕。山东人也有在国子学任教的,东平人耶律有尚,"资识绝人,笃志于学,受业许衡之门"④。后来,耶律有尚继其老师许衡之后担任国子助教、国子祭酒。章丘人刘敏中,大德初年(1300 年前后)曾"入为国子司业,迁翰林直学士,兼国子祭酒"⑤。济南人张起岩,延祐二年(1314 年)状元及第,转国子博士,升国子监丞。大名东明(今属山东东明县)人李好文,自幼苦读经书,至治元年(1321 年)进士及第,被召入京,任国子助教,后迁国子博士,"丁内忧,服阕,起为国子监丞"⑥。又除国子祭酒,并教授皇太子。兖州嵫阳(今属山东兖州市)人王思诚,至治元年进士,授管州判官,召为国子助教。至正元年(1341 年),迁国子司业,后又"召拜通议大夫、国子祭酒"⑦。

元代的地方官学分为三类:普通性质的地方官学、特殊性质的官学、社学。

---

①《金史·高霖传》。
②《金史·张晖传》。
③参见《元史·王鹗传》。
④《元史·耶律有尚传》。
⑤《元史·刘敏中传》。
⑥《元史·李好文传》。
⑦《元史·王思诚传》。

　　普通性质的地方官学就是指路、府、州、县学，它自元世祖中统二年（1261年）即开始创设，"命置诸路学校官，凡诸生进修者，严加训诲，务使成材，以备选用"①。元代在各处行省所署之地皆置儒学提举司，统辖诸路、府、州、县学。据《元史·选举志一》记载："路设教授、学正、学录各一员，散府上中州设教授一员，下州设学正一员，县设教谕一员，书院设山长一员。中原州县学正、山长、学录、教谕，并受礼部付身。各省所属州县学正、山长、学录、教谕，并受行省及宣慰司札付。"

　　元代山东普通性质的地方官学又称"儒学"或"庙学"，它是对宋代庙学合一制度的强化和扩展。这种庙学合一的学校布局，实现了"庙以观其礼，学以育其士"的新教化模式。"国家之制，自京师、会府、郡县皆有学，学必有庙。庙以奉先圣先师之祭祀，学设师弟子员"。元代山东的儒学在布局上包括三个部分：庙（也称礼殿、大成殿、夫子庙、文庙等）、学宫以及其他辅助设施。这在虞集写的《滕州学田记》中表述得较为明白："滕州之学，右为庙，庙有殿，殿有庑，庑有门。左为学，学有讲堂，东西有斋舍，有庖，有库。"②正是由于地方学校承载了较多的教化功能，因此元代的山东地方官对于兴学比较重视。如胡祗遹出任济宁路总管，由于"济宁移治巨野县，自国初经兵戈，其废已久，民居未集，风俗朴野"，到任后，"选郡子弟，择师教之，亲为讲论，期变其俗，久之，治效以最称"。他升任山东东西道提刑按察使后，仍在所到之处"抑豪右，扶寡弱，以敦教化，以厉士风"。③ 长清庙学，至元二十一年（1284年）时，"则颓毁"，但后经长清主簿司局敬重新修葺，"前自外棂门栏，后及圣室贤庑，巍然焕然，严严翼翼矣。"对于司局敬的贡献，胡祗遹认为这是分内之事，"提举学校，县司之职"④。濮州儒学，至元间，"知州黄甫琰聚书八千卷于学中"⑤。济南人张炤，"以商贾起家，赀雄于乡"。至元十六年（1279年），"改镇江路总管府达鲁花赤，谢病归，购书八万卷，以万卷送济南府学资教育"⑥。据不完全统计，在元代统治山东的

---

①《元史·选举志一》。

②（元）虞集：《滕州学田记》，李修生主编：《全元文》（二十六），凤凰出版社2004年版。

③《元史·胡祗遹传》。

④（元）胡祗遹：《重修庙学记》，李修生主编：《全元文》（五），江苏古籍出版社1999年版。

⑤（雍正）《山东通志》卷十四，学校志。

⑥《元史·张炤传》。

约 140 年时间中,共新建学校 28 所(参见"元代山东新建府、州、县学一览表"),数量超过北宋时的 26 所。其中,新建于元世祖至元年间的学校有 16 所,占元代新建学校总数的 57.14%,说明元代山东兴学的高潮期是元世祖时期。

元代山东新建府、州、县学一览表

名　　称	创建人	创建时间(年)	名　　称	创建人	创建时间(年)
邹平县儒学	萧革	至元七年(1270)	淄川县儒学	伊喇特穆尔	至元二十九年(1292)
齐河县儒学	高源	至元十三年(1276)	德州儒学	秦正	至元三十一年(1294)
禹城县儒学	不详	至元年间(1264—1294)	邹县儒学	司居敬	至正元年(1341)
宁阳县儒学	不详	大德年间(1297—1307)	高唐州儒学	郑德邻	至元二十四年(1287)
济宁州儒学	不详	至元年间(1264—1294)	临淄县儒学	达噜嘎齐实讷	至元年间(1264—1294)
邱县儒学	王琦	大德年间(1297—1307)	黄县儒学	王英	大德三年(1300)
潍县儒学	达噜嘎齐和尔齐	延祐年间(1314—1320)	平度州儒学	不详	元统年间(1335—1337)
即墨县儒学	不详	至元年间(1264—1294)	高密县儒学	秦裕伯	至元年间(1264—1294)
阳信县儒学	不详	元时	青城县儒学	·万居中	至元年间(1264—1294)
商河县儒学	不详	至元四年(1268)	海丰县儒学	不详	元时
利津县儒学	高谦亨	至元年间(1264—1294)	滨州儒学	范著	至元年间(1264—1294)
蒙阴县儒学	不详	延祐年间(1314—1320)	蒲台县儒学	不详	大德六年(1203)
肥城县儒学	赵珪	至元十二年(1275)	沂水县儒学	不详	天历年间(1328—1330)
范县儒学	郭梦起	元统年间(1333—1334)	新泰县儒学	不详	至元年间(1264—1294)

(此表根据雍正《山东通志》卷十四"学校志"和其他相关县志资料编制)

元代山东地方官学中,东平府学最为繁盛。东平府学起于宋金时期,北宋时,王曾罢相,以左仆射、资政殿大学士判郓州,建立东平府学,并为东平府学筹措经费,"买田二百顷,以赡生徒"①。

金元之交,东平府学进入其兴盛期。这主要应归功于严忠济父子对教育的推崇。严实(1181—1240 年),泰安长清(今属山东济南市长清区)人。初为金长清令。蒙古大军进攻山东,1220 年严实携部众 30 万,投降元大将木华黎,拜为金紫光禄大夫,行尚书省事。于是,严实在东平立行台,治须城

---

① (元)元好问:《东平府新学记》,李修生主编:《全元文》(一),江苏古籍出版社 1999 年版。

（今属山东东平县州城镇），领山东西路行中书省兵马总管，辖 54 州县。严实死后，次子严忠济嗣任，"开府布政，一法其父。养老尊贤，治为诸道第一"①。元世祖攻宋，严忠济奉诏率兵进军，所战多捷。后元世祖担心严忠济威权太盛，被召还京。

严忠济父子在治理东平期间，重视养士。严实"喜接寒素，士子有不远千里来见者"②。严忠济又因"东平庙学故隘陋"，修建新庙学，"改卜高爽地于城东，教养诸生"③。新庙学修好后，规模较为宏大，"子弟秀民，备举选而食廪饩者六十人，在东序，隶教官梁栋；孔氏族姓之授章句者十有五人，在西序，隶教官王磐；署乡先生康晔儒林祭酒，以主之。……乃八月丁卯，侯率僚属诸生舍菜于新宫"，一时间，"四方来观者，皆大喜称叹，以为衣冠礼乐尽在是矣"④。

东平府学盛况空前，吸引了大批士人。前金朝进士宋子贞至元初来到东平，任东平路提举学校官，"拔名儒张特立、刘肃、李昶辈于羁旅，与之同列"，"延前进士康晔、王磐为教官，招致生徒几百人，出粟赡之，俾习经艺，每季程试，必亲临之。齐鲁儒风，为之一变"⑤。其他的如商挺、元好问、徐世隆、张昉、杜仁杰、孔元措等也来到东平府学，或进行学术交流，或教学于其中。东平府学也培养了一大批有名气的学生，著名的有阎复、李谦、徐琰、孟祺、申屠致远、张孔孙、李之绍、马绍、王构、雷膺、曹伯启、夹谷之奇、王恽等。这些人由于学术上的巨大贡献，形成了当时有名的"东平学派"。

东平府学在严忠济父子之后，随着一批学者的相继离开，逐渐归于平静。但学校经费较为充足，"学有田千余亩，在汶阳之东逢，乃国家所赐，以供春秋祭祀。其在郡西土山五十余亩，右丞严公为藩侯时所置，其费尽出儒籍，为养士设也"⑥。教学活动依然开展得井井有条，如张翰、杨庸、张塑、杨演、孔之威等，都曾在东平府学任教。⑦

元代十分重视医学教育，因此山东还有特殊性质的官学——诸路医学。

---

①③《元史·严忠济传》。
②（元）元好问：《东平行台严公神道碑》，李修生主编：《全元文》（一），江苏古籍出版社 1999 年版。
④（元）元好问：《东平府新学记》，李修生主编：《全元文》（一），江苏古籍出版社 1999 年版。
⑤《元史·宋子贞传》。
⑥（元）张翰：《东平路学田记》，李修生主编：《全元文》（五十一），凤凰出版社 2004 年版。
⑦参见《东平路学田记》，（清）毕沅：《山左金石志》卷二十四，《续修四库全书》编纂委员会编：《续修四库全书》第 910 册，上海古籍出版社 2002 年版，第 150—151 页。

诸路医学创立于世祖中统二年（1261 年），"太医院使王猷言：医学久废，后进无所师授，窃恐朝廷一时取人，学非其传，为害甚大。乃遣副使王安仁，授以金牌，往诸路设立医学"①。诸路医学归太医院下属的医学提举司管理。由于资料所限，山东诸路医学的详细情况已不为人知了。

山东还存有一种社会教育组织形式——社学，始建于世祖至元七年（1270 年）。"社"是元代农村的基层组织单位，"凡五十家立一社，择高年晓农事者一人为之长"②。元代统治者要求："今后每社设立学校一所，择通晓经书者为学师，于农隙时月，各令子弟入学，先读《孝经》、《小学》书，次及《大学》、《论》、《孟》、经史，务要各知孝悌忠信，敦本抑末。依乡原例，出办束修，如自愿立长学者，听。若积久学问有成者，申覆上司照验。"③山东也于地方办理社学。至正十一年（1351 年），兖州尹刘思诚，下车伊始"尤以学校为心"，"阖郡邑每社共立社学一所，请明师教养，以备举用"④。至正年间，高密县有社学 40 处。⑤

元代山东私学已较为普遍，许多士人少年时都是跟随"乡先生"受业。王思诚，天资过人，7 岁，"从师授《孝经》、《论语》，即能成诵"⑥。汶上人曹元用，"幼时嗜书，每夜读常达旦不寐。资质聪敏，过目成诵"⑦，其幼年学习恐怕也是从乡先生受教。章丘人刘敏中，少时便跟随乡先生学习，"乡先生杜仁杰爱其文，亟称之"⑧。曹州东明人王鹗，也曾从乡先生张斋学习。在当时的私学教师中，也有一些著名学者。如，李世弼，金时进士，入元，家居东平，教书授学；曲阜人孔思晦，至元年间师从孔颜孟三氏学教授张□，年少学成，"讲求义理"，"远近争聘为子弟师"⑨。又有一些官员致仕后从事于教育，如，曹州东明人张特立，"以谠直为执政所挤，遂归田里"。金元之交，"以《易》教授诸生，白首穷经，诲人不倦，无过不及，学者宗之"⑩。曹元用

---

①《元史·选举志一》。
②《元史·食货志一》。
③王颋点校：《庙学典礼》，浙江古籍出版社 1992 年版，第 134 页。
④（元）张泰：《创建义塾崇礼斋记》，李修生主编：《全元文》（五十八），凤凰出版社 2004 年版。
⑤《高密县社学碑》，（清）毕沅：《山左金石志》卷二十四，《续修四库全书》编纂委员会编：《续修四库全书》第 910 册，上海古籍出版社 2002 年版，第 150—151 页。
⑥《元史·王思诚传》。
⑦《元史·曹元用传》。
⑧《元史·刘敏中传》。
⑨《元史·孔思晦传》。
⑩《元史·张特立传》。

曾为尚书省右司都事,"及尚书省罢,退居任城",收徒讲学,"久之,齐、鲁间从学者甚众"①。也有绝意仕途,隐居教授的。如,青城的宋益斋,"行谊最高",终身不应辟命,"隐居教授,门弟子百余人"。②

元代山东也存有家学。张起岩,"幼从其父学,年弱冠,以察举为福山县学教谕"。任官后,仍以教书为己任,"下帷教授"。他"性孝友,少处穷约","躬致米百里外,以养父母"。对自己的弟弟也关爱有加,以家学教其成才,"抚弟如石,教之宦学,无不备至"③。申屠致远,金末从其父徙居东平寿张,是东平府学的重要人物,后来入朝为官。他"清修苦节,耻事权贵",以读书为趣,"聚书万卷,名曰墨庄"。申屠致远注意对子女的教育,以家学教授,"家无余产,教诸子如师友"④。

(三) 明清时期山东的学校教育

1. 官学

明清时期,学校、科举、官制已紧密结合,成为三位一体。因此,这一时期学校教育极为发达,全国每一州县皆设学校。

明清时期的官学主要包括中央一级的国子监(又称国学或太学)、地方一级的府州县学。

明清国子监既是中央教育行政机关,也是全国最高学府。明代国子监分南北两监,隶属于礼部,清代成为独立设置的机构。国子监与地方学校的关系是:"府、州、县学诸生入国学者,乃可得官,不入者不能得也"。因此,国子监是培养官僚的场所,并规定参加科举的人必须由学校出身,"科举必出学校,而学校起家可不由科举"⑤。国子监的学生称为监生,依其入学资格不同,明代监生分为"举监"、"贡监"、"荫监"和"例监";清代监生分为贡生和监生。贡生有6种:岁贡、恩贡、拔员、优贡、副贡和例贡。监生有4种:恩监、荫监、优监和例监。其中,地方官学生员选拔入监的,称为"贡监"或"岁贡"。明代山东岁贡人数为:府学每年举2人,州学每2年举3人,县学

①《元史·曹元用传》。
②(乾隆)《青城县志》卷八,独行。
③《元史·张起岩传》。
④《元史·申屠致远传》。
⑤《明史·选举一》。

每年举 1 人;清代山东岁贡府学每年举 1 人,州学每 3 年举 2 人,县学每 2 年举 1 人。明代国子监的人数较多,平均每年要送 600 余人入监,而清代国子监学生最多时不超过 300 人,远非明朝可比。另外,会试落榜的举人也可进入国子监学习,然后任官。

明代府、州、县学之设起于洪武二年(1369 年),朱元璋下令:"郡县皆立学校,延师儒,授生徒,讲论圣道,使人日渐月化,以复先王之旧。"①山东也在府州县设立学校。当时,府学设教授(从九品)1 人,训导 4 人;州学设学正 1 人,训导 3 人;县学设教谕 1 人,训导 2 人。教授、学正、教谕的职责是"掌讲明经史,务使生员知孝悌、忠信、礼义、廉耻,通晓古今,识达时务,及提调各科训导教习,必期成效"②。训导的职责则是辅助教授、学正、教谕教导生徒。府州县学额,府学 40 名,州学 30 名,县学 20 名,后分别增至 180、60、40 名。清代山东地方官学的设置,仍然沿用明代旧制,"各学教官,府设教授,州设学正,县设教谕"③。学额,府学(直隶州)有正式学员 40 名(廪膳生),额外增用 40 名(增广生),共 80 名;州学 60 名(廪膳生、增广生各半);县学 40 名(廪膳生、增广生各半)。另外,山东还有卫儒学,明代有鳌山卫学、大嵩卫学、灵山卫学、德州左右卫学、成山卫学、安东卫学;清代大多将卫学并入各府州县学,大嵩卫裁撤后立海阳县,成山卫裁撤后立荣成县,原卫学都改为县学,山东只保留了德州卫学和安东卫学。

山东府、州、县学的学习内容,明代每人要专习一经,兼学礼、射、书、数 4 科。"礼",主要学习经史、律令、诏诰、礼仪等书;"射",要求学生每半个月练习一次射箭;"书"为临摹名人法帖,每日习 500 字;"数",要求学生学习《九章算术》的计算方法。④清代除了规定的内容外,学习还要与科考内容紧密相连。其基本学习内容为"四书"、"五经"和理学著作《性理大全》以及策、论等文体的写作。

明清时只有府、州、县学生员才有资格参加科举考试,这就大大提升了学校的地位。因此,山东地方官学不乏重修、增建的纪录。以平度州儒学为例,自北宋大观年间建成后,金、元多次重修;明清时期,明代重修 17 次,清

①④《明史·选举志一》。
②(光绪)《顺天府志》卷六十一,经政志·学校上。
③《清史稿·选举志一》。

代增修 14 次。① 知州宋礼于弘治十三年（1500 年）曾经修葺，"凡建明伦堂
五间，进德、修业、积善斋十二间，于学之东南复民之侵地，建教官私舍二十
间，即其旧址建生徒号房二十间。以材力不给，久之，丙辰，乃事文庙，凡大
成殿、两庑并灵星门，以次葺治，且购民地作宰牲房三间"②。后来，"日就圮
废，未或有继之者"。嘉靖二十三年（1544 年），知州陈澶莅任，"甫下车即
慨然有志兴废之举"，得到山东按察司副使李易的支持，"乃散金市树木、陶
瓷，鸠集工徒"，"先庙庑……乃及堂斋……复作启圣祠祠屋三楹，周垣门屏
悉如制。乃迁名宦、乡贤二祠，祠制亦如之。于是规制弘廓，物采章明，祀事
精庹，弦诵洋溢，盖役不淹时而焕乎灿然，不愧邹鲁之丘墟矣。"经该次修葺
后，州学得以正常运转。"其诸疾苦无依倚者，力不赡者，丧弗克举者，皆捐
俸为之助。一时士类罔弗觌德乡风，奋激而思振焉"③。进入清代，平度州
学又多次重修、增修。雍正十三年（1735 年），陈端知平度州，"谒庙后，周览
泮宫，见殿庑祠宇都整齐宏壮，鲜倾圮剥蚀之虞。惟明伦堂五楹仅存其二，
几于风雨不避"，于是决议再次修缮儒学。"阅二年，庶政粗举，爰出俸钱，
鸠工庀材，仍其旧基而更建之。又于甬道东西各辟一门，以通学舍。旧有
'跃龙门'，亦重修之"④。平度州学在明代平均每百年重修 6.16 次，但截止
到嘉庆二十年（1815 年），清代平均每百年重修 8.19 次。因此，在鸦片战争
前，平度州学的修葺频率与此前相比明显变多。其他府州县的重修情况大
致也如此。如，青州府学在明代重修 8 次，清代截止到道光二十一年（1841
年）前重修 8 次；莒州州学重修纪录，明代 5 次，1840 年前的清代 5 次。⑤由
此可见，清代山东地方儒学修葺的频率明显高于明代，这说明清代前期山东
各级政府对官学较为重视。

明清山东府州县学教师领取一定俸额，而儒学生员则享受一定的经济
待遇。据史料记载：府学教授为月米 5 石，州学学正为月米 2.5 石，县学教
谕以及各学训导月米各 2 石。⑥ 洪武二年（1369 年）十月，朱元璋曾颁布谕

①⑤参见孙葆田等纂：《山东通志》卷八十九，学校志第六。
②(明)徐溥：《明弘治修学碑》，(道光)《重修平度州志》卷二十四，金石考二。
③(明)崔廷槐：《明嘉靖修学碑》，(道光)《重修平度州志》卷二十四，金石考二。
④(清)陈端：《重修明伦堂记》，(道光)《重修平度州志》卷十四，艺文志上。
⑥《明会典》卷三十九；《明史·食货志六》。

令,规定府州县学的师生,每月每人配米 6 斗。① 洪武十三年,复定儒学师生廪膳,每人每天给米 1 升。② 此外,地方政府还供应一定数量的鱼肉盐醯。洪武十五年,又将学生的廪膳米每月增加到 1 石。③ 除去教师、学生的开支外,府州县学还有各种行政费用,如斋夫、膳夫、力差、门子等的开支。

明清山东各地儒学的基本维持费用主要来源于学田、个人捐纳和地方政府的各种津贴等。学田是指书院和府州县地方学校所用的田地,是学校的主要经济来源。山东各级地方学校均有学田,数量不一。根据"山东府学清末学田数量统计表"可知,在山东府学中,学田最多的是沂州府学,拥

山东府学清末学田数量统计表

府学名称	学田数量(亩)	府学名称	学田数量(亩)
济南府学	120	泰安府学	90
武定府学	270	兖州府学	427.8
沂州府学	792	曹州府学	561
东昌府学	23.2	青州府学	2.8
登州府学	0	莱州府学	200

(此表根据光绪《山东通志》卷八十八、八十九学校志资料编制)

有学田 792 亩,而登州府学已无学田。其他县学的学田数量也不一样,博兴县学,有学田 14 亩;章丘县学,学田 288.6 亩;平原县学,学田 120 亩;肥城县学,学田 100 亩;东平州学,学田 453 亩;滨州县学,学田 348 亩;曲阜孔颜孟曾四氏学,竟有田约 5377 亩之多。④ 据史料记载,雍正二年(1724 年),山东全省约有学田 418.225 顷,学田租银约为 1423.21 两;而到了乾隆十八年(1753 年),山东学田约有 417.72 顷,租银却为 1329 两。两相对照,学田亩数仅下降了 1.2‰,但学田租银收入却下降了 6.6%。⑤ 也就是说,随着租银数量大幅下降,学校的费用有所降低,给学校的各种开支增加了困难。因此学校也不忘随时接受各方人士的捐纳。捐纳人多为官员和当地热爱教

---

① 《明太祖实录》卷四十六。
② 《明太祖实录》卷一三三。
③ 《明太祖实录》卷一四四。
④ 参见孙葆田等纂:《山东通志》卷八十八、八十九,学校志第六。
⑤ (清)高宗敕撰:《清朝文献通考》第 1 册,商务印书馆 1936 年版,第 4960—4961 页。

育的人士。如,王科在嘉靖时知胶州,"是时学宫颓圮,公为捐俸缮修"①;嘉靖初山东莘县县学诸生因缺乏饮馔纸笔之资而会课罢废。于是嘉靖十一年(1532 年),知县陈栋捐俸银 30 两,在本县定海门南买田 60 亩,"于是会课有资,无废业矣"②。为了解决府州县学的经费问题,山东各地官府也通过多种办法筹措津贴给予帮助。嘉靖平度州知州陈澶就曾"优其赏馔,廪常给外,别与公羡钱,资笔楮薪烛之费"③。

山东在明清时期还有一种特殊的官学——四氏学,它是中国封建帝王崇奉儒学,专门为了孔、颜、曾、孟四氏设立的庙学机构。

四氏学创立于明万历十五年(1587 年),其前身为明代中期的三氏学。早在魏文帝黄初二年(221 年),文帝下诏令"鲁郡修起旧庙……又于其外广为室屋,以居学者"④,出现了孔氏家学的雏形。宋元祐元年(1086 年)十月,宋哲宗下令庙学置教授教育本家子弟,同时将家学教育对象扩大到颜、孟二氏子孙。明太祖洪武元年(1368 年)"名庙学曰三氏子孙教授司"⑤,宪宗成化元年(1465 年)"颁给三氏学印"⑥,始正式名为三氏学。神宗万历十五年(1587 年),增入嘉祥曾氏子孙,改名四氏学。

四氏学如同地方官学,生员也有一定的名额限制。明嘉靖六年(1527 年),部议"照州学例,设廪增各三十名,以廪膳名次起贡"⑦;至万历四十年(1612 年),山东提学道陈瑛认为四氏学旧额仅 30 名偏少,报请山东巡抚,将四氏学廪、增生员名额各增至 40 名。有清一代,四氏学保持了这一生员名额数目。

四氏学在乡试科举中,享有特别优厚的待遇。明天启元年(1621 年),云南道御史李日宣"请行山东曲阜等县,将所在孔氏后裔于山东省额中式外,每科加额一二人,贡之阙下,以光新政"。礼部议准"孔氏后裔另编耳字号,于填榜之时总查各经房,如孔氏无中式者,通取孔氏试卷,当堂公阅,取中一名,加于东省原额之外;但不必拘定一人,以滋多碍;凡历五科,皆取中

①《王刺史南冈公传》,(明)何三畏:《云间志略》卷十一。
②(嘉靖)《增刻莘县志》卷三,公署。
③(明)崔廷槐:《明嘉靖修学碑》,(道光)《重修平度州志》卷二十四,金石考二。
④《三国志·魏书·文帝纪》。
⑤(乾隆)《曲阜县志》卷二十八。
⑥⑦(乾隆)《曲阜县志》卷二十九。

二名。"①雍正二年(1724年)复增一名,共正额3名,成为定例。清代四氏学每次科举中的人数,都在3名以上,到同治九年(1870年)竟达8名之多。另外,四氏学还有岁贡和恩贡名额。

四氏学设有学官两种,一为教授,一为学录。四氏学设教授1员,"掌训课四氏生徒"。明代教授为从九品,清乾隆七年(1742年)改定为正七品。康熙四十一年(1702年),四氏学教授"升转与各府、卫教授同"。学录是辅助教授进行教学的官员,"掌副教授,训迪生徒而教公之胄子"②,其称谓比之国子监同名学官,"盖以比隆国学"③。

四氏学也有自己的学田。清末,其学田竟达5377亩之多④,超过山东任何一所地方学校。除此之外,四氏学还享有其他官拨银粮。

2. 私学

明清时期山东的私学包括社学、义学和私塾。

社学本起于元代,但明清时元代社学得以成长的社会环境已不存在,因此,此时的社学已转变为以乡村公众办学形式进行启蒙教育的一种私学。

明洪武八年(1375年),朱元璋诏令中书省:"今京师及县皆有学,而乡社之民未覩教化,宜令有司更置社学,延师儒以教民间子弟,庶可导民善俗也"⑤,开始恢复乡村的社学。洪武十六年(1383年)十月,明太祖特别强调,社学的设置,"有司不得干预"⑥。这事实上是将社学归入任民间任意兴办的私学之列。山东的社学也在此后兴办起来。明洪武四年(1371年),方克勤出任济宁知府,曾"立社学数百区"⑦。明正德十四年(1519年),顾兰知淄川,热心教育,认为:"古人建学养士,养隽德也。始小学,以为大学之阶,养士之最良者也",而淄川旧社学"庳陋荒秽,不足激诱后进"。于是得"儒学南界……隙地一区",建起新社学。"中构堂五楹,扁曰崇正,峻整明爽,堪以讲肄。环围以壁,屹屹坚实,门屏皆序,次第为之,皆壮丽肃邃。"⑧

---

①(乾隆)《曲阜县志》卷三十。
②(清)孔继汾述:《阙里文献考》卷十八,世爵职官第四。
③《孔府档案》卷〇〇七九之三。
④孙葆田等纂:《山东通志》卷八十九,学校志第六。
⑤《明太祖实录》卷九十六,洪武八年正月丁亥。
⑥《明太祖实录》卷一五七,洪武十六年十月癸已。
⑦《明史·方可勤传》。
⑧(嘉靖)《淄川县志》卷三,建设志·学校。

而在万历年间的平原县,社学也有兴办。据记载,社学旧有 47 所,46 所久废,万历十六年(1588 年)重建 40 所。平原县为解决社学经费问题,"查出逃户地,给与社师承种,用代子弟之贫者充束修"①。同时间的莱州也兴建社学,莱州知府龙文明在当地"为小学一,社学二"②,并在以前 200 亩学田的基础上,"出俸余洎公羡,市民田若干亩",使学田数目达到 900 余亩。这样,"岁率入租若干石,小学师、社师月有廪,小学、社学子弟、书院士日有饩。"③

清顺治九年(1652 年)规定:"每乡置社学一区,择其文意通晓、行谊谨厚者,补充社师,免其差役,量给廪饩养赡,提学按临日,造姓名册申报查考。"④清初统治者一开始表现出对社学的浓厚兴趣,但由于资金等各方面问题,很快热情大减。山东各地的社学也因办理不善而陷于停顿。如乾隆年间记载,平原县明代所修社学,"今具废","顺治九年题准每乡置社学一区,今也不知曾设何所"⑤。而明代莱州知府龙文明等所修社学,乾隆时期也"皆毁"⑥。不久,全省社学完全为义学取代。

义学是民间为孤寒子弟开办的蒙学教育机构,属私学性质,多为地方家族控制,教授本家族子弟。早在宋代已有"义学"的名称,但清代之前义学并不普遍。清代义学最初是在偏远地区和少数民族中推行,康熙五十二年(1713 年)始将义学推至全国,要求"各省府州县,令多立义学,延请名师,聚集孤寒生童,励志读书"⑦。在山东各府州县,也办有义学。清代义学有官办与民办两种,官办的如:乾隆年间平原知县黄怀祖,捐建义学,设于"小北关慈云寺,每年延师修脯"⑧;嘉庆年间,马邦玉任单县教谕,"设义学三十余所"⑨;道光二年(1822 年),山东布政使罗含章于济南大建义学,"立七学,每学延师,束修……令济南府学四季支领"⑩;道光四年,东阿知县李贤书,"于邑西城将军庙内创建养正斋义塾,倡捐俸银若干两以资馆谷……延

---

① ⑤ ⑧(乾隆)《平原县志》卷四,学校志。
②(明)孙善继:《创东莱小学记》,(乾隆)《莱州府志》卷十三,艺文上・记。
③(明)赵焕:《小学田记》,(乾隆)《莱州府志》卷十三,艺文上・记。
④ ⑦《钦定大清会典事例》卷三九六,礼部・学校・各省义学。
⑥(乾隆)《莱州府志》卷四,学校。
⑨(光绪)《邹县续志》卷十二,人物志上。
⑩(民国)《续修历城县志》卷十五,建置考三。

师课读"①;道光年间,胶州知州戴岯创办北隅义学②。民办的如:临清人孙昌泰,"自恨失学,家渐裕,乃捐建义学,费累百金,又割腴田百亩,以充学费"③;阳谷人李恒恭,"轻财乐施","道光初年修建闲舍四五间,立义学,延师教读"④。

私塾是明清时期遍设于城乡的蒙学教育,是一种收费教育,它有多种类型:有塾师自己办的教馆、学馆、村塾,有富裕人家设立的家塾、家馆,还有各种民间力量捐款兴办的义塾。王士禛称自己"六七岁,始入乡塾受《诗》。诵至《燕燕》、《绿衣》等篇,便觉怅触欲涕,亦不自知其所以然"⑤,这里的"乡塾"指的就是村塾。陵县人李日升,县廪生,"延塾师馆谷之,使族党子弟就学焉"⑥,李日升所办之学即为家塾。

私塾一般收取 6 至 15 岁儿童,以教授儿童识字和学习基本知识为主,以《三字经》、《百家姓》、《千字文》、《四书》、《五经》等为教材。教法大多为先教学生熟读背诵,然后在适当的时候由教师逐句讲解。除读书背诵外,还有习字课。学童粗解字义后,则教以作对,为作诗做准备。读完《四书》、《五经》后,开始学习作文。清代山东安丘人王筠写有《教童子法》一书,对蒙学教育方法提出自己的独特见解。他认为,蒙学教育大致可分为三个阶段:集中识字;阅读训练;继续阅读训练,并进行写作训练。首先是识字教学,要识字为先,后进行阅读;先教纯体字,再教同体字。其次是写字教学,要写大字,模写的字体要讲究。再次是读书教学,强调要"多"、"熟"、"解",既要博览群书,对所读之书烂熟于胸,还要了解文章精髓。最后是作文教学,主张蒙学的作文教学应从声韵、属对、典故开始,而在学写作文时,"以放为主,越多越好"⑦。

塾师多为难以出仕的一些读书人,地位较低。如,冠县人鲁克俭"少好学,居家孝友,志行端方,乾隆乙酉中式乡试第二,家贫,开馆授徒,从学者云

---

①(民国)《续修东阿县志》卷九,宦迹志。
②(道光)《胶州志》卷二十三,列传三。
③(民国)《临清县志》,人物·笃行。
④(光绪)《阳谷县志》卷六,人物志。
⑤(清)王士禛著,勒斯仁点校:《池北偶谈》下册,中华书局 1982 年版,第 390 页。
⑥(道光)《济南府志》卷五十二,人物八。
⑦参见(清)王筠:《教童子法》,舒新城编:《中国近代教育史资料》上册,人民教育出版社 1981 年第 2 版。

集"①;高密人单墌,廪生,学问渊博,"屡应乡试不售,遂绝意进取,设帐授徒"②。

明清山东仍有私人讲学之风,一些经学名家,或在家或隐居讲授。明代茌平人张后觉,致仕归,"北走京师,南游江左,务以亲贤讲学为事,门弟子日益进"③;清代济阳人张尔岐,19岁赴乡试落第,转学经史,"逊志好学,笃守程朱之说……遂教授乡里终其身"④;泰安人赵国麟,进士,乞休,家居专意教育与学术,日与弟子讲论程朱之学,一时从学者众;潍县人韩梦周,进士,"曾读书于程符山中",罢官,"居程符,四方学者从之学"⑤。

三、书院教育的产生及其官学化趋向

（一）山东书院的演变

书院是唐末以来一种重要的教育组织形式。至于它到底是怎样一种性质的教育组织,目前众说纷纭,比较一致的看法为,书院是以私人创办和组织为主,将图书的收藏和校对,教学与研究合为一体,是相对独立于官学之外的民间性学术研究和教育机构。书院教育的本质特征是私人藏书、聚徒讲学。她萌芽于唐末,形成于五代,大盛于宋代。但由于山东特殊的历史原因,其演变轨迹并不与全国同步。

1. 书院的萌芽

书院名称的产生与中国古代修书、重视图书收藏的文化传统有直接的关系。中国以绚烂多彩、绵远悠久的古代文化著称于世,其标志之一是以文字为载体的各种文献典籍汗牛充栋,浩如烟海。书,在纸尚未发明之前就已存在。《庄子·天下篇》有"学富五车"的故事,后来以此比喻人的学识渊博。其实那时候的书都是以竹简作为载体的,即使有五车这样的书,现在看来也只不过等于几本纸质书。但是,秦始皇焚书坑儒,中国许多重要的图书典籍佚失,这促使人们更加珍视对图书的收藏,也开始重视修书活动。

汉初天下始定,图籍散乱,刘邦分别命令萧何、韩信、张苍、叔孙通等人

①（道光）《冠县志》卷八,人物志·卓行。
②（民国）《高密县志》卷十四,人物志·儒林。
③《明史·张后觉传》。
④《清史稿·儒林二·张尔岐传》。
⑤（清）陈用光:《韩理堂先生墓表》,（民国）《潍县志稿》卷二十九,人物志·儒林。

编列法律、申明军法、编制章程、制定礼仪,其中便包括了校理古籍的工作。汉武帝即位后,除罢黜百家,独尊儒术外,还广开献书之路,建立藏书制度,设置写书之官,下及诸子传说,"皆充秘府"①。汉哀帝时,刘向之子刘歆编定了我国第一部图书目录《七略》。汉代还有兰台、东观等藏书修书处。

汉代以后,每一次朝代更替之际,都有不少图书典籍毁于兵火;而每一新王朝开国之初,几乎都要做一番搜集遗书工作,这是统治者文治教化事业的一个重要组成部分,也成了中国古代文化中的一个重要传统而被延续下来。

唐代开国后,广泛收罗前代遗籍,购求散佚文献。首先由魏征奏引学者校订四部书、颜师古考订《五经》,后又开史馆,编《隋史》,开官修前代史书之先河。据《新唐书·百官志》记载,开元五年(717 年),唐朝政府组织文人于乾元殿校理经籍。为此,遂将乾元殿更名丽正修书院。开元十三年,又改丽正修书院为集贤殿书院。集贤殿书院藏书 81990 卷,设有校理、待制、侍讲、勘校、修撰、修书等官,这些官职大多是为校勘书籍而设,同时也备为皇帝顾问,为国家推荐人才,并兼侍讲之职。

从以上的描述中可以看出,"书院"名称实起源于"修书"这一传统的文化事业。这种设置于中央的官立书院,实际上是围绕"书"而进行工作的官署。作为"书院"之滥觞的丽正修书院,正是这样一个设于朝省的藏书和修书的机构,它与汉代的东观、兰台,清代的文渊诸阁相同。作为一个官方学术机构,书院最初的任务只是帮助皇帝了解经史典籍、举荐贤才和提出某些建议,供皇帝选用和参考,和后来意义上的书院根本不同。

书院之所以能最终成为中国封建社会中一种特殊的教育制度,不仅由于继承了古代重视藏书、修书的文化传统,还由于它继承和发展了中国文化中私人讲学的传统。

中国的私人讲学之风可以追溯到先秦。孔子开拓了私人讲学之风,明确提出"有教无类"的办学思想,他号称弟子 3000,单单身通六艺者即达 72人之多,可见其私学的规模。而比孔子稍晚的墨子,也以广招门徒,私人讲学而闻名,他"弟子弥丰,充满天下"②,更形成了有严格纪律和制度法仪的

---

①《汉书·艺文志》。
②《吕氏春秋·当染》。

近乎于"结社"的团体。而齐国临淄的稷下学宫则是战国时期的东方文化圣地,被英国的李约瑟博士称为"稷下书院",其官私合办自由讲学的组织形式更是对后世书院的形成有很大的影响。秦代虽明令禁止私学,而事实上私人讲学禁而不止。至汉代私人讲学蓬勃兴起,郑玄回乡后,刻意研经,并聚徒讲学,弟子来自四面八方,人数达千人以上。在汉代私人讲学日盛、生徒日增以及一些隐士避乱远世的社会风尚中,逐渐出现了一些以讲学者所在之地而命名、较为固定的讲学、治学和学习的场所——"精舍"、"精庐",成为后来书院教育的雏形。

到了唐代出现了一些被称做"书院"的私人读书处,如:李秘书院、杜中丞书院、孝宽中秀才书院、南溪书院、沈彬进士书院等。它们大多见于唐人诗篇,但并不是授徒之所。山东最早的书院——临朐县的李公书院,即是这种类型的书院。据明嘉靖《青州府志》卷九记载:李公书院在县(临朐)西南,是唐人李靖的读书处。相传李靖跟从唐太宗李世民征间左,曾在此研读兵法。李靖(571—649 年),唐初军事家,京兆三原(今属陕西三原县东北)人,精熟兵法,隋末任马邑郡丞。归唐后,随高祖、太宗征战南北,深得李世民赏识,历任兵部尚书、尚书右仆射等职,著有《李卫公兵法》。既然是李靖跟随唐太宗征间左时的读书研究兵法之处,因此李公书院的建立时间应不晚于 7 世纪初。

作为讲学授徒培育人才的书院,始于唐末五代。唐末五代数十年间,战乱不止,社会动荡,经济萧条,文教衰落,读书士子无由显身,只有选择幽静之地建舍聚徒、授学论道,私家讲学之风遂兴,书院教育应运而生。当时的青州临淄(今属山东淄博市临淄区)人石昂,家有藏书数千卷,致使许多士人慕名前来求教,有些人竟吃住在石昂家里,而石昂并不感到厌烦,仍主动邀请周围的人聚众讲学,一时传为美谈。① 石昂聚众讲学之所已无从考察其名称,但其书院的特征是再明显不过的了。一般认为,南唐建立的东佳书堂和白鹿洞学馆(亦称"庐山国学"),具有私人藏书聚徒讲学的特征,是书院教育诞生的标志。从此以后,书院作为一种新的教育形式,开始登上中国教育的历史舞台。

---

① 参见《新五代史·石昂传》。

2. 书院的发展与兴盛

(1)宋代书院的初步发展

宋既统一海内,乱世渐平,民生安定,文风日起,读书士子纷纷要求就学读书,国家也需要大批统治人才。社会的需求刺激了教育,书院便呈现出繁荣兴旺的状态。

具体说来,宋初书院的繁盛是有其特殊的历史原因的。首先,宋初官学长期处于低迷不振的状态,这是书院教育兴起的重要原因。经过唐末五代的战乱和破坏,到了宋代,地方官学已近瘫痪。各地郡县残存的一些破旧孔庙,除了勉强维持一些象征性的祭孔仪式之外,几乎没有开展任何实质性的教学活动,也不具备招生设教的条件。袁燮在《四明教授厅续壁记》中曾谈到,宋初地方官学除兖州、颍州(今安徽阜阳)一带之外,大部分地区均未曾设立,学者大都集中在书院聚徒讲学,并且卓有成就。官学不兴,士人寻求出路,国家又急需人才,于是包括书院在内的民间或私人创办的乡党之学率先得到发展。学院起到了补充官学空白的作用。

其次,北宋科举取士规模日益扩大,也是促进书院发展的重要因素。在科举取士方面,北宋前期仍沿袭唐代旧制。但科举的要求大幅度放宽了,规定获取人才不问家世,这无疑提高了士子应考的热情。而且每次科举取士的数额远远超过唐代。唐代进士每次只有三四十人,最多的只有70人。宋太宗时因州县缺少官吏,开始大规模录取士人,每次录取进士约230余人。宋真宗后,进士录取人数大增,平均每次录取在450人左右。科举考试录取规模的扩大,直接刺激了书院教育的发展。

再次,朝廷崇尚儒术,推行文治的政策,是宋初书院得以快速发展的又一重要因素。自唐朝后期以来,军阀混战,武人专横跋扈,朝代更迭频繁。为了巩固自己一家一姓的统治,宋朝统治者从中汲取了经验教训,极力对武臣加以裁抑,实行了重文轻武、以文治国的方针。宋太祖就认为宰相必须使用读书人,他不仅自己喜欢读书,而且告诫后人说:帝王之子一定要熟读经书,这样才能明白国家治乱的道理。他以兴隆学校为中心,在京师建立了国子监。但因为国家刚刚建立,无力创办大量的官学,书院的兴起缓解了朝廷崇尚文治而又教力不足的矛盾。宋初统治者便因势利导,给书院以大力支持。

最后,私家讲学之风的盛行又为书院的繁盛提供了有力的保证。北宋初年,私家讲学的山东人人数众多,如诸城人齐得一,能读五经,善于教授乡里,士大夫子弟不远百里,前来求教,跟随他学习;淄川人王樵博通群书,不治章句,许多人慕名前来就学;安丘人杨光辅更是在莒县马耆山聚徒讲授30 余年,远近士子皆出于他的门下。

在这种状况下,书院开始大量出现。据有些学者统计,北宋先后存在的书院达百余所,是唐、五代书院的 3 倍。但书院的分布并不平均,存在着严重的地域差异。据曹松叶先生《宋元明清书院概况》统计,如将宋代书院以河流所经地域计算,长江流域占 74.76% ,珠江流域占 21.53% ,黄河流域仅占 3.52% ,南方书院的数量远远超过北方。书院数量在 5 所以上的省份分别为:江西 23 所、湖南 8 所、山东 5 所、河南 5 所。① 山东的 5 所书院分别是汶上的圣泽书院、泰安的泰山书院、郓城的岳麓书院、莒州的文学书院以及益都的白龙洞书院。

山东地处黄河下游,书院数量虽不及江南各省,但却拥有书院发展史上占有重要地位的泰山书院。

在宋初书院的发展过程中,有一部分书院以其丰富的教学内容和卓有成效的教学模式,赢得了世人的瞩目,成为对当时教育影响较大的著名书院。这些著名书院有“四大书院”之称,泰山书院便在其中。关于宋初的“四大书院”,共有三种说法。一说见吕祖谦《白鹿洞书院记》和王应麟的《玉海》,指白鹿洞书院、岳麓书院、应天府书院、嵩阳书院。二说见朱熹的《石鼓书院记》和马端临的《文献通考》,去嵩阳书院而增石鼓书院。另有一说,见于光绪六年(1880 年)刻本《国朝石鼓志》,称宋初四大书院为:徂徕、金山、岳麓、石鼓,这儿的“徂徕”似应指泰山书院。

泰山书院原为道家诗人周朴修隐之地,名栖真观。宋景祐二年(1035年),晋州平阳(今山西临汾)人孙复应石介之请来泰山讲学,景祐四年在东岳庙建信道堂学舍。第二年学舍迁真观旧址。康定元年(1040 年)石介为书院作记,始称泰山书院。孙复被称为泰山先生,主持书院的讲学活动。泰山书院的教学内容以儒家经典为主,兼及文史群书,尤以《周易》、《春秋》为

①参见曹松叶:《宋元明清书院概况》,《国立中山大学语言历史学研究所周刊》第10集,第111期。

重,并有学术研究与交流。与孙复、石介同时在泰山书院读书、研习的还有泰州的胡瑗,由于三人儒术高深,名声日隆,被称为"宋初三先生"。一时慕名而来的士子很多,如姜潜、张洞、刘牧、祖无择、李蕴、张续、李常、李堂等先后肄业其中,并形成了自成体系的"泰山学派"。

北宋时期,山东各地书院虽然有了一定的发展,但是除个别书院外,多数书院斋舍简陋,其他许多内部规制如生徒招收、考试制度、学习科目和师资聘请也多不健全。有些书院得到了官府的资助,如汶上的圣泽书院,相传为孔子任中都(汶上在周代时称中都邑)宰时与诸弟子讲学的地方,因此得到了统治者的特别关注,元祐四年(1089年),宰驿周师中"重修葺之"①。但大部分仍以私人或民间办学为主。

到北宋中期,书院逐渐开始衰落。首先,北宋三次兴学运动是造成书院衰落的直接原因。正如前面所说,书院的兴起是由于官学不兴,书院的兴办起到了补充官学空白的作用。随着政治的稳定,宋朝统治者开始加强官府办学,这就是所谓的"兴学运动"。兴学运动共有三次,分别为庆历兴学、熙宁兴学和崇宁兴学。北宋三次兴学,从中央到地方各级官府均致力于发展官学,对民间或私人办学很少顾及,民间或私人创办的书院,朝廷和地方官府也很少过问。不闻不问,实际上等于冷落了书院,客观上影响了书院的发展,削弱了书院的社会影响。结果,宋初一度兴旺的书院在兴学运动中日渐沉寂。其次,北宋中期以后,有关科举考试和学校教育方面的法令条规日益细密。朝廷规定:禁止士子离开居住地参加科考,各地学校只能招收本地籍贯的士子读书;应举士子要提供官给文书作为担保,否则便失去应举的资格。在这种情况下,一向以广招天下有志之士为宗旨的书院,就失去了生员来源,更由于无力提供相应的官结文书,书院不可避免地沉寂下去。再次,书院的好坏与书院主讲的好坏直接相关,在三次兴学运动中,一批书院主讲先后被中央或地方官学聘任,这无疑削弱了书院的教学水平,影响了书院的声誉,许多书院因此而逐渐废弛。像泰山书院,庆历二年(1042年)孙复经石介介绍,范仲淹、富弼推荐,赴京任秘书省校书郎、国子监直讲,从此泰山书院遂告消歇。

① (万历)《汶上县志》卷二,建置志·学校。

在中国书院教育发展史上,南宋时期书院发展达到了一个鼎盛时期。南宋时期的书院数量大增,规模扩大,制度完备,内容充实,特色鲜明,影响显著。然而,南宋时期的山东却处于金的统治下,这就使得山东书院的发展错过了最佳时机。

虽然金朝统治者在所占领地区,尽量保持业已形成的科举取士制度,并且兼采唐、宋及辽代故制,加以损益,形成了中国古代具有独特风格的选士制度。金天德年间曾规定府试有6处地点,东平府即其中之一。而大定二十年(1180年)规定,府试策论进士地点4处,东平亦为1处,后增添益都1处;其余辞赋、经义、律科、经童科府试地点定为6处,东平也在其中,后添益都,这些都反映了科举在金代的地位及金统治者对山东的重视程度。但金统治者对于书院的建设却不甚关心,只新建了武城的弦歌书院(金大定年间)和日照的状元书院等几所书院。

(2)元代山东书院进入鼎盛期

17世纪70年代,蒙元政权挥师南下,消灭南宋政权。这样,中国古代书院又进入了一个新的发展时期。

元朝统治者虽是少数民族,但在进入中原后就已开始封建化。为了巩固自己的统治,元代在文教政策上采取了"汉化"方针。

服务于"汉化"政策,元代统治者初时对书院采取了保护政策,继而大力发展书院。中统二年(1261年)六月,元世祖下令保护一切文化教育设施,规定孔庙及各级书院不得侵扰亵渎,违者加罚。至元八年(1291年)三月,元世祖命各路各县设立小学,同时鼓励"先儒过化之地,名贤经行之所,与好事之家出钱粟赡学者,并立为书院"①。此后书院得到了充分的发展。

就全国而言,宋元两朝的兴废更替中止了南宋时期书院蓬勃发展的局面。但对于山东而言,元朝的建立却迎来了书院发展的兴盛期。据不完全统计,在元朝存在的短短97年间,山东共新建书院22所,修复书院2所。(见"元代山东书院一览表")

①《元史·选举志》。

元代山东书院一览表

书院名称	所在地	建立时间	备　注
龙山书院	东平	至元三十年(1293 年)	
中庸书院	邹县	元贞元年(1295 年)	又名子思书院,祭祀子思、孟子
东山书院	费县	皇庆二年(1313 年)	初为义学,后改书院
郑康成书院	淄川	不详,元延祐二年重修	又名康成书院
性善书院	滕州	延祐元年(1314 年)	
闵子书院	济南	天历年间	济南最早的书院
诚明书院	乐安	元统前后	
尼山书院	曲阜	后至元三年(1336 年)	
静轩书院	高唐	后至元年间	又名静山书院
一贯书院	郯城	至正二年(1342 年)	又名曾子书院、琴声书院、宗圣书院,祭祀曾子
洙泗书院	曲阜	至正十年(1350 年)	又名洙泗讲学书院
崇义书院	濮州	至正十二年(1352 年)	
思圣书院	费县	至正十三年(1353 年)	为思念孔子而捐建
伏生书院	邹平	至正十五年(1355 年)	为纪念济南学者、西汉今文《尚书》之最早传授者伏生而建
历山书院	濮州	大德年间	
雪林书院	朝城	元代	元楚惟善读书处
牛山书院	肥城	元代	元尚书张起岩书室
育英书院	肥城	元代	
北麓书院	蒙阴	元代	元张子塾隐居教授于此
野斋书院	东阿	元代	元翰林李谦卒,谥文正公,诏立书院
会斋书院	恩县	元代	元张汝卿读书处
宗圣书院	嘉祥	元代	又名曾子书院
白龙洞书院	青州	元代	
王氏书院	兰山	元代	

元代书院的设立与宋代已大不相同。宋代书院基本上由私人或民间设立,元代除了仍大力提倡私人或民间设立外,开始由官府直接创办或修复书院,即使是私人或民办的书院,朝廷和各级官府也逐步加强了控制。滕州的

性善书院一开始是所义塾,创建于元成宗大德四年(1300 年),创建人为州守尚敏。延祐元年(1314 年)经监察御史任居敬奏请,将其改为书院,并取孟子"性善"说之意称为"性善书院"。从此以后,该书院划归学宫管理,委派了山长,聘请了教师,以加强对肄业学子的教育。延祐二年(1315 年),州守又将书院改建扩大。扩建后的性善书院占地 8 亩,右边是孟庙,以祀孟子,左边是讲堂,并有东西配房供学子习业。至正年间,由于书院年久失修,山长丁振又请示州官募捐重修,整饰一新。① 性善书院是一个典型的由官府接手创办或修复的书院,从其办学过程不难看出书院官学化的特征。

官学化是元代书院发展的一个最显著的特点。书院教育的组织形式在两宋时期就已有官学与私学性质之分,元代只是继续了宋代以来书院官学化的进程。但与两宋不同的是,元代书院的官学化更加全面、彻底。

元朝政府对书院的师资任用、组织管理,乃至经费供给等都加强了控制。元朝有相当数量的书院山长,和官学的学正、学录、教谕一样,须经礼部、行省或宣慰司任命或在朝廷备案。书院山长职同学宫学正,学录、教谕经过两次国家考试可升为学正和山长,学正和山长经过考试可升为中州教授,再经过考试可升为路教授。② 这样就使得书院管理者成为朝廷的命官。即使私人创办的书院,朝廷也往往下令任命修建者或先贤后裔为书院山长,予以名义上的承认以加强控制。如曲阜的洙泗书院原为孔子 55 代孙孔克钦所建,朝廷于是任命孔子 53 代孙孔滨为山长。在书院的管理上,元朝政府也有相应的措施。如元朝政府曾规定:凡肄业于州县学以及书院的生徒,或用为教官,或取为吏属,都必须经地方官吏的举荐与考核。对书院的招生、考试、毕业后的去向等一系列管理和人事方面的问题都严加控制。元代各级官府增加经费直接兴办书院,为书院划拨学田,并规定山长授官衔并领取官俸,书院享受与各级官学同样的官费待遇;对经费困难的民间或私办书院,也尽量给予经费上的资助。同时,对书院的财政加强管理和控制,明确规定:路、府、州书院,设"直学"一职掌管钱谷的出入。

以上措施,表明了官府对书院的重视,并且为书院的迅速发展提供了基本的办学条件。当然,这些措施也导致了书院在经营管理上独立自主地位

---

① 参见(元)虞集:《性善书院记》、(元)刘逢源:《存心堂记》,(道光)《滕县志》卷十二,艺文志上。
② 参见《元史·选举志一》。

的削弱,书院教育的特色日益淡薄。书院与官学相差无几,仅有书院之名,而乏书院之实了。

为了加强对书院的控制,元代还采取给新建书院书匾赐额的方式,以表示国家对书院的认同。滕州性善书院,朝廷赐额"性善";郯城一贯书院,初称曾子书院,至正二年提举管文通倡议兴建,朝廷颁"曾子书院"额;乐安(今属山东广饶县)诚明书院,由邑人程鹏捐资修建,元统二年(1334 年),朝廷赐"诚明"额。另外,曲阜尼山书院、洙泗书院,高唐州静轩(静山)书院,东阿野斋书院,濮州历山书院也都先后被书匾赐额。

在书院的官学化过程中,还有一种现象值得注意,即许多书院祭祀功能逐步增长,影响了书院的教学功能。北宋时期,书院即已具有祭祀功能,当时的圣泽书院在改建为书院之前就一直祭祀孔子。到了元代书院祭祀对象更加广泛,举凡先贤、名儒无不在祭祀之列。在元代存在的 24 所书院中,有祭祀功能的书院有 11 所,它们是:邹县中庸(子思)书院祭祀子思与孟子,滕县性善书院祭祀孟子,曲阜尼山书院、洙泗书院祭祀孔子,郯城一贯(宗圣、琴声)书院祭祀曾子,费县思圣书院祭祀孔子,邹平伏生书院祭祀济南学者、西汉今文《尚书》之最早传授者伏生,东阿野斋书院祭祀元代著名学者李谦,嘉祥宗圣(曾子)书院祭祀曾子,淄川郑康成书院则祭祀汉代学者郑玄。这些祭祀书院占整个书院的 45.8%,也就是说山东当时近一半的书院具有祭祀功能。这种情况的出现是书院官学化的另一种表现,这无疑在向书院昭示着这样一个事实:政府兴办的各级学校才是主要的教育场所,各地书院不过只是祭祀先儒、名贤的场所,至多不过是在教育中充当配角而已。

元朝政府加强对书院的控制,促使书院官学化,主要是出于政治统治目的。首先,通过对师资、管理及经济各方面的控制,朝廷能掌握大部分书院动态,防范汉人和南人的反抗情结在书院中得到发展。其次,通过书院可以笼络一些高级知识分子,靠他们影响广大学术界和思想界,加强思想统治。从书院发展的历史来看,书院的官学化在一定程度上限制了书院学术思想的活跃,使封建朝廷的一些腐败官吏以及官员的亲属掌握了书院的大权,降低了书院的教学质量。加之科举制度的影响,书院也和众多的官学一样,主要学习《四书》及南宋理学家的著述,除个别山长专心学术,不一味地教学生举业之外,有不少书院也和官学一样变成了科举的附庸,严重篡改了书院研讨学问、作育人才的初衷。

尽管如此,书院仍保留其明显的特征。不少书院保留了宋代以来的传统,一直是以教学和学术研究为中心。大德年间(1297—1307 年),中书平章千奴致仕后建山东濮州(今属山东鄄城县)历山书院。它既是一所私人出钱出物,请名师教授乡里子弟的乡村书院,又是一所多学科多专业的综合性书院。历山书院设文学之师与医学之师,开展文、医两科教学,学生除专门学习文学或医学外,还得兼习军事,进行操练。也有不少书院规制完备、藏书丰富,如朝城雪林书院,为学者楚惟善读书处,建有专门的藏书楼,名为"五车楼";汶上圣泽书院藏书千余卷;而濮州历山书院则聚书万卷。

3. 书院的衰落与转型

明清两代,山东的书院继续发展,无论从数量上还是从规模上,都大大超过了宋元时期。但值得注意的是,这一时期封建君主专制达到登峰造极的地步,封建统治者对学子的钳制进一步加强,因而对书院的控制呈现出逐渐加深的趋势。书院的聚徒自由讲学的特质逐渐削弱,书院官学化程度继续加深。

就明清山东书院发展的过程来看,从朱元璋推翻元朝统治定都南京的1368 年算起,至 20 世纪初济南泺源书院改为山东大学堂,前后约 530 年。在这 5 个世纪的时间里,山东书院的发展经历了一个沉寂→兴盛→再沉寂→再兴盛→消亡的历史过程。

(1)明代书院的沉寂与兴盛

明代前期的洪武、永乐、宣德、正统、景泰、天顺几朝是山东书院的第一个沉寂期,历时约 120 年。明代书院的发展,从一开始就与中央政府对它所采取的态度密切相关。明初大兴学校,不仅国子监有南北之分,而且府、州、县、卫、所皆建儒学,以至出现"无地而不设之学,无人而不纳之教"的盛况。重视官学,提倡科举,明朝政府也就无暇注意书院。明太祖洪武元年(1368 年),朱元璋下令重设尼山、洙泗书院,各设山长 1 人。此时重设的尼山、洙泗书院只为祭祀孔子及其弟子,已无讲学活动。所以这两座书院的设立,乃是统治者尊崇孔子的结果。到了洪武五年,朱元璋又下令改天下书院山长为训导,并将书院学田收归官府。虽然统治者并未禁止书院,但这一系列政策足以使书院发展受到窒息。据统计,在明代存在的 276 年里,共新建书院 67 所。而在这几占明朝一半时间的 120 年里,山东共新建书院 3 所,它们是:济阳的闻韶书院(洪武年间)、馆陶的陶山书院(正统七年)、掖县的东莱书院(景泰五年),只占明代新建书院总数的 4.48%。

成化、弘治时期,明代的书院开始从沉寂走向复苏。正德、嘉靖、万历年间,明朝书院进入兴盛时期。明朝书院之所以进入兴盛期,首先是由于宦官势力膨胀,政治日渐腐败,社会矛盾加剧。官学教育和科举考试弊端丛生,官学学生只讲资格,不讲学力,人们为求出身,不惜捐纳买得监生资格,以为入仕跳板。学校已成为科举的附庸,读书之事,也成具文。一部分朝臣和读书士子对此忧心忡忡,开始着手恢复书院讲学,以弥补或纠正官学和科举之弊。其次,王守仁、湛若水以心学大师的面貌出现,在各地聚徒讲学,对书院的发展贡献最大。南宋以后 200 多年间,由于封建统治者的提倡,程朱理学一直是官方哲学思想,长期居于统治地位使其内容逐渐僵化,严重地桎梏了人们的思想,阻碍着学术文化事业的发展,自然而然地也遭到了广大学者的厌弃。王守仁、湛若水针对程朱理学对儒学经典解释过于支离破碎,使人不能从总体上掌握其精神实质的弊病,认为若求圣人之道,惟在心中"自得",分别提出了"致良知"和"随处体认天理"的学说。由于对心学的表述不尽相同,致使二人的讲学也各标其宗旨,各讲其主张,天下学者各依所从,一时书院大盛。

在这种大背景下,山东书院也快速发展,成化朝新建 6 所:沂水的沂水书院(成化五年)、安丘的公冶长书院(成化八年)、诸城的沧浪书院(成化十一年)、邹平的范公书院(成化十六年)、长白书院(成化十八年)、青州的松林书院(成化年间),而嘉靖朝至万历朝仅 98 年的时间里,新建书院更多达 38 所(详见《明嘉靖至万历年间新建书院一览表》),占明代新建书院的 55.07%。

明嘉靖至万历年间新建书院一览表

书院名称	所在地	建立时间	备注
两山书院	平度	嘉靖二年（1523 年）	
正学书院	济宁	嘉靖三年（1524 年）	
湖南书院	济南	嘉靖四年（1525 年）	
白鹤书院	济南	嘉靖四年（1525 年）	
章贤书院	滋阳	嘉靖八年（1529 年）	
丽泽书院	长清	嘉靖十一年（1532 年）	
清源书院	临清	嘉靖十一年（1532 年）	
胸山书院	临朐	嘉靖十一年（1532 年）	
大成书院	肥城	嘉靖二十年（1541 年）	
河滨书院	黄县	嘉靖二十二年（1543 年）	
东武书院	诸城	嘉靖二十七年（1548 年）	
瀛洲书院	登州	嘉靖二十八年（1549 年）	又名莲洲书院
崇正书院	高苑	嘉靖二十九年（1550 年）	
泮东书院	莱阳	嘉靖三十四年（1555 年）	
松槃书院	观城	嘉靖三十六年（1557 年）	
道东书院	登州	嘉靖三十九年（1560 年）	后更名大东书院
至道书院	济南	嘉靖年间	
棠浒书院	鱼台	嘉靖年间	
三泉书院	陵县	嘉靖年间	
养正书院	郓城	嘉靖年间	
东流书院	东阿	嘉靖年间	原为洪福寺，祠宋儒五子
崇德书院	泗水	嘉靖年间	
奎山书院	日照	嘉靖年间	
养志书院	昌邑	隆庆二年（1568 年）	
闲道书院	平原	隆庆年间	初名云龙书院，由云龙寺改建而来

（续表）

书院名称	所在地	建立时间	备 注
观礼书院	莱芜	隆庆年间	
云门书院	平阴	万历元年（1573 年）	
见泰书院	长清	万历元年（1573 年）	
大清书院	蒲台	万历十七年（1589 年）	
重华书院	曹州	万历二十四年（1596 年）	
崇仁书院	德州	万历二十六年（1598 年）	
云门书院	青州	万历四十年（1612 年）	
历山书院	济南	万历四十二年（1614 年）	又名白雪书院
青莲书院	恩县	万历四十五年（1617 年）	
聚奎书院	冠县	万历年间	
愿学书院	长清	万历年间	
同人书院	临邑	万历年间	
宗圣书院	嘉祥	万历年间改建	相传曾子读书处，旧名曾子书院

　　山东书院的快速发展同样与王守仁心学的传播有关，特别是运河沿岸各州县，受王守仁心学思想影响的学者较多，书院活动较为活跃。堂邑的穆孔晖，是王守仁的学生，王守仁在任山东乡试主考官时，即对穆孔晖的才学很欣赏，并录取他为举人。后来穆孔晖在南京做官，恰逢王守仁也在南京任兵部尚书，他又亲聆王守仁讲学。穆孔晖继承了王守仁的良知说，把心学与佛学中的"顿悟说"结合起来，成为阳明心学在山东的第一个传播者。茌平人孟秋在学术上主张王守仁的"致良知"说，也把心学与佛学中的"顿悟说"结合起来，因此被人称为"王学化的禅学"。张后觉是孟秋的同乡、老师，年轻时随县学教谕颜钥学习阳明心学，接触"致良知"说，开始对王学有了浓厚兴趣。嘉靖中期，王守仁再传弟子徐樾任山东参政，张后觉又拜其为师，学问大增，成为王阳明心学在山东又一重要传播者。嘉靖后期，同为王阳明心学倡导者的山东提学佥事邹善与东昌知府罗汝芳，先后建愿学书院与见泰书院，即聘请张后觉担任书院主讲。

当然,明代中后期,发生了禁毁书院的事件,使书院的发展受到一定的影响。禁毁书院事件共有四次,第一次是嘉靖十六年(1537 年),御史游居敬疏斥南京吏部尚书湛若水广收无赖,传播邪说,私创书院。于是朝廷下令罢除各处私创书院。第二次是嘉靖十七年(1538 年),吏部尚书许赞,以官学不修,多建书院,聚生徒,耗财扰民为借口,"申毁天下书院"①。当时严嵩掌权,这次禁毁书院,实为宰相严嵩的意旨。这两次禁毁书院实际上是一次连续的行动。第一次只限于湛若水在南直隶(今江苏一带)各处的书院,而第二次则进一步扩大范围,对第一次未有禁毁的书院进行清查。由于两次禁毁书院的范围有限,因此并没有真正对后来的书院发展产生非常大的影响。与此相反的是,当徐阶升任内阁首辅后,却出现了大力倡办书院的现象。从《明嘉靖至万历年间新建书院一览表》可以看到,嘉靖十六、十七年,山东书院受到影响,无新建书院的纪录,但嘉靖二十年后,新建书院开始大量出现。

第三次是万历七年(1579 年),张居正当国,他因书院群聚党徒,空谈废业,危及国家安定,而封闭全国书院。第四次是在天启五年(1625 年),起因于明末宦官集团与士大夫集团的斗争,操刀者为太监魏忠贤。东林书院首当其冲,进而殃及其他书院。这两次禁毁书院事件对书院的发展影响也并不十分显著,张居正时禁毁的书院仅限于应天等府的 64 所书院,而且在这64 所书院中,真正被毁的只有 16 所,其余的多因地方官员的保护而名毁实存或根本未毁。山东书院在这次禁毁事件中只有掖县的东莱书院于万历八年(1580 年)被迫改为吕先生祠,其余所受影响有限。而且在万历四十二年(1614 年),山东于济南创建了历山书院,其规模当属济南书院之最。历山书院的建立对山东影响很大,全省学子有 100 多人肄业其中,文风盛极一时。天启年间禁毁书院事件是禁毁力度最大的一次,天启朝山东只新建文山、育英 2 所书院,省城历山书院也在这次禁毁事件中沦为邮亭。此后的崇祯朝,山东也仅有沾化南湖书院 1 处创设纪录。当然,这种现象不能全部归于禁毁事件本身,事实上,天启、崇祯时期,政治腐败,天灾连年,对辽战事日益扩大,各地书院已日益衰落,明代书院发展的兴盛期不可避免地结束了。

---

① (明)雷礼、范守己、谭希思:《皇明大政纪》卷二十三,《续修四库全书》编辑委员会编:《续修四库全书》三五四册,上海古籍出版社 2002 年版,第 524 页。

（2）清代书院的沉寂与兴盛

清代书院的沉寂期是指清初顺治、康熙至雍正中期大约90年的时间。清代初年,统治者唯恐书院的讲学活动会诱使明朝臣民反清思想的发展,而成为统一南北的障碍,故不但不提倡书院,而且加以抑制。顺治九年(1652年)下令"不许别创书院群聚徒党,及号召地方游食无行之徒,空谈废业"①。山东此时无新建书院的纪录。在统一全国之后,清代统治者更吸取明代的经验教训,对书院采取了严格的限制措施。这种限制,一直延续到康熙年间。到康熙后期,由于封建统治的基本稳定,多民族国家已基本形成。为了笼络一些地方上的知识分子为封建政权服务,清统治者解除了对书院的禁令,允许并提倡在各地由官员设立书院。为了表明对书院态度的变化,清朝统治者不仅在各地修复了一些书院,而且还赐颁御书,如济南的历山书院便得到了"学宗洙泗"的御赐匾额。

雍正中期,清朝统治已经稳固,大多数士子也放弃了与统治者对立的立场,转而沉醉于读书应举,而各地官僚都纷纷设立书院,聘师讲学其中。显然,对书院的限制既无必要也不可能了。雍正十一年(1733年),皇帝亲自下谕,令封疆大臣于各省设立书院,并肯定书院教育是一个兴育人才的好办法。雍正帝的这一圣谕,标志着清朝书院政策由抑制到提倡的巨大转变,书院从此进入了一个新的发展时期。

于是自雍正年间起,各府、州、县纷纷举办书院。据不完全统计,自雍正十一年起到道光二十年(1840年)止,山东共新建书院74所(详见《雍正十一年至道光二十年山东新建书院一览表》)。

雍正十一年至道光二十年山东新建书院一览表

书院名称	所在地	建立者	建立时间
泺源书院	济南	巡抚岳濬	雍正十一年(1733 年)
峄阳书院	峄县	不详	雍正十三年(1735 年)
敬业书院	惠民	知县姚兴滇	乾隆三年(1738 年)

①《大清会典·儒学·学规》。

（续表）

书院名称	所在地	建立者	建立时间
牟平书院	宁海	知州周道济	乾隆五年(1740年)
思乐书院	潍县	不详	乾隆六年(1741年)
东山书院	宁阳	知县李梦雷	乾隆八年(1743年)
天台书院	平邑	捐建	乾隆九年(1744年)
宾阳书院	福山	知县李经邦	乾隆十一年(1746年)
珠山书院	胶州	知州朱若炳	乾隆十四年(1749年)
榆山书院	平阴	知县刘代闻	乾隆十五年(1750年)
繁露书院	德州	督粮道汪汉倬	乾隆十六年(1751年)
卢乡书院	莱阳	知县郝大伦	乾隆十七年(1752年)
同文书院	寿光	知县王春	乾隆十八年(1753年)
麟州书院	巨野	知县朱容极	乾隆十八年(1753年)
饶公书院	鱼台	知县饶梦燕	乾隆二十年(1755年)
仰山书院	博平	不详	乾隆二十年(1755年)
长乐书院	高青	知县张耀璧	乾隆二十二年(1757年)
琅邪书院	沂州	知府李希贤	乾隆二十四年(1759年)
潍阳书院	潍县	知县韩光德	乾隆二十四年(1759年)
胶东书院	平度	知州王化南	乾隆二十四年(1759年)
文津书院	乐陵	知县王谦益	乾隆二十五年(1760年)
任城书院	济宁	总河姚立德	乾隆三十年(1765年)
敬业书院	德平	知县彭宗古	乾隆三十二年(1767年)
东湖书院	肥城	不详	乾隆三十五年(1770年)
鸣山书院	高唐	知县汤登泗	乾隆三十六年(1771年)
泗源书院	泗水	知县福明	乾隆三十八年(1773年)
敖山书院	新泰	知县胡叙宁	乾隆三十八年(1773年)
启文书院	东昌	知府胡德琳	乾隆三十九年(1774年)
石门书院	曲阜	不详	乾隆四十年(1775年)
清阳书院	清平	知县张玉树	乾隆四十二年(1779年)
希贤书院	无棣	知县林芳春	乾隆四十二年(1779年)
乐育书院	乐安	捐建	乾隆四十三年(1780年)

（续表）

书院名称	所在地	建立者	建立时间
两学书院	曲阜	知县张万贯	乾隆四十三年(1780 年)
培风书院	滨州	州牧张堂建	乾隆四十五年(1782 年)
霞山书院	栖霞	知县钟风腾	乾隆四十八年(1783 年)
胶西书院	胶州	知州张玉树	乾隆五十一年(1786 年)
岱麓书院	泰安	知府徐大榕	乾隆五十七年(1792 年)
范泉书院	博山	知县武亿	乾隆五十七年(1792 年)
白麟书院	德平	知县钟大受	乾隆六十年(1795 年)
古棣书院	庆云	知县张元英	乾隆六十年(1795 年)
迁善书院	禹城	知县任增	乾隆年间
洪范书院	东阿	知县李汝臻	乾隆年间
近圣书院	邹县	知县李时乘	乾隆年间
山阳书院	金乡	知县麦子淳	乾隆年间
景颜书院	平原	捐建	嘉庆二年(1797 年)
营陵书院	昌乐	知县魏礼炜	嘉庆三年(1798 年)
绣江书院	章丘	捐建	嘉庆七年(1802 年)
敷文书院	禹城	知县董鹏翔	嘉庆八年(1803 年)
济南书院	济南	巡抚铁保	嘉庆九年(1804 年)
朐阳书院	临朐	知县黄思彦	嘉庆十二年(1807 年)
成山书院	荣成	知县张畲新	嘉庆十四年(1809 年)
五峰书院	长清	知县李应曾	嘉庆二十年(1815 年)
振英书院	蒲台	知县李文耕	嘉庆二十五年(1820 年)
崇文书院	费县	知县胡世琦	嘉庆二十五年(1820 年)
雀城书院	堂邑	知县张家梓	嘉庆二十五年(1820 年)
漳南书院	恩县	捐建	嘉庆年间
鸾翔书院	肥城	知县刘宇昌	道光二年(1822 年)
士乡书院	黄县	知县冯赓飏	道光二年(1822 年)
锄经书院	阳信	知县劳崇曦	道光二年(1822 年)
麦邱书院	商河	知县董锡龄	道光三年(1823 年)
犁邱书院	临邑	不详	道光三年(1823 年)

（续表）

书院名称	所在地	建立者	建立时间
寿良书院	寿张	知县萧梦蓝	道光五年(1825 年)
观海书院	诸城	知县刘光斗	道光八年(1828 年)
梁邹书院	邹平	知县李文耕	道光八年(1828 年)
清泉书院	冠县	按察使李文耕、知县梁永康	道光九年(1829 年)
漆阳书院	东明	知县华瀋	道光十年(1830 年)
崇新书院	新城	捐建	道光十三年(1833 年)
督扬书院	齐河	捐建	道光十三年(1833 年)
茌山书院	茌平	不详	道光十四年(1834 年)
昌平书院	曲阜	捐建	道光十四年(1834 年)
乡升书院	惠民	捐建	道光十五年(1835 年)
学海书院	黄县	知县邓肇嘉	道光十六年(1836 年)
奎峰书院	日照	知县周瑞图	道光十八年(1838 年)
育英书院	朝城	知县屠道彰	道光十九年(1839 年)

通过上面这个表可以看出，雍正以后书院数目急剧增加，在新建书院中,58 所为官办，占新建书院总数的 78.38% ,9 所为捐建，只占新建书院总数的 12.16% ,7 所不详，占新建书院总数的 9.46% ,政府控制书院的特征非常明显。

为了达到政府控制书院的目的，清代统治者还采取了以下几方面的措施。第一，将书院教育的中心移到省会。历代著名书院多建立于名山大川之间，朝廷难以管理，雍正帝决定在各省省会办大书院，便于督抚领导。济南的泺源书院就是这样一座省会书院。它的前身为白雪书院（又名历山书院），位于趵突泉东面的白雪楼。为了响应雍正帝的号召，雍正十一年山东巡抚岳濬将其改为省会书院，因原址地方狭小，不能容纳较多士子读书，将其迁移至城内明代都指挥司旧址，更名为"泺源书院"。建院之初，雍正帝还特赐白银千两，后来历任巡抚动员各府人员为书院捐俸达 15000 多两，此款的利息成为书院的主要经费来源。泺源书院在嘉庆九年、道光二十一年及以后时间里曾多次重修。① 第二,明确规定督抚对书院士子的"化导"职责,即领导地位。第三,加强对书院的经济管理。不论是民间捐献,还是地方官拨公款,都要由地方官府加强管理,以免因经济失控而导致书院受制于人。第四,加强对书院的教学管理。书院的山长改为院长,书院的院长、讲席皆由政府聘请,不拘本省邻省,亦不论是否取得科举资格,只要品行方正,学问博通,素为士林推重,即可以礼相聘。书院的学生也由官方选择录取和考核。各地书院皆依照朱熹的《白鹿洞书院揭示》制定学规,根据程朱学派的《读书分年日程》安排教学。第五,规定了书院的教育内容。把八股文作为教学的重点,将书院纳入科举的轨道,改变其自由讲学的传统。

清政府把书院列为地方官办教育的法定组成部分之后,书院的数量和规模增大了。但在官府统一的严格管理下,书院的教学质量迅速下降。在乾隆、嘉靖时期,许多书院学生学习的范围还比较广阔,如平度的胶东书院,学生学习的内容为汉书、古文、五经、唐诗等书。但随着官学化的加深,绝大部分书院已失去了明代书院那种自由开展学术研究,学术空气浓厚,并作为抨击时政的场所,而成为研究八股文、训练士人、为科举取士服务的场所。《清朝续文献通考·学校考七》这样描述当时的书院:"山长以疲癃充数,士子以儇薄相高,其日夕呻唔者,无过时文帖括,然率贪微末之膏火,甚至有头垂垂白不肯去者。"从总体上看,书院已经跟当时的府州县学没有多少区别了。

(3)书院的衰落与转型

道光末年,历史的脚步踏入了近代的门槛。因为内忧外患纷至沓来,政局动荡,吏治腐败和国家财政危机,书院发展也进入了腐败衰落的新阶段。其主要表现是:师资水平严重下降,各种规章制度普遍遭到破坏,书院经费不支和书院数量锐减。据记载,山东泰安岱麓书院,自乾隆五十七年(1792年)建成后,日久经费不足,废而不举。为了生存,一些地方官员或书院主持人分别采取各种方法,有的是设法转嫁负担,如岱麓书院即于道光七年(1827年)要求知府下令所有办院经费由泰安府各部门按照季节平均摊派。

---

① 参见(清)托浑布:《重修泺源书院并增诸生课额记》,(民国)《续修历城县志》卷十五,建置考三。

咸同之际的农民起义也使书院遭受打击。德州繁露书院,至咸丰间,戎马倥偬,渐见废弛。费县崇文书院,咸丰七年(1857 年)农民起义蜂起,军需支绌,知县赵惟峰将书院存款提用无余。仅以新建书院数量为例,也可看出这种变化。乾隆年间山东新建书院 40 所,嘉庆年间新建 12 所,道光年间新建 24 所。然而到了咸丰、同治年间新建书院数量明显减少,咸丰年间新建 7 所,同治年间新建 9 所,光绪年间有所恢复,新建书院 21 所,但只是昙花一现。

当然,近代书院衰落的原因远不止以上几点,书院教育无法培养出应付时局的人才,才是书院衰落的最根本原因。

第二次鸦片战争以后,帝国主义进一步加强了对中国的侵略,清朝政府涉外事务日益增多。与此同时,出于竞争图存的目的,一些先进的知识分子纷纷发出了学习西方先进科学技术的呼吁,受此影响,由一些官僚主持,陆续引进了一些外国的先进设备并先后建立起一些近代企业。所有这些,都需要新式的人才。

然而,当时的书院仍沉浸于"习举业,竞功名,役志于文字"的氛围中。就教学内容而言,同光时期存在有两种类型的书院,一种是以讲授汉学、博习经史词章为主的书院,另一种是讲授程朱理学的书院,两种书院培养的人才均不能满足变化了的时代的需要。以讲授汉学、博习经史词章为主的书院,均以阮元创设的诂经精舍为样板,此类书院不再奉祀周(敦颐)、程(颢)、朱(熹)、陆(九渊)、王(阳明)等理学家,而改为奉祀许慎、郑玄,树起了研讨学问的大旗,引导学生从整个古代文化中去开掘知识的宝藏。书院注重学生的读书,尤其是主张学生在博习经史的基础上,或专一经,或专一史,或专攻一家之文。书院也行考课,但不考八股文,不搞闭卷考试,这在封建教育已经腐朽僵化的当时,不能不是一种思想的解放和有益的改革。山东的尚志书院就属于这一类型。尚志书院由巡抚丁宝桢于咸丰八年(1858 年)创建于省城济南,光绪九年(1883 年)巡抚任道镕修改书院章程,仿诂经精舍,以经古课士,提倡朴学。这类书院仅以考据训诂为事,"唯汉为真",引导学生终日埋首故籍,为考据而考据,不自觉地走上了复古主义和繁琐考证的老路。它引导学子一味闭门读书,于时事治世茫然无所闻,显然不能适应时代的变化。讲授程朱理学的书院则主张静坐省察,空谈心性。当时,在西方侵略者和国内农民起义的双重打击下,清朝统治岌岌可危,对此,汉学家束手无策,回天乏术,因而鼓吹程朱理学的行动受到了最高统治者的重视。咸丰皇帝即位伊始,即颁布谕旨,宣称"性理论书","为导民正轨",并要求各地方官员于书院、家塾教授生徒,以《御纂性理精义》《圣谕广训》为课读讲习内容。这样,在最高统治者的提倡下,程朱理学声势大增,山东大部分书院都属于这一类型。但这类安心于谈论义理性命之学的书院,也不能培养应世事的人才。

为了办理对外交涉、培养有用的洋务人才,清政府开始创建新式学堂,如在北京、上海、广州等地相继建立同文馆,聘西人任教,除学习外文外,还学习天文、算学、化学、万国公法、医学生理、物理等课程。与此同时,以学习西方先进技术为目的各类学堂也开始出现。这些新式学堂都不同程度改革了教学内容,开设了与声光电化有关的课程,适应了时代的需要。这些新式教育机构的出现,对书院教育无疑产生了极大的冲击力。但是对书院冲击最大的还是西方传教士创办的书院。

鸦片战争之后,为了加强文化侵略,西方传教士即开始在通商口岸地区建立书院。在山东,外国传教士先后建立了登州文会馆、广德书院、培真书院、礼贤书院、德华书院。严格地说来,传教士建立的书院是西方类型的学校而不是传统的中国书院。教会学校之所以冠以"书院"的名号,一是因为当时学校称谓并不统一,"书院"有时用以指学校;二是鉴于中国的书院有相当的社会声望,借助书院之名可增加教会学校的影响。其实,传教士所办的书院,在某些方面也受到了中国旧有书院的影响。如登州文会馆设有"备斋"、"正斋",礼贤书院列有儒家道德与西教伦理混合的"学规"。但从教育体制、内容以及教学方法上看,与中国旧有书院有很大的不同,是以西方学制为框架,以西方宗教教育为基础与目的的中西之学相糅合的办学模式。

在外国传教士创立的诸多书院中,登州文会馆最为典型。

登州文会馆(又称登州书院)由 1864 年狄考文在登州创办的蒙养学堂发展而来。蒙养学堂本是教会小学,1873 年起设置中学课程,1876 年改称文会馆,成为一所教会中学。登州文会馆的学制分备斋 3 年,正斋 6 年,一共 9 年。备斋是小学程度,正斋是中学程度。9 年教育十分系统,所学课程由浅入深,由传教士和中国士人分别担任教师。登州文会馆的课程包括三类：第一类是宗教知识；第二类是中国传统儒学；第三类是西方科学常识。

当时登州文会馆所开课程，虽然仍以宗教知识及中国传统儒学为主，但西学课程大为丰富。西学课程主要包括五类：第一是数学；第二是物理、化学；第三是天文、地理；第四是动植物学；第五是航海、测量等实践性课程。另外还包括较少的社会科学课程，如世界通史（万国通鉴）、政治经济学（富国策）等。如此全面系统地开设西方自然科学课程，在当时的中国是并不多见，是一个创举。

西方传教士在中国推行西方学制，以西方的科学知识与方法来组织教学，其目的是为了培养符合西方要求的教会人才，用狄考文的话说就是："真正的教会学校，其作用并不单在传教，使学生受洗入教。他们看得更远，他们要进而给入教的学生以智慧和道德的训练，使学生能成为社会上和教会里有势力的人物，成为一般人民的先生和领袖。"教会学校培养的学生应是"接受过基督教义"的熏陶、既"精通西方科学，同时又熟谙中国文化的人"。① 尽管教会书院夹杂了宗教目的以及更深的办学用心，但在客观上却起到了启蒙作用，并对当时中国教育风气的转变特别是书院的转变产生了一定的历史影响。

在内部痼疾重重、外部西式教育步步紧逼之下，19世纪80年代以后，书院内部开始吹起了一股微弱的改革之风。郑观应最早提出了改革书院的主张，认为应仿照西方教育模式，将各州县书院改为小学，将各府、省会书院改为中学。甲午战争后，顺天府府尹胡燏棻、刑部左侍郎李端棻更呼吁清廷，将书院归并裁改，创立学堂。光绪二十四年四月二十三日（1898年6月11日）光绪皇帝在百日维新运动中通令全国，书院一律改为学堂。各省均遵旨奉行。但是，由于维新变法运动的失败，慈禧废除新政，恢复八股考试，停止书院改学堂。书院改学堂虽被迫中止，但书院改革已是大势所趋。

20世纪初期，慈禧太后迫于内外压力，实行新政，书院改学堂作为教育方面的一项新政，再次被提到议事日程上来。1901年9月14日，清政府颁布上谕："著各省所有书院，于省城均改设大学，各府及直隶州均改设中学

①*Records of the General Conference of the Protestant Missionaries of China*, 1890, Shanghai: American Presbyterian Mission, pp. 457—459.

堂,各州县均改设小学堂。"①

至1905年,绝大多数书院均改为学堂。存在千余年的古代书院,终于为新式学堂所代替。据张洪生《宋、元、明、清山东书院一览表》统计,当时山东共有81处书院改为学堂。②

(二) 山东书院的类型与特点

1. 按教学宗旨与内容分的书院类型

(1)讲学式书院

讲学式书院是指以发扬学术为重,以探明圣贤之学为宗旨,务收修身齐家治国平天下之功效的书院。这是书院传统的基本精神,代表了书院应有的发展方向,但这种书院在山东数量有限。

宋代书院多半由私人隐居讲学之所发展而成,因此书院中较多地保留了自由讲学的特点。一般来说,在这种书院中实行自由讨论学术的教学方式,强调自学为主;师生共同研讨学问,办学风格比较开放,气氛活跃。泰山书院与徂徕书院就是山东最早的讲学式书院。

泰山书院为"宋初三先生"孙复、石介、胡瑗早年在泰山的讲学肄业之所。孙复(992—1057年),字明复,晋州平阳(今属山西临汾市)人。曾4次参加进士考试,不第。在南京与石介相识,并应邀到泰山。石介为其筑室泰山之麓,构学馆讲学,泰山书院由此产生。孙复精于儒学,教学六经,尤长于《春秋》,被称为泰山先生。石介(1005—1045年),字守道,兖州奉符(今属山东泰安市东南)人。26岁中进士,曾任郓州(今属山东东平县)观察推官(节度使的幕僚)、南京(今属河南商丘市)留守推官等职。丁母忧,辞官归家,师事孙复,并在徂徕山长春岭下兴办徂徕书院,招收生徒,讲授《易经》,与泰山书院互通声气,时称徂徕先生。胡瑗(993—1059年),字翼之,泰州如皋人,原籍陕西安定堡,门人称"安定先生"。20岁时他北上泰山,与孙复、石介一起读书,共同钻研,并称"宋初三先生"。

宋初三先生不仅是北宋早期著名经学家、文学家,同时也是卓有成就的

---

①(清)朱寿朋:《光绪朝东华录》,中华书局1958年版,第4719页。
②张洪生:《宋、元、明、清山东书院一览表》,《山东教育史志资料》1987年第4期。

著名教育家。他们以倡明儒道、继承孔(子)、孟(子)、董(仲舒)、杨(雄)、王(通)、韩(愈)的儒学传统自居,认为尧、舜、禹、汤、文、武、周公、孔子之道,万世常行,不可改变,提倡"学者学为仁义"①、"以仁义忠孝之道发于文章"②。当时儒者最重要的学问是解说经义,即所谓的经学,而从宋初至真宗朝间,经学仍是拘泥于前代经学家的章句注疏,没有什么新创。而孙复、石介在两书院已开始以己意解经,不再拘泥于古训。孙复对于王弼、韩伯对《周易》的注释,左氏、公羊、谷梁、杜预、何休、范宁等对《春秋》的注释,毛苌、郑玄对《诗》的注释,孔安国对《书》的注释,都曾提出异议。石介针对郑玄注《礼记·文王世子》时"文王以忧勤损寿,武王以安乐延年"的观点而针锋相对地指出:"忧勤所以延年,非损寿也;安乐所以损寿,非延年也。"他进而说:"东汉而下,至于魏、晋、梁、隋、唐、五代,其人君皆躭于逸乐,荒于酒色,败德失度,倾国丧家,寿命不长,享国不永者,康成之罪也,康成之言,其害深矣。"③石介的言辞虽有些过激,但他不拘泥于古训,敢于向郑玄发难,这种精神对后来的疑经思潮有一定的影响。孙复的名著《春秋尊王发微》十二卷以及《易说》、《春秋总论》、《尧制议》、《舜制议》、《文王论》、《董仲舒论》、《四皓论》等著作,均成书于泰山讲学期间。石介在此时也完成了《易解》五卷、《徂徕集》和其他著作。孙复、石介的这些著作,都是他们讲学的重要内容,因此可以想见,孙复、石介的讲学既有大师的精深见解,又有师生的自由讨论。

正是由于有深厚的学术研究为基础,加以开放的办学风格,所以孙复、石介的讲学吸引了一大批好学的士子前来学习,姜潜、杜默、张洞、李蕴、刘牧等人都相继受业孙复、石介门下。不仅如此,当时的一些达官贵人如文彦博、祖无择、孔道辅、吕锡哲等也前来泰山研讨学问,进行学术交流。退职宰相李迪,亲到泰山拜见孙复,见其50岁未娶,竟把自己的侄女嫁给孙复。龙图阁直学士兖州郡守孔道辅两次来泰山看望孙复,并在泰山书院讲学,作诗亲书刻石,留于屋壁。济南郡守祖无择走三百里到泰山与孙复相会,讲道

---

① (宋)石介著,陈植锷点校:《徂徕石先生文集》,中华书局1984年版,第261页。
② 王筱云、韦凤娟等:《中国古典文学名著分类集成》12,散文卷6,百花文艺出版社1994年版,第8页。
③ (宋)石介著,陈植锷点校:《徂徕石先生文集》,中华书局1984年版,第120、122页。

德,研经术,相与五日才离去。郓州名儒士建中也曾应邀来书院讲学。

尽管后来孙复、石介应范仲淹之邀,任国子监直讲,泰山书院、徂徕书院从此衰落,但其讲学的传统却激励着后学。明代宋焘、李汝桂、清代赵国麟等继承泰山书院宗旨,先后在泰山脚下建青岩居、育英书院、青岩书院,以泰山学派的治学精神教授生徒,仍保留着讲学式书院的特色。

随着书院官学化程度的加深,考课内容逐渐进入书院,纯粹讲学式的书院越来越少,但这并不意味着书院无讲学存在。事实上,当考课式书院大肆盛行时,讲学在许多书院仍占有一定的位置。自由讲学占有较高位置的书院,仍可看作是讲学式书院。

明代讲学之风倡于王守仁和湛若水,而明代书院的兴盛又是由于王、湛二人的讲学,由此而奠定了明代书院的讲学传统。其实,阳明王湛之学盛行之前,著名理学家如夏尚朴、薛瑄等,都是书院讲学大师。他们在山东担任提学及提学佥事时,都曾在山东的书院讲述程朱理学。后来随着王湛之学异军突起,讲学之风大兴。阳明心学在山东运河地区影响较大,如堂邑的穆孔晖,是王守仁的学生,为阳明心学在山东的第一个传播者;茌平人孟秋把心学与佛学中的“顿悟说”结合起来,被人称为“王学化的禅学”。穆孔晖、孟秋是否曾在书院讲学,已无从查考,但阳明心学的另一位传播者却确实有在书院讲学的记载,这个人就是张后觉。张后觉是孟秋的同乡、老师,年轻时随县学教谕颜钥学习阳明心学,接触“致良知”说,开始对王学有了浓厚兴趣。嘉靖中期,王守仁再传弟子徐樾任山东参政,张后觉又拜其为师,学问大增。嘉靖后期,张后觉应邀在愿学书院与见泰书院讲学。愿学书院与见泰书院修建者分别为山东提学佥事邹善与东昌知府罗汝芳,由于两个人都是阳明心学的倡导者,因此书院建立之初即以讲学为目的。身为讲学大师的罗汝芳,即常常到见泰书院讲授阳明心学。张后觉在愿学、见泰书院讲学期间,如鱼得水,他不仅向学生传授“致良知”的理论,还与许多知识分子交流学问,收获不小。后来张后觉听说水西讲学很盛,特到泾县参加水西讲会以证其所学,学问更进一步。张后觉的讲学使得愿学书院与见泰书院声名大振,成为传播阳明心学的基地。

明代掖县的东莱书院也属于讲学式书院。明万历年间,福建人周应奎任掖县教谕,他学问优长,勤于教诲,被太守聘为东莱书院山长。他仿白鹿洞书院学规为书院制定了规章制度,确立了以理学为中心的讲会制度。

清代的讲学式书院分为两种:一为讲求理学的书院,一为博习经史词章的书院。

讲求理学的书院,其讲学大都为了倡明"圣学",他们读书穷理,关注"性理"的探究,融汇各家之长,以行修己治国之功效。张伯行是一个竭力宣扬程朱理学的人,居官以教化为己任,所到之处必立学延师,他在福建建龟峰书院,在江苏建紫阳书院,在临清则建清源书院。济阳旧有书院,岁久倾圮,他亦筹集资金重加修葺,使之焕然一新。张伯行每月三四次到书院,与士子讲论先儒为学之旨,修己治人有用之学。像清源书院、济阳书院都成为讲求理学的书院。

清代中叶,阮元先后在杭州创办诂经精舍和在广州创办学海堂,倡导起一种新的书院学风,那就是奉博习经史词章为书院的教学宗旨。这类书院的特点是不讲或少讲性理,不学科举之文,以钻研经史、训诂、词章为主,书院变奉祀周、程、朱、张、陆、王等理学家为奉祀许慎、郑玄。诂经精舍与学海堂的创办,掀起了一股书院学风变革的浪潮。崇尚汉学的书院于各地接踵而设,济南尚志书院就是典型代表。该书院由山东巡抚丁宝桢于同治八年(1869 年)倡建,建成之初就特别强调各州县儒学要延送品质优秀、能深入研究经籍的学子入院讲习,并且表示也欢迎具有天文、地理、算术等知识的士人入院肄业。由此可见,尚志书院一开始就有别于一般的考课式书院。光绪九年(1883 年)任道镕担任巡抚时,改定书院章程,仿浙江诂经精舍,以经古课士。此后,书院学习内容多为朴学家所倡导的经解、史论、小学、音韵、名物制度等,主张通过音韵训诂,弄清古代经书的本来意义,进而去探求圣贤之道。书院一改考课式书院静坐省察、空谈心性的学风,树起了研讨学问的大旗,引导学生从整个古代文化中去开掘知识的宝藏。尚志书院注重学生的读书,尤其是主张学生在博习经史的基础上,或专一经,或专一史,或专攻一家之文。然而,尚志书院存在时间较短,1888 年巡抚张曜即将其改为校士馆。① 另外,峄山书院也属于博习经史词章的书院,汉学名家马瑞辰曾在此担任主讲。

①参见(民国)《续修历城县志》卷十五,建置考三·学校。

（2）考课式书院

考课式书院，是指单纯或主要以考课为教学形式，以训练写八股文、参加科举考试为办学目的的书院。考课式书院兴起于明代，而在清代达到极盛。

书院主要是作为官学的对立面而兴起的，因此自由讲学、研究学术是宋代书院的主要特点，这也代表了书院应有的发展方向。然而元代将程朱理学作为钦定的统治思想以及书院的官学化，使书院发展开始背离初衷。书院学习内容的僵化和学术空气的淡薄，已呈现出专习举业的趋势。明清时期，封建君主专制制度进一步强化，明初朱元璋就曾规定："非科举者，毋得与官"①，书院逐渐与官学合流，变成科举的附庸。

考课式书院的教学内容以时文帖括为主，包括"四书"、"五经"、《性理大全》、《资治通鉴纲目》、《大学衍义》、《历代名臣奏议》等。山东济南的湖南书院有严密的教学计划，其学习内容按春、夏、秋、冬排序，学习课程有：《论语》、《大学》、《中庸》、《孟子》、《尚书》、《诗经》、《春秋》、《易经》、《礼记》、《性理大会》、《大学衍义》、《资治通鉴纲目》、《近思录》，《皇明正要》等，并规定，列于计划中的书目，学生必读必精，要深入探究，理解其中的要旨。②

考课式书院的主要工作就是考课，通过对学生八股试艺考课来帮助学生应科举，平日月课的内容完全按科举的要求进行。八股文的演练是必须的，另外还兼试经义、论、策、诗赋。明代书院即已形成初步的考课制度，清代益加严密，形成一套完整的考课制度。湖南书院的作文课考制度即规定：每月逢三，作《四书》、经各一篇；初六日，论一篇。规定在当日午后作完递呈教官改正，并要当面讲论优劣，提学官经常下院查看。每月逢九日，教官要课试诸生，试文三篇，由教官批点后定以高下次序，然后送交提学道查考。每季提学官要亲临考试，根据成绩予以劝赏，凡学无进益者，则发回原学。③这其实就是最初的官课与师课。

官课和师课都是为督促学生应考而进行的考试，前者由官府出题、评卷、奖赏，如果出资的官府有多个，其官课还须轮流进行，称为轮课；后者为

①《明史·选举二》。
②③参见《湖南书院训规》，（明）吕高：《江峰漫稿》，国学图书馆 1934 年版。

书院山长出题考试，又称为院课、斋课。官课与师课的内容没有什么区别，都是考八股文，只是主持者不同而已。清代官课与师课已变为日常的制度。考课式书院都定有固定的考期，一般于每月的月初和月中举行。月初为官课，月中是师课。有的书院还于月二十三日增加一次。黄县《士乡书院章程》规定："每月两课，以初三、拾捌日为期……每逢课日，县官亲到书院点名，出题扃试"①，按课按名散给花红。昌乐《营陵书院章程》则规定："每月三课。初三日官课，由县捐廉给奖，十三日、二十三日师课，只有膏火，不另给奖。"②

在考课式书院中，又可分为两种：一种是单纯的考课式书院，一种是教学—考课式书院。单纯的考课式书院最大特点是：单纯以训练作八股文、准备参加科举考试为目的。其考试制度较严格，或采用开卷考试，或模仿科举考试，用闭卷考试法，一天内交卷。这类书院的学生平时不住院，只有到了考期才入院考试。书院由于校舍及经费的限制，一般都有肄业名额限制。每年年初，举行"甄别"，即入学考试。生员、童生分别录取若干，划分等次，给予不同的待遇。如宁津县的临津书院，每年的二月初二甄别诸生，取生员50名、童生80名肄业。有事甄别未到而愿学者列为附课。每月官课、斋（师）课各1次，按考试成绩排定名次。生员分为超等6名，特等8名，膏奖有差，一等36名，只有前12名给膏火，无奖励；同声分为上取6名，中取8名，膏奖有差，其余为次取，但只有前12名有膏火。③武城的弦歌书院则规定：年初甄别，据其成绩，生童分为正课、副课，副课无膏火。膏火，生员取正课前15名，童生取正课前32名，每人每课160文；花红（奖励），生员取5名，第一名600文，二、三名各400文，四、五名各300文，童生取10名，第一名400文，二至五名各300文，六至十名各200文。当然，学生的级别并不是一成不变的，每次考课成绩都将影响生童的级别。临津书院规定，凡抄袭雷同、文理悖谬积3课不到、3次连考后20名者，均开除，以附课屡试前列者补入。④

---

①（清）尹继美：《士乡书院志》，（同治）《黄县志》附刻本。
②（民国）《昌乐县续志》卷十四，教育志。
③参见（光绪）《宁津县志》卷四，学校志·书院章程八条。
④参见（民国）增订《武城县志续编》卷四，学校·弦歌书院新定条规。

教学—考课式书院虽然以考课为主,但还有某些教学活动。部分省级或较有学术研究传统的书院就属这种类型。济南书院建于嘉庆九年(1804年),其旧址为布政使江兰的"江园",内有寿佛楼。济南书院建院之初,即是专为生童举业而设。范垌曾写诗赞济南书院:"书院新开寿佛楼,儒灯佛火共焚修。他年一举登科日,千佛名经好上头。"可见"登科"是济南书院的主要办学目的,也是来书院学习生童的希望所在。然而,济南书院在专注科考的同时亦非常注重教学。书院设有主讲,延省内名师授课。生童入院常住,与教师研究、切磋,以致院无虚舍。① 平度的胶东书院也是一所教学—考课式书院,书院由官署捐廉而设,延聘名师,召集有"志"存"识"之士,以中国经史为基,研究"学问"准备科举。据平度知州王化南(清乾隆二十四年任)撰写的《胶东书院记》记载,不少有名学者讲学其间,采用个别钻研、相互问答、集众讲解相结合的教学方法,间亦议论时政。②

(3)专科书院

专科书院是以进行专门教育为主的书院,譬如专门进行医学教育,或者专门进行军事教育等。鄄城的历山书院就是一所进行医学教育的专科书院。

历山书院位于鄄城县历山之下,元人千奴创建。千奴姓玉耳别里伯牙吾台,蒙古人。其祖忽都思,元初定居历山。千奴笃于学问,通今博古,学者称"历山公"。历任武德、明威将军,江南浙西、江北淮东等道提刑按察使,肃政廉访使等,官至大都路总管,授嘉议大夫,参与中央政务。"历山公"勤于劝学,对于家乡教育尤时刻不忘,元大德年间,创建了历山书院。

历山书院招收本族子弟及乡邻愿意学习者。为保证本族适龄儿童入院就学,千奴还与其子侄达成约定,凡达到入学年龄者都必须送入书院。书院经费,一为千奴所捐百亩良田的收入,一为与昆弟岁捐之粟麦,二者足可以维持书院的正常运行。为保证书院的教学质量,特聘请曹州人范秀为书院教师。后来范秀被元朝政府任命为历山书院的学官,专门管理书院的教学事宜。③ 历山书院创办之初,千奴因在朝为官,对其规划与发展只能凭借书

---

① 参见(民国)《续修历城县志》卷十五,建置考三·学校。
② 参见(清)王化南:《胶东书院记》,(道光)《重修平度州志》卷十四,艺文志上。
③ 参见(元)程钜夫:《历山书院记》,李修生主编:《全元文》(十六),江苏古籍出版社2000年版。

信对其昆弟及聘请教师进行遥控指挥，这多少会影响其意图的实现。延祐五年（1318 年），他退休归家，即亲主院事，一直到泰定二年（1325 年）逝世。在这 7 年内，他苦心经营，使历山书院在过去办学的基础上又获得了长足的发展。

历山书院最大特色在于，它是一所以医学教学为主的、多学科多专业的综合性书院，书院除像其他书院一样设文学教师外，还设有医学教师，开展文、医两科教学。书院的医学教师为周文胜，他不仅负责学生的医科教学，还为乡邻开展门诊医疗活动。历山书院在学习之余，还兼习军事，进行射箭一类的操练。

书院存有大量图书，据记载有万卷左右，其中有相当数量医学方剂，为书院医学教学提供了方便。

历山书院在中国书院史上是第一所也是唯一的一所实行医科教学并开办门诊业务的书院。事实上，如果严格划分的话，历山书院应属于讲学式书院，因为只有讲学式书院的自由空间才可能出现自由选择讲学内容的书院。历山书院选择医学作为自己的教学内容，正反映了讲学式书院应有的发展方向。然而遗憾的是，在封建专制不断加强的大背景下，所谓自由讲学只不过是一些学者的梦呓罢了，到头来讲学只落得个"自由"阐释封建专制统治思想的代名词而已。因此，历山书院这种极富特色的书院也就注定了"茕茕孑立，形影相吊"的命运。

2. 按书院性质分的书院类型

按书院的性质分，山东书院的类型有家族书院、乡村书院、府州县书院、祭祀书院、少数民族书院等，具有等级的府州县书院是本书叙述的主要内容，因此不在此部分单独论述。

（1）家族书院

家庭与家族是中国古代社会结构中最基本的细胞。家庭与家族教育历来受到重视，这不仅因为它关系到基本的封建伦理道德的养成，更因为它是"齐家、治国、平天下"崇高理念的基础。在古代书院中，以血亲组织创建的家族书院因此也就占有一定的地位。

家族书院是由一个家庭或一个家族创建、为家庭或家族使用的书院，它包括三种基本类型：一个家庭创建供其一家使用、一个家庭创建供其整个家族使用、合族创建合族使用。

一个家庭创建供其一家使用的书院,在古代相当普遍,它规模较小,因此存在时间一般较短。肥城同川书院、育英书院、后山书院均为这一类型的书院。同川书院为明朝都察院右副御史李邦珍所建。李邦珍61岁辞官回故里,将其少年时候在家乡读书的地方扩修为同川书院,教诲其义子李成已,并聚集亲友和子孙授业讲学。书院内建有聚乐堂、悠然台、环翠亭、甘霖池诸胜景。万历十一年,李成已乡试中举人,尔后又中进士,历任霸州兵备道。凡跟李邦珍读书的亦多有成名者。

一个家庭创建供其整个家族使用的书院,是第一种家族书院的推广型。邹县的三迁书院是典型代表。三迁书院在邹县亚圣府西,因相传此地为孟母三迁处而得名。清道光年间亚圣府世袭博士孟广均创办,分前学、后学。后学为孟府嫡系子弟的家馆,聘请有威望的饱学先生为塾师。前学吸收孟氏及其亲友中家境贫寒、无力就学的学生入学,属于义学或家塾性质。

合族创建合族使用的书院山东较少,嘉祥的宗圣书院是这一类型中的典型。宗圣书院是介于官立、私立之间的由宗圣府出面组织领导,由宗圣祀田作经费的一所学庙合一的学塾。因此,宗圣书院具有合族创建、合族管理的性质。书院的招收对象,据清人琦善《兴复宗圣书院记》载,为“宗圣后人与生宗圣里者”①,即曾氏族人及乡里愿意学习的一切适龄儿童。因此,宗圣书院也具有合族使用的性质。

家族书院是一种私学性质的教育机构,随着书院的官学化,明末清初,数量逐渐减少。即使如此,家族书院也有其明显的特点。首先是它的家族性。书院的经费由家族筹措,书院的主持人一般为家族中人,书院的招收对象为族中子弟。当然特殊情况下,也招收别姓子弟,如历山书院。其次是以教学授受为主要任务。家族书院作为一种私学,首先解决的是,使家庭、家族子弟具有较高的文化知识,良好的道德素养,以提高家族的总体素质水平。加以私学的性质,也使得家族书院很少受到官府的重视,官学化的程度较低。以上两点,就决定了其坚持以教学授受为主的特性。再次教学程度不高,属于普及性教育。家族书院大多以识字、接受基本封建伦理教育为

---

①(清)琦善:《兴复宗圣书院记》,(道光)《济宁直隶州志》卷五之一,学校志。

主,属于蒙学教育,教学程度不高。像历山书院,以医学教学为主、多学科多专业进行教育,水平较高,这样的家族书院在全国也是不多见的。

（2）乡村书院

中国是一个农业大国,乡村在古代的社会结构中占有绝对的位置。城镇非但显得稀少,而且规模有限。如济南府城,清代早期的城墙只有约 12 华里长,城市大小就可想而知了。城镇的人口密度相对乡村为密,但乡村却居住着中国绝大多数人口。为了自身的发展,他们也极力希望其子女受到良好的教育。这就为乡村书院的存在与发展提供了条件。

所谓乡村书院,就是建于乡村的书院,招收对象为乡民子弟。根据创建人的不同情况,乡村书院可分为以下几种类型:

第一种是由某个既有财力又有威望的人独自建立的乡村书院。这类书院的院址一般都选在创建者所在的村庄,受惠者首先是其家中子弟及族人,然后才是乡人子弟,实际上它是家族书院的延伸。如费县的天台书院,清乾隆九年(1744 年)由本村庠生孙天民捐款创建,坐落于武台以北孙家楼村,招收对象为本村子弟。东平的邢家林书院,创建于清咸丰元年(1852 年),创建者为邢家林村监生赵文梁,招收对象为族中青少年。淄川的翼经书院,位于洪山之阴,为邹家村富户陈士隆创建。除建有东西学舍外,还捐地 200 余亩以充经费,并延聘董家庄优贡生宋兰斋为主讲。山东巡抚特赐“好义可风”匾额。

第二种是首先由某个人倡建,后来倾大家之力修建而成的书院,它在乡村书院中所占比例最大。费县的东山书院,原为义学,由当地人康辅之等创办于元皇庆二年(1313 年),其子孙重加修整,增加了讲堂、斋舍,改称书院。清康熙四年(1665 年),郭选等人将其移建于该县东山(蒙山)之麓(今属山东平邑县柏林村南)。此后,郭选的后人又多次募捐重修。淄川的灵泉精舍,又名灵峰学舍,位于岭子镇南青云山青云寺,清末廪生孙廼琨与同仁陆子敬、许东亭、班质斋、王干卿倡捐创建,孙廼琨任主教,下设公教 4 人,学生远近至者 50 余人。学舍经费除由同仁认捐外,不足部分由学生学费补充,贫者学费可免。位于鄄城历山之下的历山书院,由千奴及其昆弟创办,招收本族及乡邻子弟,也可归入此类。

第三种是由官员或官府参与而建成的书院。新泰的怀德书院,位于楼

德镇,清咸丰三年(1853 年)由泰安通判许莲君捐俸银并劝所属官吏及 26
地方商民捐资创建,招生范围也以泰安府所辖 26 地方区域为限。① 潍县
(今属山东潍坊市潍城区和寒亭区)的麓台书院,位于程符山东麓,明代尚
书刘应节出资捐建。后来,阎循观等学者又多次捐资扩建,以至于可容百余
人就读。

第四种是乡人公建的书院。如章丘的绣江书院,清嘉庆七年(1802 年)
由当地士绅捐资公建。平阴的雁泉书院,又名白雁义学,建院年代不详,为
白雁、广泉等 21 村合资公建。清咸丰十年(1860 年)知县规定附近秋季税
收归书院,以助膏火。光绪年间又规定,以附近石碑子大集的粮食交易及买
卖牛羊的税收交书院,作为书院的经费。

乡村书院的特点有以下两点:首先是数量较少,规模有限。在南方,乡
村书院数量多,分布广。据有些学者统计,四川省遂宁县的乡村书院占全县
书院总数的 95%② 山东由于身处北方,整个书院的发展状况不如南方,加
之明清两代山东经济日趋落后,因此乡村书院的状况与南方相比不能同日
而语。山东每个州县大约有书院 3—4 所,一般都位于县城、通都大邑及其
近郊,属于等级较高的州县书院,而属于乡村书院的较少。肥城是山东拥有
较多乡村书院的县。清末,肥城有书院 10 所,它们分别是牛山书院、大成书
院、同川书院、金峰书院、鸾翔书院、岱南书院、育英书院、后山书院、东湖书
院、凤山书院和孝堂书院,其中的牛山书院(元尚书张起岩书处,在县城西
10 里金牛山南)、金峰书院(在同川书院东)、岱南书院(在湖屯以北的陶山
东侧,以唐仲冕之子、清代进士唐鉴为首捐建)、孝堂书院(在县城北 70 里
之孝堂山)为乡村书院,而大成书院在县城西南 30 里的凤凰山晒书城(传
说孔子经游此处时遇雨晒书,故名晒书城)内,为祭祀书院,同川书院(在县
城西 10 里金牛山南)、育英书院(在县城南 30 里的蛛山)、后山书院(在县
西 10 里金牛山北,清代拔贡栾条创建,又名止斋)均为家族书院,鸾翔书
院、东湖书院、凤山书院则不详其性质。③ 这样,肥城的乡村书院只占全县
书院总数的 40%。当然,肥城乡村书院占全部书院的比例远不能代表山东

①参见(民国)《重修泰安县志》卷四,政教志·教育·学校教育。
②陈谷嘉、邓洪波主编:《中国书院制度研究》,浙江教育出版社 1997 年版,第 10 页。
③参见(光绪)《肥城县志》卷五,学校志。

乡村书院的状况,因为许多州县根本就没有乡村书院。即使有乡村书院,其规模也较小。乡村书院的创建者,或为某个人或为某些人,其财力精力都有限,限制了乡村书院的规模。还以肥城为例,4 处乡村书院基本都是家塾性质,规模也可想而知。其次,乡村书院所招学生绝大多数与家族书院相类似,属子弟之列,即未成年人。因此程度不高,多为启蒙教育或稍高于蒙学,属于初级教育。

(3)祭祀书院

祭祀书院是一种特殊的书院。

祭祀先贤本来是书院常规内容的一部分,其用意非常明显,即所谓"入其堂俨然若见其人",使入学者以先贤为榜样,见贤思齐,奋发自强,努力学习。书院所祭先贤多为孔子及其门人,以及有功于经学的汉儒。但祭祀的方式各有不同,有的书院有专门斋舍进行祭祀,如临朐的朐山书院就建有养正、景贤 2 斋,武城的弦歌书院则建有二贤祠,莱州的东莱书院建有吕先生(吕祖谦)祠。大部分书院只是在讲堂或尊经阁中设有先贤的画像或牌位,以为祭祀。山东是儒学的发祥地,先贤不断,名家辈出,因此为褒扬先贤而设立的书院遍布各地,数不胜数。为祭祀孔子而设的书院有:曲阜的尼山书院、洙泗书院、春秋书院、石门书院,汶上的圣泽书院,济阳的闻韶书院,肥城的大成书院;祭祀孔子的弟子及其门人的书院有:邹县的中庸书院(祀子思与孟子)、郯城的一贯书院(祀曾子)、济南的闵子书院(祀闵子骞);祭祀历代儒学大师的书院有:邹平的伏生书院(祀汉儒伏生)、郑康成书院(祀汉儒郑玄)、德州的醇儒书院(祀汉儒董仲舒)、莱州的东莱书院(祀宋儒吕祖谦)。

随着时间的推移,有些祭祀先贤的书院逐渐改变了自己的职能,只管祭祀不事教学,于是祭祀书院便产生了。祭祀书院一般为祭祀孔子的书院。

在祭祀书院中也有三种情况,第一种为书院建立之初并非祭祀书院,而是经过了一个由教育组织到专祀庙祀的演变过程,洙泗书院即是这一类型。洙泗书院为先圣讲堂遗址,传说孔子曾在此聚徒讲道授业,删诗书、定礼乐、赞周易。为纪念孔子,元至正十年(1350 年)孔子 55 代孙孔克钦在此创建书院,并设山长教育生徒。到清初,洙泗书院已听不到朗朗的读书声了,完全变成专主祭祀的书院。

第二种为书院是在祀庙的基础上发展而来,并在相当长的一段时间内以教学为主而兼及祭祀,尼山书院是这一类型。尼山书院位于曲阜城东南 25 公里的尼山五老峰之东麓,相传为孔子降生地,因此很早就设有庙宇以司祭祀。宋庆历三年(1043 年),孔子 46 代孙

现在的曲阜尼山书院

孔宗愿即庙为学,增设祠堂,设学舍,置祭田,将其变为收徒讲学之所。元顺帝至元二年(1336 年)在此创立尼山书院,设山长。但到了明清两代,尼山书院也是只见院长(清代改山长为院长)不见生徒,成为祭祀书院。

第三种为书院建立之初就专主祭祀,虽有书院之名并无授徒之实,石门书院是这一类型。石门书院在曲阜城东 20 公里处的石门山董家庄,因近石门山而得名。传说孔子曾学《易》于此,故又称为石门学易书院。原为儒、释、道三教堂。清乾隆四十年(1775 年),佛、道被迁至庙东北,在原址建起大成殿,供奉孔子及四配像,成为专主祭祀的书院。肥城的大成书院也属于这一类型。

(4)少数民族书院

中国自古就是一个幅员辽阔、民族众多的统一国家,历史上,除了汉族之外,其他各兄弟民族也有利用书院进行文化教育活动的。山东的少数民族书院主要指满族书院。

清朝是满族贵族入主中原后建立的政权,由于统治者的文明程度远远落后于被统治者,因而统治者长期以来对汉民族推行"修其教不易其俗,齐其政不易其宜"的民族政策。一方面为了统治先进民族,它不得不鼓励落后的统治者向被统治者先进的文化学习,责令满洲子弟研究、信奉儒家文化,将程朱之学定为国家官方哲学。另一方面,它又害怕被同化,因此在八旗之地长期禁止建立书院等一类汉人固有的文化组织。但是到了近代,由于国内外形势的需要,许多汉族地主进入清朝统治上层,满族贵族对汉族地主的敌视态度有所弱化,特别是光绪年间,新政渐行,这样建立书院以课试八旗子第的禁令才得以解除。

山东的满族书院设于德州与青州。德州与青州均为八旗驻防的城市。德州防营设于顺治十一年（1654 年），驻扎城北，雍正二年（1724 年），驻镶黄、正黄满蒙各二旗步马甲兵 500 名。青州驻防设于雍正九年（1731 年），驻青州城北 5 里，额设满洲马甲 2000 名，步甲 400 名。德州的书院为正宜书院，青州的书院为海岱书院。

正宜书院，清光绪十六年（1890 年）督粮道善联与满洲防营捐资合建，供满族儿童学习，地址在城内卢家井街。由于德州驻防人数不多，因此正宜书院的规模很小，教学质量一般，从建立到 1905 年只有 3 人考中举人。

由于青州驻防人数众多，因此海岱书院的规模较大。海岱书院，位于青州满营西南西店村，原为驻防满营前哈副都统年老养憩之所，俗名倭家花园（后亦称乌家花园）。光绪十五年（1889 年），知县张承燮将其改建为书院。

海岱书院共有讲堂、斋舍 99 间，办学用具，一应俱全，条件优越。书院首任山长，由旌贤书院山长、教授法小山兼任。另设监院 1 人，斋长 2 人管理院务。

海岱书院只收满营子弟。"愿与课者，无论举贡生童，皆可报名。每年自二月起至十一月止，月课两次：每月初六日为正课，十六日为副课。双月，两课皆文诗；单月，一课文诗，一课经古。其取额：生卷取超等 6 名、特等 22 名，余皆一等；童卷，上取 3 名、中取 5 名，余均次取。生童每课共取 36 名给予膏火奖励。此外，每逢科年、每月初旬、中旬、下旬加课各 1 次，均有膏有奖。"①

（三）山东书院的管理与学风

1. 书院的管理

（1）书院的组织结构

书院在其兴起之初，由于私人讲学的性质，还谈不上有什么成型的组织结构。书院组织结构的形成是在书院官学化以后。

书院的人员由业务人员和行政人员两类构成。

业务人员是书院的主要构成人员，包括山长（院长）、掌教、主讲、教授、

---

①青州市志编纂委员会编：《青州市志》，南开大学出版社 1989 年版，第 726 页。

斋长等。山长,书院的学术带头人、主讲者兼行政首脑。山长之名始于唐五代,书院沿用其名,与其大多数创建于山林秀美之处有关,既取其主宰院务、教务之实,亦兼退隐泉下,居山养老之意。宋元以来,书院普遍设立此职,清初亦沿袭不变。到乾隆皇帝,他认为名称不雅,多山野之气,于是乾隆三十一年(1776年)将山长改为院长。但习惯上多称山长,官方文书则山长、院长并用。掌教、主讲、教授是主要的教学人员,在很多时候,掌教、主讲即是山长。教授是除主讲以外的教师。斋长是主管书院藏书的人,负责书院藏书的保管、借阅等工作。

山长或主讲的产生,宋代多由不愿出仕或弃官归田的学者建院自任。元代书院例置山长,与教授、学正、学录、教谕等为学官,由礼部、行省及宣慰司任命。明代则地方官聘请、地方公众选聘、学者建院自任三者都有。清代由地方官礼聘,亦有部分由地方公众聘任者。山长的职责要求充当山长的人选必须具有较高的学识和较好的德行。一般来讲,名气愈大的书院,对山长的要求愈高,尤其是一些以教育与学术中心称名天下的书院,山长概为当时的全国一流学者担任。如著名学者桑调元、沈起元、何绍基、周永年、匡源都曾主讲于济南的泺源书院。州县书院的山长也是选择"经明行修,足为多士模范者"出任,如马瑞辰曾主讲于峄县的峄山书院,武亿主讲于东昌的启文书院。后期州县书院山长的聘任越来越呈现出地方化倾向,如规定必须聘任本县科甲出身者,而且要住院,朝夕与学生在一起。章丘绣江书院就明文规定,书院山长外府县人不得营求。这种闭门塞听的聘任模式,大大削弱了书院的学术功能。乡村书院山长或为学行道义之士,或为举人、秀才,亦有较高要求。如潍县的麓台书院,就由当地名师韩梦周担任主讲。

书院作为文化教育组织,行政事务本来较少。元代之前,书院的行政事务一般由山长代理。明代以降,随着书院的发展,教学管理、学生管理等行政事务渐多,书院的行政人员也开始增加。行政人员包括监院、董事、一般办事人员。监院、董事是书院负有全面责任的人。监院仅次于山长,实际上往往处于行政首脑的地位。山长虽兼行政首长,但并不管具体事务,院中"庶务"包括行政、财务、学生管理、藏书管理、房屋修建等皆统于监院一职。监院之设起始于明,盛行于清。监院主要是由地方行政长官委派或以学官兼任,也有地方公推的。董事在许多地方职同监院,多存在于官绅共建的书院,如宁津县的临津书院就规定,院务由士绅公推的董事经理。在监院、董事之下还有许多办事人员,如书吏、看院门人(门斗)、斋夫等。另外,书院还有管理财务的人员。

书院的组织机构,根据书院规模的大小、学额的多少而定,一般的设山长、主讲、教授、监理门斗若干人,负责书院的日常事务以及教学管理、财产管理等事宜。较大型的书院,设副山长,辅助山长管理书院。小型书院的山长,除负责书院的日常事务外,同时兼任主讲或教授。

(2)书院的教学管理

规模较大的书院在长期的办学过程中均制定了相应的《学规》或《学约》,对山长、主讲的条件和职责,生徒品德和行为方面的要求,学习内容和方法,图书的管理等,都做了明确而又详细的规定,逐渐形成了较为严密的教学管理制度。书院的教学管理主要包括教师的管理、学生的管理、藏书管理几个方面。

书院教师的管理一般不包括山长的聘任,因为元代以降,府州县书院山长已变为一种学官,由地方官延聘,和书院无关。但在乡村书院,山长的延聘却由乡绅组成的董事会决定,如临津书院规定,书院主讲由绅士公议,必须延聘学隆望重之师。章丘的绣江书院更直截了当地在《书院条规》中规定,书院山长由士绅于本县科甲中择品学兼优者公同举荐,与州县当政者无关,明确表示山长的延聘是书院自己的事。

书院对学生的管理主要包括学生日常管理、教学管理及考课管理等。

较早的书院生徒大都住院,只是到了清朝,书院变成了科举的附庸,单纯考课式书院增多,学生除每月数次考课外,没有其他教学活动,因此大都不再住院,书院基本没有学生日常管理事项。但讲学式书院由于仍有教学活动,有住院学生,所以有相应的学生管理规则。

书院学生住宿院内,称住斋生或住院生。大部分书院先满足正课生或外县学生的入住要求。住院生的学习条件相对较好,故书院对他们的要求较严格。如济南的湖南书院,要求生员鸡鸣起床,黎明时击鼓升堂,升堂后诸生分班对立,堂中置卯簿一扇,由诸生画卯,然后分经随教官进学。学习过程中,生员若有心得或疑问,须按次序问辨,务要规矩严整,礼度从容。讲学完毕,击云板,方能下课回到各自的斋舍。晚上,至二鼓将尽,院内击钟数下,必须就寝。院门平时关闭,每日只有早、中、晚3个时间各开启1个时辰,院内师生及役夫均发给腰牌,凭此出入。诸生有事出院,须禀报主院教官同意,发给时假小帖,回还面销。诸生入院半年之后,如有父母健在,准许回家探望,给予假帖,根据路途远近,定以期限,违期不归者,要给予停课或降级的处罚。① 济宁的任城书院为严格考勤纪律,设立考勤簿,以登注告假销假各日期。东平的龙山书院则规定,诸生住院,饮酒赌博者,查出重责不贷,院中并禁闲人游戏。

书院是育人之处,因此把学生培养成怎样的人、学生应该怎样学习,便成为教学管理的首要任务。书院大都订有"院规"、"规条"、"学规"、"训规"等,以规范学生的行为,其中重要的内容就是对学生德行方面的要求。济南《泺源书院巡抚准太训课规条》提出了6个"为学"的基本原则:"为学莫先于立志"、"为学莫要于寡欲"、"为学当敦实行"、"为学当秉虚衷"、"为学当勤讲读"、"为学当慎交"②。从直观上看,这六项原则是对学生学习方法的指导,但仔细分析,"立志"、"寡欲"、"敦实行"、"秉虚衷"、"勤讲读"、"慎交"又是对学生品行的规范,透露出书院对将学生培养成什么人的殷切期望。湖南书院更是针对士子沉溺于科举的不良风气,特别要求:生员入院之后要立定为圣学之志,弃去以科目为志的外念,力图使举业德业并重,以获得德才兼备的人才。

书院对住院生的学业管理方面也相当严格,有的定每日功课指标,有的定每日基本自学课程。济南的湖南书院即订有严密的教学计划,《湖南书院训规》明确规定,教学内容以春、夏、秋、冬四季安排,其细目如下:

> 春三月:《四书》《论语》上下,《易经》上经,《尚书》《虞书》,《诗经》《国风》、《王风》,《春秋》隐、恒、庄三公,《礼记》《四礼》到《文王世子》,《性理大全》《太极图》,《通书》、《西铭》、《正蒙》,《资治通鉴》周威烈王至西汉、东汉,《孝经》,《小学》。
>
> 夏三月:《四书》《大学》、《中庸》,《易经》下经,《尚书》《夏书》、《商书》,《诗经》《小雅》,《春秋》僖公、闵公、文公,《礼记》《礼运》到

---

① 参见《湖南书院训规》,(明)吕高:《江峰漫稿》,国学图书馆1934年版。
② (道光)《济南府志》卷十七,学校。

《学记》,《性理大全》《皇极经世》到《洪范皇极》,《资治通鉴纲目》晋到隋终,《近思录》,《皇明正要》。

秋三月:《四书》《孟子》上下,《易经》系辞上,《尚书》《泰誓》至《多士》,《诗经》《大雅》,《春秋》宣、成、襄三公,《礼记》《乐记》至《经解》,《性理大会》《理气》至《学》诸卷,《资治通鉴纲目》唐至五代,《大学衍义》前半部。

冬三月:《四书》复究一遍,《易经》系辞下至终,《尚书》《无逸》到《秦誓》,《诗经》《周颂》、《鲁颂》、《商颂》,《春秋》昭、定、哀三公,《礼记》《哀公问》,《性理大全》自朱子至终,《资治通鉴纲目》宋元,《大学衍义》后半部。①

列于计划中的书目,要求学生必读必精,并须深入探究,理解其中的要旨。书院内除注重读经之外,也鼓励诸生博学多闻,知古通今。湖南书院在书院章程规定的经书之外,又开列了一系列书目,经部有《孔子家语》、《春秋繁露》、《韩诗外传》等;史部有《左传》、《国语》、《国策》、二十一史、《通典》、《通考》等;子部有《玉海》、佛、道诸家之书;集部有四大家文集等。另外,还加强了对诸生治事方面的培养,如九边要塞、兵制、马政、屯田、水利、盐法、漕运、储蓄、赈济、王府禄粮、东南财赋、西北徭役等。

考试是书院的重要环节,无论学生住院与否,都必须参加书院规定的一系列考试。书院考试最早出现在唐代,《唐六典》规定,集贤殿书院的学士、直学士、侍讲学士、修撰官、校理官、知书官等,都要参加规定的考试。到了宋代,考试成为书院的一种制度。明代,书院受科举制度影响,出现考课制。如湖南书院就有作文课考的规定,要求学生每月逢三,作《四书》、经各一篇;初六日,论一篇。当日午后作完递呈教官改正,并当面讲论优劣。逢九日,教官要课试诸生,试文三篇,由教官批点后定以高下次序,然后送交提学道查考。每季提学官要亲临考试,根据成绩予以劝赏,凡学无进益者,则发回原学。清代书院考试制度在考课制的基础上更加完善,形成一套严密、繁琐、机械的考试制度。就一般而言,考课式书院比讲学式书院更注重考试。

①《湖南书院训规》,(明)吕高:《江峰漫稿》,国学图书馆 1934 年版。

下面以清代为例,具体介绍一下书院的考试制度。

首先是入院考试,即入学考试,又叫"甄别"。甄别考试一般在农历的二月、三月或十二月举行。有的只进行一次甄别考试,有的则要进行复试。参加入学考试的生徒包括两类:一类是已考中秀才的人,有的称其为肄业生或生员;一类为未考中秀才的人,即"童生"。山东各地书院录取的名额不一,凭书院的规模而定。一般的书院录取名额为40—100人,有的书院较大,录取的名额则较多。如东平的龙山书院,咸丰时期录取生徒达450名之多。被书院正式录取的生童被称为"正课生",即正式学生。另外还有"附课生",即旁听生,如正课生有淘汰者,可以附课生补入。

其次是平时的学业考试。书院开课的时间不一,有的在二月,有的在三月,但一般均于十二月停课。在九至十个月的时间里,学业考试不断。学业考试按不同的性质可划分为不同的类型。从主持考试者的身份来分,可分为官课、师课两大类。官课即由官府主持的考试,一般来讲,命题、评卷、奖赏都由官府负责。以官府衙门的不同,官课又分为县课、州课、府课、道课、学院课、部院课等名目。如果书院所在地同时有几个衙门,官课则由各官轮流主持,这种制度称作"轮课"。官课又有"大课"之称,如嘉庆七年(1802年)所订章丘《绣江书院条规》规定,每月大课一次,由知县命题、捐资奖赏;每月小课二次,由山长出题。① 师课是书院老师即山长主持的考试。考试的内容一般与官课相同,但也有另外改变题型的。由于山长又称院长、掌教等,书院师课习惯上又称作院课。以考试的时间来分,书院的学业考试有日课、月课等类别。日课,即新生入学后书院规定每天的学习内容和时间安排。书院考试一般是按月课试,称为"月课",月课又分为"官课"、"斋正课"、"斋副课"三种。如莱阳县的卢乡书院,"官课"于每月初六日举行,由知县主持;"斋正课"于每月十六日举行,由教谕主持;"斋副课"于每月二十六日举行,由训导主持。

学业考试的目的,一为检查学生成绩,促其学习;二为划分等次,给予奖励。书院每次考课都要划分等次,生员分超等、特等、一等,童生则分为上取、中取、次取。至于哪一类有多少名,要看书院规模而定。宁津的临津书

_____

①参见(道光)《章丘县志》卷二,建置志·学校。

院学额为生员 50 名,童生 80 名,考课后的等次划分如下：生员超等 6 名,特等 8 名,一等 36 名；童生上取 6 名,中取 8 名,余归次取。只有前 26 名有奖励。另外还规定,凡抄袭雷同、文理悖谬及 3 课不到、3 次连考均在一等、次取 20 名以后者开除,以附课生屡次考试前列者补入。而栖霞的霞山书院,则生员超等 4 名,特等 4 名；童生上取 3 名,中取 4 名,给予奖励。①

　　书院考试一般为期一天,早晨进场,晚间出场。书院的考试,由主考、监考和其他一些人员协助组织进行。为防止作弊,考试前要扃闭书院大门,因此书院的考试又常常被称为“扃试”。考试期间,不准生童携卷私出,也不准找人代答,违者除名。日落交卷,不得拖延,有提前交卷者,交卷后应立即到院外等候,不许在内替人代作诗文。由此可以看出,书院的考试制度还是非常严密的。

　　书院与书有着渊源关系,书院名称的由来与修书有着直接的关系,况且最早的书院大都称为读书处,就更能说明书院与书的关系。因此,藏书成为书院的本质特征之一。山东较早的书院是汶上的圣泽书院,在元至元三十年(1293 年)由东平教授马栋庵置地 12 亩扩建时,即藏书千余卷。而创建时间稍晚的鄄城历山书院,则聚书万卷。不管这些数字是否确切,但都说明从元代起,书院的藏书规模即已非常可观。书院藏书的来源主要有这么几个途径：(1)公家赐置,包括皇帝赐书,地方官府拨款或向官书局征集。(2)私人捐置,包括地方官吏与乡绅以个人身份捐书。如福山县宾阳书院,道光二十三年(1843 年)县人杜宗岳一次捐书即达 23 种之多。(3)书院自置,包括书院自筹经费购书与书院刻书。书院藏书的数量各不相同,根据现在可以查到的书院藏书目录看,济南泺源书院有经、史、子、集各类图书 106 种,最为丰富,而高密的通德书院仅有 5 种 72 函。对于这些藏书,书院有自己的管理制度。首先是专人管理,有的是监院负责制,有的是斋长负责制,也有董事、山长直接负责的。宁津的临津书院实行的是斋长负责制,书院设斋长 1 人,常年住院。斋长由岁考列第 1 名的人充任,如第 1 名因种种原因不能充任,则以第 2、第 3 代替。斋长每 3 年更换一次。其次为严格的借书程序。凡生童借阅图书,限期交换。借阅期限各书院规定不一,有的为 10 天,

────────────

①参见(光绪)《宁津县志》卷四,学校志·书院。

有的为 1 个月或数月,也有开课时借、停课时换的。每当交换图书时,图书负责人都要随时登记,认真检点,任意延误还书日期,甚至损毁图书致使残缺散佚的,要根究赔补。①

(3)书院的经费管理

书院经费是指为了保证书院开展正常的活动而投入和消费的物力、财力的总和,包括维持正常教学的常年费用,如养士的膏火费、考课的奖赏银、山长的束修及祭祀费用等,和用于房舍修建、书本及教学设施的添置等基建费用。

书院初创之时,经费一般为热于书院的私人捐助。泰山书院是由石介筹办的,其费用基本来自私人捐助。孙复被邀出任主讲,孔道辅在供给上给予了很大关注,不时地送来衣服、食物、柴火等生活必需品,而祖择之则送给孙复一匹马。为了生活,孙复自己也"种竹树桑"。但随着书院的官学化,地方或地方官开始参与其中,捐款捐物,使书院经费的来源多元化。到明清时期,书院的经费来源大致有以下 5 种:朝廷拨款、地方官拨款、地方官捐款、官民合资、士民独资等。朝廷给直省书院拨款只有雍正十一年(1733年)1 次,以后虽陆续有拨,但范围很小。济南的泺源书院建于雍正十一年,建院之初,嘉靖皇帝特赐白银千两,用来资助生童膏火。官员出资,包括地方官拨款、地方官捐款两种形式,它是明清书院的主要经费来源。早在宋元时期,有些书院即得到了官府的资助,如汶上的圣泽书院,元祐四年(1089年)由宰驿周师中加以重建;而性善书院,延祐元年(1314 年)划归学宫管理,第 2 年,州守即将其改建扩大。到了清代,官员出资修建书院更为普遍。从前面的《雍正十一年至道光二十年山东新建书院一览表》统计可以看出,在 74 所新建书院中,地方官拨款、捐款创办 58 所,占新建书院总数的78.38%。官民合资修建的书院也有一定的数量,如新泰的怀德书院,即为泰安通判捐俸银并劝所属官吏及 26 地方商民合资修建。士民独资的书院,一般为家族书院和乡村书院,数量较少。

书院经费经营的好坏与否,是关系到书院将来有无稳定经济来源的关键。书院经费的经营一般包括学田出租与发商生息。学田是书院日常经费

---

① 参见(光绪)《宁津县志》卷四,学校志·书院。

的主要来源,它一方面来自官员或私人的捐赠,一方面来自捐款的购置。如同治七年(1868 年),费县知县周丕丰为恢复崇文书院,特拨给书院学田 937 亩;曹州重华书院则有学田 936 亩。书院学田,少者百余亩,多者近千亩,出租收取的租金是一笔不小的收入。而清代则更多的用发商生息的经费运作方式,这种方式是把经费存于获利较丰厚的盐商或典当商人,以其利息作为日常经费。如道光八年(1828 年),蓬莱知县惠吉劝捐修葺瀛洲书院,筹银 800 两、钱 4200 缗,存入蓬莱、栖霞、招远、莱阳、荣成 5 县商号生息①;临沂的琅邪书院有学田 797 亩,所收租金全部发当生息,称"琅邪学款",每年支出有余,有时还可帮助部分县解决学款不足的困难。

书院的经费使用,一般遵循量入为出的原则,根据收入的多少,决定支出的水平,其经费的支出,大多用于教学、管理、祭祀、岁修等方面。下面以昌乐营陵书院为例,并结合其他书院的情况,看看书院经费是如何使用的。

首先是教师的经费。一般书院只有掌教一人从事教学,掌教的薪金被称为"束修",所支或钱或银,其数之多少皆无定例,院各有差。营陵书院掌教的薪金约 200 两,它由两部分组成,一为束修,京钱 300 千文,一为节敬火食(节敬是逢年过节书院致送给掌教的礼金,火食即为掌教的伙食费),京钱 300 千文。②

其次为行政人员的费用。监院 2 人,共 40 两。在宁津的临津书院还设有管理图书的斋长,其年终辛资(或作劳金,是书院发给有关管理者的补贴金)为京钱 144 千文③。另外,其他人员如门斗等,也各有一定的薪金数目。

再次,生童膏火和花红。膏火,本指膏油灯火,书院等用以指发给肄业生徒的生活费用。一般用于资助家境贫寒的士人,但实际运作中它是普遍散发,凡生徒皆有,其数则等第有差,隐含有奖励机制。花红是书院奖励学生的一种名目,多见于清代。书院每次考课都要划分等次,生员分超等、特等、一等,童生则分为上取、中取、次取。至于哪一类有多少名,要看书院规模而定。每一个等次都对应有一定的膏火和花红数。武城的弦歌书院规定,书院发放膏火,生员取前 15 名,童生取前 32 名,每名膏火银 160 文。花

①(道光)《重修蓬莱县志》卷三,文治志·书院。
②(民国)《昌乐县续志》卷十四,教育志·清代教育。
③《临津书院章程》,(光绪)《宁津县志》卷四,学校志·书院。

红则为:生员取 5 名,第 1 名,600 文,第 2、3 名,各 400 文,4、5 名,各 300 文;童生取 10 名,第 1 名,400 文,2—5 名,各 300 文,6—10 名,各 200 文。①高密通德书院规定,官课每次膏火银共为 54 千文,斋(师)课每次 36 千文;而营陵书院则规定,每月的两次师课只有膏火,没有花红,每月一次的官课有花红,但膏火减半。

最后为杂费,包括聘金、宾兴费、岁修费等。聘金,书院聘请贤能之士出任山长时致送的一种礼节性钱银,一般连同聘书一起致送。武城弦歌书院规定为 4 两。科举时代,地方官设宴招待应举之士,谓之"宾兴"。后来"宾兴"演成科举考试的代名词。明清以来,书院日渐与科举结合,科第之成功与书院教育之成功几乎等同,于是资助科举考试的士子成为书院的重要任务。资助生徒赴试的费用即被称为"宾兴费"。营陵书院的宾兴费为京钱 2000 串。岁修即常年维修,凡修理房屋、床铺、家具,抑或修补图书等项所费,皆归入岁修项下。营陵书院的岁修费为 2000 串。另外,杂费中还有卷资、笔资、劳金等名目。

书院的经费管理也是比较严格的。经费的出、入均建有账册,一式两份,一存县署,一存绅董。年终要造册列销,送县署以备查核,并开列清单,贴书院墙壁之上,以求公正。

2. 书院的学风

(1)注重读经,博古通今

书院同府州县学一样,教学内容也是儒家经典以及某些史书。但书院毕竟不同于府州县学,它是相对独立于官学之外的民间性学术研究和教育机构,这种性质就决定了书院有与府州县学不同的教学风格。

书院的教学内容包括"四书"、"五经"以及后来经学大师的著作,如《性理大全》,另外还包括《资治通鉴纲目》、《大学衍义》、《历代名臣奏议》等。这与一般的官学毫无差别。但书院除注重读经之外,还鼓励学生博学多闻,知古通今。

济南的湖南书院认为,"读尽天下之书,穷尽天下之理"的学术是不存在的,但要想总结古今治乱的规律,就必须尽量多地读各种书籍。因此在书

①参见(民国)《增订武城县续志》卷四,学校。

院章程规定的经书之外,又为学生开列了一系列书目,经部有《孔子家语》、《春秋繁露》、《韩诗外传》等;史部有《左传》、《国语》、《国策》、二十一史、《通典》、《通考》等;子部有《玉海》、佛、道诸家之书;集部有四大家文集等。并将这些书籍采备于书院,鼓励学生恣情阅览。①

为弥补地方儒学教学内容的单一和脱离实际,书院还加强了对诸生治事方面的培养。湖南书院要求诸生要通晓天下大事,如九边要塞、兵制、马政、屯田、水利、盐法、漕运、储蓄、赈济、王府禄粮、东南财赋、西北徭役等。教官平时出策试题,要选择大政大事命题,诸生作文要考究原委,不求文字工拙,只求能否解决问题。营陵书院除了教授学生理学、考据、词章、训诂、音韵等知识外,还向学生传授天文、算学、吏治、方舆、兵制、河槽、盐铁等有用实学,以达"黜华崇实,尚志贯通"之目的。② 鄄城的历山书院不仅实施普遍的文化知识教育,还施行医学教育。历山地处穷乡僻壤,就医极不方便,书院根据这一实际情况,在书院教学上注意培养医学人才。书院广泛搜集医药及与之相关的书籍,聘请周文胜为"医师",令书院生徒中愿学医者从其学习。而教学的同时,周文胜还为乡人疗伤治病。

然而随着官学化的步步加深,书院也不能摆脱科举制的束缚,书院中注重博古通今的毕竟是少数。

(2)教学与学术研究相结合

历史上许多著名的书院,既是教学活动的中心,又是学术研究的胜地。历代书院的主持人大多是著名的学者,他们以学术研究促进了教学,又用教学带动了学术研究。

泰山书院创办人和主讲人都是一代名师。石介是开有宋理学风气之先的重要人物,他基于"明道致用"这一根本思想,释儒弘儒,一为己任。孙复精于儒学,教学六经,尤长于《春秋》,著《春秋尊王发微》12 篇。石介与孙复的最大特点就是解说经义而不拘泥于古训,以己意解经。孙复对于王弼、韩伯对《周易》的注释,左氏、公羊、谷梁、杜预、何休、范宁等对《春秋》的注释,毛苌、郑玄对《诗》的注释,孔安国对《书》的注释,都曾提出异议;石介针对郑玄注《礼记·文王世子》时"文王以忧勤损寿,武王以安乐延年"的观点

---

①参见《湖南书院训规》,(明)吕高:《江峰漫稿》,国学图书馆 1934 年版。
②程丰厚:《捐增营陵书院经费记》,(民国)《昌乐县续志》卷十六,艺文志。

而针锋相对地指出："忧勤所以延年,非损寿也;安乐所以损寿,非延年也。"①他进而指出:东汉而下,至于魏、晋、梁、隋、唐、五代,各代国君都沉溺于逸乐,荒于酒色,以致倾国丧家,寿命不长,究其根源都是郑玄的罪过,是郑玄的言语害了这些国君!石介的言辞虽有些过激,但他不拘泥于古训,敢于向郑玄发难,这种精神对后来的疑经思潮有一定的影响。正是泰山书院教学与学术研究相结合的优良学风,吸引了大批学子前来就读,姜潜、张洞、刘牧、祖无择、李蕴、张续、李常、李堂等先后肄业其中,他们与石介、孙复共同形成了自成体系的"泰山学派"。

学术研究是书院教学的基础,而书院的教学又是学术研究成果得以广泛传播和进一步发展的重要条件。张后觉是阳明心学的崇拜者和传播者,嘉靖后期,应邀在愿学书院与见泰书院讲学。张后觉在愿学、见泰书院讲学期间,如鱼得水,他不仅向学生传授"致良知"的理论,还与许多知识分子交流学问,研究心学,收获不小。后来张后觉听说水西讲学很盛,特到泾县参加水西讲会以证其所学,学问更进一步。张后觉的讲学更使得愿学书院与见泰书院声名大振,成为传播阳明心学的基地。

济南的泺源书院是山东最大的书院,由于其所处的地位与其他书院不同,因此在官学化的道路上不如其他书院走得远,仍然保留了教学与学术研究相结合的学风。著名学者毕沅、桑调元、沈起元、何绍基、匡源等都曾担任泺源书院的主讲,这些文人学者的到来使泺源书院文风十分兴盛,誉满齐鲁。他们均将自己对某一方面的学术研究融入教学中,培养了许多有用人才。匡源曾担任道光皇帝的经师,有着极深的经学造诣。辞官后,在泺源书院担任主讲达17年,弟子多达3000多人。他深感"得天下英才而教育之"的乐趣,将对经学的研究融入平时的教学之中。正是如此,其门人不乏有出息有作为的后起之秀,如潍县曹鸿勋、福山王懿荣、胶州柯劭忞等。

(3)学生以自学为主,教师重在启发诱导、释疑解难

书院的教学一般采用个别钻研、相互问答、集众讲解相结合的方法,学生之间、师生之间相对较为自由。在这种情况下,书院强调学生以个人自学钻研为主,教师则着重用自己的治学经验来指导学生的学习。书院提供充

---

① (宋)石介著,陈植锷点校:《徂徕石先生文集》,中华书局1984年版,第120页。

分的书籍条件,教师十分注意对学生进行读书和研究学问方法的指导。学生一旦提出疑问,教师主要采用答疑方式进行指导。教师鼓励学生问难论辩,督促学生带着问题读书。

这一学风在洙源书院表现得淋漓尽致。不论是毕沅、桑调元、沈起元,还是何绍基、匡源,都在鼓励学生个人自学钻研、问难论辩上有自己独到之处。特别是沈起元,主讲洙源书院后,将师生之间质疑或解答问题的记录整理为《洙源问答》,为后人保留了书院教学的重要史料。历城的李廷芳曾在洙源书院读书,亲耳聆听过沈起元的教诲,他这样描述沈起元与学生论辩的场景:每当学生提出问题,先生坐卧于主讲椅中,满面笑容,嘴上的胡须不停地颤动,接着"高论汩汩如万斛原泉"[1]而出。这种启发诱导式的释疑,今天已无法真实再现,但从《洙源问答》仍能体会一二。沈起元剖析疑义,自十三经、二十四史,旁及诸子百家,爬罗剔抉,细入毫芒,纵贯源流,讨研得失,引人深思。

(4)尊师爱生

毛泽东在《湖南自修大学创立宣言》中说:"回看学院,形式上的坏处虽然也有,但上面所举学校的坏处(指师生间没有感情,用一种划一的机械的教授法和管理法去戕贼人性,钟点过多,课程过繁,学生全不能用他们的心思为自动自发的研究——引者注)则都没有。一来是师生的感情甚笃。二来,没有教授管理,但为精神往来,自由研究。三来,课程简而研讨周,可以优游暇豫,玩索有得。"[2]这里的感情甚笃,即指的师生情深,尊师爱生。

泰山书院是山东较早兴办的书院,尊师重道是它的优良学风之一。石介曾作《师说》告诫学子:"古之学者急于求师。孔子,大圣人也,犹学礼于老聃,学官于郯子,学琴于师襄,矧其下者乎! 后世耻于求师,学者之大蔽也。"[3]他们以道德文章作为尊师的标准,不计较地位的高低。如孙复在泰山讲学时,还是个布衣,石介已成进士,并且曾任郓州(今属山东东平县)、南京(今属河南商丘市)推官,但石介依然拜孙复为师,随其出入,搀扶左

---

①《洙源问答·李廷芳序》,《续修四库全书》编纂委员会编:《续修四库全书》第1164册,上海古籍出版社2002年版,第593页。
②《东方杂志》第20卷第6号,第135页。
③(宋)石介著,陈植锷点校:《徂徕石先生文集》,中华书局1984年版,第258—259页。

右,毕恭毕敬。这使欧阳修大为感动,称石介的行为"能使鲁人皆好学"。这种师徒关系,给后世树立了很好的榜样,留下了尊师的优良传统。

学生对老师的尊敬还来自学术上的尊重。主讲泺源书院的沈起元长于经史,平时屋内到处都是经史书籍。李廷芳在回忆沈起元时,充满了尊敬:先生研究经史如醉如痴,"非与客谈艺,未尝须臾忘校勘"①经籍。这是来自对老师学问的震撼,这种震撼已经超越了一般的对老师的尊敬。

在书院中,老师对学生也是非常关心的。老师爱学生,虽然也有关心生活的一面,但主要是关心生徒德行学业的进步。济南的湖南书院有感于府州县学只重时艺,不重品德培养的缺陷,特别注重对诸生身心品德方面的教育,力图挽救士子沉溺于科举,追求功名利禄而缺乏政治理想和良好品德的颓风。因此《湖南书院训规》中即要求生员入院之后要立定研读儒家经籍、参透圣人之道的信念,抛却为博取功名而读书的歪念。要求诸生时时反观内省,一旦有邪念生成,即要斩截扫除。济南《泺源书院巡抚准太训课规条》则提出了六条"为学"的基本原则:"为学莫先于立志"、"为学莫要于寡欲"、"为学当敦实行"、"为学当秉虚衷"、"为学当勤讲读"、"为学当慎交"②,透露出书院对将学生培养成什么人的殷切期望。当然,书院的教师们都有罄其所知以授后学,诲人不倦的精神。同时也很讲究启发诱导、因材施教,务使生徒们能优游暇豫、深造自得,各展其所长。

四、宋元明清时期的教育思想

(一) 石介的教育思想

石介(1005—1045 年),字守道,北宋兖州奉符(今属山东泰安市岱岳区)人。读书于徂徕山(泰安城东南),世称徂徕先生。他"笃学有志尚,乐善疾恶,喜声名,遇事奋然敢为"③,著有《徂徕集》、《怪说》等。

石介生活的时间,正值北宋初年。进一步巩固统一、加强中央集权统治始终是宋代统治者着重解决的中心课题,也是宋政府制定各项政策和策略

①《泺源问答・李廷芳序》,《续修四库全书》编纂委员会编:《续修四库全书》第 1164 册,上海古籍出版社 2002 年版,第 593 页。
②(道光)《济南府志》卷一七,学校。
③(清)黄宗羲著,(清)全祖望补修,陈金生、梁运华点校:《宋元学案》第 1 册,中华书局 1986 年版,第 103 页。

的基本出发点。以"黄袍加身"登上皇位的赵匡胤,无时无刻不在考虑防止"陈桥驿兵变"事件再次出现的办法。因此,有宋一代尽管疆土不阔,但丝毫不影响其抑制方镇、强化皇权既定方针的施行,即使造成冗官、冗兵、冗费的结果,也在所不惜。这种时代背景,对了解石介是非常重要的。石介倾毕生精力,力排佛道,推崇儒家思想,以道统继承者自居,其实都是为北宋强化中央集权制的政治目的服务。

石介一生与教育有着密切的关系。他早年到宋城(南京应天府)南都学社诵读诗书,在这里他结识了范仲淹。天圣八年(1030年),石介与欧阳修同时考中进士,出任郓州观察推官。景祐元年(1034年),石介调任南京(今属河南商丘市)推官,在此他结识了孙复。此时的孙复,屡

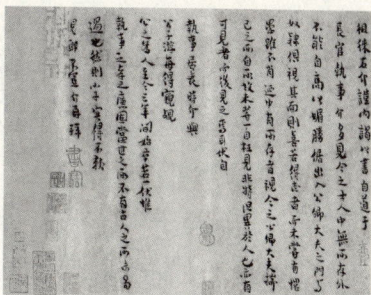

石介手迹——《与长官执事札》

举进士不中,流落京畿。二人一见如故,彼此以"能知尧舜文武周公孔子之道"的人而互为佩服,并均将对方视为"非止知之,而又能揭而行之者也。"①景祐二年冬,石介为孙复筑室泰山之麓,讲学授徒,这就是泰山书院。后来,石介丁母忧,辞官归家,率任城张洞、乡人李蕴等同拜孙复为师。他自己也在徂徕山长春岭下兴办徂徕书院,招收生徒,讲授《易经》,与泰山书院互通声气。庆历二年(1042年)夏,石介丁忧期满,因杜衍推荐被召入京,任国子监直讲、太子中允、直集贤院,"学者从之甚众,太学繇此日盛"②。

石介从事教育,更多的是传道,即传播其政治思想。因此,他十分注意教育的教化功能,认为"学为教化之源,仁义之本欤!"③石介家境本不富裕,在南都学社学习时,"固穷苦学。王侍郎渎闻其勤约,以盘餐贻之"④。但他却出资为孙复筑室讲学,正是看到了教育的重要作用。石介因此而对各地兴学建校的行为都极为推崇,沂国公王曾兴建青州州学、郓州州学,青州太守增扩州学学屋以及宋城修建夫子庙,他都亲自为记,以示褒扬。石介在

---

①《孙明复先生小集·寄范天章书一》,四川大学古籍所编:《宋集珍本丛刊》第3册,线装书局2004年版,第164页。

②《宋史·孙复传》。

③(宋)石介著,陈植锷点校:《徂徕石先生文集》,中华书局1984年版,第99页。

④丁传靖辑:《宋人轶事汇编》,中华书局1981年版,第449页。

《青州州学公田记》中这样写道:"立其法万世不改者,道之本也;通其变使民不倦者,道之中也。本,故万世不改也;中,故万世可行者。"而青州的兴学行为正是"立本之道","相国(王曾)治三代明王之作,取古者家有塾、党有庠、术有序、国有学之制,建学于青,立其本也。"①

在教育目的上,石介坚持要培养以捍卫圣道为己任的人才。石介力排佛老,为此他写出了《怪说》、《中国论》等文章,将佛老和杨亿目为"道"之大患,"方今正道缺坏,圣经隳离,淫文繁声,放于天下;佛老妖怪诞妄之教,杨墨汗漫不经之言,肆行于天地间"②,"佛老和杨亿之道"必除之而后快。当有人对于他的这一态度表示不解时,石介说:"吾学圣人之道,有攻我圣人之道者,吾不可不反攻彼也。盗入主人家,奴尚为主人拔戈持矛以逐盗,反为盗所击而至于死且不避。其人诚非有利主人也,盖事主之道不得不尔也。亦云忠于主而已矣,不知其他也。吾亦有死而已,虽万亿千人之众,又安能惧我也"③。正是基于这样的考虑,石介认为学校教育就是要教人懂得"圣人之道"、"忠孝之道"、"仁义礼智信","国家兴学校,置学官,止以教人字乎? 将不以圣人之道教人乎? 将不以忠孝之道教人乎? 将不以仁义礼智信教人乎? ……介日坐堂上,则以二帝三王之《书》、周公之《礼》、周之《诗》、伏羲、文王、孔子之《易》及孔子之《春秋》,与诸生相讲论。尧、舜、禹、汤、文、武、周公、孔子之道,不尝离于口也。三才、九畴、五常之教,不尝违诸身也。教诸生为人臣则以忠,教诸生为人子则以孝,教诸生为人弟则以恭,教诸生为人兄则以友,教诸生与人交则以信。勉勉焉率诸生于道,纳诸生于善,殴诸生以成人"④,使学子懂得"忠于君,孝于亲",从而成为自觉保卫圣道的人。

教学方法上,石介注意理论联系实际。石介认为圣人之道学之不难,行之难,守之更难。"然道,知之不为难,守之为难;守之不为难,行之为难;行之不为难,久之为难。夫知之、守之、行之、久之不为难,笃之为难。知之不笃,不能守也;守之不笃,不能行也;行之不笃,不能久也;久之不笃,不能终

---

①(宋)石介著,陈植锷点校:《徂徕石先生文集》,中华书局1984年版,第224—225页。
②同上,第163页。
③同上,第63—64页。
④同上,第176—177页。

也。"因此学习圣人之道必须"守之以诚而持之以笃",勤于实践,善于体验,这样才能真正战胜"妖惑邪乱之气",①成为一个真正的圣人君子。

在学习方法上,石介倡导"劳逸之节",一张一弛。他告诫弟子:"大凡舒则人暇,局则人困,故善教者优游而至道,不善教者急速而强人。其要贵夫劳逸之节焉。……今夫学者六艺经传千万言,以时而讽之,其为功博矣;仁义礼乐、忠信孝悌之道,天地阴阳、星辰灾变之动,以时而求之,其为业广矣。广博而难卒,勤苦而后能成,蚤起而夜诵,寒暑不废,衣冠不解,则是常张之矣。岁有田,日有秩,劳有休,怠有养,所以息焉、游焉,是一张一弛之道也"②,即学习要有张有弛,劳逸结合。

同时,石介还严师生之礼,倡活泼学风。石介曾作《师说》告诫弟子:"古之学者急于求师。孔子,大圣人也,犹学礼于老聃,学官于郯子,学琴于师襄,矧其下者乎! 后世耻于求师,学者之大蔽也。"③因此,他认为对于比自己懂得多的人,要虚心求教,行师生之礼。石介的行为无疑是这方面的榜样。孙复在泰山讲学时,还是个布衣,石介已成进士,并且曾任郓州(今属山东东平县)、南京(今属河南商丘市)推官,但石介依然拜孙复为师,随其出入,"拜起必扶持"④,毕恭毕敬。石介既能严立师道,同时又能热情对待学生,与学生保持融洽的师生关系。"庆历中,在太学,生徒咨问经义,日数十人,皆怡颜和气,一一为讲解,殊无倦色"。⑤

(二)王筠的教育思想

王筠(1784—1854 年),宇贯山,号箓友,山东安丘人,道光时举人,后官山西乡宁县知县。他性情孤僻,为人重节义,在文字学方面造诣很深,能综合前人的学说加以分析批判,"独辟门径,折衷一是,不依傍于人"⑥,提出自己的见解。著作有《说文句读》、《说文释例》、《文字蒙求》、《教童子法》等。

王筠的《教童子法》蕴藏了作者的核心教育思想。该书系统而全面地

①(宋)石介著,陈植锷点校:《徂徕石先生文集》,中华书局 1984 年版,第 214 页。
②同上,第 225。
③同上,第 258—259 页。
④(清)黄宗羲著,(清)全祖望补修,陈金生、梁运华点校:《宋元学案》第 1 册,中华书局 1986 年版,第 72 页。
⑤(宋)江少虞撰:《宋朝事实类苑》下册,上海古籍出版社 1981 年版,第 940 页。
⑥(清)王筠:《清诒堂文集》,齐鲁书社 1987 年版,第 291 页。

论述了当时的小学教育,揭露了当时教育中的重大流弊,提出了自己的教育思想。他大声疾呼"学生是人,不是猪狗"①,不但喊出了教育必须改革的心声,而且具有提倡个性解放的意义。

王筠认为童蒙教育的目标是"不敢望子弟为圣贤,亦当望子弟为鼎甲"②,即希望其通过读书、科举考试,最终获取功名,并认为教育应功名、学问、德行三者并重。

在这种教育原则的指导下,王筠提出了自己的一套教育理论:第一,循序渐进的原则。学生学习是有规律的,应按照识字→读书→作文的顺序,循序渐进地进行。"蒙养之时,识字为先,不必遽读书",王筠对那种"忽然十余岁便使之作文"的现象提出批评,认为"岂有生而知作文者乎?"第二,专心致志的原则。"识字时专心致志于识字,不要打算读经;读经时专心致志于读经,不要打算作文";"意不两锐,事不并隆",三心二意只能事倍功半。第三,启发诱导的原则。死记硬背是不对的,"孔子善诱,孟子曰教亦多术。故遇笨拙执拗之弟子,必多方以诱之;既得其机之所在,即从此鼓舞之,蔑不欢欣而唯命是从矣"。第四,寓教于乐的原则。儿童的天性便是玩耍,"人皆寻乐,谁肯寻苦?"因此王筠主张"读书虽不如嬉戏乐,然书中得有乐趣",应该帮助学生在读书中找到乐趣。第五,不厌其烦的原则。蒙学教育要有耐心,"人之才不一:有小才而锋颖者,可以取快一时,终无大成就,有大才而汗漫者,须二十年功;学问既博,收拢起来方能成就,此时则非常人所及矣,须耐烦。"

王筠将这些教育理论运用于教学中,又形成了独特的教育方法。

首先是识字教学,要识字为先,后进行阅读,先教纯体字,再教同体字。王筠认为:"蒙养之时,识字为先,不必速读书。如弟子钝,则识千余字后,乃为之讲,能识二千字乃可读书。"由于儿童和汉字的特点,识字时要"先取象形、指事之纯体教之",然后再教以同体字。纯体字或称独体字是指笔画较少、结构简单的象形或会意字;同体字是由偏旁、部首和纯(独)体字所构

---

①(清)王筠:《教童子法》,见舒新城编:《中国近代教育史资料》上册,人民教育出版社1981年第2版。
②同上。以下引文未注明出处者均引自(清)王筠《教童子法》,见舒新城编:《中国近代教育史资料》上册,人民教育出版社1981年版。

成。他举例说：比如日、月、上、下这些纯体字，"识日月字，即以天上日月告之，识上下字，即以在上在下之物告之"。等到学生掌握了一定量的纯体字，"乃教以同体字，又须先易讲者，而后及难讲者"。在识字教学中，要辅以识字卡片，"识字，必裁方寸纸，依正体书之，背面写篆"。这些方法，既能调动学生学习的积极性，又能取得较好的识字效果。

其次是写字教学，要写大字，模写的字体要讲究。他认为："小儿手小骨弱"，"学字亦不可早"。8、9岁，可以学写字了，"不可学小字，大有三分好，缩小便五分好也"。模仿字体，不可学赵孟頫，因为他降元，"字有媚骨"。可学苏灵芝，并特别推荐他的《铁象颂》，并认为苏灵芝虽字品不高，但"少媚骨"。

再次是读书教学，强调要"多"、"熟"、"解"，既要博览群书，对所读之书烂熟于胸，还要了解文章精髓。他特别推崇历城叶奕绳的强记之法："某性甚钝，每读一书，遇意所喜好即札录之，录讫乃朗诵十余遍，粘之壁间；每日必十余段，少亦六七段。"这样大量的粘录后，接下来便是熟读，"日三五次以为常，务期精熟，一字不遗"。当然，王筠并不赞成死记硬背，他认为读书应以理解为主，"学生是人，不是猪狗；读书而不讲，是念藏经也，嚼木札也"。当然读书中理解，还包括要活读书。他认为典故有死有活，死典故日日告之，活典故间三四日告之。他举例说："如问之曰：两邻争一鸡，尔能知确是某家物否？能知者即大才矣；不能知，而后告以南史（忘出何人传中）"，这样可使学生产生灵活运用的兴趣，而使其"心思长进"。

最后是作文教学，主张蒙学的作文教学应从声韵、属对、典故开始，而在学写作文时，"以放为主，越多越好"。明清时期的科举均考作文，所以教学的目的是教会孩子作文，其余语文知识都是为作文打基础的。当时许多蒙学作文，以学习八股文作法为主。崔学古在《少学》中所列"作文八法"，讲的就是如何破承、起讲、入题、起股、虚股、中股、后股、束语结句之类。所述的"作文五要"，也是如何作好八股文的五个要点。这种呆板的程式化的训练方法，束缚思想，追求形式，弊害极大。王筠主张，在为文时"以放为主"，鼓励儿童大胆地写，充分发挥想象力，让其兴致尽情得以发挥，懂得一定的文法知识后，再引导其学习当时名家的技巧、词藻，最后要求精练严谨，这就是"收"。王筠举例说："作诗文必须放，放之如野马，踶跳咆嗥，不受羁绊，久之必自厌收束矣。此时加以衔辔,必俯首乐从。"这时作文可能写得并不好,只要"涵养诱掖,待其自化,则文境必大进"。当然"收"也要讲求方法,王筠主张要多夸奖少批评,提倡"少改易之,以圈为主"。

从以上分析可以看出,王筠的教育思想仍没有摆脱传统教育思想的桎梏,他虽然注意到了"学生是人,不是猪狗",有提倡个性解放的意义,但它仍是在维护封建教育模式下对封建教育思想的补救而已。正如湖南维新派人物江标所说:《教童子法》"有极陋极迂处,而极通处甚多,不得不为善教者。近见德国学校章程,纲举目张,皆实事求是之学,教童子尤严密。国之新者学必新,教人者尤当知之也。"①

---

①舒新城编:《中国近代教育史资料》上册,人民教育出版社1981年第2版,第92页。

第五章　山东传统教育向现代教育的过渡

一、"中体西用"语境下的山东文教政策

（一）封建教育的衰败

1. 西方重炮下震颤的中华帝国

18—19 世纪是世界资本主义迅速发展的时期。19 世纪中叶，西方资本主义经过英国资产阶级产业革命和法国资产阶级大革命，开创了世界历史的新纪元。"这两次革命不仅反映了它们本身发生的地区即英法两国的要求，而且在更大得多的程度上反映了当时整个世界的要求。"①新兴的资本主义用以摧毁欧洲封建制度的重炮——机器大工业生产出来的廉价商品，成了改造世界面貌的强有力的武器，在这个武器面前，任何抵抗力量都是无济于事的。"当时整个世界的要求"，就是全部社会关系的资本主义化，正如马克思和恩格斯在《共产党宣言》中所说，"它按照自己的面貌为自己创造出一个世界"。商品生产的发展和对外输出的扩大，促使资产阶级不断寻求新的原料产地和海外市场。到鸦片战争爆发前夜时，非洲、大洋洲、西亚、中亚和东南亚的广大地区，已经或正在成为西方资本主义的殖民地、半殖民地，那里的国家正经历着向资本主义蜕变的痛苦，那里的人民正饱受两个不同层次文明形态转换的煎熬。

有着辽阔国土、丰盈物产、众多人口的中国，自然是西方资本主义列强垂涎的对象。利物浦印度协会于 1836 年 2 月在英国首相迈尔本的备忘录

---

①《马克思恩格斯选集》第 1 卷，人民出版社 1995 年版，第 318 页。

中说:"须知对华贸易,事关 600 万镑资本,9 万吨航运,400 万到 500 万镑的税收。"①而对华鸦片贸易税收成了英属印度政府的重要收入,1830 年印度政府鸦片税收已占总收入的 1/10。为了打开中国这一巨大的市场,掠夺更多的财富,西方资本主义列强不惜冒着发动侵略战争的风险。

面对世界风云的激荡,中国却全然不知,东方巨人正步入"四海变秋气"的"衰世"。

鸦片战争前的中国,是在清王朝统治下的一个独立的封建国家。这时的社会生产力虽有了提高,封建社会内部的资本主义萌芽也已出现,但封建的生产方式和生产规模,长期停滞在原有的基础上,没有多大变化。

嘉庆(1796—1820 年在位)以后,封建统治者极端腐败,政治愈加黑暗,军备废弛,财政拮据,土地兼并极为严重。以山东为例,该地区的人均耕地面积从 1661 年的 42.1 亩至道光年间急剧减少为 3.2 亩。也就是说,从雍正至道光,在近 100 年的时间里,由于人口的增长,人均耕地面积减少了近40 亩。但就是在这种情况下,地主兼并土地的欲望并没减低。据 1888 年(光绪十四年)的调查,益都拥田千亩者 1—2 户,五六百亩者 8—10 户,一般农家只有田 10 亩。寿光县拥田最多者达 2000 余亩,占田 100—200 亩的户数也很多,一般农家有田不过 3 亩。淄川县有田 100—200 亩者,占总户数的 8% ②。地主阶级就是凭借其所占有的大量土地,对农民进行残酷的剥削和压迫,农民每年收入的 50% 以上被地主夺走。阶级矛盾日益尖锐,农民和其他劳动者的反封建反压迫斗争一天也没有停止过。17 世纪末 18 世纪初,白莲教领导的农民大起义就有 2 次,搅得统治者心神不安,大清帝国已陷入危机之中。

就在这时,西方侵略者的炮声轰响在中国的东南沿海,为了维护罪恶的鸦片贸易和打开中国的大门,英国资产阶级发动了"极为不义"的鸦片战争。在这场战争中,清政府手足无措,节节败退。1842 年 8 月 29 日,不得不与英国殖民主义者订立了中国近代史上的第一个丧权辱国的条约——《南京条约》,"割让"香港,赔款,开放通商口岸……接着,清政府又与法、美

---

①严中平:《英国资产阶级纺织利益集团与两次鸦片战争史料》,转引自列岛编:《鸦片战争史论文专集》,人民出版社 1990 年版,第 43 页。
②参见李文治编:《中国近代农业史资料》第 1 辑,三联书店 1957 年版,第 193 页。

等国签订了类似的不平等条约,清政府的腐败无能暴露无遗。

2. 封建教育无法培养应付西方挑战的人才

面对西方的入侵,清朝政府最为头痛的是,自己培养的传统人才无法应对这种挑战。

晚清时期,中国几乎所有类型的教育都变为科举的附庸,无论府、州、县学还是私塾、书院,学生入学读书,只为获取晋身做官的资格,毫无求学的愿望。教学内容无非是《四书》、《五经》、《性理》、《通鉴》诸书及制艺帖括、诗赋、表策、论制之类。这些内容无益于经世致用,培养不出应时变的人才。"今尽困天下之聪明才力于场屋中,而场屋之士,又尽一生之精力,不为效命宣劳之用,徒用之于八比、小楷、试帖无足用之物。天下贸贸,莫闻大道,而其试之也,又第取之于字句点画间,其亦可谓靡靡无谓之术矣。"①

由于重科举轻学校,因此学校教学质量持续下降。清代学者汤成烈就批评道:"国学、府学、县学徒有学校之名耳!考其学业,科举之法之外,无他业也;窥其志虑,求取科名之外,无他志也。其流弊至于经书可以不读,品行可以不修,廉耻可以不讲,以剿袭为揣摩,以钻营为捷径。其初既有苟得之心,其后遂为患失之计,特禄幸位,委蛇朝阙,容头过身,承顺奸权,朝政猥杂,国是日非"②,把学校的弊端揭露得淋漓尽致。为了加强学校教育,道光皇帝多次发布谕旨,对学校的教学秩序和教师选拔进行规范。道光三十年(1850年)的上谕指出:"学校为教化之原,士子训课,责在教官;教官贤否,责在学政。近日教官一途,半皆年老衰庸及末学浅见之士。著各省学政严行考校:文行兼优者,方准列荐;庸劣不职者,即行甄别。至于月课岁考,尤须认真,课卷按季申送学政,诸生优劣学册,三年咨部备查。"③但由于科举的指挥棒不变,学校状况并无任何改变。

中国传统教育是建立在小生产经济基础上的封闭性教育制度,它"以培养治术人才为宗旨"④,与封建统治的要求相适应,"重道而轻艺"⑤,注重

①璩鑫主编:《中国近代教育史资料汇编·鸦片战争时期教育》,上海教育出版社1990年版,第74—75页。

②同上,第156页。

③同上,第144页。

④陈青之:《中国教育史》下册,商务印书馆1936年版,第798页。

⑤朱有瓛主编:《中国近代学制史料》第1辑下册,华东师范大学出版社1987年版,第219页。

思想钳制。因此进入近代后,传统教育模式已不符合时代的要求,要想培养出应对时局的有用人才,舍变革教育制度,别无他途。

(二) 改革派的文化教育主张

1. 地主阶级改革派的文化教育主张

地主阶级的有识之士,早在鸦片战争前就已发出了变革教育的声音。这些被称为"经世派"的人物认为,士习的衰恶,直接压抑了人才的辈出,导致了社会风气的败坏,而这一现象又是由于学术思想的锢蔽和科举制度的败坏所造成的。他们在抨击当时占统治地位的"汉学"时说:"乾隆中叶后,士人风气,考证于不必考之地,上下务为相蒙,学术衰而人才坏。"[1]对于"宋学",他们也毫不留情。他们指斥理学家是"近于鄙俚而不免语录之习"。[2]腐朽的科举制则使人才枯竭已达极点,诚如龚自珍所说的那样:"左无才相,右无才史,阃无才将,庠序无才士,廛无才工,陇无才民,衢无才商。"[3]

魏源也将批评的矛头指向传统教育,认为当时科举制下培养的人才均是"庸儒"。"读黄、农之书,用以杀人,谓之庸医;读周、孔之书,用以误天下,得不谓之庸儒乎?"[4]让这样的人治国,"无一言益己,无一事可验诸治者"[5]。因此,魏源主张"国家欲兴数百年之利弊,在综核名实始;欲综核名实,在士大夫舍楷书帖括而讨朝章讨国故始。"[6]

经世派们有的积极投身到改革漕运、整顿盐务、开浚河渠、兴办书院、奖掖人才的事业中去,力所能及地做些清理积弊、利国益民的修补工作;有的著书立说,倡言变法,在学术上一反"汉学"、"宋学"与社会实际脱节的风气,研究实际问题。他们不再醉心于八股制艺、考证词章,而是留意稽查历代典章制度、治乱得失、天下利病,把通经与致用结合起来,把治史与察今结合起来,不为空谈,不图虚名。

到洋务运动时期,洋务派在"中学为体,西学为用"的指导思想下,主张

---

① (清)沈垚:《与孙愈愚》,《落帆楼文集》卷八。
② (清)刘开:《上汪瑟庵大宗伯书》,《刘孟涂文集》卷四。
③ (清)龚自珍:《龚自珍全集》,上海人民出版社 1975 年版,第 6 页。
④ 中华书局编辑部:《魏源集》,中华书局 1976 年版,第 49 页。
⑤ 同上,第 24 页。
⑥ (清)魏源:《圣武记》卷十一。

实行有限度的改革。他们认为："办洋务、制洋器,若不变法而徒鹜空文,绝无实济"①。除在经济上提出"寓强于富"的口号,把目光转向民用工业,振兴商务;在军事上主张废弃弓箭刀矛,改用枪炮外;在人才培养上,洋务派提出:"今不以不如人为耻,而独以学其人为耻,将安于不如而终不学,遂可雪其耻乎!"正确的做法应是"学期适用,事贵因时",并告诫道:"不知中国所当学者,故不止轮船枪炮一事"。② 因此,洋务派要求造就大批适应洋务需要的"英才",改科举,设学堂,派留学,译西书。

在这种思想的指导下,洋务派仿效西方学校在北京、上海、天津、广东、福建等地相继开办了外语、水师、武备、电报、医学等新式学堂,又派遣留学生到英、法、德、美、日等国学习军事、技术和自然科学。

光绪十六年(1890年),北洋海军的第3所水师学堂在威海创办,创办者是北洋海军提督丁汝昌,校址坐落在刘公岛西端向南坡地上,共有校舍70余间。威海水师学堂总办由提督丁汝昌兼领,洋教习由美人马吉芬充

威海水师学堂西辕门

任。学堂所有规章制度,除内外堂课有变通外,其管理、奖励等项都按照天津水师学堂章程办理。同年冬天,北洋舰队趁南巡之便,在上海、福建、广东等招收学生36名,1891年5月,开始授课,另有10名自费生附学,共计46名学生。根据海军衙门规定的《北洋海军章程》规定:"驾驶学生在堂习业四年,毕业派上练船学习船艺一年,送回学堂再习三月,然后再拨入枪炮练船再学三月。考校如式,派归兵船差追补用。"③威海水师学堂因地处北洋海军基地威海港内,北洋海军可为其提供操场、武器、练船,供学生操练,部分数习亦由北洋海军的教练兼任,所以该校学生在进行课堂学习的同时,得以"兼习枪炮",这是该校办学的一大优势。该学堂共开办4年,毕业驾驶

①《筹办夷务始末》(同治朝)卷二十五,第1页。
②张静庐辑:《中国近代出版史料初编》,中华书局1957年版,第5—6页。
③张侠等编:《清末海军史料》,海洋出版社1982年版,第407页。

班学生一届 30 名。

但是,洋务运动并未使清朝政府富强起来,甲午战争却败在日本手里。八国联军侵华之役后,清政府又开始进行所谓的清末新政。新政的重要内容之一就是教育改革,主要包括废科举,举学校,派遣留学生。1901 年 9 月,慈禧太后颁发谕旨,称:"人才为政事之本,作育人才,端在修明学术。……除京师已设大学堂,应行切实整顿外,著各省所有书院,于省城均改设大学堂,各府及直隶州均改设中学堂,各州县均改设小学堂。"当时的山东巡抚袁世凯抢先拟定学堂章程,并于同年 11 月 16 日将原济南泺源书院改为"山东大学堂",这是中国最早的一所省立大学堂。但遗憾的是,清朝的教育新政是有严格限定的,"其教法当以四书五经纲常大义为主,以历代史鉴及中外政治艺学为辅。务使心术纯正,文行交修,博通时务,讲求实学",①这是"中体西用"论在 20 世纪初的翻版,因此其改革成效可想而知。

辛亥革命建立的民主共和制度昙花一现,很快变成了袁世凯的独裁专制,虽然在全国人民的声讨中,袁世凯以帝制自为以失败告终,但此后出现的北洋军阀专政,依然是大地主、大资产阶级的封建专制。因此,在这一时期,统治者执行的依然是在"中体西用"思想指导下的文教政策。

民国初年,由革命党人蔡元培任总长的教育部,曾颁布命令,废止清朝学部颁布的教科书,使用合于共和民国宗旨的教科书,废止旧学制改用新学制,大力进行国民教育。但 1912 年 3 月袁世凯就任国民政府临时大总统后,文化领域的复古主义抬头。1912 年 9 月 20 日,袁世凯颁布《整饬伦常令》,下令"尊崇伦常",提倡"礼教",他说:"中华立国,以孝弟忠信礼义廉耻为人道之大经。政体虽更,民彝无改","自顷以来,人心浮动,与东西各国科学之精微未能通晓,而先醉心于物质文明,以破个人之道德。……抑知立国,各有本末,岂能举吾国数千年之嘉言懿行,一扫而空","唯愿全国人民恪循礼法,共济时难。……本大总统痛时局之阽危,怵纪纲之废弛,每念今日大患,尚不在国势,而在人心。苟人心有向善之机,即国本有底安之理。"②这就是说,旧的纲常伦理还不能改变。很快,袁世凯命令全国中小学

————————

①(清)朱寿朋编:《光绪朝东华录》(四),中华书局 1958 年版,总第 4719 页。

②《民国经世文编》第 40 册,沈云龙主编:《近代中国史料丛刊》第 50 辑,台北文海出版社 1966 年版,第 5249 页。

尊孔读经,山东当局遂即先后恢复了祀孔读经活动。1915 年 1 月和 2 月,袁世凯发布了《颁定教育要旨》和《特定教育纲要》,明确提出了他的"教育宗旨":爱国、尚武、崇实、法孔孟、重自治、戒贪争、戒躁进。

北洋军阀时期,文教政策的许多方面与袁世凯时期基本一致。1925 年 8 月 27 日,山东省长张宗昌亲赴曲阜祭孔,在孔子像前行跪拜礼。1926 年张宗昌训令山东大学"管理训练,尤以尊德性、明人伦、拒邪说为依归"①,全体师生必须读经。此期,北洋政府还出台了《褒扬条例实施细则》,规定"义夫"、"节妇、烈女"、"义仆"均在表扬之列。

2. 资产阶级改良派与革命派的文化教育主张

维新派从资产阶级改良目的出发,认为教育应为开民智和培养具有救亡图存本领的人才服务。

维新派首先对科举制度进行了猛烈的批判。梁启超揭露八股文取士,"为中国锢蔽文明之一大根原,行之千年,使学者坠聪塞明,不识古今,不知五洲,其蔽皆由于此"②。严复列举八股取士的 3 大罪状:"其一害曰锢智慧……其二害曰坏心术……其三害曰滋游手"③。谭嗣同斥责科举选拔出来的人,徒长空谈,不务实学,多于国计民生毫无用处,反而成为"亡国之士"④。

维新派接下来把教育改革上升到关乎国家生死存亡的高度加以论述,梁启超指出:"变法之本,在育人才;人才之兴,在开学校;学校之立,在变科举;而一切要其大成,在变官制","兴学校、养人才,以强中国,惟变科举为第一义。大变则大效,小变则小效"。⑤

维新派按照自己的教育主张,在百日维新中推出了废八股、兴西学、创办京师大学堂、设译书局、派留学生、奖励科学著作和发明的改革举措。

资产阶级革命派由于夺取政权任务的艰巨,并没有像维新派那样对教育问题给予大量关注,但在教育上还是投入了一定的精力。资产阶级革命派主要是把学校当成宣传革命、集结革命力量、培养革命人才的重要场所。

---

① 《山东文献》2 卷 4 期。
② 梁启超:《饮冰室合集》专集之一,中华书局 1989 年版,第 87 页。
③ 王栻主编:《严复集》第 1 册,中华书局 1986 年版,第 40—42 页。
④ 谭嗣同:《谭嗣同全集》增订本上册,中华书局 1981 年版,第 156 页。
⑤ 梁启超:《饮冰室合集》文集之一,中华书局 1989 年版,第 10、27 页。

山东革命党对此也有相同的认识:"爬罗豪英而陶铸之者,莫急于兴学。学校非独人才所自出也,始事之艰难,往来潜伏,唯学校能容焉;声气互达,唯学校能通焉;发谋举事,唯学校能秘焉。故学校所在,即党势之所由滋也"①。于是,他们开始借助清廷大力提倡民间办学的机会,创办自己的革命学校。

民国建立后,资产阶级革命派试图在文化教育领域保持革命性。针对清末教育宗旨中的"忠君"、"尊孔",中华民国南京临时政府郑重宣布:"忠君与共和政体不合,尊孔与信教自由相违",予以取消。而对"尚公"、"尚武"、"尚实"3 项则加以改造,使其符合资产阶级民主主义的要求,重新表述为公民道德教育、军国民教育、实利主义教育,又增添世界观教育和美感教育,提出了"五育并举"的教育方针。② 但由于政权很快为袁世凯所窃夺,其文教政策无法完全得以贯彻实施。

二、晚清时期山东的教育

(一) 武训义学及其影响

山东自古就有办义学的传统,几乎每一个州县都有自己的义学。近代山东也办有大量义学。义学分官立、私立两类,官立义学教师俸银从国库开支,私立义学教师的俸银以捐田、捐银、捐房等维持。为了大力发展义学,清朝统治者采取了官助民立的政策,对义学进行扶持,于是出现了民间办学的热潮。东昌府武训"行乞"兴办义学,是当时最为有名的民间办学的故事。

1. 武训行乞兴学

武训(1838—1896 年),原名武七(因在叔伯兄弟中排行第七),堂邑县柳林镇武家庄(今属山东冠县)人。幼年家贫。7 岁时,父亲病故,家庭陷入困境,从此被迫随母亲外出乞讨度日。

武训八九岁时,见村塾中的同龄孩子上学读书,"就瞪着小小的凄苦眼珠,跟在他们后面,艳慕地望着"③,有时他还闯进学塾里,偷偷地听学生们

---

①丁惟汾:《山东革命党史稿》,《山东文献》第 1 卷第 4 期。
②参见蔡元培:《对于教育方针之意见》,朱有瓛主编:《中国近代学制史料》第 3 辑上册,华东师范大学出版社 1990 年版。
③张明主编:《武训研究资料大全》,山东大学出版社 1991 年版,第 166 页。

念书。但是当时只有富人为自家子弟开设的家塾，像武训这样的穷孩子是无法进入的。这种经历在武训幼小的心灵上留下了永远难以磨灭的记忆。

武训自幼身体瘦弱，又傻头傻脑，人们便给他个绰号"豆沫儿"，来讥笑他的糊涂可怜。但武训生性忠厚，待母至孝。长大一点就替别人当"佣工"，得点工钱，就到市上买点好的食物，待回家孝敬母亲。这样，武训从小就养成孝顺节俭的性格。

1852年（咸丰二年），16岁的武训到邻村姨丈张老辫家帮工。武训没日没夜地给他干了3年活，张老辫却欺负他是睁眼瞎，拿出假账本，说武训某日某月支取了多少，某日某月又支用多少，总计3年工钱早就付完了。武训愤而离开张家，又到馆陶艾寨某庠生家当佣工。不久，新年来临，这庠生写好春联，吩咐武训张贴。武训分不出上下联，更不明白春联内容，只是胡乱张贴在各处。庠生见状大怒，狠狠打了武训两耳光，并当下算账，把工钱打了折扣，以示惩罚。武训愤然把工钱扔在地上，扭头而去。

接连两次打击，武训异常痛苦，"搭被蒙头，大睡三日"①，醒来后，又在邻村狂奔三日。他若疯若痴，口中念念有词："扛活被人欺，不如要饭随自己，别看我要饭，早晚修个义学院"②。全武家庄的人都知道这个"豆沫儿"疯癫了。

而武训却在这次"疯癫"之后，找到了未来生活的道路。从此，他自称"义学症"，行乞兴学，并把毕生精力都奉献给了兴办供穷孩子念书的义学事业上。

武训明白办义学是件难事，尤其像他这样一个乞丐，更是难上加难。为了实现自己的理想与抱负，武训想尽一切办法积攒办学经费。

乞讨是武训积累资金的主要手段。

武训认为行乞兴学不是丢人的事，"若不修义学，才叫人笑话"。他"肩负布囊，手持铜勺行乞"，并把自己的头作践成奇形怪状，头发剃一边留一边，身上的衣服又是各色的补丁。自他改装以后，人人觉得他好玩，"每见

---

① 刘子舟：《义学正武公传》，载《武训先生九七年诞辰纪念册》。
② 张明主编：《武训研究资料大全》，山东大学出版社1991年版，第103页。

有背一褡持一勺,高声歌唱而足不停者,则相呼曰:'武某来矣'"①,乐意给他东西,或是食物、铜钱。

行乞是艰辛的,但武训却生活得苦中有乐,他认为行乞兴学是别人行善他代劳。他冬天破袍一身,夏日长衫一件,把乞讨来的好一点的食物与衣物出卖,变成铜钱积蓄起来。当有人给他钱物时,他感激万分,连连称谢。有时碰上吝啬的,不但不给,甚至辱骂一番,武训就表现出满不在乎的样子,自嘲似地唱道:"不给俺,俺不怨,自有善人管俺饭","不强要,不强化,不用着急不用怕。俺化缘,你行善,大家修个义学院","义学症,没火性,见了人,把礼敬,上了钱,活了命,修个义学万年不能动"。

行乞之外,武训还为人打短工、表演杂耍。在行乞过程中,武训还捡拾破布败絮、断线烂绳,拿来加以整理、加工,"皆以易钱"。武训有时也利用讨饭的机会,给人说媒。亲事说成后,男女双方各给铜钱若干,到结婚谢媒人时,他往往不吃酒席,只是要点馍馍和热菜卖掉,充作义学基金。

到同治初年,武训行乞的积攒已相当可观,"兴义学,没心烦,现在已有二百一十串",他扒土炕、找墙洞,把钱都藏了起来。后来有人告诉他放债生息的方法,他便找到了馆陶县娄塔头村(今属山东临清市)娄姓武进士娄俊岭,求其代为放债生息。柳林镇乡绅杨树坊等人也曾代武训放债。

自1878年(光绪四年)起,武训开始典买土地,租给贫民,收取田租。放债和收租也成为武训义学资金的重要来源。

经过30余年的艰苦努力,到1886年武训已典买土地230余亩,积钱2800余吊,从而为创办义学打下了基础。

从1887年(光绪十三年)起,武训开始筹建义学。他一生共建立3所义学。

武训在本村武家庄曾买1处房宅,打算兴建义学。因房子太小,决意放弃。他恳求知县郭春田和杨树坊出面另选地基。柳林镇郭芬、穆官云2人,自愿捐助业地各1处,共300余亩,作为建筑校舍之用。在杨树坊、娄俊岭等人的参与支持下,组成校董会。于1888年(光绪十四年)动工修建,校址坐落在柳林镇东门外,建筑瓦房20余间,大门、二门各1座,四周筑以围墙,

---

①张明主编:《武训研究资料大全》,山东大学出版社1991年版,第913、117、103页。本目以下未注明出处者,均引自张明主编:《武训研究资料大全》,山东大学出版社1991年版。

共计开支建造费京钱 4370 余吊。除武训存放在杨树坊等处现钱 2800 吊，还缺少 1570 吊。此数暂由杨树坊等人设法垫出，以后武训奔走广大村镇，再求各地热心人士捐助，以偿还这一缺额。武训的 230 亩土地，每年租利 370 吊，则全数拨作义学基金。

学校定名为崇贤义塾。学生分为 2 班，一是蒙班，学童 30 余人，由监生某任教。一是经班，学生 20 余人，由孝廉崔准主讲。

崇贤义塾创办几年后，学生大为增多。邻县的生童，数十里路赶来上学。生童增至 70 人，蒙童增至 50 人，共有学生 100 余名。每到科考、岁考，学生入泮补廪不下一二十人，其盛况前所未有。

馆陶杨二庄义学是武训办的第 2 所义学。当时馆陶县城北庄科村千佛寺僧人了证拿出自己的多年积蓄，在杨二庄置买学田 80 亩，宅基 1 块，盖房 10 余间，拟建立 1 所义学。武训闻讯后，捐资 300 吊，帮助了证办学。1890 年（光绪十六年），杨二庄义学宣告成立。

临清御史巷义学是武训办的第 3 所义学。1891 年，武训去临清讨饭。他在众人帮助下，用行乞所蓄 2000 余吊，在临清钞关御史巷内购买宅院 1 所，加以整修，又购置学田 7 亩，于 1896 年成立了临清御史巷义学。当时聘请的塾师是临清县贡生王丕显，该人笃实好义，办学有方。虽然义学开始时只有 1 个班，30 多个学生，但不到几年，根基日固，其规模和成效可与崇贤义塾媲美。

虽然义学是由武训出资建立的，但武训并不直接管理学校，他采取了"宅舍经费惟备请人董理"①的办法。崇贤义塾建立之初，杨树坊曾开具了一个 40 余人的"首事人"名单，这实际上就是一个董事会名单。此后杨树坊等成为义塾主要管理者，他不但发动乡绅为学校捐款，负责与县衙沟通联络，还与众"首事人"公拟了《义塾规则》。

武训对义学是非常关心的，他时常到学校察看情况，用自己的诚意去感动他们。

在武训的督促下，学规整肃，训课严谨，师生努力，学风良好。慕名前来求学的学童迅速增加，"有自茌、博、清、馆、冠、莘来者，并有自外省来者，几

---

① 《清朝续文献通考》卷九十七，学校考，第 8572 页。

有校舍难容之势"。

2. 武训及其义学的影响

早在崇贤义塾建立之初,武训的行为就曾引起堂邑县知县郭春熙的注意,听过杨树坊关于武训行乞兴学的汇报后,他认为这是千古奇事,并表示愿加赞助。

义学建成后,武训声名大振。山东巡抚张曜听了武训的事后,下令召见。武训由柳林起身,一路化缘来到济南巡抚衙门,这时他依然衣服褴褛,背着破褡袋,拿着破马勺。加以颠簸 300 余里,已经疲惫不堪,张曜一见他疯疯癫癫,脸色也不好看,忙问:"你是不是害过什么大病?"武训随口答道:"我不疯,我不病,一心只害义学症。"张曜大为感动,马上捐银 200 两,并下令免征义学钱粮。同时颁给武训黄布铃印缘簿 1 件,让他遍求各州府县以及学院等在上面盖印,以作信符,便于募集经费。同时又奏请清廷为武训建坊,表彰他的"乐善好施"。光绪皇帝很快为其颁发"乐善好施"匾额,册封其为"义学正",慈禧太后也赏赐黄马褂 1 件。武训的名声由此而震动四方。

武训虽在全国出了名,但他仍一如既往,沿街乞讨。有不少人劝武训娶妻生子,安度晚年。武训却认为"有妻则生子,耗资丧志,义学将终不得成也!"他终身不娶,一直过着艰苦的生活。也有人劝其为自己买一副好棺材,以求死后能在阴间安眠。武训却笑着回答:"路死路埋,街死街埋,死了自有棺材。"

武训把所有钱财都用于兴办义学上,却从不"稍私一文以养家"。族亲见他日益发财,且能任用族人,都来接近于他,巴结于他。尤其他的哥哥武让,屡欲在他跟前沾点好处。他常说:"我积钱,我买田,修个义学为贫寒","不顾亲,不顾故,义学我修好几处。"但他看到生活困难的穷人时,则给予帮助。据记载,武训"若见困苦无告之人,则动恻隐之心,分而给之,未尝吝惜"[1]。他听说冠县张八寨张春和的媳妇陈氏孝顺老人,事迹感人,欣然赠给陈氏 10 亩良田,并说:"这人好,这人好,给他 10 亩还嫌少;这人孝,这人孝,给他 10 亩好养老"。

①罗正钧编辑:《武义士兴学始末记》。

武训流浪 30 余年,不曾吃过一顿好饭,不曾穿过一件好衣,更不曾睡过一次好觉。1896 年初夏,武训在临清义塾病倒。因舍不得花钱,他坚持不寻医问药,随便捡拾几粒发霉的药丸吞服,不幸中毒。6 月 4 日不治而逝,享年 58 岁。

武训死后,堂邑、冠县、馆陶乡民极为悲痛。绅董会商由武让的儿子迎丧归葬,安葬在崇贤义塾院内东侧。各县乡民自动参加葬礼达万人以上,沿途来观者人山人海,学生们皆放声痛哭。山东新任巡抚袁树勋奏请朝廷将其生平宣付国史馆立传。后来还专为他建了祠堂,以示纪念。

武训兴学业绩,久为中外教育、文化界所钦敬。《清史稿》、《饮冰室文集》均有专门篇幅记载他的事迹。

辛亥革命以后,人们对武训的行动及精神更是推崇备至,曾发起了两次规模宏大的纪念活动。1934 年,临清武训小学校董兴起了武训 97 诞辰纪念活动。参加这次纪念活动的人几乎囊括了当时全国军政要员和文教界知名人士。蒋介石、张学良、杨虎城、冯玉祥、于右任、郁达夫、陈衡哲、何思源等社会名流纷纷用题词、诗歌、散文、传记等多种方式,对武训的办学精神给予了高度评价。1945 年 12 月,陶行知等人又在重庆兴起了纪念武训诞辰 107 周年活动。郭沫若、邓初民、柳亚子等大批教育家、文学艺术家和社会各界爱国人士参加了纪念会。在这次纪念会上,陶行知将武训精神概括为"三个无"、"四个有":"三个无"即"一无钱,二无靠山,三无学校教育";"四个有"即"一、他有合于大众需要的宏愿,二、他有合于自己能力的办法,三、他有公私分明的廉洁,四、他有尽其在我坚持到底的决心"。[①] 两次纪念活动前后呼应,对于讴歌武训精神,发展民众教育,起到了重要的推动作用。

在武训精神的感召下,全国热爱教育事业的人士纷纷以微薄的个人力量举办各种民众教育,许多学校即以"武训"命名。冯玉祥对武训非常敬重。1933 年至 1934 年,在退隐泰山期间,他就在泰安创办了 15 所半工半读的"纪念武训小学"。冯玉祥把纪念武训小学称为"小学生的家":"千古奇丐名武七,终身兴学恃行乞。我住泰山思武训,开办小学十数村。学生家庭皆贫苦,子弟向来难读书。且看此家破院中,母亲正在做女红,婆婆持杖

---

①《陶行知全集》第 4 卷,四川教育出版社 1991 年版,第 552—554 页。

满面愁,多少苦恼在心头。忽见小儿笑颜开,大呼哥姊放学回。哥姊身上挂书袋,双双含笑走家来,所习皆是新知识,种种工艺尤切实,到家讲把大家听,不信菩萨不信命。全国贫民知多少,各地宜速设学校。"①纪念武训小学由冯玉祥的夫人李德全及范明枢先生负责教务,并聘范明枢为总校长。学生读书全部免费,领取书、墨、笔、纸等都不用花钱。先后有1000多名小学生在此就读。在武训的老家堂邑,人们也不忘弘扬武训精神。武训之后,王丕显继承了武训的事业,他是临清御史巷义塾创设时武训聘请的教师,对武训极为尊重与崇敬,义塾改为武训小学后担任校长。他以武训第二自励,教学全系义务,不从学校领取分文报酬。1918年王丕显等人又发起筹资扩校倡议,在此后的10年时间里,捐款达2万余元。1928年,蔡元培等公议续行募捐,添建中学。到1932年,在李瑞阶等人的兴办下,一所中学诞生了,取名为"私立堂邑武训初级中学"。1933年人民教育家陶行知不仅倡导"新武训运动",而且又于1946年在上海创办了上海武训补习学校。

这个时期,全国有7省30多处学校以武训名字命名,南通的一所师范学校还将武训像与孔子像并列,足见其影响与地位。

陶行知在1930年曾写过一首《武训颂》,这是对武训行乞兴学的最好总结:"朝朝暮暮,快快乐乐,一生到老,四处奔波。为了苦孩,甘为骆驼,与人有益,牛马也做。公无靠背,朋友无多,未受教育,状元盖过。当众跪求,顽石转舵,不置家产,不娶老婆。为着一件大事来,兴学,兴学,兴学。"②

(二)晚清教育的变革

1. 晚清山东教育变革的背景

自顺治元年(1644年)至同治元年(1862年),近200年的时间里,清朝学校教育大体与明代相同,自1862年京师同文馆建立,教育才有所改变。

晚清教育的改变是与当时的社会状况相一致的。自从外国资本主义势力侵入的那一天起,中国社会就面临严峻的考验,其中就有人才的危机。经过鸦片战争至甲午战争的失败,加之西学的不断传入,许多有识之士开始认

---

① 见冯玉祥诗画碣,现存于泰山普照寺内。
② 临清市政协文史资料委员会编:《临清文史》第3辑,1988年版,第178页。

识到封建的教育体制也是阻碍中国进步的重要因素,于是有了创建新式学校的设想。

1900 年以前,除威海海军学堂外,山东教育没有什么大的作为,但西学传播和新式工业对人才的需求却为齐鲁大地教育变革奠定了基础。

关于 1900 年前西学在山东传播的情况,见于记载的较少。但通过一些间接材料仍可了解一些情况。

首先是教会学校的兴办,既传播了西学知识又体现了西方的学校教育体制。教会学校开设有小学堂、中学堂以及女子学堂等各种类型和级别的学堂,这对建立中国近代学校系统有借鉴作用。教会学校的课程设置突破了传统的四书五经,包括有宗教、儒籍和自然科学等多种课程,这有利于动摇传统课程设置中儒学的统治地位。

其次是某些报纸的传播。在晚清中国,对世界各国新闻报道本身,就是一种西学传播。《万国公报》是中国近代最重要的一份报纸,由美国传教士林乐知主办。《万国公报》始终以主要篇幅,报道发生在美国、英国、法国、日本及其他各个国家和地区的近事、新事,大至国与国之间的战争,国家政体的变动,中至总统换人,大学创建,科学发明,矿藏开挖,铁路修筑,小至各种条约修改,技术改进,荒地开垦,学校人数,进出口货单等等。这些对于中国知识分子都有开阔视野、增长知识的作用,有些新闻报道,还会刺激中国知识分子对本国问题的思考。《万国公报》在山东有一定的读者群,因此对山东也产生了影响。曲阜的孔子后裔孔令伟在给林乐知的信中就曾这样说道:"我们这个省的人闭塞无知,对外界的事极不了解。有几个城镇特别如此。去年我看了你编的《万国公报》,知道你很爱中国,对此我很感谢。"①济南、登州、烟台、青州、平度、胶州、曲阜等地的文人墨客还经常在《万国公报》上撰写文章、发表意见。傅兰雅编辑的《格致汇编》对自然科学知识方面内容的介绍相当广泛,举凡数学、物理、化学、天文学、地理学、地质学、生物学、医学、药物学等等,几乎无所不有。《格致汇编》在山东济南(2 处)、烟台、登州、青州设有代销处,负责山东地区的报纸销售。《格致汇编》最有特色的是它设有"互相问答"一栏,专门回答读者提出的各种问题。这些问

---

① 《广学会年报》,第 10 次(1897 年),《出版史料》1991 年第 2 期。

题,多半是由读者来信提出的。在这些问题中有一部分就是山东读者提出的。"互相答问"中大约有 260 人(这些人覆盖约 15 个省和地区)曾提出问题,据籍贯判断 21 位为山东人,占提问者分布位次的第 6 位。如烟台某君问:"西人饮苦酒(啤酒),言能补身,不知用何料何法制成,能否多饮?"山东某君问:"登高山常觉头闷肤胀,何故?"山东某君问:"山东矿石,有轻有重,有红有黄,请问何者为佳,如何测定?"山东沈君问:"有人被火烧成重伤,烟吸入肺,人已昏迷,何以救之,并令皮肉复生?"山东青州友人问:"闻西国有以石灰壅田者,不知其益何在?"青州某君问:"格致学家如何解释霓虹现象?"对以上问题,《格致汇编》有的给予具体介绍、说明原因,有的略作回答。[1] 从"互相答问"可以看出,山东人所提问题的难度相对较易,但覆盖面较广,这反映了当时山东人接受西学的实际情况。另外,由江苏青浦人朱开甲、浙江宁波人王显理为主编的《格致新报》对山东也有一定的影响。

1900 年以前,山东著名的官办企业是山东机器局,民族资本主义企业则是峄县中兴矿局。山东机器局筹建于 1875 年,创建人为当时山东巡抚丁宝桢。山东机器局在创建之初人才异常缺乏,为此丁宝桢"数年来于本省及外省留心采访精谙机器之员以为制造之用"[2]。值得一提的是,"山东省城创立机器制造局,不用外洋工匠一人"[3],但在最初聘任的人才中,大都是外省人。如,张荫桓、薛福辰、徐建寅与曾昭吉等都为山东机器局的创建立下汗马功劳,而张荫桓是广东南海人,薛福辰(薛福成的堂兄)是江苏无锡人,徐建寅(徐寿之子)也是江苏无锡人,曾昭吉则是湖南人。1876 年后,随着丁宝桢升任四川总督,张荫桓等人也陆续离开山东,因此山东机器局的发展大受影响。尽管后来几任巡抚都曾对山东机器局进行扩充,并时常"专门派人去湖北、江南、上海考求枪炮制造各局办法及布置事宜"[4],但由于人才所限,始终无法摆脱仿造的窠臼,鲜有创新。峄县中兴矿局是当时山东最大的民族资本主义企业,从 1878 年开办起就面临缺乏资金与技术人员的窘境。中兴矿局在兴建之初,除了购置了几架抽水机外,没有任何机器设备,

①参见熊月之:《西学东渐与晚清社会》,上海人民出版社 1994 年版,第 431—455 页。
②第一档案馆藏《洋务运动档·机械类》,同治朝。
③《清史稿》卷一八〇,志一一五,制造。
④汪敬虞编:《中国近代工业史资料》第 2 辑上册,科学出版社 1957 年版,第 435 页。

井下作业条件恶劣,事故频频发生。1893 年 7 月 26 日,半截筒子小窑发生水灾,100 余名矿工丧生,矿局也因此陷入瘫痪。1898 年,中兴矿局原发起人张莲芬准备续开煤矿,目的是为杜绝德国人对煤矿的觊觎,但仍摆脱不了技术人才缺乏的束缚。1899 年 1 月 8 日,他请德国矿师克礼柯对旧煤矿进行了勘量,克礼柯认为"煤田储量丰富,较之开平九槽煤更觉质佳块多,煤平易取"。张莲芬为解决资金不足与技术人员缺乏的困难,不得不采取"招洋股或借洋债"的办法,[1]并聘德国工程师高夫曼为矿师,这无疑是饮鸩止渴。结果,德国人轻易获得公司 40% 的股权,成立后的公司也不得不被命名为"华德中兴公司"。而高夫曼却是一个五金工程师,对煤矿并不熟悉,正是由于他的失误直接导致了 1915 年透水和瓦斯爆炸事故。在这次事故中,矿工死亡 499 人,伤 200 余人。

不可否认的是,外国教会学校的示范效应也是促使山东教育变革的重要因素。1900 年前后,传教士在山东办理了一批教会学校,其目的或是为了培养"接受过基督教义"的熏陶、既"精通西方科学,同时又熟谙中国文化的人",[2]或是为了培养外国人在鲁学校的师资。但其不同于中国传统教育的教学内容、办学风格,对山东影响却很大。如 19 世纪末的登州文会馆所开课程,虽然仍以宗教知识及中国传统儒学为主(宗教类占 15.19%,中国经学类占 27.88%),但西学课程大为丰富(自然科学类占 29.11%)。而创办于青岛的礼贤书院因其"有教无类,一视同仁。中学为体,西学为用"的办学方针,吸引了不少的中国学生,也使得许多山东官员对它产生了好奇,曾任山东巡抚的周馥和杨士骧都曾参观过礼贤书院。

2. 山东教育的缓慢变革

山东教育的变革就是在以上情况下开始的。

1901 年 1 月 29 日(光绪二十六年十二月十日),在内忧外患的情况下,清政府被迫发布"维新"上谕,"世有万祀不易之常经,无一成不变之治法","盖不易者三纲五常","而可变者令甲令乙",表示要进行"琴瑟改弦"似的

---

[1] 枣庄市政协文史资料委员会编:《中兴风雨》,安徽教育出版社 1993 年版,第 75 页。
[2] 朱有瓛主编:《中国近代学制史料》第 4 辑,华东师范大学出版社 1993 年版,第 97 页。

变革。① 同年 9 月 14 日(光绪二十七年八月二日),清政府便颁布了教育领域的变革令:"人才为政事之本,作育人才端在修明学术","著各省所有书院,于省城均改设大学堂,各府及直隶州均改设中学堂,各州县均改设小学堂,并多设蒙养学堂。其教法当以四书五经纲常大义为主,以历代史鉴及中外政治艺学为辅。务使心术纯正,文行交修,博通时务,讲求实学"。②

1901 年,清政府设立管学大臣,筹办新式教育。1903 年管学大臣改称学务大臣,而各省筹办新式教育之事由督抚兼任,学政只管科举。1905 年,停止科举,学政遂改为专门负责考核学堂情况的官员,归学务大臣监督。12月,清政府正式设立学部,掌管新式教育。1906 年,各省相继设立提学使,直属学部;各州县设劝学所,由提学监督。这样,清政府的教育行政系统逐渐确立起来。

紧跟清政府教育变革的步伐,山东巡抚袁世凯于 1901 年 11 月 16 日抢先将原济南泺源书院改为"山东大学堂",这是中国最早的一所省立大学堂,校址在济南城里原"泺源书院"。大学堂设总办 1 员,总理学堂一切事务;设总教习 1 员,总理择聘教习人员和核定课程;设监督 1 员,负责督饬学生。首任总办为唐绍仪,首任总教习为美国人赫士(W. M. Hays)。学堂共聘用中学教习 6 名,西学华人教习 6 名,西学洋人教习 3 名,西学华人教习皆由登州文会馆毕业生担任。1901 年首届招生 300 多名,分别设备斋、正斋和专斋。③

山东大学堂最引人注目的是它制定了《山东省城试办大学堂暂行章程》(以下简称《大学堂章程》),这个章程对清末教育变革影响极大。

《大学堂章程》共分 4 章,章下有若干节。第一章,学堂办法(28 节);第二章,学堂条规(33 节);第三章,学堂课程(17 节);第四章,学堂经费(18节)。

学堂办法。本章规定了办学宗旨、学堂规制、学生遴选办法、学堂职员

---

①(清)朱寿朋编:《光绪朝东华录》(四),中华书局 1958 年版,总第 4601 页。
②同上,总第 4719 页。
③袁世凯《奏办山东大学堂折》:"现各属应设之小学、中学堂难以骤成,而省城之大学堂又势难久待,只得就大学堂内区分三等:一、备斋,习浅近各学,略如各州县之小学堂;一、正斋,习普通学,略如各府厅直隶州之中学堂;一、专斋,习专门学。按大学堂只应设专斋,因一时无所取材,故虽有大学堂之名,暂不立专斋之课,而先从备斋、正斋入手,俟正斋诸生毕业有期,再续订专斋课程,以资精进。"(《皇朝经世文新编续集》卷五,学校上)

遴选办法、学生考核办法、学生待遇、学堂建设及其他事宜。《大学堂章程》一开始就规定："其教法当令以'四书'、'五经'为体,以历代史鉴及中外政治、艺学为用,务各实事求是,力戒虚浮,储为明体达用之材,仰副朝廷图治作人之至意。"与清政府教育变革的上谕如出一辙。

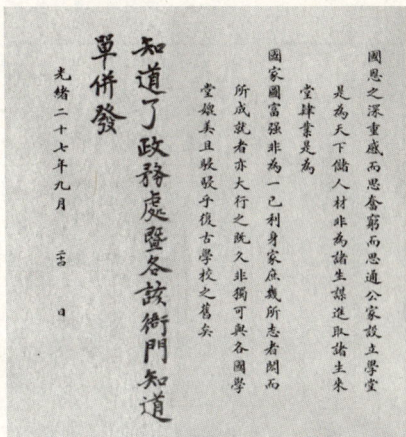

1901 年山东巡抚袁世凯上奏
《山东试办大学堂暂行章程折稿》

学堂条规。本章规定了学生应遵守的基本礼仪,如规定学堂内应恭祀孔子暨本省诸先贤先儒,每月朔望宣讲《圣谕广训》。还规定了学生的节假日、作息时间以及其他应遵守的规章制度,同时还有对学堂老师的基本要求。最后为学堂生活设施(如藏书处、养病房、浴房等)的各种规定。

学堂课程。章程规定备斋修业年限为 2 年,正斋为 4 年,专斋为 2—4 年,一年分为首季与次季 2 个学期。备斋、正斋课程表(另有体操课:备斋为柔软体操,正斋为器具体操)如下:

山东大学堂课程

备斋	第一年	首季	温习"四书"、"五经"　历代史鉴(国朝掌故、浅近政治学附)　古文(作中文策论、四书义、正经义)　英文(初学浅书、英文功课书初集)　数学(加减乘除至比例)　地舆学上半部
		次季	温习"四书"、"五经"　历代史鉴(国朝掌故、浅近政治学附)　古文(作中文策论、四书义、五经义)　英文(功课书二集、英文书法)　德、法文(与英文课程同,如系兼习,另行选订)　数学全　地舆学下半部
	第二年	首季	温习"四书"、"五经"　历代史鉴(国朝掌故、浅近政治学附)　古文(作中文策论、四书义、五经义)　英文(功课书三集、英文造句)　德、法文(与英文课程同)　代数　地势学
		次季	温习"四书"、"五经"　历代史鉴(国朝掌故、浅近政治学附)　古文(作中文策论、四书义、五经义)　英文(功课书四集、英文成段)　德、法文(与英文课程同)　代数全　形学前三卷　泰西近百年新史

（续表）

正斋	第一年	首季	经意(性理附) 史学 中国政治学 古文(作中文策论、四书义、五经义) 各国政治学 英文(功课书五集、华英捷译法、英文尺牍) 德法文(与英文课同) 形学中五卷 格物(热学、声学)
		次季	经学(性理附) 史学 中国政治学 古文(作中文策论、四书义、五经义) 各国政治学 英文(史钞读本兼习应对接谈法、英文尺牍、翻译英文) 德法文(与英文课程同) 形学全 锥曲线 格物(水学、力学、气学)
	第二年	首季	经学(性理附) 史学 中国政治学 古文(作中文策论、四书义、五经义) 各国政治学 泰西古史 英文(兼习应对接谈法、英文公牍、翻译英文) 德法文 八线 勾股 航海法 格物(光学、磁学)
		次季	经学(性理附) 史学 中国政治学 古文(作中文策论、四书义、五经义) 各国政治学 泰西近史 英文(英文公牍、翻译英文、作英文论) 德法文 格物(干电、湿电) 天文学(天文揭要上卷)
	第三年	首季	经学(性理附) 史学 中国政治学 古文(作中文策论、四书义、五经义) 各国政治学 英文(富国策、作英文论) 德法文 代形合参 格物(磁电、热电、光电) 天文学(天文揭要下卷) 化学 测量学
		次季	经学(性理附) 史学 中国政治学 古文(作中文策论、四书义、五经义) 各国政治学 公法学 英文(理学、英文地学、作英文论) 德法文 微积学 格物 测算 测量学 泰西名人列传
	第四年	首季	经学(性理附) 史学 中国政治学 古文(作中文策论、四书义、五经义) 各国政治学 伦理学 英文(性学、英文上半部、文学推原、英文讲论) 德法文 化学(分质法) 星学发轫上半部 全体学(全体功用及卫生要旨) 植物学
		次季	经学(性理附) 史学 中国政治学 古文(作中文策论、四书义、五经义) 各国政治学 英文(富国政策、性学、英文下半部、英文讲论) 德法文 代数根源 生物化学 格物试理(量电法) 星学发轫下半部 动物学

（本表根据《山东省城试办大学堂暂行章程》编制,参见《东抚袁中丞奏办山东大学堂折》,《皇朝经世文新编续集》卷五,学校上）

学堂经费。学堂经费由藩库开支,暂以 5 万两为限。章程还对经费的使用作了各种规定。

从《山东省城试办大学堂暂行章程》可以看出,首先,它是中国第一个大学堂章程,对其他省兴建大学堂起了示范作用。俗话说万事开头难,它作为近代教育变革并没有多少经验可供借鉴,但它毕竟在办学宗旨、学堂条规、课程设置、经费管理与使用方面提供了有益借鉴。其次,山东大学堂的学习内容仍以经学、史学、古文(包括四书义、五经义)为主,它贯穿于整个备斋、正斋学习的全过程。外文学习占相当大的比重,不仅要学习英文,还要学习德文、法文。具有西学内容的课程覆盖面还是相当广泛的,不仅有数学、物理、化学、生物、人体学、天文学,还有各国政治与经济的内容,但后者的比例比较小。这与清末新政的宗旨是相符的,也反映出山东清末教育变革的性质。课程的安排较为合理,既遵循了由易及难的原则,又使课程排列相当紧密。再次,在新式教育还未完全建立之前,采取先办备斋与正斋,逐渐培养学生向专斋发展,不失为一个较好的过渡方法。

正是由于以上几个因素,清政府认为"东抚及省垣各当道于教育提倡颇力"①,11 月 25 日发布上谕:"查袁世凯所奏山东学堂事宜及试办章程,拟先于省城立学堂一区,分斋督课,先从备斋、正斋入手,俾初学易于速就。渐有师资,再行次第推广。其教规课程均酌中西,而谆谆于明伦理、循礼法,尤得成德达材本末兼资之道。著政务处即将该署督原奏并单开章程,通行各省,立即仿照举办②。"

山东大学堂的建立,加快了清末教育变革的步伐。1902 年(光绪二十八年),管学大臣张百熙拟定了《钦定学堂章程》,章程中分《京师大学堂章程》、《考选入学章程》、《高等学堂章程》、《中等学堂章程》、《小学堂章程》及《蒙学堂章程》,这是中国近代教育史上第一次法定学校系统。这就是著名的"壬寅学制"。1903 年 12 月,张百熙与张之洞等由拟定了《奏定学堂章程》即"癸卯学制",再次规定了清政府的学校系统,此章程一直沿用至清朝灭亡。

山东也根据 1903 年新章程建立学堂,当时的山东巡抚周馥即委任藩司朝廷干、分省补用道张土珩、在籍翰林院编修孔祥霖总理全省学务,并派补用道陈恩焘总办省城高等学堂。省城高等学堂(1904 年由山东大学堂更名而来)除设经史国文科外,还设有物理、化学、机械诸科,并附有校内图书馆。还聘用美、德、英、日教师及通晓法文的华人,教授英、法、德、日 4 国文学。在高等学堂成立前后,山东新式学堂纷纷建立,它基本包括高等学堂、中学堂和小学堂 3 个阶段,小学堂又包括初等小学堂与高等小学堂 2 种,除此之外还有师范学堂、讲习所、蒙养学堂、半日学堂等。据不完全资料统计,

---

①济南市社会科学研究所编:《济南简史》,齐鲁书社 1986 年版,第 404 页。
②(清)朱寿朋编:《光绪朝东华录》(四),中华书局 1958 年版,总第 4784 页。

1900 年至 1911 年逐年各级学校设立情况如下(女学堂并入小学堂计算)：

山东省 1900—1911 年历年各级学校设立情况表

年代	高等学堂及中学堂	师范学堂	教员讲习所	高等小学堂	初等小学堂	蒙养学堂	半日学堂
1900	0	0	0	1	0	0	0
1901	1	0	0	2	1	0	0
1902	4	1	0	3	38	4	0
1903	3	1	0	5	10	5	0
1904	6	4	5	16	89	49	3
1905	5	4	10	11	32	48	2
1906	2	6	9	6	53	38	29
1907	2	3	3	10	598	0	2
1908	0	1	1	5	105	0	0
1909	2	2	0	2	112	0	0
1910	2	1	0	1	77	0	0
1911	0	1	1	4	61	0	0
总计	27	24	29	66	1176	144	36

(根据张玉法著《中国现代化的区域研究——山东省》(上册)第 403 页的统计表编列)

这个表格说明：第一，不同等级的各类学校大有增加，特别是高等小学堂和初等小学堂的建立发展很快，这对逐步普及学校教育是有作用的。第二，师范教育大有发展，教员讲习所的建立，是一种过渡形式的师范办学方式，采用这种方式以解决师资不足问题是非常必要的。第三，办好教育首先要办好师范，看来是教育发展的一个规律。第四，根据不同情况，以各种形式办学，在学校教育刚刚开始时是非常必要的。半日学堂就是一种创新，它主要招收贫家子弟，学生半日上课，教师则大都为义务上课，教授识字和简易的算学知识。另据资料记载，仅 1905 年一年全省即设立半日学堂 30 所[①]，可见其受欢迎程度。

山东的教育变革也遇到了一些困难，这不仅是因为遭到社会保守人士的反对，更重要的是受到新式教育师资力量不足的困扰。为了积极训练师资，山东采取了以下几种措施：第一，陆续派学生赴京师大学堂师范馆学习；第二，1903 年 9 月派学生 40 人到保定速成师范学堂肄业；第三，1903 年 6

---

① 孟令棠：《清末山东初等教育》，《山东教育史志资料》1988 年第 3 期。

月派试用道方燕年选带学生 50 名,赴日本宏文书院学习,其中速成班 39 名
于 1904 年 4 月毕业返回山东;第四,设立师范学堂,自己培养教师。

当时山东的教育领导者还是比较重视师范教育的,认识到"目前师资
未善","必以先办师范学堂为第一关键"。① 1902 年,学务大臣张百熙奏定
学堂章程,规定师范有优级、初级、传习所、旁听生几类。山东于当年便创设
了师范馆,校址设在济南旧城中心的济南贡院,拨库银 1 万两作为教育经
费,由候补道陈恩焘出任监督事(校长)。1903 年 10 月改为师范学堂,分完
全 3 年,简易 2 年,速成 1 年。据不完全统计,历年在堂肄业学生总数:1904
年 180 名,1905 年 309 名,1906 年 300 名,1907 年 293 名,1908 年 258 名,
1909 年 188 名,1910 年 263 名,1911 年 289 名。另据山东巡抚 1908 年奏陈
学部统计,这一年简易科毕业 309 名,完全科毕业 170 名。② 为了更快地培
养师资力量,1904 年,山东决定于各府及直隶州设师范传习所及初级师范
学堂,各州县设简易师范传习所。传习所大都由校士馆改建而来,学习时间
为 10 个月,学生毕业后,可入初级师范学堂。1905 年,济南师范学堂又增
设优级师范科,1907 年独立为优级师范选科学堂。经过这些学堂的努力,
山东的师资力量有了初步改善。

为了办好学堂,提学使方燕年 2 次出洋考察学务,继任的罗正钧也曾出
洋考察,以求引进、仿效西方教育制度和方法。1905 年,巡抚杨士骧等设教
育研究会,专门研究指导各类学务,很快"入会者已有四百数十人,东省三
百数十人,外省百余人"③。次年,设立学监(校长)养成所,招收本省教职
及州县以上官员肄习学习管理,以培养适应新式教育的管理人才。

山东的留学教育一开始是为了解决省内师资缺乏而进行的。1904 年 9
月,周馥曾电告清廷:"东省自设立学堂以来,延请洋务各学教习,皆不过略
通一艺,求其兼备数艺或精深专门者,颇乏其人,以致风气未能大开,学生鲜
有进步,特拟派大学堂学生十二名前赴外洋学习,以备教习之选④。"后来,
随着留学教育的不断深化,也就不只局限于仅为培养师资而派留学,扩大到

①朱有瓛主编:《中国近代学制史料》第 2 辑下册,华东师范大学出版社 1989 年版,第 413 页。
②同上,第 417 页。
③《东方杂志》第 1 年第 5 期,教育,第 121 页。
④《顺天时报》,光绪三十年八月二十九日(1904 年 10 月 8 日)。

各种专门学科。一开始,留学生大都到日本学习,后来有部分人去了美、法、德、奥等国。1901 年周馥选派 55 名师范生公费去日本,但据现在掌握的资料来看,1902 年以前,山东已有自费留学生去日本①,而去欧美留学的,除济宁的石锦堂为 1872 年第一批赴美学生外,其余则时间较晚。周馥 1905 年 8 月 10 日《奏请选派学生赴奥学习武备片》说:"奥国武备既精,若援案考选学生,前往留学,必能获益。兹拟遴选普通德文之学生十名前赴奥国,就其才性艺学,加习马步工辎等项武备,以为行阵储材②。"1909 年 3 月 7 日袁树勋曾奏称:"山东选派学生赴英、美、德各国游学,专习工艺实业③。"至辛亥革命前夕,山东公费、私费留学生有姓名可考者大约 170 人左右,其中 150 人去了日本。这些留学生,在山东各科人才中所占比例虽然很小,但由于他们造诣较深,又在海外接触了资本主义的新思想,特别是接触了立宪运动和革命运动,使他们回省后,不仅带来了新的技术,而且带来了新的思想和思维方式,这对山东文化的发展具有极大的影响。

值得注意的是,山东在清末教育变革中还创立了许多与中学堂相并行的专业学堂。其中包括语文类,如 1907 年杨士骧创办的济南国文学堂;法政类,如 1906 年开办的山东法政学堂;工业类,如 1910 年创办的山东高等工业学堂。还有各种工艺传习所、习艺所、实业学堂;农业类,如桑蚕学堂、初级农业学堂、农业学校;医学类,如 1906 年开办的济南中西医院附属医学堂;商业类,如 1908 年东牟公学设立商业中学班;渔业类,如 1908 年烟台渔业公司创设的水产学校;等等。还有女子学堂的设立,开创了山东女子教育的新纪元。山东的新式女学始于 1904 年,这年 3 月 17 日,王伯安在济南创设南关女学,开始只有 10 余名学生;同年,济南官绅设立公立女学 1 所,入学者近百人。以后各地纷纷设立女子学堂,招收妇女进行新式教育。

当然清末的教育变革存在着明显的封建性、等级性和买办性,山东也是如此。在教育宗旨中明文规定:"无论何等学堂,均以忠孝为本,以中国经史之学为基"。④ 在课程设置上,四书五经都占了绝大多数课时。为了适应

---

①陈学恂等编:《中国近代教育史资料汇编·留学教育》,上海教育出版社 1991 年版,第 374 页。
②同上,第 280 页。
③《宣统政纪》卷 8,第 21 页。
④舒新城编:《中国近代教育史资料》上册,人民教育出版社 1962 年版,第 97 页。

生产力和科学技术发展的需要,新学制中也特别注意一些"西学"皮毛,如初步的自然科学和"实业"教育等。在新学课程中,对外语学习特别重视,山东大学堂与后来的省城高等学堂就要求学习3—4门外语,这一数量就现在看来亦属惊人。在新教育制度中,留学教育占有很重要的地位,一些帝国主义国家对此也大加支持。美国政府即拿出庚子赔款的钱公开招考留美学生,前3批中山东有6名学生中式。帝国主义如此关心中国的留学事业,不是别的,正是为了在中国培养一批为其服务的买办人才。清政府也极力提倡留学,以至于把国内的一切教育变成了留学的预备性质,从而使新式教育打上了明显的买办烙印。

(三) 山东同盟会与资产阶级新教育的初创

20世纪初,民族危机十分严重,培养人才,挽救国家,已成为举国上下的呼声。清末教育变革并未解决这一根本问题,正是在这一历史时刻,资产阶级革命派以盛倡资产阶级的新教育登上了历史舞台。革命派认为,新的学校,应以时代精神武装青年一代,以培养敢于"宣战君主"、"内修战事,外御强邻"的"革命之健儿"、"建国之豪杰,流血之巨子"。为此他们竭力主张"革命与教育并行","革命之前,须有教育,革命之后,须有教育"。[1] 所以,资产阶级新教育不但注重形式的新,而且更注重内容的新。总之,资产阶级新教育是以传播资产阶级民主思想、宣扬革命为中心的。山东革命党对此也有相同的认识:"爬罗豪英而陶铸之者,莫急于兴学。学校非独人才所自出也,始事之艰难,往来潜伏,唯学校能容焉;声气互达,唯学校能通焉;发谋举事,唯学校能秘焉。故学校所在,即党势之所由滋也[2]。"于是,他们开始借助清廷大力提倡民间办学的机会,创办自己的革命学校。

革命派在山东创办最早的学校是山左公学。山左公学的创始人为刘冠三。刘冠三(1872—1825年),名恩锡,字冠三,以字行,山东高密康家庄人。早年曾在名师李泰运门下受业。1899年德人修筑胶济铁路抵达高密县境,乡民群起反对,与其发生激烈冲突,清廷也出面镇压。刘冠三认为乡民有些

---

①邹容:《革命军》,《中国近代史资料丛刊·辛亥革命》(一),上海人民出版社1957年版,第350页。
②丁惟汾:《山东革命党史稿》,《山东文献》第1卷第4期。

做法虽过火,但他们"存心实为国家",不应多杀老百姓。他毅然出任调停角色,"奔走呼号二十昼夜",从此全县闻名。1902 年考入师范学堂长期班,研究教育。刘冠三就是在这时产生了反清思想,"唱率结会罢课、指摘清吏"①,被学堂监督方燕年开除学籍。1905 年秋,刘冠三与泰安丁耕农集资创办了山东第一份宣传新思想的《白话报》,该报"开山东革命宣传之先河"②。1906 年夏,刘冠三经谢鸿焘介绍加入同盟会。

1906 年 3 月,刘冠三与刘东侯、丁鸿芹在济南趵突泉附近租用民舍创建了山左公学。建校之初,经费紧张,刘冠三等"乃集各校学生,告之兴学救国,义图无容缓,似将无庸辞,陈义慷慨,众各激奋",师范学生安丘人张世荣,回家动员其父输银 1 千两,山东巡抚杨士骧也表示每年助银 500 两。就这样,建校经费得到初步解决。刘冠三担任总办,刘东侯为监督,张世荣主庶务,丁鸿芹、于瀛、刘一桂、王步云、金鸿霄、张殿培等任教员,他们大都为同盟会会员。后来徐镜心、齐芾南、夏全珍、鄬文翰、左汝霖、周树标、丛琏珠、李继璋、仲黎乙、李松山、鞠容轩等革命党人也先后来校任教,"一时罗致,号称多贤"。③刚开始时学生不多,以后人数增加很快,校舍不敷使用,学校只好迁往城北杨家庄。山左公学分为师范班和中学班 2 种,每种又各分为甲、乙、丙 3 班,人数最多时有四五百人。

山左公学最大特点便是用资产阶级的革命思想教育学生。刘冠三等经常将《民报》、《革命军》、《复报》、《亡国惨记》、《天讨》以及山东留日学生在海外所办的《晨钟》等书刊传示学生,以激起反清革命思想。学校内实行民主管理,提倡自治,师生间平等相处,学校有重大事情都与学生协商讨论,充满着融洽的气氛。为锻炼学生的体魄,培养爱国精神,寓军事训练于各种活动中,学校还经常组织师生野营训练。刘冠三曾带领大伙徒步远征泰山,"山径崎岖,汗雨足泡,众进益厉"④。当登上岱顶时,东观沧海,北顾黄河,南俯淮徐,西窥秦晋,指画山川形势,师生们心潮起伏,百感交集,对祖国对家乡的无比责任感油然而生。学校的条件并不好,但有这种奋发向上的精神,加之革命思想的熏陶,反清思想的潜滋暗长,许多师生加入了同盟会,学校成为革命的摇篮。

①③④丁惟汾:《山东革命党史稿》,《山东文献》第 1 卷第 4 期。
②丁惟汾:《刘冠三传》,《山东文献》第 12 卷第 1 期。

山左公学的情形很快就被清政府知道了，山东巡抚命提学使方燕年暗中监视。当刘冠三要求建政法学堂时，方燕年不但拒绝批准，还散布山左公学有革命党潜伏，扬言要捕人毁校。在这种情况下，部分意志薄弱者产生动摇。为保全山左公学，刘冠三决定离校他往。但这仍不能使山左公学摆脱危机，1907 年底，山左公学被清廷废止。

继山左公学之后，同盟会员徐镜心、谢鸿焘等人又在烟台成立了东牟公学。徐镜心（1874—1914 年），字子鉴，山东黄县（今属山东龙口市）黄山馆人。戊戌变法后广泛涉猎新学，探求救国救民的真理。八国联军之役后，徐镜心"慨然于清政府之窳败，革命思想潜萌于中"①，并常以美国首任总统华盛顿和日本著名维新派领导人西乡隆盛自励，立志要改革中国政治，谋求祖国独立富强。1902 年，他进入济南高等学堂学习，1904 年赴日本留学，入早稻田大学攻读法学。1905 年，他在日本结识孙中山并参加了同盟会，成为同盟会山东分会的第一任主盟人，年底因日本发布《取缔清国留学生规则》，与山东革命党人谢鸿焘、陈干等愤然回国，并在烟台秘密设立同盟会机关。为培植革命人才，他大力创办学堂，先后在家乡办起了"明新学堂"和"坤元女子学堂"。谢鸿焘（1873—1954 年），字一尘，山东栖霞亭口镇人。1986 年补廪生。1904 年，偕夫人马秋仪去日本留学。在日本期间，与徐镜心、丁惟汾交往甚密，1905 年 3 人同时加入同盟会。

东牟公学创建于 1906 年，创办资金来自马秋仪女士变卖"奁产"所得的 3000 元银币，校址在烟台毓璜顶。陈干、谢鸿焘主持校务，徐镜心任教务长，邹秉绶任庶务长，胡瑛、张继、左汝霖、夏全珍、张福来、张福山、李子容、龚苣臣等同盟会员先后担任东牟公学的教员。学校分师范、中学、警察 3 个班，学生最多时达 200 人。其教学内容表面上是一般的传道授业解惑，实际上课程"多与部章异"，"以砥砺革命人才为主"。学校还每周进行 1 次讲论会，在会上讲"汉族之日衰，危亡之日迫，革命之不可再缓"的道理，"言之激切，人人感泣"。② 该校实际上成为革命党在胶东地区的活动中心。东牟公学坚持办学 3 年，培养了大批革命骨干，为辛亥革命期间的烟台独立以及胶东各地革命运动的开展奠定了基础。

---

①《革命人物志》第 3 集，台北 1969 年，第 425 页。
②丁惟汾：《山东革命党史稿》，《山东文献》第 1 卷第 4 期。

青岛的震旦公学,成立于 1908 年春,发起人为同盟会员陈干与刘冠三等人。陈干(1881—1927 年),字明侯,山东昌邑白塔村人。贫苦农民出身,幼时以织布为生,后发奋读书。1904 年入湖北陆军学堂学习军事,1906 年在前往日本考察军事时认识孙中山,并加入同盟会,不久受同盟会推派回国。震旦公学成立后,由陈干、刘冠三任主要负责人,同盟会员栾星壑也参与了学校的筹建工作。为了筹集资金,陈干等人还组织吕子人、刘溥霖、李曰秋等一批青年,前往邻县沿海偏僻地区夺取官府税款,打劫奸商的不义之财。震旦公学也是一所培养革命人才的学校,陶成章、李次元、景定成、韩蔚斋等同盟会员先后在此任国文教员。震旦公学最显著的特点是它的军事教育,"一切皆以革命主义为教,教程首军事学,次国文学,次德英日外国语文学,次各类科学"[①]。军事教育由擅长军事的同盟会员商震、吕秀文负责,而校外的军事行动则由吕子人、刘溥霖、李曰秋等人负责。每当讲授军事课时,职员、教员则与学生一块听课。震旦公学师生还走出校门,与工人群众交往,并成功地组织了青岛大港船坞工人的一次罢工。震旦公学的这些行为引起了德国殖民统治当局的不安,他们千方百计加以破坏。1908 年 12月,震旦公学被德国人强行封闭。

与此同时,一大批由革命派创办的学校产生出来,其中较为著名的有:蓝村胶莱公学、高密英林公学、诸城东武公学、惠民棣州公学、沂州公学等等(参见"山东同盟会办学一览表")。这些学校的建立,不仅传播了资产阶级民主革命的思想,而且培养了许多革命人才。

山东同盟会办学一览表[②]

学校名称	时　间	地　点	主要主持人
育英学堂	1906 年	烟台	王学锦、徐文炳
明新学堂	1906 年	黄县	徐镜心、徐镜古
坤元女子学堂	1906 年	黄县	徐镜心、徐镜古
育英学堂	1906 年	黄县	赵踵先

---

①丁惟汾:《山东革命党史稿》,载《山东文献》第 1 卷第 4 期。
②本表转自马庚存:《同盟会在山东》(山东人民出版社 1991 年版)第 60 页"表四",稍有变动。

（续表）

学校名称	时　间	地　点	主要主持人
西关公益小学		黄县	李召南
东川小学		黄县	李瀛海
山左公学	1906 年	济南	刘冠三
东牟公学	1906 年	烟台	谢鸿焘、胡瑛、徐镜心
端本女学	1906 年	烟台	马秋仪
农林小学	1906 年	诸城	臧伯勋、张庚文
东关小学	1906 年	潍县	杜佐宸、于瀛
自新学堂		曹州	王朝俊
柳疃小学堂		潍县	高彭年
庞家小学堂		潍县	于联英
寒亭小学堂		潍县	张洛书
胶莱公学	1907 年秋	即墨	鄡文翰，魏显庭
坤明女子学校	1907 年	潍县	刘树声、李咸升
震旦公学	1908 年	青岛	刘冠三、陈干
东关公学	1908 年	潍县	李次元
英林公学		高密	王麟阁、唐寿先
南华公学		曹州	王朝俊、彭占元
普通中学	1906 年	曹州	王朝俊、彭占元
棣州公学		惠民	王谢陈、阎受青
东武公学		诸城	臧少梅
青州中学		益都	
沂州公学			李小岩
莱州中学			赵金漳
师范传习所		文登	于春暄
城内高等小学	1911 年	德州	朱星垣
滨州牡丹台小学		滨州	郑幼庭
东良庄初小		泰安	张殿忠
洪智寺高小		威海	于春暄

山东资产阶级的新式学校就数量而言,在全国各省份中也算比较多的。但由于近代山东的文化较为落后,清末教育变革的力度也不大,直接影响了资产阶级新教育的萌芽程度。加之这些学校的办学规模较小,持续时间较短,因此,对本地区的影响并不如想象的程度大。

(四)德、英侵略者在青岛、威海的殖民教育

1. 德占胶澳及在山东的殖民文教措施

19世纪末,世界资本主义从自由竞争阶段进入了垄断阶段,即帝国主义阶段。列宁指出:"毫无疑问,资本主义向垄断资本主义阶段的过渡","是同分割世界的斗争的尖锐化联系着的"。① 当时世界上的绝大多数土地,除了中国以外,都被欧美列强占据了。这样,在中日甲午战争以后,帝国主义便疯狂地扑向中国这块肥美的土地,掀起了瓜分中国的狂潮。

德国首先将侵略的目光盯向山东。19世纪六七十年代,德国帝国主义就企图在中国掠夺一块土地作为侵略的据点。1868—1872年期间,德国派遣远征队的成员——所谓"中国通"李希霍芬,前来中国调查情况。他先后在中国作了7次旅行,跑了13个省,最后把注意力放在了山东。他曾详细地"调查"了山东的矿产、物产情况,盛赞山东的富庶,惊叹胶州湾的险要形势。在1870年向德国政府的秘密报告中,他写道:"欲图远东势力发达,非占领胶州湾不可。"②后来德国又派其东洋舰队司令蒂尔皮茨与河海工程师福兰西斯到胶州湾考察,最终选定了胶州湾作为侵占对象。

1897年11月1日,德国2名传教士在曹州巨野被杀,这就是有名的"巨野教案"。德国以此为借口,出兵占领胶州湾。在德国的军事侵略和外交讹诈下,清政府惊慌失措,被迫于1898年3月6日与德国公使签订了屈辱的《中德胶澳租借条约》,将胶州湾租给德国,租期99年。同时,德国还拥有在山东修筑铁路和开矿特权,这就意味着德国将侵略魔爪伸向了山东内地,把山东变成了它的势力范围。

中德《胶澳租界条约》签订后,1898年4月27日,德皇宣布胶州湾为德

---

①《列宁选集》第2卷,人民出版社1995年第3版,第798页。
②蒋恭晟:《中德外交史》,中华书局1929年版,第19页。

国的殖民地,随后在该地区建立起比较完善的殖民体系。胶澳总督府是
"租借区"的最高统治机关,总督由德皇任命,整个行政机构中没有设立专
门的文化管理机关,仅在总督府下设立了一个"学务委员会",负责处理各
种教育事宜。学务委员会由总督指定的负责人、各学校校长及德国公民团
体推举的代表组成。为了便于统治,1900 年德国殖民当局将租借地划分为
青岛、李村两个行政区,每个区又分若干小区。当时的德国人大都居住在青
岛区内。

　　德国是一个后起的帝国主义国家,夺取殖民地和统治殖民地是相当凶
残的。因此,德国在胶州湾的早期统治中,赤裸裸地表现为军事占领,很少
有文化的措施。

　　早在占领胶州湾之时,德军毁坏即墨文庙圣像事件就在山东人民的心
中埋下了仇恨的种子。为了保证德占胶澳的安全,1898 年 1 月 22 日,德军
100 余人侵入即墨县城,驻扎于文庙和西关商户店铺之内。等到 2 月初撤
退时,德军竟将文庙中圣像的四体毁坏。德国人这种粗暴的做法,引起了山
东士人的不满。此年赴京参加会试的山东举子们联名签署《为残毁圣像,
任意作践,公恳据情代奏折》,上陈都察院,要求"严诘德人"以伸公愤,其他
省的举子也群起响应。他们严正指出:"割胶澳不过失一方之土地,毁圣像
则失天下之人心,失天下之圣教,事之重大,未有过此。……责令查办毁坏
圣像之人,勒令赔偿,庶可绝祸萌而保大教,存国体而系人心。"①康有为、梁
启超也参与其中,一时间,即墨文庙圣像被毁案成了轰动京城的大事。后
来,清政府迫于压力,不得不与德国交涉,要求驻胶澳德军首领向清政府道
歉,但此事却以不了了之而结束。

　　然而随着其统治的加深,德国也认识到文化侵略的重要性。后来的一
位德国胶澳总督翻译官曾这样回忆其文化政策的变化:"尔来欧洲强国对
华政策一变,群以灌输文明为主,而以侵略附之","德国亦当效尤,输入德
之文明,同化华人,使华人洞悉德国情形,且信服之,以使此永久闭关自守之
门户,为德人完全开放"。②

　　德国在青岛所办教育事业,是其文化措施的重要部分。德占胶澳之初,

_____

①即墨市政协文史资料研究委员会编:《即墨文史资料》第 8 辑,第 157—158 页。
②督办鲁案善后事宜公署编:《青岛》,民国十一年(1922 年)刊,第 21 页。

就设置了学务委员会,"由胶抚指定委员、校长及学务委员会选出之委员共同组织办理一切教育行政"①。德国在青岛所办教育分为两种,一种是为德国人开办的学校,一种是为中国人开办的学校。

为德国人开办的学校称"青岛市公立德人学校",又称"帝国政府学校"或"总督府学校",于1899年由德人学务委员会议定设立。该校课程设置完全按德国的教育规范安排,德语授课,学校享有与德国国内公立学校平等的地位。学校起初只招收青岛的德人子弟入学,后来逐步扩大至招收远东各处德侨子弟入校,"一时学生人数达三百余人"。学校成立之初,由传教士负责授课,从1900年起,基础课逐渐由德国派来的教师担任。该校学制为小学3年,中学6年,毕业后"给予一年志愿兵资格"。②另外,德人还办有1所德国女子寄宿学校,由德国天主教修女管理,接受胶澳总督府的监督。

为中国人开办的学校有小学、中学、大学之分。德人所办小学名为"蒙养学堂",散布于胶澳的青岛区和李村区市乡,约有26处之多。"德人原以胶州湾为彼之殖民地,对于华人国民教育初不重视,故所办小学设备同与私塾。"③开设的课程有:修身、读经、国文、算学、历史、地理、格致、德语等,学制5年。

中等学校多为教会开设,著名的有礼贤书院和德华书院。

礼贤书院是由同善会传教士、德国人花之安创办的,初名"德文书院",是德人在青岛培养小学师资的学校。不久由尉礼贤接办,1901年定名"礼贤书院",逐渐成为一所普通中学。

尉礼贤(R. Wilhelm,1873—1930年),又称卫礼贤,字"希圣",德国人,同善会传教士,汉学家,1897年德占胶澳后来华。他通晓中文,对中国高度发达的古代文化深表敬佩,是个著名的中国通。在华多年从未发展一名教徒。他创办礼贤书院,主要研究中国的儒家学说。辛亥革命后,他组织尊孔文社,推前清遗老复辟派劳乃宣主持,主张复古。1922年任德国驻华使馆文学顾问。曾搜集甲骨文残片,带回欧洲。回国后讲授中国古典哲学,致力于宣传中国文化的活动,创办了"中国书院",主编、发行了《中国科学与美

---

①②袁荣叟等纂:《胶澳志》卷七,教育志,胶澳商埠局1928年版。
③袁荣叟等纂:《胶澳志》卷一,沿革志,德人租借始末,胶澳商埠局1928年版。

术杂志》(1925—1927 年)、《中德年报》(1926—1930 年)、《中国研究杂志》(1927—1930 年)、《中国音乐特刊》(1927 年)、《中国书与论中国之书》(1928 年)、《东方舆论》(1929—1930 年)和《汉学》杂志(1928 年),并撰有多种介绍中国文化的著作,如《中国文明简史》(*A Short History of Chinese Civilization*,1929 年)、《实用中国常识》(*Chinesische Lebensweisheit*,1922 年)、《中国精神》(*Die Seele Chinas*, 1926 年)、《中国的经济心理》(*Chinesische Wirtschaftspsychologie*,1930 年)、《东亚,中国文化区域的变化》(*Ostasien, Werden und Wandel des Chinesischen Kulturkreises*)等,1920 年后翻译《四书》、《易经》、《礼记》、《庄子》、《列子》、《吕氏春秋》、《道德经》。

　　礼贤书院分小学与中学 2 级,常年经费约 3000 余元,大部分由同善会等教会组织捐助。学校由尉礼贤任监督,聘中国人周书训为总教习,学校的大部分教师也是中国人。尉礼贤为笼络中国人,特别是青年学生,大加宣扬孔子学说,校内设有尊孔文社,大礼堂上悬挂孔子画像。每天早晨点名,他都要讲修身之道和孔孟哲学。他常以孔子比拟耶稣,还曾亲自去曲阜拜谒孔庙孔墓。后来,尉礼贤还聘请举人邢克昌等帮同他翻译了《大学》、《中庸》、《论语》、《孟子》和老子的《道德经》,以及《三国演义》、《红楼梦》等书,曾得到德国政府的嘉奖,授予他文学博士学位。礼贤书院的办学方针是"有教无类,一视同仁;中学为体,西学为用",功课逐渐正规化,成为完整的旧制中学,因此吸引了不少的中国学生,1906 年有学生 60 余人,编为 4 个班。[①] 当时,山东高等学堂正斋生毕业选拔考试成绩优秀者为优贡。1906 年尉礼贤征得省学政的同意,礼贤书院的毕业生也可选拔优贡,是年礼贤书院第一班毕业生谭玉峰即被选拔为优贡,该校的名声于是大振。尉礼贤特别注意与清朝上层官员结交,曾任山东巡抚的周馥和杨士骧都参观过礼贤书院。后因办学有功,杨士骧请清廷赏给尉礼贤四品顶戴。礼贤书院还于1905 年设女学,称淑范女学,1910 年女学与书院分校。授课分初级 3 年、高级 6 年,初级班课程有国语、算术、地理、体操、唱歌等,高级班课程除国文及普通学科之外,以德文为重。

　　德华书院由德国信义宗柏林会传教士昆祚创办,时间为 1898 年夏,有

---

①青岛市政协文史资料研究委员会编:《青岛文史资料》第 5 辑,1984 年版,第 54 页。

学生30余人,也分小学、中学2级。由于其校址就在礼贤书院近邻,2个学校竞争非常激烈。1908年增设师范班,开设德文课,学生日众。日占青岛后停办。

中等学校除以上2个较为重要的之外,还有一些德国公司附设的职工学校。如德国水师工厂附设的水师工业学校,它开设于1900年,前后存在14年,毕业了6个班,培养技工1200余人。水师工业学校受德国殖民海军当局直接领导,该校总办由德国水师工厂总技师林巴赫兼任,实际负责的是德国海军委派的副总办勃莱玛。另外还聘请了一位华人副总办于大文,他只管教授汉文,并无实权。青岛水师工业学校的学制为8年,半工半读。学生按钳、焊、机、电、锻、铆、木、漆等不同工种编班。上课时,除学习德文、汉文、算术等文化课外,还根据不同工种学习技术课。前4年期满,经过一次考试,挑选一部分成绩优秀的学生,学习打字、会计等,派到德国在青岛的提督衙门、商埠局、工部局、水道部等单位充当练习生,帮助抄写、打字、翻译和做会计等工作,仍然是半工半读。学生毕业后,在工厂里的徒工转为正式技工,在德国衙门里当练习生的转为职员。有的德国机关和德国洋行还到学校来聘请去做翻译、会计员等,有的学生甚至到德国领事馆当翻译官。一般都是留在德国在华的机关、工厂、洋行里工作。[1] 胶济铁路公司附设职工养成所,创设于1899年,主要培养车站职员、检票员、火车押运员和线路安全检查员。所开课程有德文、算术、发报以及铁路和车站业务规程等,由德籍铁路职员担任教师,毕业后担任铁路下级路员。

德国人在青岛开设的唯一大学为黑澜大学。

德国人在青岛还办有社会教育事业。德国人本来有建立大规模博物馆的计划,但未及实施。德国人在青岛建立的唯一一座博物馆是黑澜大学教育博物馆,它只不过是一个由几间教室组成的陈列室,里面摆放着各种机械模型及简单的实物器械。在胶海关的税务司,德国人建有税关博物馆,它由海关税务司欧美尔创建于1909年,"遍蒐山东各种物产广为陈列,详记所有名称,产地、价格等项莫不详为记载",对于进口产品也按照国籍分别排列,附以说明。1908年德国人创设一常设的商品陈列所,陈列了青岛各商行寄

---

① 参见山东省政协文史资料委员会编:《山东文史集粹·教育卷》,山东人民出版社1993年版,第117—120页。

赠的各种机械模型及物品,"一时观游夥集"。德国还在青岛建有观象台,由德意志海外舰友会筹资,此观象台被"推为东方有数之天文台"。①

除了开办各种教育事业外,德国殖民当局在青岛还办有医疗卫生事业。

2. 中德合办黑澜大学(Deutsch – Chinesische Hochschule)

黑澜大学,又称"赫澜大学"、"黑兰大学"或"德华大学",它的正式名称应是"中德合办青岛特别高等专门学堂"。黑澜大学是山东人对它的俗称,因为当时学校原址是德国黑澜兵营。

德国在1897年侵占青岛之后,看到英、美等国均在中国兴办学校,也想在青岛创办一所专科大学,"中国是一个德国从各方面活动都能结出硕果的地方。为此,德国在华殖民地管理部门认为有必要将来建立一所较大的华人学校"②。但当时清政府认为,在国内除已经开办的京师大学堂和山西大学堂外,不能再以大学名义办学,遂借口德国提出的办学计划不够大学的条件,而予以拒绝。后来经过德国政府同清政府再三商谈,1908年中德双方达成协议,决定在青岛由两国合办一所"特别高等专门学堂",这就是黑澜大学。德国政府派监督1员,总理学校一切事务,清政府派总稽察1员,"考察学堂办法与本堂章程是否符合,呈报中国管理学务衙门备核",并稽察中国教员是否合度,学生功课品行何如,告知监督酌办。但总稽察不归监督节制。③

黑澜大学的开办经费为64万马克,清政府出资4万马克,德国政府出资60万马克,所有经费分3年支出。常年办学经费每年20万马克,10年为期,期后调整,其中清政府出资4万马克(学部1万马克,直隶、山东两省各1.5万马克),常年学费收入3万马克,德国政府出资13万马克。从中德两国经费的支出数额可以看出,黑澜大学虽名为中德合办,但合办只是名义上的。

1908年,德国驻青岛的胶澳督署将驻有德国军队的"黑澜兵营"让出,拨给该校作为校址,次年10月,黑澜大学正式开学。开办之初,学校除接收

①袁荣叟等纂:《胶澳志》卷一,沿革志,德人租借始末,胶澳商埠局1928年版,第23页。
②《胶州地区发展备忘录》,1906.10—1907.10,转引自王守中、郭大松:《近代山东城市变迁史》,山东教育出版社2001年版,第225页。
③《青岛特别高等学堂章程》,《山东教育史志资料》1985年第5期,第52—53页。

德国兵营遗留下来的几幢铁房子,曾作为学生宿舍外,另建有一座 4 层大楼、一栋学生宿舍和礼堂、办公用的一些平房,并开辟有一块农业试验场和一所工科实习工厂。后来,德国政府为与英美等在中国竞争,曾规划增建校舍、扩大规模,但由于第一次世界大战的爆发而未完全付诸实施。

学校设有预科与正科。预科专为正科而设,是正科的预备班,学制 1—6 年不等,凡年龄在 13 岁以上、持有中国小学毕业文凭的人都可报名。① 预科的设立是根据当时青岛地区的实际情况,因为这一地区在清末教育变革中,只有礼贤书院和华德书院相当

黑澜大学学生上课图(1913 年)

于中学,而人数也极为有限,因此直接招收正科难度极大。不得已,曾将济南高等学堂德文班学生全部划拨过来,并在天津、汉口等地德国人所办的德华中学中招收了一部分学生,甚至把济南德国人娄合特私人所教的学生也都搜罗来,勉强地凑满了正科各班的学生。为此,办学之初,就开设了预科班,学生入学不拘资格,不经考试。预科开设数学、自然、地理、历史、物理、化学、中学(指经学)等课程。预科班毕业可升入正科。正科即本科,设有法科、工科、农林科、医科,报考学生的年龄应在 18 至 20 岁之间。法科学制3 年,主要课程有国际公法、各国政治、行政法、度支律、路政律、国民经济学、理财等;工科学制 3—4 年,主要课程有机械制造、上层建筑学、铁路建筑学、矿学、电学等;农林科学制 3 年,主要课程有林学、畜牧法、农圃、机器使用法等;医科学制 5 年,其中 4 年理论学习,1 年临床实践,主要课程有解剖及生理学、物理学、化学、动物学、植物学、各种病理学、各种病院学、各种实验学等。4 个系科中工科设立最早也最受重视,因当时英美等国在中国所办的学校,都侧重文、理、法等科,尚无开办工科。德国在中国办学较晚,自忖无法同英美竞争,遂以办工科来取胜。因此在 1908 年冬,校舍初步建成

①青岛市档案馆编:《帝国主义与胶海关》,档案出版社 1986 年版,第 136 页。

时,先招收了 2 班工科。除以上 4 科外,1912 年,黑澜大学还曾添招森林科。学校设有图书馆、教育博物馆以及实习场所等附属设施。在实习场所方面,工科为实习工厂,农科为农业试验场。工科、农科除在本校的实习工厂和农业试验场实习外,还经常组织学生到四方机厂、海军船坞、李村农场等处实习。医科除到本校实习医院实习外,还经常到青岛的传染病院、福柏医院、天主堂医院和军妓检验所去实习。

学校各种课程,除汉文课外都使用德文课本,都是德国人担任教员。上课时用德语授课,预科每班都特设翻译人员,在德国教员讲课时充任翻译。正科有时由各班内德文程度较好、功课优秀的学生兼任翻译。1911 年学校有德国籍教师 25 名,中国教师 7 名。

黑澜大学的毕业考试由中国政府委派提学使到校监考,考试成绩优异的毕业生由政府委任官职。

预科班学生每年学费为墨西哥鹰洋 35 元,正科班则为 55 元,学生必须在校就读,每月膳宿费 6 元。① 正科学生大多是官费生,学生的膳费及一切杂费均由省库支给。而高昂的学费对普通山东人来讲是个不小的数字,因而一般老百姓的子女从无进入黑澜大学的奢望。学生中除官费生外,多为达官富商的子弟。辛亥革命后,一批清朝官员避居到青岛,他们纷纷将其子弟送到黑澜大学求学。加以学校声望日高,许多人把送自己的子女如黑澜大学看作像留学德国一样荣耀,因此四面八方甚至海外华侨前来求学者日增,黑澜大学的学生一度达到六七百人。②

1914 年,日本占领青岛,黑澜大学停办。

3. 英国殖民者在威海的文化教育措施

德国占领胶州湾引起了帝国主义瓜分中国的狂潮,1897 年 12 月 14 日,沙俄政府命令其舰队开进了旅顺口,并勒逼清政府租让旅顺口和大连湾。沙俄于 1898 年 3 月 27 日和 5 月 7 日,先后与清政府签订了《旅大租地条约》和《续订旅大租地条约》。通过这 2 个条约,俄国租借旅顺、大连湾及

①青岛市档案馆编:《帝国主义与胶海关》,档案出版社 1986 年版,第 136—137 页。关于墨西哥元的比价问题,在《帝国主义与胶海关》第 141 页有这样的话可供参考,"青岛外商经营的商店要价一元的商品相当于在德国国内要价一个马克的同样商品。"

②参见陈仰之:《中德合办黑澜大学概况》,《山东文史集粹·教育卷》,山东人民出版社 1993 年版。

其附近海面 25 年,并享有建造南满铁路的权利。

英国认为德国、俄国在中国势力的扩张威胁到了自己长江地区的利益,便以对抗俄国和德国在北京的优越势力为由,向清政府要求在中国北方租借一个有利地点。这个地点就是它早就阴谋夺取的威海卫。

英国政府在外交讹诈的同时,又调 10 余艘军舰集结于烟台海面,进行战争威胁。清政府被迫于 1897 年 7 月 1 日英国签订了《订租威海卫专条》。条约规定:"中国政府将山东省之威海卫及附近之海面租于英国政府,以为英国在华北得有水师合宜之处,并为多能保护英商在北洋之贸易;租期按照俄国驻守旅顺之期相同。所租之地,系刘公岛、并在威海湾之群岛及威海全湾沿岸以内之十英里地方。以上所租之地,专归英国管辖。"英国在租借地沿海地方可以"择地建筑炮台,驻扎兵丁,或另设应行保护之法"。在租界区内中国仅保有 2 项权利,即"现在威海城内驻扎之中国官员,仍可在城内各司其事";"所租与英国之水面,中国兵船无论在局内、局外仍可享用。"[①]接着,英军便于 7 月 24 日强行占领威海卫,以造成既成事实。8 月,中英双方在刘公岛上举行了交割仪式。威海卫从此沦为英国帝国主义的殖民地。到 1930 年 10 月被中国政府收回,英国共统治威海卫 32 年。

英国强租威海卫后,中国政府仍对威海卫拥有主权,并派员驻扎,清末称"山东省文登县威海卫巡检",民国时称"办事委员",另外设有衙役(民国称警察)若干人。这个管理机关,其主要职能只是维持地方行政治安、征税,并负责地方上须与英人交涉的具体事务等,除此之外,并无多少权力。

英国在威海卫设有"办事大臣",由英皇直接任免。根据英国政府颁布的《一九○一年枢密院威海卫法令》的规定,最高行政长官不仅辖理威海卫的一切行政事务,而且有权制定及颁布关于地方的一切法令,并执行威海卫高等法庭的审判,握有立法、司法、行政三权。其地位与英国各殖民地总督相同。办事大臣以下,设有正副华务司各 1 人,正华务司负责审理民事诉讼、管理监狱,副华务司负责审理刑事案件、征收捐税并管理警务。另外,还设有正副医官长各 1 人,负责管理船舶检验、官办医院及公共卫生,工程师 1 人,负责公共工程事务,财政秘书 1 人,负责稽核出纳、掌管文卷及庶务,

---

① 王彦威纂辑:《清季外交史料》第一三二卷,书目文献出版社 1987 年版,第 8 页。

收税司 1 人,掌管地丁钱粮及各项税收。以上各职,均由英人充任。可以看出,英国在威海卫的殖民机构是相当简单的。

英国强租期间,未在威海卫设专门教育行政机构,后期由副华务司兼管。英驻威海卫当局“对于各校内部行政,如设备、编制、教授、管理等事,向取不干涉主义”①。

由威海卫行政长官署主办的学校只有皇仁小学一所,创办时间为 1902 年,校长由英人委任,教员则由校长延聘。

英国在威海卫,提倡私塾。凡私塾向威海卫行政长官署立案,即可得到补助。当时各大村庄皆有自设私塾。较大的私塾共有 41 处,最大的有 90 多名学生。威海卫行政长官署对私塾不加监督。“塾师有出家人充当者,有清儒童、秀才、武秀才,滥竽充数者不少②。”

私立小学初由办学人(称学董)管理,学董聘请校长和事务员(负责教学以外的日常工作),教师则由校长聘请,后来学校改由董事会管理。教会学校由教会管理,校长多由教会任命的牧师、神父或修道士担任。

威海最早的中学是教会学校安立甘堂学校。1898 年,英国中华圣公会在天后宫西创立安立甘堂并附设学校,即安立甘堂学校。它由教会管理,校长一直由英人担任。安立甘堂中学设有英文科与国文科,英文科为 2 年,国文科为 4 年。安立甘堂中学有英籍教师两人;聘中国教师六七人。

由中国人创立的中学是私立齐东中学,创办时间为 1925 年冬。创办人为孙启昌、戚道纯、丛道一、谷源冈等几个具有爱国思想的青年,他们“都是天津南开高中毕业的高材生,因有感于威海当时的中小学多为外国教会所办,肆意对我青少年进行奴化教育,才四处募集经费,历尽艰辛,因陋就简地创办了这所中学”。③ 1926 年 2 月开学,初名齐东中学。初期该校在后营借用英驻威海军的临时营房 10 余间,充作教室和办公室,招收初中一年级 1 个班,预科 1 个班,学生共 70 余人。1928 年更名为威海齐东中学,校址初设后营,先后迁往坞口、北仓等处,1929 年春迁入金线顶新校舍,更名为威海中学。齐东中学由出资绅商组成的董事会管理,开设的课目有英文、数

①朱世全:《威海问题》,商务印书馆 1931 年版,第 118 页。
②《威海卫行政管理公署年报》,1930 年。
③威海市政协文史资料研究委员会编:《威海文史资料》第 1 辑,第 68 页。

学、国文、理化、生物、体育等。董事会在聘任校长上有一个共识,即必须聘任知识渊博者做校长,曾任齐东中学校长的董木卿即北京法政大学毕业生。然而在当时要想聘到专业对口、知识丰富的教师是很不容易的,后来齐东中学聘请的教师虽不少是大学毕业,但很少是学教育的,有的只是本地学有专长的人。

学校的经费来源较为复杂。皇仁小学,由华务司每年拨款 3600 元;乡村 41 处较大的私塾,华务司则每年拨款 1000 元予以补贴;对区内几所学校也给少量资助。威海卫行政长官署对威海教育每年投资 1 万元左右,占其财政支出的 2.2%。教会学校的经费由各办学教会负担,如安立甘堂学校由中华圣公会支付,海星学校由天主堂供给,明星女校由天主堂及修道院承担。私立学堂的经费由办学绅商出资或教育捐款,除此之外,还有"义捐",即各村村董利用演戏时募集款项,为教育提供经费。

英国人在威海卫建有许多体育设施,如足球场、高尔夫球场等。当时的文艺设施仅有戏楼、茶社,剧场很少。

为压制舆论,殖民政府对报刊业严加限制。1922 年孙汉川、张乾巽创办了《威海午报》,这是威海创建较早的报纸,日刊,8 开石印。但由于殖民当局的限制及其他原因,1928 年停刊。到 1930 年,由于英国在威海的统治行将结束,对文化事业的管制有所放松。当年 1 月许震江(广东人)创办了《威海日报》。每日出对开 1 大张(逢星期一出单张),后改出 4 开 4 版,内容主要是本地及国内新闻和广告,曾致力于宣传民族主义、抨击劣绅卖国言行等。威海商人还开设 4 家书局,经营商务印书馆、中华书局和世界书局出版的各种书刊。

当时,英国殖民者还对许多传统恶习听之任之,威海卫成为封建糟粕的避风港,最典型的例子就是蓄辫与缠足。

英国人在威海卫只建有一所医院——大英民医院。

总之,英国人在威海卫的经营并不十分卖力,文化措施也自然有限,这与英国人对威海卫的认识是分不开的。英国人杨国伦在他的《英国对华政策(1895—1902)》一书中曾这样分析道:英国人"获得威海卫以后在那里做的事很少。开初认为会把该港变成一个设防的海军基地。然而由于该处一般说来不太恰当,这件事牵涉到要修一条很长的防波堤和在港内做大量疏浚工作,花不起钱。无论如何,建立一个永久性的先进基地不合乎当时海军部的政策。海军部认为铺一条从吴淞口到威海卫的海底电线,如果同俄国开战,将极为有利,这个要求也被财政部拒绝了。虽然提出了各种各样的方案,但是并没有作过将该港用作战略基地的尝试,而是主要用它作海军休养中心。"①这种分析并不见得完全正确,但说明英国人的经营思想极大地影响了它在威海卫的投入力度,因此与德国在胶州的经营形成鲜明的对照。

三、北洋军阀时期山东的教育

(一) 壬子癸丑学制与山东教育的整理和发展

1. 民初的教育政策与壬子癸丑学制

1911 年,辛亥革命推翻了清王朝的统治,结束了中国长达两千多年的封建制度,标志着一个新时代的来临。1912 年,中华民国政府成立,蔡元培就任南京临时政府教育总长。

1 月 19 日,蔡元培为改革旧的教育制度,发布《普通教育暂行办法通令》。主要内容为:第一,"从前各项学堂,均改称为学校。监督、堂长,应一律通称校长。"第二,"在新制未颁行以前,每年仍分二学期:阳历三月开学至暑假为第一学期,暑假后开学至来年二月底为第二学期。"第三,"初等小学,可以男女同校。"第四,"凡各种教科书,务合乎共和民国宗旨,清学部颁行之教科书,一律禁用。"第五,"小学读经科一律废止。"第六,"中学堂为普通教育,文、实不必分科。"第七,"废止旧时奖励出身。初、高等小学毕业者,称初、高等小学毕业生;中学校、师范学校毕业者,称中学校及师范学校毕业生。"②

南京临时政府新教育的宗旨是:"注重道德教育,以实利教育、军国民教育辅之;更以美感教育完成其道德",即以资产阶级的民主思想、民主精神作为教育的准绳和归宿。德育教育,实际上是资产阶级的自由、平等、博爱思想,用蔡元培的话来说,"何谓公民道德? 曰:法兰西之革命也,所标揭者,曰自由、平等、亲爱",这是道德的要旨,而公民道德教育则是教育的最

---

① 〔英〕杨国伦:《英国对华政策(1895—1902)》,中国社会科学院出版社 1991 年版,第 77 页。
② 朱有瓛主编:《中国近代学制史料》第 3 辑上册,华东师范大学出版社 1990 年版,第 1—2 页。

终目的,也是教育宗旨的核心。实利教育,实际上是发展资本主义生产的知识技能教育,即智育。蔡元培认为:"实利主义之教育,以人民生计为普通教育之中坚",①因此提倡学习西方的科学技术。所谓"军国民教育",简单地说,就是军事体育教育,这是富国强兵的根本保证。目的是训练全国青年和广大人民具有健康的身体和武装自卫的能力,能够外抗帝国主义的侵略,内防军阀专制。美感教育是指音乐、图画、手工等艺术教育,它是培养美感、陶冶情操与道德的重要手段。

1913 年,南京临时政府公布了《壬子癸丑学制》。这个学制为 17 或 18 年,分 3 段 4 级 3 个系统。3 段是指初等教育、中等教育、高等教育;4 级是指初等小学(4 年)、高等小学(3 年)、中学校(4 年)、大学(6 年或 7 年);3 个系统即普通教育、师范教育、实业教育,师范教育、实业教育基本与普通教育中的中学校平行。1922 年,北洋政府又公布了《学校系统改革令》,也称"壬戌学制",采用"六、三、三、四制",即初等教育 6 年(初级小学 4 年,高级小学 2 年)、中等教育 6 年(初级中学 3 年,高级中学 6 年)、高等教育(包括专科和大学)4 至 6 年。《壬戌学制》与《壬子癸丑学制》基本相同,所不同的是:过去模仿的是日本,现在模仿的是美国。

2. 山东教育的整理与发展

在学制变化的同时,山东的教育行政也有较大的变化。中华民国创立之初,全国大多数省区在省都督府民政司下设教育科,综理全省教育事务。1912 年 12 月实行军民分治后,山东省都督府改为行政公署,在省行政公署之下,设教育司,与内务、实业、财政 3 司并列,教育行政机关的地位也随之有所提高。1914 年,省行政公署更名为巡按使公署,原来的教育司被裁撤,仅在巡按使公署政务厅之下设教育科。1917 年 9 月,北京政府教育部颁布《各省教育厅暂行条例》,规定各省设立教育厅,直属于中央教育部。教育厅设厅长 1 人,"由大总统简任,秉承省长执行全省教育行政事务,监督所属职员暨办理地方教育之各县知事"②,下设 3 科,第一科掌管印信,收发文

---

①中国第二历史档案馆编:《中华民国史档案资料汇编》第 3 辑·教育,江苏古籍出版社 1991 年版,第 22、17、16 页。
②朱有瓛等编:《中国近代教育史资科汇编·教育行政机构及教育团体》,上海教育出版社 1993 年版,第 132 页。

件,办理机要文牍,整理案卷,综核会计庶务,编制统计报告等事项;第二科主管普通教育和社会教育;第三科主管专门教育和外国留学教育。

山东各县的教育行政管理,在民初时仍沿用劝学所制。1923 年北京政府教育部颁布《县教育局规程》和《特别市教育局规程》,按此规程山东各县正式废除劝学所,设立县教育局。教育局有局长 1 人,视学、教育委员及事务员若干人。《县教育局规程》还规定,县教育局设董事会,为全县教育立法机关,负责审议县教育方针及计划、筹划县教育经费及保管县教育财产等。

北洋军阀时期,山东的高等学校主要有 6 大专门学校。山东公立法政专门学校,1913 年由山东第一法政学校(原山东官立法政学堂)、山东第二法政学校(原山东官立法律学堂)合并而来。它包括政治经济与法律 2 个专业,分别设有别科与专科,别科修业 2 年,专科修业 3 年。该校共办学 13 年,培养了 1000 多名学生。山东公立农业专门学校,1912 年由山东高等农业学堂改建而成。该校设有预科、本科和研究科,预科 1 年,本科 3 年,研究科 1 年。山东公立商业专门学校,创办于 1912 年 8 月,创办人为留日学生叶春墀。该校有预科、本科,预科 1 年,本科 3 年。另外,还招有簿记专修科、银行专修科、商人补习班、教员讲习班、交通专修科等,这些都是应时势需要,为短期商业教育而设置的。自 1912 年至 1924 年 13 年间,共毕业学生 1300 余人①。山东公立工业专门学校,1913 年由济南中等工业学校与青州府高密中等工业学校合并而成。该校曾先后设有机织科、染色科、应用化学科,共培养学生约 200 余人。山东公立矿业专门学校,创办于 1920 年,其前身是 1915 年设立的山东矿业传习所。因矿业在当时并不被人们所重视,所以该校设有预科补习班、预科、本科几个层次。预科补习班、预科均修业 1 年,本科修业 3 年。学校设有制图室、标本室、测量仪器室、天平室、冶金室、图书室等,教师大多为英、美留学生或北京大学毕业生。该校培养的学生大约有 80 余人。山东公立医学专门学校,成立于 1917 年,其前身是省立医学校,学制 4 年。课程约有 20 门左右,前 2 年的课程为:解剖学、生理学、组织学、有机化学、德文、日文、病理学、药理学、细菌学和国文;后 2 年学习

---

①参见叶春墀:《山东公立商业专门学校简况》,《山东文史集粹·教育卷》,山东人民出版社 1993 年版,第 114 页。

临床医学,有内科学、外科学、妇产科学、儿科学、皮肤学、耳鼻喉学、眼科学、外文病历学、法医学。学校每年招收 1 个班,每班 40 人左右。后来又设立附属医院,以供学生实习之用。公立医学专门学校共毕业 8 届学生,约计200 余名。①

1926 年,张宗昌督鲁期间,为沽名钓誉,将以上 6 大专门学校合并成立省立山东大学。合并后的省立山东大学包括文科、法科、工科、医科和农学院,富有特色且有利于民生的矿业、商业学校从此销声匿迹。此次合校由于是在张宗昌包办下进行的,况且张宗昌并不懂教育,6 所专门学校也不具备合并成为综合大学的条件,因此省立山东大学的成立在当时是十分勉强的。

中等教育,包括中学、师范、实业教育等,在北洋军阀时期发展不一,各有特点。

1912 年山东根据教育部的统一要求,将所有官立中学堂一律改为中学校,1913 年又改为省立中学校。1914 年加大对中等教育的整理力度,经过裁并,将原有 16 所中学校并为 10 所。1919 年在临清增设省立中学 1 所,1922 年在济南设省立女子中学 1 所。除省立中学外,山东还注重地方中学的设立与发展,1927 年县立中学即有 23 所。总之,北洋政府时期中学校发展迅速,据记载,1918 年山东有中学 21 所,学生 3443 人。② 至 1925 年,山东有中学 66 所(包括教会学校),学生 13207 人。③

这一时期中等师范学校的发展步履维艰。山东本着"就地方情况划有一定的学区"的原则,1914 年就地方行政区划,把全省分为岱北、岱南、济西、胶东 4 区。岱北区设省立第一师范于济南,将泰安师范和武定师范并入;岱南区设省立第二师范于曲阜,将兖州、沂州、曹州、济宁 4 处师范并入;济西区设省立第三师范于聊城,将东昌、临清 2 处师范并入;胶东区设省立第四师范于益都,将登州、莱州、胶州 3 处师范并入。这样原有的 14 所省立师范于是就合并为 4 所了,这种合并与军阀政府财政紧张有关。中等师范学校的缩减,直接影响了小学师资的来源,使家庭有条件读书的学龄儿童也

①参见济南市政协文史资料委员会等编:《解放前济南的学校》,济南出版社 1991 年版,第46—47 页。
②中国第二历史档案馆编:《中华民国史档案资料汇编》第 3 辑·教育,江苏古籍出版社 1991年版,第 294 页。
③赵承福主编:《山东教育通史》近代卷,山东人民出版社 2001 年版,第 98 页。

无处就学。为了解决省立师范的不足,山东还大力发展县立师范讲习所,1921 年全省有省立师范 5 所,县立师范讲习所 84 所,至 1927 年省立师范增为 6 所,师范讲习所则剧减为 31 所。①

民国成立以后,山东实业教育逐步发展。1913 年 8 月,教育部颁布《实业学校令》与《实业学校规程》,规定:实业学校以教授农工商业必需之知识技能为目的。学校分为甲乙两种,甲种实业学校施完全之普通实业教育,乙种实业学校施简易之普通实业教育,并可依地方需要授以特殊技术。甲种实业学校由省设立,乙种实业学校由县及城镇乡或农工商会设立,有条件者也可设立甲种实业学校。各依经费来源,分别定为省立、县立或城镇乡立实业学校。② 到 1917 年时,由山东省设立的实业学校有:第一甲种农业学校、第二甲种农业学校、女子蚕业讲习所、模范蚕业讲习所、模范工业讲习所、商业专业学校、模范乙种商业学校、女子职业学校等,而县立乙种农业学校有 24 所、乙种蚕业学校 26 所、乙种实业学校 13 所、乙种商业学校 6 所。③ 1920 年后,各实业学校一律改称职业学校。1923 年,山东实行新学制,职业学校单成系统。除省立水产讲习所(烟台)外,其他职业学校调整合并为省立第一至五职业学校。

山东初等教育在民国初年有了迅速发展。初等教育的年限,在清末“癸卯学制”中规定为初等小学堂 5 年,高等小学堂 4 年,共 9 年;而在民国“壬戌学制”中则规定为初等小学 4 年(初等小学又称国民小学,为义务教育),高等小学 2 年,共 6 年。这种年限的变化,正表明民初初等教育的努力方向,即“小学校教育以留意儿童身心之发育,培养国民道德之基础,并授以生活所必需之知识技能为宗旨”④,这有利于初等教育的普及。高、初等小学分 3 类:一为公立(又称官立),即由地方政府出资创立;一为私立,即由个人或集团筹资创立;一为教会立,由教会主管建立。

1912 年底至 1913 年,山东省依照部颁《小学校令》,将 24 所济南官立小学堂和历城县小学堂改为省立小学校。1915 年,济南的省立小学增至 27

①《山东教育史志资料》,1983 年第 4 期,第 67 页。
②参见《教育杂志》第 5 卷第 6 号,1913 年 9 月。
③参见林修竹编:《山东各县乡土调查录》,山东省长公署教育科 1919 年印。
④中国第二历史档案馆编:《中华民国史档案资料汇编》第 3 辑·教育,江苏古籍出版社 1991 年版,第 441 页。

所(高等小学1所、两等小学2所、初等小学24所),历城县立小学251所(高等小学1所、两等小学5所、初等小学245所),在校生6899人。适龄儿童的入学率明显提高,据《滨州地区志》记载,1919年本地区学龄儿童入学率为30.4%,其中,滨县为51.3%、无棣40%、邹平县38.4%、齐东县(1958年12月裁入邹平和博兴二县)35.2%、长山县32.7%。①

山东在1912至1915年4年间小学数量与学生人数分别是:1912年,5195所,118376人;1913年,10121所,246857人;1914年,13490所,328683人;1915年,14954所,390615人。②1916年山东小学数量与在校学生人数详表如下:

1915—1916年山东初等教育统计表

数量 学校 类别	学校数(所)				学生数(人)			
	男		女		男		女	
	公立	私立	公立	私立	公立	私立	公立	私立
国民学校	11796	2289	258	32	301709	50755	6340	686
高等小学	310	48	18	5	14388	1301	308	81
总计	14756				375568			

(本表根据《中华民国史档案资料汇编》第3辑第497—502页列表编制)

到1922年,山东初等教育规模进一步扩大,设立的小学达23252所,在校学生数为777771人,在全国居第2位。③这些数字并不见得十分准确④,但仍反映了山东初等教育在民国初年发展的基本情况。

北洋军阀时期的山东教育并非一帆风顺,其中也出现过不同程度的倒退与复归。如在教育宗旨方面,1915年1月1日,袁世凯颁布《教育要旨》,明目张胆地将民国元年确定的教育宗旨变更为:爱国,尚武,崇实,法孔孟,

---

① 滨州地区地方史志编纂委员会编:《滨州地区志》,中华书局1996年版,第580页。
② 舒新城编:《中国近代教育史资料》上册,人民教育出版社1985年版,第368页。
③ 《第一次中国教育年鉴》丁编,第170—173页。
④ 《第一次中国教育年鉴》公布的山东省1922年在校小学生数为777771人,而《新教育》第5卷第4期(1922年11月)公布的1918—1921年的数字却为523311人,二者统计时间间隔很近,社会环境尚属安定,差额竟达25万人之多,不得不使人对这些数字的准确性产生怀疑。

重自治,戒贪争,戒躁进。① 这个教育宗旨,完全改变了民国元年教育宗旨的革命性和民主性。其"爱国",实为"忠君"的同义词。张宗昌更说道:"近年来世风日下,人心不古,道德二字,几致沦亡。……我国学生自沾染新文化后,日趋日下,近来各校添设讲经,实所以挽已倒之狂澜②。"山东的教育由此遭受打击,学校数量锐减。1928 年历城县小学由 338 所减至 288 所,在校生由 11932 减至 7954 人。③

值得注意的是,此时初等教育中的私塾仍占相当比例。据林修竹编修的《山东各县乡土调查录》的调查数字显示:1917 年,聊城有私塾 259 余处。堂邑(1956 年划入聊城和冠县)有私塾 180 处,较有名的集中在沙镇、于集、梁水镇、斗虎屯、堂邑等乡镇。济南的历城县则有私塾 136 处。1920 年,淄川有私塾 350 处,临淄 180 处,桓台 100 余处。私塾的大量存在,一是由于北洋军阀的复古倒退,但更多的是由于资产阶级的思想未能深入人心所致。教育变革与政治变革是相辅相成的,教育变革的程度客观地折射出民初政治变革的深度。

(二) 知识分子群的新觉醒及其教育理念

1. 山东学生与五四爱国运动

1919 年 1 月,英、美、法、日、意等第一次世界大战的战胜国在巴黎召开旨在分赃的"和平会议"。会议竟悍然将德国在中国山东获得的一切特权转交给日本。消息传到国内,首先在知识分子和青年学生中激起了强烈的愤慨。

1919 年 5 月 4 日,北京学生游行示威遭到反动当局镇压后,山东各界立即派代表赴京营救、慰问被捕学生。5 日,济南学生便有组织地到街头及城郊演讲,支持北京学生的爱国运动。"当时,济南参加运动的学校有济南的省立一中、省立一师、省立女子师范、私立正谊中学、私立育英中学、趵突泉工专、黄花馆商专、东关外农专、北园医专、齐鲁大学、东关蚕桑学校等",

---

①朱有瓛主编:《中国近代学制史料》第 3 辑上册,华东师范大学出版社 1990 年版,第 97—106 页。

②《戴季陶之道不孤矣》,《响导周报》,第 134 期。

③济南市地方史志编纂委员会编:《济南市志》第 6 册,中华书局 1997 年版,第 18 页。

他们"集中西门大街,分赴商埠、城郊,进行讲演,抵制日货,不坐日本人霸占的胶济路火车等等。"①

5月7日,山东暨济南各界62个团体3.5万余人②,冲破军警的阻挠,在山东省议会举行了山东各界国耻纪念大会。参加的人员中,大半是学生。他们手持"勿忘国耻"、"力争主权"等口号的小旗子,胸佩写着"宁流热血死,勿为亡国奴"、"宁为强鬼,不为弱民"、"头可断,青岛不可失"、"不得青岛毋宁死"等的三角形的白布,呼喊口号,群情激昂。在山东省议会举行的五七国耻纪念会上,有提议"组织小刀会,速杀日本人"者,有"鼓吹罢学、罢市排斥日货"者,也有"削指以血书字"者,并咒骂商人不与会,过激言词往往得到"鼓掌赞成"。"大会通过以下几项决议:一、电北京政府力争主权,要求释放被捕同学;二、电北京学界,甚表同情;三、举代表五六人,谒见督军、省长及交涉公署,请求电京力争青岛,法办卖国贼,开释学生。"③

10日,济南学生联合会开会,到会学生万余人,演说者20余人。会上提出青岛之存亡关系全国,推出代表见省长、督军,请转电中央:速电巴黎专使,勿轻签字;惩办卖国贼。并请省长发枪械,预备外交破裂,全体学生愿作前驱。12日,山东学生联合会宣告成立,从而使山东的爱国学生运动有了统一领导。"当时学联提出的共同斗争目标和行动口号是:(一)声援北京学生爱国运动,要求政府立即释放被捕学生;(二)要求政府拒绝在巴黎和约上签字;(三)要求政府收回山东权利,废除二十一条密约;(四)要求政府惩办曹汝霖、章宗祥、陆宗舆等卖国贼。"④

23日,济南中等以上21所学校学生全体罢课,支持北京学生的爱国斗争。罢课宣言指出,政府"欲卖我山东,媚外以自固","学生等求援无路,呼吁莫闻,沦亡在即,亦何心更求学问。自本日为始,全省学校一律停业"。宣言还提出了3项任务:组织演说团、简明印刷物和调查部。会同商会,分

①张景文口述:《回忆山东学生参加五四运动的概况》,山东省政协文史资料研究委员会编:《文史资料选辑》第5辑,第1页。

②关于这次会议参加人数,记载不一。据有的经历者回忆:"到会者六七百人"(李澄之口述:《回忆五四运动在济南》,《山东省志资料》1959年第2期),但大会通电中称:"山东各界六十二团体联合大会三万五千人吧",《青岛潮》一书也说:"凡赴会者多被禁阻,然到者尚三万余人。"(中国科学院历史研究所第三所近代史资料编辑组编:《五四爱国运动资料》,第142页,科学出版社1959年)本书依据大会通电中的数字。

③中国史学会济南分会编:《山东近代史资料选集》,山东人民出版社1959年版,第264页。

④胡汉本、田克深编:《五四运动在山东资料选辑》,山东人民出版社1980年版,第222页。

赴各商家调查日货,务使禁绝。① 以后,济宁、泰安、烟台、蓬莱、掖县、高密、潍县、益都、兖州等地的学生也相继游行示威或罢课,支持北京学生的爱国运动。

学生此后的斗争,逐渐与罢市、请愿、抵制日货联系起来,与全国各界的救亡斗争结合起来。6 月初,北洋军阀政府再次大量逮捕学生。5 日,上海8 万多工人为支持北京学生的爱国运动举行总同盟罢工。济南学生由山东学生外交后援会出面,动员商界罢市。10 日,济南商界在学生支持下举行罢市。6 月 16 日晚,山东各界开会议决,组织各界(省议会、省学联、省教育会、省律师公会等)赴京请愿团。19 日,山东各界赴京请愿团 85 名代表乘火车自济北上。其中教育界代表 23 人,学生代表 22 人。在北京,总统徐世昌虽被迫接见山东请愿团,但他却以弱国外交,不能求圆满结果为由,拒绝了请愿团的要求。山东请愿团遂与全国国各地请愿团联合斗争,意欲给北洋政府施加更大压力。

与此同时,学生们还把学生运动和抵制日货结合起来,纷纷组织抵抗日货宣传队。许多学生"被选为代表回本县宣传抵制日货,开展抗日爱国运动"。② "由于抵制日货宣传活动的深入开展,全济南市人民对日货痛恨已极,学生把查到的日货,有的封起来,也曾烧毁过一批。号召各界一律穿用爱国布(即国产布)以抵制日货"③。

由于全国人民的强烈反抗,致使中国代表拒绝在巴黎和会上签字,五四运动所提出的直接政治斗争目标基本实现。但日本帝国主义仍不死心,他们一面继续占领山东,一面压迫北洋政府,意欲迫使其与之"直接交涉",以解决山东问题。在这种情况下,山东教育界与各界继续联合,仍坚持不懈地进行反日爱国斗争。

2. 马克思主义在山东的传播和共产党人的教育理念

马克思主义作为一种社会思潮在中国传播,是在俄国十月革命之后。

1917 年前后,中国社会内部的情况已发生了重大变化。在第一次世界大战期间,中国资本主义有了较大的发展,工人阶级已经成长壮大起来,成

---

①参见刘家宾:《山东五四运动编年纪要》,《山东师大学报》1984 年第 3 期。

②胡汶本、田克深编:《五四运动在山东资料选辑》,山东人民出版社 1980 年版,第 225 页。

③同上,第 214 页。

为中国社会的一支重要力量。而新文化运动的蓬勃开展又极大地促进了人们思想的解放，统治中国达 2000 年之久、享有绝对权威的封建思想文化受到了沉重的打击，人们的民主觉悟受到了极大的启发，在广大青年知识分子中，掀起了要求进步，寻求科学真理，追求解放的热潮。这就为马克思主义在中国的传播创造了社会基础和思想条件。

同时，第一次世界大战期间西方资本主义制度百弊丛生的现实和俄国十月革命后建立起来的人民当家做主的社会主义国家的欣欣向荣景象，也加速了马克思主义在中国的传播。首先是李大钊等少数激进民主主义者进一步怀疑西方式民主共和制的永恒性，逐渐把目光从资产阶级民主共和制的摇篮——法国，转向社会主义民主制的发源地——苏维埃俄国。自从十月革命后，苏俄建立了社会主义国家，人民当家做了主人。中国先进的知识分子终于从十月革命的胜利中看到了中国的新出路。从欢迎、讴歌十月革命，进而探讨和追求导致这一革命取得伟大成功的马克思列宁主义的思想学说。正如毛泽东所说："十月革命一声炮响，给我们送来了马克思列宁主义。十月革命帮助了全世界的也帮助了中国的先进知识分子，用无产阶级的宇宙观作为观察国家命运的工具，重新考虑自己的问题。"①

五四运动后，马克思主义在山东逐步传播开来，出现了一批信仰、服膺马克思主义的新兴知识分子，并导致了教育理念的更新。

山东新文化思想的传播与当时的山东省议员、老同盟会员王乐平有着较大的关系。王乐平和几个进步知识分子于 1919 年 10 月在济南创办了"齐鲁通讯社"，并销售进步书刊。1920 年 9 月，他将"齐鲁通讯社"售书部扩充为"齐鲁书社"，自任社长。"齐鲁通讯社"售书处经常出售进步刊物，如《新青年》、《每周评论》、《新潮》、《莽原》、《新生活》等；同时出售有关介绍马克思主义和俄国十月革命的书籍，如《马克思主义浅说》、《唯物辩证法研究》、《资本论入门》、《俄国革命史》等。这些刊物，将新鲜的马克思主义学说带到了山东，开阔了在救亡图存迷途中挣扎的年轻人的眼界。

在这些刊物的影响下，山东新兴知识分子也试图成立自己的学术团体，办理自己的刊物。1920 年夏秋之际，山东省立第一师范学校学生王

①《毛泽东选集》第 4 卷，人民出版社 1991 年第 2 版，第 1471 页。

尽美、济南第一中学学生邓恩铭秘密成立了"康米尼斯特学会"（共产主义学会），专门收集、研究共产主义的书籍和理论，有组织地宣传马克思主义。11 月 21 日，王尽美、邓恩铭等人在济南召开"励新学会"成立大会。最初会员 11 人，后发展至 20 多人。学会以"研究学理，促进文化"为宗旨，以发行报刊和讲演为主要活动，同时创办《励新》杂志。与此同时，济南第一师范学生自治会创办了《泺源新刊》，济南第一中学学生自治会创办了校报，王翔千等创办《济南劳动周刊》，山东学生联合总会创办了《新山东》。在这些刊物上，他们抨击时弊，剖析社会矛盾，启发青年进步，并宣传社会主义。

20 世纪 20 年代初，山东具有共产主义理想的新兴知识分子开始出现，给山东教育带来新的生机和希望。《泺源新刊》第 3 号特设"乡村教育号"，载有《乡村教育与文化运动》、《乡村教育的研究》、《我的乡村教育观》等。《励新》杂志第 2、3 期特创"山东教育专号"，载有《山东教育界应有的觉悟》、《山东教育不好的原因》、《山东教育的将来》、《山东的学生》、《山东省立学校与教会学校比较》、《山东的师范教育与乡村教育》、《山东师范教育的缺点》等。这些文章揭露了旧教育制度的弊端及其存在的问题，分析其原因，展望山东教育的未来。

在这些对教育的论述中，以王尽美的教育思想最有代表性。

王尽美像

王尽美（1898—1925 年），原名瑞俊，又名烬美、烬梅，字灼斋，山东诸城人。中国共产党创始人之一，山东党组织最早的组织者和领导者。王尽美出生在一个贫苦家庭，自幼聪慧好学，却因家境贫寒进不了学堂的大门。早年曾为求学到地主家当"伴读"，但却受尽侮辱。在极端困苦的情况下，1910 年王尽美才得以进入本村的私塾学堂。1918 年，考入有官费津贴的山东省立第一师范。他在 1920 年 10 月 11 日至 11 月 2 日，先后在《泺源新刊》第 7 号、第 10 号、第 12 号上，发表了《乡村教育大半如此》和《我对师范教育根本的怀疑》2 篇教育论文。1921 年 1 月 1 日，又在《励新》第 1 卷第 2 期上发表了《山东的师范教育与乡村教育》一文。王尽美对当时的教育状况特别是乡村教育状况提出批评,并阐述自己的教育主张。

首先,王尽美认为,当时的教育是建立在政治与经济不平等基础上的,是为统治阶级服务的教育。"教育,教育,也不过是富贵人家的专利品","山东乡村里,不是没有一处学校,是没有平民子弟能入的学校。"①"有些人说:'要普及乡村教育,使平民都有识字的机会,非先打破贫富阶级不可。'这话我很相信"②。王尽美试图用马克思主义的阶级分析方法去认识教育的实质,现在看来,这种分析还不够精到,但在当时却有振聋发聩之功效。

其次,对旧教育特别是乡村教育给予猛烈抨击。王尽美认为:"山东的教育,无论城市教育、乡村教育,我们要形容他的状况,尽可以'腐败黑暗'四字了之。"他从自己的亲身经历出发,指出:"山东的乡村教育所以腐败的原因,一因办学的不懂学务,一因教师的不良。"对于第一种原因,他分析道:办学的人物,"差不多是奔走官衙的绅士。他办的学也没有什么宗旨,不过因为办学是很名誉的事,很受官厅奖励的,很受士大夫欢迎的,更想为子弟打算个出身",③这些人"天天言普及教育、强迫教育,却不往此处着眼,这真是舍本逐末,不但他不能普及乡村教育,就是被他们鼓吹着,乡村里多立上几处小学,也不过是为富贵人家多开几处升官发财的公司,多害些脑筋洁白的青年,那不是更要增加罪恶吗?"④对于第二个原因,他则认为:"学校的教师,顶好的是在清末时代办的单级分所里研究教育学六个月毕业的秀才、老童生,次一等的便是不能升学的乡村高小毕业生。甚有不出大门的冬烘先生,也居然剪去发辫,执起教鞭来,更有连发辫也不剪去的,奇形怪状,真难描写⑤。"这样一群人,要是能搞好乡村教育那才怪呢!

再次,师范应培养具有强烈社会责任感的教师。师范教育是中国较具特色的教育形式,主要为解决落后的师资队伍而举办。但当时的师范教育却不注重社会责任感的培养,结果学生毕业后,"都跑到城市谋个位置,死不肯到乡村去办学校,谋平民知识的提高"⑥。王尽美将师范教育放在一个

---

①胡汶本、田克深编:《五四运动在山东资料选辑》,山东人民出版社1980年版,第466页。
②④同上,第469页。
③同上,第458—459页。
⑤同上,第459页。
⑥同上,第467页。

关乎社会改造成败的高度去认识，"乡村教育是改造社会的利器，而师范教育又为乡村教育的基础"①。因此乡村教育理应受到重视，"师范里一位学生就是发达教育的一个孢子，将来能把我四万万同胞的腐败脑筋洗刷净尽，更换上光明纯洁的思想，只有赖我们师范生了，可见师范教育，是占绝高位置的"②。而从另外一个角度讲，平民知识的提高会加快马克思主义的传播速度。"现在俄罗人有句话说，泡尔雪维克主义各国都好传播，就是怕中国作梗，因为他知识太简，不能辨别是非。即此可见中国人的程度，在外人眼光里占的地位了。那么，我们要提高平民的知识，是不是大众公认的非从教育着手不可？"③因此，作为具有共产主义信仰的人，更应重视乡村教育。

最后，要完成乡村平民教育的重任，乡村教师应有社会实践能力，以应付复杂的乡村社会。王尽美认为："乡村小学教师，用不着什么文学家、教育家。今以高小学毕业的资格，再去研究实在教育学问六个月或一年，自能足用。"④这就要求师范教育要有师范的特点，无论教学目标，还是课程设置，"一可使学生对于他将来的职务上发生浓厚的兴趣，一可于乡村与城市的教育的差别有明了的观察，对于教育改良必有很大的贡献。"⑤

王尽美对山东教育的认识，是其走向马克思主义的必经阶段。他通过对乡村教育的认识，上升到对乡村社会的认识，最终上升到如何改造中国社会。

（三）日本侵略者在青岛的殖民教育

1. 日本对青岛的占领

1914 年 8 月 1 日，第一次世界大战正式爆发。第二天，日本政府就以"日英同盟"为借口发表宣言，宣称要承担义务，并将采取"必要之措置"。日本首相大隈重信声称："德虽与日不表敌意，青岛舰队难免与英法冲突。日以英国同盟关系，如东方有战，日本不能中立。总须东方德舰灭尽，海面

---

①胡汶本、田克深编：《五四运动在山东资料选辑》，山东人民出版社 1980 年版，第 465 页。
②同上，第 461 页。
③同上，第 461 页。"俄罗人"指俄罗斯人；"泡尔雪维克主义"即布尔什维主义，指马克思主义。
④胡汶本、田克深编：《五四运动在山东资料选辑》，山东人民出版社 1980 年版，第 470 页。
⑤同上，第 464 页。

方告和平。"①面对日本的险恶意图与第一次世界大战的复杂局面,8 月 6 日,北洋政府宣布对欧洲战事"保持中立"。这将使日本此后在中国的行动受到限制,更不能有军事行动。于是引起了日本的极大不满,向中国表示强烈抗议。

8 月 15 日,日本政府以"日英同盟"及"确保东亚和平"为借口,向德国政府发出最后通牒,措词强硬地要求德国在中日两国海面上的军舰完全解除武装,胶州湾租借地限于 9 月 15 日前无条件交与日本,以便将来"交还中国"。8 月 23 日,日本政府因德国无满意答复,正式宣布对德作战。日本对德宣战,并不只是为了夺取德国的胶州湾租借地,它的真正目的,是夺取整个山东,然后再以山东为基地,北上华北,南侵中原,进而独霸全中国。

日本军队首先与英国海军一起封锁胶州湾,接着在龙口登陆,抢占胶济铁路,顺路西进,9 月 26 日占领潍县车站,10 月 6 日控制济南车站。在这个过程中日军相继占领了坊子、淄川、金岭镇等 3 处矿山。此后,日军回头急攻青岛,德军很快投降,胶州总督华德克被迫签订了投降条约。从此,德国在青岛的殖民统治和在山东的一切侵略权益,为日本所代替和抢占。

日军占领青岛后,立即设立了"青岛守备军司令部",作为其在青岛以及山东内地占领区的殖民统治机构。随后宣布设立青岛、李村军政署,在青岛实行"军政"统治。为了加强和完善其殖民统治机构,日本天皇于 1917 年 9 月 29 日颁布了《青岛守备军民政部条约》,在青岛守备军司令部下又设立了民政部和陆军部,同时宣布撤销军政署,在民政部下设立了青岛民政署以及李村、坊子、张店、济南民政分署,掌管行政、司法、税收等事务,对山东实行全面统治。

与此同时,日本大量向青岛和山东移民,以实现其永远霸占山东的目的。1901 年在青岛的日本人仅有 60 名左右;1907 年有 33 户,196 人,其中有 59 人是妓女;1911 年,有 51 户,312 人。在日寇占领青岛后,日本国内的富商大贾,特务浪人争先恐后地涌到青岛。1922 年在青岛的日本侨民已增加至 6191 户,23566 人,比 1911 年增加了 392 倍。②

①王芸生辑:《六十年来中国与日本》第 6 卷,三联书店 1980 年版,第 40 页。
②中共青岛铁路地区工作委员会等编:《胶济铁路史》,山东人民出版社 1961 年版,第 49 页。

2. 日本在青岛的文教统治

日军占领青岛后,就于民政部的总务部下设学事系,专管教育。学事系设有学事员 5 人,视学 1 人,事务官 2 人。学事系所管学校分为两类,一类是为本国侨民设立的学校,另一类则是为中国人建立的学校。

日本在青岛对本国侨民的教育极为积极。1915 年即创设青岛第一寻常高等小学、李村寻常小学校各 1 所,后又创设高等女学校、青岛中学校、青岛第二寻常小学校、沧口寻常高等小学、四方寻常高等小学各 1 所。青岛日本中学校是中学性质,1917 年设立,学生 420 余名。1920 年,青岛日本中学校新校舍建成,位于有明町(今中国海洋大学校舍),毗邻万年兵营(原德俾斯麦兵营),常年经费 12 万日圆。据日文版《青岛概要》称其"外观之宏伟为我国(指日本)中学中极为罕见,各种设备和内容也非常完善"①。高等女学校学生有 360 余名,小学校学生有 1600 余名。以上学校开办之初的

青岛日本中学校全景

经费约为 20 万元,后增至 30 万元。另外,日本人还设有职业中等学校"青岛学院"(私立,成立于 1916 年),内分商业、实业 2 部,兼收中国学生,共有学生 240 余名。经费大半由学费和捐款提供,而捐款中又大半来自基督教及青年会。后来,"青岛学院"被文部省认可,资金上自然得到了补助。

在中国人教育方面,1915 年,日本人将德国在青岛的蒙养学堂逐渐恢复,并增加小学 11 所,统名曰"公学堂"。这样加上德人所办各校,共有公学堂 37 所。公学堂学制 5 年,学习科目有修身、国文、地理、历史、算术、理科、体操、图画、手工、农业、商业、日语,女生还加开缝纫课。公学堂还附设实业学堂,学制 3 年,教授科目为修身、实业(包括农、工、商)、国文、数学、实习及日语等。日占青岛后,特创李村特科师范,目的是为青岛小学培养日

①《青岛概要》(日文版),1935 年版,第 118—119 页,转引自翟广顺编著:《半个世纪风雨1891—1949 青岛教育大事记述》,青岛出版社 2009 年版,第 87 页。

语师资。招收私塾教师学习,学制 2 年。李村特科师范只存在 2 年就停办了。除此之外,还有日语学校 5 所,招收学生 354 名。①

除以上公立学校外,青岛当时还有一批私立学校。私立小学有:育英小学、信义小学、挪庄小学及外国教会所办的小学。私立中学以礼贤书院和明德中学最具规模。礼贤书院在日占青岛之初停办,1915 年恢复授课,但由于经费紧张,入学的学生大不如从前踊跃。1919 年,安徽人周学熙捐助学校常年经费,始有起色,并设立甲种商业班。创设于 1911 年的明德中学,是美国长老会所办的教会学校,1919 年因宣传排日思想,被日军司令部勒令停办。翌年恢复,以宗教教育为主。

比较日占青岛时期的教育状况可以看出:首先,日本人对本国侨民的重视程度远远高于中国人。从受教育人数上看,日本侨民学校的学生大约有 2700 名,占青岛 1.4 万日本侨民的 20% 左右;而在中国人的学校中,学生大约有 1 万名,只占 30 万青岛居民的 3% 左右。从教育经费上看,日本侨民学校大约每年有经费 30 万,人均 111.11 元;而中国学校每年经费只有 14 万多,人均 1.4 元。从办学规模上看,"彼则设备完全,基础巩固;我则因陋就简,有名无实"。"教育之前途,数量不足尚属其次,品质不良尤为可虑"。② 其次,日本所办学校多为小学性质的,对中学或大学教育漠不关心。日占青岛后,除增建小学 11 处,恢复小学 26 处以外,在中学教育上几乎没有任何动作。像礼贤书院添建的甲种商业学校,和日本殖民者关系不大。只有私立青岛学院是日本人设立的,因在青岛工商业的需要,兼招中国学生。

但应当看到的是,学生的在校人数并不等于学生的毕业人数。由于日军的占领而导致的时局不稳,坚持到毕业的学生数目是有限的。以青岛公立初等学校为例,日军占领青岛后的 1916 年,初等学校毕业生人数仅有 6 名,即使到中国政府收回青岛的 1922 年,毕业生人数也只有 133 名。③ 由此可知日本对青岛教育的破坏与阻碍程度。

日本不仅在青岛办有学校,在胶济铁路沿线也办有学校。1915 年 7

---

① 青岛市档案馆编:《帝国主义与胶海关》,档案出版社 1986 年版,第 187 页。
② 袁荣叟等纂:《胶澳志》卷七,教育志,胶澳商埠局 1928 年版。
③ *The Tsingtao Times*,Publishing Co. , *Review of Tsingtao* (1928—1929), p. 6。转引自王守中、郭大松:《近代山东城市变迁史》,山东教育出版社 2001 年版,第 488 页。

月,在淄博矿区创办青岛寻常高等小学淄川分校,为侵华日本人子女提供教育。1922 年 12 月,日本人山下默应在淄博洪山创建洪山风井小学,招收中国学生入学,宣传"中日亲善",强化日语教育,并利用日化了的孔孟之道愚昧中国学生,向学生灌输"孔孟兴亚"思想。①

　　日本还在青岛、济南等地创办报刊,宣传其侵略政策,推行奴化教育。在 20 世纪初,日本在济南办有中文的《山东日报》,在青岛办有中文的《芝罘日报》,不久停刊。日占青岛后,办报活动复趋活跃,在 1915 年至 1917 年间,计在青岛出有中文报纸 2 家,日文报 1 家;在济南出有中文报纸 1 家,日文报纸 4 家。1919 年起更有发展,至 1927 年,计在青岛新创办有 9 种左右日文报纸,在济南新出版有 3 种左右日文报纸和 1 种中文报纸。这些报刊均为日本官方新闻通讯社所办。影响较大的为日文报纸《青岛新报》和中文报纸《济南日报》。1915 年 1 月发刊的《青岛新报》,由鬼头玉汝主办,分晨刊、晚刊,均为 4 版,鼓吹日本取代德国在山东权益的正当性,为日本侵略山东和中国辩护,日销数约 5000 份。为了面对中国读者,还办有《大青岛报》,可看作《青岛新报》的中文版,小谷节夫主办,总编辑鄮洗元(潍县人),曾留学日本,为亲日派。该报副刊开辟有"杂俎"、"晨光"、"青潮"等专栏,对北洋军阀的黑暗统治进行攻击,日销 2000 余份。《济南日报》,中文报刊,由丰田孤寒、头山满创办于 1917 年,为 4 版晨刊。该报公开为日本侵略中国辩护,敌视群众爱国运动。1922 年,该报在青岛发行青岛版。另外,在青岛发行的报纸有:1915 年创刊的《山东新闻》,日文报刊,由川村伦道、长谷川清等先后主办,日销 200 份,后改名《山东每日新闻》;1919 年创刊的《青岛实业日报》,日文报刊,由度边文治主编;1920 年创刊的《青岛商况日报》,日文报刊,鬼头玉汝主持,该报专门介绍山东的商业、贸易、金融情况,为日本的经济侵略服务。在济南发行的报纸有:1915 年创刊的《齐鲁时报》,日文报刊,隔日刊,由冈伊太郎主编,不久停刊;1916 年创刊的《济南经济报》,日文报刊,日刊,由冈伊太郎主编。

　　这一时期,日本各方面官方情报人员根据获得的大量材料,编辑成册,仅公开出版的就有几十种之多。(见下表)

---

①参见孙兆庆:《日人在洪山创办的两所学校》,《淄川文史资料选辑》第 3 辑。

1914—1922 年日本占领青岛时期主要出版物一览表

出版物名称	作者或出版者	出版时间	出版物名称	作者或出版者	出版时间
青岛之德国法令	青岛日军民政部	1918.10	青岛盐输移出统计	日军民政署	1919.4
青岛之工商业	青岛日军民政部	1918.10	青岛盐	木村三郎	1921.3
胶州湾	田原天南	1914.12	山东研究资料	日军军政署	陆续出版
青岛经济事情	太田金乙	1917.9	山东及胶州湾	东亚同文会	1914.12
青岛及山东见物	岸元吉	1922.2	土木志	日军民政部	1920.5
山东会社综览	十目五郎	1920.12	支那牛之研究	日军军政署	1916
李村要览	日军李村派出所	1916.10	山东之农业及牲畜	日军司令部	1918.10
青岛商工案内	日商会议所	每年调查出版	山东省主要事业之概况	日军民政部	1918.9
山东苦力参战事情	日军参谋部	1919.3	关东盐与胶澳盐之比较	日军军政署	1921.12
山东经济事情	岗伊太郎、小西之藏	1918.5	青岛之教育	日军民政部	1919.6
青岛森林之将来	本多静六	1918.5	青岛港贸易之消长	日军民政部	1920.7

（本表根据刘大可等著《日本侵略山东史》第 108 页资料编制）

这些出版物汇集了山东大量政治、经济、文化、军事资料，显然是为日本侵略山东服务的。

出于出版的需要，日本人在青岛设立了一些印刷所，重要的有：真崎金于 1914 年创办的东洋印刷所，职工 50 人，曾出版过《山东日支人信用秘录》等书刊；福田和三于 1919 年创办的青岛印刷株式会社，职工 25 人；青柳宠尤于 1920 年创办的东太号印书局，职工 22 人，曾出版过《警察丛刊》等书刊。

另外，出于侵略的需要，日本殖民者于 1916 年在青岛成立了一个商品陈列馆，开展社会教育。1919 年该馆经过改组，扩大了展出山东出产的各种物产的规模，以使参观者对山东的工业、农业、矿业等方面的资源有更多的认识。

四、外国传教士在山东创办的文化教育事业

（一）山东教会组织及其办学目的

鸦片战争以后，外国传教士以不平等条约为护符，开始大量涌入中国，

以实现其"中华归主"的梦想。东来的基督教会有新教与天主教之分。新教差会较多,先后来山东的有美国的南浸信会、北长老会、公理会、美以美会(后改称卫理公会),英国的圣公会、英国浸礼会、循道公会、内地会,德国的信义会,瑞典山东瑞华浸信会等。先后来山东的天主教修会有耶稣会、方济各会、德国圣言会等。在以上传教团体中,以美国的南浸信会、北长老会、英国浸礼会和德国的圣言会势力最大,影响最广。

近现代山东外国主要传教团体一览表

教派	名 称	创立年代	入鲁时间	分布状况	备 注
新教	美国南浸信会	1845 年	1859 年	登州、莱州、烟台、青岛、济南、济宁、郓城	
	美国北长老会	16 世纪	1861 年	烟台、即墨、济南、潍县、沂州、济宁、青岛	
	美国公理会	1620 年	1867 年	德州、临清	
	美国美以美会	1784 年	约1873年	泰安、济宁、曲阜、济南、兖州	20 世纪 50 年代初停止活动
	英国圣公会	16 世纪	1874 年	烟台、泰安、兖州、威海	
	英国浸礼会	1792 年	1861 年	烟台、青州、滨州、淄川、济南	
	英国循道公会	18 世纪	1866 年	惠民、滨县、阳信、无棣、庆云、商河、宁津	1942 年后逐渐停止活动
	内地会	1865 年	1879 年	烟台、牟平	
	瑞华浸信会	19 世纪	1892 年	胶州、高密、日照、临沂	
	伦敦会	1795 年	1831 年	威海、烟台	
	弟兄会	19 世纪初	1888 年	文登、威海	1941 年后会务由中国人接管
	烟台工艺会	1893 年	1893 年	烟台	
	基督教青年会	1844 年	1913 年	烟台、青州、济南、博山	
	同善会	1884 年	1897 年	青岛	

（续表）

教派	名　称	创立年代	入鲁时间	分布状况	备　注
天主教	方济各会	1209 年	1650 年	济南、周村、烟台、青州、威海卫等教区	
	圣言会	1875 年	1880 年	兖州、青岛、曹州、沂州、阳谷等教区	阳谷教区于1939 年由华籍主教接管
	多明我会	1215 年	1650 年	济宁州	18 世纪末传教活动中止
	圣母小昆仲会	1817 年	1914 年	威海卫、烟台、青岛	

1. 新教传教士进入山东

第一个到山东传教的新教传教士是郭实腊。郭实腊（Charles Gutzlaff，1803—1851 年），又被译为郭士立，普鲁士人，伦敦会传教士。鸦片战争前，他曾 3 次沿中国海岸线航行，其中 2 次到过山东，1835 年，他又伙同麦都思和蒂文思来到山东，先后在威海和烟台活动，并深入到这一地区的乡村散发基督教宣传品，据记载，在此地他们停留了 3 周左右，散发基督教小册子约4000 余册。①

第二次鸦片战争后，烟台开为商埠，西方传教士开始大量涌入山东。他们进入山东的方向大体如下：第一个方向是从烟台、登州登陆，然后南下西去，徐徐展开；第二个方向是从直隶的天津南下，向山东北部或中部扩展。两个方向中以第一个方向为主导。

1859 年 5 月，美国南浸信会（Foreign Mission Board of Southern Baptist Convention）传教士花慕滋（James L. Holmes）夫妇来到烟台，标志着该会在山东传教活动的开始。1860 年 12 月，美国南浸信会另外一位传教士海雅西（Jesse Boardman Hartwell）夫妇也来到烟台。不久他们到登州传教，建立了南浸信会在华北的第一个教会，教徒 8 人，并在此建起了山东土地上的第一座教堂。1863 年，高第丕（T. P. Crawford）夫妇到登州传教，于 1866 年建戚家牌坊街教区。

美国的北长老会（American Presbyterian Mission，North）传教士盖立

---

①*The Chinese Repository*，Vol. Ⅸ，p. 326.

(Samuel R. Gaylay)夫妇和但福斯(J. A. Danforth)夫妇1861年5月来到山东登州,开始了北长老会在山东传教的历史。在此后的几年中倪维思(J. L. Nevius)夫妇、梅理士(Mills)夫妇、狄考文(C. W. Mateer)夫妇和郭显德(H. Corbett)夫妇先后来到登州。他们在登州建立了北长老会第一个教会,并在登州四乡旅行布道。该会发展的第一个山东教徒叫林青山,林青山后成为登州教会第一任长老。1862年,倪维思夫妇在登州建立了一个女童学校,这是近代山东出现的第一所女学,也是第一所教会学校。1864年,狄考文夫妇在登州建立了一所男童学校,称蒙养学堂。

与美国传教士进入山东几乎同时,英国新教传教士也来到山东。1861年英国浸礼会传教士霍尔(C. J. Hall)夫妇到达烟台,开始了该会在山东的传教活动。但不久霍尔病逝,教务交与后来的荷兰人古乐柯(H. Z. Klock-ers)。古乐柯努力布道,"惨淡经营凡五年之久,凡烟台左近之村镇,莫不有其足迹,浸礼会之根基为之暂定"①,教徒发展到35人。1870年,李提摩太到达烟台。1875年他把烟台周围的两个教会转交给美国南浸信会,把牟平的布道点交给了中国内地会,离开烟台进入青州传教区。他在青州附近旅行布道,注意结交清政府官员和秘密会社首领,在2年内发展了300多个教徒。1877年,仲均安(A. G. Jones)到达青州,李提摩太转至山西,该会在山东教务由仲均安负责。

除了以上新教差会通过沿海的通商口岸进入山东外,也有一些差会或早或晚来到山东,如伦敦会、英国圣公会、美国公理会、美以美会等。但这些差会或者势力较小,或者在山东传教时间较短,对山东的影响与前面所述差会相比自然就小得多了。另外,还有部分差会是从天津南下进入山东的,如英国循道公会,1866年,山东乐陵县一位农民入天津紫竹院循道公会教堂听道,便要求教会派人去其家乡传教。该会于是派遣一中国牧师至乐陵布道,当地几个家族的族长和私塾先生先后皈依了基督教。循道公会次年即开始向附近村庄发展,势力逐渐发展到惠民、滨县、阳信、无棣、庆云、商河、宁津等县。又如美国公理会,进入山东的契机与英国循道公会类似,是被人由天津请到山东来的。1872年,恩县庞庄人侯圣清到天津教堂听道受洗。

---

①《中华基督教会全国总会第二届总会纪念册》,民国十九年(1930年),第203页。

1877 年山东大旱,侯圣清请传教士来山东赈灾。山嘉立(C. A. Stanley)、博恒理(H. D. Porter)、明恩溥(A. H. Smith)等传教士先后到恩县,利用赈荒机会扩大教会影响,在庞庄建立起第一个教会,此后开辟了临清教区。

传教士来到山东,大都先在沿海城市学习山东地方方言,熟悉山东地理民情,然后再向内地发展。

然而,内地的传教难度大大高于沿海。首先,由于传教士是跟随殖民统治者而来,大炮是他们的开路工具,不平等条约是他们的护符,这自然会引起山东人民的不满。在山东人民的眼中,传教士就是侵略者的帮凶。传教士的基本信条是:"只有基督能拯救中国解脱鸦片,只有战争能开放中国给基督。"为此他们积极支持本国殖民主义者用战争手段对付中国人,有的直接加入到对华战争中去,像郭实腊等人。其次,山东是中国儒家文化的发祥地,孔孟的故乡,有着悠久的传统文化根底,山东人对于不祭祖宗、不尊孔孟的西方教会嗤之以鼻,对于不尊重自己的文化观念、强行宣传基督教教义的传教士有一种本能的抵触情绪。再次,近代山东经济文化落后,人们的封建观念陈旧,很难接受不同的文化观念。

为此,新教传教士在内地的布道活动采取了灵活的方式。传教士的布道形式基本有两种:一是文字布道,一是口头布道。根据山东人尤其是农民识字不多的特点,传教士编制了各种浅显易懂的小册子,以通俗的语言宣传基督教教义,像《要道问答》、《耶稣教问答》等一问一答的小册子效果就非常好。口头布道由于不受布道对象文化水平的限制,又可以利用一切可能的机会,聚众讲道,有问有答,直接交流,因此在内地传教过程中的作用是显而易见的。为了辅助布道的效果,传教士还经常举办一些教育、医疗和社会福利事业。但对于三者之间的关系,1810 年建立的美国公理会的国外布道部(美部会)在 1834 年曾明确规定:"口头宣讲福音应被看做我们的传教士的主要工作,印制散发圣经和其他宗教小册子则是第二位的工作,而建立学校进行教育以及其他旨在改善社会的工作,应该始终被置于严格的从属地位上"①。

正因为如此,新教向内地推进的速度是比较快的。如美国北长老会,

①〔美〕福赛斯:《一个在华的美国传教士团体》(英文),第 6 页。转引自陶飞亚、刘天路:《基督教会与近代山东社会》,山东大学出版社 1995 年版,第 41 页。

1866 年起,郭显德多次到潍县一带传教,发展中国教徒。1882 年,传教士良约翰夫妇和狄乐播夫妇至潍县,开辟传教点;同时向济南发展,1884 年在济南建立教会。1877 年,倪维思则利用救灾的机会,进入沂州传教。后来,郭显德等传教士先后到达沂州,并发展到沂水、苍山、郯城、费县、平邑、莒县、日照等地。1890 年 3 月山东长老会传教士方维廉等 4 名传教士建立了沂州教会。不久,又将势力扩展到济宁、滕县、峄县一带。英国浸礼会,1885 年传教士蔚兰光到淄川传教,1886 年进入博山,至 1904 年开设周村传教区,成为青州至济南间传教活动的中心,统管博山、淄川、新城(今属山东桓台县)、长山(今属山东邹平县)等地教务。

20 世纪以后,新教势力发展很快。据 1920 年基督教会的统计,全省共有正式教堂 663 座,布道所 1330 处,外籍传教士 504 人,中国布道人员 1098 人,受餐教徒 41821 人。[①] 另有教会医院 28 座,教会大学 1 所,教会中小学校 1124 所,在校中小学生 21354 人。另一方面,伴随着中国民族主义的高涨和民族经济的发展,差会内中国教牧人员的力量逐渐壮大。1927 年中华基督教会成立,1928 年建立中华基督教会山东大会,表明中国教牧人员在差会中的作用日益重要。

30 年代,差会在山东的发展进入鼎盛时期。据不完全统计,1937 年各差会共有传教士 364 人,中国布道人员 1892 人,教徒 7 万人左右。抗日战争爆发后,各地西方差会的活动受到日本侵略者的限制,差会的经费来源也受到战争的极大影响。太平洋战争爆发后,英美传教士或被遣返,或被关押,差会的传教活动几乎陷于停顿。同时,日本侵略者成立华北中华基督教团,强迫各地教会参加。

抗战胜利后,各差会传教士重返各地教会,执行所谓复兴计划。未几,山东全省解放,大多数传教士撤到香港和东南亚一带,只留少数人观望。1949 年,各差会共有教徒 7 万多人,其中加入中华基督教会山东大会的教会成员占 44%。

1950 年,中国基督教界掀起三自爱国运动,中华基督教会山东大会宣布割断与外国差会的联系。到 1951 年底,在山东的差会传教士除 3 名外全

①中国社会科学院世界宗教研究所编译:《中华归主——中国基督教事业统计(1901—1920)》中册,中国社会科学出版社 1987 年版,第 423 页。

部离境。各差会的附属事业于建国前后由当地人民政府接收,其教堂、房产等陆续交由基督教三自爱国组织使用,差会在山东的传教活动至此结束。

2. 天主教在山东的传播

天主教早在明末清初就进入了山东。1636 年(一说 1632 年)耶稣会士龙华民,从北京来到济南传教,"在山东许多城镇,甚至包括著名的济南府,建起了基督教会"[①]。1696 年,罗马教廷将中国天主教划分为 12 个教区。山东与直隶、辽东属北京教区。

1839 年 10 月,山东教区从北京教区独立出来,罗马教廷"派罗类思主教管理山东全省教务"。[②] 1845 年,罗类思(Ludovicus Marie Besi,又译为伯济)就曾化妆潜入山东内地,在泰安、成武等处作过长期逗留,进行侵略活动。继罗类思担任山东教区主教的是江类思(Aloysius Moccagata)。《北京条约》签订后不久,根据约内所谓发还从前没收的天主教堂产业的规定,江类思于 1861 年来到济南。他借口济南高都司巷附近在乾隆年间曾有 1 所法国天主教堂,强迫山东地方官"归还"。从此拉开了天主教在山东侵略的历史。

近代山东天主教的主要派别为方济各会(Franciscans)与圣言会(Society of the Divine Word)。从鸦片战争到 1881 年,在山东活动的主要是方济各会。1882 年起,德国圣言会进入山东,逐渐成为与方济各会分庭抗礼的力量。

1839 年,山东成为独立的教区时,称为山东代牧区,由方济各会士管理。此时有 3 任主教,分别为罗类思(1840—1848 年,荷兰人)、江类思(1848—1870 年,意大利人)、顾立爵(1879—1885 年,意大利人)。后来由于圣言会的争夺,将鲁南教区划归圣言会管理,称南境总堂。这样,方济各会所剩余的管辖区(包括济南府、东昌府、武定府、泰安府和临清州)便改称北境总堂,总堂设在济南。到 1894 年,从北境总堂分离出来东境总堂,负责管理登州、莱州、青州等府的教务,总堂设于烟台。到 19 世纪末年,天主教在山东共设立北、南、东 3 个总堂,有大小教堂、会所 1159 处,洋教士 56 人,

①Forsyth, Robert Coventry. *Shantung, the Sacred Province of China in Some of Its Aspect*, Shanghai Christian Literature Society, 1912, p. 162.

②山东省历史学会编:《山东近代史资料》第 3 分册,山东人民出版社 1961 年版,第 192 页。

华教士38人,教徒45000余人。① 1924年,山东北境总堂改称济南教区,东界总堂改称烟台教区,南界总堂改称兖州教区。此后,兖州教区分立青岛、阳谷两教区,烟台教区分立青州(益都)、威海两教区。济南教区又分立临清、张店(即周村)两教区,其后临沂、菏泽也分别设立教区。这样到1949年山东共有11个教区,大小教堂和堂口974处,洋教士281人,华教士139人,教徒319174人。②

1949年以前山东省天主教著名教堂表③

教堂名称	建筑年代(年)	备　注
青岛浙江路天主堂	1832	山东最大的教堂
济南洪家楼天主堂	1905	山东天主教总主教座堂
武城县十二里庄天主堂	1839年建 1903年重建	山东天主教最早的教堂
兖州天主堂	1900	"赦建天主堂",巨野教案赔款所建教区总堂
菏泽天主堂	1900	"赦建天主堂",巨野教案赔款所建教区总堂
济南将军庙街天主堂	1888	山东代牧区总堂,由武城县十二里庄迁此
烟台天主堂	1886	山东东境教区总堂
阳谷县坡里庄天主堂	1886	山东南境教区总堂
益都天主堂	1932	教区总堂
平阴县胡庄天主堂	1909	
平阴县胡庄圣母堂	1895	

最初,天主教在山东的活动以法国支持的方济各会为主,法国拥有天主教的"护教权"④。法国曾利用"护教权"的特殊功用,在华获取了许多好

---

①参见山东省历史学会编:《山东近代史资料》第3分册,山东人民出版社1961年版,第193—205页。
②山东省地方史志编纂委员会编:《山东省志·少数民族志 宗教志》,山东人民出版社1998年版,第569页;山东省济南市政协文史资料研究委员会编:《济南文史资料选辑》第2辑,1983年版,第149页。
③转自山东省地方史志编纂委员会编:《山东省志·少数民族志 宗教志》,山东人民出版社1998年版,第568页,表4-3。
④天主教护教权:就是不论在华天主教士的国籍如何,他们有关教会和教案的一切事务,都由法国公使或领事出面,与清政府和各级地方官打交道,并为教士们发放在中国居住和到各地旅游的护照。

处。当时的一位外国牧士就曾说过:"法国由宗教的材料所得到的利益比较英国由商业的材料所得到的利益却要多着十倍。"①德国对此非常眼红,"德国认为护教权是德国进行远东政策所需要的东西"②,要独霸山东,就必须从法国手中夺取山东地区的天主教护教权。

德国与法国争夺"护教权"的过程也就是德国天主教势力在山东发展的过程。

圣言会于 1875 年 9 月 8 日由德国人杨森(Arnold Jausseu)在荷兰斯泰尔创立,以虔敬和传扬"圣言"为宗旨,故称"圣言会"。1879 年派安治泰和福若瑟 2 名教士来华传教。安治泰在香港学习中国语文将近 1 年,1880 年搭船来到烟台。这位"干练、伶俐、狡猾"的传教士,曾利用途经上海的机会,拜见了德国总领事,提出"有在中国成立一个规模较大的德国天主教的意图"③。安治泰刚到山东就被方济各会派到"没有成功希望"的鲁南教区。

以曲阜、兖州为中心的山东南部,是儒家宗师孔子和孟子的故乡,"这里对中国人来说虽然不是耶路撒冷和麦加,但享有圣地的声誉",孔孟的儒家思想陶冶着每个人的心灵。因此,鲁南一带的人们对天主教传入有着很强烈的反感。加之这些传教士是跟随帝国主义的炮舰而来,本身就是侵略者,因此这种反感就时常以反抗的形式表现出来。安治泰在传教过程中就几次"被捉住,反绑双手,身上抹上粪,牵着游街",有时还被"绑在树上殴打,直到人们认为他已经被打死为止"。但"得到这个重要的地方,是教士们一开始就既定了的主要目标",当地人民的反抗,并不能使侵略者罢手,安治泰煞费苦心,吃尽了苦头,利用各种办法,才算在鲁南站住了脚跟。④

1882 年,由于安治泰"出色"的工作,被任命为鲁南教区代理主教,1886年升为主教。此后,安治泰一面招致大批德籍教士来山东,一面又不择手段地吸收地痞恶棍入教来扩大圣言会在山东的势力。据 1893 年德国公使巴兰德致总理衙门的照会所附抄单报告,当时德国在山东的教士已达 34 人(另有 2 名病故),他们在阳谷、寿张、汶上、巨野、单县、济宁、沂州、沂水、莒

---

①罗惇曧:《庚子国变记》序言,神州国光社 1951 年版,第 3 页。
②王文杰:《中国近世史上的教案》,福州协和大学中国文化研究会 1947 年版,第 140 页。
③〔德〕施丢克尔:《十九世纪的德国与中国》,三联书店 1963 年版,第 298 页。
④青岛市博物馆等编:《德国侵占胶州湾史料选编》,山东人民出版社 1987 年版,第 65 页。

州、蒙阴等州县共建教堂 12 处,发展教徒 4000 人。①

正是由于德国天主教势力在山东的发展,再加以德国政府对罗马教皇和法国的压力,1890 年,德国终于取得了在山东的护教权。从此,圣言会势力获得了长足的发展。

天主教由于更多保留了西欧中世纪基督教的教义与教仪,因此无论在传教方式还是传教风格上都保有中世纪的专制色彩,发生于清朝初年的所谓"大礼仪之争"就是明证。时间进入了近代,西方的资产阶级革命已经过去了 50 多年,天主教的这一传教风格却并无多少改变,而且由于传教士是随着西方的大炮而来,他们有各殖民国家"护教权"和不平等条约的保护,变得更加肆无忌惮了。天主教在进入山东后在这种霸道的作风下,不断引起人民的反抗,造成了许多教案。山东教案所涉及的地区达 70 余州县,多集中在兖州、沂州、曹州、济宁、济南、东昌、泰安、武定府和临清等地,所涉及的教会,以天主教各派的较多,基督教各派的较少。据统计,在 1898 年以前的 66 起教案中,属德国圣言会的 26 件,占 39.4%;属意大利方济各会的 23 件,占 35%;其余属新教及其他各教。②

在天主教传教过程所引起的教案中,以梨园屯教案和巨野教案最具代表性,前者导致了义和团运动在山东的爆发,后者被德国当作侵占胶州湾的口实。

3. 外国传教士在山东兴办教育的目的

关于兴办教育对于教会的价值,曾在宁波办过学的倪维思这样说道:"以我在宁波办了多年男女寄宿学校的经验证明,在中国办学是最省钱、最有效的传教方法。它们只花费传教士约四分之一的劳力与时间,却为该地教会提供了很大一部分的教徒——我想超过半数。最近三四年外堂数目大增,多半要归功于本地工作人员的努力,这些中国人多半曾在我们所办的学校里受过教育。总之,宁波教会之所以继续成长,引人归主,建立分堂,在很大的程度上归功于我们所办的学校。"③

当然,兴办教育事业的原因不仅如此,狄考文曾这样描述教会学校的作

---

①台湾"中央研究院"近代史研究所编:《教务教案档》第 5 辑(1),第 554—555 页。
②参见山东省地方史志编纂委员会编:《山东省志·少数民族志 宗教志》,山东人民出版社 1998 年版,第 656 页。
③John J. Heeren. *On the Shantung Front*, The Board of foreign missions of the Presbyterian church in the United States of America in New York, 1940, p. 227.

用:"真正的教会学校,其作用并不单在传教,使学生受洗入教。他们看得更远,他们要进而给入教的学生以智慧和道德的训练,使学生能成为社会上和教会里有势力的人物,成为一般人民的先生和领袖。……不论哪个社会,凡是受过高等教育的人都是有势力的人,他们会控制社会的情感和意见。作为传教士来说,如果我们彻底地训练出一个人,使他能在一生中发生一个受过高等教育的人的巨大影响,就可以胜过半打以上受过一般教育不能在社会上有崇高地位的人。……作为儒家思想支柱的是受过高等教育的士大夫阶层,如果我们要对儒家的地位取而代之,我们就要训练好自己的人,用基督教和科学教育他们,使他们能胜过中国的旧式士大夫,从而能取得旧式士大夫所占的统治地位。"①传教士兴办教育的目的已说的再透彻不过了。

(二)新教与山东教育

1. 新教兴办的教育事业概况

最早在山东办学的是美国长老会传教士倪维思。倪维思毕业于美国普林斯顿神学院,1854 年来华,先在宁波传教并负责办理男女寄宿学校,1861年偕夫人来到登州。1862 年,倪氏夫妇在登州观音堂办了一所女童寄宿学校,免费供给食宿和衣服等物,有 3 名学生。这也是近代山东出现的第一所女学。

随着美国长老会建立起第一所教会学校,进入山东的新教差会纷纷办学。美国南浸信会传教士高第丕于 1863 年在登州开办了一所专门面向教徒子弟的学校,这是该会在山东举办的第一所学校,也是山东的第一所教会男校。美国公理会于 1882 年在恩县史家堂建立第一所小学,后迁至庞庄,1898 年发展成为中学,1907 年正式命名为崇正学馆,为 4 年制中学,附设高小。1893 年,该会女传教士博美瑞办了一所女子寄宿学校,以放足为入学条件,后定名为培贞阁。英国浸礼会办学稍晚,进入山东之初,由于经费原因,他们采取了学校由地方自办,差会酌情补助的办法,因此,各地只有靠这种形式兴办的所谓"学房"。② 学房教员的薪水靠学生的束修维持。到 19

---

①*Records of the General Conference of the Protestant Missionaries of China,1890*,Shanghai:American Presbyterian Mission Press,pp.457—459.

②参见山东省淄博市政协文史资料委员会编:《淄博文史资料选辑》第 1 辑,第 249 页。

世纪末,浸礼会也尝试办学校,1884 年库寿龄(S. Couling)在青州建立了教会学校,1892 年开办女子寄宿学校,后发展成为"广德书院"。另外,美国美以美会,英国圣公会,举德国同善会、柏林会、瑞华浸信会等都办有大量教会学校。到 20 世纪 20 年代,新教教会学校数已发展至 1124 所,学生达 21354 人。(详见下表)

1920 年山东新教教会学校、学生统计表

国别	差会名称	小学						中　学			合　计	
		初级小学			高级小学							
		校数	男生数	女生数	校数	男生数	女生数	校数	男生数	女生数	校数	学生数
美国	南浸信会	211	3187	873	13	188	154	10	217	133	234	4752
	北长老会	351	4666	1510	85	872	340	18	522	283	454	8193
	公理会	26	314	141	4	77	26	2	31	11	32	600
	美以美会	43	419	322	10	160	120	1	85		54	1106
	福音会	8	230	110	3	35	25				11	400
	通圣会	2	16	37	2	8	4				4	65
	安息日会	4	148		3	248					7	396
	青年会	1	61	32							1	93
	宣圣会	2	30	20	2	5	10				4	65
英国	圣公会	40	511	119	6	66	34	4	85		50	815
	浸礼会	148	1793	436	6	140	85	1	45		155	2499
	圣道公会	16	317	11	2	29	59				18	416
	弟兄会	9	80	137	2	10	42				11	269
德国	柏林会	29	600	10		2	30				31	640
	同善会				1		11	2	32	4	3	47
瑞典	瑞华浸信会	49	754	128	1	4		2	28	13	52	927
国际	内地会	2	64								2	64
	救世军	1	6	1							1	7
合计		942	13196	3887	142	1872	910	40	1045	444	1124	21354

(本表根据中国社会科学院世界宗教研究所编译《中华归主——中国基督教事业统计(1901—1920)》中册第 426 页"教会学校统计表"编制)

在新教教会中,以长老会所办学校最多。1864 年,继倪维思之后,狄考

文夫妇在登州设立蒙养学堂,是登州文会馆的前身。1866 年,郭显德在烟台毓璜顶山下购得部分土地,建起了男女学校。男校称"文先",学生可升入登州文会馆。1887 年,郭显德又兴办了 3 年制的"会英书院",当时称"文先"为上馆,"会英"为下馆。1894 年(光绪二十年)上下两馆合并,成为"会文中学",英文校名为"郭显德中学",1915 年有学生 72 人。1887 年,梅耐德(梅理士第二任妻子,纽约聋哑学校教师)在登州建聋哑学校,名为启暗学馆,是近代中国出现最早的聋哑学校。该校为便于向美国信徒募捐,对外称"对华聋哑人布道会"。1898 年移至烟台,改属烟台教会,更名为启暗学校。1872 年,由北京来山东的传教士文璧在济南开办了一所免费的"义塾",开始了长老会在济南办学的历史。另外,长老会在潍县、临沂、济宁、峄县、滕县、青岛等地都设有教会学校。

新教传教士所办学校,有小学,有中学,还有大学。在中学中,登州文会馆是其代表;在大学中,齐鲁大学最为著名。

2. 登州文会馆(Tengchow College)

登州文会馆是由 1864 年狄考文所办蒙养学堂发展而来的。

狄考文(Calvin Wilson Mateer,1836—1908 年),美国宾夕法尼亚州人,毕业于美西神学院,1864 年 1 月携新婚妻子到达登州。他一面"延齐人为傅,苦心学习"汉语,一面旅行传教,调查研究山东情况。据说他每次外出传教都随身携带武器。狄考文到登州后,除了上述活动他还在教堂里招收了 6 名穷小孩教以读书,"不维免其修金,并且丰其供给,一切衣履、鞋袜、饮食、纸张、医药、灯火以及归家路费,皆给自本堂"。他把这所小学校定名为蒙养学堂。①

蒙养学堂本是教会小学,1873 年起设置中学课程,

登州文会馆一角

①参见顾长声:《从马礼逊到司徒雷登——来华新教传教士评传》,上海人民出版社 1985 年版,第 282—283 页。

1876 年改称文会馆,成为一所教会中学。登州文会馆的学制分备斋 3 年,正斋 6 年,一共 9 年。备斋是小学程度,正斋是中学程度。9 年教育较为系统,所学课程由浅入深。由传教士和中国士人分别担任教师。到 1905 年文会馆迁到潍县与广德书院合并,登州文会馆前后分别由狄考文(1864—1895年)、赫士(W. M. Hayes,1895—1901 年)、柏尔根(P. D. Bergen,1901—1905 年)任监督。

1873 年以前,登州蒙养学堂的课程包括三类:第一类是宗教知识;第二类是中国传统儒学;第三类是简单的西方科学常识。1873 年,学堂学生邹立文(平度人)参加了蓬莱县考,结果名列前茅,这无疑坚定了狄考文的办学理念,即教会学校培养的学生应是"接受过基督教义"的熏陶、既"精通西方科学,同时又熟谙中国文化的人"。① 1873 年后,他将大量西方科学知识加入文会馆的课程中。以下为登州文会馆的课程设置表:

登州文会馆课程表

| 斋类 | 学年 | 课　　程 | | | |
		宗教类	中国经学类	自然科学类	社会科学类及其他
备斋	第一年	马太六章 官话问答(指教义问答)	孟子(上) 读诗经(一二)	心算 笔算数学(上)	
	第二年	圣经指略(下)* 以弗所格罗西(全)	孟子(下) 读诗经(三四)	笔算数学(中) 地理志略	讲读唐诗(后废) 乐法启蒙
	第三年	圣经指略(上)* 诗篇选	读诗经(一二)* 讲学庸(即大学、中庸)	笔算数学(下) 重学地理志略	读作文章 读作韵诗
正斋	第一年	天道溯原	读书经(三四) 讲诗经 重讲论语	代数备旨	读作诗文(后改读作策论经义,下同)
	第二年	天路历程	讲诗经 读礼记(一二) 重讲孟子	形学备旨 圆锥曲线	读作诗文 万国通鉴

①*Records of the General Conference of the Protestant Missionaries of China,1890*, Shanghai: American Presbyterian Mission Press, p.459.

（续表）

斋类	学年	课 程			
		宗教类	中国经学类	自然科学类	社会科学类及其他
正斋	第三年	救世之妙	读礼记（三四） 重讲诗经 重讲学庸	八线备旨 测绘学 格物（力、水、气、热、磁）	省身指掌 读作诗文
	第四年	天道溯原	讲礼记（一二三） 重讲书经 讲读左传（一二三四）	量地法 航海法 格物（声、光、电） 地石学	读赋文 作诗赋文
	第五年	罗马书	讲礼记（四） 讲读左传（五六）	代形合参 物理测算 化学 动植物学（1902年添）	读赋文 作诗赋文 二十一史约编
	第六年		讲易经（全） 讲系辞	微积分学 化学辨质 天文揭要	读作文（七日二课） 心灵学 是非学 富国策

（本表根据王元德、刘玉峰：《文会馆志》，1913 年潍县广文学校印刷所印行本编制。"＊"号处为原文如此，疑为错讹）

从上表可以看出，当时登州文会馆所开课程（以每年所开课程数相加，6 年共开设 79 门课）虽然仍以宗教知识及中国传统儒学为主（宗教类占 15.19％，中国经学类占 27.88％），但西学课程大为丰富（自然科学类占 29.11％）。西学课程主要包括：第一是数学，第二是物理、化学，第三是天文、地理，第四是动植物学，第五是航海、测量等实践性课程。另外还包括较少的社会科学课程（占 20％），如世界通史（万国通鉴）、政治经济学（富国策）等。如此全面系统地开设西方自然科学课程，在当时的中国并不多见，是一个创举。但值得玩味的是，登州文会馆始终没有开设英语课，这是因为狄考文不赞成在教会学校开设英语课，他认为："假使我们必须教授英语，我们无疑地将得到中国官吏和富人的赞助和支援。这样，我们将被迫放弃学校的具有特色的宗教性质这个好的措施。我们招到的将是另一类学生。

学校的宗教风气将迅速改变,而置我们于不顾",还有一个结果,即"学生们会讲英语后,无疑地我们将有极大的困难把他们留住。他们将立即去找工作"。① 言外之意,就是狄考文等人在宗教方面的努力可能白费,这样既达不到"成为一般人民的先生和领袖"的目的,也不可能实现"对儒家的地位取而代之"的"远大设想"。

因此在宗教教育上加大力度就成为登州文会馆的一大特色。宗教课程是文会馆的课程重点,这很难从所开课目的多少来判断,但从其他方面的情况分析仍能得出这一结论。为了加强学校管理,文会馆立有各种规章制度,其中就有《礼拜条规》。其中规定:学生每天早晨起床后 8 点参加晨祷会,"歌诗祈祷",晚上有夜祷会并集中上夜自修。每周日 9 点"会集礼拜,分班读经"、11 点半"赴会堂礼拜,听道"。② 所有以上活动都是要点名的,无故缺席或有事缺席次数多了就要受到处分。文会馆还建立过 8 种学生组织,其中 6 种是研究、宣传基督教的组织。另外,文会馆还实行宗教活动与学术活动分开的制度,早晚祈祷由传教士教师负责,中国籍教师只负责与中文读写有关的课程,以最大限度地防止儒家伦理纲常对学生产生影响。从以上分析可以看出,尽管在文会馆课程表中,宗教课程占总开课门数的比例不高(仅为 15.7%),但宗教课程和活动却占去了学生绝大部分时间。

当然,开设西学课程也是登州文会馆的另一大特色。狄考文在增设中学课程之后,就开设了几何学、物理学等,1876 年他又开设了代数、三角、天文、化学等课程。开设西学课程最困难的是教材问题,因为当时的中国并没有此类教材。狄考文便亲手编译教材,他与邹立文共同翻译的教科书有:《形学备旨》10 卷(1885 年,由美国人罗密士原著译出),《代数备旨》13 卷(1891 年),《笔算数学》3 册(1892 年)。③ 他自己另外还编有《初等数学读本》④、《心算初学》、《振兴实学记》⑤等。赫士也译有《天文揭要》(2 卷)、《声学揭要》(1 卷)、《光学揭要》(2 卷)等书。其他使用的教科书多为各地

---

①顾长声:《从马礼逊到司徒雷登——来华新教传教士评传》,上海人民出版社 1985 年版,第 290 页。
②王元德、刘玉峰:《文会馆志》,1913 年潍县广文学校印刷所印行,第 54 页。
③李俨:《中国算学史》,商务印书馆 1957 年版,第 275 页。
④山东省蓬莱县政协文史委员会编:《蓬莱文史资料》第 3 辑,1987 年版,第 179 页。
⑤顾长声:《传教士与近代中国》,上海人民出版社 1991 年第 2 版,第 237 页。

传教士所译。西学课程的开设不但改变着传统的以儒家经典为核心的教学内容,而且改变着传统的坐而论道、死记硬背的教学方法。实践性课程的开设将实验方法引入了教学,狄考文等为此购买了各种试验设备,有时也自己亲手制作实验仪器。经过努力,登州文会馆的仪器设备竟达 300 余种。

这些西学书籍大多是最初级的入门性读物,这些实验装置也多为非常简陋的设备,但它们却在山东人面前打开了一扇奇异的大门,从而改变着人们的视野以及对整个世界的认识,同时也改变着对传教士的认识。本来,狄考文对在中国人中间传播科学知识是极为谨慎的,他曾这样说道:"如果科学不是作为宗教的盟友,他就会成为宗教最危险的敌人"①,这种思想就决定了教会学校在传播西学方面的局限性,初步的科学知识传播或许使狄考文感到科学已成为了宗教的盟友。有些学生在西方宗教的熏陶之下,写出了像《乐赴天城》、《快乐之日》之类的作文,一心向往未来的天堂,它们向传教士表示,愿意献身给教会,为传播宗教出力。有的学生则写出了《逍遥曲》、《赏花》等作文,对资产阶级的文明顶礼膜拜。当然,也并非所有都如传教士所愿,大约宣统年间,就有一个学生写出了题为《恢复志》的文章,鼓吹立国自强。② 这可能正是狄考文所担心的,也是他最不愿看到的。

据 1908 年统计,从 1864 年起到 1905 年登州文会馆迁址到潍县,共招收学生 400 余名,毕业 205 名,肄业 200 名。③

3. 齐鲁大学(Cheeloo University)

然而,狄考文并不满足已有的成绩,他试图将文会馆办的越来越大,对山东的影响越来越深。早在 1881 年,狄考文就曾向美国长老会提议,将登州文会馆升格为大学。义和团运动期间,登州会馆被毁。1902 年时局稳定后,美国长老会与英国浸礼会于 6 月间在青州举行联席会议,通过了合办山东基督教共合大学的决定。

不久,美国长老会办的登州的文会馆和英国浸礼会办的青州的广德书

---

①*Records of the General Conference of the Protestant Missionaries of China*, 1877, Shanghai: American Presbyterian Mission Press, p. 171.

②参见顾长声:《传教士与近代中国》,上海人民出版社 1991 年 12 月第 2 版,第 237—238 页。

③顾长声:《从马礼逊到司徒雷登——来华新教传教士评传》,上海人民出版社 1985 年版,第 291—292 页。

院合并,分别取两所学校原名的第一个字,合并后的校名称为"广文大学"(Shantung Union College),新校址设在潍县。广文大学的课程除增添英文为选修课外,其余基本上还是文会馆的老样子。因此虽有大学之名,却无大学之实。

以后,联合的范围进一步扩大,这一地区的其他差会所办学校也参加进来,成立了"山东基督教共合大学",如由英美传教士医生共同组成的济南"共合医道学堂";由浸礼会主办的郭罗培真书院神科和北美长老会所办的数个神学院、教士馆合并而成的"青州神道学堂"等。这样,一个大学就不得不分处 3 个地方,无疑增加了许多办学的难度。1917 年,学校各部统一集中到济南,校名也正式定为"齐鲁大学"(它在教内的英文名称仍称"山东基督教大学",Shantung Christian University)。山东基督教大学之所以以"齐鲁"来命名,"因为齐鲁是孔子时代占据了大部分山东地盘的两个公国,在中国文献中的齐鲁就像基督教文献中的加利利一样赫赫有名"①,可见教会对它寄予的厚望。

齐鲁大学从 1917 年成立,到 1952 年结束,共存在 35 年。在近代中国,它是与北京的燕京大学、南京的金陵大学、上海的圣约翰大学、成都的华西协和大学等齐名的教会大学。该校地处风景优美的趵突泉南侧,占地 600 亩②,建筑气势宏大,欧式风格鲜明。校园布局合理,办公、教学、生活、运动分区而立,供水、供电设施齐全。为了使学生随时随地铭记外国传教士的"恩德",学校的主要建筑都以著名传教士或建筑捐助者的名字命名,办公楼称麦柯密克楼,物理楼称考文楼,化学楼称柏尔根楼,图书馆称奥古斯丁图书馆,神学楼称郭罗培真神学楼,礼拜堂则称康慕礼拜堂。这 6 座楼中的化学、物理、神学和图书馆楼处于校园的正中位置。

齐鲁大学是由英、美、加等 14 个差会共同参与管理的,他们为了获取齐鲁大学的控制权而不断明争暗斗。这 14 个差会属于英国系统的 5 个,属于美国系统的 8 个,属于加拿大系统的 1 个。它们由差会上层及捐款者代表

①郭查理:《齐鲁大学》,陶飞亚等译,珠海出版社 1999 年版,第 28—29 页。加利利海,基督教圣地,在今以色列与叙利亚交界处。据《圣经》记载,耶稣在加利利岸边曾呼召彼得、安德烈、雅各和约翰,传讲教导、医病赶鬼、施行神迹、喂饱群众,并在海上行走,让巨风大浪立刻平静。
②一说占地 120 余亩,见朱有瓛主编:《中国近代学制史料》第 4 辑,华东师范大学出版社 1993 年版,第 189 页。

联合组成理事部,总部设在加拿大多伦多,在纽约和伦敦设有分部。理事部
负责筹办经费、审核预算等事,实际控制着学校的一切事务。

20 世纪 40 年代齐鲁大学校园

　　齐鲁大学设有董事会,具体掌握学校大政方针的实施。齐鲁大学没有
在民国政府教育部立案前,董事都是由各差会选派代表 1 人组成。英美差
会以自己投资多为由,希望在董事会多派人员。1919 年规定,原则上仍是 1
会 1 人,但在齐鲁大学职、教员中哪一会的传教士超过 6 人得添派 1 人。这
样英国浸礼会和美国长老会都在董事会上各占 2 个席位。后来,鉴于在华
立案的压力(据 1926 年民国大学院《私立学校规程》及《私立学校校董会设
立规程》规定,"私立学校不得以外国人为校长","外国人不得为校董;但有
特别情形者,得酌量充任,惟本国人董事名额占多数"①),董事会也逐渐吸
收中国人加入,1925 年前后中华基督教会会长诚静怡,南开大学校长张伯
苓,上海商务印书馆编辑部邝富灼,济南东关长老会牧师衣振青,校友宋传
典和连警斋②等,都曾担任过董事。

　　在董事会之下,还有一个评议会,即校务委员会,由校长、各院院长以及
各院"选派"的一个外籍教员和一个"说英文的中国教员"组成。其职责是
秉承董事会旨意,计划一切行政。

---

　　①《大学院公报》第 1 年第 1 期,1928 年 1 月。
　　②宋传典(1875—1930 年),山东益都人,买办兼政客,曾担任青州守善中学董事长、齐鲁大学
董事、山东省议会议长、北京政府临时参政院参政等职;连警斋,著有《郭显德牧师行传全集》。

校长由董事会聘请,主管日常行政事务。齐鲁大学刚刚成立时,美国传教士路思义与英国传教士卜道诚即开始争夺校长之位,结果路思义失败,一怒去了燕京大学,并带走了美国教会的许多捐款,为燕京大学修建了一所漂亮的图书馆。从 1917 年到 1937 年的 20 年时间里,齐鲁大学的校长与代理校长有 10 人之多,说明各教会特别是英美教会对这一位置的争夺是异常激烈的。这 10 位校长分别是:卜道诚(英,1917—1919 年)、聂会东(美,1919—1921 年)、巴慕德(英,1922—1926 年)、瑞思培(加拿大,以神科科长兼任代理校长)、李天禄(山东肥城人,1925—1929 年)、罗士琦(代理校长)、朱经农(湖南人,1931—1934 年)、林济青(山东人,1933—1935 年以文理学院院长代理校长)、李植藩(浙江人,山东盐务稽核所所长,1934—1935年代理校长)、刘世传(山东蓬莱人,1935 年起任校长,1937 年随校去四川)。① 另外,美国人德位思从 1927 年到 1935 年一直担任校务长一职,英文名称为"副校长",其实在很多时候德位思的意见可以左右校长。

到 20 世纪 30 年代,齐鲁大学基本建成,成为多学科综合性教会大学。1929 年,遵照当时国民政府的规定:"私立学校一律不得以宗教科目为必修科,亦不得在课内作宗教宣传"②,神科不得不脱离齐鲁大学。这样,齐鲁大学拥有文学、理学、医学 3 个学院。文学院包括历史社会学、经济、国文和英文等 4 个系,还有 1 个国学研究所;理学院包括物理、化学、生物、药学、天算等 5 个系;医学院是齐鲁大学创建较早、师资力量诸方面较强的 1 个学院,学制为 7 年,第 1、2 年预科,第 3 至 6 年学习专业课程,第 7 年临床实习。30 年代医学院还设有公共卫生系、护士专修科和化验技师专修课。"中华医学会驻济编辑部"也设在医学院内,该组织与医学院无隶属关系,但由于专职编辑不多,仍由医学院及医院专家兼任,所以关系极为密切。另外,齐鲁大学还拥有齐鲁大学医学院附属医院、齐鲁大学附属高级中学(1948 年创办)、齐鲁大学附属小学等附属机构。③

齐鲁大学虽然具有一定规模,但却长期未在国内外任何一个政府立案,

---

①参见山东省政协文史资料研究委员会编:《文史资料选辑》第 1 辑,山东人民出版社 1982 年版,第 201 页。人名括号内的年份为任校长或代理校长的年份,由于担任校长的人有时虽有其名但并不在其位,便由代理校长负责,因此任职前后年份有时是交叉的。
②《大学院公报》第 1 年第 1 期,1928 年 1 月。
③参见朱式伦:《齐鲁大学及其附属机构》,《解放前济南的学校》,济南出版社 1991 年版。

这就使齐鲁大学处于因不被任何一个国家承认而不能颁发学位的尴尬境地,影响了学生的毕业去向和招生数量。20 年代,齐鲁大学开始寻求在国外立案。首先是英国,它却以没有在国外设立大学的先例为名,拒绝给齐鲁大学立案;而美国则认为齐鲁大学教职员中美人不占多数,也不予批准。齐鲁大学转而向加拿大申请立案,1924 年,加拿大政府批准了齐鲁大学的立案申请,准其为毕业生授予学位或荣誉学位。

齐鲁大学在国内的立案则几经周折。开始,齐鲁大学并无在中国立案的意向,但 1928 年的《私立学校规程》规定"外国人及教会设立之学校"均属"私立学校","私立学校须受教育行政机关之监督及指导",①齐鲁大学不得不向国民政府申请立案注册。经过积极准备,齐鲁大学于 1929 年向山东省教育厅申请立案。当年夏天,教育厅长何思源派了视察组到齐鲁大学实地调查,认为医学院尚属满意,而文理学院则有若干不合格之处,况且图书馆只有 2.4 万册藏书,也达不到要求,因此,提出 6 条需要改进的意见。学生得知齐鲁大学未被政府接受立案,遂掀起学潮,迫使校长李天禄引咎辞职。1930 年春,新校长上台后积极努力解决教育厅提出的问题,但教育厅却显得缺乏热情,对齐鲁大学立案问题拖着不批。后来有人提出请名人出来帮助做工作,校董会派专人到南京找当时任实业部长的孔祥熙,请他帮忙。请孔祥熙的原因是他与齐鲁大学女生部主任麦美德私交很好。凭着这样的关系孔祥熙答应出任齐鲁大学校董会主席,并举荐曾留学美、日,并在教育部工作过的朱经农任齐鲁大学校长。与此同时,改组董事会,使中国人在董事会中占到了 2/3 的多数。这一招果然有效,教育部于 1931 年 12 月正式批转山东教育厅准予齐鲁大学立案。

齐鲁大学的早期,学生大多来自本省,但随着学校名气的增大,它也扩大了招生范围,到 1925 年,约有一半学生来自山东省以外的地方。但是,齐鲁大学由于对英语教学不够重视,一直是农村基督徒家庭子弟的教育中心。它对希望学英文的商人子弟毫无吸引力。学校的学费很低,学生中教徒比例很高。从 1914 年到 1952 年,齐鲁大学医学院大约有 672 名毕业生,其中 60% 来自基督徒家庭。从 30 年代起,齐鲁大学也非常注意对非基督徒家庭

①《大学院公报》第 1 年第 3 期,1928 年 3 月。

学生的吸纳,学生的来源更为广泛(见下表)。

40 年代齐鲁大学医学院毕业生家庭分类一览表

家庭职业或身份	人数	所占比例(%)	家庭职业或身份	人数	所占比例(%)
海关	1	0.58	律师	1	0.58
海军	1	0.58	中学校长	1	0.58
铁路	1	0.58	秘书	1	0.58
养蚕业	1	0.58	退休	1	0.58
制造业	2	1.16	煤矿业	2	1.16
邮局	2	1.16	教授	2	1.16
工人	2	1.16	父母亡故	3	1.74
军人	3	1.74	教会传道人	3	1.74
无职业、赋闲	6	3.48	政府官员	6	3.48
牧师	6	3.48	务农	8	4.65
医生	17	9.8	教师	17	9.8
商业	32	18.6	无纪录	53	30.8
总数	172				

(本表根据陶飞亚、刘天路著《基督教会与近代山东社会》第 174 页统计数字编制)

从上表可以看出,40 年代齐鲁大学医学院商人子弟开始增加,已占毕业学生人数的 18%,牧师、教会传道人的子弟仅占到 3.48% 和 1.74%(然而学生本人为基督徒的数量却是 79 人,占 45%[①]),务农者的子弟比例显著下降,只占 4.65%。

齐鲁大学在 1930 年前是一个集神、医、文理、社会教育 4 科于一体的学校。文理科课程分为 3 组:自然科学组,课程有天文及算学、物理、化学、生物学;社会科学组,课程有经济学、社会学、历史、政治学、教育学、心理学、宗教学;文学及语言组,中文、英文。一个学生 4 年之内要学足 128 学时的功课:其中中文 16 学时,英文 24 学时,宗教 8 学时(为必选科)。再加主科若干门,至少要有 24 学时;副科 2 门,各 12 学时。另外还要选 32 学时的其他

①陶飞亚、刘天路:《基督教会与近代山东社会》,山东大学出版社 1995 年版,第 195 页。

课程。①

30 年代以后,齐鲁大学的课程开始丰富起来,许多学科的课程分为必修课与选修课。如文学院的国文系,必修课包括:文艺论、文艺批评、现代文艺思潮、国语文概要、中国现代文学史、世界文学史、现代散文、现代小说、现代诗歌、现代戏剧、中国戏曲、写作实习、中国诗词及写作指导。选修课包括:新文学、文字学、声音学、文法修辞学、语言学、民间文学、中国文学名著选读、专人研究、专书研究、中国小说史、中国学术史、古籍导论。而医学院的课程则分为基础课与临床课,基础课包括:生理、生化、解剖、药理、实验诊断、寄生虫细菌、组织胚胎等,临床课包括:内科、外科、妇科、儿科、耳鼻喉科、眼科、皮肤科等。②

齐鲁大学的前身文会馆等山东教会学校一直比较重视中国文史知识的讲授。20 年代末,齐鲁大学在获得霍尔基金会的资助后,进一步提高其国学研究的工作。当时,齐鲁大学成立了国学研究所,聘请栾调甫、范迪瑞、张立志、王敦化等 4 人从事研究工作。国学研究所的成立,不但推动了齐鲁大学的国学研究工作,也为齐鲁大学国文系增添了不少课程。当时齐树平讲钟鼎文、美学和考古,段凌长讲唐宋词,章大炎的高足马宗湘讲《尚书》,另外还开有文字学、音韵学、说文、汉魏六朝文等。齐鲁大学国学研究和教学工作的水准大大提高。

当然,齐鲁大学的宗教教育更为"出色"。齐鲁大学未立案之前,全校都开有宗教课程,而且规定宗教课要 4 年选足 8 学时,且为必修。开设的课程有:旧约历史,基督事迹,圣经新解,基督教根本教义等。有时为了吸引学生选修宗教课程,某些课特地用英语讲授。齐鲁大学立案后,神学院被分离出来,名义上课程里没有宗教课了,但由于帝国主义的侵略日深,为了消灭学生的反帝情绪,传教士的宗教宣传更形活跃,宗教形式愈来愈多,活动日益频繁。许多外国籍的教师在上课时公开讲道,据毕业于齐鲁大学的王神荫回忆道:"我曾跟一位密勒夫人念了一年《英国文学史》,她所讲的神比神

---

①参见山东省政协文史资料研究委员会编:《文史资料选辑》第 1 辑,山东人民出版社 1982 年版,第 205 页。此处的 128 学时为 4 年内 8 个学期的周课时量之合,按此计算必须每周选课 16 课时才符合规定。以下"学时"同此。
②参见朱式伦:《齐鲁大学及其附属机构》,《解放前济南的学校》,济南出版社 1991 年版。

学院里讲得还多"①。在学校的日程表上,规定每日上午9时至9时30分为礼拜时间,到时候,文理学院、神学院、医学院分别异地同声唱圣歌,并讲道,多数时间由信教的教师主领,有时也有学生主领的。每星期天康穆礼拜堂上午有中文礼拜,下午有英文礼拜,一年四季还有夏令会、秋令会、冬令会等活动,领导学生遁世离俗,不问政治。1937年,齐鲁大学更加强了宗教教育。学校撤销了教育系,在文学院设立教育辅系和伦理宗教辅系,这两个系所开课程为学生的必修课。伦理宗教辅系所开课成为基督教与近代文化、基督教的历史背景、耶稣的宗教、科学与宗教等,这些课程大都打着文化和科学的旗号,其实是变相的宗教传播。

另外,齐鲁大学还办有广智院(Shantung Institute),即早期的所谓社会教育科。1887年,英国浸礼会传教士怀恩光在青州设立一所博物堂,它是近代传教士在华兴办最早的博物馆之一。1904年迁址来到济南,取名广智院。"院内有男女客厅、普通

济南广智院

阅书报室、学界特别阅书室、体育室、商务研究室、万国史记室、各国人种模型室",还有"若动、植、矿、物,标本也;声、光、化、电,仪器也;各国风景,图画也;舟、车、宫室、桥梁,图室也。万国古今历史之沿革,各国风俗器械之互异,全球古今著名会堂、庙宇、农工、商贾、工艺、土产,以及艺树森林之益,修筑黄河之法,凡有益于世界进步,社会改良者,无不列表具型,罗列室内"②。它集博物展览与宗教宣传于一身,1917年并入齐鲁大学,称社会教育科。30年代,齐鲁大学申请立案时,广智院被分离出来。但此后它与齐鲁大学的关系仍相当密切。

1937年10月,当抗日的烽火烧到黄河岸边时,齐鲁大学南迁成都,济

---

①山东省政协文史资料研究委员会编:《文史资料选辑》第1辑,山东人民出版社1982年版,第217页。
②朱有瓛主编:《中国近代学制史料》第4辑,华东师范大学出版社1993年版,第466—467页。

南本部只留有少数师生。抗战结束后,学校迁回。1848 年五六月间,齐鲁大学再次南迁,一大批师生决意留下。1949 年,南迁的师生大部返校。1952 年,高等院校实行院系调整,齐鲁大学的各院系被并入山东大学、山东师范学院等学校,校址被山东医学院接收,齐鲁大学的校名也同时被撤销。

　　截止到 1950 年,齐鲁大学毕业生情况为:文理学院 805 人,医学院 553 人,共 1358 人。[①] 这些毕业生的绝大多数人后来成为教会学校的教师,有一部分进入到山东的各行各业,为山东的发展作出了贡献。正如 1950 年 5 月齐鲁大学在庆贺新生的校刊中所说:"这个具有'经济外援'背景,带有教会性质的大学,在过去的常年岁月中,我们不能够否认曾经受到资本主义文化和宗教宣传的重大影响,因此阻碍了它跟着时代应有的进步;同时我们也不能够否认它在实用科学方面也造就出不少人才,以及在某些阶段中对于反帝反封建的革命斗争有过相当的贡献。"[②]

　　[①]山东省政协文史资料研究委员会编:《文史资料选辑》第 1 辑,山东人民出版社 1982 年版,第 195—196 页;《山东文献》第 8 卷,第 4 期,第 74 页。
　　[②]《齐鲁大学校闻》,齐鲁大学档案 9—5—15。

第六章 山东建立现代教育模式的初步尝试

一、国民党统治时期的山东教育

1928 年 6 月 1 日,山东国民政府在泰安成立,标志着国民党在山东统治的确立。在全面抗战爆发以前,虽有济南惨案、中原大战造成的社会动荡,但总体上山东社会处于一段较为稳定的时期。在此期间,山东国民政府制定一系列教育政策,整顿各级各类教育,确立了以三民主义为指导的教育制度,促进了山东教育事业的发展。但随之而来的战争,使国民党在山东的统治日渐衰亡,其建立起来的教育体系也随之衰微。

(一) 国民教育体制的建立

1. 制订全省教育规划——《山东省政府教育厅教育行政纲要》

山东省教育厅成立之初,针对教育面临的诸多问题,如乡间私塾林立、学龄儿童失学、男女就学机会不平等、贫苦学生升学难、教育经费短缺等等,成立专门委员会,对全省教育进行规划设计。1928 年 6 月,制订了《山东省政府教育厅教育行政纲要》,确定了山东教育发展的基本政策和发展方向。

《山东省政府教育厅教育行政纲要》共 18 条,以南京国民政府颁布的各种教育法令,山东社会经济、文化发展状况为依据,全面规划了山东国民政府进行教育建设的各方面举措,涉及教育宗旨、学制、各级教育的发展目标、师资培养、教育经费等事项。主要内容为:"一、根据三民主义,为教育设施之标准;二、根据现行学制系统,力求小学,中学,大学,暨师范,职业学校之沟通,以谋转学,升学之便利;三、确定及扩充教育税收,并保障教育经费之独立;四、实行强迫教育,力谋小学教育普及,并求男女教育机会之均等;五、中学教育,以职业教育与普通教育并重,以求适应学生之个性,与其生活之环境;六、扩充幼稚师范,乡村师范,及民众师范教育,以培养普及教育所急需之师资;七、职业教育,注重培养生活实用技能,以增加社会生产效率;八、扩充民众教育,力谋学校与民众教育之联络,并利用学校之设备,以便普及民众教育;九、注重学校教育与社会生活接近,并力谋毕业生之出路;十、补助贫寒子弟升学,以鼓励有志上进之青年;十一、严格施行军事训练,以作效忠国家、抵御外侮、涤雪国耻之准备;十二、规定经济公开办法,以杜中饱虚糜之弊;十三、严格取缔私塾,限令私立学校注册,以提高私立学校程度,并积极收回教育权;十四、提高教育界服务人员之资格,增加其进修之机会,并改良其待遇,以养成以'教育为终身事业'之精神;十五、根据客观标准,考核教育界服务人员成绩,并决定其任免,以求教育效率之增进;十六、注重学校考试,并改良考试办法;十七、实行教育调查,提倡学术研究,以求教育之改进;十八、附记(筹设山东大学事宜——引者注)。"①

《山东省政府教育厅教育行政纲要》是抗战前山东教育的总纲领,这一时期山东的各项教育事业基本上是按照其规定的方向发展的。

2. 教育宗旨与学制的确立

南京国民政府成立后,曾提出施行"党化教育"的方针,但遭到进步人士的反对。1928年5月,中华民国大学院在南京召开第一次全国教育会议,通过废止"党化教育",代之"三民主义教育"为宗旨的议案。8月,国民党中央训练部拟订了《确定中国教育宗旨及教育标准案》,规定教育宗旨为:"中华民国之教育,以根据三民主义,发扬民族精神,实现民主政治,完成社会革命,而臻于世界大同为宗旨。"②1929年4月26日,南京国民政府正式颁布《中华民国教育宗旨及其实施方针》,关于教育宗旨的表述为:"中华民国之教育,根据三民主义,以充实人民生活,扶植社会生存,发展国民生计,延续民族生命为目的;务期民族独立,民权普遍,民生发展,以促进世界于大同。"③它的颁行对教育的稳定发展起到了一定的作用,但这一方针的

---

① 参见《山东省政府教育厅教育行政纲要》,《山东省政府教育厅第一次工作报告》甲编,1929年。
② 姜书阁:《中国近代教育制度》,商务印书馆1933年版,第23页。
③《第一次中国教育年鉴》甲编,第8页。

本质是维护国民党的一党专政。

根据南京国民政府的规定,《山东省政府教育厅教育行政纲要》中明确教育宗旨为"以三民主义为中心的全民教育",具体特征是:"甲,教育要革命化——奋斗的,与进化的;乙,教育要平民化——均等的,与普及的;丙,教育要科学化——实验的;丁,教育要民生化——生产的,与职业的;戊,教育要人格化——感化的;己,教育要纪律化——守法的;庚,教育要艺术化——审美的;辛,教育要团体化——互助的。"①

围绕三民主义宗旨,具体的教育政策指导思想包括两方面:一是"发扬民族精神",主要包括提倡国民道德、锻炼国民体格、发展国民知能、准备涤雪国耻、指导民权正轨、适应民生需要、涵养审美兴趣,其目的为"力求民族的自由平等";二是"接受世界潮流",要努力前进,自强不息,学习并赶上外国,吸收世界文化的同时注意保存国粹,而其最终是为了"预防民族的文化落后"。②

在学制方面,山东省教育厅基本遵循南京国民政府的相关规定。1928年5月,第一次全国教育会议讨论通过了《中华民国学校系统案》。该案提出的学制系统与民国11年(1922年)颁布的学制系统(即"壬戌学制")没有大的区别,仍采用"六、三、三、四制",即初等教育6年(初级小学4年,高级小学2年)、中等教育6年(初级中学3年,高级中学3年)、高等教育(包括专科和大学)4至6年。③ 但在具体实施过程中侧重点有所不同。1930年,国民党召开了第二次全国教育会议,认为:"为适应目前最迫切的需要,应该以大部分物质精神的力量,集中在义务教育和成年补习教育上面";而中等教育和高等教育重点为"整理充实,先求质量的提高,不遽作数量的增进"。④ 据此,山东省教育厅将发展初等教育作为工作重点,积极改良私塾,实行义务教育,力求小学教育的普及,同时调整中等教育的布局,扩充师范教育和职业教育,着手准备创办山东大学;在发展学校教育的同时,注重发展社会教育,从而建立起学校教育与社会教育并行发展的教育体系。

①②《山东省政府教育厅教育行政纲要》,《山东省政府教育厅第一次工作报告》甲编,1929年,第2、2—3页。
③中国第二历史档案馆编:《中华民国史档案资料汇编》第5辑第1编,教育(一),江苏古籍出版社1994年版,第9—11页。
④《第一次中国教育年鉴》戊编,第150页。

3. 教育行政机构的建立与完善

教育机构是制定和执行教育政策,推动教育事业开展的机关。山东省国民政府下设教育厅,负责掌管全省教育行政事宜,设厅长1人,主管全厅事务并指导监督所属机关职员。何思源任山东省第一任教育厅长,从此掌管山东教育长达14年之久。教育厅的组织,前后虽稍有变更,但大体上是:秘书室,第一科,第二科,第三科,督学室,教育经费保管委员会和稽核委员会,义务教育委员会,中学教员检定委员会,小学教员检定委员会,中等学校学生会考委员会,合计职员由最初70余人至130余人,并附设义务教育视导员及烟台、益都、临清3处社教辅导区。

省教育厅的第一、二、三科分别为高等教育科、普通教育科、社会教育科。1930年,省政府制定《山东省政府教育厅各科处办事细则》,明确规定三科的具体职责。

山东省教育厅各科职责

教育厅各科	掌 理 范 围
高等教育科	大学、专科学校、国外留学、省外留学、各种学术团体、捐资兴学、省教育经费、保管本厅所管辖之官产及公物、审查专门著述、编译书报及出版、编制各种统计事项。
普通教育科	幼稚园、小学、高初两级中学、师范学校、职业学校、其他中等学校、调查学龄儿童就学失学、取缔私塾、筹备实施党义教育、审查普通教科图书以及其他普通教育事项。
社会教育科	党义教育之普及、民众教育、通俗图书馆、通俗讲演、展览会、戏剧及音乐、公共体育场、公共卫生体育、改良风俗、盲哑及残疾者教育以及其他社会教育事项。

（资料来源:山东省政府秘书处第四科编辑股编:《山东省现行法规类编》,1930年2月,第84页）

县级教育行政机构为教育局,主管一县之教育行政。1930年公布的《山东省县政府教育局暂行规程》规定,教育局主管一县的各项教育工作事宜,下设2课。第一课掌管学龄儿童调查及义务教育推广、学区划分、初等教育、县立中等学校筹设及管理、职业教育、私塾改良或取缔、师资养成等事项;第二课掌管社会教育、民众补习教育、识字运动及国语推广、低能及残废者教育、教育经费出纳及预算、统计及编纂教育年报等事务。①

山东省国民政府十分重视对地方教育的监督和指导,在省、县设立督学。1928年,教育厅制定了《山东县督学规程》,规定每学期省厅派专员到各地学校视察一次,主要对学校的行政、设备、校长及教员、学生、学级、党义、课程、训育、体育卫生、活动事业、经费等进行视察和指导。何思源就曾于1931年春赴"胶东之诸城、潍县、益都、莱阳、高密、栖霞、牟平、黄县、蓬莱、掖县、福山、文登及鲁南之曲阜、临沂、滕、莒等十六县,视察教育状况,更详阅各督学指导员报告视察所得,对于省县教育现状共同之缺失,及应行增进之点,悉得梗概。"②依照规定,视察员在事后都要写出详细报告,并定期在教育厅主办的《山东教育行政周报》上刊登。1930年,省府会议核准通过《山东各县教育局督学规则》,规定县督学的职权为:督进关于教育部及教育厅所定教育方针及法令的推行,指导各级学校及其他教育机关设施建设,视察、指导学校教学及训育方法,调阅各级学校及其他教育机关各项簿册并审查内部经济状况,向教育厅专员汇报该县教育情形,视察后应召集教育人员开会讨论改进办法,每学期至少须视察全县各教育机关一次并撰写视察报告送呈教育局及县、厅等相关部门。③ 督学制的建立,有利于教育政策的推行、教学管理的完善以及教育质量的提高。

4. 保障教育经费

为保障教育事业的发展,教育厅在教育经费方面锐意改革。首先致力于经费数目的扩充,将山东全省漕米年收入2215535元提经省府会议决议,确定为教育专款。④ 同时,教育厅对各县教育经费进行整顿,规定了县教育附加税的范围,主要有学田、丁漕附税、地税等,基本保障了地方教育经费。⑤

①山东省政府教育厅编:《山东省政府教育厅第二次工作报告》乙编,关于县教育之部,1932年5月编印,第29—30页。
②何思源:《山东省政府教育厅视察报告·弁言》,山东省政府教育厅编,1931年。
③山东省政府教育厅编:《山东省政府教育厅第二次工作报告》乙编,关于县教育之部,1932年5月编印,第32—33页。
④《扩充省教育经费纪要》,《山东省政府教育厅第一次工作报告》甲编,第108页。
⑤《扩充地方教育经费纪要》,《山东省政府教育厅第二次工作报告》甲编,1932年5月,第103—106页。

1930年5月,何思源会同民政厅拟订《山东省先贤祠产财产保管暂行办法》,规定"所有国家或县地方划拨或购置之房产祀田,及同性质之款产而言,均应拨充地方办理教育或文化事业之经费,不得挪作他用"。由省教育厅、市县教育局负责保管先贤祠,"先贤原有后裔奉祀者,应将属于祠内一切财产交出,不得藉口私产,据为己有;准于该财产每年收益划拨十分之二"为奉祀经费。该办法经省政府会议通过后,教育厅会同各县接管了孔子、冉子、闵子等祀田530余顷,并利用这些庙产兴学。[1]

为确保教育经费的独立,实现专款专用,教育厅制定了省教育经费保管委员会章程,设立了教育经费保管委员会和教育经费稽核委员会,并建立了一整套财务会计制度。各县设立教育经费委员会,由教育局长、督学及县政府、县党部、县教育会、县立中等学校、县立城乡小学代表各1人组成。凡征收保管支配及初步稽核,皆归其职掌。各县教育局也健全了会计制度,并规定各县各级学校经费公开的办法,定期稽核审查。教育厅经常派员督促视察,一旦发现挪用教育经费的事情,严肃处理;对于不重视发展教育的,地方官员则予以通报批评。

教育经费的增加及其保障,为山东教育事业的发展奠定了物质基础。

(二) 各级各类学校的整顿与发展

在山东省教育厅的努力下,山东逐步确立了包括初等教育、中等教育(包括中学、师范、职业学校)、高等教育在内的比较完备的学校体系,并且在社会教育方面也取得很大成绩。

1. 初等教育

20年代中期,受张宗昌"祸鲁"影响,山东初等教育发展严重受挫。1928年省教育厅成立后,把初等教育的恢复、发展作为工作重点。1930年2月,教育厅专门成立了山东省义务教育委员会,编制山东省实施义务教育分年计划,实施义务教育大纲,订立《山东县市义务教育委员会暂行规程》,通令各县市成立由县市长、教育局长、财务局长或司长、县市督学、教育委员

---

①《整理地方教育经费纪要》,《山东省政府教育厅第二次工作报告》甲编,1932年5月,第173—174页。

等组成的县市义务教育委员会,负责教育统计、调查、宣传、经费等事项。①

　　在小学师资队伍建设方面,教育厅一方面筹建师范学校进行培养,另一方面加强对现有教师队伍的整顿,这主要体现在对小学教员实施"检定"。1929 年,教育厅拟订《山东省检定小学教员暂行规程》,明确规定师范大学、大学教育科、高等师范或优级师范毕业者,高中师范科、师范学校、师范部后期师范、旧制师范本科或师范学校 2 年以上之专修科毕业者,大学本科毕业曾在教育界服务者,曾得检定许可状未满期限者,均可为免试检定的教职员。同年 11 月,成立山东省检定小学教员委员会,何思源兼任主任委员,由教育厅长委任秘书科科长、科员兼充任常任委员,临时委员从省督学、中学以上学校校长教员中择任,没有定额。此后,教育厅又陆续公布了《山东省检定小学教员委员会组织大纲》、《山东省检定小学教员委员会办事细则》、《山东省检定小学教员暂行规程施行细则》等章程。自 1930 年春始,省教育厅用 1 年多的时间,对全省 1 市 108 县的小学教员进行了全面检定,然后根据试验成绩,分别发给任职年限不同的"许可状"。到 1932 年,山东共举行 3 届小学教员检定,合计检定人数 28666 人。② 为了帮助教员通过检定,教育厅在每年寒暑假期举办补习班,帮助现任教师进修,提高业务能力。通过以上措施,增强了教师的业务素质,保证了教学水平。

　　为促进初等义务教育的普及,山东省教育厅还采取措施改良私塾。教育厅认为"各地私塾,向为发展教育之最大障碍……若不严行取缔,长此因循,将何以作育国民,发达学校",所以,严令各县长及各教育局长,"迅将各该县境内所有私塾一律严厉取缔,不得丝毫假借。除分行外,合行令仰该县长局长遵照办理,并将办理情形,随时具报备查。"③《山东省政府教育厅教育行政纲要》提出了严格改良和取缔私塾的具体办法:(一)订定检定塾师、私塾设立,及塾师登记等条例;(二)组织私塾教育改良委员会;(三)限令塾师入暑期学校、短期师范班、塾师讲习会、及党义训练班;(四)归并私塾为中心小学之某一院。④ 据此,各县也出台了取缔私塾、普及义务教育的规

---

①《山东省政府教育厅第二次工作报告》乙编,1932 年 5 月,第 100—104 页。
②孟令棠:《民国时期山东省的初等教育》,《山东教育史志资料》1986 年第 2 期,第 26 页。
③《山东教育行政周报》1928 年第 9 期,第 3 页。
④《山东省政府教育厅教育行政纲要》,《山东省政府教育厅第一次工作报告》甲编,1929 年,第 11 页。

定。1935年,莒县《二十四年度实施初等义务教育计划》规定:"其距学校较近者一律严加取缔,将学生送入学校,其距离较远者,限令改良,均照短期小学或普通小学课程办法。"①黄县县政府训令则规定:"各教育委员赴各乡镇视察教育时,如发现其地设有私塾,或未经本府核准立案之学校,均应协同该塾等所在地乡镇长严厉取缔,勒令解散,以维教育。"②1936年,教育厅针对山东各地私塾仍大量存在的情况,依据南京国民政府公布的《私塾改良办法》,颁布《山东省各县市改良私塾办法》,规定:凡有初级小学之地,私塾学生一律并入初小;凡无初小之地,其私塾一律依照短期小学或普通小学办理,称为改良私塾;改良私塾较优者,可以改为短期小学或普通小学;凡受2年以上私塾教育考试合格者,以曾受义务教育论。由于各种因素的影响,这一时期山东私塾改良工作没有彻底完成,但毕竟推动了其向新式教育的转变。

为了发展乡村小学,教育厅制定了《乡村小学充实学额办法》,同时还规定:"凡有村庄,均须设学。其住户太少之村庄,由教育局指定与邻村合设一所。所有各村儿童,一届学龄,均需一律入学。"③这种要求在当时有相当大的难度。但经过何思源等人的努力,取得了很大成功。以栖霞县为例,据统计:1928年全县适龄儿童46998人,在校学生仅3985人,占适龄儿童的8%左右;到1931年适龄儿童49987人,在校学生16126人,占适龄儿童的32%左右。④

经过省教育厅的不断努力,山东小学教育有了较大的发展。自1931年开始,小学学校数量和在校学生人数连年递增。1931年,山东有小学33477所,在校学生数为1238917人;1935年,小学为38924所,学生1626925人;到1936年,学校数量和在校生数量分别达到42555所和1968208人,学龄儿童入学率达到47.72%。⑤

2. 中等教育

①卢少泉等修,庄陔兰纂:《民国重修莒志》卷三十,经制志·教育,据民国二十五年(1936年)铅印本影印。
②《黄县教育行政周刊》第3卷4期,1935年3月20日,第16页。
③《山东各县市十九年度教育年报》,1932年12月,未刊,原件存山东省图书馆。
④中央教育科学研究所编:《中国现代教育大事记》,教育科学出版社1988年版,第319页。
⑤孟令棠:《民国时期山东省的初等教育》,《山东教育史志资料》1986年第2期,第14页。

1928 年 6 月,山东省教育设计委员会针对山东中等教育存在的诸多问题,重新调整学校布局,划定济南、济宁、东昌(聊城)、益都、临沂、烟台等 6 个学区中心,以促使全省中等教育能够均衡发展。另外决定增设省立中学 2 所(总数达到 13 所)、省立师范 3 所(总数达到 7 所),争取省立职业学校达到 20 所。

(1)普通中学教育

教育厅将原省立山东大学附属高中单独设校,称山东省立高级中学;将省立八中从蓬莱迁至烟台,与私立东海中学合并,仍称省立八中;惠民的省立第二女子中学并入同处惠民的省立四中,改为四中女子部,在省立四、五、六、八中添设高中部。同时,遵照《山东省政府教育厅教育行政纲要》第四条:力"求男女教育机会之均等"的规定,为扩大女子入学机会,规定除女子中学外,其他学校一律男女兼收。① 经过调整,到 1930 年,山东共有公立中学 37 所,其中省立中学 14 所,县立中学 23 所。省立中学的名称和所在地分别为省立高级中学(济南)、省立第一中学(济南)、省立第二中学(聊城)、省立第三中学(泰安)、省立第四中学(惠民)、省立第五中学(临沂)、省立第六中学(菏泽)、省立第七中学(济宁)、省立第八中学(烟台)、省立第九中学(掖县)、省立第十中学(益都)、省立第十一中学(临清)、省立第十二中学(德县)和省立第一女子中学(济南)。1931 年,在诸城设立省立第十三中学,使省立中学达到 15 所。1934 年,遵照教育部命令,省立中学命名由数字顺序改为所在地。

(2)职业教育

1929 年,山东全省有 7 所省立职业学校,24 个县设有县立职业学校。但这些学校大多教学设备不完善,缺乏教学实践环节,难以适应社会需求。1930 年,省教育厅着手对省立职业学校进行调整,保留省立第一、第三职业学校,停办第二、四、五职业学校以及水产讲习所,将省立女子职业学校改为省立第二职业学校,同时充实各校的教学实习设备,调整学习科目,增加对 3 所职业学校的经费投入,1931 年 3 校经费共为 98726 元。1933 年,又在阳谷设立省立第四职业学校。次年,根据教育部《职业学校规程》,将 4 所省

①《山东省政府教育厅教育行政纲要》,《山东省政府教育厅第一次工作报告》甲编,1929 年,第 6 页。

立职业学校分别改为省立济南初级工业职业学校、省立女子初级染织蚕丝职业学校、省立济宁初级工业学校和省立阳谷初级染织职业学校。这4所学校在学科设置与教学设备上有了很大的改进,还分别附设1个或多个工厂,以增加学生的实践机会。如济南初级工业学校附设染织厂、金工厂、化工厂各1个,省立女子初级染织蚕丝职业学校附设桑园、养蚕室、制丝工厂、染色工厂。

1930年1月,省政府教育厅还制定了《山东县立职业补习学校暂行规程》,经教育部准予暂行备案。《规程》规定以实施职业指导、职业训练,藉谋实际生活之需要为宗旨,可以根据地方需要设置科目课程,招收初小毕业生,并规定了校长的任命资格。① 据1931年统计,山东共设职业补习学校31所,其中工科5所、农科2所、商科9所、蚕科15所,共有学生2000余人。②

(3)师范教育

师范教育的发展,是普及学校教育的前提和基础。国民党山东省政府成立后,十分注重教师队伍的培养,大力发展师范教育。《山东省政府教育厅教育行政纲要》关于发展师范教育的规划是:"(一)省立各女子师范,添设幼稚师范科;(二)就适宜地点,添设省立乡村师范学校,并附设乡村师范速成班;(三)省立师范及高中师范科,附设乡村师范科及乡村师范速成班;(四)省城开办省立民众师范一所。"③

1930年,鉴于省级师范学校主要集中在济南、曲阜、聊城、益都(今青州市)等地,教育厅将在菏泽的省立第二女子师范改为第五省立师范,男女兼收,填补了鲁南师范教育的空白。

乡村师范学校的大规模设立是这一时期山东发展师范教育的最大成就。1928年5月,第一次全国教育会议提出要"整理乡村师范",以培养普及教育所急需的师资。山东省教育厅积极响应,是年8月在济南设立了省立第一乡村师范,在此后的3年里又建成了7所省立乡村师范。

---

①山东省政府教育厅编:《山东省教育厅第二次工作报告》乙编,1932年5月,第97—98页。
②王浩、王治柯:《辛亥革命至抗日战争前山东省的职业教育》,《山东教育史志资料》1986年第2期,第32页。
③《山东省政府教育厅教育行政纲要》,《山东省政府教育厅第一次工作报告》甲编,1929年,第8页。

山东省立乡村师范基本情况表

学校名称	1934 年后改称	校址	创办时间	首任校长	招生届数、人数	毕业人数
省立第一乡村师范	省立济南简易师范	济南	1928.8	鞠思敏	9/680	400
省立第二乡村师范	省立莱阳简易师范	莱阳	1930.10	董凤宸	7/560	280
省立第三乡村师范	省立临沂简易师范	临沂	1930.9	曹兰珍	8/640	300
省立第四乡村师范	省立滋阳简易师范	滋阳	1930.12	赵德柔	9/716	390
省立第五乡村师范	省立平原简易师范	平原	1931.6	王冠宸	7/560	320
省立第六乡村师范	省立惠民简易师范	惠民	1931.6	常子中	7/500	200
省立第七乡村师范	省立文登简易师范	文登	1932.8	于云亭	6/480	160
省立第八乡村师范	省立寿张简易师范	寿张	1932.8	王冠英	6/480	160

（资料来源:赵承福主编:《山东教育通史·近现代卷》,山东人民出版社 2001 年版,第 207 页)

这些乡村师范有着明确的培养目标,即立志为农村教育而献身。山东省立乡村师范学校"以养成优良乡村小学教师,并能改进农民生活,指导乡村自治之人才为实际目标"①。在省立第三乡师招生广告上刊登的学校办学"十项信条",也很好地体现了服务农村、改造农村的精神志向:一、以教育为终身事业,以乡村为极乐世界;二、用自己的心,劳自己的力;滴自己的汗,吃自己的饭;三、改造小的乡村,沟通大的世界;四、用犁耙锄头,打倒帝国主义;在垅头田畔,肃清军阀余孽;五、以美术的观念,改造社会;用科学的方法,征服自然;六、自我做起,养成好的习惯;以身作则,遵守铁的纪律;七、利用环境,改造环境,遇有困难,解决困难;八、以教人者教己,在劳力上劳心;九、只有普及乡村教育,是唤醒民众的利器,是实行民治的基础;十、只有实行三民主义,是中国民族的出路,是世界大同的阶梯。②

山东乡村师范的教学比较注重联系农村实际。在课程设置上,除了开设小学教师应备的专业知识课程外,还把涉及农村社会、农业生产生活等方面的内容纳入学习范围,这就很好地契合了农村的实际情况。在教育实践

①王浩:《辛亥革命至抗日战争前山东的师范教育》,《山东教育史志资料》1983 年第 4 期,第 56 页。
②泽钧:《山东省立临沂简易乡村师范学校简史》,《山东教育史志资料》1987 年第 1 期,第 77 页。

环节,根据教育厅的规定,8 所乡村师范学校都设有义务教育实践区,并开办了农场,作为学校的实习基地。如设在济南的省立第一乡村师范把附近19 个村庄划为义务教育实践区,该校还开办了 1 所附属实验小学,负责指导 7 处民众学校,管理着 10 亩农场。"学生进入第三学年,便到实验小学和民众学校实习。晚饭后,同学们提着马灯到附近村里去上课,教农民识字。"①第三乡师也购置了"16 亩民田作为种植、养殖的实验农场",辟有菜园、花圃,并养殖波支猪、英国兔等动物,以为学生实践提供方便。②

在积极举办省立乡村师范的同时,省教育厅也鼓励各县发展县立乡村师范,并对县立乡村师范给予每班 500—1000 元的省款补助。1930 年制定了《山东省各县设立乡村师范学校暂行办法》,规定县立乡村师范招收高小毕业生,修业年限为 3 年。③ 1930 年时,山东设有历城、章丘等县立师范讲习所共 41 处,学生 3144 人。县立乡村师范学校大多由师范讲习所改建而成,课程设置上没有太大的变化,但都有明确的办学宗旨。譬如,临、夏、馆、清、邱、冠联立乡村师范要求学生"要有农工身手,要有科学脑筋,要有艺术兴趣,要有革命精神",要"发展乡村教育,改良社会习惯"。④ 这种正规的办学模式,有利于地方师范教育的发展。

1934 年,因急需义务教育师资,山东在乡师的基础上改办省立简易师范学校,并在师范学校或公立初级中学内设简易师范科。山东乡村师范教育的发展,为农村中小学教育的发展提供了优良的师资队伍,有利于提高乡村中小学的教育质量。

全面抗战爆发前,山东省共有省立师范学校 5 处,省立女子师范学校 1 处,省立简易师范学校 9 处,县立乡村师范学校 19 处,数县联立的乡村师范学校 4 处。⑤

3. 高等教育

①周星夫:《济南乡村师范简史》,《山东文史资料选辑》第 30 辑,山东人民出版社 1991 年版,第 91 页。
②临沂县教育志编纂办公室:《辛亥革命至抗日战争前临沂县的教育》,《山东教育史志资料》1984 年第 1 期,第 78 页。
③山东省政府教育厅编:《山东省教育厅第二次工作报告》乙编,1932 年 5 月,第 92 页。
④龙泉:《民国时期聊城地区的中等教育》,《山东教育史志资料》1986 年第 1 期,第 24 页。
⑤王浩:《辛亥革命至抗日战争前山东的师范教育》,《山东教育史志资料》1983 年第 4 期,第 56 页。

这一时期山东的大学有国立山东大学(其中有段时间称国立青岛大学)和省立医学专科学校。

1926年,山东省公署将山东省立农、矿、法、商、工、医6所专门学校合并成立省立山东大学,后因"五三"惨案而告停顿。1929年,山东省政府迁回济南后,奉国民政府大学院的命令将其改为国立山东大学,并设筹备委员会,聘请何思源、蔡元培、杨振声、傅斯年、袁家普、赵太侔、王近信、彭百川、杜光埙等任筹备委员。在筹备过程中,由于时局动荡,决定校址设在青岛,国立山东大学筹委会改称国立青岛大学筹委会。1930年5月筹备工作完成,使用原私立青岛大学校舍,组建成立国立青岛大学,同时任命杨振声为校长。

国立青岛大学先设文、理两院,文学院分中国文学系、外国文学系和教育学系,理学院分数学系、物理学系、化学系和生物学系。1931年,教育学系扩充为教育学院,内设教育行政与乡村教育两系。另外,国立青岛大学还在济南分设工厂和农事试验场。

杨振声(字今甫),蓬莱人,曾留学美国,教育专家,也是"五四"时期的小说作家。原是清华大学文学院院长、武汉大学文学院院长,是高校的名流。杨振声效法蔡元培的办学原则,兼容并包,学术自由,聘请了一大批知名学者来校任教,如:闻一多任文学院院长兼中文系主任,梁实秋任外文系主任兼图书馆馆长,黄敬思任教育学院院长兼教育行政系主任,黄际遇任理学院院长兼数学系主任,谭书麟任乡村教育系主任,王恒守任物理系主任,汤腾汉任化学系主任,曾省任生物系主任,赵太侔任教务长;另有杜光埙、沈从文等,分别在各系任教。这些学者的到来,为国立青岛大学的发展奠定了基础。

1932年,国立青岛大学改名为国立山东大学,赵太侔被任命为校长。赵太侔,原名赵海秋,又名赵畸,字太侔,以字行,山东省益都县人。北京大学英语系毕业,后到美国留学。1925年回国后,先后在北京大学、国民党中央青年部、南京国民政府军事委员会政治训练处、国立青岛大学任职。接任校长后,他将文、理两院合并为文理学院,取消教育学院,在济南设立农学院,筹建工学院(1933年成立),由杜光埙任教务长,其他教学组织负责人基本未变。除坚持杨振声的"兼容并包,学术民主"的办学方针外,赵太侔更加注意学校的建设。首先,建立阵容齐整、水平较高的师资队伍,提高教学质量和学术水平。赵太侔任校长期间,有一大批知名学者来到国立山东大学,文科中包括老舍、萧涤非等人,理科中包括童第周、王淦昌等人,工科中包括赵涤之、唐凤图、吴柳生等人。这些人的到来,使国立山东大学的师资有了极大提高。据 1936 年统计,国立山东大学有教授 45 人,副教授 22 人,讲师 44 人,教员 19 人,助教 28 人。① 其次,建立以教授为主体的校务委员会和各种专门委员会,发扬民主,集思广益,实行教授治校。再次,厉行节约,勤俭办学。赵太侔任校长时,国立山东大学的每年办学经费大约为 60 万元,入不敷用。为了节约经费,学校把行政人员精简到只有教师的 1/5,同时师生自力更生,自己动手制作实验器材。从 1933 年起,使用银行存款,申请教育部给予补助,陆续建成科学馆、化学馆、工学馆、水力实验室等等。至 1936 年图书增至 40 万册,教学仪器增至 1200 余件。②

正是由于这段时间的建设,国立山东大学培养出像臧克家、汪志馨、张致一等一批学有专长的人才。这一时期的国立山东大学,向被称之为"兴盛时期"。

1932 年 6 月,山东省政府决定在济南设立医学专科学校,9 月 15 日学校正式开学。山东省立医学专科学校学制 5 年,课程设有公共必修课、基础理论、专业医术、实习 4 类课程,实行学分制。1932 年度,该校设医学 1 科、学生 50 人,教师 18 人,职员 7 人,图书 395 册。1934 年度,设医学 1 科,学生 190 人,教师 22 人,图书 497 册。学校附设医院 1 所,供学生实习之用。医院设有各科诊疗室、手术室、化验室、电疗室、养病室及临床教室。该校的办学经费较为充实,1932 年为 100987 元,1934 年为 135802 元。抗战时期,该校奉命内迁至四川万县,继续办学。③

4. 留学教育

山东省政府在发展大学教育的同时,也积极鼓励留学教育(包括国外留学和省外留学),加大对留学教育的投资。

①《第二次中国教育年鉴》第 5 编,第 139 页。
②山东省政协文史资料委员会编:《山东文史集粹·教育卷》,山东人民出版社 1993 年版,第 63 页。
③张洪生:《民国时期山东蒋统区高等教育概况》,《山东教育史志资料》1985 年第 3 期,第 46—47 页。

根据南京国民政府 1929 年制定的各项派遣留学生的法规,山东省政府于 1930 年 12 月颁布《山东省管理欧美留学事务暂行规程》,其中对留学生的旅费、学费、在校期间的表现及毕业后归国等事宜都作了详细规定,如若就学期间有"反革命之言论及行动者、成绩不合格者(但升级后仍得继续之)、品行不端者、休学或退学者、有疾病或其他事故认为无毕业希望者、行抵留学国六个月后尚未入正式大学或专科学校者"等事项之一者,即停止其学费。"毕业后,除核准实习者外,应于两个月内起程回国;……如尚须实习者应先呈由使馆函转教育厅核准后,始得续留实习,但实习期限至多不得逾一年。……公费生及补助费生毕业后回国,须至教育厅呈验文凭注册。"①1931 年 8 月至 10 月间又相继制定了《山东省考送国外留学生规程》、《山东省递补国外留学补助费生暂行办法》、《山东省留学国外毕业生实习规程》等一系列法规,对留学资格、留学国家、留学费用及学成归国工作安排等都作了详细的规定,进一步完善了国外留学的管理体制。

在发展国外留学事业的同时,"为培植地方最需要之专门人材起见",山东省政府于 1930 年制定《山东省整理省外留学生事务暂行办法》和《山东省补助留学省外学生规程》,在省外各大学专科学校学系中设鲁籍生留学补助费。补助名额每年由教育厅统计,接受补助的学生须在教育厅指定的国立、省立或私立大学学习,并且成绩在 75 分以上者为合格,预科生及特别生概不补助。每学年开始后 1 个月内,由教育厅函请各校将指定各学系鲁籍生之成绩升送到厅,各校鲁籍生补助费,每名每年定为 100 元,分两期汇给。同国外留学生一样,省外留学的补助费生毕业后,须呈报本省教育厅备案,且补助费生有接受省政府各厅委托调查特种事件的义务。学生在校期间,若"有反革命之言论及行为者;学年成绩不及七十五分者;无故旷课达一月以上者"②,经教育厅查明,或所在学校证明,则停止补助。

5. 社会教育

社会教育作为学校教育的补充,在增进民众知识、改良社会方面发挥着重要作用。山东省国民政府成立后,比较重视社会教育,积极创办各种社会教育机关,陆续设立了民众教育馆、图书馆、民众教育学校、民众体育场等各

①参见《山东省政府教育厅第二次工作报告》乙编,1932 年 5 月,第 65—72 页。
②《山东省政府教育厅第二次工作报告》乙编,1932 年 5 月,第 73 页。

种社会教育机构,还要求各县分别举行识字运动,使民众具有一定的知识水平。对社会教育投入的经费也逐年提高,1933—1934 年,全省每年社会教育经费在 10 万—20 万元之间,占省教育经费的 5%—9%,占县教育经费的10%左右。① 为保障社会教育工作的顺利进行,从 1930 年开始,山东省教育厅依据教育部制订的《图书馆规程》和《民众教育馆规程》,修正颁布了《山东省立图书馆组织大纲》、《山东省立民众体育场组织大纲》、《山东县市立民众教育馆暂行规程》、《山东市县立图书馆暂行规程》、《山东市县立通俗讲演所暂行规程》、《山东市县立民众体育场暂行规程》等一系列有关社教机构的管理规程。这些工作的推行初步奠定了山东民众教育的基础,基本上达到了"使民众对于社会教育有相当的认识,渐渐感觉她的需要"的目的。②

民众教育馆是这一时期开展社会教育的主要机构。

山东省民众教育馆成立于 1929 年 8 月,系由原公立通俗图书馆、社会教育经理处和通俗讲演所合并而成。该馆馆址有 7 处,5 处在济南,2 处在历城(祝甸、土屋乡),位于济南贡院墙根北首的馆舍是其主体。馆内分设研究实验、辅导、讲演、推广、康乐 5 部,有职员 46 人,并拥有陈列、阅览、娱乐、讲演等设施,具体为:陈列馆有革命纪念馆、国耻馆、国货广告样品陈列馆、卫生馆、中国经济地位统计馆、艺术馆、儿童玩具陈列馆、古物陈列馆、民俗展览等 10 处;阅览有图书馆、民众刊物阅览室、阅览所、阅报所等 4 处;娱乐场所有人民影戏院、民众茶园、民众俱乐部、儿童俱乐部等 4 处;讲演所有馆内讲演厅、府东讲演所、趵突泉讲演所等 3 处;另外还有体育场、民众医院、动物园、试验区等多处设施。省民众教育馆的主要任务是对民众教育负辅导和推广之责,教学和讲演是其主要活动,有时也出版刊物、组织比赛,以增进民智。同时,还要对县级民众教育馆进行指导。

按照南京国民政府的规定,各县应设县立民众教育馆 1 所,经费充裕、地域辽阔各县则应设多处民众教育馆,而各县的民众教育馆应包括以下几个部门:总务组、教导组、生计组、艺术组等。山东各县民众教育馆所辖部门

①《山东民国日报》1934 年 11 月 14 日。
②何思源:《过去四年的山东社会教育》,《民众教育月刊》第 3 卷第 6 期,山东省立民众教育馆1932 年 6 月版。

大多称部,一般包括总务、讲演、阅览、教学、健康等 6 部,有的还包括出版、陈列 2 部。① 在这些部中,讲演、阅览、教学、出版等部最为重要。讲演分定期、不定期 2 种,讲演地点或在集市或走乡串户。阅览部大都设有图书馆,馆内提供各种书籍,如馆陶县民众教育馆图书馆,"设备较为完全,旧书籍以二十四史为最著,新书籍有小学文库一部,儿童文库一部,万有文库一千二百种,杂志十五种,图表一百六十份,报纸六份",每日阅览人数约为 40—50 人;② 临朐县民众教育馆图书馆则将图书分为图

董渭川(左一)与上海市市立民众
教育馆来访代表合影(1933 年)

表类、古书类(经、史、子、集)、科学类(史地、数理博物)和政法类,不仅有二十四史、《约章分类》、《地方自治浅说》、《现行法令》、《西洋史要》、《增广海国图志》等书,还有《几何原本》、《物理学》、《化学》、《生理卫生学》、《植物学》等科学著作③;而青城县(今属高青)图书馆大约有 3590 册图书④。出版部"印《民众周刊》,并翻印各种宣传品,以广流传"⑤。教学部则负责办理民众学校,服务对象为一般农、工、商以及贫困子女无力就学者,"辅学校教育之不及","以教授最浅显之文字及最简易之国语,或有关于社会最切

---

①像寿光县,它的 6 部名称为:阅览、教学、演讲、出版、健康、陈列;而馆陶县则只有 4 部:讲演、阅览、健康、教学。见(民国)《寿光县志》卷九,教育志·通俗教育;(民国)《馆陶县志》卷二,政治志·教育。
②(民国)《馆陶县志》卷二,政治志·教育,第 64 页。
③(民国)《临朐续志》卷十二,教育略。
④参见《青城县民教馆存书目录》,(民国)《青城县志》卷三,教育志·学校。
⑤(民国)《寿光县志》卷九,教育志·通俗教育。

近之事迹,及一般生活上必要之知识。以养成其公正人格,而增进其独立能力"。①

民众学校也是实施社会教育的一种重要方式。1930 年,山东省政府教育厅拟定《山东省各机关附设民众学校暂行规程》,要求各县拟定计划,组织实施,并将办理民众学校的成绩,列为各机关的行政成绩之一。1931 年时,106 个市县设立了民众学校,学校总数超过 4000 所。这些学校修业期限不等,一般为 4—6 个月。4000 余所学校,年经费 6 万元。② 截至 1931 年6 月,全省共成立民众学校 3713 处,学生达 149240 人。教育内容包括识字、三民主义、珠算及笔算、地理、历史、自然、卫生、农业或工商技艺等,民众学校仅在 1937 年就扫除文盲 1439000 人。此外,梁漱溟主持的山东省乡村建设研究院所创办的民众学校也取得了一定的成绩,促进了社会教育的发展。

图书馆建设是这一时期社会教育的重要组成部分。国民政府时期,山东各县纷纷设立图书馆,至 1936 年,全省共有公共图书馆 69 所,民教馆图书馆 108 所,学校图书馆 3 所,机关社团附设图书馆 138 所。③ 其中,山东省立图书馆最具有代表性。

民国初年山东图书馆大门

1929 年夏,山东图书馆改名为山东省立图书馆,隶属于山东省教育厅。1930 年,山东省政府决定建造新的图书楼,1935 年 3 月开工,10 月 3 日落成,定名"奎虚书藏",取奎星主齐、虚星主鲁,以天文分野括齐鲁疆域之意。改造后的图书馆无论是藏书空间还是阅览空间都有了极大的提高,也迎来了山东图书馆的第一个大发展时期。在这之前,1929 年 8 月王献唐出任图书馆馆长,他根据图书馆的工作性质,对图书馆的机构设置、人员分工进行

①(民国)《馆陶县志》卷二,政治志·教育,第 66 页。
②《第一次中国教育年鉴》丙编,第 621—623 页。
③《第二次中国教育年鉴》第 9 编,第 35 页统计表。

了全面调整,形成了编藏、阅览、事务 3 部的机构模式,当时全馆共有职工
20 人。王献唐还对传统的图书分类法进行了改进,主持编成《普通图书阅
览室书目》、《总理纪念室书目》、《儿童图书阅览室书目》。分类先用王云五
《中国图书统一分类法》,继而改用自编的《山东省立图书馆分类法》。卡片
目录有著者、书名、标题、分析、丛书、杂志、排架共 7 套。检索方法初为四角
号码法,后改用笔画法。

山东图书馆的图书只允许馆内阅览,每次阅书收铜元 2 枚,星期六为女
士阅书时间,日均到馆读者不过四五人。1930 年 1 月 1 日起,废止了收费
和男女有别的规定,并改闭架阅览为开架。

到 1935 年,山东图书馆常年经费为 29616 元,藏书量达 199781 册。以
藏书量论,仅次于江苏省立国学图书馆、浙江省立图书馆和云南省立昆华图
书馆,在全国省立图书馆中列第 4 位。[1]

另外,山东当时还有一个社会教育机构——进德会。它是 1933 年国民
党山东省政府主席韩复榘以提倡所谓"四维八德"、"戒嫖戒赌及一切不良
嗜好,进行正当娱乐"为由,下令成立的。会址设在济南市皇亭体育场,后
迁至经七路纬五路游艺园旧址。山东进德会设有国剧研究社、进德月刊社、
进德小学、图书博物馆及各科业余研究班,其宣扬的东西,既有新文化又有
旧文化。在韩复榘的倡议下,全省竟陆续成立分会 100 余处。

在这一时期,受 20 世纪 20 年代非基督教运动的影响,收回教育权运动
随之而起。针对游离于国家教育体制之外的教会学校,山东省国民政府也
将收回教育权作为教育行政的重要措施。《山东省政府教育厅教育行政纲
要》第 13 条规定:限令私立学校注册,以提高私立学校程度,并积极收回教
育权。对于不按部颁标准设置课程、有宣传宗教倾向、教育经费不落实、教
员学历不符合要求的教会学校,教育厅一律不予立案。这种较为强硬的态
度对教会学校形成了巨大压力。由于立案与否关系着教会学校毕业学生的
就业前途,也关系着学校的命运,许多教会学校开始调整办学规划,如推举
中国人担任学校校长,按照部颁标准开设课程,将宗教课程设为选修,不强
迫学生参加宗教活动等,使学校得以在教育厅顺利立案。著名的齐鲁大学

① 《第二次中国教育年鉴》第 9 编,第 24—25 页。

在聘请孔祥熙任董事长、朱经农任校长,并对学校结构做过调整后,于 1931
年获准立案。也有部分教会学校消极对待立案问题,最终被迫停办,如邹平
的光被中学、滨县的鸿文中学和青州的守善中学。当然,这一时期山东国民
政府对教育权的收回并不彻底,已经立案的教会学校的财权和人事权依然
被外国传教士掌控,校园内仍弥漫着浓厚的宗教氛围,还有许多没有立案的
教会学校(主要是小学)还在继续办学。但从总体上看,这一时期的教会学
校数量和学生数量都处于比较低的水平。

(三) 梁漱溟与邹平乡村建设运动

1931 年春,韩复榘邀请原在河南进行"村治"实验的梁漱溟等人来山
东,随之在山东邹平开展"乡村建设"实验。这场历时 7 年,内涵广泛的农
村建设运动,在当时的山东乃至全国都产生了重要影响。

梁漱溟(1893—1988 年),原名焕鼎,字寿铭,中国现代著名思想家、教
育家,现代新儒家代表人物。20 世纪 20 年代,梁漱溟开始重视研究中国农
村教育问题,并逐步形成系统的乡村建设思想。他认为,中国是一个"伦理
本位,职业分途"的社会,数千年来维持社会稳定依靠的是建立在伦理关系
基础之上的社会礼俗,重在教化。但到了近代,西方文明的大规模输入,破
坏了中国传统的伦理本位的社会秩序,使中国出现严重的文化失调。所以,
目前的乡村建设就是要恢复伦理本位的社会秩序,而其途径就是教育。在
梁漱溟那里,教育的含义包括很多:"在学校里读书是教育,在家庭里做活
也是教育,朋友中相得的地方是教育,街上人的谈话,亦莫不是教育,教育本
来是很宽泛的东西。"而教育之所以成为乡村建设的核心工具,是因为教育
的巨大功用。梁漱溟认为:"教育的功用,不外为'绵续文化而求其进步'。
换句话说就是'不使文化失传,不使文化停滞不进'"。[1] 可以说,梁漱溟正
是要通过实行广泛意义上的教育改良,来重振中国农村,使之摆脱凋敝的状
态。而邹平乡村建设运动正是在梁漱溟的上述思想指导下展开的。

1931 年 3 月,山东省政府任命梁仲华、孙则让为山东乡村建设研究院
正、副院长,拨款 10 万,在济南设立筹备处。经省政务会议研究,通过了

---

① 《社会教育与乡村建设之合流》,《梁漱溟全集》第 5 卷,山东人民出版社 1992 年版,第 433 页。

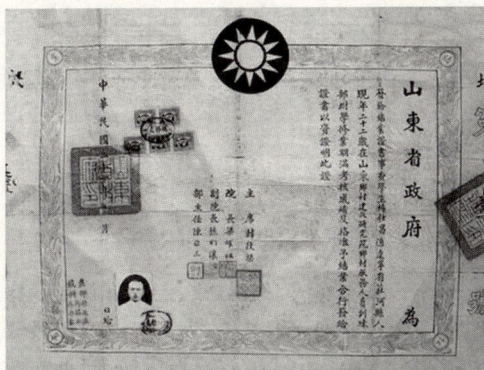

山东乡村建设研究院颁发
的结业证书（1932 年）

《研究院组织大纲》和《学则课程》，定邹平为乡村建设实验县。6 月 16 日，山东乡村建设研究院在邹平开办，直辖于山东省政府。这标志着山东"乡村建设运动"的开始。

山东乡村建设研究院的主要任务是研究乡村自治及乡村建设问题，培养乡村自治和乡村服务人才，以指导乡村建设工作。其下设乡村建设研究部、乡村服务人员训练部和乡村建设实验区。研究部首任主任是梁漱溟，训练部主任陈亚三，邹平实验县县长为梁秉锟。1934 年 10 月，梁漱溟改任院长，直至抗战爆发。研究部是整个实验的核心部分，负责乡村建设的理论研究、政策制定以及方案的设计与实施。训练部以培养乡村建设的基层工作人员为目标，先后举办了 3 期培训班，每期 300 人左右，共 1000 余人，他们是推动"乡村建设运动"的骨干力量。

邹平乡村建设实验前后分为两个时期：1931 年 6 月至 1933 年 6 月为前期，1933 年 7 月至 1937 年 10 月为后期。[①] 前期主要侧重于人才的训练和问题的研究，为开展乡村教育实验做准备工作，主要有：举办农产品展览会，宣传和推广农业科技知识；试办乡农学校；举办乡村教师假期讲习班；试办乡村合作社。1932 年 12 月，国民党内政部在南京召开全国第二次内政会议，通过了县政改革方案，决定各省设立县政建设研究院及县政改革实验区。次年，山东省政府确定邹平、菏泽为县政改革实验县。这样，邹平的乡村建设实验和县政改革实验合为一体，推进乡村建设运动深入开展。

从总体上看，邹平乡村建设主要包括以下内容：

1. 改革地方行政机构

在实验之初，梁漱溟就从韩复榘那里取得了实验县县长的推荐权，保证了县政府对实验的支持。1933 年，梁漱溟又取得了对实验区县政实施改革

---

① 参见熊明安、周洪宇主编：《中国近现代教育实验史》，山东教育出版社 2001 年版，第 481 页。

的特权。他裁局设科,集中到县政府统一办公,还撤销了一些无关紧要的行政部门,精简了机构,提高了办事效率。县以下则撤销区、乡、镇各级行政机构,仅设乡、村两级。这样,整个邹平县的行政系统就简化为:县政府——乡学——村学。乡学和村学兼有行政与教育两种职能,一切行政事宜,由县下达至乡学,再至村学具体组织实施。

2. 设立乡农学校

梁漱溟的乡村建设的基层单位是乡,他从广义的教育观念出发,力图建立一种以学校为中心、"以教统政"的乡村社会。所以,乡学和村学既是一乡或一村的教育中心,也是行政中心。而广大的民众是乡学和村学的"学众",他们在接受教育的过程中了解各种行政措施的意义,从而获得参与权,并由此形成执行上的自觉。

村学的教育活动有两类:一是由成人部、妇女部、儿童部实施的生活必需教育,促进其参与社会能力的提高;一是通过村学倡导社会改良,兴办各项社会建设事业,促进乡村的进步。儿童部相当于初级小学。梁漱溟强调,儿童应接受"有用的"教育,要求学校开设识字、农业知识、一般科学、卫生常识、公民学等课程。还要求根据当地的实际需要,向学生传授一定的生产技术。成人部利用农闲和晚上进行教学,内容有:公民学(包括讲故事、时事、梁漱溟思想、精神陶炼)、识字、基础知识(有关合作社、农艺和公共卫生)、音乐、军事技术等。妇女部除开设以上课程外,也传授托幼和家庭经济方面的知识。1935年后,实验区曾要求所有16—30岁的男性农民必须修10周成人教育课程。在教学方面,梁漱溟反对说教式,提倡"商讨"式。其程序是:"提引问题"——"商讨办法"——"鼓舞实行",即教员引导学众发现与他们利益相关的问题,共同寻求解决办法,并鼓励他们靠团体的力量解决问题。

正规的儿童部(学校)教育之外,在乡、村学还没有"共学处"。"共学处"是采用"小先生制"(导友)的方式,把家庭贫困不能入学读书的儿童组织起来实施教育的一种组织。"每处设导友一人,担任辅导教学。乡学设立的共学处,由高级小学部全体学生担任导友,村学设立的共学处,由三、四年级学生担任导友",乡学、村学教员则"担任巡回导师,负指导考察之责",其课程主要有国语、音乐、游戏、卫生讲话、礼节练习等,利用空闲时间在街头、场园、树下等场所施教。① 这种具有较强机动性的做法,在普及教育方面取得了很好的效果。

3. 成立农业合作社

建立农业合作组织有利于促进农村经济发展,也可以促进农民团结,因此被梁漱溟等人认为是促进乡村建设的重要举措。当时,邹平的农业合作社主要有三种形式②:第一,信用合作社。一类是庄仓合作社,主要是帮助贮粮农民解决资金问题。到 1935 年,此类组织有 145 个,社员 9465 人。另一类是向农村金融流通处借贷资金的信用社,可以使农民免于放债人的盘剥。1933 年,这类信用社只有 1 个,社员 15 人,借款总额 300 元。到 1935 年,增至 33 个,入社者达 589 人,借款总数达到 9486 元。第二,林业及蚕丝合作社。在梁漱溟的倡议下,以山地为主的邹平西南乡 48 个村成立了 28 个合作社,1933 年春共植树 8 万多株。蚕业合作社则促使蚕农们在换种、催青、消毒、饲育、运销等环节很好地进行合作。第三,运销合作社。1932 年,乡村建设研究院在邹平推广美国脱氏棉,并组织各村成立"梁邹美棉运销合作社",负责种植、借款、收花及轧花等环节,既促进了邹平植棉业的发展,也使得棉花的营销不再受商人的盘剥。据统计,参加棉花运销合作社的社员有 1.5 万人之多。

4. 社会改革

在邹平乡村建设实施期间,梁漱溟等人对影响农村社会秩序重建的社会治安、农村卫生以及社会风俗等问题也进行了一定的改革。

在社会治安方面,邹平举办自卫训练,建立起村、乡、县三级互相联动的地方治安体制。改组兵警,裁撤原来的公安局、民团队部和政务警察队,改组为"行政警察队",负责催粮、值岗、稽查等。从受训农民中选拔 40 人组成"地方警卫队",轮流执勤,维护地方治安。此后,邹平治安状况大有好转。

公共卫生方面,1934 年,在齐鲁大学医学院的帮助下,邹平县设立了卫生院。该院分为保健、防疫、医务、总务 4 组,并附设一个小型医院。卫生院是研

①邹平县教育局《教育志》编写组:《山东乡村建设研究院在邹平实验乡建教育概况》,《山东教育史志资料》1988 年第 1 期,第 24—25 页。
②参见熊明安、周洪宇主编:《中国近现代教育实验史》,山东教育出版社 2001 年版,第 490—492 页。

究院的一个工作机构,一方面为训练部的学员开设卫生课程,另一方面负责公共卫生和基层医务人员的培训。卫生院举办过 2 期各一年的卫生员培训班,第一期 30 人结业后,在 6 个乡设立了卫生所。他们还先后训练了 100 名接生员和 30 多人的妇幼卫生宣传员。卫生院还根据季节进行流行病防疫工作。到 1937 年,邹平县基本上建起了以预防为主,防治结合的医疗机制。

此外,针对邹平当地存在的早婚、买卖婚姻、缠足等陈规陋俗,梁漱溟等人提出了改良方法,一方面通过乡、村学宣扬伦理道德规范的优良传统,同时采取具体措施改良风俗,主要有:取缔早婚和买卖婚姻;成立"放足督察队",对继续缠足的妇女强行放足;成立了戒毒所,肃清烟毒。

从总体上看,梁漱溟的邹平乡村建设运动前后历经 7 年,收到了一定的成效,对邹平的农业经济、农村卫生以及农民受教育程度都有很大促进。

梁漱溟的乡村建设运动对全省乃至全国都产生了重要影响。1933 年,山东省政府把菏泽县划为山东乡村建设研究院第二实验区,次年,又开辟了以济宁为中心的鲁西 14 个县为实验区,推广梁漱溟的乡村建设经验。1935年,梁漱溟向韩复榘提出改革地方行政的"三年计划",得到批准。该计划于 1936 年 1 月开始实行,划定了以济宁、菏泽、临沂为中心的 3 个专员区。同一年,在济宁设立"山东省乡村服务人员训练处",调集省内 8 所师范的毕业生 800 余人,进行为其 8 个月的集中训练,为乡村建设培训了大批工作人员。1937 年,又增设鲁西、鲁北、鲁东等 4 个专员区,约有 40 多个县成立了乡农学校。至此,梁漱溟的乡村建设实验已经影响到省内大部分地区。

但梁漱溟在实验区的成绩并没有从根本上解决农村贫、愚、散的问题,他自己也意识到无法解决困扰农民的苛捐杂税、土地问题。这也表明,仅靠传统的乡约、礼俗,加上一些近代的改良措施,无法根本解决中国农村问题。在追求民主进步和工业化成为潮流的时代,仍依靠传统的伦理规范来恢复社会秩序,也有些不合时宜。但是,梁漱溟将广义的教育理论与农村社会实际结合,在山东邹平为改造农村进行了可贵的探索,这是值得敬佩的,他指导的乡村建设运动也成为山东近现代教育史一道独特的风景。

(四) 抗日战争时期国民党控制区的山东教育

抗日战争爆发后,在日军的大举进攻下,韩复榘不战而退,山东大部分地区相继沦陷。随后,国民党山东省政府重组,沈鸿烈为主席。但在日军的步步紧逼下,国民党在山东的控制区日渐狭促,刚刚建立起来的山东教育在遭受战争浩劫后,也日渐衰微。

1937 年 10 月,山东省教育厅开始组织各地中学师生南撤,经河南辗转至湖北,被教育部改编为"国立湖北中学"和"战区中小学教师湖北服务团"。武汉失守后,国立湖北中学西迁至四川绵阳,并按照沦陷区内迁中等学校序列,改称为"国立第六中学",分别在绵阳、梓潼、德阳、新店子、罗江五处办学。"战区中小学教师湖北服务团"则在 1939 年辗转至四川三台,改称"战区中小学教师第五服务团",并新增编辑部和研究部,1943 年被撤销。

抗战进入相持阶段后,根据国民政府颁布的《抗战建国纲领》、《战时各级教育实施方案纲要》等有关战时教育的政策方针,山东省政府开始整顿恢复各级各类教育,并以此来推进国民党在山东的政治影响。

在教育行政方面,教育厅下设 3 股,分别负责总务、各级学校、各县市教育行政和经费,另设督学和视察员各 2 人。1940 年 1 月,教育厅移驻临朐,机构进行调整,下立 3 科、秘书室、督学室和战区教育指导股。第一科负责高中教育及青年救济,第二科负责教育行政和教育经费,第三科负责社会教育、小学教育及国民教育,战区教育指导股负责针对日伪占领区的"特殊义务教育"。1942 年,何思源改任山东民政厅厅长,刘道元任教育厅厅长。1944 年底,何思源任山东省政府主席,实行战时体制,民政、教育、建设 3 厅合为政务厅,下设第三科负责高等教育,第四科负责各县市教育行政、教育经费、国民教育、社会教育。

初等教育方面,至 1943 年,国民党控制区各县小学数量基本恢复到战前的 60% 左右,莱阳、寿光、昌乐等县小学数量一度超过战前水平。1941 年,寿光有中心国民学校 50 所、国民学校 500 所,分校 424 所,入学儿童 110995 人,儿童入学率达 92%,比战前增加近一倍。[①]

中等教育方面,从 1939 年起,省教育厅决定将省立中学改设联合中学,每一中学需设高中、师范各 3 个班,初中 6 个班,简易乡村师范 4 个班,没有

---

①山东省教育厅《山东教育史》课题组:《山东教育史(未刊稿)》(下),2007 年 7 月,第 101 页。

职业学校的地区可设职业班,县立中学应尽量恢复。① 至 1943 年,省教育厅在昌乐、济南、桓台、益都设立 4 处省立中学,创设联合中学 22 所。此外,各地还恢复县立中学 30 所。师范教育方面,设立省立师范 5 所,省立简易师范 2 所,还有联中及一些中学附设的师范班或简易师范班,共计 37 个班。职业学校也有所恢复,1941 年开设省立鲁南农业职业学校,在寿光和莱阳开设了初级实用职业学校。②

相比之下,这一时期的高等教育则近乎名存实亡。齐鲁大学和山东省立医学专科学校迁往内地,勉强维持。1941 年 8 月,教育厅在安丘设立省立临时政治学院,但次年 9 月即因战事停办,1943 年,随省府迁往安徽阜阳复课。

值得注意的是,为同日伪的奴化教育作斗争,同时与共产党领导的抗日根据地争夺青年,山东省政府积极执行南京国民政府教育部的命令,极力开展特殊义务教育。

1939 年,教育厅制订《山东省特殊义务教育实施方案》,规定特殊教育的实施原则是:"训练大批干部人员,在敌伪或接近敌伪区域推行义务教育"③,借以增强三民主义的影响力,抵制日伪的奴化教育宣传,唤醒民族意识,有利于抗战救国。

1940 年,山东省政府正式成立山东战教委员会,并在教育厅内设专门机构,负责全省特教事宜,训练组织特殊义务教育工作督导队,分派各县督导并协助进行特教。教育厅还制订了《山东省各县办理特殊义教初级小学暂行办法》、《山东省各县办理特殊义教兼作党务活动暂行办法》、《山东省各县办理特殊义教工作情报工作须知》等文件,以保障特教工作的进行。随后,特教工作由鲁南扩展到鲁东、鲁北、鲁西北、鲁西南各县。

1941 年 8 月,教育厅制定《特殊义务教育实施方案扩大实施补充办法》,将解放区作为推行特教活动的重点。1944 年,制定《山东省各县三十三年度匪区"特教"实施办法》,完全以共产党和解放区抗日军民为打击对象,明确提出要想方设法打进抗日根据地,担任机关职员、学校教师,或伪装

①孟馈之:《战时的山东教育》,《教育月刊》复刊第 4 卷第 12 期。
②赵承福主编:《山东教育通史·近现代卷》,山东人民出版社 2001 年版,第 361—362 页。
③艾峰:《国民党"特教"在山东的组织与活动》,《山东教育史志资料》1987 年第 4 期,第 67 页。

成商贩、算命先生等,"利用关系秘密进行瓦解、鼓动、哗变及说服投诚等工作"。这一年,他们在 75 个县城设立了"战区教育指导员"、"特殊义务教育协会",设有特教的学校有 4190 处。①

从 1942 年起,为打击山东各种抗日武装,日军发动了一系列治安强化战,国民党在山东的军政力量遭受重大打击。1943 年 7 月,国民党苏鲁战区总部和山东省政府被迫撤离鲁南,迁往安徽阜阳。国民党控制区刚刚恢复起来的各类教育也随之迅速衰退。

(五)抗战胜利后国民党控制区教育的恢复

抗战胜利后,国民党山东省政府重新进驻济南,与中国共产党领导的山东解放区政府形成对峙。随后,根据国民党政府发布的《战区各省市教育复员紧急办法事项》,山东省政府在实际控制区域内接收日伪教育机构,并着手制订复员、整理教育的计划。

在重建教育行政机构方面,1946 年 1 月,山东省政府恢复民政、财政、教育和建设 4 厅的建制,教育厅长由李泰华担任,下设 4 科:第一科分管各区县教育行政及教育经费,第二科负责高等教育和中等教育,第三科负责国民教育,第四科负责社会教育等事务。另设秘书室、会计室、人事室、督学室等。相应的,从行政专员公署到市、县、区、乡各级地方教育行政也依次恢复。教育行政的完善为战后教育的恢复及开展提供了重要支持。

在各级教育恢复方面,中等教育的恢复与建设是最好的,甚至超过了战前的水平。据 1947 年统计,国民党控制区的中等教育学校达到了 94 所,学生总数为 44583 人,其中设高中班的学校有 15 所,师范类学校 39 所,师范生 8073 人。② 高等教育方面,1946 年秋,安徽阜阳的山东临时政治学院迁回济南,并于次年 2 月改为山东省立师范专科学校(1948 年 1 月改为山东省立师范学院)。同一年,山东省立医学专科学校也回迁济南。同时,原先被迫停办的国立山东大学也于 1946 年在青岛复校。1947 年 6 月,山东省政府筹设山东省立农学院,于 10 月开学。此外,初等教育和社会教育也都

①艾峰:《国民党"特教"在山东的组织与活动》,《山东教育史志资料》1987 年第 4 期,第 63—68 页。
②《各级学校概况表》,山东省教育厅 1947 年 7 月。

不同程度的恢复。

在接收日伪文化教育机构时,国民党政府规定了对被接收人员进行"甄审"的政策,具体包括:"组织甄审委员会,甄审教育行政人员、学校教职员及社教人员";"(中学)教职员应严加甄审,以定去留。凡附逆有据者,除不予甄审外,并依法严予惩处,其余须一律参加甄审。经甄审合格后,发给证件,准予继续服务";"未经甄审或甄审不合格者,各校一律不得聘用";"凡中等学校已毕业学生及停办或归并之中等学校肄业生,由各省市教育厅局设置甄审委员会甄审之"。① 山东在实施过程中,扩大了甄审的范围,不仅针对日伪占领区,而且把抗日根据地工作过的教职人员也列入甄审对象。青岛市于 1945 年 11 月开始进行甄审登记,由于甄审范围过大,举措不当,招致广大师生不满,引发了"反甄审"的集会游行。

从总体上看,国民党山东政府在战后对各级各类教育的恢复取得了一定的成效。但随着国民党发动内战,破坏国内和平,政治影响逐渐丧失,并在与中共的军事较量中逐渐失势,其在山东的控制区逐渐缩小,其教育影响力也逐渐丧失。最终,随着山东的解放,国民党在山东的教育走向消亡,取而代之的是中国共产党倡建的新民主主义教育体系。

二、抗战时期山东日伪政权的奴化教育

1938 年初,侵华日军占领山东大部分地区,在其扶植下,在济南成立了以马良为首的山东省公署,青岛被列为特别市,也成立了伪公署。此后,直至抗战结束,山东伪政权秉承日本侵略者的旨意,大肆推行迎合侵略统治的奴化教育,山东近代教育的发展因此遭受重大挫折。

(一)日伪奴化教育机构和教育方针

1. 教育机构

日伪政权下设的教育行政机构是推行奴化教育的主导机关。

1938 年 1 月,伪"济南治安维持会"成立,下设财政、教育等科,教育科主管恢复学校、举办教员训练班、组建日语速成学校等工作。伪山东省公署

① 《第二次中国教育年鉴》第 1 编,第 12—18 页。

成立后,设教育厅负责山东教育事务。教育厅下设 3 科,第一科设庶务股、文书股、人事股、会计股;第二科设初等教育股、中等教育股;第三科设社会教育股、礼教股。另设有检定教员委员会、教育法规编写委员会、文化言教委员会。各市、县均设教育科。

伪青岛治安维持会 1938 年初成立,下设秘书及总务、警察 2 部,总务掌管财务、教育等事项。1939 年 1 月,伪青岛特别市公署成立,下设教育局,设督学室及庶务科、学务科、社会教育科。1942 年 6 月,伪青岛市特别公署调整行政组织机构,教育局下设学务科、社会教育科和督学室。其

伪青岛治安维持会全体委员合影

中,学务科下设庶务、初等教育、中等教育 3 股,社会教育科设礼教、体育 2 股。各科室的主要职位基本上都由日本人控制。

"宣抚班"和新民会也是日伪推行奴化教育的重要机构。

"宣抚班"附设于日本军队,其主要作用是配合日军的军事行动,在新占领区进行所谓教化安抚工作。山东沦陷后,济南、青岛、烟台等地均设有"宣抚指挥班",铁路沿线大站和县城设有"宣抚班"。除随军宣传外,宣抚班还利用节日、集日召开民众大会,张贴标语,散布传单,在各级学校及社教机关设置日语课程,放映电影、排演节目,炫耀日军侵略的"战绩",宣扬"中日亲善"、"共存共荣",麻醉、软化民众意志。至 1940 年 2 月,山东沦陷区有宣抚班 105 处。①

新民会是日本华北方面军特务部成立的所谓"与政府表里一体之民众团体",其主要任务是通过鼓吹"新民主义",教化民众接受日伪政权统治,抵制国民党和中国共产党的影响,建设所谓"王道乐土"。新民会山东指导部于 1938 年 7 月 2 日在济南成立,伪省长马良担任部长。各县设有宣传

---

①根据《伪新民会人员调查统计表》统计,见洪桂己编:《近代中国外谍与内奸史料汇编——清末民初至抗战时期(1871—1947)》,台北"国史馆"1986 年印行,第 458 页。

班,至1939年12月,山东91个县设立了宣传班或宣传员。1940年4月1日,新民会山东指导部与日军宣抚班合并,改组为新民会山东省总会,伪山东省公署省长唐仰杜兼任总会长。新民会在山东沦陷区各地都设有分会(青岛为特别市总会),并附设一些社会团体,通过培训、欺骗、拉拢等手段吸收会员,为日伪的思想教化和政治、军事行动服务。

2. 教育方针

日本侵华期间,为配合军事行动,在文化上大肆宣传所谓大东亚共荣,并宣扬利用中国传统道德建立所谓"王道乐土",以此麻痹中国民众,实施殖民统治。山东伪政权在推行教育过程中,一直以日本宣扬的上述内容作为指导方针,积极宣扬中国封建伦理道德和中日亲善、东亚共荣,反对三民主义和共产主义,并根据日本侵略者的对华政策和军事行动做相应调整。

1938年4月,北京伪政权教育部制订发展教育的基本原则:"一本东方文化传统,与夫亲仁睦邻之旨,对于国民观感宜作正本清源之计,对于国际友善应举诚意协调之实。"①5月,山东省公署根据北京伪政权教育部的训令,提出要"兴学立教,明德新民",认为山东是圣贤之乡,为挽救"陷溺"之人心,必须"提倡固有道德"②。6月,由青岛治安维持会教育科创办的《青岛教育周刊》声称:"以中国固有文化为中心,融合日本近代文化为教育方针",中国固有文化就是五伦八德,而"日本与中国同文同种,唇齿相依,关系密切,故挽救中国之危机,实有赖于日本之援助也"。③1943年1月,伪山东省公署公布了《山东省教育主旨》,宣称:"山东为孔孟桑梓之邦,文化发祥之地,圣经贤传,历代所宗。凡我同胞应恪遵力行,敬祖先,孝父母,尊师长,友兄弟,信朋友,和乡里,尚勤俭,重道义,刻苦耐劳,锻炼体魄,博学深思,促进科学技术,勇于负责,严守纪律,知行合一,自强不息,爱国家,爱东亚,精诚团结,共进大同。"④《主旨》还解释了"爱国家"和"爱东亚"的关系,认为:"同胞是国家的一分子,国家是东亚的一部分,这爱东亚的呼声便又

①《中华民国临时政府教育部训令》,《青岛教育周刊》第1卷第1期,1938年6月13日,第27页。

②《日伪山东省公署维持会教育计划反共纲要》,山东省档案馆,J 101—09—1079。

③《青岛教育周刊·刊词》,《青岛教育周刊》第1卷第1期,1938年6月13日。

④《山东省教育主旨解说》,山东省公署教育厅1943年编印,第87页。

从此推演出来。就是把爱的范围再做扩大,从自己的国家推想到同洲、同种、共荣辱同甘苦的临近国家。这大东亚主义便同时揭示出。……爱东亚正所以爱国家。"①这种简单的泛文化推论,实际上就是鼓吹日本侵略者一直在宣扬的"东亚共存共荣"的说教。

在日伪统治时期,教育政策的指导思想常常会随着日军在华的活动及战局的变化而有所调整,但其奴化教育的实质一直没有改变。从1941年春至1942年底,日伪在山东推行了5次"治安强化运动",与此相适应,山东省公署逐次调整指导思想和教育措施。如第一次"治安强化运动"中,在教育上强化"兴亚灭共"、"自治自卫",而1941年11月第三次"治安强化运动"中,山东省公署将教育宗旨规定为6条,即"铲除共党思想"、"实行经济封锁"、"绝禁与'匪党'经济交换"、"利用教育时报"、"确立国民思想"、"排斥共产党之邪说"等,②并强调"现在庶政之推进,咸以治安为鹄的,教育为一切之原动力,今后当以教育全副力量,谋治安之强化,换言之,即站在强化治安的立场上而办教育。"③1943年8月,为加强对学校教育的控制,伪政权又提出了教育要实现军事化、系统化、社会化、国防化的目标,使学生养成"爱东亚的信念","实现善邻友好、共同防共、经济提携三原则"④。1944年夏,随着日军在战场上的败退,日伪实际控制区日益缩小,日伪政权则又鼓吹政治和教育一体化,以"促进大东亚建设,彻底刷新教学,展开食粮增产运动,整备防空体制"作为教育施策。⑤

(二) 奴化教育的实施

日伪政权十分重视教育在其建立殖民统治中的作用,认为"教育为一切建设之基础","教育为推进政治之工具,而政治又为实施教育的力

①《山东省教育主旨解说》,山东省公署教育厅1943年编印,第89页。
②闽藜:《抗战期间山东沦陷区日伪教育概况》,《山东教育史志资料》1986年第2期。
③《山东省公署关于三十年度强化治安运动、强化识字运动的训令》,山东省档案馆,J 101—16—0050。
④《山东省第八次省立中等学校校长座谈会要览》,山东省公署教育厅1943年编印,第1—3页。
⑤伪教育厅《1944年工作概览》,转引自钟春翔:《抗战时期的山东日伪教育》,《抗日战争研究》2003年第1期。

量"①,"欲求中日亲善与东亚和平,必须先从改革教育着手"②。由此,在奴化教育方针的指导下,日伪政权在山东沦陷区竭力恢复各级各类教育,建立其奴化教育体系。

1. 学校教育

(1)学校建设概况

日军占领山东,给山东教育带来了劫难,原先由国民政府创办的大多数学校都陷入停顿状态。

从 1938 年开始,日伪政权着手恢复各级学校教育。

小学教育方面,至 1939 年底,公、私立小学共 5600 所,学生 21.6 万人。③ 次年 8 月,小学生总数增加至 35.5 万人,其中乡镇小学生占了 74%。是年,伪教育厅又制定了扩充初等教育的计划,在加强县立小学和社会教育的同时,重点扩充乡镇甚至村立小学。从 1941 年始,学校和学生数量有了大幅增长:1941 年,学校 14826 所,学生 65.8 万人;1942 年,学校 21437 所,学生 111.1 万人;1943 年,学校 22005 所,学生 102.4 万人。④ 1944 年,伪政权统治区被大大压缩,小学和学生数量也大幅减少,分别为 13719 所和42.5 万人。⑤

中等教育方面,1938 年秋开学的中等教育学校有日语专科学校 1 所,中学 1 所(济南),初级中学 3 所(德县、益都、济宁),男、女师范各 1 所(济南),共 27 个班。次年,中学增至 17 所,学生总数为 2818 人。⑥ 此后,中等教育学校数量逐年增多。1943 年的《中等学校概况调查表》登录了 101 校,其中中学 12 所,师范学校 4 所,中专 3 所,初级中学 45 所,简易师范 34 所,职业学校 5 所,学生共 21685 人。⑦ 整体上看,伪政权将中等教育的重心放在初中学校和简易师范学校。

---

① 《山东省第二、五届教育行政会议要览》,山东省档案馆,J 101—16—0007。
② 《青岛治安维持会学务委员会成立纪要》,《青岛教育周刊》第 1 卷第 22 期,1938 年 11 月 7 日,第 19 页。
③ 《全省公私立学校、社教机关情况统计表》,山东省档案馆,J 101—16—0012。
④ 《山东省三十一、三十二年度教育工作概况》,山东省档案馆,J 101—16—0004。张书丰认为,小学学校数及在校学生数字的这种突然式增长固然存在可能,但其造假的可能更大。详见赵承福主编《山东教育通史·近现代卷》,山东人民出版社 2001 年版,第 338—339 页。
⑤ 闽蕻:《抗战期间山东沦陷区日伪教育概况》,《山东教育史志资料》1986 年第 2 期。
⑥ 《全省公私立学校、社教机关情况统计表》,山东省档案馆,J 101—16—0012。
⑦ 《日伪山东省公署各级教育概况调查表》,山东省档案馆,J 101—09—1159。

在青岛地区,1938 年底,市区及乡区恢复公私立小学 62 校,在校生 10693 人,恢复公立中学 2 所、私立中学 4 所。为培训师资,1938 年秋在市立中学附设特别师范科,招 2 个班共 80 人,修业 1 年,"毕业后须在指定之学校内服务二年后方准自由就业"①。1941 年春又设立市立师范学校 1 所。至 1944 年,青岛共有中小学 356 所,其中中学 11 所,学生 5430 人;小学 345 所,学生 62969 人。②

这一时期的高等教育方面则几近空白,山东伪政权仅在 1943 年筹设了 1 所医学专科学校,在当年招收 1 个班,41 名学生。

(2)日伪政权对学校的奴化管理措施

伪政权在恢复学校教育的同时,还采取各种管理措施,以确保其奴化教育的贯彻实施。

首先,在教学内容方面,强化日语教学。

伪政权统治时期,日语被定为中等教育学校的必修课程,省立小学三年级也必须开设日语课。主要的师资由 3 部分组成:一是日本籍教员,一是由山东省日语专科学校培养的速成日语教师,还有一部分就是对现任中国教师进行培训,边学边教。除课堂教学外,伪政权还强令学生在课外活动中也要经常使用日语,如用日语喊操、学唱日本歌曲、用日语向日语教员问好等。学校还通过组织日语竞赛、日语作文比赛等活动,强化学生的亲日思想和反共意识。

其次,严密监控师生思想和行动。

伪政权沿用了原国民政府检定教员的制度。1938 年,伪教育厅设立检定委员会,1939 年又相继制定了《山东省检定小学教员要项》、《山东省检定小学教员暂行规定》、《山东省检定中学及师范学校教员、山东省检定日语教员暂行规定》。同年,又在各市县设立了检定小学教员事务所。对教员的检定首重思想,教员必须拥护"兴亚灭共"的教育政策,否则予以辞退和解雇,甚至遭受毒手。1940 年至 1942 年间,全省小学教员检定 3 次,中学

①《青岛治安维持会会立中学校附设特别师范科招生简章》,《青岛教育周刊》第 1 卷第 24 期,1938 年 11 月 21 日,第 12—13 页。
②赵承福主编:《山东教育通史·近现代卷》,山东人民出版社 2001 年版,第 342 页。

教员检定 9 次,日语教员检定 7 次。①

伪政权还对教师进行各种名目繁多的培训,虽然也包括专业训练,但侧重于对教员思想的监控。1938 年 2 月,青岛治安维持会发布公告,"为根绝党化谬误思想,宣示正当教育宗旨",将全市小学校教职员全部训练一次。② 8

日伪青岛市中小学校教职员训练班
开学典礼摄影(1938 年)

月中旬,又举行了全体中小学教职员参加的"中小学教职员暑期讲习会",其宗旨为"根绝党化谬误思想,宣示革新教育宗旨"③。1939 年 6 月,伪政权通过《山东小学教员暑期讲习班暂行办法》,要求对教员进行强制性的"认识时局"、"了解新秩序"的思想训练,使教员能够按照要求担负起对学生思想行动的管理与教育。同时,伪政权还要求学校教员和学生专心于"学术之探讨及应尽之职责",不得参加任何党派和政治活动,否则给予处分,④并要求教员积极配合旨在维持其统治的"治安强化运动"。

同样地,通过各种强制性活动,把学生的思想及言行纳入日伪设定的"规范"之中,也是伪政权始终贯彻的目标。

把所有学生分别纳入各种组织,进行强制性团体训练,是伪政权控制学生的重要措施。1940 年,伪政权颁布《山东省学校少年团暂行规则》,开始在学校成立少年团,以"顺应东亚新秩序的建设"为宗旨,以"反共"为目标,实施团体训练。次年,又颁行《修正山东省学校青少年团实施训练暂行办法》,规定在小学、初中组织少年团,在高中及专科学校组织青年团,实行军事化、纪律化管理,并纳入教学计划。除团体训练外,日伪还通过所谓"个

①闽蕻:《抗战期间山东沦陷区日伪教育概况》,《山东教育史志资料》1986 年第 2 期。
②《青岛治安维持会布告》,《青岛教育周刊》第 1 卷第 1 期,1938 年 6 月 13 日,第 28 页。
③《中小学教职员暑期讲习会简章》,《青岛教育周刊》第 1 卷第 11 期,1938 年 8 月 22 日,第 7 页。
④《日伪山东省公署退学及教育经费调查表》,山东省档案馆,J 101—09—1132。

别训练"、"自肃训练"等手段,加强对学生思想和行为的控制。

伪政权统治还制订详细的实施方案,督促学校频繁组织各种活动,如"讲演会"、"雄辩会"、"展览会"、"游艺会"等,以强化学生接受奴化教育的内容。如1942年11月,教育厅决定举办公私立中等学校"第五次治安强化运动雄辩会"。他们把雄辩会的宗旨规定为:"强化反共思想"、"根绝依附英美观念"、"确立中国道德",还拟定了辩论题目,其中包括"怎样建设华北,完成大东亚战争"、"强化反共思想之重要与实践"、"学生应该怎样自肃自戒"、"第五次治安强化运动与学生之责任"。①

对于学生平时的言行,学校也都有各种禁令,如规定学生不得阅读课本及学校推荐书籍以外的读物,不能参加非学校组织的任何组织和活动,有的学校甚至规定可以随时检查学生的信件。② 此外,为了约束毕业学生,山东省公署1944年制订了《中等学校毕业学生职业介绍登记暂行办法》,规定毕业生申请登记就业,必须持有一定身份的人出具的保证书,保证该毕业生不"勾通党、共、匪"及在任职期间不潜逃。

2. 社会教育

在学校教育之外,日伪政权特别重视针对普通民众进行教化的社会教育,其推行主要由新民会来主导。

1938年初,在新民会的指导下,伪山东省教育厅制订了社会教育实施方案。该方案以"新民主义"作为社会教育的主旨,宣称为共同建设东亚新秩序服务;制定社会教育专用款,规定其数额不得低于教育经费总额的30%,不得挪作他用;将全省分为若干社会教育区,道或直辖市设区,县、乡为分区,各区以省立新民教育馆为中心,市县及特别市以市县区新民教育馆为中心,分区以本区完全小学为中心,大力创办新民教育馆、新民学校、通俗讲演所、职业学校等社教机关。

新民会推行社会教育的方式和活动多种多样。在济南、青岛、烟台等城市和县城,主要利用报刊、电台等媒体及各种集会、讲演等活动,并开办新民教育馆、新民学校,进行教化宣传。在日伪统治时期,先后创办了《山东新

---

①《"治安强化运动"实施办法宣传材料》,山东省档案馆,J 101—16—0032。
②《日伪山东省公署中学生思想动向调查教育部调查小学人数表》,山东省档案馆,J 101—09—1346。

民报》(1938 年 7 月创刊)、《青岛新民报》(1938 年 2 月创刊,1942 年与《大青岛报》合并为《青岛大新民报》)、《威海卫新民报》,作为宣传新民主义的工具。在济南、青岛、烟台等地,日本人还建立广播电台,用华语和日语轮流广播,定时播放新民会的专题节目,以影响民众。

在沦陷区农村,新民会则主要通过宣传班和设立新民教育馆、讲演所、图书馆、阅报处、问事处及新民学校,采用宣讲、阅读等形式吸引民众,解释新民主义内容,宣扬新民精神。1939 年博兴县报告称:"本县自克复后即组织宣传队,自 6 月份奉令改组为宣传班,由新民教育馆长兼班长。关于宣传事项为参加开会,随军宣抚,演讲会集市演讲,街头巡回演讲,旅行演讲,下乡慰问,文字宣传,壁报,联络种种事项,至宣传品及各种标语、布告、传单、劝告书、时事画报等件。对于尊孔、反共、拥汪、兴亚、护路等项无不尽量宣扬,以期新政普及,全县明朗,现仍积极进行,扩大工作,以完成宣传纲要之计划。"①

新民教育馆、新民学校和通俗讲演所是伪政权实施社会教育的中心机构。

1940 年 9 月,山东省立新民教育馆正式开办,内设宣化部、陈列部、话剧部、阅览部和事务处,并对市(特别区)、县立新民教育馆进行指导。其教化实施要纲共有 25 条:"1. 宣扬东方文化道德,振兴国民固有精神;2. 发扬新民主义,养成民众王道观念;3. 宣传共产黑幕,引起民众反共观念;4. 宣传兴亚利益,引起民众兴亚观念;5. 阐发反共理论,加强民众反共意志;6. 阐发兴亚理论,促进民众兴亚运动;7. 解释中日满不可分离之情势,提倡中日一致提携;8. 解释友邦援助中国之诚意和需要加强中日亲善观念;9. 说明建设东亚新秩序之工作,指导民众努力迈进;10. 提倡尊崇孔孟,发扬圣道;11. 提倡敬神崇祖,养成民众深切信念;12. 提倡互助精神,养成民众团结意志;13. 提倡俭约朴实,养成民众清廉习惯;14. 提倡公共道德,改良社会风俗习惯;15. 提倡公共体育卫生,强健民众身体;16. 提倡勤苦耐劳,加强民众工作;17. 提倡道德实践,陶冶民众德性;18. 提倡职业技能,救济民生;19. 提倡改善农产及开发产业,推广国民生计;20. 注重职业补习,补助

---

① 山东省公署:《山东省各县行政调查汇编》,1939 年 12 月。转引自刘大可:《山东沦陷区新民会及其活动》,《山东社会科学》2001 年第 3 期。

民众生活技能;21. 灌输新政知识,俾使民众明了新政权之趋向;22. 提倡自治合作精神,补助保甲及合作社之进展;23. 救济失学民众,扫除文盲;24. 注重礼教,使民众道德化;25. 提倡忠诚团结,养成民众国家观念。"①由此可见,新民会企图通过新民教育馆介入民众生活的各个方面,倡导中国传统封建礼教,宣扬新民主义和王道政治。

省立新民教育馆陈列部是新民教育馆的核心部分,陈列的实物与照片以宣扬日本的历史、文化及"战绩"为主,为吸引民众,增强展览的趣味性,也附带一些科学常识或古迹、趣闻的内容,但基本上都是陪衬。如 1943 年省新民教育馆举办"巡回兴亚时事照片展览会",其中悬裱日本帝王像 8 幅,补充各县名胜古迹照片 12 幅,陈列满洲建国 10 周年祝典纪念写真 15 幅,悬镶世界科学名人像 12 张。② 话剧部也是日伪进行奴化宣教活动的重要部门。该部负责组织戏剧演出,通过简明通俗的语言向民众宣扬封建道德和反共内容,并以免费来吸引民众。该部编演过的短剧有 40 种之多,经常演出的剧目有《匪患》(教育重点"加强兴亚反共信念")、《我们的任务》(教育重点"提倡保甲自立")、《三娘教子》(教育重点"表彰传统道德")、《我们的成功》(教育重点"启发民众参战意识")等。

新民学校最早设立于济南,1938 年 7 月有 8 所,至 1941 年发展到 176 所。它以"救济文盲,辅助失学"为幌子,主要收容失学青年,实际上为了肃清社会不稳定因素,训练顺民。济南的新民学校师资主要由模范小学、省立中学的日本教官和日本教员充任,一般开设日语、经学和军训等课程,经过军训的青少年往往被强制送到日伪军队,实际成为了日伪的后备兵员。日伪还规定,16 至 28 岁的青年必须参加由新民会控制的"一般青年团",统编为"学校自卫团",使得新民学校实际上成为日伪培训"治安自卫骨干"的重要场所。

通俗讲演所是专门负责社会宣传的机构,其主要任务是强化所谓"新民意识",故讲演、宣传的主要内容包括"反共"、"兴亚"、"新民主义"、"东方文化"、"固有道德"、"新政常识"等 14 项。伪政权规定,各讲演所所长每

①山东省立新民教育馆:《馆务概况》(1941 年 8 月 8 日)。转引自刘大可:《山东沦陷区新民会及其活动》,《山东社会科学》2001 年第 3 期。
②《新民教育馆三十二年三至十二月份工作月报表》,山东省档案馆,J 101—16—0341。

周要"讲演"4次,讲演员每周要讲8次,每次讲演2个小时。据1941年统计,全省的讲演所共编写讲演稿96种,讲演方案648份,新闻报道12篇,传单11种,标语153种,全年讲演1296次,听讲人数达800多万人。①

日伪政权和新民会通过上述组织机构和活动,在山东沦陷区建立起庞大的社会教育网络。据统计,1939年12月山东沦陷区95县有新民教育馆64处,讲演所59处,阅报处96处,新民学校7处,训练所111处。至1941年6月,95县报告共有新民教育馆91处,讲演所83处,图书馆50处,阅报所193处,问事代笔处61处。1943年6月,山东沦陷区共设有新民教育馆105处,图书馆66处,讲演所115处,训练所59处,阅报所202处,新民学校136处。② 日伪政权在社会教育方面的经费投入也相当巨大,1942年社教机关数是1939年的3.6倍,而经费投入却增长了近60倍。社会教育机构在县级教育经费中也占了相当大的份额,1944年宁阳县用于学校的经常费是30.5万元,而社会教育机构的经常费是9.3万元。③

(三) 奴化教育的衰微

山东沦陷区的日伪奴化教育,其实质是日本侵略者对占领区的一种强制教育,是其建立殖民统治的一种工具。它以破坏占领区原有教育为前提,力图采用各种教育形式对占领区民众进行洗脑,摧毁他们的民族意识,重新建立对殖民占领的认同。但是日伪政权的这种做法并没有取得成功。

首先,日伪政权的殖民占领是非正义的,其奴化教育必然遭到中国人民的抵制和反抗。中共领导的抗日根据地积极开展文化教育活动,抵制日伪的奴化宣传,并利用日伪政权扩充乡村学校的机会,积极活动,创办抗日的"两面小学"。在沦陷区,一些老师和学生纷纷转投日伪政权控制较为薄弱的教会学校,并积极宣传抗日。许多民众为抵制日伪奴化教育,宁愿送孩子上私塾,也不愿意去日伪学校,这导致沦陷区私塾的重新大量兴起。在日伪控制严密的学校,许多老师则采用隐蔽的方式抵制奴化教育。对于必须讲

---

①闵菇:《抗战期间山东沦陷区日伪教育概况》,《山东教育史志资料》1986年第2期,第89页。
②山东省公署:《山东省各县行政调查汇编》,1939年12月。转引自刘大可:《山东沦陷区新民会及其活动》,《山东社会科学》2001年第3期。
③赵承福主编:《山东教育通史·近现代卷》,山东人民出版社2001年版,第336页。

的奴化宣传材料,有的老师的办法是"指出来源,照本念经,念完就算,不加发挥"。① 有的老师则以"消极"的态度无声的反对奴化教育,"每于上课钟点方行到校,授课完毕下班,即行离校"。②

其次,从教育的实施来看,日伪政权对山东各级教育的恢复和建设明显力不从心。尽管从 1939 年起日伪政权就开始大规模恢复学校,但其成效甚微,一直没有达到战前水平,甚至有较大倒退。1936 年,山东省共有小学42174 所,③但至 1943 年,小学数为 22005 所,仅为战前的 52.18%。④ 1940年前后,山东伪政权做过一次较大范围的学龄儿童入学率调查,统计结果显示,44 个市、县学龄儿童入学率为 17—18%。⑤ 而根据 1941 年公布的初等教育统计数字,在小学生中也只有 28% 的人在接受小学 6 年的教育。⑥ 在教育投入方面,尽管日伪政权很重视教育的功能性作用,但学校设施建设仍然滞后,多数学校校舍、门窗破旧不堪,各地根本没有办学积极性,很多学校归于停办。而日伪政权花大力气投入的社会教育机构也不乐观,有些新民教育馆设备缺乏,阅报报章仅有数份,形同虚设。

随着日军在战场上遭受重创,山东沦陷区的范围逐渐缩小,日伪奴化教育的实施也逐渐衰退,并最终随着日本的战败投降而消亡。

三、山东抗日根据地与解放区的教育

从抗日战争到解放战争,在中国共产党领导下,山东根据地和解放区的广大干部群众,在争取民族解放、民主发展的艰苦战争环境中,逐步探索和建立起新民主主义的文化教育体系,开辟了山东教育发展史上的新篇章。

(一)抗日根据地教育的初创

面对日军的大举入侵,在 1937 年底至 1938 年初,中共先后组织发动了天福山、徂徕山等多处起义,建立了地方抗日武装,并陆续建立地方抗日民

---

①吴鸣岗:《怀念綦际霖先生》,《山东文史资料选辑》第 26 辑,山东人民出版社 1989 年版,第 3页。
②《山东省第二、五届教育行政会议要览》,山东省档案馆,J 101—16—0007。
③《第二次中国教育年鉴》,第 14 编,第 64 页。
④《山东省三十一、三十二年度教育工作概况》,山东省档案馆,J 101—16—0004。
⑤《日伪山东省公署教育厅调查学龄儿童情况》,山东省档案馆,J 101—09—1110。
⑥赵承福主编:《山东教育通史·近现代卷》,山东人民出版社 2001 年版,第 354 页。

主政权。至 1940 年夏,山东建立了 1 个行政主任公署(鲁西)、7 个专员公署(泰西、运西、运东、鲁西北、北海、清河、鲁南)、66 个县政府、300 个区政府,这些民主政权均设有教育行政机构。

抗战之初,为开展游击战争,发动和教育群众,急需有政治和军事斗争经验的优秀领导人才,由此,山东抗日根据地重点开展干部教育。

1938 年 5 月,胶东特委成立了山东抗日根据地最早的国防教育委员会。8 月至 12 月,特委以掖县县政府的名义举办国防教育训练班,前后共 4 期,每期 100 多人,学员大多数是小学教员和失学的学生。训练班每期 1 个月,其中上课 3 周,讲授"抗日民族统一战线"、"国防教育"、"政治学"、"游击战术"、"民运工作"等课程,并教唱抗日救亡歌曲。另有 1 周时间深入农村做宣传、发动、组织群众的工作。① 此外,鲁西南、冀鲁边区、鲁南区的个别地区也都举办了各种形式的训练班。这些由地方党组织或新成立的县政府主办的训练班,训练时间一般都较短,训练内容主要是讲解中国共产党的抗日主张和时事政治,兼及民运工作和游击战知识,为抗战初期培训抗日积极分子,扩大抗日干部队伍起过重要作用。

在抗战之初,山东抗日根据地还创办了一些军政干部学校,主要有:山东抗日军政干部学校、鲁西政治干部学校、鲁西抗日军政干部学校、胶东抗日军政干部学校、抗日军政大学第一分校等。这些学校大都以抗大为模式,管理制度完备,课程体系比较成熟,虽然每期学习时间较短,但学员的军政素质提高很快,这些学校因此成为根据地培养高素质干部人才的主渠道。如创办于 1938 年 7 月的山东抗日军政干部学校,以"根据抗日民族统一战线最高原则,以培养大批抗日军政干部人才,坚持山东抗日游击战争"②为办学宗旨。学校实行军事化管理,开设"抗日民族统一战线"、"抗日游击战争"、"抗日游击战区中的各种基本政策"、"抗日军队中的政治工作"、"民众运动"、"军事学术科"等课程③,采取理论与实践相结合的教学方法,学期 1—3 个月。1939 年 8 月,八路军第一纵队成立,该校被改编为一纵队的

---

①盛旭东:《掖县国防教育训练班概况》,《山东教育史志资料》1983 年第 1 期,第 17 页。
②《山东抗日军政干部学校第四期招生简章》,《大众日报》1939 年 1 月 10 日。
③陶林:《半年来的山东抗日军政干部学校》,《山东教育史志资料》1983 年第 4 期,第 22 页。

随营学校,由徐向前兼任校长。1940 年 3 月,并入抗大一分校。① 在办学期间,该校为部队和地方培养军政干部 2500 多人。

为团结根据地知识青年,培养他们为抗日民主政权服务,山东抗日根据地开始尝试举办中等教育学校。1938 年春创办的蓬莱抗日中学是根据地创办最早的一所中学,随后,胶东公学、蓬莱中学、蓬黄联中、招掖联中、掖县师范等学校相继在胶东地区建立。此外,1939 年 3 月在沂水县还设立了山东鲁迅艺术学校。由于恶劣战争环境的影响,大部分学校存在时间很短。

相比之下,小学教育的恢复要稍好一些。各地民主政权建立后,先后制定措施,尽快恢复小学。1938 年 8 月,蓬(莱)黄(县)掖(县)行政联合办事处制定了包括《工学团组织大纲》、《小学区组织条例》、《鲁迅小学教育方案》、《小学教员请假办法》、《小学教员奖励办法》、《乡村俱乐部组织大纲》等在内的 17 种教育章程和规则。同月,北海区各县建立工学团,以加强对农村小学的领导,实行国防教育。同年冬,改工学团为小学区,每个小学区成立一所中心小学,受各级政府的直接领导。1940 年春,北海专署也颁布了 5 项发展教育的章程和规则:《国防小学教育暂行方案》、《国防小学教育暂行规程》、《二部制教学暂行条例》、《县教育经费委员会组织条例》、《县教育委员会组织条例》。经过 2 年多的努力,抗日根据地的小学教育在一定程度上得以恢复和发展。据 1940 年 5 月统计,胶东北海区各县设立初级小学 1989 处,完全小学 98 处,就学儿童 86264 人,拥有经过训练的小学教师 2775 人,儿童入学率也空前提高,其中栖霞达到 75%,掖县为 78%,招远为 91%。② 至 1940 年 6 月,鲁西地区设立完全小学 57 处,中心小学 39 处,初级小学 2396 处,在校生达 102378 人,其中女生占 12%。③ 此外,为适应斗争形势的需要,根据地还创建了部分无固定校址、以流动教学为主的"流亡高小"、"游击高小"。

在群众教育方面,抗日民主政府主要以识字教学为中心,教育和组织群

①1938 年创办,1940 年 1 月由晋东南移至山东,1945 年抗战胜利后停办,是抗大 12 所分校中创办最早、历时最长、培养干部最多的一所分校。见刘健飞:《抗大一分校校史简述》,《山东教育史志资料》1983 年第 4 期,第 26—29 页。

②据《北海区各县小学统计表》和《北海区学龄儿童及小学教员统计表》,见《山东老解放区教育资料汇编》第 3 辑,山东老解放区教育史编写组 1985 年编,第 4—5 页。

③《大众日报》1940 年 10 月 28 日。

众。1938 年,蓬、黄、掖三县抗日民主政府建立伊始,就举办妇女识字班和民众夜校,还编写了妇女识字课本,并把这种民众教育形式逐渐推广到胶东全区。据 1940 年 5 月统计,北海区的蓬莱、黄县、掖县、招远、栖霞共举办民众夜校 1299 处,参加学习活动的有 42959 人;举办妇女识字班 1226 处,42637 人参加了学习。① 各根据地还经常组织干校、抗日小学的学生刷标语,演唱救亡歌曲,宣传抗日道理,启发群众的民族觉悟。

从抗战爆发到 1940 年夏天,是山东抗日根据地教育的初创时期。这一时期,教育作为根据地建设的重要组成部分,受到普遍关注,并且与抗战救亡紧密相联,体现了战时教育的明显特征。但从总体上看,各根据地教育建设不是很均衡,干部教育的发展也普遍好于普通教育和群众教育。

(二) 新民主主义教育运动的展开

1940 年 2 月,毛泽东在延安《中国文化》创刊号上发表《新民主主义论》,提出了中国共产党在新民主主义革命时期的文化纲领,这为根据地的教育文化建设活动指明了方向。随后,山东抗日根据地开始学习和研究《新民主主义论》,根据其精神制定了山东抗日根据地教育建设的相关方针政策,促使根据地教育事业逐步走向正轨。

1.《山东省战时施政纲领》和《山东省战时国民教育实施方案》的颁布

1940 年 4 月 4 日,山东抗日根据地文化界人士举行文化教育宣传工作座谈会,成立了李澄之、杨希文、李竹如、孙陶林等 11 人组成的山东文化界救亡协会筹备委员会以及山东文化出版社。6 月 16 日,筹委会组织召开了国民教育座谈会,与会的 20 多位文化教育界和文化团体代表具体讨论了根据地实施国民教育的一系列问题②,座谈会主席李竹如就教育的政治性及怎样开展新民主主义的国民教育工作作了总结性发言。两次座谈会的召开,为以新民主主义理论为指导的教育运动在山东根据地的全面开展作好

---

①《北海民众夜校及识字班统计表》,《山东老解放区教育资料汇编》第 3 辑,山东老解放区教育史编写组 1985 年编,第 6 页。
②国民教育座谈会讨论问题包括七个方面:"一、教育行政机构的建立问题;二、学制问题;三、社教机构;四、教材与通俗读物的供给;五、中学师范的建立问题;六、部队及群众团体如何推进国民教育运动;七、战时国民教育研究会的组织问题。"见《大众日报》,1940 年 6 月 22 日。转引自《山东老解放区教育资料选辑》,临沂地区教育局 1981 年编,第 242 页。

了铺垫。

　　1940 年 7 月 26 日至 8 月 26 日，山东抗日根据地党、政、军、群各界代表汇聚沂南青驼寺参加"联合大会"。8 月 1 日，选举产生山东省临时参议会，这是华北敌后根据地第一个省级参议会，

1940 年 7 月，山东战时工作推行委员会（简称"战工会"）在沂临边县青驼寺成立，图为成立大会会场

是山东抗日根据地最高民意机关和立法机构。同日，成立山东省战时工作推行委员会（简称"战工会"）。战工会是带有统一战线性质的山东抗日民主政权的最高领导机关，它的成立标志着山东抗日根据地已经实现了统一的行政领导。8 月 7 日，山东省战时工作推行委员会通过《山东省战时施政纲领》，12 月，又通过《山东省战时国民教育实施方案》。这两个文件确立了山东抗日根据地发展新民主主义文化教育的方针、政策和措施。

　　《山东省战时施政纲领》从全局角度系统阐述了山东根据地建设的原则和方向。其中第五条关于教育的条款规定："普遍实施新民主主义教育，发展文化事业，培养专门人材，发扬民众抗战精神，粉碎敌人奴化教育；广设各种训练班及军政干部学校，改革学制，改编教材，普遍设立抗日小学及成年民众学校，使得儿童、青年、妇女及工农大众，都受一定时间免费强迫教育；改良私塾，加强私立学校之领导，一律采用抗日教材；改善小学教员待遇，大量培养师资；整理并筹划地方教育经费；普遍设立民众教育馆、教育巡视团、农村俱乐部；普遍举办地方报纸，推办社会教育；厉行扫除文盲，促进社会文化活动及提倡正当娱乐。"①这明确了根据地教育的新民主主义性质，为各项教育活动的开展和各种教育规则的制定提供了依据。

　　《山东省战时国民教育实施方案》则是《施政纲领》教育条款的具体化，包括八个部分：一、总说；二、教育方针；三、实施原则；四、教育系统；五、教育

---

　　①《山东省战时施政纲领》，《山东革命历史档案资料选编》第 5 辑，山东人民出版社 1982 年版，第 134—135 页。

内容;六、师资;七、经费;八、教育行政。①

《方案》首先明确指出:"教育是实现政治任务的工具。目前的政治任务,在于动员与组织全体民众,坚持抗战反对投降,克服困难,准备反攻,驱逐日寇出中国,争取我中华民族之彻底解放,建立独立自由幸福的三民主义共和国,而目前,教育正是为这一政治任务而服务。"②而该《方案》的制定则是"根据革命的三民主义的最高原则,抗战建国纲领的基本精神,敌后抗日根据地的具体环境与实际需要,依据新民主主义教育之基础"。③

关于教育方针,《方案》规定:(1)启发民众的民族意识,动员群众积极参加抗战;(2)提高民众对抗战胜利的信心,争取抗战的最后胜利;(3)培养大批抗战建国的干部;(4)提高一般民众的文化政治水准,树立新民主主义的政治基础;(5)教育一般民众自动自觉的为实现民族独立、民权自由、民生幸福的三民主义共和国而奋斗到底。

关于战时国民教育的实施原则,《方案》规定:(1)扬弃抗战前的旧教育,建立革命的三民主义的新教育;(2)以工农大众为主要对象,实施免费的普及教育;(3)改善教育内容,加强政治教育,实施教育与实际生活统一的教育;(4)注重基础教育,成人与儿童并重;(5)实施集体主义自我教育,学校教育与社会教育并重;(6)改订学制,提高入学年龄,缩短学习年限,加强教育效能;(7)学校组织与设备,在不妨害教育进行的原则下,务求简单化、军事化,以求适合战争环境;(8)实现知识大众化、社会教育化、文化组织化的原则,定期消灭文盲。

在教育系统方面,《方案》将根据地教育体系分为基础教育、继续教育和社会教育三个部分。

基础教育主要包括小学和民众学校。小学入学年龄规定为8—16岁,不分男女,以村为单位设立小学,一村一处,每乡、区则分别设立中心小学和完全小学各1处。小学修业年限为6年,初级4年,高级2年,战时环境下可暂时调整为初、中、高3级,修业年限分别为2年。小学每日4个小时正

---

①《山东省战时国民教育实施方案》,《山东革命历史档案资料选编》第6辑,山东人民出版社1982年版,第196—212页。以下引此《方案》者,不另注。
②同上,第196—197页。
③同上,第197页。

课,其余时间为自习及参加社会活动。民众学校是实施成年教育的机关,16岁以上50岁以下的未受过小学教育的成年男女均须参加,每村建立1处民众学校,每乡建立中心民众学校,可附设在小学校内,修业年限为1年,分为2期,每日晚间上课2个小时。

继续教育"以为培养一般抗战建国之干部人才与准备专门研究打下基础",学校分为中学、职业学校和公学3种,其中公学分为普通、师范、职业3科。每1个专员区设中等学校1处,每1个行政区设公学1处。继续教育学校的修业年限为3年,每日上课为4小时,学生可以根据兴趣组成各种学术团体。为适应战时环境,学生必须按照战斗化、军事化、组织化的原则编成大队、中队、小队,学校则尽可能做到拥枪自卫。

《方案》认为社会教育囊括学校教育之外的一切教育。实施社会教育的机关,县有民众教育馆,区乡设中心俱乐部,村设俱乐部。民众教育馆下设巡回教育团,内分宣传、巡视服务与书报3股,以流动的方式巡视帮助各地社会教育工作。各团体、机关、部队建立学习委员会,进行自我教育。

在教育内容部分,《方案》按照学校分类,分别有针对性的具体规定了每一类教育的详细内容。儿童基础教育涉及语文知识、政治教育、自然常识、数学训练、社会活动和健康美术等知识,成人基础教育则包括语文、政治、战时常识、生产运动和用数训练。继续教育的内容分别按普通科、师范科和职业科予以区分,但系统性明显增强。如普通科既有主要的课程(包括抗战理论、抗日游击战争及军事训练、民众运动、社会科学概论),也有基础课程(包括国文、社会发展史、抗战地理、国防科学概论、数学),还包括课外活动和补助课程。社会教育内容则包括语文、政治、生产、卫生、文化娱乐等。

关于师资问题,《方案》具体规定了师资的标准、来源、训练、待遇、考核及组织。师资的标准有六项:"(一)参加抗战、热心教育事业者;(二)拥护革命的三民主义与三大政策者;(三)对于抗战建国的政治理论有初步认识者;(四)对新民主主义教育的精神了解其大意者;(五)身体健壮、略具军事常识者;(六)经训练或检定认为合格者。"来源则包括战前各级学校教员、乡村中的知识分子、从各抗战部队、政府、机关、救国团体中抽调出来的适合教育工作的干部以及从敌占区争取的教员及知识分子。所有师资都要进行培训,其中基础教育师资训练班由县及专署开办,训练期限为 1—3 个月,内容包括抗战理论、民主政治与民众运动、战时国民教育之理论与实施、怎样办基础教育、政治常识。继续教育师资由行政公署或战时工作推行委员会负责训练。教师被视为抗战技术人员,待遇实行最低生活费制,由公家供给粮食、菜金、部分服装、固定津贴,并享受医疗补助。教师组织为教员救国会,主要任务是参加抗战工作、研究教育问题、参加社会活动以及进行集体学习和自我教育,以改进教学,提高各项能力。

为促进教育发展,《方案》规定:"每年教育经费,至少应占政府经费预算百分之二十",经费来源有 4 项:"学田、庙产、田赋之教育附加捐、过去原有之教育基金等,全数拨给,不准移作他用;绝产官产及其他一切公款,得按百分之二十五拨作教育基金;向热心教育辅助事业发展之社会人士捐助;以上各项不足时,由同级政府拨支"。在经费分配比例方面,基础教育占40%,继续教育占 15%,社会教育占 25%,干部训练占 20%。为保证经费筹集、收支保管和保障教育经费独立,各级政府要设立直接领导的教育经费保管委员会。

关于教育行政机关,《方案》规定:县以上各级政府设文教科,行政主任公署及专员公署的文教处(科),下设学校教育、社会教育两科(股)及视导、编审两室,县文教科下设学校教育、社会教育两股及视导室。区设文教助理员,乡村设教育委员并采用学区制,以中心小学兼管乡村教育行政,乡政委员会教育委员兼中心小学校长。各级政府还特设战时国民教育委员会,作为教育工作的设计、研究、推动、监督机关,但执行权仍属于各级教育行政机关。

《山东省战时国民教育实施方案》系统设计和规定了根据地国民教育的各项事宜,为山东抗日根据地建立新民主主义的教育教学体系作了规范化要求,为根据地教育建设奠定了良好的基础,推动了山东抗日根据地新民主主义教育的开展。

需要指出的是,在 1943 年 8 月 1 日,中共山东分局根据形势变化修订了《山东省战时施政纲领》,其中第九条"发展新民主主义的文化教育事业"规定:广泛开展群众性的文化教育运动,深入民主教育,启发民主思想,反对法西斯主义及一切反民主的思想;改善原有学校,普及教育,减少文盲,奖励私人捐资兴学,免费帮助抗属、抗工属及贫苦儿童入学;适应敌后环境、根据地需要与可能,设立中等学校及各种专门学校,提倡文化学术团体,奖励创造与各种专门研究;发展社会教育,广设民校、识字班、冬学、农村俱乐部,提高人民文化知识及政治觉悟;整理教育款产,增加教育经费;改善教师的物质生活,提高其社会地位,并着重培养其政治认识及工作能力;培养干部,加强在职干部教育,学习业务,研究政策,培养民主思想、民主作风,反对官僚主义;编订教材,出版教师、学生及群众之各种读物,发展印刷出版等社会文化事业。① 相比之下,修订后的《施政纲领》不仅增加了根据地教育建设的内容,而且规定更加全面和细致,指导性更强。

2. 教育行政体制的完善和各项教育法规的颁布

为保障根据地教育活动的顺利开展,山东根据地采取措施,逐步完善教育行政体制,颁布一系列指导教育活动的法规和指示。

山东省战时工作推行委员会下设国民教育组,其成员有:杨希文(组长)、李竹如(副组长)、刘子超、张立吾、孙陶林。战工会教育组(1941 年 3 月改为教育处)是山东抗日根据地民主政府领导下的第一个省级教育行政机构。10 月,教育组召开首次会议,提请战工会成立由 21 人组成的文化教育专门委员会,下设设计、编审 2 组。次年 7 月,又成立文化教育委员会常务委员会,共有 9 位委员:范明枢(常务主任委员)、杨希文、李竹如、孙陶林(常务副主任委员)、刘子超、张凌青、白子明、郑为之、赖可可。

1941 年 6 月,山东省战时工作推行委员会制定公布了《山东省各级文化教育宣传委员会组织条例》和《各级教育行政机关组织大纲》,对根据地教育行政的设置进行了细化规定。《组织条例》对全省各级文教委员会的人员构成、机构设置、主要任务及工作制度等做了明确规定。其中,在人员构成方面,省文教委员会由 21—29 人组成,行政区、专员区及县各文教委员会由 15—22 人组成,区乡文教委员会由 7—13 人组成,村文教委员会由3—9 人组成。②《各级教育行政机关组织大纲》则对根据地各级教育行政

① 《山东省战时施政纲领》,《山东革命历史档案资料选编》第 10 辑,山东人民出版社 1983 年版,第 172—173 页。
② 《山东省各级文化教育宣传委员会组织条例》,《山东革命历史档案资料选编》第 7 辑,山东人民出版社 1983 年版,第 81—85 页。

机关的组织细则、组成人员的分工、工作制度及工作关系做了详细规定。在组织方面,主任公署设文教处,分设学校教育科、社会教育科、编审室和视导室,另有秘书和干事;专员公署设文教科,下设学校教育股、社会教育股、编审室和视导室,另有文书和干事;县政府设文教科,下设学校教育股、社会教育股,另有视导员、辅导员、文书、会计;区政府设文教助理员和助理干事,乡政府(或中心村)设文教干事,村政府设文教干事。每一科室及人员的分工都有详细规定。具体的工作制度则包括计划工作、会议制度、检查制度、报告制度、视导制度、总结制度和审查制度。《组织大纲》还规定:各级文教行政机关是各级政府的一部分,一切有关文教工作之法令、命令、训令、决定必须经过各级行政会议通过,用各级政府首长出名教育行政首长附署发表;各级文教行政机关上下级的关系,是指导关系而非领导关系;各级文教委员会为各级政府行政委员会领导下的工作机构,而非行政机关,其一切所有设计事项,必须由各级教育行政机关执行,各级文教处科等对自己文教委员会之工作有指导权;各级文教干部之调动与配备,必须得到上级政府文教行政机关之同意,上级政府之批准。①

《山东省各级文化教育宣传委员会组织条例》和《各级教育行政机关组织大纲》的设计主要依据《山东省战时国民教育实施方案》,二者的制定与公布,对山东抗日根据地教育行政机构的建立及完善具有积极的指导和促进作用。尤其是《组织大纲》制定后,战工会要求各级政府"根据当地工作开展情形、条件,迅速按照本大纲之规定,把各级教育行政机关组织健全起来,并将区级以上教育行政干部一律登记审查,补充调整,于本年内将各级干部调查表汇集,送交本会教育处"。② 这就促使山东抗日根据地各级教育行政机构迅速建立起来。可以说,以上两个文件的颁布,奠定了山东根据地教育行政体系的基础,标志着山东抗日根据地教育行政体系的基本建立。尽管受战争环境的影响,有些地方的教育行政机构人员配备不齐,随着战局的变化,教育行政机构也会时有压缩,但山东根据地教育行政体系没有发生

---

①《各级教育行政机关组织大纲》,《山东革命历史档案资料选编》第7辑,山东人民出版社1983年版,第114—123页。

②《山东省战时工作推行委员会关于公布〈各级教育行政机关组织大纲〉的通知》,《山东革命历史档案资料选编》第7辑,山东人民出版社1983年版,第114页。

根本性变化。

1943 年 8 月,山东省临时参议会在莒南县召开第二次会议,决定将"山东省战时工作推行委员会"更名为"山东省战时行政委员会"(简称政委会)。政委会下辖胶东、鲁南、鲁中、清河、冀鲁边 5 个行政区及滨海直属区,18 个专员公署和 92 个县政府。原战工会教育处改为政委会教育处,田佩之任处长,孙陶林任副处长。教育处设群众教育、学校教育、编审 3 科和督学室、《教师之友》编辑室。群众教育科负责管理电影、戏剧、图书室、体育场、社会大学、各类补习学校、工人夜校、农民冬学等工作的检查与指导。学校教育科负责各级各类学校的管理及业务指导,并监督、检查教育方针的实施情况。编审科负责编审中等教育、小学教育、群众教育、社会教育材料,审查各地创作的通俗读物、文娱材料等。督学室负责研究中等教育、小学教育和社会教育,检查各地教育工作,研究教育方针、路线、教育业务和学校领导等问题。

1945 年 8 月 10 日,为迎接即将到来的抗日战争的胜利,山东省战时行政委员会改为山东省政府,原教育处改为省政府教育厅,下设秘书室、督学室、中等教育和干部教育及师资培训科、小学教育和群众教育及社会教育科、教材及通俗读物编审科以及《山东教育》杂志社。

根据地教育行政制度的完善,为新民主主义教育方针的贯彻执行和根据地教育的发展提供了制度保证。

与此同时,为保障指导根据地各项教育活动的顺利开展和教育计划的实施,中共山东分局、战工会(政委会)、教育处还先后颁布了一系列规范性法规和政令,涉及教育行政、师资、各级教育具体规划以及教育经费等事项,主要有《山东省各县小学教员救国会组织章程》(1941 年 1 月 30 日)、《战时小学课程标准总纲草案》(1941 年 2 月 5 日)、《贫苦学生及抗日军人子弟入学优待暂行办法》(1941 年 6 月 20 日)、《关于教育经费的决定》(1941 年 6 月 20 日)、《山东省县教育款产管理委员会组织大纲》(1941 年 6 年 20 日)、《关于开展冬学运动的决定》(1941 年 9 月 28 日)、《山东省小学教育职员服务条例》(1942 年 2 月 25 日)、《关于保证小学教师专业化办法的决定》(1942 年 2 月 25 日)、《教育处关于整理与改进小学教育的指示》(1942 年 2 月 28 日)、《检定小学教员暂行办法》(1942 年 2 月 28 日)、《教育处关于培养训练与教育小学教员的指示》(1942 年 3 月 27 日)、《山东省捐资兴学褒奖暂行办法》(1942 年 4 月 14 日)、《关于加强社教工作的指示》(1942 年 6 月 20 日)、《关于教育工作的指示》(1943 年 9 月 20 日)等等。

3. 第一次全省教育会议的召开

为了总结抗战以来全省文化、宣传、教育、财政、经济等各方面的工作成绩与经验教训,1941 年 4 月 28 日至 6 月 18 日战工会组织召开了全省文教、财经联合大会(又称第一次全省教育会议)。鲁中、鲁南、清河、胶东等区的 80 多名代表出席了会议(鲁西、冀鲁豫边区的代表因敌人封锁未能与会),选举黎玉、杨希文、李竹如、孙陶林、田佩之等 17 人组成大会主席团。

大会期间,教育处处长杨希文做了《展开中的山东新教育运动》的报告,副处长李竹如做了《战斗中的山东新文化运动》的报告。会议提出了山东新教育运动的基本方针,即"普遍平衡的大量发展,有计划的向正规化迈进"①。具体任务为:继续发展小学教育,提高小学的质量,逐渐走上正规化;加强中学教育,提倡职业教育,扩大师范教育;建立社教机关,树立社教实施系统,有组织、有计划的广泛开展社会教育;广泛开展敌占区的教育工作;大批动员教育与培养干部,提高师资的质量;有计划的编印教材,出版刊物;迅速整理与解决教育经费,保证教育事业的顺利发展;健全教育行政机构,建立工作制度,发挥教育行政机关的机能。会议还规定了具体的教育指标,提出在一年内要吸收一半学龄儿童入初级小学,女生要占 30%,小学每年至少上课 210 天,每天上课 5 小时;中学在校生达到 5000 名;要有 100 万成人接受识字教育,每人能识 300—500 个单字;要求半数小学教师接受半个月以上的训练。②在战争环境下,这些要求和规定有些过高。

第一次全省教育会议的召开,促进了对新民主主义教育理论的学习和理解,增强了对教育工作重要意义的认识,加强了根据地各地区文教工作经验的交流,制定了今后工作的方针方案,为根据地新民主主义教育的发展起到了巨大的推动作用。

4. 根据地各级各类教育的发展

(1)干部教育

---

①②陶林:《山东新教育运动的今后任务》,《大众日报》1941 年 7 月 7 日。

　　干部教育一直是山东抗日根据地教育建设的重点。当时,根据地培养干部的学校主要分3类:①

　　一类是军政干校,主要包括原有的抗大一分校以及新成立的抗大一分校第二支校,抗大一分校胶东支校(第三支校),主要以培养军队和地方干部为主,学员多数是部队的连排干部和优秀战士,是抗日根据地培养干部的主渠道。

　　一类是建国学校。创建建国学校的宗旨是"长期培养抗战建国的政权、司法、财经、民运干部,提高现有干部的政治文化水平,以及吸收大批进步青年,参加根据地建设。"②1941年初,抗大一分校第二大队改称"建国大队",专门培养地方县、区、乡行政工作干部。1942年7月1日,抗大一分校建国大队与财经学校(战工会于1941年8月创办)合并,称山东省抗战建国学校,设政权、财经两队。1945年2月,在该校基础上成立山东省抗战建国学院,设政权、教育、财经3队,共有学员300多人(抗战胜利后学院停办)。从建国学校成立到建国学院停办,3年共培训各类政权建设干部1500余人。1942年10月,抗大一分校胶东支校的政权队、民运队与胶东财经学校(1941年10月成立)合并成立山东省抗战建国学校胶东分校,也称胶东建国学校,设政权、民运、财经、司法4个队。

　　还有一类是从属于继续教育的公学,主要包括山东公学、胶东公学。这是民主政府为培养各级行政干部而设立的学校,学员由两部分人组成:一是各地党、政、群、机关或部队抽调来的基层青年干部,一是经地方政府或群众团体介绍来的社会进步青年,年龄一般在15—20岁之间。公学实行供给制,修业年限随环境和根据地建设对干部需要的急缓而定。

　　此外,根据地还通过各级政府举办各种培训班,以扩大干部训练范围。据统计,仅1941—1942年间参训的区级以上干部和村级干部就分别达到2450人和7354人。③

---

　　①参见赵承福主编:《山东教育通史·近现代卷》,山东人民出版社2001年版,第407—412页。
　　②《胶东主署一九四二年工作总结》,《山东老解放区教育资料汇编》第3辑,山东老解放区教育史编写组1985年编,第12页。
　　③《山东抗日民主政权工作三年来的总结与今后施政之中心方案》,《山东革命历史档案资料选编》第10辑,山东人民出版社1983年版,第256页。

(2)中等教育

根据地中等教育又称继续教育,教育对象主要是受过基础教育的儿童和成年人,主要办学形式包括公学、中学、师范和职业学校4种。在当时特定的历史环境下,中等教育承担着向部队和行政输送知识干部和培养专门研究人才的双重任务。在第一次全省教育会议上,杨希文专门强调了发展中等教育的特殊意义:"中等学校的学生是未来社会的中坚人物,因此,中等教育应为造就一批健全的中坚人物而努力。"[1]因此,山东抗日根据地非常重视中等教育的发展。据统计,到1942年山东抗日根据地共设立中等教育学校16所,学生2957人。[2]

胶东是山东抗日根据地中等学校最发达的地区。1941年7月18日,胶东区召开中等教育会议,讨论通过《胶东区战时中等学校暂行规程草案》,对中等学校的办学宗旨、教导工作、学生组织和工作作风都做了详细的规定,并提出在下半年度争取培养中学生1200名,使胶东区的中等教育工作走上正规化。1942年8月,为提高中等学校的教育质量,胶东行署决定改定学制,延长修业年限,不论师范科、普通科、职业科,学制一律为初级3年,高级3年,短期师范2年。还统一拟定了中学、师范的课程标准,作为各校编写教材的依据。1943年6月25日,胶东行署又发布《关于增添中学和扩大中学的决定》,提出:(一)胶东公学、东海中学、西海中学、北海中学、荣成中学、滨海中学添招新生,海阳师范、文登师范改办中学;(二)成立二牟联中、蓬福联中、栖招联中,三校均附设师范班;(三)建国学校成立政治队,招收初中以上程度青年50名至180名,给予公费生待遇,一律训练半年;(四)中学扩大招生时,敌占区青年应占2/5。[3] 胶东区的各项政策促进了该地区中等教育的快速发展。1941年,胶东已经创办中等教育学校8所,次年达到13所,学生2485人,至1944年底,胶东中等教育学校达20所,其中普通中学6所,县级师范14所。[4]

①杨希文:《展开中的山东新教育运动》,《山东老解放区教育资料汇编》第2辑,山东老解放区教育史编写组1985年编,第35页。
②赵承福主编:《山东教育通史·近现代卷》,山东人民出版社2001年版,第413页。
③皇甫束玉、宋荐戈、龚守静编:《中国革命根据地教育纪事(1927—1949)》,教育科学出版社1989年版,第249页。
④赵承福主编:《山东教育通史·近现代卷》,山东人民出版社2001年版,第414页。

　　此外,渤海区有耀南中学,滨海区有滨海中学,鲁南区有鲁南中学,冀鲁边区有筑先中学,冀鲁豫边区有第一、二、三、四中学,也都颇有影响。

山东省各战略区现有中学概况统计表(1942 年)

区别 \ 类别	现有中学数目	教　员	学　员	总　计
胶　　东	13	114	2485	2599
清　　河	1	10	160	170
鲁　　中	1	8	142	150
鲁　　南				
滨　　海	1	10	170	180
合　　计	16	142	2957	3099

　　(资料来源:《山东抗日民主政权工作三年来的总结与今后施政之中心方案》,《山东革命历史档案资料选编》第 10 辑,山东人民出版社 1983 年版,第 261 页)

　　(3)小学教育

　　小学教育是根据地教育发展的基础,也是根据地教育事业的主体。

　　早在 1940 年 4 月,《大众日报》社论即指出,恢复与发展山东小学教育是坚持山东抗日的中心工作之一,"各级抗日民主政府要把小学教育提到应有的高度,放在各级政府的议事日程上,建立经常的教育制度,并经常的巡视、检查、帮助与指导各地小学教育的发展"[1]。

　　《山东省战时国民教育实施方案》具体规定了根据地小学教育的实施细则。在此基础上,1941 年 2 月,山东省文教委员会颁布了《战时小学课程标准总纲草案》,规定了小学教育总目标、学制与授课时间、作业范围、教学通则等各项内容,有利于促进小学教育的规范化。同时,为稳定小学教员队伍,规范小学教员管理,战工会还先后颁布了《检定小学教员暂行办法》、《山东省小学教职员服务条例》、《关于保证小学教师专业化办法的决定》等文件。这些措施,有力地促进了山东抗日根据地小学教育的发展。至 1942年,小学在校生已达 41 万多人。

---

　　[1]《恢复与发展山东的小学教育》,《大众日报》1940 年 4 月 16 日。

山东省小学教育发展状况统计表(1942年)

地区	学校数目	教员数目(人)	学生数目(人)	人口总数(人)	我政令管辖人口数	学生占人口百分比
胶东	6360	11991	356719	7902794	4423962	8%
清河	576	1361	19159	636955	636955	3%
鲁南	102	130	2170	485497	485497	0.44%
鲁中	239	301	8553	2404591	816000	1%
滨海	446	661	17222	2005892	1018949	1.5%
冀鲁边	260	500	6200	4000000		0.15%
合 计	7983	14944	410023	17435729	7381363	5.5%
附记:鲁中之数字,缺泰山、泰南两专区之统计数字						

　　(资料来源:《山东抗日民主政权工作三年来的总结与今后施政之中心方案》,《山东革命历史档案资料选编》第10辑,山东人民出版社1983年版,第260页)

　　胶东是山东抗日根据地国民教育开展最好的地区。1941年3月,胶东地区为了适应国民教育发展的需要,采取措施大力培养师资。在培养新师资方面,规定要大量选拔高小程度以上的青年充当小学教师,初小毕业的女青年训练后也可充当小学教师,胶东公学、东海中学以及西海区、北海区和东海区的小学教师短训班在半年内培养出一定数量的小学教师、训练优良的塾师充当小学教师。对于在职教师,则通过在职教师短训班加强训练,并在5月底完成小学教师的检定工作。[①] 这些措施对于推动国民教育的施行具有重要作用。1943年,为了普及小学教育,胶东区还提高了小学入学年龄,当年,胶东小学生的数量就达到40余万人。1944年8月统计时,全区设学3814所,在校学生47万余人。[②]

　　需要指出的是,根据地小学并不单纯是国民教育机构,同时也是根据地民众教育的中心。1940年4月16日《大众日报》社论就明确指出:要把小学办成培养、教育、训练社会各阶层广大民众的公共园地,办成培养整个中华民族后一代来继承抗战建国大业的堡垒,把小学教育同社会的文化活动

---

　　①皇甫束玉、宋荐戈、龚守静编:《中国革命根据地教育纪事(1927—1949)》,教育科学出版社1989年,第196页。

　　②赵承福主编:《山东教育通史·近现代卷》,山东人民出版社2001年版,第417页。

联系起来,成为当地文化活动的中心。① 因此,在根据地民众教育的推行中,小学担负着师资、宣传、动员、培训等多项工作。

(4)群众教育

群众教育又称社会教育或民众教育,是根据地教育事业和群众运动的重要组成部分。

抗战进入相持阶段之后,群众教育的重要性日益凸显。1939 年 12 月,《大众日报》发表社论,阐明了游击战争与动员民众之间的密切联系,指出:为求得中华民族的彻底解放,为在敌后方立足,发展与扩大游击战争,必须"善于动员民众,得到民众的信仰与参加"。《社论》认为,"民众知识愚昧落后,思想迷信守旧"是影响其参加抗日活动的主要原因,因此,应利用冬季农闲时期组织冬防教育活动,以提高民众的文化知识水准,使其懂得坚持抗战的重要意义。《社论》要求各级政府运用法令与行政的力量,通过恢复抗日小学,创办民众夜校、半日学校、识字班、农村俱乐部等措施推动冬防教育工作的开展。② 这标志着山东抗日根据地组织大规模群众教育运动的开始。

1940 年通过的《山东省战时国民教育实施方案》把民众教育归入国民教育的范畴,这是教育体制上的一个创新。次年 6 月,《大众日报》发表社论,将以民众为中心的社会教育分为政治教育和识字教育两部分,并提出开展社会教育的方法,一是给已经组织起来的民众上大课,二是民众夜校、识字班与上大课配合进行。大课宣讲民众必须了解的政治问题,民众夜校是对成人进行补习教育的场所,识字班以识字为目的。③

根据成人教育的特点,山东抗日根据地采取了多种民众教育形式,主要有冬学、民校、识字班、读报小组、壁报、识字牌、大众书报、农村剧团、俱乐部等。学习内容既切合农村群众的实际需要,又服从战争的需要,包括写路条、写信、算账、互助变工、反迷信、反不卫生、战争形势、对敌斗争等。

冬学运动是根据地群众教育中最普遍、最主要的形式。

1940 年 10 月,战工会组织召开冬学运动座谈会,李竹如作了题为《论

---

① 《恢复与发展山东的小学教育》,《大众日报》1940 年 4 月 16 日。
② 《加紧推行冬防教育》,《大众日报》1939 年 12 月 26 日。
③ 《普遍开展社会教育》,《大众日报》1941 年 6 月 10 日。

开展冬学运动》的总结,就冬学运动的意义、与国民教育的关系、冬学运动的具体要求和开展步骤以及冬学运动的师资、教材、教学法、经费等问题,做出详尽阐述和安排。此后,山东抗日根据地每年都要组织冬学运动,省战工会(战委会)也会及时对当年开展的冬学运动发出指示,提出冬学运动的具体要求,使得山东抗日根据地的冬学运动一直开展的轰轰烈烈。

冬学运动开展时间一般为整个冬天,学习内容涉及国语、珠算、政治常识及军事演习,以政治教育为主,由党政军民联合组织冬学委员会负责领导。据不完全统计,1942 年山东抗日根据地举办冬学至少 5889 处,学生397688 人。在胶东区,1941 年冬学平均每人识字 120—150 个,参加人数达317253 人,占根据地人口的 3.8%。胶东自编 3 种识字课本,印刷 125285册。经测试,学员能识 100 字以上者占 40%,识 200 字以上者 36%,识 300字以上者 25%。对政治课的教学内容能完全理解的占 1.5%,大部分理解的占 24%,理解一半的占 30%。在鲁中区,共有冬学 813 个,占全地区村数的 65%,学员 23850 人,占全区人口的 15%,一般识字 20—60 个。①

随着冬学运动的深入开展,其影响也越来越大。至 1944 年 8 月,胶东区举办冬学 9968 所,学员达 62 万人,举办民众学校 7613 班,经常上课的有26 万人。渤海区 1945 年春统计,举办冬学和民众学校 1953 所,学员 82953人;鲁中区 1943 年在冬学运动中办学 2608 所,学员 84113 人,冬学结束后,他们把其中的 1198 所冬学转为民校,常年参加学习的有 31560 人;滨海地区举办冬学 2000 多所,参加学习者有 6.4 万人。②

为了巩固冬学运动成果,将大规模的群众教育运动经常开展下去,1944年 2 月,山东省行政委员会发出《关于开展今后民校工作的指示》。《指示》要求各级教育行政部门"将冬学转变为民校的工作,认为是群众教育的一个重要工作,普遍建立民校应视为目前群众教育的中心任务",提出将当年的冬学有计划的转变为民校,民校课程暂定为国语、常识、政治 3 种,民校经费从县教育款产、村公共生产收益与捐募 3 方面解决,民校教员可由小学教员兼任,或选拔冬学教员优秀者、村级干部中之文化程度较高者以及小学学

---

①《山东抗日民主政权工作三年来的总结与今后施政之方案》,《山东革命历史档案资料选集》第 10 辑,山东人民出版社 1983 年版,第 266 页。
②赵承福主编:《山东教育通史·近现代卷》,山东人民出版社 2001 年版,第 418—419 页。

生中之优秀者充任。①

综上，1940年以来，山东抗日根据地按照新民主主义教育方针进行教育建设，取得了不错的成效：教育行政体系逐步完善，教育法规日渐合理，各级各类教育大规模展开，还根据教育层次有针对性地制订教学计划、设计教学内容、改进教学方法，将战时思想政治教育与文化课教学紧密结合，与农民群众的实际需要相结合。所有这些，都有力地促进了山东抗日根据地教育运动的广泛开展，促使新民主主义教育体系在山东抗日根据地逐步确立起来。当然，这一时期山东抗日根据地的教育事业仍存在许多缺陷，时任教育处处长的田佩之将其归结为三个方面：第一，教育观念薄弱，部分地区领导忽视乃至于轻视教育工作，表现为教育干部配备薄弱，甚至缺额，教育工作缺乏严整的计划。第二，与学校教育相比，社会教育与成人教育工作薄弱，社会教育的成就仅体现在冬学的发展上，社教机构与社会教育干部普遍缺乏。第三，机械理解教育的政治性，产生忽视文化教育的偏向。②

5. 抗日根据地教育改革的开始

1944年春，《解放日报》先后发表题为《根据地普通教育的改革问题》和《论普通教育中的学制与课程》的社论，提出了根据地普通教育改革的一般原则及学制、课程的改革目标。社论指出，根据地学制的改革的原则是"干部教育应该重于群众教育"；"在干部教育中，现任干部的提高又应置于未来干部的培养"；"在群众教育中，成人教育也应该重于儿童教育"；"无论干部教育和群众教育，战争与生产所直接需要的知识与技能的教育应该重于其他的所谓一般文化教育"。学制实行"三级制"，即"群众教育"、"初级干部教育"和"中级干部教育"。③ 社论成为各根据地进行教育改革的主要依据，对山东抗日根据地教育事业也产生了重要影响。

1944年6月5日，滨海区召开教育改革座谈会，检讨了过去教育工作的缺点，讨论了今后的工作方向及如何改革普通教育的问题。会议确定：一是滨海中学以培养干部为主，小学应向庄户学方向发展；二是社会教育以民

①《山东省战时行政委员会关于开展今后民校工作的指示》，《山东革命历史档案资料选编》第11辑，山东人民出版社1983年版，第274—275页。
②田佩之：《检讨几个影响教育事业发展的重大问题》，《山东老解放区教育资料汇编》第2辑，山东老解放区教育史编写组1985年编，第67—71页。
③《论普通教育中的学制与课程》，载《解放日报》1944年5月27日。

校为主;三是提倡个人办学;四是实行民办公助的办学方针,加强对学校的政治领导。① 随后召开的胶东区教育会议也确定今后胶东区助教育工作以干部教育为主,群众教育次之。在群众教育中以成人教育为主,儿童教育次之。会议还确定把高小划归干部教育范围,中学也改为一年制、二年制、三年制的干部学校,并着重以提高现任干部的水平为原则。②

1944 年 11 月 17 日,在全省第二次行政工作会议上,政委会主任黎玉作了《彻底实行教育改革,开展大规模的群众文化教育运动》的报告。在报告中,黎玉总结了山东抗日根据地教育的发展状况,分析了山东抗日根据地教育存在的主要问题,提出了山东抗日根据地普通教育改革的基本方针,即"四个重于":干部教育重于群众教育;在职干部的提高重于未来干部的培养;成人教育重于儿童教育;战争与生产的知识与技能的教育重于一般的文化教育。在此方针指导下,各类教育改革的具体目标是:中等教育方面,争取一年内使大部分干部进入中学以上学校轮流学习;每个专署区设立 1—2 所以训练干部为主的中学,有条件地吸收优秀青年,但数量不超过总数的 40%。在高小教育方面,把高小划分为 2 种办学形式,公办高小每县设 1—2 处,以轮训村干部为主;民办高小无固定校址,采用分散与集中相结合的教学方式。在群众教育方面,以"村学"为群众教育的基本形式,教育的主要对象是成人和青年,教育的内容应服从群众和战争的需要,群众教育实行"民办公助"、"培养群众教员,群众教群众"。③ 黎玉的报告对山东根据地普通教育教育改革作了全面动员,标志着教育改革的启动。

在教育改革精神的影响下,当年的冬学空前活跃。各级民主政权提高了对群众教育的认识,把冬学作为推动各项工作的中心,甚至提出"一切通过冬学"的口号,通过冬学开展各项工作,解决各种问题。在冬学中还适时展开"谁养活准"、"靠谁反攻"以及拥军参军等政治思想教育,使冬学运动与群众运动以及当时的各项中心工作紧密结合。许多地方结合农民的翻身斗争,提出"文化翻身"的口号,从而调动了广大农民参加学习的积极性。

①皇甫束玉、宋荐戈、龚守静编:《中国革命根据地教育纪事(1927—1949)》,教育科学出版社 1989 年版,第 269 页。
②同上,第 271 页。
③《山东老解放区教育资料汇编》第 1 辑,山东老解放区教育史编写组 1985 年编,第 97—107 页。

据鲁中4个专署区的统计,在1943年参加冬学的人数为8.4万人,1944年就达到45.8万。滨海区的莒南县有人口25万,1944年参加冬学的就有14万,有的村甚至80%的人入冬学。在鲁中,有很多"五全"冬学,即工、农、青、妇、民兵都参加的冬学。①

1945年春,教育改革在各地开始全面推行。在中等教育方面,各地贯彻以提高在职干部为主的方针,着手缩减普通中学,新设或加强了干部学校,轮训在职干部。1945年1月,胶东取消了6所普通中学和14所师范学校,成立了3所干部训练班性质的中学,即西南海中学、东海中学、北海中学。3所学校按照干部学校的办学形式,设教育队、财经队、卫生队,招收干部学员700余人。为了争取敌占区青年学生,以及安置原有中学停办后年龄过小、不能参加工作的学生,又设立了莱阳中学和威海中学。群众教育方面,在"成人教育重于儿童教育"思想指导下,许多地区用行政命令的方式,限期将小学改为"庄户学"②。为推行"庄户学",鲁中、滨海、鲁南强行取消了高小,并将全日制小学改为"识字班",教育教学的组织形式也随之发生了变化。据统计,1945年鲁中地区各种形式的成人教育都比1944年有了较大幅度增加:识字班增加了1004处,学员增加17812人;夜校增加1145处,学员增加31241人;变工学习组增加2925组,组员增加20710人。③ 在师资方面,除了原有的专职教员外,一大批不脱离生产的村学教员和小先生成为新的教育力量。据胶东《大众报》报道,1946年春,胶东解放区50多万儿童团员中,有35600多人担任小先生。④

山东抗日根据地的教育改革,在干部教育和群众教育方面取得了不错的成绩。在职干部通过建国学院、中等学校、县学以及临时的干部训练班等途径得到了轮训提高,群众教育也通过庄户学、夜校、识字班等多种形式得到普及,这些都有力地解决了抗战的及时需求。但这种运动式的改革,给山

　　①杨希文:《论山东教育改革运动》,临沂地区教育局编:《山东老解放区教育资料选辑》,1981年,第308页。
　　②"庄户学"是根据地群众办学的一种形式。1944年春,在莒南县洙边区刘家莲子坡,张建华老师按照群众的意愿创办了一所不脱离劳动、没有固定教室和固定教学形式的"小学",学校一切从农村和农民的实际出发,采取灵活多样的方式进行教学活动,受到农民群众的欢迎,称之为"庄户学"。在山东省第二次行政会议上,举办"庄户学"卓有成绩的张建华被命名为"教育英雄"。
　　③杨希文:《论山东教育改革运动》,临沂地区教育局编:《山东老解放区教育资料选辑》,1981年,第312页。
　　④曲志敏:《山东老解放区的小先生运动》,《山东教育史志资料》1987年4月,第61页。

东抗日根据地教育带来了不小的损失,对随后的根据地工作造成许多不利影响。① 因此,抗战胜利后,山东解放区政府开始对教育改革进行调整。

(三)山东解放区教育的整顿与发展

抗战胜利后,中共领导的山东解放区面积迅速扩大,并最终在与国民党的较量中取得最后胜利,完成了山东的解放。时局的起伏变化对山东教育工作提出了很多新的要求,为适应这一变化,山东解放区对教育政策做出了相应的调整,在坚持建设新民主主义指导下的新型教育的同时,纠正教育偏向,开始着手制定适应城市教育的政策,并最终通过对各级教育的调整,在山东解放区建立起较为系统的教育体系。

1. 教育改革的继续与政策调整

(1)整顿中小学教育

抗战胜利后,山东解放区面积迅速扩大,各项工作的开展急需补充大批干部,但前期教育改革导致大批普通中学和高小的取消,使得知识干部的后备明显不足,新解放的城市和县城的许多学生面临着无普通学校可上的境遇,已经翻身的广大群众对于儿童教育的被忽略乃至被荒废也表示不满。于是,山东解放区开始着手对中学和小学教育政策进行调整,将中学教育和小学教育改回到普通国民教育。

1945 年 9 月 12 日,胶东区公布《中等学校暂行规程(草案)》,指出:"中等学校教育,以培养民族意识及民主精神,培养科学知识及生活上必需的技能,养成建设新中国之人才为宗旨。"规定中等学校修业年限为高级、初级各 3 年,还具体规定了高、初级中学的课程以及入学年龄和资格。② 这实际上是改变了中等学校的在职干部培训性质。同年 10 月 10 日,渤海行署也做出《关于中学及公学工作的决定》,计划创立省立惠民中学和区立第一、二、三、四中学。

1946 年 2 月 14 日,山东省政府发布《关于整理与发展小学的指示》,明

①1945 年 7 月 13 日,《大众日报》发表题为《在民主运动中继续贯彻教育大改革的方针》的社论,批评了在教育改革中出现的主观主义和急性病、简单化、一般化的缺点以及排斥、洗刷小学教员的倾向。

②《山东老解放区教育资料汇编》第 4 辑,山东老解放区教育史编写组 1985 年编,第 9—25 页。

确指出,"小学大部被取消"是一年来教育改革中的偏向,应"根据群众的需要与自愿,逐步发展建立半日以至全日班的比较正规的新型小学"①。同时,山东省教育厅也发布《对于小学的几点意见》,对整理发展小学过程中的学制、设备、课程、师资以及如何理解新型小学等问题,提出了指导性意见。②

1946 年 2 月 21 日,省政府发布《关于发展中等教育的指示》,指出:"现在和平建设阶段已经确定的开始了,大批的各种建设人才需要培养,广大新解放区的青年学生需要团结与教育,大批失学青年需要给他们找一个出路,为此,整理和扩大现有中学,继续开办新的中学、师范与职业学校,广泛吸收青年学生入学,就成为目前干部教育的紧要任务了。"③《指示》还要求各地区按照不同情势举办、扩大和改进中等学校教育,对师资、学制、课程、学生待遇、设备等问题提出了具体意见,并强调举办中等学校既要防止生搬干部训练班的做法,也要避免旧型正规化。

山东解放区大力发展并整顿中小学教育,力图纠正教育改革中出现的某些偏向,促进了全省教育的发展。据 1946 年 1 月的《大众日报》报道,胶东区的国民教育恢复工作取得很大成绩,已恢复中等学校 11 处,即胶东中学、胶东师范、东海中学、西海中学、北海中学、南海中学、滨北中学、烟台中学(省立)、烟台市立一中、昌潍中学、威海中学,学生 5000 余人(内师范生 1000 余人)。全区恢复小学 6200 所,学生 615930 人。④ 至 1946 年夏,解放区已有中等学校 45 所,学生 1.5 万人;高级小学 1413 所,学生超过 10 万人;初级小学 28879 所,学生 165 万人;全省在职小学教师 45415 人。⑤

(2)第二次全省教育会议对教育改革的初步总结

1946 年 7 月 3 日至 8 月 25 日,为解决解放区教育改革中存在的各种问题,明确教育发展方向,全省第二次教育会议在临沂城北曲沂村召开。黎

①《山东省政府关于整理与发展小学的指示》,《山东革命历史档案资料选编》第 16 辑,山东人民出版社 1984 年版,第 200 页。

②《山东省教育厅对于小学的几点意见》,《山东革命历史档案资料选编》第 16 辑,山东人民出版社 1984 年版,第 201—206 页。

③《山东省政府关于发展中等教育的指示》,《山东革命历史档案资料选编》第 16 辑,山东人民出版社 1984 年版,第 219 页。

④皇甫束玉、宋荐戈、龚守静编:《中国革命根据地教育纪事(1927—1949)》,教育科学出版社 1989 年版,第 308—309 页。

⑤《山东省各类教育概况统计表》,《山东革命历史档案资料选辑》第 17 辑,山东人民出版社 1984 年版,第 100—102 页。

玉、杨希文、孙陶林在会议期间分别作了《目前山东教育工作的基本问题》、《论山东教育改革运动》和《论山东中等教育》的报告,对教育改革工作的得失进行了总结,对一些教育理论问题进行了分析,并提出了今后教育工作的任务、方针。

黎玉在报告中肯定了教育改革的成绩,如"教育方法上采取了群众路线,抛弃了旧型正规化,在教育形式上发展了多样性、创造性和灵活性",但也指出教育改革中削弱儿童教育的偏向,指出今后教育工作的主要任务是"提高群众在文化上、政治上的水平",坚持新文化教育运动是反帝反封建、为人民服务的大众文化的性质,坚持文化教育中统一战线、教育与生产劳动相结合、教育为战争服务的方针政策,并号召根据新的方针、制度、方法逐步建立新型的正规学校,实行正规与不正规相结合的办学方针,以灵活方式适应战争和将来建设的需要。① 杨希文在报告中重点阐释了新民主主义教育运动中的相关基本问题,如教育工作发展的规律问题,教育与实际结合问题以及团结知识分子问题等,并详细阐述了解放区当前教育工作的基本任务和基本方针。

第二次教育会议主要讨论了教育改革以来的成绩和发展规律,今后教育建设的方案和计划,总结了成人、小学、中等学校(干部、中学、师范)的经验,研究了办学过程中涉及的各个方面问题如人民文化水平、青年就学失学、在职干部、知识分子、师资情况、课程、学制、教材等等。会议制定了《山东省当前教育工作纲要》,提出了前师、后师、初中、高中学制、课程标准的初步意见。②

1946 年 9 月,山东省政府教育厅公布《关于当前教育工作纲要》,将第二次教育会议的主要精神进行了梳理,适时纠正了教育改革的一些偏向。如关于中等教育,《纲要》指出,中等教育"以提高现任干部和培养未来干部"为目的,普通中学"其性质基本上是干部性带有预备性",其目的"在于培养新知识分子,亦即新民主主义的知识分子,打下学生一般的文化科学知识的基础,使

①《目前山东教育工作的基本问题》,《山东老解放区教育资料汇编》第 1 辑,山东老解放区教育史编写组 1985 年编,第 145—152 页。
②张洪生整理:《山东老解放区历次全省教育会议及其贯彻情况》,《山东教育史志资料》1983年第 3 期,第 5—6 页。

学生毕业后一方面能担负分工不多、专业性不大的初下级工作干部,另一方面还照顾一部分学生的升学,以求深造,学习专门知识,培养专门人材"。①这就纠正了教育改革中片面强调中等学校性质为培养干部的提法。关于普通中学的教育对象,《纲要》规定:"争取团结新解放区的青年学生,新老解放区的高小毕业生;具备有相当文化水平的干部及自学有成绩的工农青年。"《纲要》还提出要大量开办师范学校,"一方面吸收现任的小学教师,提高其文化政治水平。另外,吸收新老解放区青年学生、知识分子及在群众自学运动中涌现出的工农青年的学习积极分子,培养大批的新教师,纠正过去忽视提高与培养师资的现象。"②针对教育改革中偏重成人教育,忽视儿童教育的问题,《纲要》强调了儿童文化学习的重要性,规定为:"重视成人青年教育,力求其发展提高,同时应尽一切可能整理发展儿童教育"③,并就如何整理与发展儿童教育做出详细规定。此外,《纲要》还根据会议精神,阐述了教育与实际结合问题、教导合一问题及学校与生产劳动结合问题。

　　从总体上看,第二次全省教育会议对教育改革过程中出现的问题进行了实事求是的讨论,初步形成了统一认识,并有针对性地提出了改进措施,这对于促进解放区教育的良性发展具有重要的推动作用。但随之而来的内战使得解放区面临严峻考验,会议的一些精神和措施并未得到贯彻实施。

　　(3)小学"民办公助"的推行

　　"走群众路线,根据群众需要办教育,依靠群众力量办教育",一直是山东根据地和解放区教育事业的基本思路,而民办公助是这一思路在特殊环境下的转变。

　　早在1944年11月,山东省第二次行政会议就在讨论群众教育时提出了"民办公助"的方针,认为这是实现群众教育的最好方法。但在当时没有普遍推行,只有胶东地区在1945年实行过村学(小学)经费自筹。1946年3月,鲁南行署召开会议,认为在小学的办学方针上要继续贯彻"民办公助"的方针,并力求达到完全民办。1946年6月25日,孙陶林发表《论小学由

<hr>

　　①《山东省政府教育厅关于当前教育工作纲要》,《山东革命历史档案资料选编》第17辑,山东人民出版社1984年版,第409—411页。
　　②同上,第409页。
　　③同上,第420页。

官办转为民办》,提出了小学民办的基本方法与原则。① 在第二次全省教育会议上,曾就民办公助问题进行过讨论,在随后颁布的《关于当前教育工作纲要》中,"贯彻执行民办公助政策"为群众教育工作纲要的重要方针之一,其具体内容包括:"甲、民办公助可使教育更好的更有效的实现群众的需要与自愿,更密切教育与群众的结合;同时亦可解决财粮困难,减轻人民负担,便于教育之发展。乙、整理原有学田,建立新的学田,并用各种办法解决民办中之经费问题。丙、政府可控制一部分财粮,作为补助费,适当调剂奖励。丁、民办后必须加强公助,在教育业务上深入指导帮助,在学校设备上予以补助奖励,对基础薄弱之村庄予以推动及经费调剂。"②

从 1946 年秋开始,内战的阴云笼罩着山东解放区。为了减轻各级政府的经济压力,使教育在战争环境中能够生存下去,山东解放区全面推行了小学教育的"民办"政策。

1946 年 9 月,山东省政府发布《关于实行小学民办的指示》,认为民办公助政策"是群众需要与自愿原则的具体体现,是使领导与群众结合走群众路线的良好的工作方式。贯彻民办公助政策,易于发动群众力量,开展教育工作,使成为群众性的运动"③。这一政策的推行,既适应了群众在土地改革、政治翻身、生活改善之后对文化翻身的需要,亦可使教育成为群众自己的事业,同时减轻了民众的财政负担。尤其在内战紧逼的特殊情况下,有利于小学教育的保存。《指示》提出,"(一)各地区今后在农村中建立小学时,一律实行民办。高级小学及城市中的小学,亦应争取实行民办。""(二)各地区现有的公办小学,除高级小学、完全小学仍暂维公办,城市初级小学争取改归民办外,所有农村中之初级小学应一律改归民办。"④《指示》还就群众自筹经费、民办小学教育指导等工作给予了说明,并提出小学改归民办

①文章指出:小学民办包括两方面内容,第一是小学的组织形式、学习内容、教学方法都根据群众的意志,合乎群众的需要(政府的规定也要通过宣传解释之后,由群众自觉自愿接受才行),学校的管理权、教育权掌握在群众手里;第二是教员由群众聘请,政府只能帮助辅导训练。政府训练的教师,也只能向群众推荐,由群众聘请,而不能硬派。教师的薪给及学校的一切费用,都由群众负担,不足时方由政府补助。见《大众日报》,1946 年 6 月 25 日。

②《山东省政府教育厅关于当前教育工作纲要》,《山东革命历史档案资料选编》第 17 辑,山东人民出版社 1984 年版,第 428—429 页。

③《山东省政府关于实行小学民办的指示》,《山东革命历史档案资料选编》第 17 辑,山东人民出版社 1984 年版,第 304 页。

④《山东省政府关于实行小学民办的指示》,《山东革命历史档案资料选编》第 17 辑,山东人民出版社 1984 年版,第 304—305 页。

工作要在 1946 年 11 月底完成。随后,教育厅又发布《关于结合土地改革贯彻小学民办给各地的一封公开信》,要求各级政府迅速有力地贯彻执行民办政策。

山东解放区小学"公"转"民"的推行很迅速。据统计,至 1946 年 11 月中旬,公办小学交归民办的,滨海有 992 处,鲁中有 750 处,鲁南有 400 多处,其中滨海的临沂、莒南,鲁中的沂南、沂中、沂北,鲁南的费县、平邑,在 10 月、11 月就已经全部完成民办。① 1947 年 1 月,渤海行署发出《关于对各级学校教育的指示》,决定从 2 月份起将各县所有公办初小(包括中心小学)完全改归民办,大部分公办高小也尽快转归民办,各县举办的县学、县立中学、县立师范及民教馆一律停办。② 1947 年春,山东解放区基本上完成了小学由"公办"向"民办"的转化。

小学民办政策激发了解放区民众的办学热情,促进了小学的增加。滨海区新发展的小学有 482 处,占民办小学总数的近一半,沂南、沂北新建小学占原有学校的 1/4 左右。③

鲁中区 7 县民办小学统计表

民办 小学数量(所) 地 区	沂南	沂东	沂源	新泰	莱芜	历城	沂北
原有民办	24	29	77	180	无	13	47
公办交归民办的	199	120	111	50	416	41	121
新发展的民办	66	107	29	60	157	22	53
共 计	289	256	217	290	573	76	221
新发展占总数百分比	23%	42%	13%	20%	27%	29%	24%

(资料来源:《山东解放区的教育工作——呈送延安中宣部的教育报告》,《山东革命历史档案资料选编》第 18 辑,山东人民出版社 1985 年版,第 374 页)

---

① 《山东省府教育厅关于三个月小学民办工作通报》,《山东革命历史档案资料选编》第 18 辑,山东人民出版社 1985 年版,第 75 页。
② 皇甫束玉、宋荐戈、龚守静编:《中国革命根据地教育纪事(1927—1949)》,教育科学出版社 1989 年版,第 340—341 页。
③ 《山东省府教育厅关于三个月小学民办工作通报》,《山东革命历史档案资料选编》第 18 辑,山东人民出版社 1985 年版,第 76 页。

在办学过程中,为解决经费、师资和管理问题,解放区民众摸索出多种方式。在解决经费方面,主要有学田、随粮代征、合作社、变工教学等方式,还有经营副业、募捐、村公款等。教员聘用和待遇由群众讨论决定,有的地区发起请师运动,敲锣打鼓请教员,有的村庄通过聘请书的方式以增强双方的责任感。学校的管理主要有两种方式,一是由村文教委员会直接管理,一是选举村董事会实施管理。此外,民众对于学校的教学要求也在提高。为保证孩子接受正规的教育,他们要求教员尽量少调动,少开会,少打杂,认真教学。

小学转归"民办"是在战争环境下推行的一项特殊政策,它有利于保存解放区的教育成果,同时也在一定程度上调动了解放区翻身群众办教育的积极性。但由于战争对教育设施的破坏,村级工作重心集中于支援前线,再加上农民群众缺乏管理学校的经验,民办小学的维持并不乐观。

2. 普通教育的停顿与恢复

(1)普通教育的全面停顿

1946年6月,国民党发动全面内战,鲁南、鲁西南、鲁中、胶东等大片解放区陷入战火之中。次年春,国民党军队又对山东解放区发动重点进攻,致使解放区面积进一步萎缩。在战火的洗劫下,解放区各级政权组织遭到破坏,所属各种教育机关、学校及学习组织几乎全被摧垮,解放区教育的正常发展被中断。

为适应内战的新形势,山东解放区政府对各级各类教育进行了调整和压缩。1946年9月,山东省政府发布《关于目前教育工作的指示》,指出:为了争取战争的胜利,教育工作应加强时事教育,提高战争观念,服从战争需要,使教育与战争结合起来;实行紧缩精干,提高质量,发扬艰苦精神,减少财政开支,扫除浪费现象。《指示》对解放区教育行政机构的精简也提出了具体要求,规定各行政公署教育处设三科:一科主管内务(包括教育经费、人事及调查统计),二科主管中等教育,三科主管群众教育。另设编审室、视导室、文艺工作团,各专员公署置教育科,各县设教育科,科员2人,记账员1人,每3个区设视导员1人,各区设文教助理员,各县、区、村设文教委员会配合工作。① 同时,为减轻财政压力,解放区逐步削减教育投入,在初等教育方面全面推行民办公助政策,在中等教育方面,提倡生产自助,弥补经费不足。

这一时期,山东解放区也面临着普遍的干旱、洪涝等灾情,鲁中、鲁南、胶东等地尤其严重。为此,解放区普遍厉行节约,以减轻民众负担,对解放区教育也产生了较大影响。1948 年 1 月,中共华东局发布指示,要求"各种吃公粮之普通学校立即停办"②。同月,华东局发出精简机构人员的指示,应裁减的机构就包括各级政府所属教育各处科人员,并要求"各种公立之普通中学、小学、县学,学生回家,教职员系干部者按级编入学习队"③,这实际上是全面取消了解放区教育行政机构和各种普通教育机构。

此外,在激烈的战争环境中,解放区"土改"工作普遍出现"左"倾错误,并影响到教育。④ 当时出现了否定以前教育方针路线的倾向,主张"教育应先一律停办,等土改彻底完成,贫雇农真正翻身以后,再办教育",这"造成教育思想的极度混乱,迷失了方向"。⑤

解放区普通教育尤其是小学教育的停顿与教育改革出现偏差,引起群众不满也有一定的关系。⑥ 在成人教育重于儿童教育的思想指导下,解放区对儿童文化教育的忽视现象十分严重,小学教育缺乏计划和系统性,教员也因忙于中心工作而忽视教学,这与群众在政治上、经济上翻身之后,希望子女接受系统文化教育的强烈愿望产生强烈反差,以至于群众对现有小学不满,导致学生逐渐减少。据调查,1947 年春,胶东"发生解聘教员与合并

---

①《山东省政府关于目前教育工作的指示》,《山东革命历史档案资料选编》第 16 辑,山东人民出版社 1984 年版,第 352—357 页。

②《中共华东局关于立即减少吃粮人数的紧急指示》,《山东革命历史档案资料选编》第 20 辑,山东人民出版社 1986 年版,第 28 页。

③《华东局整编委员会关于精简机构人员的指示》,《山东革命历史档案资料选编》第 20 辑,山东人民出版社 1986 年版,第 29 页。

④1947 年冬,各解放区在土地改革运动中普遍发生"左"的偏向,对教育产生了很大影响,主要表现在:(一)按成分和其他问题大量清洗教员和学生;(二)在学校中查阶级、查成分,进行反特斗争,搞逼供信,斗争打人;(三)强调所有中小学教师都要接受贫雇农的审查;(四)普遍忽视文化课,许多中学停课搞运动,甚至为了搞土改停办了学校。见皇甫束玉、宋荐戈、龚守静编:《中国革命根据地纪事(1927—1949)》,教育科学出版社 1989 年版,第 355 页。

⑤《关于第三次全省教育会议的报告》,《山东老解放区教育资料汇编》第 2 辑,山东老解放区教育史编写组 1985 年编辑,第 319 页。

⑥参见赵承福主编:《山东教育通史·近现代卷》,山东人民出版社 2001 年版,第 439—442 页。

学校现象,全胶东学校由一万五千处减至一万多处"。①

(2)老解放区普通教育的恢复

随着人民解放军转入全面反攻,山东解放区的面积迅猛扩大,也基本度过了灾荒,具备了恢复和发展教育的条件。同时,中共中央发布一系列指示,纠正各解放区在土改、整风、三查等运动中对教育的冲击,也为解放区教育的恢复提供了指导。从 1948 年 6 月起,华东局和山东省政府着手恢复老解放区的教育。

1948 年 6 月,山东省政府调集全省 3600 多名中小学教师和各级教育行政干部,在青州成立教育研究会,进行 3 个月的学习培训,学习新民主主义教育方针,编制统一的中小学课本,制定教育工作计划。这标志着老解放区普通教育恢复的起步。

1948 年 9 月 3 日至 9 月 21 日,第三次全省教育会议在青州举行。参加会议的有行署处长、科长、专署、县科长、中学校长、教员、区文教助理员、小学教员等 300 多人。会议首先讨论了新民主主义的教育方针,"指明新民主主义的教育,主要是以新民主主义思想培养干部和教育群众",批判了唯成分论,提出在广泛吸收工农劳动人民及其子女入学的同时,吸收愿意就学的地主、富农子女,批判了对待知识分子(教员)的"左倾"政策,重申了党的知识分子政策。二、会议讨论了中学、师范、小学等学制、课程问题,提出建立正规化的学校教育制度,克服不重视文化教育的游击主义倾向。会议还具体规定了小学、中学和师范学校的学制和课程。三、讨论了恢复教育工作的计划,并确定"积极的方针,稳定的步骤",重点放在中等教育,首先应恢复地区中学 12 处(胶东 5 处、渤海 4 处、鲁中南 3 处)、城市中学 8 处(威海、莱阳、昌邑、德州、泰安、淄博、昌乐、青州)。为培养师资,各行政区应设立培养小学教师的高级师范学校 1 处,地区中学均开设初级师范部。小学教育方面,要求高小尽可能全部恢复,初小可根据各地区人力物力不同情况恢复 1/2 至 2/3。此外,会议还就教育行政、教育经费、接受城市教育等问题

①《胶东区的教育工作(胶东行署教育处 1945 年至 1949 年工作报告)》,《山东老解放区教育资料汇编》第 3 辑,山东老解放区教育史编写组 1985 年编,第 41 页。

进行了讨论。①

　　第三次全省教育会议以新民主主义教育方针为指导,总结了解放区教育停顿工作的经验教训,初步清理了教师和干部中存在的混乱思想,制定了解放区教育建设和发展的具体计划,有利于促进新民主主义教育体系在解放区的建立和完善。

　　会后,山东省政府先后发布一系列文件,如《关于恢复教育工作的指示》(附《山东省恢复整顿教育工作草案》、《关于小学公办与民办问题的决定草案》、《关于中小学教职员学生待遇及经费开支标准草案》)、《恢复和整顿小学实施办法草案》、《初级师范工作要点草案》、《普通中学工作纲要草案》等,分别规定了普通中学、小学、师范的性质、学制和课程,统一了全省中小学各科课程的教学计划和教学大纲,并推行统一的省编教材。这些都进一步促进了山东解放区教育工作的恢复。

　　各地区也相应制订了恢复普通教育的政令。1948 年 11 月 25 日,胶东行署发布《关于恢复与整顿中小学教育工作的指示》,提出:(一)恢复和整顿中小学要采取积极的方针,稳重的步骤,要质与量并重,要注意实际效果。(二)建设新型正规化学校,反对游击主义与经验主义。(三)切实执行中央对知识分子团结教育改造的政策,克服唯成分论的偏向。(四)配备干部,健全机构。(五)教育经费,小学一律改为公办;应从公粮附加的 20% 中抽出 30%—40% 作为教育经费,由县教育科统一掌握。②

　　至 1948 年底,山东解放区大体完成了教育恢复工作。据 1948 年底统计,鲁中南、胶东、渤海、济南、潍坊、昌潍、青州各区、市总计公私立中学 58 所(其中公立中学 43 所,私立中学 15 所),学生 20039 人(其中公立 16814 人,私立 3225 人),教职员 1576 人(其中公立 1311 人,私立 265 人)。③ 次年春,鲁中南、胶东、渤海等老解放区小学数分别恢复了 79%、57% 和 59%,小学生数分

　　①《山东省教育厅四年来的教育工作总结报告》,《山东老解放区教育资料汇编》第 2 辑,山东老解放区教育史编写组 1985 年编,第 345—347 页。
　　②皇甫束玉、宋荐戈、龚守静编:《中国革命根据地教育纪事(1927—1949)》,教育科学出版社 1989 年版,第 376 页。
　　③根据《山东解放区中等学校统计表》统计,内缺汶上中学、兖州中学、历城中学、济南乡师的部分统计数字,见《山东革命历史档案资料选辑》第 21 辑,山东人民出版社 1986 年版,第 530—531 页。

别恢复了98%、61%和65%,教师数分别恢复了93%、66%和67%。①

3. 接管城市教育

1945年8月,中共领导的人民武装解放了烟台和威海,并建立了民主政权。两地民主政府分别接管了当地的中小学,并进行了适当的调整合并,初步获得了管理城市教育的经验。据胶东《大众报》报道,在敌伪时期,威海市有中学3所,学生789人,小学10所,学生2700多人;新中国成立后,原有中学合并为2所,学生增加至1064人,小学增加至11所,学生总数为3986人,并成立民校28所,学员有6203人。②新中国成立后的烟台教育事业也有较大发展,至1946年夏,全市有中学5所,小学77所,中学生2413人,小学生10057人,已恢复至战前的水平。③

但是,对于长期立足农村建设新民主主义教育的民主政权来说,对于城市教育还缺乏深入的认识,因此,在管理城市教育方面还存在着一些偏差,如将农村群众运动的方式搬进城市学校,用农村训练班的方式改造城市中学的教学工作,对城市学校的整合缺乏合理性等等。④ 1947年2月,省政府教育厅召开烟威中学会议,对存在问题进行实事求是的分析,制定了发展城市中等教育的总方针与总任务,即师生团结,加强学习,发挥自由思想,树立民主作风,贯彻长期耐心的思想教育,培养为新民主主义建设而服务的有用人才。⑤烟威中学会议是山东解放区召开的第一次以研究城市教育工作为内容的会议,它所提出的管理城市中等教育的方针、任务及各项原则,为以后接管城市教育工作奠定了基础。

1948年9月24日,济南解放。军管会文教部随即向11个区派出接管工作队,共311名接管工作人员,接管了公、私立中小学160所,社会教育机构11处,教育行政机关2处。10月15日至17日,教育局主持召开由各学校代表参加的座谈会,解释时局的变化、知识分子政策、教育方针及改造学

---

①《山东老解放区小学恢复前后情况比较表》,《山东革命历史档案资料选辑》第22辑,山东人民出版社1986年版,第396页。
②皇甫束玉、宋荐戈、龚守静编:《中国革命根据地教育纪事(1927—1949)》,教育科学出版社1989年版,第321页。
③同上,第326页。
④孙陶林:《烟威中学会议总结提纲》,《山东老解放区教育资料汇编》第2辑,山东老解放区教育史编写组1985年编,第281—285页。
⑤同上,第287页。

校的具体规定,并征求教育改革的意见。之后,经过初步整顿,全市有 16 所中学、75 所小学先后复课。①

至 1948 年底,山东省政府在各大中城市接管公私立高等学校 4 所(私立齐鲁大学、省立师范专科学校、省立农学院、省立医学专科学校);接管公立中学 27 所(潍坊 1 所、烟台 2 所、济南 9 所、徐州 4 所、新海 3 所,济宁、兖州、昌乐、青州、泰安、汶上、长清、淄博各 1 所);接管私立中学 35 所(济南 22 所、济宁 3 所、徐州 6 所、潍坊 3 所、新海 1 所)。在重点改造恢复中等教育学校的同时,恢复 100 余所公私立小学,团结教师 3000 多人,使 10 多万儿童在战争结束后最短的时间内得以回学校读书。② 至 1949 年 6 月,山东省先后恢复了中小学 300 多处,中小学教师达 4000 多人。③

1949 年 2 月 2 日至 15 日,山东省政府在济南召开了城市教育工作会议,对新形势下教育亟待解决的问题提出了明确的方案:提出在城市中学应加强新民主主义思想政治教育;提出了对私立学校进行分类管理的具体措施;明确了开展城市职工教育的目的与要求。这次会议的召开,是山东解放区教育工作的重点由农村转向城市的标志。会后,省政府陆续发布了《关于中等学校政治思想教育的指示》、《关于开展职工教育的初步意见》、《关于加强私立学校管理的指示》、《私立学校暂行管理办法》等文件,为解放初期城市新民主主义教育工作的开展提供了政策依据。

1949 年 6 月 2 日,青岛市解放,山东省人民政府接管了山东大学及 11 所公办中学、78 所小学和 17 处社会教育机构。至此,山东完成了对新解放区城市教育的接管。

4. 各级教育的调整与规范

1949 年春,为了使教育结构趋于合理,能够适应新形势,山东解放区开始对各级各类教育进行调整与规范。

在小学教育方面,教育厅提出了"整理改造,巩固提高"的基本方针。

---

①《华东局文教部关于接管济南学校工作初步总结》,《山东革命历史档案资料选编》第 21 辑,山东人民出版社 1986 年版,第 227—230 页。
②《城市教育会议报告》,《山东老解放区教育资料汇编》第 2 辑,山东老解放区教育史编写组 1985 年编,第 325 页。
③《山东省人民政府关于举办城市中小学教师暑假集训的指示》,《山东革命历史档案资料选编》第 23 辑,山东人民出版社 1986 年版,第 26 页。

前者主要针对城市小学,即整顿学校的行政领导,扶植进步教员,树立民主风气,使城市小学尽快摆脱旧式学校的影响,进入新民主主义教育的轨道。后者针对解放区小学,即巩固教育恢复的成果,提高教育教学质量。强调办好小学是教员的基本任务,教员要提高政治和业务水平,要建立必要的管理制度,向正规化迈进。

为了促进小学教育迅速发展,省人民政府和教育厅明确要求各级政府首先要肩负起发展教育的责任,把教育工作放在重要位置。其次,落实乡村教育经费,规定乡村教育经费在乡村经费中占比不应低于50%,强调乡村经费主要应用在恢复和发展乡村教育事业方面。① 再次,加强教师队伍建设,提出"改造与提高教师"是发展小学教育的基本环节,提出利用"假期训练"、"在职学习"、"星期日学校"、"星期日讲座"等形式组织教师学文化、学政治。为稳定教师队伍,省人民政府特别规定:调动教师工作必须经县政府批准;小学教师改行,必须经专署批准;师范生毕业必须当教师,不经省府同意,不得分配其他工作。教育厅还计划利用2年时间培训低学历教师。

1949年秋,省政府教育厅组织召开了全省小学教育会议,公布了《山东省小学教育暂行实施办法》、《山东省小学教师服务暂行规定》以及《关于调整城乡中小学教职员工资待遇标准的决定》。这些法规性文件的公布,保障了山东小学教育的发展。

中等教育方面,教育厅在强调加强思想政治教育的同时,集中发展师范教育。1949年6月23日至7月2日,教育厅召开全省师范干部会议,会上提出了"把师范学校看做是教育建设中的重工业"的观点,讨论并确定了扩充师范学校的原则:一是现有的师范学校要整理改进与提高;二是中学附设的师范班要增加班次,扩大规模,先成立师范部,后逐步和中学分立,成立独立的师范学校;三是小学教育不发达,而且尚没有师范的地区,应积极准备条件,增设新的师范学校;四是初小教员以专署为单位自行培养,行署统一调剂,高小教师由行署自行培养,省统一调剂。根据以上这些原则,会议还

---

① 《山东省人民政府关于乡村教育经费开支问题的指示》,《山东革命历史档案资料选编》第23辑,山东人民出版社1986年版,第57页。

讨论了各地区扩充师范的计划。①

高等教育方面,主要是以"精干正规"为原则调整高等教育学校结构。

抗战胜利后,为培养高级建国人才,山东省政府先后创办了山东大学(临沂)②、华东大学③,以及多所专科学校,主要有:华东第二高级工业学校、华东交通专科学校、华东邮电专科学校、山东农林专科学校、山东黄河水利专科学校、华东工商干部学校、山东省教育干部学校、华东新闻干部学校等。此外,还有华东白求恩医学院。④ 至 1949 年 7 月,山东全省共有专科以上学校 17 所,其中大学 3 所(华东大学、山东大学、私立齐鲁大学),专科类学校 14 所,在校学生近 8000 名。

为加强对高等学校的管理,并使山东的高等教育尽快适应变化了的新形势,1949 年 7 月,根据"精干正规"的原则,山东省人民政府决定将全省专科学校调整合并,组成 6 所新专科学校:山东省立工业专科学校、山东省立医学院、山东省立农学院、山东省立会计专科学校、山东行政学院、山东省立师范学院。在培养目标、学制、学校管理、教师及学生待遇等方面也都做了具体规定。为统一与加强对各专科学校的领导,还成立了以郭子化、杨希文、孙陶林为正副主任委员的专科学校管理委员会。⑤ 专科学校的调整整合了有限的高等教育资源,初步奠定了山东高等教育学校体系的基础。

综上,从抗日战争时期到解放战争时期,中国共产党领导的山东抗日根据地和解放区经过不断探索和实践,最终在山东确立了新民主主义教育体

①《山东省教育厅召开师范干部会议》,《山东老解放区教育资料汇编》第 2 辑,山东老解放区教育史编写组 1985 年编,第 351—353 页。

②1945 年 10 月,山东大学(临沂)创立,次年 1 月开学,设预科和专科。预科招收 668 名具有中学文化程度的知识青年,编为 6 个队;专科由干部训练班改组而成,分为财经、合作、邮电、文化 4 个队。1946 年 4 月,华中建设大学的部分师生并入,增加 4 个预科队。5 月,学校设立本科部,由政治系、经济系、文艺系(包括文学、艺术、英语、新闻 4 个专业)、教育系、医学系组成,各系都有严格的教学计划。教师中有很多当时的著名学者和专家,如钱杏邨、薛暮桥、陈沂、杨希文、孙陶林等,师资力量较强。1946 年夏,由于战争的影响,学校向胶东转移并开始压缩,11 月,本科部调整为政治系、经济系和文教系。次年年底,学校停办。

③1948 年 4 月潍坊解放后,华东局决定重建大学。8 月,华东大学在潍坊成立,校长韦悫。学校设有预科班,并筹建政治经济、文学艺术、教育 3 个研究班,第一批招收学生 500 人。11 月,学校迁往济南,设立社会科学院、文学院和教育学院,并将正谊中学改为附属中学。

④原"新四军军医学校",1945 年 8 月随新四军进驻临沂,次年初更名为华东白求恩医学院。济南解放后,迁至济南,设医(高级)、药、化验、护士(中级)4 科,建立了生化、病理、解剖、细菌、药理、化学等实验室,学生有 1050 人。

⑤《山东省人民政府关于整理专科学校的几项具体规定》,《山东老解放区教育资料汇编》第 1 辑,山东老解放区教育史编写组 1985 年编,第 212—214 页。

系。这一时期的教育,由于所处环境特殊,因而别具特点。首先,它是在民族战争和解放战争环境中建立起来的,其间充斥着民族矛盾和阶级矛盾,因而一切教育活动都是以为战争服务为中心。无论是教育制度、教学形式的设计,还是教育指导思想的确立,都明确体现了这一点。其次,它是在落后的农村环境中发展起来的。受历史的影响,农村是山东贫困人口和文盲人口的聚集地,充斥着迷信、愚昧。这就决定了根据地和解放区教育事业同时承担着反对封建、教导农民以及使农民摆脱贫困的历史任务,因而所有的教育活动必须符合农村的实际和农民的实际需要。也正因为如此,根据地和解放区的教育活动具有前所未有的历史意义。它充分发挥了教育的政治功能,反对日伪政权的奴化教育和国民党的反动宣传,发动民众积极参与抗战和解放战争,为最终驱逐日寇和推翻国民党反动统治发挥了重要作用。同时,根据地和解放区政府依据农村实际,结合各项工作,充分调动群众参与的积极性,根据群众的需要创造性地提出了许多新的办学形式,不仅促进了农民教育知识的提高,而且改变了他们的生活方式和思想观念,由此促进了山东农村社会的变迁。从这个意义上说,根据地和解放区的教育活动也是一场山东农村社会改造运动。再者,从教育自身发展来讲,根据地和解放区积极对教育宗旨、学制、教育内容、教育结构等进行探索,构建了新型的、符合广大群众需要的教育体系,这在山东教育史上,也是一大创举。当然,山东根据地和解放区教育也存在一些问题,如教育改革中的一些失误,过分强调新型正规化,忽略了教育的传承等。但瑕不掩瑜,以新民主主义理论为指导的山东根据地和解放区教育活动是山东教育史上的伟大创举,为山东教育事业开创了新局面。

四、著名教育人物与教育思想

(一) 范明枢

范明枢(1866—1947 年),原名炳辰,字明枢,山东泰安人。早年接受传统教育,走科举功名之路,后受近代思想影响,开始追求新学。1903 年考入山东师范学堂,1905 年官派日本留学,就学于东京大学师范速成科,进一步确立教育救国思想,并加入中国同盟会。1907 年回国,在泰安先后创办泰安教育图书社、劝学所、公立学堂、泰安女子小学堂等。1912 年,在济南创

办模范小学,次年秋任省教育厅干事。1914 年,任
曹州省立第六中学学监兼语文教师,1918 年,任济
南省立第一师范学监兼语文教师,积极支持学生响
应五四运动。1920 年春,范明枢赴曲阜任山东省立
第二师范学校校长。1928 年离任后在泰安创办北
上高乡村实验学校,1931 年初任省立第一乡村师范
学校图书馆主任,次年因思想进步被捕入狱,经冯
玉祥营救后出狱,回泰安创办山口民众学校,并为
冯玉祥讲授《左传》《春秋》等。1934 年,与冯玉祥

范明枢像

创办"泰山武训小学"。抗战爆发后,积极参与抗战救国的活动,先后任泰
安县抗敌后援会、泰安民众抗敌总动员委员会主任、鲁南民众总动员委员会
主任委员。1940 年夏,被推选为山东省临时参议会议长。1945 年春加入中
国共产党,1947 年 10 月,因病在乐陵去世。

范明枢是近代山东知识分子从传统向近代转化的典型代表,他一生都
执著于教育,并在长期的教育实践活动中形成了自己的特色。

首先,重视爱国主义教育。

清末以来,面对国家的衰败,范明枢树立了"教育救国"的理念,认为
"非教育实业无以救国",教育能制造国家富强的要素。在教育实践过程
中,他经常为学生讲解时政,劝导学生关注国家的前途与命运,并为其富强
而努力进取。在北上高乡村实验学校时,他教育学生"要立志做大事,不要
做大官,更不要做贪官",要"奋发有为,要勇于进取",为中国洗刷"东亚病
夫"的耻辱。[①] 1931 年春,在济南乡师筹划民众夜校方案的准备会上,范明
枢建议给夜校增加常识课程,为村民讲述国际国内知识,让他们了解帝国主
义要瓜分中国、日本帝国主义想独吞中国的形势以及应对的方法,由此激发
他们爱国救国的思想,不做亡国奴。这实际上是把爱国救国作为当时办教
育的重要使命。

范明枢不仅在教育思想和实践方面重视爱国主义教育,他自己也积极
参加各种爱国运动,以行动践行一个教育者的爱国理念。五四运动期间参

①《范明枢传》,《泰山青松范明枢》,黄河出版社 1996 年版,第 16 页。

加反帝反封建斗争,九一八事变后参加反日斗争,抗战爆发后又积极参加山东抗日根据地的活动,所有这些,都为范明枢的爱国主义教育理念作了很好的诠释。

其次,重视乡村教育。

在范明枢的教育理念中,教育不仅局限于校园,还应担负起启迪民智的社会功能,尤其是乡村教育。范明枢出身贫寒,对中国农村社会状况有较为深刻的认知。鉴于近代社会转型过程中对农村教育的忽视,受当时教育思潮的影响,范明枢提出要大力发展乡村教育,认为"际此兵祸匪祸,社会紊乱,非教育实业无以救国,非教育实业之人才,而反求之乡村,无以言普及、言新政"。[①] 他对农村教育提出了自己的设计和期望:"农村教育规划,伏念如此办理可有三善:不必别筹公款而成立学校一处,一善也;近合乡村乐育子弟之心,收纳邻近学童,并教其年长失学之人,输入正当知识,使不致流为游民。乡曲多一有识青年,即街市少一土匪,无形之中改良社会,二善也;试行新学制为全县农村教育规划,既有裨于社会。务俟其稍有效力,逐渐推行,力求学校见信于社会,使反对者无从藉口。不必取缔私塾,而可望同化,以图普及,三善也。"[②]

在教育实践中,范明枢一直认真贯彻着改造、发展乡村教育的理念。1929年,他创办了泰安北上高乡村实验学校,借以启迪民智,振兴实业,发展乡村教育,造福农工。在校学生一律不收学杂费,课本费拿不起的,全由学校供给。范明枢还打算办小工厂,让学生半工(农)半读,使学生既学文化,又学科学和实践知识。1933年,他在泰安创办山口民众学校,在教授学生文化课的同时,还建有小饲养场、实验田,学习先进的饲养技术和耕作方法。随后,范明枢帮助冯玉祥创办泰山武训小学,为了能在贫困山区发展和普及小学教育,学校实行免费教育,供给课本、学习用具及部分生活用品,对贫困的学生则发给衣服、煎饼费。冯玉祥、范明枢还采纳陶行知的建议,实行半工半读。学校建了木工、石刻、铁工、编织厂和果木种植实验园地,既让学生学到了手工和农业技术,又可将产品出售,获得收入。

再次,兼容并包、勇于革新的办学理念。

---

①②《范明枢日记选摘》,《泰山青松范明枢》,黄河出版社1996年版,第64页。

在从传统到近代的转变过程中,处处体现了范明枢海纳百川、追求新知的博大胸怀,这也造就了他在教育实践活动中兼容并包、勇于革新的理念。这从他1920—1927年间担任曲阜省立第二师范学校(省立二师)校长期间的办学举措中可见一斑。

省立二师成立于1914年,虽为官办,但校政长期为孔府所把持,传统气息较重。范明枢就任后,以整顿学校、改革教育、培养人才、振兴民族为己任。他制订"真、善、美"三字校训,悬挂于学校大门口校名横额之下,使学生出入瞻仰,照此做人。他很推崇"天下为公"的精神,亲自书写"天下为公"四个大字,挂在学校办公室的墙壁上,与师生共勉。教导学生树立为国、为民、为公的远大志向,要求学生爱国忧民,关心政治,追求真理,钻研学务,养吾浩然正气,做一个"富贵不能淫,贫贱不能移,威武不能屈"的大丈夫。在工作中,他经常到教室听课,到班上查晚自习,和学生一起在食堂就餐,到寝室巡视。对教师们也十分尊重,走路遇到教师,总是主动立在道边,坚持让老师先走;与教师同桌吃饭,总是让老师先坐。在范明枢的带动下,二师逐渐形成了良好的校风。

在办学方面,范明枢采取了兼容并包、学术自由的方针。二师曾聘请康有为、梁启超、黄炎培、梁漱溟、王正廷、杜威等不同政治立场和学术观点的学者来校讲学,国民党人和共产党人也都可以自由在校内发表演讲。范明枢聘请共产党员辛成智任图书管理员,购买许多新书刊,支持学生创办"黎明书社",介绍进步期刊,《共产党宣言》《向导》等进步刊物和李大钊、鲁迅等人的著作广为流传。由于二师革命民主思想浓厚,时有"红二师"之称。在聘任教师方面,范明枢也不拘一格,只要有真才实学,都可入校任教,由此二师人才济济,教学质量有很大提高。

范明枢还对二师的学校管理、学科设置、教学方法等方面进行改革。他将原先在校长之下设监学、庶务的体制改为教务、训育、庶务3处;采用导师制加强学生管理;根据师范教育特点,将学制改为前师3年,后师3年,后师增加教育学、心理学、小学教学法、儿童心理、教育史等课程;将传统单一课堂讲授改为课内外多形式教学,变单纯的知识掌握为知识与技能同步训练;重视音乐、美术、体育等课程。这些改革适应了二师培养初等教育师资和教育行政人员的目标,造就了大批优秀人才,也为其后山东师范学校的发展提供了范式。

（二）何思源

何思源(1896—1982年)，字仙槎，山东菏泽人。1915年考入京师大学堂。新文化运动兴起，他积极参加，为"新潮社"前期成员之一。1922年秋，何思源去欧洲，次年入柏林大学研究经济。1924年到巴黎。1926年冬回到广州，并加入中国国民党。1927年6月，被任命为"国民党山东省党部改组委员会"委员兼宣传部长。1928年5月到济南。6月1日，国民党山东省政府在泰安成立，冯系将领孙良诚任主席，何思源任国民党省政府委员兼教育厅长。从此，何思源共在山东掌管教育达14年之久。任职期间，他一方面大力发展山东教育，一方面注重教育规律的探索和理论研究，在实践与理论相结合的基础上形成了自成体系的教育思想。

何思源像

爱国思想是何思源教育思想的重要组成部分。早在1919年"五四"运动爆发时，何思源就参加了天安门前的集会及后来的一些爱国斗争。1921年冬华盛顿会议开幕，中国人民要求大会讨论山东问题，何思源作为中国留美学生代表成员，会见中国出席会议代表，要求据理力争。会议期间，他撰写了《华盛顿会议中山东问题之经过》一文，寄回国内《东方杂志》发表。他指出："远东问题即以中国为焦点，中国问题即以山东问题为转轴"；"山东为中国致命之问题，中国代表必于第一机会中提出之"；"对于山东问题，中国代表当取理直气壮之态度，及外交上独立之精神"。[1] 这明显表现出何思源的爱国精神。

在山东教育厅长任内，何思源非常注意对学生进行爱国思想教育。他认为中国近百年来由于遭受西方的政治、经济、文化、军事等各方面的打击，造成了"民族精神萎靡不振，国家基础几乎崩颓"，特别是"九一八以降，外

---

①马亮宽、王强选编：《何思源选集》，北京出版社1996年版，第47—51页。

而帝国主义者加重其侵略,内而天灾人祸加重其压迫,国家地位,愈形动摇,国民意识,益复鄙陋,全国农村无不宣告破产,中华民族整个向下沉沦,亡国灭种之祸,业已迫在眉睫"①。1928 年,何思源以政治部代主任身份随北伐军到达济南,亲眼目睹了"五三"惨案,对日本帝国主义更是恨之入骨。在《五三惨案给我们的教训》一文中,他总结了 6 条教训:一是国内的军阀不铲除,外侮的发生便不能杜绝;二是应将教育权完全收回,励行义务教育,使中国人人有爱国的热忱,雪耻的决心;三是认清帝国主义者"和善"的假面具,只有自己努力的民族才有在世界上存在的权力;四是将一切中外的不平等条约根本取消,租地收回;五是对日励行经济绝交,力防文化侵略,对国内应努力唤起民众,共同奋斗;六是"五三"惨案虽发生在济南,受辱的却是整个中华民族,凡中国人都应记此国耻,共图雪涤。② 为了鼓起山东人民反日的信心,他主持编写了关于日本侵华问题的《学生问答手册》,发放给各级学校,以便使学生"认清敌人"。在他主持制订的《山东省政府教育厅教育行政纲要》第十一条中就规定,学生"严格施行军事训练,以作效忠国家,抵御外侮,涤雪国耻之准备"。后来,何思源对他的这种爱国教育曾做过如下回忆:"我的爱国教育宗旨始终不变,没有人能撤掉我这个厅长,也没有人能改变我的决心。我把反日爱国教育看成山东人民的生命,必须坚持下去。我向学生、教员,向一切从事教育工作的人员广泛宣传,我在各县办各种训练班,后来又办义务教育,也是以此为目标。各种场合,我无处不到,见人就讲,尽力灌输爱国思想,十年如一日,不松不懈。"③

　　求生教育是何思源教育思想的核心。何思源认为:"我们办教育的主旨不仅在多设学校,是要根据大家的需要,求共同的生存。"④他这样解释"求生教育":"教育不是为的读书识字,乃是为的发展人民的生活能力。换言之教育是工具,是方法,求生是目的。极而言之,读书识字之本身没有用处,读书识字所影响于受教育者本身之生活,才有用处,真正教育之作用有

---

①何思源:《如何实现新生活》,《民众周刊》第 6 卷第 26 期,1934 年 5 月 29 日。
②何思源:《五三惨案给我们的教训》,《山东行政周报》第 90 期。
③何兹全等编:《一个诚实爱国的山东学者》,北京出版社 1996 年版,第 318 页。
④《基础教育》第 1 卷第 4 期,1936 年 3 月 1 日。

二:一曰发展生活能力,二曰扩大生活范围。"①

自"五四"运动以后,作为民主思潮在教育上的反应,"平民教育"应运而生。平民教育思潮共同之点是批判封建的"贵族主义"的教育主张,实现平民的政治和社会的改造,提出"平民"的教育权利,打破少数人独占教育的特权,使普通平民获得文化知识,启迪广大平民的爱国民主的自觉心。作为资产阶级的教育家们,都把教育救国看作平民教育的目的。到20年代以后,平民教育逐渐发展成为民众教育。何思源的"求生教育"是平民教育的一个变种。陶行知是平民教育的先行者,它曾说过:"数年来余致力于普及教育,因现在国家危险万分,非使全国大众教育普及而现代化不能发挥力量,以救危亡","此与何(思源)厅长所提倡之求生教育,殊途同归"②,足见求生教育与平民教育的关系。

何思源认为,传统的封建教育是一种士大夫教育,这种"学而优则仕"的封建教育存在明显的弊端:第一,造成"农村经济破产"。"一般的教育观念以为学校毕业生不是一个官也是一个绅士,所以农家为光大门庭愿意送子弟入学。县城的学校不如省城,省城不如都城,都城不如最大的都会,卖地换钱供给都市上学的学生","这种学校的都市化,是牺牲农村将都市发展起来的,也就是拿变卖农村土地的金钱来充实都市,这是农村破产的原因之一";第二,使"政治组织分崩离析"。"人才来自田间不归于田间,以至政治组织随而分崩离析。受教育是为的作官,乡间没有官作","国家官位有限,而求官的学生是无穷的,失官的寻不着出路,不得不互相排挤,互相倾轧,分党分派以求取得政权"。这样的结果就是,总是有一部分人想取另一部分人而代之,于是内乱不止;第三,造成"社会秩序紊乱";第四,教育成为书面化。学生"入学校的心理是为得文凭,得到文凭能升学能作官,或者是能教学,学校变为贩卖的市场",学生学习是为了求官,是为了升学,升了学再做官,"往复循环,与生活不生任何关系,教育遂成为书面的死板了!"③

何思源认为,要改变这种状况,必须"要把士大夫式的统治教育改为求

---

① 何思源:《什么是求生教育》,马亮宽编:《何思源文集》第2卷,北京出版社2006年,第765—766页。
② 陶行知:《谈普及教育》,《教育与民众》第6卷第3期,1934年10月14日。
③ 何思源:《什么是求生教育》,马亮宽编:《何思源文集》第2卷,北京出版社2006年版,第762—765页。

生的教育"，将"求官教育"改为"求生教育"。何思源是想通过教育提高人的"求生"能力，即生产、生活能力，改变教育为做官的传统意识，他认为"人们在任何方面的活动都是为了'求生'"，学习也是为了求生，"从认识几个字，学一点技能，以至进行全国规模的抗日救国运动，都是为了生存"。① 在何思源看来，教育本身具有两方面的作用，一方面是发展受教育者的生活能力，另一方面则是扩大受教育者的生活范围。就生活能力而言，人自出生的那一天起就有吃饭的能力，以后要穿衣、住房，"这当然不是人生的止境，渐长大了，知识发展，就要求社会生活"，于是要求知识生活和精神生活，"教育的本意即是使人不安于衣食住的简单低下的生活，而进于人生的高尚复杂的生活"；就扩大生活范围而言，人不仅仅是为自己的生存而活，更重要的是为他人的生存而努力，"具有最进步的知识的人，是以全人类的生活，等于自己的生活"，"他们的知识特高，所以他们生活范围特大，生活的责任特重，他们愿舍身救世间一切人的灾难"。为此，何思源认为，求生教育应"从最下层作起，从农民子弟之初级教育和民间的民众教育作起，使儿童及一般成人对于教育另具一种'求生'的观念"，即"读书是帮助生产的，也是帮助求生的"，"读书是为了充实生活，生活的美满从读书的方式来达到"，打破"读书人不事生产，生产的人不必读书"的教育观，使"'四体不勤，五谷不分'的士大夫不复存在"。②

何思源的求生教育与爱国教育是紧密相连的，二者都是为教育救亡服务的。爱国教育是为了使山东人认清帝国主义者"和善"的假面具，把反日爱国教育看成山东人民的生命，以唤起民众的抗日决心。求生教育是想使最下层的民众掌握知识，产生高尚的生活需求，摆脱"求官教育"的恶劣作风，负起解救他人的神圣责任，即"教育完全为的生活，须要切实从根本上发展这种教育观念，才可挽回过去教育之错误，才可使教育救国，不可使教育亡国。"③

何思源将资产阶级爱国主义思想导入学校教育，顺应了历史发展的方

---

① 何兹全等编：《一个诚实爱国的山东学者》，北京出版社1996年版，第319页。
② 何思源：《什么是求生教育》，马亮宽编：《何思源文集》第2卷，北京出版社2006年版，第766—768页。
③ 同上，第767页。

向,对于培养山东人的国家观念和爱国思想是大有益处的。而求生教育不仅对中国几千年来的学而优则仕的"求官教育"是一个冲击,而且使得大众教育开始发展,促进了山东教育的近代化进程。根据"求生教育"的思想与宗旨,何思源在山东大抓师范学校的兴办,师范由 4 校增为 7 校;重视职业教育,在临沂、烟台、周村等地分设职业学校 20 所,其中重点学校 13 所,均根据当地特点设置专业科目,如临沂为棉织,烟台为水产,周村为丝业等。

(三) 董渭川

董渭川(1901—1968 年),名淮,字渭川,山东邹县人,中国近现代著名教育家。受家庭影响,立志教书授徒,于 1921 年放弃已就读一年的中国大学法科,考入北京高等师范学校国文部,后又考取北京师范大学国文研究科。1927 年毕业后,先后任天津南开中学国文教员、中央大学视察员、江苏东海中学校长、南京民众教育馆编辑主任、安徽省教育厅督学兼第一科科长、河北大学国文系教授。1931 年,应山东省教育厅厅长何思源之邀,出任山东省教育厅督学,7 月,转任山东省民众教育馆馆长,并兼山东第一女子师范学校教员。1934 年,受山东省教育厅委派,董渭川赴意大利、瑞士等欧洲 10 国考察成人教育和社会教育。在主持山东省民众教育馆的 6 年时间里,董渭川积极思考中国民众教育的问题与出路,探索和实践各种民众教育工作,形成了较为系统的民众教育思想。

对于民众教育在中国的重要性,董渭川有着清醒的认识,而这种认识建立在对教育功能的认知、对中国社会现实的把握以及对教育现状的了解的基础之上。身处近代中国,董渭川对于国势日危、国土日蹙、民生凋敝、灾祸频仍的局势深有感触。尤其是中国农村社会,不仅经济不发达,而且是文盲人口的聚集地,而此前推行的新式教育又多以城市为主,对于广大农村影响力极弱。所以,在他看来,民众教育承担着普及国民知识,改善农村社会,最终挽救民族危亡的重任。诚如他说:"要想从根本上挽救我们的危亡,复兴我们的民族,改造我们的社会,发挥我们的文化,唯有充分运用教育的力量启迪民众、组织民众、训练民众,使大多数无教的民众醒来,能了解他们自身所处的环境,能解除他们自身所遭遇的危难,能有强固的民族意识,能团结在一块儿合力御侮,必如此中国的前途才有希望,舍此别无路走。"①"时至今日,要想延续民族的生命,非提高大众的文化水准不可,要提高文化,那就只有走扫除文盲、普及教育的路子。"②而农村社会的民众教育尤其重要,"复兴农村,是救国的根本要图,也是中华民族自救运动的最后一着。……可是要想从这运动中获得若干收获,不论是政治经济任何方面的建设,皆必须以民众教育为骨干,因为在这大运动的过程中,所有倡导、组织、训练、辅助任何种的工作,都实在是民众教育的功夫。……而民众教育的成功,也正是民族自救的成功。"③可见,董渭川的民众教育思想是立足于改造社会,谋求国家民族振兴基础之上的。

对于如何施行民众教育,董渭川结合自己的实践经验和对欧美各国社会教育的考察,提出了自己的设想:

首先,根据中国社会的现实,将民众教育纳入义务教育。

董渭川认为,与欧美各国民众教育主要为继续教育不同,"中国之民众教育实负有两种使命,一是基本教育,二是继续教育"。④ 而"以成年文盲占百分之四十六以上的中国情形论(据教育部成年补习教育计划局统计),拿这两种使命权衡缓急,后者似更来得迫切。因此,中国之民众教育先要拿出大部分的人力与经济来做扫除文盲的工作,做公民训练的工作"。⑤因为义务教育与民众教育同属于公民训练性质的基本教育,所以民众教育也应该列入义务教育。他说:"两者皆是国民应受之基本教育,皆应以强迫手段施行,则政府方面,对于青年、成人所应受之基本教育,也应列入义务教育范围之内,两者同样看待,通盘筹划,互谋沟通,才可收到事半功倍的效果。"⑥对于应该接受短期义务教育的青年及成人应该施行强迫手段,"不服从者即予以物质上或权利上之惩处"。⑦ 他还把这种成人基本教育称为"成人义务教育",并认为在当前中国文盲以青年和成年为主的情况下,重视成人教育

　　①董渭川:《〈欧洲民众教育概观〉自序》,董乃强编:《董渭川教育文存》,人民教育出版社2007年版,第101页。
　　②董渭川:《〈欧美各国扫除文盲之比较研究〉叙言》,董乃强编:《董渭川教育文存》,人民教育出版社2007年版,第104页。
　　③董渭川:《民众教育成功之条件》,董乃强编:《董渭川教育文存》,人民教育出版社2007年版,第63页。
　　④⑤⑥董渭川:《义务教育与民众教育之不可分性》,董乃强编:《董渭川教育文存》,人民教育出版社2007年版,第33页。
　　⑦同上,第37—38页。

刻不容缓,甚至比儿童教育更为重要。这是因为"成人经验丰富,教学比儿童容易,收效来得快",而且成人"毕业后马上便可作乡村领袖,从事乡村建设事业",①更有利于农村社会的改造。

其次,提倡学校教育社会化,将学校教育与民众教育联为一体。

针对当时学校教育偏离社会的需要(尤其是对农村社会的忽视),存在着学非所用的偏向,董渭川提出了学校教育社会化的主张,其主要内容就是将教育与社会需要紧密连接,促进民众教育的推广,最终使得教育真正能为社会服务。董渭川尤其重视小学社会化在农村民众教育中的重要作用,力图将之打造为地方文化中心。他认为走向社会化是小学教育的必然,"所谓'社会化',一方面是年限、课程与训练目标的改订,要学生所学所做与社会情形、社会需要切合;一方面是对象的扩大,小学要做成一地方人民精神生活所寄托的文化中心,设在乡村中的就应该以整个的乡村及全体民众为教育对象,不仅限于若干儿童。"②而在具体的制度实施上,董渭川还主张"成人、儿童合校制",亦即"把学校的组织分为儿童与成人两部,儿童部之课程年限训练自需特别改订,成人部之上课时间仍以利用业余农闲为原则。"两者合办可以充分发掘利用小学现有的资源,在经费、设备各方面比较经济,而且是"推广成人基本教育的捷径,并且是小学自身社会化的必由之径。因为能做到这一步,才能让全村民众或者阖家老幼皆作教育之对象,才能把小学地位提高,造成一区民众精神生活所寄托的文化中心。"③鉴于民众教育师资的匮乏,董渭川主张"师范教育实行双轨制,一半培养学校教育师资,一半培养社会教育师资",对于现有的师资,则通过举办训练班、讲习所进行"社会化"的训练,使他们适应民众教育的需要。④ 而在教学方法上,则坚持教学合一的原则。

再次,改造现有教育,走乡村建设之路。

受30年代乡村建设运动影响,董渭川认为,要想使民众教育能充分发

①董渭川:《就中国教育之新动向论师范生毕业参观问题》,董乃强编:《董渭川教育文存》,人民教育出版社2007年版,第61页。
②董渭川:《义务教育与民众教育之不可分性》,董乃强编:《董渭川教育文存》,人民教育出版社2007年版,第35页。
③同上,第36页。
④同上,第37页。

挥其效用,获得圆满的结果,必须对教育本身进行彻底改造,其途径有二:一是遵循山东乡村建设研究院和江苏省立教育学院的方法,训练现有知识分子,使他们能彻底认识中国国际地位的低落,农村破产的因果,自身所处的环境、所负的使命,在工作中训练其身心、改变其意识,启发其走向穷乡僻壤的勇气,培养其同情下层民众的热忱。二是在从事乡村建设的工作中,处处以教育为原动力,利用活的环境来建设适合乡村实际生活的活教育,致力于人民的知识力、生产力、组织力、团结力、战斗力、自治自卫力等生存力的培养训练与发展。[1] 1932 年 9 月,祝甸乡实验区的创办,就是董渭川探寻乡村建设之路的具体实践。

此外,受苏联采用新文字和使用拉丁文拼音的方法扫除文盲收到良好效果的影响,董渭川主张将汉字进行改革,以便于民众识认,推进中国的扫盲工作。

当然,董渭川也清醒地认识到,教育虽担负着促进社会进步的主要功能,但它并不是万能的,尤其在当时的中国,"民众教育也罢,乡村建设也罢,欲责其成功,非政治当局首先造成可以教育可以建设之环境不可;否则,教育终于是粉饰点缀的把戏,纸老虎一经戳破,其效用仅只让老百姓含着眼泪笑一笑而已!"[2]

董渭川曾自称:"偶然地担任了民众教育馆的工作,年复一年,对民众教育发生了坚强的信念和浓厚的兴趣,觉得这条路不仅可做自己终身从事的职业,而且是救国家救民族的基本功夫。"[3]正是本着这种爱国、救国的志向,他始终投身于中国的民众教育事业,其关于中国民众教育的思考和在山东民众教育馆的实践,在当时的中国社会产生了重要影响。

(四) 杨希文

杨希文(1910—1991 年),原名杨翼心,字希文,山东金乡人。早年就读于菏泽六中、省立一中,1931 年考入国立青岛大学教育学院,次年转入江苏

---

①董渭川:《民众教育成功之条件》,董乃强编:《董渭川教育文存》,人民教育出版社 2007 年版,第 67 页。

②同上,第 70—71 页。

③董渭川:《〈欧洲民众教育概观〉自序》,董乃强编:《董渭川教育文存》,人民教育出版社 2007 年版,第 99 页。

省教育学院,主要学习乡村经济和民众教育。毕业后就职于山东省教育厅,从事民众教育工作,并于 1935 年至 1937 年任山东益都民众教育第二辅导区主任。因学有专长,成绩卓著,在山东民众教育界拥有较高声誉。抗战爆发后,杨希文积极投入抗日活动,先后在临沂组建山东第三专区民众政治训练处、在鲁南举办"抗敌自救青年学校",训练培养抗日力量。1940 年 4 月,山东抗日根据地文化界人士举行文化教育宣传工作座谈会,杨希文在会上提出了关于教育的新方案:(一)确定群众是教育的主人;(二)劳苦大众要有受教育的权利,积极消灭文盲,提高群众的文化水平;(三)组织各种文化团体,使教育大众化,社会教育化;(四)利用娱乐时间进行教育等。① 1940 年夏,他被抗日根据地各界联合大会推选为山东省战时工作推行委员会委员,并兼任国民教育组组长。大会期间,杨希文作了《急待开展的山东新文化运动》的报告,提出要开展新教育运动,加紧推行战时国民教育建设,并设计了开展学校教育与社会教育的具体要求。1941 年 3 月,战时工作推行委员会机构调整,他任常委兼教育处处长、文化教育委员会常务副主任委员。1943 年 8 月,战工会改组为山东省行政委员会,杨希文被增选为参议会驻会委员和行政委员,调任临时参议会秘书长。1945 年 8 月,山东省政府成立,杨希文出任教育厅厅长,直至 1948 年。可以说,杨希文是山东抗日根据地和解放区教育行政的主要负责人之一,为新民主主义教育体系在山东的建立做出了突出贡献,他关于新民主主义教育实践的认识,也颇为系统。

1. 关于新民主主义教育的理解

杨希文认为,新民主主义教育"是新民主主义文化的一个主要部分","是新民主主义政治宣传工具",它"建筑在新政治、经济、民运各种工作的基础之上",但"仍然具有其独立的性质,有它自己的体系,自己的问题和方法,它是具有专门性的工作部门,它是一种独立的系统的科学"。②

从性质上来看,新民主主义教育具有"大众的"、"民主的"、"科学的"、

---

① 皇甫束玉、宋荐戈、龚守静编:《中国革命根据地教育纪事(1927—1949)》,教育科学出版社 1989 年版,第 171 页。
② 杨希文:《展开中的山东新教育运动》,《山东老解放区教育资料汇编》第 2 辑,山东老解放区教育史编写组 1985 年编,第 1—2 页。

"民族的"特征,由此决定了相应的新教育政策。"大众的"教育政策应该是"认定受教育是大众的权利,厉行免费的普及的、及以工农大众为本位的教育",是根据群众生活的现实,动员指导群众参加革命斗争的实践,推进群众运动发展的教育,其组织也必须依靠群众。"民主的"教育政策,首先表现在"发扬民主思想,提倡民主自由,配合并推进民主政治的开展,反对封建、专制独裁包办及压迫民主自由的教育",其次,"在教育历程中,发挥民主作用,在教育系统内建立民主制度,并由以培植大众的民主习惯和民主精神,反对教师脱离学生,教育脱离社会脱离群众的现象。""科学的"教育政策体现在三个方面:一是启发科学思想,拥护科学真理,发扬科学精神,实施理论与实践一致的教育,反对武断、迷信、传统、欺骗麻醉的教育;二是根据生产经济建设的实际需要,引进科学技术,提倡科学研究,反对脱离大众劳动生活的现实的空谈,提倡科学教育、职业教育和生产教育。三是在教育过程中,养成科学的生活习惯,训练科学的工作方法,在教育建设中,运用科学方法作系统的推行,以求得具体切实的效率,清除主观臆断、凌乱颠倒等非科学的现象。"民族的"教育政策则首先表现为培养民族意识,提倡民族气节,配合新形势的发展,实施团结抗战的教育,为争取民族的彻底解放而斗争,因此就要反对敌伪奴化教育,反对投降主义,反对投降反共的两面政策,反对民族改良主义。其次是批判的接受民族文化的优秀遗产,发扬民族的光荣传统,进行民族的独立和民族自决的教育,同时根据抗战建国和新教育的需要,大胆的与批判的接受外国文化中的优良营养料,尤其是最先进的科学理论与科学方法,反对复古运动,反对狭隘的民族观点,反对"中学为体西学为用"的"中国本位"的文化和教育。再者,采用民族的形式,利用乡土教材,地方教材以逐渐创造新的新形式,提倡教育上器材工具的创造和自力更生,反对舶来教育用品的倾向。[①]

杨希文还提出,新民主主义教育的创立,不是对旧教育的恢复,也不是对旧教育的抛弃,而是扬弃。"对旧教育的理论体系,不是全盘的否定而要予以正确的批判改造,接收其中优良的材料,用为组成新教育理论体系的一

[①] 杨希文:《展开中的山东新教育运动》,《山东老解放区教育资料汇编》第 2 辑,山东老解放区教育史编写组 1985 年编,第 2—4 页。

部分。"①在讨论教学方法时,他认为有些教学法虽来自美国,属于"实用主义的思想方法",但"若能以辩证法的思想运用其技术,还可以创造一套新的教学法"。②

关于新民主主义教育的实施环境,杨希文认为主要包括三个方面,即"政治任务"(根据地的中心任务)、"社会环境"(战争环境、文化传统、经济物质条件等)和"大众要求"(面向农村民众)。③

2. 注重解决教育改革中的相关理论问题

对于根据地和解放区的教育改革,杨希文有着深刻的认识。他认为:"两年来的教育改革运动是一种带有历史意义的根本改革,是要根本摆脱旧日半封建半殖民地的教育思想制度方法之束缚,适应解放区新政治新经济的发展及广大人民的需要,建设新的人民大众反封建反帝的教育思想制度与方法,是要将多年来尤其抗战以来新教育运动者所已经进行的某些改革,提高到根本性质的改革上去。因此,这是教育上一个极其重大的发展与进步。"④他还根据"为谁办教育"、"谁来办教育"、"从实际出发结合实际,服从于现实需要和学用一致"三个基本原则,认为"两年来的教育改革,收到了辉煌的显著的成绩,从教育思想制度,到教育内容方法上,都有着带根本性质的改革与创造,对教育工作者及教师也有着本质的改造"。⑤ 当然,由于新教育处于创造阶段,对于教育方针的理解和执行有分歧,出现问题和偏向是不可避免的,但不能因此怀疑教育改革的正确方向。

对于教育改革中需要解决的一些理论问题,杨希文也都有针对性的解释。关于教育工作发展规律的问题,杨希文从政治经济与教育的关系角度予以解释,认为:"政治经济上翻身的群众运动,是新教育发展的基础,新教育的发展又可以返转来推动群众运动的巩固与提高。新教育发展的基本规律决定于群众运动的发展及教育与群运的结合。善于掌握群运规律,体会群众在翻身解放运动的各阶段中对教育的实际需要,去满足它,便是教育工

①杨希文:《展开中的山东新教育运动》,《山东老解放区教育资料汇编》第 2 辑,山东老解放区教育史编写组 1985 年编,第 15—16 页。

②同上,第 31—32 页。

③同上,第 4—5 页。

④杨希文:《论山东教育改革运动》,《山东革命历史档案资料选编》第 17 辑,山东人民出版社 1984 年,第 165 页。

⑤同上,第 167 页。

作的基本任务。在群众运动发展的基础上求教育工作的发展，寻找出发展的基本规律，应该是新民主主义教育的一个基本思想。"①

在总结根据地和解放区教育改革经验时，杨希文强调与实际结合是新民主主义教育的基本观点和方法，其基本精神是"实施新民主主义的教育，培养新民主主义的思想，教育内容以解放区工作情况经验规律为灵魂，将各科教学联系起来，并随时有计划地吸收中心工作的经验来充实丰富教育内容"②。无论中学教育，还是群众教育，都要坚持与中心工作结合，这是教育结合实际的中心问题。目前，解放区的中心工作主要是自卫战争、群众运动（土地改革）和大生产运动，任何教育事业都要与之密切配合。但是，在这个过程中，要防止和反对把实际狭隘化和把中心工作当作唯一工作等经验主义倾向，把教学弄得零散不堪。

在政治教育与文化教育关系问题上，杨希文认为，"教育本身应是文化运动，而我们的教育是新民主主义的教育，是主张文化教育为政治服务的，所以也可以说是政治文化结合的教育，脱离开政治的教育是我们所反对的。"③至于产生把文化教育与政治教育相对立的看法，主要是由三个方面的原因造成的：一是对文化教育一词的狭隘理解，仅将其专指文字和普通常识的教育，没有把社会斗争与自然斗争的实际知识以及政治常识、人生理想包括进来；二是由于部分教员不善于与实际结合；三是政治教育包含范围过广。

对于教育改革中涉及的关于现在与将来的问题、旧型正规化与新型正规化问题、团结知识分子问题等，杨希文也都作了比较详细的解释。这对于解决当时新民主主义教育实践中的思想认识问题具有重要的指导作用。

此外，为保证根据地教育建设的顺利开展，杨希文一直非常重视根据地教育行政和教师队伍的建设，积极保障教育经费。他从根据地的农村社会背景出发，重视社会教育的推行，注重群众教育与学校教育的互动，强调小

---

①杨希文：《论山东教育改革运动》，《山东革命历史档案资料选编》第 17 辑，山东人民出版社 1984 年版，第 172—173 页。
②同上，第 179—180 页。
③同上，第 183—184 页。

学在农村教育文化推广中的重要地位,认为"今天文化运动的基础是广大农村,在今天小学是农村中仅有的文化堡垒、文化中心,小学教师同仁们,也就是乡村中仅有的文化工作者。那么在开展文化运动中,小学就必然成为重要的凭借"①。这些对于根据地教育建设都具有重要指导意义。

①《当前国民教育的改进问题——战工会教育处杨处长在滨海区小学教育会议上的讨论总结》,临沂地区教育局编:《山东老解放区教育资料选辑》,1981 年,第 109 页。

附　　录

一、山东历代书院一览表

书院名称	所在地	建立时间	备　注
圣泽书院	汶上	北魏孝昌二年(526 年)	相传早为孔子与弟子讲学之处。元至元三十年(1293 年)扩建。又名复古书院
李公书院	临朐	唐代建	唐李靖读书处
文学书院	莒州	宋代建	祀先贤卜子夏
岳麓书院	郓城	宋咸平年间	
泰山书院	泰安	宋景祐四年(1037 年)	
弦歌书院	武城	金大定年间	又名学道书院
状元书院	日照	金代建	
龙山书院	东平	元至元三十年(1293 年)	
中庸书院	邹县	元元贞元年(1295 年)	又名子思书院,祭祀子思、孟子
历山书院	濮州	元大德年间	
东山书院	费县	元皇庆二年(1313 年)	初为义学,后改书院
性善书院	滕州	元延祐元年(1314 年)	又名道一书院
郑康成书院	淄川	不详,元延祐二年重修	又名康成书院
闵子书院	济南	元天历年间	济南最早的书院
诚明书院	乐安	元元统前后	(光绪)《山东通志》作明诚书院
尼山书院	曲阜	元后至元二年(1336 年)	
静轩书院	高唐	元后至元年间	又名静山书院

（续表）

书院名称	所在地	建立时间	备注
一贯书院	郯城	元至正二年(1342 年)	又名曾子书院、琴声书院、宗圣书院,祭祀曾子
洙泗书院	曲阜	元至正十年(1350 年)	又名洙泗讲学书院
思圣书院	费县	元至正十三年(1353 年)	捐建,为思念孔子而建
崇义书院	濮州	元至正十三年再建	
伏生书院	邹平	元至正十五年(1355 年)	为纪念济南学者、西汉今文《尚书》之最早传授者伏生而建
闻韶书院	济阳	明洪武年间	
陶山书院	馆陶	明正统七年(1442 年)	
醇儒书院	德州	明正统年间	
东莱书院	掖县	明景泰五年(1454 年)	万历八年(1580 年),诏毁天下书院改为吕先生祠,祭宋儒吕祖谦
沂水书院	沂水	明成化五年(1469 年)	明副使杨光溥读书处
公冶长书院	安丘	明成化八年(1472 年)	
沧浪书院	诸城	明成化十一年(1475 年)	
范公书院	邹平	明成化十六年(1480 年)	
长白书院	邹平	明成化十八年(1482 年)	
松林书院	青州	明成化年间	宋代王曾(978—1038)读书处
董子书院	德州	明弘治十二年(1499 年)	
太泉书院	平度	明正德六年(1511 年)	
康成书院	即墨	明正德七年(1512 年)	元于钦撰《齐乘》记述:"不其山,郑玄教授之处"
闵公书院	沂水	明正德八年(1513 年)	又称"闵子书院"、"闵仲书院",祀先贤闵子骞
崇义书院	益都	明正德九年(1514 年)	
状元书院	平度	明正德十五年(1520 年)	
华阳书院	即墨	明正德年间	
两山书院	平度	明嘉靖二年(1523 年)	
正学书院	济宁	明嘉靖三年(1524 年)	

（续表）

书院名称	所在地	建立时间	备 注
湖南书院	济南	明嘉靖四年(1525 年)	
白鹤书院	济南	明嘉靖四年(1525 年)	
章贤书院	滋阳	明嘉靖八年(1529 年)	
丽泽书院	长清	明嘉靖十一年(1532 年)	
清源书院	临清	明嘉靖十一年(1532 年)	
胊山书院	临胊	明嘉靖十一年(1532 年)	
大成书院	肥城	明嘉靖二十年(1541 年)	
河滨书院	黄县	明嘉靖二十二年(1543 年)	
东武书院	诸城	明嘉靖二十七年(1548 年)	
瀛洲书院	登州	明嘉靖二十八年(1549 年)	又名莲洲书院
崇正书院	高苑	明嘉靖二十九年(1550 年)	
泮东书院	莱阳	明嘉靖三十四年(1555 年)	
松槃书院	观城	明嘉靖三十六年(1557 年)	
道东书院	登州	明嘉靖三十九年(1560 年)	后更名大东书院
东流书院	东阿	明嘉靖年间	原为洪福寺,祠宋儒五子
至道书院	济南	明嘉靖年间	
三泉书院	陵县	明嘉靖年间	
奎山书院	日照	明嘉靖年间	
崇德书院	泗水	明嘉靖年间	
棠浒书院	鱼台	明嘉靖年间	
养正书院	郓城	明嘉靖年间	
四知书院	昌邑	明隆庆二年(1568 年)重修	旧为逄萌寺
养志书院	昌邑	明隆庆二年(1568 年)	
观礼书院	莱芜	明隆庆年间	又名垂杨书院
闲道书院	平原	明隆庆年间	初名云龙书院,由云龙寺改建而来
见泰书院	长清	明万历元年(1573 年)	
云门书院	平阴	明万历元年(1573 年)	
大清书院	蒲台	明万历十七年(1589 年)	

（续表）

书院名称	所在地	建立时间	备　注
崇仁书院	德州	明万历二十六年(1598 年)	
重华书院	曹州	明万历二十四年(1596 年)	
云门书院	青州	明万历四十年(1612 年)	
历山书院	济南	明万历四十二年(1614 年)	又名白雪书院
青莲书院	恩县	明万历四十五年(1617 年)	
愿学书院	长清	明万历年间	
同人书院	临邑	明万历年间	
宗圣书院	嘉祥	明万历年间改建	相传曾子读书处,旧名曾子书院
聚奎书院	冠县	明万历年间	
育英书院	泰安	明天启年间	明李汝桂讲学处
文山书院	文登	明天启四年(1624 年)	又名崇文书院
南湖书院	沾化	明崇祯年间	又称齐云书院
南泉书院	朝城	明代	
安平书院	东阿	明代	
柯亭书院	东阿	明代	
同川书院	肥城	明代	家塾
金峰书院	肥城	明代	
会田书院	金乡	明代	
东林书院	聊城	明代	
丹陵书院	濮州	明代	
清溪书院	寿光	明代	
麓台书院	潍县	明代	又名公孙弘书院
槐荫书院	淄博	明代	
扶义书院	东明	明末清初	
正率书院	莱芜	清康熙十年(1671 年)	
讲德书院	济宁	清康熙二十年(1681 年)	
东鲁书院	滋阳	清康熙二十二年（1683 年）	初名文在书院,后又名景贤书院、少陵书院

（续表）

书院名称	所在地	建立时间	备注
少岱书院	东阿	清康熙二十五年(1686年)	
注经书院	费县	清康熙二十八年(1689年)	
崔公书院	新城	清康熙二十八年(1689年)	
海山书院	蓬莱	清康熙三十年(1691年)	
马公书院	鱼台	清康熙三十年(1691年)	
唐文书院	定陶	清康熙三十一年(1692年)	
阳丘书院	章丘	清康熙三十一年(1692年)	
般阳书院	淄川	清康熙三十一年(1692年)	
近圣书院	邹县	清康熙三十三年(1694年)	
鸣琴书院	单县	清康熙三十七年(1698年)	
张公书院	汶上	清康熙四十九年(1710年)	
回澜书院	定陶	清康熙五十年(1711年)	
青岩书院	泰安	清康熙五十年(1711年)	
劳山书院	即墨	清康熙五十二年(1713年)	
先觉书院	莘县	清康熙五十五年(1716年)	
北海书院	莱州	清康熙五十六年(1717年)	
宏远书院	青州	清康熙五十六年(1717年)	
嵩庵书院	济南	清康熙五十七年(1718年)	又名振英书院、景贤书院
锦秋书院	博兴	清康熙五十七年(1718年)	
阳平书院	东昌	清康熙五十八年(1719年)	
容保书院	青州	清康熙五十八年(1719年)	
玉山书院	高唐	清康熙五十九年(1720年)	
六一书院	日照	清康熙六十一年(1722年)	
龙章书院	济南	清康熙年间	
徐公书院	泰安	清康熙年间	初为义学
近圣书院	恩县	清雍正元年(1723年)	
城阳书院	莒州	清雍正元年(1723年)	
光岳书院	聊城	清雍正四年(1726年)	
甘露书院	德平	清雍正四年(1726年)改	清康熙初为生祠

（续表）

书院名称	所在地	建立时间	备注
泺源书院	济南	清雍正十一年(1733年)	山东规模最大的书院,由白雪书院扩建而来
峄阳书院	峄县	清雍正十三年(1735年)	
敬业书院	惠民	清乾隆三年(1738年)	
牟平书院	宁海	清乾隆五年(1740年)	
思乐书院	潍县	清乾隆六年(1741年)	
东山书院	宁阳	清乾隆八年(1743年)	
天台书院	费县	清乾隆九年(1744年)	
宾阳书院	福山	清乾隆十一年(1746年)	
珠山书院	胶州	清乾隆十四年(1749年)	
榆山书院	平阴	清乾隆十五年(1750年)	
繁露书院	德州	清乾隆十六年(1751年)	
卢乡书院	莱阳	清乾隆十七年(1752年)	
同文书院	寿光	清乾隆十八年(1753年)	
麟州书院	巨野	清乾隆十八年(1753年)	又名麟川书院
仰山书院	博平	清乾隆二十年(1755年)	
饶公书院	鱼台	清乾隆二十年(1755年)	
长乐书院	高青	清乾隆二十二年(1757年)	
胶东书院	平度	清乾隆二十四年(1759年)	
潍阳书院	潍县	清乾隆二十四年(1759年)	
琅邪书院	沂州	清乾隆二十四年(1759年)	
文津书院	乐陵	清乾隆二十五年(1760年)	
任城书院	济宁	清乾隆三十年(1765年)	有新、旧任城书院之分
敬业书院	德平	清乾隆三十二年(1767年)	
东湖书院	肥城	清乾隆三十五年(1770年)	
鸣山书院	高唐	清乾隆三十六年(1771年)	
泗源书院	泗水	清乾隆三十八年(1773年)	
敖山书院	新泰	清乾隆三十八年(1773年)	
启文书院	东昌	清乾隆三十九年(1774年)	

（续表）

书院名称	所在地	建立时间	备注
石门书院	曲阜	清乾隆四十年（1775 年）	
清阳书院	清平	清乾隆四十二年（1779 年）	
希贤书院	无棣	清乾隆四十二年（1779 年）	
乐育书院	乐安	清乾隆四十三年（1780 年）	
两学书院	曲阜	清乾隆四十三年（1780 年）	
培风书院	滨州	清乾隆四十五年（1782 年）	
霞山书院	栖霞	清乾隆四十八年（1783 年）	
胶西书院	胶州	清乾隆五十一年（1786 年）	
范泉书院	博山	清乾隆五十七年（1792 年）	
岱麓书院	泰安	清乾隆五十七年（1792 年）	
白麟书院	德平	清乾隆六十年（1795 年）	
古棣书院	庆云	清乾隆六十年（1795 年）	
洪范书院	东阿	清乾隆年间	
山阳书院	金乡	清乾隆年间	
迁善书院	禹城	清乾隆年间	
景颜书院	平原	清嘉庆二年（1797 年）	因城中有颜鲁公庙，故名
营陵书院	昌乐	清嘉庆三年（1798 年）	
绣江书院	章丘	清嘉庆七年（1802 年）	
敷文书院	禹城	清嘉庆八年（1803 年）	
济南书院	济南	清嘉庆九年（1804 年）	
玉泉书院	费县	清嘉庆十年（1805 年）	
朐阳书院	临朐	清嘉庆十二年（1807 年）	
成山书院	荣成	清嘉庆十四年（1809 年）	
五峰书院	长清	清嘉庆二十年（1815 年）	又名石麟书院
崇文书院	费县	清嘉庆二十五年（1820 年）	
振英书院	蒲台	清嘉庆二十五年（1820 年）	又名萦蒲书院
雀城书院	堂邑	清嘉庆二十五年（1820 年）	
漳南书院	恩县	清嘉庆年间	
鸾翔书院	肥城	清道光二年（1822 年）	

（续表）

书院名称	所在地	建立时间	备 注
士乡书院	黄县	清道光二年(1822 年)	
锄经书院	阳信	清道光二年(1822 年)	
犁邱书院	临邑	清道光三年(1823 年)	
麦邱书院	商河	清道光三年(1823 年)	
寿良书院	寿张	清道光五年(1825 年)	
观海书院	诸城	清道光八年(1828 年)	
梁邹书院	邹平	清道光八年(1828 年)	
清泉书院	冠县	清道光九年(1829 年)	
漆阳书院	东明	清道光十年(1830 年)	
督扬书院	齐河	清道光十三年(1833 年)	
崇新书院	新城	清道光十三年(1833 年)	
昌平书院	曲阜	清道光十四年(1834 年)	
茌山书院	茌平	清道光十四年(1834 年)修	
乡升书院	惠民	清道光十五年(1835 年)	
学海书院	黄县	清道光十六年(1836 年)	
奎峰书院	日照	清道光十八年(1838 年)	
育英书院	朝城	清道光十九年(1839 年)	
氾阳书院	定陶	清道光二十四年(1844 年)	
谷城书院	东阿	清道光二十六年(1846 年)	
凤鸣书院	昌邑	清道光二十七年(1847 年)	(光绪)《山东通志》作"凤山书院"
将陵书院	沾化	清道光二十七年(1847 年)	
居敬书院	曹县	清道光年间	
汶源书院	莱芜	清道光年间	
三迁书院	邹县	清道光年间	
任氏八宅书院	高密	清道光年间	
邢家林书院	东平	清咸丰元年(1852 年)	
三台书院	惠民	清咸丰二年(183 年)	
怡怡书院	滨州	清咸丰三年(1853 年)	

（续表）

书院名称	所在地	建立时间	备 注
怀德书院	新泰	清咸丰三年(1853年)	
明志书院	沂水	清咸丰七年(1857年)	
州卫书院	德州	清咸丰八年(1858年)	
乐育书院	冠县	清咸丰初年	
嵩青书院	高青	清同治三年(1864年)	
广德书院	青州	清同治五年(1866年)	传教士学校
北海书院	寿光	清同治六年(1867年)	建于关帝庙内
尚志书院	济南	清同治八年(1869年)	
平阳书院	新泰	清同治九年(1870年)	
罗峰书院	招远	清同治十年(1871年)	
通德书院	高密	清同治十一年(1872年)	
城武书院	城武	清同治十二年(1873年)	
淦水书院	长山	清同治年间	
东津书院	利津	清光绪元年(1875年)	
岳云书院	郓城	清光绪二年(1876年)	曾改为宣文书院
学海书院	海阳	清光绪三年(1877年)	
龙城书院	范县	清光绪六年(1880年)	
培真书院	青州	清光绪七年(1881年)	传教士学校
右文书院	曹州	清光绪八年(1882年)	
圣邻书院	宁阳	清光绪八年(1882年)	
渠展精舍	利津	清光绪九年(1883年)	
文美书院	潍县	清光绪九年(1883年)	传教士学校
临津书院	宁津	清光绪九年(1883年)	
恩平书院	邱县	清光绪十二年(1886年)	
湖陵书院	鱼台	清光绪十二年(1886年)	
旌贤书院	青州	清光绪十三年(1887年)	
海岱书院	青州	清光绪十五年(1889年)	满人学校
正谊书院	德州	清光绪十六年(1890年)	满人学校
崇正书院	兖州	清光绪十六年(1890年)	又称西书院

（续表）

书院名称	所在地	建立时间	备 注
池楼书院	济宁	清光绪十七年(1891 年)	为纪念李白、杜甫而建
东蒙书院	蒙阴	清光绪十八年(1892 年)	
会仙书院	齐东	清光绪二十年(1894 年)	
摄西书院	聊城	清光绪二十二年(1896 年)	
德华书院	青岛	清光绪二十四年(1898 年)	传教士学校
礼贤书院	青岛	清光绪二十七年(1901 年)	传教士学校
蒙养书院	嘉祥	清光绪三十一年(1905 年)	
岱南书院	肥城	清代	
翼经书院	淄川	清代	
灵泉精舍	淄川	民国初年	
博陵书院	博平	不详	
吾山书院	东阿	不详	
奎山书院	长清	不详	明李沧溟读书处，又名福山书院
群英书院	长山	不详	
雪林书院	朝城	不详	元楚惟善读书处
般阳书院	德平	不详	
资政书院	登州	不详	
蓬莱书院	登州	不详	
霖苍书院	登州	不详	
养正书院	定陶	不详	
野斋书院	东阿	不详	元翰林李谦卒，谥文正公，诏立书院
冉子书院	东阿	不详	
会斋书院	恩县	不详	元张汝卿读书处
牛山书院	肥城	不详	元尚书张起岩书室
育英书院	肥城	不详	为赵氏家塾
后山书院	肥城	不详	为栾氏家塾

（续表）

书院名称	所在地	建立时间	备 注
马公书院	泗水	不详	
凤山书院	肥城	不详	
孝堂书院	肥城	不详	
高节书院	高苑	不详	即鲁仲连祠墓
崇文书院	冠县	不详	因冉子寓此,后人建书院祠之
渔山书院	济宁	不详	
饶公书院	泗水	不详	
南洲书院	济宁	不详	
济阳书院	济宁	不详	
三省书院	济宁	不详	又名曾子书院
荀子书院	兰山	不详	
诸葛书院	兰山	不详	
王氏书院	兰山	不详	
龙湾书院	聊城	不详	
鲁公书院	兰山	不详	颜真卿故里
沂蓝书院	沂水	不详	
聊西书院	聊城	不详	
酉山书院	临朐	不详	
城内书院	临沂	不详	
梨台书院	临邑	不详	
临淄书院	临淄	不详	
北麓书院	蒙阴	不详	元张子塾隐居教授于此
养正书院	滋阳	不详	
中山书院	蒙阴	不详	明副使公跻奎读书处
东山书院	蒙阴	不详	明推官李灿然读书处
雁泉书院	平阴	不详	
泽山书院	濮州	不详	

（续表）

书院名称	所在地	建立时间	备 注
郅公书院	濮州	不详	
东皋书院	齐东	不详	
崧青书院	青城	不详	
范公书院	青州	不详	范仲淹微时读书处
白龙洞书院	青州	不详	郡人参政曹凯读书处
张公书院	青州	不详	
汪公书院	青州	不详	
春秋书院	曲阜	不详	
昆阳书院	文登	不详	
长学书院	文登	不详	有明崇祯六年碑
汶阳书院	汶上	不详	
夏津书院	夏津	不详	又名大同书院
许公书院	新城	不详	
绳公书院	新城	不详	
正蒙书院	新城	不详	
龙眠书院	新城	不详	
谷山书院	阳谷	不详	
韩信书院	掖县	不详	
通德书院	掖县	不详	
峄山书院	峄县	不详	
田公书院	郓城	不详	
步云书院	郓城	不详	
勉学书院	滋阳	不详	
颜子书院	滋阳	不详	
凤山书院	邹平	不详	
忠义书院	单县	不详	
逊里书院	单县	不详	

（续表）

书院名称	所在地	建立时间	备　注
景贤书院	单县	不详	
灵山书院	胶州	不详	
树德书院	高密	不详	

二、山东教育大事年表①

约 50 万至 40 万年前

沂源猿人。1981 年，在山东沂源骑子鞍山东南麓的一处石灰岩裂隙中发现了 2 个成年猿人个体的人骨和牙齿。初步议定该人骨化石为"沂源猿人"或"沂源人"，与北京猿人当属同时代人，同为直立人，属旧石器时代早期文化遗存，大约距今有四五十万年。沂源人是迄今所知最早的山东人。

约 5 万至 2 万年前

新泰乌珠台人。1966 年，山东新泰发现 1 枚人类牙齿化石和一些哺乳动物化石。经专家鉴定，该牙齿的许多特征较一般北京猿人下臼齿进步，而接近于智人。属于晚期智人，距今 2 万—5 万年。

约 7300—6300 年前

北辛文化。北辛文化由 1978、1979 年对山东滕县北辛遗址的发掘而得名，它是新石器时代早期遗存。北辛文化存在的范围相当广泛，主要分布于泰沂山系南北及江苏淮北地区，目前已发现 60 多处文化遗存。在石器、骨角器制作上，其种类、制作技术均有显著提高，足以证明山东先人生产工具的制造经过了一代又一代的教育活动。

公元前 4300—前 2400 年

大汶口文化。大汶口文化于 1959 年在泰安大汶口首次被发现，经发掘考定为新石器时代晚期遗存。这个时期，山东先人开始大量饲养家猪和其他家畜。家畜饲养技术和经验，也成为教育传授的重要内容。

大汶口文化时期已出现图画文字。在大汶口文化陵阳河遗址、大朱村

①本大事年表中的近现代部分，主要参考山东省地方史志编纂委员会编《山东省志·教育志》附录"山东省教育大事记（1840 年—1990 年）"的相关内容。

遗址出土的陶器上刻有"☒"、"◎"符号,据专家推测,这是"炟"与"炅"字。这些图画文字是目前已发现文字中最接近甲骨文的早期文字。文字的出现,改变了人类积累和传授科学文化知识的方式,对教育产生了重大影响。

公元前 25 世纪—前 20 世纪

龙山文化。龙山文化由大汶口文化发展而来,是山东史前文化或新石器时代文化的鼎盛时期。这个时期,黑陶制作已达相当的水平。从制陶的技艺及陶器产品数量上看,生产劳动教育已普遍存在。而且这种教育可能逐渐摆脱师徒相传式的单一教育模式,走向集中教育模式。

公元前 22 世纪

帝舜命契为"司徒",负责教化。又命夔为"乐官",教子弟诗歌乐舞,陶冶性情。养老场所"庠"已具有教育功能。

公元前 20 世纪—前 17 世纪

岳石文化。岳石文化最早是在山东平度东岳石村发现的,因而得名。它由龙山文化发展而来。这一时期,山东先人已跨入阶级社会的门槛。

前 22 世纪—前 17 世纪

夏代庠、序、校三者并存。庠是进行伦理道德教育的地方或传授生活、生产知识的场所;序是教授射击技术的地方;校则是进行考校、检校,进行比试的场所。夏代的学校似乎已有了国学与乡学的区别。

前 17 世纪—前 12 世纪

商代的学校名称有左学、右学、小学、大学、瞽宗、庠、序等。大学(右学)、小学(左学)是国学,庠、序仍如夏代,是地方学校,即乡学。"瞽宗"是新见于商代的一种学校名称,既是祭祀乐祖的神庙,又是乐师主掌乐教、以礼乐教育进行道德说教的地方。

前 11 世纪中后期

周在山东建立了诸侯:封姜尚做齐侯,都营丘(今属山东淄博市临淄区);封伯禽做鲁侯,都曲阜;封振铎为曹侯,都陶丘(今属山东定陶县);封绣为滕侯,都滕(今属山东滕州市)。此外,又封康叔做卫侯,占据原来商都朝歌及邻近(包括山东西南部)地区。

西周的教育制度已经有了一个较完整的系统,明确地分出小学和大学

2级学制,而小学和大学又分为中央设置的和地方设置的2种,分别称之为国学和乡学。地方的小学一般称乡学,它包括塾、庠、序等。由于鲁国在周代享有特权,它除了设有泮宫外,还设有庠、序、瞽宗。

前551年(周灵王二十一年 鲁襄公二十二年 齐庄公三年)

孔子生。孔子(前551—前479年),名丘,字仲尼,春秋时期鲁国陬邑(今属山东曲阜市)人,中国古代伟大的思想家和教育家,儒家学派的创始人。

前522年(周景王二十三年 鲁昭公二十年 齐景公二十六年)

孔子开始设教闾里,从事于私学教育,受业者有曾点、颜回、秦商、冉耕等。实施"有教无类"的办学方针,冲破了周代"学在官府"的教育格局。40年间教授弟子达3000人之多,身通六艺的高才生有72人。

前484年(周敬王三十六年 鲁哀公十一年 齐简公姜壬元年)

孔子率弟子周游列国后返回鲁国,致力于教学和整理编定《诗》、《书》、《礼》、《乐》、《易》、《春秋》等典籍,构成儒家经学的主体教学内容。

前468年(周贞定王元年 鲁哀公二十七年 齐平公十三年)

曾参办私学。曾参被武城大夫聘为宾师,设教于武城(今属山东平邑县),随从之弟子达70人。

前400年前后(周安王二年 鲁穆公十年 齐康公五年)

墨子办私学。墨子私学的最大特点是重视传授生产和科学知识,以培养"为义"的贤士,也称兼士。墨子生前,自称有弟子300人。

前374年(周烈王二年 鲁共公十年 田齐桓公元年)

齐田午杀齐侯剡自立,是为齐桓公。在位时创建稷下学宫,招揽天下贤士,聚徒讲学,著书立说。一时人才荟萃,齐宣王时规模达到鼎盛。到前221年,齐为秦所灭,稷下学宫随之消失,共历时约140年。

前372年(周烈王四年 鲁共公十二年 田齐桓公三年)

孟子生。孟子(约前372—前289年),名轲,邹(今属山东邹城市)人,战国中晚期思想家、教育家,儒家思孟学派代表人物。

前342年(周显王二十七年 鲁景公四年 齐威王十五年)

孟子开始从事私学教育,培养弟子数百人。

前309年(周赧王六年 鲁平公八年 齐宣王十一年)

孟子见滕文公,提出"设为庠序学校以教之"的主张及"明人伦"的教育纲领。

前 283 年—前 265 年(周赧王三十二年至周赧王五十年 鲁湣公十四年至鲁顷公九年 齐襄王元年至齐襄王十九年)

齐襄王时,荀子在稷下学宫讲学,曾 3 次担任祭酒。

前 256 年(周赧王五十九年 鲁顷公十八年 齐王建八年)

鲁国灭于楚。

前 221 年(秦王政二十六年 齐王建四十四年)

秦王遣大将王贲攻齐,齐王建听信后胜计,不战以兵降秦,田齐亡。

秦统一天下,采取"书同文","行同伦"等措施。

前 219 年(秦始皇二十八年)

秦始皇东行郡县,就曾"与鲁诸生议"刻石颂秦德,"议封禅望祭山川之事"。其中著名的有叔孙通、伏生和淳于越等人。

秦始皇曾 5 次出巡,其中 3 次来到山东,宣传法治,巡视民情,在峄山(今属山东邹城市)、泰山、琅邪(今属山东胶南市)、之罘(即"芝罘山",在今烟台市区北部)等地留下刻石。

前 206 年前后(汉王元年)

伏生为避战祸,藏《尚书》于壁间。秦亡汉立,伏生又找到其壁藏的《尚书》,但"亡数十篇,独得二十九篇"。凭着 29 篇《尚书》残卷加之残留的记忆,伏生"即以教于齐、鲁之间"。

前 196 年(汉高祖十一年)

汉高祖下诏求贤。过鲁,以太牢祭孔。

前 156 年—前 141 年(汉景帝前元年至汉景帝后三年)

汉景帝时,文翁为蜀郡太守,于成都建学校,蜀郡于是教化大行。汉武帝即位后,推广文翁兴学经验,令天下郡国均立学校。山东设立官学的时间,大约也是在此前后。

前 136 年(汉武帝建元五年)

设立儒家五经博士,均从官方认定的经学学派中选用,除《诗》经文帝时已立鲁、齐、韩三家外,《易》经立杨何,《尚书》立欧阳氏,《礼》经立后仓,《春秋》立公羊学。

前 134 年(汉武帝建元七年)

汉武帝下诏征求治国方略。儒生董仲舒在著名的《举贤良对策》中系统地提出了"天人感应"、"大一统"学说和"罢黜百家,独尊儒术"的主张。汉武帝采纳了这一意见。

前 51 年(汉宣帝甘露三年)

诏诸儒讲《五经》异同,是为石渠阁大会,萧望之受命主持。立梁丘《易》、大、小夏侯《尚书》、谷梁《春秋》博士。

本年前后,东海承(今属山东枣庄市峄城区)人匡衡,数射策不中,接连考试 9 次,乃中丙科。补任平原地方学官——文学卒史。

是时山东儒学发达,治《易》除琅邪梁丘贺,还有东海孟喜;治《尚书》的除有夏侯胜、夏侯建(史称大、小夏侯),还有千乘欧阳和伯;治《诗》的齐、鲁两家;治《春秋》的有东海严彭祖、薛人颜安乐。

公元 1 年(汉平帝元始元年)

封孔子为褒成宣尼公,开历代尊孔之始。

124 年(汉安帝延光三年)

安帝至鲁,祠孔子及 72 弟子于阙里。

169 年(汉桓帝建宁二年)

鲁相史晨在曲阜孔子庙举行祭孔典礼,国、县官员、官学中的学生共907 人参加。

2 世纪末

东汉末年,郑玄屡拒征辟,隐居家乡,聚徒讲学,专心经术,著书立说。他的弟子遍于天下,超过千人。

220 年(汉献帝延康元年 魏文帝黄初元年)

曹魏立九品官人法(即九品中正制)。九品中正制是魏晋南北朝时期一种重要的官吏选拔制度,它将人物分为 9 等,并专设各级州郡中正官员评定人才等级,以等取士。

284 年(晋武帝太康五年)

东莱掖(今属山东莱州市)人刘毅写《上疏请罢中正除九品》,批评九品中正制有"八损"之弊,从而掀起了一股批评九品中正制的热潮。

400 年(晋安帝隆安四年 北魏道武帝天兴三年)

南燕慕容德称皇帝,都广固(今属山东青州市),改元建平,更名备德,成为齐鲁大地上的一个割据政权。

慕容德在选拔官吏上,实行了自魏以来的察举制和九品中正制,并建立学官,恢复了太学制。

410 年(晋义熙六年 北魏明元帝永兴二年)

南燕政权被刘宋灭亡。

442 年(宋元嘉十九年 北魏太平真君三年)

宋文帝下诏称:"胄子始集,学业方兴。……阙里往经寇乱,黉校残毁,并下鲁郡修复学舍,采召生徒"。由于多年的战乱,山东学校大都已破败不堪。

495 年(齐明帝建武二年 北魏孝文帝太和十九年)

孝文帝到鲁城(今属山东曲阜市),亲祠孔子庙,并诏拜孔氏 4 人、颜氏 2 人为官,又诏选诸孔宗子 1 人,封崇圣侯,邑 100 户,以奉孔子之祀。又诏兖州为孔子起园柏,修饰坟垄,更建碑铭,褒扬圣德。

6 世纪末

颜之推写出《颜氏家训》。《颜氏家训》共 7 卷 20 篇,内容涉及教育、历史、社会、伦理、文学、训诂、文字、民俗等。该书为家学的集大成之作。

581 年(隋文帝开皇元年)

隋文帝视察国子学,广征山东文学之士至长安。山东大儒马光、张仲让、孔笼、窦士荣、张黑奴、刘祖仁等 6 人到京师,任职国学,授太学博士,时人尊称为"六儒"。

596 年(隋开皇十六年)

齐州临淄(今属山东济南市)人房玄龄,举进士。

627 年(唐太宗贞观元年)

诏停周公为先圣,立孔子庙堂于国学,以孔子为先圣,颜回为先师。

651 年(唐高宗永徽二年)

曲阜人颜康成荣登 25 名进士榜首,是目前所知最早的一位有确切记载的唐代状元。

733 年(唐玄宗开元二十一年)

唐玄宗发布诏旨:"许百姓任立私学,欲其寄州县受业者,亦听",正式表示允许私学寄托于州县学授业。

739 年（唐开元二十七年）

封孔子为文宣王，弟子亦各有封号。

1022 年（宋真宗乾兴元年）

郓州须城（今属山东东平县）人孙奭在知兖州时，曾建立学舍，以延生徒，但经费不足问题一直困扰学校生存。他在出任国子监直讲离开兖州后，奏请朝廷拨田 10 顷，将其收成作为学生学粮。宋真宗表示同意，"诸州给学田始此"。

1037 年（宋仁宗景佑四年）

石介为孙复筑室泰山之麓，构学馆讲学。先于东岳庙东南的柏林地建起学舍，孙复为之起名，称"信道堂"。不久后，迁往栖真观，称"泰山书院"。石介后因丁母忧，辞官归家，师事孙复。并在徂徕山长春岭下兴办徂徕书院，招收生徒，讲授《易经》，与泰山书院互通声气。与孙复、石介一起读书、钻研、讲授的还有胡瑗，3 人志在发扬尧、舜、禹、汤、文、武、周公、孔子之道，并称"宋初三先生"。

1190 年（宋光宗绍熙元年，金章宗明昌元年）

金修曲阜孔子庙学。

13 世纪中后期

东平府学进入全盛期。东平府学在北宋时称郓学，王曾后来罢相，以左仆射、资政殿大学士判郓州，为东平府学筹措经费，"买田二百顷，以赡生徒"。滕元发熙宁初和元佑初两度知郓州，兴复学校。金元之交，严忠济父子在治理东平期间，重视养士，修建新庙学，吸引了大批士人。宋子贞、张特立、刘肃、李昶、商挺、元好问、徐世隆、张昉、杜仁杰、孔元措等先后来到东平府学，或进行学术交流，或教学于其中。东平府学也培养了一大批有名气的学生，著名的有阎复、李谦、徐琰、孟祺、申屠致远、张孔孙、李之绍、马绍、王构、雷膺、曹伯启、夹谷之奇、王恽等。这些人由于学术上的巨大贡献，形成了当时有名的"东平学派"。

1261 年（元世祖中统二年）

立孔、颜、孟三氏学。

1293 年（元世祖至元三十年）

东平建龙山书院。

1297—1307 年（元成宗大德元年至大德十一年）

中书平章千奴致仕后建山东濮州（今属山东鄄城县）历山书院。它既是一所私人出钱出物，请名师教授乡里子弟的乡村书院，又是一所多学科多专业的综合性书院。

1314 年（元仁宗延祐元年）

滕州建性善书院。滕州的性善书院一开始是所义塾，创建于元成宗大德四年（1300 年），创建人为州守尚敏。延祐元年经监察御史任居敬奏请，将其改为书院，并取孟子"性善"说之意称为"性善书院"。

1336 年（元顺帝至元三年）

曲阜建尼山书院。

1350 年（元至正十年）

曲阜建洙泗书院。

1351 年（元至正十一年）

兖州尹刘思诚，下车伊始以兴复学校为己务，"阖郡邑每社共立社学一所，请明师教养，以备举用。"

1436 年（明英宗正统元年）

山西河津县（今属山西万荣县）人薛瑄出任山东提学佥事，负责山东的学校行政管理。

1530 年（明世宗嘉靖九年）

改称孔子为"至圣先师"，去王号。四配称复圣颜子、宗圣曾子、述圣子思子、亚圣孟子。

1573 年（明神宗万历元年）

该年前后，同为王阳明心学倡导者的山东提学佥事邹善与东昌知府罗汝芳，先后建愿学书院与见泰书院，聘请张后觉担任书院主讲。

1587 年（明万历十五年）

三氏学增入嘉祥曾氏子孙，改名四氏学。

1645 年（清世祖顺治二年）

敕封孔子为"大成至圣文宣先师"，摄政王多尔衮亲赴孔庙行礼。

1733 年（清世宗雍正十一年）

济南创建泺源书院,这是山东规模最大的书院。它的前身为白雪书院(又名历山书院),位于趵突泉东面的白雪楼。该年山东巡抚岳濬将其改为省会书院,因原址地方狭小,将其迁移至城内明代都指挥司旧址,更名为"泺源书院"。建院之初,雍正帝特赐白银千两,后来历任巡抚动员各府人员为书院捐俸达 15000 多两,此款的利息成为书院的主要经费来源。

1804 年(清仁宗嘉庆九年)

济南书院由山东巡抚铁保创建。其旧址为布政使江兰的"江园",内有寿佛楼。嘉庆九年,铁保改寿佛楼为济南书院。该书院建院之初,就是专为生童举业而设的教学—考课式书院。

1841 年(清宣宗道光二十一年)

山东巡抚托浑布重修山东最大书院——泺源书院。

1859 年(清文宗咸丰九年)

堂邑人武训在堂邑县柳林镇开始"行乞兴学"。

1862 年(清穆宗同治元年)

美国北长老会传教士倪维思夫妇在登州观音堂建立女童寄宿学校。这是近代山东出现的第一所女学,也是第一所教会学校。

1863 年(清同治二年)

美国南浸信会传教士高第丕在登州开办专门面向教徒子弟的学校,这是该会在山东举办的第一所学校,也是山东的第一所教会男校。

1864 年(清同治三年)

美国北长老会传教士狄考文在登州设立蒙养学堂。

1866 年(清同治五年)

美国北长老会传教士郭显德在烟台毓璜顶山下购地,建起了男女学校。男校称"文先",女校称"会英"。

1872 年(清同治十一年)

济宁的石锦堂成为清政府选派的第一批赴美留学生。

1876 年(清德宗光绪二年)

是年　登州蒙养学堂改名为登州文会馆。蒙养学堂本是教会小学,1873 年起设置中学课程,1876 年改称文会馆,成为一所教会中学。

是年　美国长老会传教士郭显德在烟台创办"博物院福音堂",通称

"烟台博物院"。此系山东第一个博物馆,也是中国早期博物馆之一。

1881 年(清光绪七年)

英国浸礼会教士怀恩光在青州创办中等学校,培养小学教员与传道员。1887 年增设师范科。

1882 年(清光绪八年)

美国公理会在恩县史家堂建立第一所小学,后迁至庞庄,1898 年发展成为中学,1907 年正式命名为崇正学馆,为 4 年制中学,附设高小。

1884 年(清光绪十年)

英国浸礼会教士库寿龄在青州建立教会学校。1886 年扩建,定名为广德书院,次年设大学班。

1887 年(清光绪十三年)

是年　美国北长老会传教士梅耐德在登州建聋哑学校,名为启喑学馆,是近代中国出现最早的聋哑学校。1898 年移至烟台,改属烟台教会,更名为启喑学校。

是年　英国浸礼会传教士怀恩光在青州设立一所博物堂,它是近代传教士在华兴办最早的博物馆之一。

1888 年(清光绪十四年)

武训在山东堂邑县柳林镇办崇贤义塾,设经班,学生 58 人,教师聘举人、拔贡出身者充任,首事人(校董)为柳林镇杨树坊。

1889 年(清光绪十五年)

是年　武训在馆陶县杨二庄设一义塾。

是年　知县张承燮将原驻防满营前哈副都统年老养憩之所——倭家花园(后亦称乌家花园)改建为海岱书院。它位于青州满营西南西店村,只收满营子弟。

1890 年(清光绪十六年)

是年　山东督粮道善联与满洲防营捐资合建正宜书院,地址在德州城内卢家井街,供满族儿童学习。

是年　北洋海军的第三所水师学堂在威海创办,创办者是北洋海军提督丁汝昌,校址座落在刘公岛西端向南坡地上,共有校舍 70 余间。威海水师学堂总办由提督丁汝昌兼领,洋教习由美人马吉芬充任。

1893 年（清光绪十九年）

美国公理会女传教士博美瑞在恩县创办女子寄宿学校，以放足为入学条件，后定名为培贞阁。

1896 年（清光绪二十二年）

春　武训设临清御史巷义学。

6 月　武训病逝于山东临清。因其办义学至诚，清廷赐以"乐善好施"匾额和"义学正"称号，后宣付国史馆立传。

1897 年（清光绪二十三年）

7 月 1 日　清政府与英国签订了《订租威海卫专条》。清政府同意将威海卫及附近水面和全湾沿岸 10 英里以内的地方租借给英国，租期 25 年。

是年　德国借口"巨野教案"强占胶州湾。

1898 年（清光绪二十四年）

3 月 6 日　清政府与德国公使签订了《中德胶澳租借条约》，将胶州湾租给德国，租期 99 年。同时，德国还拥有在山东修筑铁路和开矿等特权。

6 月 11 日　光绪皇帝在百日维新运动中通令全国，书院一律改为学堂。各省均遵旨奉行。但是，由于维新变法运动的失败，慈禧废除新政，恢复八股考试，停止书院改学堂。

春　德国信义宗柏林会传教士昆祚在青岛创办德华书院，分小学、中学 2 级。

是年　英国中华圣公会在烟台天后宫西创立安立甘堂并附设学校，即安立甘堂学校。

是年　德国于胶澳区域内将私塾改设为蒙养学堂，共 26 所。

1899 年（清光绪二十五年）

是年　德国人在青岛开设"青岛市公立德人学校"，又称"帝国政府学校"或"总督府学校"。该校课程设置完全按德国的教育规范安排，德语授课，学制为小学 3 年，中学 6 年，学校享有与德国国内公立学校平等的地位。学校起初只招收青岛的德人子弟入学，后来逐步扩大至招收远东各处德侨子弟入校。

是年　胶济铁路公司附设职工养成所成立，主要培养车站职员、检票员、火车押运员和线路安全检查员。

1900 年（清光绪二十六年）

5 月 20 日　山东巡抚袁世凯在山东机器局内创办武备学堂。

是年　德国水师工厂附设水师工业学校成立,学制 8 年。它前后存在 14 年,毕业了 6 个班,培养技工 1200 余人。

1901 年（清光绪二十七年）

6 月　尉礼贤在青岛创办礼贤书院。它最初是由同善会传教士、德国人花之安创办,称作"德文书院",为德人在青岛培养小学师资的学校。不久由尉礼贤接办,遂定名为"礼贤书院",逐渐成为一所普通中学。

7 月 26 日　清廷令武生童考试及武科乡试着即一律停止。

11 月 16 日　山东巡抚袁世凯抢先将原济南泺源书院改为"山东大学堂",这是中国最早的一所省立大学堂。首任总办为唐绍仪,首任总教习为美国人赫士(W. M. Hays)。

是年　清政府设立管学大臣,筹办新式教育。

是年　山东巡抚周馥选派 55 名学堂学生赴日本学习师范教育。

是年　清政府在烟台设立海军学堂,在济南设立警务学堂(后改为高等巡警学堂)。

是年　郭罗培真书院建于青州,也称神道学院。

1902 年（清光绪二十八年）

10 月　山东创设师范馆,校址设在济南旧城中心的济南贡院,此为山东师范教育之始。1903 年改为山东师范学堂,1909 年改为优级师范学堂,1912 年改为高等师范学校,1914 年奉命结束,改设省立第一师范学校,1924 年又改称省立济南师范学校。

是年　清政府颁布《钦定学堂章程》,也称"壬寅学制",这是中国近代第一个比较系统的法定学制。

是年　德国天主教在青岛设立女校,学生 80 余人,附设蒙养学堂。

是年　威海卫行政长官署创办皇仁小学,校长由英国人委任。

1903 年（清光绪二十九年）

6 月　试用道方燕年选带学生 50 名,赴日本宏文书院学习,其中速成班 39 名于 1904 年 4 月毕业返回山东。

9 月　山东派学生 40 人到保定速成师范学堂肄业。

是年　清廷在烟台建水师学堂,1907 年竣工开学,后改名烟台海军学校。

是年　山东巡抚胡廷干在济南设立农桑总会,培养农业专门人才。同时建立农业试验场,从事引种优良作物品种。巡抚院还督令泰安、兖州、曹州、济宁等府设立农桑分会。

是年　清廷颁布《奏定学堂章程》,也称"癸卯学制"。按照该章程规定,山东于省城济南设立学务处一所,由布政使胡廷干、在籍翰林院编修孔祥霖综理全省学务。

1904 年(清光绪三十年)

3 月 17 日　王伯安在济南创设南关女学。

4 月　山东巡抚袁树勋奏准临清御史巷武训义学改称武训小学堂。

7 月　省城济南总校士馆改设山东师范传习所。

10 月　山东决定于各府及直隶州设师范传习所及初级师范学堂,各州县设简易师范传习所。

11 月　山东大学堂改称省城高等学堂。迁至济南杆石桥西路北新址。1911 年改称山东高等学校。

12 月　兖州府将崇正书院改设为兖州师范传习所,学额 40 名。

是年　济南官绅设立公立女学,入学者近百人。

是年　益都知县李祖年在益都城里中所营街原旌贤书院旧址创办青州府官立中等蚕桑实业学堂。这是山东省第一所中等实业学校。

是年　山东客籍高等学堂创办于大明湖畔至道书院。

是年　济南设立简易师范学堂附属小学堂,民国后改称省立第一师范附属小学第一部,为山东省立小学开办最早的小学。

是年　美国长老会办的登州文会馆和英国浸礼会办的青州广德书院合并,分别取两所学校原名的第一个字,合并后的校名称为"广文大学",新校址设在潍县。

是年　怀恩光在青州设立的博物堂迁址来到济南,取名广智院。

1905 年(清光绪三十一年)

9 月 2 日　清廷下诏"立停科举,以广学校,所有乡、会试及各省岁、科考试一律停止"。中央成立学部,负责全国学务。至此延续 1300 多年的科举制度遂废,山东各级新式学堂开始普及。

是年 山东巡抚杨士骧从高等学堂、师范学堂、州县学堂中选派40名学生赴日本留学,学习铁路、矿务、理、工商、图画、音乐、医学等学科,以培养造就本省所需专业技术人才。

是年 山东巡抚杨士骧等设教育研究会,专门研究指导各类学务。

是年 清政府在济南设立电雷学堂。

是年 王鸿一联合曹州镇守使陆建章在菏泽城内创建菏泽警务学堂,1年后被清政府合并到保定府武备学堂。

是年 山东高等大学堂校舍落成,冬间迁入。开办高等正科。按照《奏定学堂章程》正式易名山东高等学堂,原管理总办改称监督。

是年 礼贤书院设女学,称淑范女学,1910年女学与书院分校。

1906年(清光绪三十二年)

1月 清政府学部通咨各省设立半日学堂,专收贫寒子弟。

3月25日 学部奏以"忠君、尊孔、尚公、尚武、尚实"五端为教育宗旨,同年4月25日清廷下诏"通饬遵行"。

是月 平度胶东书院改设为教育研究所。

4月 各省相继设立提学使,直属学部;各州县设劝学所,由提学监督。

春 同盟会员徐镜心、谢鸿焘等在烟台创办东牟公学,学校分师范、中学、警察3个班,学生最多时达200人。学校教员主要是聘请同盟会会员担任。

7月 开办山东法政学堂。

是年 同盟会员刘冠三在济南开办山左公学。

是年 济南七里堡农桑试验场附设的山东农林学堂开学。为山东创办农业专科学堂之始。

是年 英浸礼会郭罗培真书院与美长老会数处神学班合并,仍设校青州,取名青州神道学堂。

是年 山东全省师范学堂设置优级预科。

是年 英浸礼会教士武成献、巴德顺所办之青州医学堂与美国长老会教士聂会东所办之济南医学堂合并,称"共合医道学堂",校址在济南。1911年更名为山东基督教共合大学医科。

1907 年(清光绪三十三年)

2 月 德国人在济宁太白楼下设中西中学堂。

是年 由山东提学使"详准"在本省开设山东全省单级教员养成所,学生定额 240 名。107 州、县各送派 2 名,并随解膳宿费库平银 48 两,余在省城招生。

是年 山东提学使朱益藩通饬各县劝学所详细调查本地私塾,责令各私塾遵照学堂章程教授课目,并选派师范毕业生分赴各地讲解教育方法。

是年 继任提学使方燕年两次出国考察学务。

是年 杨士骧创办济南国文学堂。

是年 齐东县设工业普通学堂 1 所,附设手工场以资实习。

是年 山东省单级教员养成所在济南开办。

是年 山东全省有中学堂 19 所,小学堂 3424 所,师范学堂 73 所,各种专业和实业学堂 14 所,另外,还创办了部分女子学堂。

1908 年(清光绪三十四年)

1 月 同盟会会员陈干、刘冠三等在青岛创办震旦公学,开展革命活动。12 月,遭德国殖民当局查封。

5 月 山东提学使罗正钧札饬候补道余则达就高密古城购回德国兵房地址拨款 1 万两,以筹办山东全省中等工业学堂。

6 月 提学使罗正钧通饬各府厅州县,嗣后官立中学堂以知府为总理,小学堂以知州、知县为总理,主持全堂一切事务。监督、堂长以下概为其节制。

8 月 清政府与德国政府议定《青岛特别高等专门学堂章程》。

是年 烟台渔业公司创设水产学校。

1909 年(清宣统元年)

3 月 6 日 山东选派学生赴英、美、德等国留学,专习工艺实业。

3 月 14 日 山东巡抚袁树勋奏请,山东高等巡警学堂分为正科、简易两班,并在省城济南设巡警教练所,员额 200 名以上。清廷准奏,招生开学。

10 月 25 日 中德合办青岛特别高等专门学堂(又称黑澜大学,或赫澜大学、黑兰大学、德华大学)举行开学典礼。

是年 清政府在济南设立陆军测绘学堂,专门为陆军培养测绘专业技术人员。

是年　德国海关税务司欧美尔创建税关博物馆。

1910 年（清宣统二年）

2 月　山东高等农业学堂开办正科。

8 月　创办山东高等工业学堂。

是年　山东全省师范学堂遵章正式易名为山东优级师范学堂。

是年　省提学司饬令私塾一律改为学堂。

是年　省提学司饬令各州县应量力筹办中学堂,规定该州、县高等小学毕业生凡达 60 人必须设中学堂一所,可就州县官立高等小学堂改设。

是年　省提学司饬令本年各师范传习所一律改为初级师范学堂,各府、直州必须先设一所。

是年　光绪九年庶吉士、原贵州学政、云南昆明人陈荣昌任山东提学使。

1911 年（清宣统三年）

5 月　海军部筹设海军学堂,山东烟台原设水师学堂改为驾驶学堂。

7 月　学部调查各省简易识字私塾成绩,据统计山东私塾 900 所以上。

是年　山东开办一批乙种农业学堂(初等农业学堂)。

是年　美国长老会在青岛创设明德中学。

1912 年

5 月　山东临时议会议决将高密山东官立中等工业学堂和济南中等工业学堂合并,成立山东高等工业学堂。校址济南趵突泉街。许衍灼为学堂监督。次年更名为山东公立工业专门学校。

8 月　经省临时议会议决于本月委派叶春墀在济南南关筹办山东高等商业学堂。同年 12 月,改称山东公立商业专门学校。

12 月　山东省都督府改为行政公署,在省行政公署之下,设教育司,与内务、实业、财政 3 司并列。

是年　根据南京临时政府颁布的新学制,山东改学堂称学校,并取销读经课。官立改称国立、省立、县立。

是年　山东陆军测绘学校在济南创办,张彦臣兼任校长。1913 年停办。

是年　山东单级教员养成所改订学生资格为中等学校或师范简易毕业之实有教育经验者,肄业期限为一年。

是年　山东高等学堂改为山东高等学校,监督改称校长,范之杰任校长。

是年　山东高等农业学堂改为山东公立农业专门学校。

1913 年

1 月　王鸿一任山东省教育司司长。

6 月 16 日　山东教育司司长王鸿一辞职,雷光宇继任。

9 月　山东省立女子蚕业讲习所在济南创办。所长郑淑寅。

是年　山东第一法政学校(原山东官立法政学堂)、山东第二法政学校(原山东官立法律学堂)合并成立山东公立法政专门学校。

是年　在聊城城内设立东昌府甲种工业学校。

是年　山东高等农业学堂改为山东公立农业专门学校。

是年　兖州府官立初等农业学堂改办为滋阳省立第二甲种农业学校。

1914 年

7 月　临清单级师范学校并入省立聊城师范学校,遂更名为山东省立第三师范学校。

8 月 15 日　日本政府以“日英同盟”及“确保东亚和平”为借口,向德国政府发出最后通谍,要求德国在中日两国海面上的军舰完全解除武装,胶州湾租借地限于 9 月 15 日前无条件交与日本。

8 月 23 日　日本政府因德国无满意答复,正式宣布对德作战。日本军队首先与英国海军一起封锁胶州湾,接着在龙口登陆,抢占胶济铁路,顺路西进,9 月 26 日占领潍县车站,10 月 6 日控制济南车站。

9 月 17 日　教育家黄炎培到山东考察教育、经济与社会状况。

10 月　山东高等学校奉命裁撤,师生分别转入山东省立法政专门学校、工业专门学校、农业专门学校、商业专门学校。

是年　山东省行政公署更名为山东巡按使公署,原来的教育司被裁撤,仅在巡按使公署政务厅之下设教育科。

是年　废府设道,道内设教育局(科)。

是年　山东省优级师范选科学堂停办。

是年　山东政府将莱州、登州、武定等府的师范学校迁至青州,与青州师范学校合并,改称山东省立第四师范学校。

是年　山东教育总会接办山东省单级教员养成所,改称山东省师范讲习所。

1915 年

1 月 1 日　袁世凯颁布《教育要旨》,将民国元年确定的教育宗旨变更为:爱国,尚武,崇实,法孔孟,重自治,戒贪争,戒躁进。

2 月　兖济道立甲种工业学校在济宁城内成立。

5 月　在济南北园设立山东省立医学讲习所,仅招讲习科一班,修业三年。翌年 4 月易名为山东省立医学校。

7 月　日本人在淄博矿区创办青岛寻常高等小学淄川分校,为侵华日本人子女提供教育。

9 月　济南艺徒学校建立。不久,改为济南乙种工业学校。

是年　山东矿业传习所成立。1920 年改为矿业专门学校。

是年　菏泽保姆养成所由菏泽城东迁至南关,并更名为南华女塾。招收高小毕业生,学制 5 年。

是年　日本在青岛创设第一寻常高等小学、李村寻常小学校各 1 所。后又创设高等女学校、青岛第二寻常小学校、沧口寻常高等小学、四方寻常高等小学各 1 所。面向日本侨民招生。

是年　日本人将德国在青岛的蒙养学堂逐渐恢复,并增加小学 11 所,统名曰"公学堂",招收中国人。这样加上德人所办各校,共有公学堂 37 所。

1916 年

1 月　山东巡按使蔡儒楷奏拟义务教育 4 项办法,经交财、教两部妥筹议覆。

是年　山东省立女子职业学校在济南创办。

是年　日本人创设职业中等学校"青岛学院",内分商业、实业 2 部,兼收中国学生。

1917 年

9 月 6 日　北京政府公布《教育厅暂行条例》。根据此条例,山东始设教育厅,胡家祺为第一任厅长。

是年　教育部视学官员视察山东教育,在视察报告中提出山东整顿与发展实业教育的计划。因财力、人力所限,此项计划基本没有实施。

是年　青州共合神道学堂、潍县广文学堂与济南共合医道学堂合并成立基督教共和大学,即齐鲁大学(它在教内的英文名称仍称"山东基督教大学",Shantung Christian University),设文理、医、神三学院。校址济南。

是年　第一女子师范和第二女子师范合并,改称山东女子师范学校,校址迁至济南南关仓胜街。

是年　山东公立医学专门学校成立,其前身是省立医学校,学制 4 年。

是年　山东省设立的实业学校有:第一甲种农业学校、第二甲种农业学校、女子蚕业讲习所、模范蚕业讲习所、模范工业讲习所、商业专业学校、模范乙种商业学校、女子职业学校等;县立乙种农业学校有 24 所、乙种蚕业学校 26 所、乙种实业学校 13 所、乙种商业学校 6 所。

是年　聊城有私塾 259 余处,堂邑(1956 年划入聊城和冠县)有私塾 180 处,历城县有私塾 136 处。

是年　日本设立青岛日本中学校,学生 420 余名。1920 年,青岛日本中学校新校舍建成,位于有明町(今中国海洋大学校舍),毗邻万年兵营(原德俾斯麦兵营),常年经费 12 万日圆。

1918 年

1 月　山东省立模范蚕业讲习所在济南东关辛甸筹建。

11 月　第一次世界大战结束。济南山东省立工业专门学校学生发起组织"山东学生外交后援会"开展救国活动。

是年　王注东、胡寿山等人集资兴办山东省第一所女子医学专门学校——山东私立女医学校。学校设在济南中西医院内,学制 4 年。1927 年停办。

是年　武训小学校长王丕显等人发起筹资扩校倡议,在此后的 10 年时间,捐款达 2 万余元。

是年　美国人在潍县基督教医院创办附设护士学校。

是年　山东有中学 21 所,学生 3443 人。

1919 年

4月19日　山东学生外交后援会在省教育会正式成立。各校代表共百余人参加成立大会,推举山东省立工业专门学校学生刘汝巽为会长,齐鲁大学学生王佩之、工业专门学校学生张文英为副会长。

5月4日　五四运动爆发。济南、青岛、益都、潍县、聊城等地师范、职业学校和中小学校学生积极响应,组织游行示威,集会讲演,反对卖国,抵制日货,要求收回青岛。

5月7日　山东暨济南各界62个团体3.5万余人,冲破军警的阻挠,在山东省议会举行山东各界国耻纪念大会。

5月10日　济南学生联合会开会,到会学生万余人,演说者20余人。

5月23日　济南中等以上21所学校学生全体罢课,支持北京学生的爱国斗争。

6月3日—15日　济南、济宁、烟台、青州、高密、历城、蓬莱等地的学生与当地的商人一起纷纷罢课、罢工、罢市,声援北京学生的爱国运动。

6月16日晚　山东各界开会议决,组织各界(省议会、省学联、省教育会、省律师公会等)赴京请愿团。

6月19日　山东各界赴京请愿团85名代表乘火车自济北上。其中教育界代表23人,学生代表22人。

8月26日　袁荣叟任山东省教育厅厅长。

10月　王乐平和几个进步知识分子于在济南创办"齐鲁通讯社",并销售进步书刊。

12月3日　济南16所中等以上学校学生为声讨日本帝国主义11月16日残害福州人民的罪行,上街游行示威,并致电福州议会代表转各界,表明鲁人誓争国权之决心。

是年　山东省立工业试验所在济南成立。

1920 年

5月4日　省立第一师范、济南第一中学、齐鲁大学等校师生千余人,在省议会召开纪念"五四"周年大会。

9月2日　覃寿堃任省教育厅厅长。

是月　山东省立第一师范学校学生王尽美、济南第一中学学生邓恩铭秘密成立了"康米尼斯特学会"(共产主义学会),专门收集、研究共产主义的书籍和理论,有组织地宣传马克思主义。

10 月 1 日　济南第一师范学生自治会创办了《泺源新刊》。

10 月 11 日—11 月 2 日　王尽美先后在《泺源新刊》第 7 号、第 10 号、第 12 号上,发表了《乡村教育大半如此》和《我对师范教育根本的怀疑》2 篇教育论文。次年 1 月 1 日,又在《励新》第 1 卷第 2 期上发表了《山东的师范教育与乡村教育》一文。王尽美对当时的教育状况特别是乡村教育状况提出批评,并阐述自己的教育主张。

11 月 21 日　王尽美、邓恩铭等人在济南召开"励新学会"成立大会。最初会员 11 人,后发展至 20 多人。学会以"研究学理,促进文化"为宗旨,以发行报刊和讲演为主要活动,同时创办《励新》杂志。

是年　私立益文商业学校在烟台会文书院和烟台实益学馆合并基础上成立。1929 年学校更名为私立商业专科学校。1941 年停办。

是年　山东省议会议决《山东省施行义务教育暂行条例》,并公布实行。

是年　山东公立矿业专门学校创办,其前身是 1915 年设立的山东矿业传习所。

是年　淄川有私塾 350 处,临淄有私塾 180 处,桓台有私塾 100 余处。

1921 年

5 月上旬　王尽美、王翔千等成立"济南劳动周刊社",并在张公制主办的《大东日报》上创办《济南劳动周刊》,同时发表宣言。

是月　经过半年多的酝酿筹备,山东省立一师学生王尽美和济南一中学生邓恩铭等人在济南成立共产主义小组。该小组选举王尽美、邓恩铭为代表,参加 7 月在上海举行的中国共产党第一次代表大会。

12 月 13 日　济南中等以上学校为反对日本侵略山东,决定停课 10 天,上街演讲,检查日货。

是年　全省有省立师范 5 所,县立师范讲习所 84 所。

1922 年

4 月 21 日　谢学霖任省教育厅厅长。

7 月 3 日　全国职业学校职合会第一次会议在济南召开。

10 月 15 日　孙丹黼任省教育厅厅长。

10 月 23 日　第八届全国教育会联合会年会在济南举行。

11 月 1 日　中华民国以大总统名义公布《学校系统改革案》。次年起，山东实行新的学制。

12 月 1 日　中国政府正式从日本手中收回胶澳租界，称胶澳商埠，设立胶澳督办公署，内设政务处，下设学务科，管理市区、乡区教育行政事务（只管中国人开办的学校）。

是月　日本人山下默应在淄博洪山创建洪山风井小学，招收中国学生入学，宣传"中日亲善"，强化日语教育。

1923 年

1 月 19 日　山东组织施行新学制研究会。

1 月 29 日　王讷任省教育厅厅长。

2 月　晏阳初抵烟台，与青年会同仁举行大规模的平民教育运动，招考男女学生 2000 余人。

9 月 10 日　胶澳督办公署建立胶澳商埠公立职业学校，这是青岛接收后第一所公立职业学校。

11 月 18 日　以邓恩铭为书记的青岛共产党组织积极在工厂和学校发展党团员，建立组织，提出"以职校（胶澳商埠公立职业学校）为基本，向外发展"。此时，该校建立了社会主义青年团支部，有团员 8 名，邓恩铭任书记。

12 月 1 日　山东省教育厅长王讷免职，于元芳任省教育厅长。

是年　北京政府教育部颁布《县教育局规程》和《特别市教育局规程》，按此规程山东各县正式废除劝学所，设立县教育局。

是年　山东省政府下令将菏泽南华女塾学校改为省立第二女子师范。

是年　山东实行新学制，职业学校单成系统。除省立水产讲习所（烟台）外，其他职业学校调整合并为省立第一至五职业学校。

1924 年

5 月 18 日　山东平民教育促进会成立。

8 月　私立青岛大学正式成立，聘请国内学界名人梁启超、蔡元培等为名誉董事，胶澳公署督办高恩洪任校长。11 月，私立青岛大学推举宋传典为校长。

12 月 2 日　山东省教育厅厅长于元芳免职,任命于思波为厅长。

是年　北京的华北女子协和医学校全部师生迁至济南并入齐鲁大学医科。

1925 年

7 月下旬　中共山东党组织派王芸生等去广州参加第五届农民运动讲习所学习。

8 月 27 日　张宗昌亲赴曲阜祭孔,在孔子像前行跪拜礼。

是年　王寿彭任山东省教育厅厅长。

是年　山东有中学 66 所(包括教会学校),学生 13207 人。

1926 年

2 月　爱国青年孙启昌、戚道纯、丛道一、谷源冈等在烟台创立私立齐东中学。1928 年更名为威海齐东中学,校址初设后营,先后迁往坞口、北仓等处,1929 年春迁入金线顶新校舍,更名为威海中学。

6 月 30 日　奉系军阀、山东军务督办、山东省省长张宗昌下令在山东省城济南重建山东大学。同年 7 月 24 日,山东省教育厅决定将山东省工业、农业、矿业、商业、医学、法政 6 个专门学校合并,改建为省立山东大学,共设文学、法政、工业、农业、医学等 5 个学院。

是年　张宗昌训令山东大学“管理训练,尤以尊德性、明人伦、拒邪说为依归”,全体师生必须读经。

1927 年

2 月　山东各校经费积欠 9 个月,济南各校校长召集省内外各校校长于 3 月 5 日以前齐集济南,于 5 日联合大请愿。

7 月 10 日　山东省教育厅筹设教育行政人员及高小教职员训练班,后于 8 月 5 日开学,学员 560 余人。

10 月 15 日　山东省教育厅召开第四次厅务会议,议决提请省府会议公决山东本年度教育积欠经费,组织义务教育委员会,组织中小学课程委员会等 14 案。

是年　山东省立师范增为 6 所,师范讲习所为 31 所。

1928 年

5 月 3 日　日本驻济南部队无端寻衅,在济南大肆屠杀中国军民 4000

人之多,制造了"济南惨案"。济南各省立学校遭严重摧残,教育事业一度处于停顿。

5月21日 何思源任山东省教育厅厅长。

是月 中华民国大学院在南京召开第一次全国教育会议,通过废止"党化教育",代之"三民主义教育"为宗旨的议案。通过了《中华民国学校系统案》,采用"六、三、三、四制",即初等教育6年(初级小学4年,高级小学2年)、中等教育6年(初级中学3年,高级中学3年)、高等教育(包括专科和大学)4至6年。

6月1日 山东国民政府在泰安成立,标志着国民党在山东统治的确立。

是月 山东制订了《山东省政府教育厅教育行政纲要》,确定了山东教育发展的基本政策和发展方向。

是年 南京国民政府决定将省立山东大学改为国立山东大学,后又遵部令易名国立青岛大学,并迁校青岛。

1929年

1月19日 山东省教育厅在泰安召集第一次全省教育局长会议。到会者91人,提案百余件,议决30余件,至28日闭幕。

2月21日 山东省教育厅拟具《各县设立职业学校》,会同民政厅呈省府鉴核施行。

5月31日 山东省教育厅通令省立各中学本年度暂不设高中,原有高中班者送济南省立高中肄业。

8月 山东省民众教育馆成立,系由原公立通俗图书馆、社会教育经理处和通俗讲演所合并而成。

10月 山东省政府议决暂认青岛大学开办费2万元,当年度经常费10万元。

11月16日 山东省教育厅呈准教育部《山东省检定小学教员委员会暂行规程》,并委王近信、相菊谭等8人为委员。

11月20日 山东省教育厅颁发各县《初级中学附设师范班暂行办法》及《课程标准》。

1930年

2月28日　山东省教育厅令发《中等学校暂行训育方案》。

4月28日　任命杨振声为国立青岛大学校长。

5月14日　山东省教育厅通令省立各师范学校自该年度起停招初级部（前期师范）学生，改招师范部（后期师范）。

是月　曹县县立师范讲习所建立，计有两班学生106人。

6月2日　山东省济南市教育局呈准成立，常年经费30余万元。

6月9日—17日　山东省教育厅举行全省教育成绩展览会。

10月1日　中国政府收回威海卫。英国共统治威海卫32年。

10月14日　山东省教育厅拟定《各县设立乡村师范学校暂行办法》，经部核准试办。

12月4日　国立青岛大学学生因证书问题全体罢课，发生风潮。

12月31日　山东省立第三乡村师范学校在临沂城成立。

是年　山东省政府决定对职业学校进行调整裁并。

是年　山东省义务教育委员会成立，制定了《山东省实施义务教育大纲》、《山东省义务教育委员会组织大纲》、《山东县义务教育委员会暂行规程》、《山东市义务教育委员会暂行规程》。推行初等小学4年为义务教育，为山东省实施义务教育之开端。

是年　山东共有公立中学37所，其中省立中学14所，县立中学23所。

1931年

1月28日　山东省教育厅通令各市县遵照开示事项，编拟第二十年度实施义务教育计划。

2月19日　山东省教育厅令省立第一、二、三、四乡村师范校长会同该县市教育局拟县设立义务教育实验区计划呈报厅备案。

3月25日　山东省教育厅召集全省教育局长第二次会议，各县教育局长及教育厅出席人员共127人，共开大会8次，议决115案。

6月5日　山东省教育厅公布《市县区立小学教员奖励金规程》，饬即办理。

6月6日　山东省教育厅在平原县景颜书院旧址建立山东省立第五简易乡村师范，简称平原乡师。

6月8日　山东省教育厅颁发《视察小学要项》8项，及《视察初级小学》6 项,饬令市县遵行。

6 月 15 日　山东乡村建设研究院在邹平开办,直辖于山东省政府。这标志着山东"乡村建设运动"的开始。梁耀祖(仲华)为院长,孙则让为副院长,梁漱溟以省政府高级政治顾问身份担任研究部主任,陈亚三任训练部主任。7 月,梁耀祖调任济宁专员,梁漱溟继任院长。

6 月 23 日　教育部核准山东省教育厅呈送《山东实施义务教育计划》。

8 月—10 月　山东省政府相继制定了《山东省考送国外留学生规程》、《山东省递补国外留学补助费生暂行办法》、《山东省留学国外毕业生实习规程》等一系列法规,对留学资格、留学国家、留学费用及学成归国工作安排等都作了详细的规定,进一步完善了国外留学的管理体制。

11 月　教育部派督学王慎明视察私立齐鲁大学。

12 月 8 日　山东省立第一师范、女子师范、济南乡师、第一、第二职业学校的数百名学生参加"济南市学生请愿团",赴南京向国民政府请愿抗日救国。

12 月 17 日　教育部核准私立齐鲁大学立案。

是年　山东有小学 33477 所,在校学生数为 1238917 人。

是年　山东共设职业补习学校 31 所,其中工科 5 所、农科 2 所、商科 9 所、蚕科 15 所,共有学生 2000 余人。

1932 年

5 月 12 日—17 日　教育部派社会教育司长李燕视察山东社会教育。

7 月 21 日—23 日　山东省教育厅召开教育改进会议,议决小学扩充办法 8 条及关于职教与中学教育之改革各案。

12 月 16 日—18 日　山东省教育厅召开全省教育局长会议,讨论各县裁局改科及教育改良、积欠经费与公立乡师经费等问题。议决短期义务教育计划,请政府确定各县义务教育经费各案。

是年　山东省政府决定在济南重新建立医学专门学校。9 月正式开学。

是年　在李瑞阶等人的兴办下,私立堂邑武训初级中学诞生。

是年　国立青岛大学改名为国立山东大学,赵太侔被任命为校长。

1933 年

7 月 25 日　山东省教育厅召集乡村师范校长会议,讨论基本训练与专业训练问题。

7 月 30 日　南京国民政府在邹平实验区召开"全国乡村工作讨论会"。

8 月　冯玉祥开始创办"纪念武训小学"。1933 年至 1934 年,在退隐泰山期间,冯玉祥在泰安创办了 15 所半工半读的"纪念武训小学"。

是年　山东成立进德会。它是国民党山东省政府主席韩复榘以提倡所谓"四维八德"、"戒嫖戒赌及一切不良嗜好,进行正当娱乐"为由,下令成立的一个社会教育机构。会址设在济南市皇亭体育场,后迁至经七路纬五路游艺园旧址。

1934 年

12 月 5 日　临清武训小学校董兴起了武训 97 诞辰纪念活动。

是年　山东乡村建设研究院菏泽分院成立,院址菏泽城隍庙。"乡村建设实验县区"以邹平、菏泽为中心逐年扩大,至本年全省已有 29 个县区的 1646 个村庄、655 所小学参加了乡村建设教育实验。

1935 年

6 月　中共济南市委决定发动全省师范毕业生反对毕业会考。济南乡村师范的赵健民、王文轩等联络全省各师范学校学生反对会考。

7 月 16 日—20 日　中华职业教育社第十五届社员大会在青岛召开。7 月 19 日黄炎培代表职教社致词。

是月　乡村建设研究院在邹平县实验区内创建山东省第一乡村建设师范学校,在菏泽创办山东省第二乡村建设师范学校。

9 月　张汉臣、张研臣、李伯成等在济南创办私立国医学校。

12 月 16 日—19 日　"一二·九"爱国运动爆发之后,济南等地各学校师生奋起响应,在中共济南乡村师范支部的领导和组织下,数千名师生罢课,举行示威游行。

是年　山东有小学为 38924 所,学生 1626925 人。

1936 年

4 月　邹平县立简易乡村师范学校并入山东省第一乡村建设师范学校,简称简师部。

是年　据国民政府有关部门统计,山东省有高等学校 4 所(国立山东大学、省立医学专科学校、私立齐鲁大学、私立益文商业专科学校），在校生1000余人；各类中等学校162所，在校生2.75万人，其中师范学校72所，职业学校11所。

是年　山东有小学42555所，学生1968208人，学龄儿童入学率达到47.72%。

1937年

春　中共山东省委根据党中央指示，选送一批党员和进步青年去延安学习。

8月25日　日军侵入山东，年底山东大部被日军侵占，国民党山东省政府辗转离开山东，大中学校随之南迁。山东大学迁往四川后不久停办，齐鲁大学迁往成都，省立医专迁往四川万县。其它学校大都因战事而停办。

12月　山东联合中学在河南许昌建立。学校分设中学部和师范部。次年2月由教育部接管，改名为国立湖北中学，并成立校务委员会。1939年2月迁至四川绵阳、德阳后，易名为国立山东中学，4月又易名为国立第六中学，设校本部和4个分校，有学生5000余人。

1938年

1月　伪"济南治安维持会"成立，下设财政、教育等科，教育科主管恢复学校、举办教员训练班、组建日语速成学校等工作。

年初　伪"青岛治安维持会"成立。

5月23日　郝书暄任伪山东省教育厅厅长。

是月　胶东特委成立了山东抗日报据地最早的国防教育委员会，主要任务是宣传中共抗日主张和实施国防教育方针，发动教师编写国防教育课本。

是月　山东省公署根据北京伪政权教育部的训令，提出要"兴学立教，明德新民"，认为山东是圣贤之乡，为挽救"陷溺"之人心，必须"提倡固有道德"。

春　蓬莱抗日中学创办，它是山东抗日根据地创办的最早的一所中学。

6月　山东抗日军政干部学校成立，校址设在沂水岸堤一带，又称岸堤干校，是山东解放区开办最早、培养干部较多的一所干部学校。该校由中共冀鲁豫皖边区省委直接领导（后归山东纵队领导）。

7月1日　鲁西北抗日游击总司令部政治部决定在鲁西地区创设抗日军政干部学校。该校按照延安抗日军政大学的方针办学,校长由范筑先兼任,张郁光任副校长。

7月2日　新民会山东指导部于济南成立,伪省长马良担任部长。

8月下旬　中共胶东特委领导下的胶东公学成立,校址在黄县城内。

10月　胶东抗日军政干部学校成立,隶属胶东军区司令部、政治部领导。

1939年

3月20日　在沂水县设立山东鲁迅艺术学校。

5月上旬　鲁西军政干校成立。

9月9日　经中共中央批准,第十八集团军总部决定将抗大一分校由晋东南迁至山东。次年1月到达山东。

是年　山东省教育厅制订《山东省特殊义务教育实施方案》。

是年年底　伪山东公署统治区共有公、私立小学5600所,学生21.6万人。

1940年

2月　山东沦陷区有宣抚班105处。

4月1日　新民会山东指导部与日军宣抚班合并,改组为新民会山东省总会,伪山东省公署省长唐仰杜兼任总会长。

4月4日　山东抗日根据地文化界人士举行文化教育宣传工作座谈会,成立了李澄之、杨希文、李竹如、孙陶林等11人组成的山东文化界救亡协会筹备委员会以及山东文化出版社。

5月　鲁西区党委和行政公署决定以抗大二分校为基础,恢复筑先抗战学院建制。设学于范县、朝城一带。

是月　据统计,北海区的蓬莱、黄县、掖县、招远、栖霞共举办民众夜校1299处,参加学习活动的有42959人;举办妇女识字班1226处,42637人参加了学习。

6月　中共中央山东分局决定:原由晋东南来鲁的抗大一分校直接归山东军政委员会领导,由贾若瑜、李培南分任校长、政委。115师教导大队改为抗大一分校,鲁西抗日军政干部学校改为抗大二分校,胶东抗日军政干部学校改为抗大三分校。

8 月 1 日　共产党领导的山东省战时工作推行委员会(简称"战工会")宣告成立。下设国民教育组,负责掌管推行全省国民教育工作。

8 月 7 日　山东省战时工作推行委员会通过《山东省战时施政纲领》,12 月,又通过《山东省战时国民教育实施方案》。这两个文件确立了山东抗日根据地发展新民主主义文化教育的方针、政策和措施。

10 月 17 日　山东省战工会教育组召开首次会议,提请战工会成立由21 人组成的文化教育专门委员会,下设设计、编审 2 组。

11 月　湖西专署设立文教科。

12 月 25 日　山东省文化教育委员会召开首次会议,公推杨希文为主任。并决定成立山东公学董事会,推范铭枢为董事长。

是年　山东省政府正式成立山东战教委员会,并在教育厅内设专门机构,负责全省特教事宜,训练组织特殊义务教育工作督导队,分派各县督导并协助进行特教。

1941 年

4 月 28 日—6 月 18 日　战工会组织召开了全省文教、财经联合大会(又称第一次全省教育会议)。

6 月 7 日　省战时工作推行委员会第五次常委会决定创办山东省财政经济学校,聘请八路军 115 师陈光代师长为校长。

7 月 18 日　胶东区召开中等教育会议,讨论通过《胶东区战时中等学校暂行规程草案》,对中等学校的办学宗旨、教导工作、学生组织和工作作风都做了详细的规定,并提出在下半年度争取培养中学生 1200 名,使胶东区的中等教育工作走上正规化。

是月　山东省战时工作推行委员会制定公布了《山东省各级文化教育宣传委员会组织条例》和《各级教育行政机关组织大纲》,对根据地教育行政的设置进行了细化规定。

8 月　山东省教育厅制定《特殊义务教育实施方案扩大实施补充办法》,将解放区作为推行特教活动的重点。同时,山东省教育厅在安丘设立省立临时政治学院,但次年 9 月即因战事停办。1943 年,随省府迁往安徽阜阳复课。

10 月 3 日　山东省冬学运动委员会成立,主任委员刘民生。

是年　胶东根据地已经创办中等教育学校 8 所,次年达到 13 所,学生 2485 人。至 1944 年底,胶东中等教育学校达 20 所,其中普通中学 6 所,县级师范 14 所。

1942 年

4 月　刘道元任国民党山东省教育厅厅长。

5 月　山东省战工会发布《关于保证小学教师专业化办法的决定》。

7 月 1 日　抗大一分校建国大队与财经学校(战工会于 1941 年 8 月创办)合并,称山东省抗战建国学校,设政权、财经两队。

10 月 15 日　山东省战工会发出《山东省 1942 年冬学运动方案》。

10 月 27 日　俞德康任伪山东省教育厅厅长。

是月　抗大一分校胶东支校的政权队、民运队与胶东财经学校(1941 年 10 月成立)合并成立山东省抗战建国学校胶东分校,也称胶东建国学校,设政权、民运、财经、司法 4 个队。

是年　山东抗日根据地小学在校学生达 41 万多人。同时,举办冬学至少 5889 处,学生 397688 人。

是年　伪山东公署统治区共有小学 21437 所,学生 111.1 万人。

1943 年

1 月　伪山东省公署公布了《山东省教育主旨》。

2 月 13 日　滨海专署召开小学教育会议。

3 月 17 日　山东省战工会发出《关于加强国民教育工作的指示》。

4 月 2 日　冀鲁豫行署发布通令,决定将筑先抗战学院师范部改组为冀鲁豫边区筑先师范学校。

8 月 1 日　中共山东分局根据形势变化,修订了《山东省战时施政纲领》。

8 月 30 日　山东省临时参议会首届二次会议决定将山东省战时工作推行委员会改为山东省战时行政委员会(简称政委会)。

9 月 20 日　山东省政委会发布关于教育工作的指示。

11 月　滨海中学师范部毕业生张健华在莒南县洙边区莲子坡创办了庄户学。

是年　伪山东省政府统治区共登录中等学校 101 所,其中中学 12 所,师范学校 4 所,中专 3 所,初级中学 45 所,简易师范 34 所,职业学校 5 所,学生共 21685 人。

1944 年

2 月 17 日　山东省政委会发出指示,号召全省各中小学校开展生产运动,加强劳动教育。

2 月 28 日　山东省政委会发布《关于开展今后民校工作的指示》,要求将冬学有计划地转为民校,使教育和生产劳动与对敌斗争结合起来。

4 月 7 日　延安《解放日报》发表社论《根据地普通教育的改革问题》之后,山东解放区学校开始进行学制和课程改革,有的学校实行半工半读。

5 月 15 日　渤海区行政公署发出《关于开展学校生产、加强劳动教育的指示》。

5 月 25 日　山东省政委会发出《关于教员整风的指示信》。

6 月 9 日　胶东教育研究会成立。

8 月　据统计,胶东区设小学 3814 所,在校学生 47 万余人。

11 月 17 日　山东省政委会主任黎玉在全省第三次行政工作会议上提出"彻底实行教育改革,并开展大规模的群众文化教育运动"。

是年　山东省教育厅制定《山东省各县三十三年度匪区"特教"实施办法》,完全以共产党和解放区抗日军民为打击对象,明确提出要想方设法打进抗日根据地。这一年,他们在 75 个县设立了特殊义务教育协会,在 4190 所学校建立了秘密联络点。

是年　伪山东省政府统治区被大大压缩,小学和学生数量也大幅减少,分别为 13719 所和 42.5 万人。

1945 年

1 月　为贯彻教育大改革的方针,胶东行署决定停办 6 处普通中学和 14 处县师,成立西南海联中、北海干训班、东海干训班等 3 个干部训练性质的中学。

2 月　在山东省抗战建国学校基础上成立山东省抗战建国学院,设政权、教育、财经 3 队,共有学员 300 多人(抗战胜利后学院停办)。

3 月 10 日　渤海区行署决定将建国学校、耀南中学停办,成立耀南公学,负责轮训提高在职的县区级政权干部,培养区级政权干部,及具有专门技能的根据地建设工作干部,同时在许多地方推广"庄户学"。

3月16日 朱经古任伪山东省教育厅厅长。

3月23日 山东省政委会发出《关于群众教育与大生产运动结合的指示》。

8月12日 山东省战时行政委员会改为山东省政府。随之,政委会教育处改为省政府教育厅。

8月19日 山东省政府颁布《收复城市文化教育工作纲要》。

8月22日 山东省政府委员会举行第一次会议,会议决定:(1)设立山东大学。(2)设立山东大学管理委员会。

是月 新四军军医学校由淮南迁至山东临沂。1947年夏,国民党对解放区重点进攻,学校迁至乳山县。1948年9月,济南解放后迁至济南,并接收了国民党山东省政府办的山东省立医学专科学校,新附设化验学校、护士学校。1949年5月,将学校由华东军区划归山东省人民政府领导,并改名为"山东省立医学院"。

9月12日 胶东区公布《中等学校暂行规程(草案)》。指出:"中等学校教育,以培养民主意识及民主精神,培养科学知识及生活上必须的技能,养成建设新中国之人才为宗旨"。规定中等学校修业年限为高级、初级各3年,还具体规定了高、初级中学的课程以及入学年龄和资格。

10月2日 山东省政府发布《关于冬学运动的指示》。

10月30日 李泰华任国民党山东省教育厅厅长。

12月15日 《山东教育》月刊创刊。

1946年

1月5日 山东大学在临沂隆重举行开学典礼。新四军军长陈毅、山东省政府主席黎玉出席并讲话。

2月14日 山东省政府发布《关于整理与发展小学的指示》。

2月21日 山东省政府发出《关于发展中等教育的指示》。

3月8日 曲阜师范学校自元旦曲阜城解放后,即着手筹备恢复,于3月8日开学。

7月3日—8月25日 全省第二次教育会议在临沂召开。

9 月上旬　山东省政府批准公布《山东省当前教育工作纲要》。

是年　青岛市私立英华聋哑学校成立。

是年　青岛市立高级医事职业学校成立。

是年　原先被迫停办的国立山东大学在青岛复校。

1947 年

2 月　山东临时政治学院改为山东省立师范专科学校（1948 年 1 月改为山东省立师范学院）。

9 月　国民党山东省政府在济南东北郊桑园组建山东省立农学院。

是年　国民党控制区的中等教育学校达到了 94 所，学生总数为 44583 人，其中设高中班的学校有 15 所，师范类学校 39 所，师范生 8073 人。

1948 年

2 月　临沂解放区山东大学和华中建设大学迁至渤海区，后合并成立华东建设大学，校长由华东局宣传部部长彭康兼任。

4 月　华东财经办事处为适应国家建设需要，在潍坊市创设华东第二高级工业学校。1949 年 6 月学校驻济南，与其它 6 个工科学校合并，成立山东省工业专科学校。总校在济南，并在青岛、潍坊两市各设一所分校。

6 月　根据山东省人民政府的决定，山东农业专科学校在益都建立，11 月迁至济南。

8 月　华东大学成立，校址设在潍坊特别市。该校归中共中央华东局直接领导，办学宗旨是满足广大知识青年的求知要求，培养新民主主义国家各项建设人才，该校 11 月下旬迁至济南。

9 月 3 日—21 日　山东省第三次教育工作会议在益都召开。其间，山东省农业专科学校、山东教育学院、华东交通学校、华东财政干校、山东邮电专科学校等学校等相继在益都建立。

9 月 24 日　济南解放。

9 月 29 日　济南特别市政府成立。市政府设立文教局。

9 月下旬　济南市军管会文教部派袁驼为首的军管小组接管济南师范学校。

10 月 15 日　山东高级农业职业学校并入山东省立农学院。

10 月 24 日　济南特别市文教局统计：济南解放后，人民政府接管公立中等以上学校 18 所,包括:济南中学、济南师范、省立五临中、省立女子中学、省立女子师范、省立师范学校、省立三临中、省立四临中、省立济南二临中、省立禹城中学、省立工职、省立商职、省立农职、济南市立中学、六区联中、扶轮中学、省立农学院、省立医学院等,共有 145 班,学生 4783 人,教职员 561 人。私立中等以上学校 31 所,除准备恢复的 10 所,停办和无力筹办的 9 所外,已恢复的私立中等学校 11 所,包括:齐鲁中学、黎明中学、立达中学、泺源中学、崇华中学、齐鲁大学附中、慈惠助产、福幼助产、惠鲁商职、正谊中学、育英中学等,共有 74 班,学生 4252 人。

是月　山东省政府发布《恢复和整顿小学实施办法草案》。

11 月 1 日　山东省政府公布《普通中学工作纲要草案》和《初级师范工作要点草案》,这两个草案分别规定了普通中学和初级师范的性质、学制和课程等。

是月　山东省立昌潍中学正式开学。次年 11 月并入山东省立农学院。

是年　华东工商干部学校在山东工商干部学校基础上成立,校址在潍坊特别市。

1949 年

1 月　山东省教育行政干部学校成立,校址设在济南市杆石桥外。附设教育研究会。本年冬,教育干校并入山东行政学院。

3 月　山东省人民政府教育厅成立。厅长王哲。

5 月　省政府发布《关于中等学校政治思想教育的指示》。

6 月 2 日　青岛市政府设立文教局。

6 月 23 日　山东省人民政府教育厅召开全省师范干部会议。

7 月上旬　省政府作出《关于整理专科学校的几项具体决定》,整理合并现有各专科学校。1. 将潍县华东第二高级工业学校、生产部济南工业学校纺织科、工矿部济南工业学校、公路局济南交通专科学校徐州分校土木摩托系科、胶东工业局烟台工业学校合并,成立山东省立工业专科学校,总校设济南,潍坊、青岛各设一分校。2. 以原山东省立医学院为基础,合并潍坊卫生学校,加以整理,成立新的山东省立医学院。3. 以原农学院为基础,合并黄河水利工程专科学校成立新的山东省立农学院。4. 以原商业专科学校为基础,合并各学校之会计科班成立山东省立会计专科学校。5. 创办行政学院。6. 改华东大学教育学院为山东省立师范学院。工专、农学院、医学院医学系、师范学院学制 2—3 年,其它学校 1—2 年。为加强对各专科学校的领导,省政府决定在行政委员会之下成立专科学校管理委员会。

7 月 13 日 山东省人民政府专科学校管理委员会成立。

是月 据统计:全省有公、私立大学 3 所,学生 2675 人(内私立大学学生 100 人);专科学校 14 所,学生 5307 人;公私立初级中学 47 所,学生 29933 人;公私立高级中学 36 所,学生 4864 人;师范 13 所,学生 7052 人;公私立职业学校 11 所,学生 1532 人(缺公立职业学校统计数)。合计中等以上学校 124 所,学生 51363 人。公私立初级小学 21517 所, 学生 1391504 人;公私立高小 1765 所,学生 170728 人。合计小学 23282 所,学生 1562232 人。

9 月 16 日 省政府发出《关于加强私立学校管理的指示》。

9 月 28 日 省政府颁布《私立学校暂行管理办法》。

10 月 20 日—11 月 3 日 山东省第一次初等教育会议在济南召开。

10 月 24 日 省政府发布《关于各级学校收费问题的规定》。

10 月 31 日 省政府颁布《普通中学助学金暂行办法》。

是月 省政府决定,将华东工商干校、山东教育干校、中共中央山东分局直属干校等合并,成立山东省行政学院,校址在济南趵突泉前街。它是一所培训干部的学校,归山东省人民政府领导,学员享受供给制。

参 考 文 献

一、经典著作

中共中央马克思恩格斯列宁斯大林著作编译局编:《马克思恩格斯选集》,人民出版社 1995 年第 2 版。

中共中央马克思恩格斯列宁斯大林著作编译局编:《列宁选集》,人民出版社 1995 年第 3 版。

《毛泽东选集》,人民出版社 1991 年第 2 版。

二、史料

《明太祖实录》。

(唐)释道宣撰:《续高僧传》。

(清)孔继汾述:《阙里文献考》。

《钦定大清会典事例》。

《皇朝经世文新编续集》。

山东省政协文史资料研究委员会编:《山东文史资料选辑》(前 20 辑称《文史资料选辑》)。

山东省地方史志编纂委员会编:《山东省志》,教育志、宗教志、政权志、文化志、卫生志、民俗志等,山东人民出版社出版。

(清)岳濬纂修:《山东通志》,清乾隆元年(1736 年)刊本。

王元德、刘玉峰:《文会馆志》,1913 年潍县广文学校印刷所印行。

林修竹编:《山东各县乡土调查录》,山东省长公署教育科 1919 年印。

袁荣叟等纂:《胶澳志》,胶澳商埠局 1928 年版。

(元)苏天爵辑:《国朝文类》,商务印书馆缩印本 1929 年版。

山东省教育厅编:《山东省政府教育厅第一次工作报告》,1929 年印。

山东省政府秘书处第四科编辑股编:《山东省现行法规类编》,1930 年。

朱世全:《威海问题》,商务印书馆 1931 年版。

山东省教育厅编:《山东省政府教育厅视察报告》第 2 集,1931 年。

山东省政府教育厅编:《山东省政府教育厅第二次工作报告》,1932 年
编印。

姜书阁:《中国近代教育制度》,商务印书馆 1933 年版。

孙葆田等纂:《山东通志》,商务印书馆 1934 年版。

(明)吕高:《江峰漫稿》,国学图书馆 1934 年版。

国民政府教育部:《第一次中国教育年鉴》,开明书店 1934 年版。

柯劭忞:《新元史》,开明书店 1935 年版。

刘清如纂:《馆陶县志》,1936 年刊本。

(清)高宗敕撰:《清朝文献通考》,商务印书馆 1936 年版。

陈青之:《中国教育史》,商务印书馆 1936 年版。

(宋)王得臣撰:《尘史》,商务印书馆 1937 年版。

(宋)王溥撰:《唐会要》,中华书局 1955 年版。

郭沫若、闻一多、许维遹:《管子集校》,科学出版社 1956 年版。

(宋)司马光:《资治通鉴》,中华书局 1956 年版。

(宋)李心传:《建炎以来系年要录》,中华书局 1956 年版。

(五代)王定保:《唐摭言》,古典文学出版社 1957 年版。

(清)徐松:《宋会要辑稿》,中华书局 1957 年版。

李文治编:《中国近代农业史资料》,三联书店 1957 年版。

汪敬虞编:《中国近代工业史资料》第 2 辑上册,科学出版社 1957 年
版。

张静庐辑:《中国近代出版史料初编》,中华书局 1957 年版。

中国史学会济南分会编:《山东近代史资料》第 1 分册,山东人民出版
社 1957 年版。

中国史学会济南分会编:《山东近代史资料》第 2 分册,山东人民出版

社 1958 年版。

（清）朱寿朋编：《光绪朝东华录》，中华书局 1958 年版。

（晋）陈寿撰，陈乃乾校点：《三国志》中华书局 1959 年版。

（宋）宋敏求编：《唐大诏令集》，商务印书馆 1959 年版。

（西汉）司马迁：《史记》，中华书局 1960 年版。

（宋）李昉：《太平御览》，中华书局 1960 年版。

山东省历史学会编：《山东近代史资料》第 3 分册，山东人民出版社 1961 年版。

（宋）李昉等编：《太平广记》，中华书局 1961 年版。

（明）王琮纂修：《淄川县志》，上海古籍书店 1961 年影印本。

（东汉）班固：《汉书》，中华书局 1962 年版。

（汉）许慎：《说文解字》，中华书局 1963 年版。

（宋）范晔撰，（唐）李贤等注：《后汉书》，中华书局 1965 年版。

（明）王琛修，吴宗器纂：《莘县志》，上海古籍书店 1965 年影印本。

沈云龙主编：《近代中国史料丛刊》第 50 辑，台北文海出版社 1966 年版。

（唐）令狐德棻等撰：《周书》，中华书局 1971 年版。

（唐）李百药撰：《北齐书》，中华书局 1972 年版。

（唐）魏征、令狐德棻撰：《隋书》，中华书局 1973 年版。

（唐）房玄龄等撰：《晋书》，中华书局 1974 年版。

（梁）沈约撰：《宋书》，中华书局 1974 年版。

（北齐）魏收撰：《魏书》，中华书局 1974 年版。

（唐）李延寿撰：《北史》，中华书局 1974 年版。

（宋）欧阳修撰，徐无党注：《新五代史》，中华书局 1974 年版。

（清）张廷玉等撰：《明史》，中华书局 1974 年版。

《大唐六典》，台北文海出版社 1974 年版。

（清）龚自珍：《龚自珍全集》，上海人民出版社 1975 年版。

（唐）李延寿撰：《南史》，中华书局 1975 年版。

（后晋）刘昫等撰：《旧唐书》，中华书局 1975 年版。

（宋）欧阳修、宋祁撰：《新唐书》，中华书局 1975 年版。

（元）脱脱等撰:《金史》,中华书局 1975 年版。

（宋）薛居正等撰:《旧五代史》,中华书局 1976 年版。

（明）宋濂撰:《元史》,中华书局 1976 年版。

赵尔巽等撰:《清史稿》,中华书局 1976—1977 年版。

中华书局编辑部:《魏源集》,中华书局 1976 年版。

（元）脱脱等撰:《宋史》,中华书局 1977 年版。

（台湾）中央研究院近代史研究所编:《教务教案档》第 5 辑,台北文海出版社 1977 年版。

（唐）吴兢编著:《贞观政要》,上海古籍出版社 1978 年版。

王芸生辑:《六十年来中国与日本》,三联书店 1980 年版。

胡汶本、田克深编:《五四运动在山东资料选辑》,山东人民出版社 1980 年版。

（北齐）颜之推撰,王利器集解:《颜氏家训集解》,上海古籍出版社 1980 年版。

（宋）李焘:《续资治通鉴长编》,中华书局 1980 年版。

（宋）江少虞撰:《宋朝事实类苑》,上海古籍出版社 1981 年版。

丁传靖辑:《宋人轶事汇编》,中华书局 1981 年版。

舒新城编:《中国近代教育史资料》上册,人民教育出版社 1981 年第 2 版。

临沂地区教育局编:《山东老解放区教育资料选辑》,1981 年。

谭嗣同:《谭嗣同全集 增订本》,中华书局 1981 年版。

张侠等编:《清末海军史料》,海洋出版社 1982 年版。

日本防卫厅战史室编:《华北治安战》（上）,天津人民出版社 1982 年版。

山东省档案馆、山东社会科学院历史研究所合编:《山东革命历史档案资料选编》,山东人民出版社 1982—1986 年版。

（清）董诰等编:《全唐文》,中华书局 1983 年版。

《大正新修大藏经》第 49 卷,台北新文丰出版公司 1983 年影印版。

（清）纪昀编纂:《景印文渊阁四库全书》第 608、1071、1298 册,台湾商务印书馆 1983 年版。

山东教育史志编纂委员会:《山东教育史志资料》,1983—1989 年各期。

(唐)杜佑:《通典》,中华书局 1984 年版。

(清)徐松:《登科记考》,中华书局 1984 年版。

(宋)石介著,陈植锷点校:《徂徕石先生文集》,中华书局 1984 年版。

(东汉)班固:《白虎通》,中华书局 1985 年版。

(战国)晏婴:《晏子春秋》,中华书局 1985 年版。

(西汉)刘向集录:《战国策》,上海古籍出版社 1985 年版。

(战国)慎到:《慎子》,中华书局 1985 年版。

(宋)司马光:《司马温公文集》,中华书局 1985 年版。

(唐)封演:《封氏闻见录》,中华书局 1985 年版。

(清)王昶辑:《金石萃编》,中国书店 1985 年版。

(宋)王谠:《唐语林》,中华书局 1985 年版。

(唐)颜真卿:《文忠集·附拾遗》,中华书局 1985 年版。

《清实录》第 3、6 册,中华书局 1985 年版。

山东老解放区教育史编写组编:《山东老解放区教育资料汇编》第 1—6
辑,1985—1986 年。

(清)黄宗羲原著,(清)全祖望补修,陈金生、梁运华点校:《宋元学
案》,中华书局 1986 年版。

(元)马端临:《文献通考》,中华书局 1986 年版。

青岛市档案馆编:《帝国主义与胶海关》,档案出版社 1986 年版。

威海市地方史志编纂委员会编:《威海市志》,山东人民出版社 1986 年
版。

王栻主编:《严复集》,中华书局 1986 年版。

中央教育科学研究所编:《老解放区教育资料》,教育科学出版社 1986
年版。

洪桂己编:《近代中国外谍与内奸史料汇编——清末民初至抗战时期
(1871—1947)》,台北"国史馆"1986 年版。

国民政府教育部:《第二次中国教育年鉴》,台北文海出版社 1986 年
版。

王彦威纂辑:《清季外交史料》,书目文献出版社 1987 年版。

中国社会科学院世界宗教研究所编译:《中华归主——中国基督教事业统计(1901—1920)》,中国社会科学出版社 1987 年版。

青岛市博物馆等编:《德国侵占胶州湾史料选编》,山东人民出版社 1987 年版。

(春秋)管仲:《管子》,浙江人民出版社 1987 年版。

(宋)陈振孙:《直斋书录解题》,上海古籍出版社 1987 年版。

(清)赵翼:《廿二史札记》,中国书店 1987 年版。

(清)毕沅:《续资治通鉴》,上海古籍出版社 1987 年版。

朱有瓛主编:《中国近代学制史料》第 2 辑、第 3 辑、第 4 辑,华东师范大学出版社 1987—1993 年版。

(清)王先谦:《荀子集解》,中华书局 1988 年版。

程舜英编:《魏晋南北朝教育制度史资料》,北京师范大学出版社 1988 年版。

曾枣庄、刘琳主编:《全宋文》,巴蜀书社、上海辞书出版社、安徽教育出版社 1988—2006 年版。

《道藏》第 19 册,文物出版社、上海书店、天津古籍出版社 1988 年版。

(战国)荀况:《荀子》,上海古籍出版社 1989 年版。

《宣统政纪》,台北文海出版社 1989 年版。

梁启超:《饮冰室合集》,中华书局 1989 年版。

皇甫束玉、宋荐戈、龚守静编:《中国革命根据地教育纪事》,教育科学出版社 1989 年版。

中共山东省委党史资料征集研究委员会编:《山东抗日根据地》,中共党史资料出版社 1989 年版。

青州市志编纂委员会编:《青州市志》,南开大学出版社 1989 年版。

《商君书》,岳麓书社 1990 年版。

章伯锋、李宗一主编:《北洋军阀》第 2 卷、第 6 卷,武汉出版社 1990 年版。

璩鑫主编:《中国近代教育史资料汇编·鸦片战争时期教育》,上海教育出版社 1990 年版。

(西汉)桓宽:《盐铁论》,中华书局 1991 年版。

公孙龙撰,谢希深注:《公孙龙子》,中华书局1991年版。

济南市政协文史资料委员会、济南市教育委员会编:《解放前济南的学校》,济南出版社1991年版。

中国第二历史档案馆编:《中华民国史档案资料汇编》第3辑·教育,江苏古籍出版社1991年版。

〔英〕杨国伦:《英国对华政策(1895—1902)》,中国社会科学院出版社1991年版。

张明主编:《武训研究资料大全》,山东大学出版社1991年版。

陈学恂、陈正平编:《中国近代教育史资科汇编·留学教育》,上海教育出版社1991年版。

周绍良主编:《唐代墓志汇编》下,上海古籍出版社1992年版。

王颋点校:《庙学典礼》,浙江古籍出版社1992年版。

《梁漱溟全集》第5卷,山东人民出版社1992年版。

中国科学院图书馆整理:《续修四库全书总目提要·经部》,中华书局1993年版。

朱有瓛等编:《中国近代教育史资科汇编·教育行政机构及教育团体》,上海教育出版社1993年版。

山东省政协文史资料委员会编:《山东文史集粹》,山东人民出版社1993年版。

中国第二历史档案馆编:《中华民国史档案资料汇编》第5辑,江苏古籍出版社1994年版。

淄博市地方史志编纂委员会编:《淄博市志》,中华书局1995年版。

潍坊市地方史志编纂委员会编:《潍坊市志》,中央文献出版社1995年版。

滨州地区地方史志编纂委员会编:《滨州地区志》,中华书局1996年版。

马亮宽、王强选编:《何思源选集》,北京出版社1996年版。

何兹全等编:《一个诚实爱国的山东学者》,北京出版社1996年版。

济南市地方史志编纂委员会编:《济南市志》,中华书局1997年版。

青岛市史志办公室编:《青岛市志》,新闻出版志,新华出版社1997年版。

章伯峰、庄建平主编:《抗日战争》第 6 卷,四川大学出版社 1997 年版。

(战国)墨翟:《墨子》,辽宁教育出版社 1997 年版。

陈谷嘉、邓洪波主编:《中国书院史资料》,浙江教育出版社 1998 年版。

王世舜注译:《庄子注译》,齐鲁书社 1998 年版。

何宁:《淮南子集释》,中华书局 1998 年版。

(清)王先谦撰:《韩非子集注》,中华书局 1998 年版。

程舜英编:《隋唐五代教育制度史资料》,北京师范大学出版社 1998 年版。

(清)严可均辑:《全隋文 先唐文》,商务印书馆 1999 年版。

(清)严可均辑:《全晋文》,商务印书馆 1999 年版。

李修生主编:《全元文》,凤凰出版社(原江苏古籍出版社)1999—2004 年版。

邓洪波编:《中国书院章程》,湖南大学出版社 2000 年版。

《十三经注疏》整理委员会整理:《十三经注疏》,北京大学出版社 2000 年版。

《续修四库全书》编纂委员会编:《续修四库全书》第 343、354、862、910、1164 册,上海古籍出版社 2002 年版。

四川大学古籍所编:《宋集珍本丛刊》第 3 册,线装书局 2004 年版。

梁启超:《中国近三百年学术史》,东方出版社 2004 年版。

凤凰出版社选编:《中国地方志集成·山东府县志辑》,凤凰出版社 2004 年版。

(春秋)左丘明:《国语》,齐鲁书社 2005 年版。

(宋)王钦若等编纂,周勋初等校订:《册府元龟》(校订本),凤凰出版社 2006 年版。

马亮宽编:《何思源文集》第 2 卷,北京出版社 2006 年版。

(宋)乐史:《太平寰宇记》,中华书局 2007 年版。

董乃强编:《董渭川教育文存》,人民教育出版社 2007 年版。

中华书局编辑部、李书源整理:《筹办夷务始末》(同治朝),中华书局 2008 年版。

张可礼、宿美丽编选:《曹操 曹丕 曹植集》,凤凰出版社 2009 年版。

《申报》。

《东方杂志》。

《大学院公报》。

《顺天时报》。

《民众教育月刊》。

《山东教育行政周报》。

《青岛教育周报》。

《青岛教育半月刊》。

《大众日报》。

《山东教育》。

《山东文献》第 1、2、8、12 卷。

三、著作

蒋恭晟:《中德外交史》,中华书局 1929 年版。

山东省文物管理处、济南市博物馆编:《大汶口文化——新石器时代墓葬发掘报告》,文物出版社 1974 年版。

袁珂:《古神话选释》,人民文学出版社 1979 年版。

田昌五:《古代社会形态研究》,天津人民出版社 1980 年版。

陈正祥主编:《中国地理图集》,香港天地图书有限公司 1980 年版。

文物编辑委员会编:《文物资料丛刊》(5),文物出版社 1981 年版。

陈元晖编著:《中国古代的书院制度》,上海教育出版社 1981 年版。

张玉法:《中国现代化的区域研究:山东省(1860—1916)》,台湾"中央研究院"近代史研究所 1982 年版。

顾长声:《从马礼逊到司徒雷登——来华新教传教士评传》,上海人民出版社 1985 年版。

王献唐:《炎黄氏族文化考》,齐鲁书社 1985 年版。

毛礼锐、沈灌群主编:《中国教育通史》第 1—6 卷,山东教育出版社 1985—1989 年版。

山东省博物馆、山东省文物考古研究所编:《邹县野店》,文物出版社

1985 年版。

匡亚明:《孔子评传》,齐鲁书社 1985 年版。

山东省《齐鲁考古丛刊》编辑部编:《山东史前文化论文集》,齐鲁书社 1986 年版。

吕涛:《孟子评传》,山西人民出版社 1987 年版。

苏绍兴:《西晋南朝的士族》,台北联经出版事业公司 1987 年版。

山东大学历史系考古专业教研室编:《泗水尹家城》,文物出版社 1990 年版。

李定开、谭佛佑主编:《中国教育史》,四川民族出版社 1990 年版。

刘大可、马福震、沈国良:《日本侵略山东史》,山东人民出版社 1991 年版。

赵济等:《胶东半岛沿海全新世环境演变》,海洋出版社 1992 年版。

刘蔚华、苗润田:《稷下学史》,中国广播电视出版社 1992 年版。

李新泰主编:《齐文化大观》,中共中央党校出版社 1992 年版。

刘英杰主编:《中国教育大事典》,浙江教育出版社 1993 年版。

刘振佳:《鲁国文化与孔子》,山东友谊出版社 1993 年版。

邢兆良:《墨子评传》,南京大学出版社 1993 年版。

熊月之:《西学东渐与晚清社会》,上海人民出版社 1994 年版。

王炳照、阎国华主编:《中国教育思想通史》第 1—7 卷,湖南教育出版社 1994 年版。

郭齐家、乔卫平:《中国远古暨三代教育史》,人民出版社 1994 年版。

朱启新:《中国春秋战国教育史》,人民出版社 1994 年版。

肖川:《中国秦汉教育史》,人民出版社 1994 年版。

卜宪群:《中国魏晋南北朝教育史》,人民出版社 1994 年版。

冯晓林:《中国隋唐五代教育史》,人民出版社 1994 年版。

欧阳周:《中国元代教育史》,人民出版社 1994 年版。

乔卫平:《中国宋辽金夏教育史》,人民出版社 1994 年版。

尹选波:《中国明代教育史》,人民出版社 1994 年版。

郭克煜等:《鲁国史》,人民出版社 1994 年版。

李国钧等:《中国书院史》,湖南教育出版社 1994 年版。

吕伟俊主编：《民国山东史》，山东人民出版社 1995 年版。

陶飞亚、刘天路：《基督教会与近代山东社会》，山东大学出版社 1995 年版。

郭齐家编著：《中国古代的学校和书院》，北京科学技术出版社 1995 年版。

逄振镐：《东夷文化史》，中国社会科学出版社 1995 年版。

王志民：《齐文化论稿》，山东大学出版社 1995 年版。

白新良：《中国古代书院发展史》，天津大学出版社 1995 年版。

王志民、黄新宪：《中国古代学校教育制度考略》，首都师范大学出版社 1996 年版。

栾丰实：《东夷考古》，山东大学出版社 1996 年版。

刘兴富：《贤臣名相——管子》，中国华侨出版社 1996 年版。

郭沫若：《十批判书》，东方出版社 1996 年版。

何晓夏、史静寰：《教会学校与中国教育近代化》，广东教育出版社 1996 年版。

李华兴主编：《民国教育史》，上海教育出版社 1997 年版。

王炳照主编：《中国古代私学与近代私立学校研究》，山东教育出版社 1997 年版。

郭墨兰主编：《齐鲁文化史》，华艺出版社 1997 年版。

山东省文物考古研究所编：《大汶口续集：大汶口遗址第二、三次发掘报告》，科学出版社 1997 年版。

王炳照：《中国古代书院》，商务印书馆 1998 年版。

陈冬生、王赛时主编：《山东经济史》古代卷，济南出版社 1998 年版。

刘鄂培：《孟子大传》，清华大学出版社 1998 年版。

李茂肃主编：《科举文化辞典》，明天出版社 1998 年版。

唐致卿、岳海鹰：《山东解放区史稿》，中国物质出版社 1998 年版。

郭查理著，陶飞亚等译：《齐鲁大学》，珠海出版社 1999 年版。

李国钧、王炳照总主编：《中国教育制度通史》第 1—7 卷，山东教育出版社 2000 年版。

孙培青主编：《中国教育史》，华东师范大学出版社 2000 年第 2 版。

喻本伐、熊贤君:《中国教育发展史》,华中师范大学出版社 2000 年版。

中国社会科学院考古研究所编:《山东王因:新石器时代遗址发掘报告》,科学出版社 2000 年版。

宣兆琦、李金海主编:《齐文化通论》,新华出版社 2000 年版。

林存光、郭沂:《旷世大儒——孔子》,河北人民出版社 2000 年版。

牟钟鉴、张践:《中国宗教通史》,社会科学文献出版社 2000 年版。

赵承福主编:《山东教育通史》,山东人民出版社 2001 年版。

关英菊编著:《孔子与〈论语〉》,中国少年儿童出版社 2001 年版。

杨朝明:《鲁文化史》,齐鲁书社 2001 年版。

王守中、郭大松:《近代山东城市变迁史》,山东教育出版社 2001 年版。

熊明安、周洪宇主编:《中国近现代教育实验史》,山东教育出版社 2001 年版。

临淄区政协文史委、临淄齐文化研究社编:《齐国重要事件》,中国文史出版社 2002 年版。

王炳照、徐勇主编:《中国科举制度研究》,河北人民出版社 2002 年版。

齐红深主编:《日本侵华教育史》,人民教育出版社 2002 年版。

王建军:《中国教育史新编》,广东高等教育出版社 2003 年版。

黄仁贤编著:《中国教育史》,福建人民出版社 2003 年版。

胶南市政协文史资料委员会编:《胶南文史资料》第 6 辑,2003 年版。

张良才、修建军:《原始儒学与齐鲁教育》,湖北教育出版社 2003 年版。

张宗舜、李景明:《孔子大传》,山东友谊出版社 2003 年版。

孔祥林主编:《大哉孔子》,齐鲁书社 2004 年版。

安作璋、王志民主编:《齐鲁文化通史》,中华书局 2004 年版。

高广仁、邵望平:《海岱文化与齐鲁文明》,江苏教育出版社 2004 年版。

李玉林:《孔子与教育》,山东省地图出版社 2004 年版。

孔德立:《子思与思孟学派》,山东文艺出版社 2004 年版。

于孔宝:《稷下学宫与百家争鸣》,山东文艺出版社 2004 年版。

李伟:《山东书院史话》,山东文艺出版社 2004 年版。

王克奇主编:《山东重要历史事件》先秦时期,山东人民出版社 2004 年版。

夏炎:《中古世家大族清河崔氏研究》,天津古籍出版社 2004 年版。

余敦康:《魏晋玄学史》,北京大学出版社 2004 年版。

张旭华:《九品中正制略论稿》,中州古籍出版社 2004 年版。

邓洪波:《中国书院史》,东方出版中心 2004 年版。

李才栋:《中国书院研究》,江西高校出版社 2004 年版。

齐秀生主编:《举贤尚功——齐国官制与用人思想研究》,齐鲁书社 2005 年版。

党明德、何成主编:《中国家族教育》,山东教育出版社 2005 年版。

齐红深主编:《日本对华教育侵略——对日本侵华教育的研究与批判》,昆仑出版社 2005 年版。

王洪亮:《中国古代教育史简论》,星球地图出版社 2006 年版。

翟国璋主编:《中国科举辞典》,江西教育出版社 2006 年版。

赵连稳、朱耀廷:《中国古代的学校、书院及其刻书研究》,光明日报出版社 2007 年版。

山东省教育厅《山东教育史》课题组:《山东教育史》(全国专家评议稿),2007 年 7 月,未刊。

于联凯、韩延明主编:《沂蒙教育史》古代卷,中央文献出版社 2007 年版。

逄振镐:《东夷文化研究》,齐鲁书社 2007 年版。

李玉洁:《齐国史》,新华出版社 2007 年版。

申万里:《元代教育研究》,武汉大学出版社 2007 年版。

傅洁琳、李天程、周明昆:《中华进士全传》山东卷,泰山出版社 2007 年版。

赵子富:《明代学校与科举制度研究》,北京燕山出版社 2008 年第 2 版。

郑师渠总主编:《中国文化通史》1—10 卷,北京师范大学出版社 2009 年版。

陈学恂主编:《中国教育史研究》1—7 卷,华东师范大学出版社 2009 年版。

安作璋主编:《山东通史》,人民出版社 2009 年版。

张惠芬主编：《中国古代教化史》，山西教育出版社 2009 年版。

四、论文

1. 期刊论文

中国科学院考古研究所山东队：《山东曲阜西夏侯遗址第一次发掘报告》，《考古学报》1964 年第 2 期。

戴尔俭、白云哲：《山东—旧石器时代洞穴遗址》，《古脊椎动物与古人类》1966 年第 1 期。

颜訚：《大汶口新石器时代人骨的研究报告》，《考古学报》1972 年第 1 期。

吴新智、宗冠福：《山东新太乌珠台更新世晚期人类牙齿和哺乳动物化石》，《古脊椎动物与古人类》1973 年第 1 期。

颜訚：《西夏侯新石器时代人骨的研究报告》，《考古学报》1973 年第 2 期。

昌潍地区文物管理组、诸城县博物馆：《山东诸城呈子遗址发掘报告》，《考古学报》1980 年第 3 期。

山东省文物考古研究所等：《山东姚官庄遗址发掘报告》，《文物资料丛刊》（5），文物出版社 1981 年版。

韩康信、潘其风：《我国拔牙风俗的源流及其意义》，《考古》1981 年第 1 期。

吴诗池：《山东新石器时代农业考古概述》，《农业考古》1983 年第 2 期。

中国社会科学院考古研究所山东队、山东省滕县博物馆：《山东滕县北辛遗址发掘报告》，《考古学报》1984 年第 2 期。

张政烺：《试释周初青铜器铭文中的易卦》，《考古学报》1984 年第 4 期。

潍坊市艺术馆、潍坊市寒亭区图书馆：《山东潍县狮子行遗址发掘简报》，《考古》1984 年第 8 期。

顾孟武：《邓析之死初探》，《上海师范大学学报》1985 年第 1 期。

山东省考古研究所：《茌平尚庄新石器时代遗址》，《考古学报》1985 年第 4 期。

临沂地区文物管理委员会、日照县图书馆:《山东日照秦家官庄发现旧石器》,《考古》1985 年第 5 期。

徐淑彬:《山东省沂水县南洼洞发现旧石器》,《考古》1985 年第 8 期。

中国社会科学院考古研究所山东队:《山东省长岛县砣矶岛大口遗址》,《考古》1985 年第 12 期。

徐淑彬:《山东沂源县骑子鞍山发现人类化石》,《人类学学报》1986 年第 4 期。

王树明:《山东莒县陵阳河大汶口文化墓葬中发现笛柄杯简说》,《齐鲁艺苑》1986 年第 5 期。

曲广义:《笛柄杯音乐价值初考——对笛柄杯柄部的研究及推测》,《齐鲁艺苑》1986 年第 5 期。

王树明:《山东莒县陵阳河大汶口文化墓葬发掘报告》,《史前研究》1987 年第 3 期。

张知寒:《墨子里籍新探》,《山东社会科学》1988 年第 6 期。

吕遵谔、黄蕴平、李平生、孟振亚:《山东沂源猿人化石》,《人类学学报》1989 年第 4 期。

张知寒:《再谈墨子里籍应在今之滕州》,《文史哲》1991 年第 2 期。

孙晓春:《王霸义利之辩述论》,《吉林大学社会科学学报》1992 年第 3 期。

刘蔚华:《墨子是河南鲁山人——兼论鲁与西鲁的关系》,《中州学刊》1992 年第 4 期。

郭成智:《墨子故里滕州说质疑》,《中州学刊》1992 年第 5 期。

中国社会科学院考古研究所山东工作队:《山东汶上县东贾柏村新石器时代遗址发掘简报》,《考古》1993 年第 6 期。

蕴平:《沂源上崖洞石制品的研究》,《人类学学报》1994 年第 1 期。

唐志勇:《日伪"新民会"始末》,《山东师大学报》(社会科学版),1994 年第 3 期。

萧鲁阳:《墨子里籍论略》,《江汉论坛》1998 年第 8 期。

张书丰:《山东教会学校教育九十年》,《华东师范大学学报》2000 年第

4 期。

常大群:《元初东平府学的兴盛及其原因》,《齐鲁学刊》2000 年第 6 期。

刘大可:《山东沦陷区新民会及其活动》,《山东社会科学》2001 年第 3 期。

孙以楷:《墨子生平考述》,《唐都学刊》2001 年第 4 期。

仝晰纲:《泰山学派的缔结及其时代精神》,《山东师大学报》2002 年第 6 期。

王永平:《论东晋南朝时期琅邪王氏之家风与家学》,《许昌师专学报》2002 年第 1 期。

钟春翔:《抗战时期的山东日伪教育》,《抗日战争研究》2003 年第 1 期。

孙新兴:《日本在青岛的殖民奴化教育评析》,《抗日战争研究》2003 年第 1 期。

山东省文物考古研究所、章丘市博物馆《山东章丘市小荆山后李文化环壕聚落勘探报告》,《华夏考古》2003 年第 3 期。

李伟:《德占胶澳与英占威海卫文化政策之比较》,《山东师大学报》2003 年第 6 期。

马凤岗:《论颜氏家族的家风与学风》,《临沂师范学院学报》2004 年第 4 期。

丁鼎:《魏晋南北朝时期的山东移民与文化变迁》,《山东师范大学学报》2005 年第 4 期。

王淑霞:《齐国教育思想初探》,《管子学刊》2006 年第 4 期。

滕云玲:《南北朝时期琅琊颜氏的家学传承》,《边疆经济与文化》2008 年第 3 期。

常昭:《颜回、颜氏之儒与琅邪颜氏家族探析》,《齐鲁学刊》2010 年第 4 期。

2. 学位论文

范兆飞:《北朝的九品中正制研究》,硕士学位论文,山西大学 2004 年。

秦海滢:《明代山东教化研究》,博士学位论文,东北师范大学 2004 年。

李取勉:《清代山东学校教育研究》,硕士学位论文,湖南师范大学 2004年。

王耀祖:《孙复、石介与宋代儒学复兴》,硕士学位论文,山东师范大学 2006 年。

曲凤东:《儒学与魏晋南北朝时期的家庭教育》,硕士学位论文,曲阜师范大学 2007 年。

李建华:《唐代山东士族与文学》,博士学位论文,南京师范大学 2007年。

王翠红:《近代山东私塾改良研究》,硕士学位论文,山东师范大学 2007年。

张晓芳:《山东国民政府文化政策研究(1928—1937)》,硕士学位论文,山东师范大学 2007 年。

张鹏:《山东省立民众教育馆研究(1929—1937)》,硕士学位论文,山东师范大学 2008 年。

郭运功:《唐代科举考试中的山东名门望族》,硕士学位论文,曲阜师范大学 2009 年。

五、外文资料

The Chinese Repository, Vol. IX.

Records of the General Conference of the Protestant Missionaries of China, *1877*, Shanghai: American Presbyterian Mission Press.

Records of the General Conference of the Protestant Missionaries of China, *1890*, Shanghai: American Presbyterian Mission Press.

Daniel W. Fisher. *Calvin Wilson Mateer*, *Forty-five Years a Missionary in Shantung*, *China*: *a biography*, Philadelphia: Westminster Press, 1911.

Forsyth, Robert Coventry. *Shantung*, *the Sacred Province of China in Some of Its Aspect*, Shanghai Christian Literature Society, 1912.

John J. Heeren. *On the Shantung Front*, The Board of foreign missions of the Presbyterian church in the United States of America in New York, 1940.

后 记

　　《山东教育史》是由韩寓群同志任主编，由山东师范大学地方史研究所组织编写的《山东地方史文库》专史系列中的一部。

　　山东是中国教育的发源地之一，有着悠久灿烂的教育发展历程。给这一宏大而丰富的教育场景写史，探寻发展规律，总结经验教训，对于作者来讲，无疑是一种挑战。加之前人已有丰富的研究成果，更增加了写作的难度。好在有魏永生教授的鼎力相助，使得这一工作变得较为轻松和愉快。经过两年多的写作，《山东教育史》终于呈现在读者面前。

　　在写作中，一直受到全国人大常委、山东省原省长韩寓群同志，著名历史学家、山东师范大学教授安作璋先生，以及山东省和济南市政府有关部门领导、山东师范大学领导的关心和支持。同时，山东人民出版社的李明功、崔萌编辑也为本书的出版费心不少。在此一并表示感谢！

　　本书的具体撰写分工如下：李伟负责书稿的组织工作，并撰写了第一章、第二至四章的大部分、第五章，魏永生撰写了第六章。另外，常贵环撰写了第二章第四节中的"郑玄的教育思想"一目，张晓波撰写了第三章中的"魏晋至隋唐时期的教育思想"一节，李姝撰写了第四章第四节中的"王筠的教育思想"一目。

李伟

2011 年 6 月